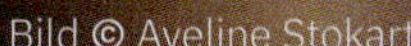

Digital Painting mit Procreate

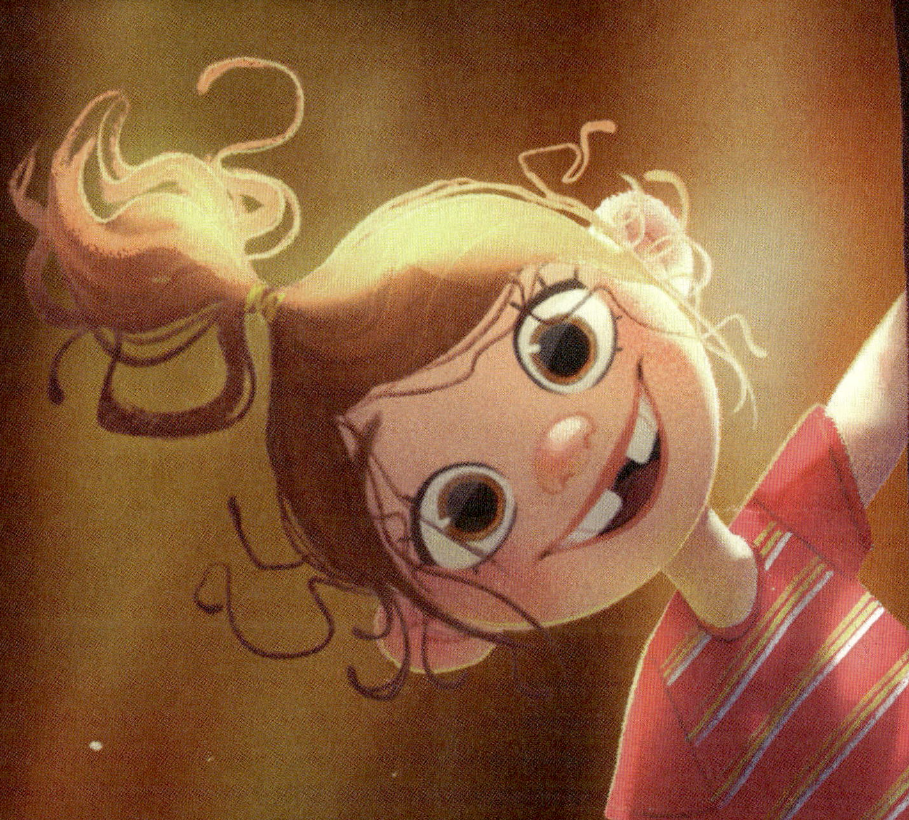

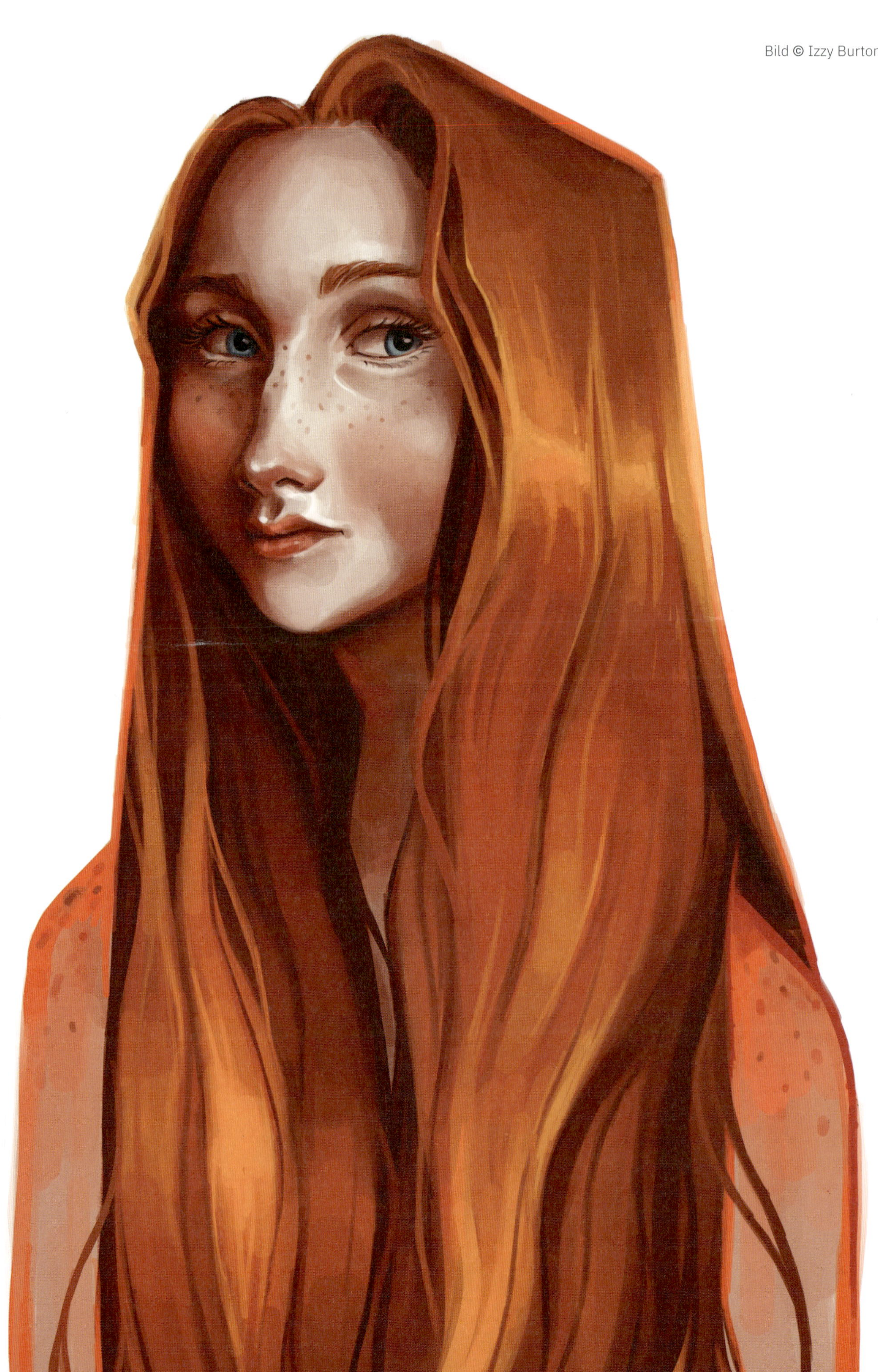

Bild © Izzy Burton

DIGITAL PAINTING MIT Procreate

Digitales Malen auf dem iPad

Übersetzung aus dem Englischen
von Claudia Koch

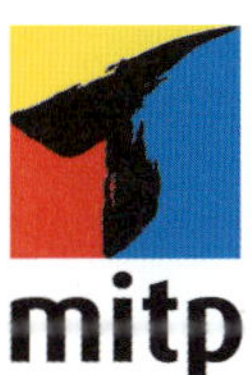

mitp

Bibliografische Information der Deutschen Nationalbibliothek
Die Deutsche Nationalbibliothek verzeichnet diese Publikation in der Deutschen Nationalbibliografie; detaillierte bibliografische Daten sind im Internet über <http://dnb.d-nb.de> abrufbar.

Bei der Herstellung des Werkes haben wir uns zukunftsbewusst für umweltverträgliche und wiederverwertbare Materialien entschieden.
Der Inhalt ist auf elementar chlorfreiem Papier gedruckt.

ISBN 978-3-7475-0643-1
2. Auflage 2023

www.mitp.de
E-Mail: mitp-verlag@sigloch.de
Telefon: +49 7953 / 7189 - 079
Telefax: +49 7953 / 7189 - 082

Übersetzung der amerikanischen Originalausgabe
Beginner's Guide to Digital Painting in Procreate: How to Create Art on an iPad®
ISBN 978-1-912843-14-5

Lektorat: Sabine Schulz, Janina Bahlmann
Sprachkorrektorat: Sibylle Feldmann
Coverbilder: Vorderseite, beginnend links oben:
© Aveline Stokart, © Simone Grünewald, © Sam Nassour,
© Dominik Mayer, © Samuel Inkiläinen, © Nicholas Kole,
© Max Ulichney, Mitte: © Izzy Burton; Rückseite: © Izzy Burton
Satz: Ulrich Borstelmann
Druck: ADverts in Riga, Lettland

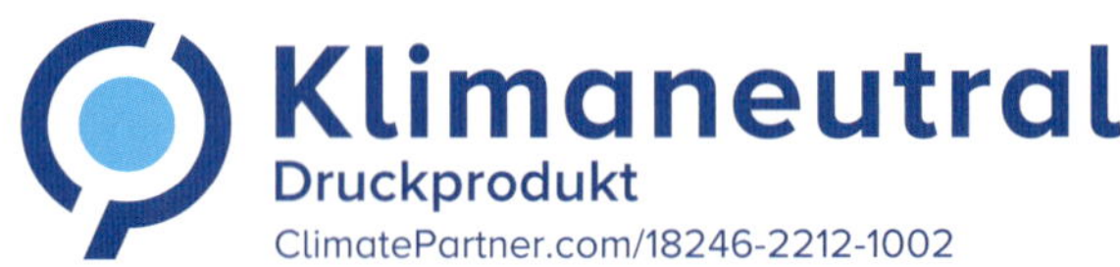

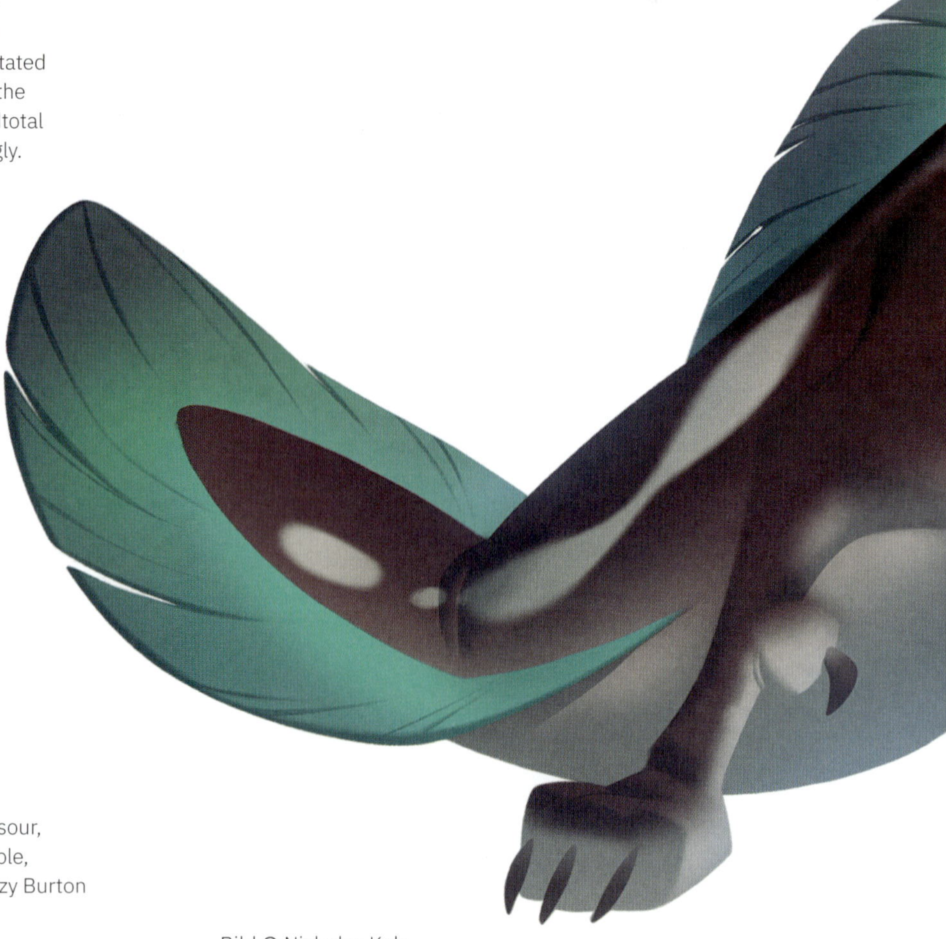

Bild © Nicholas Kole

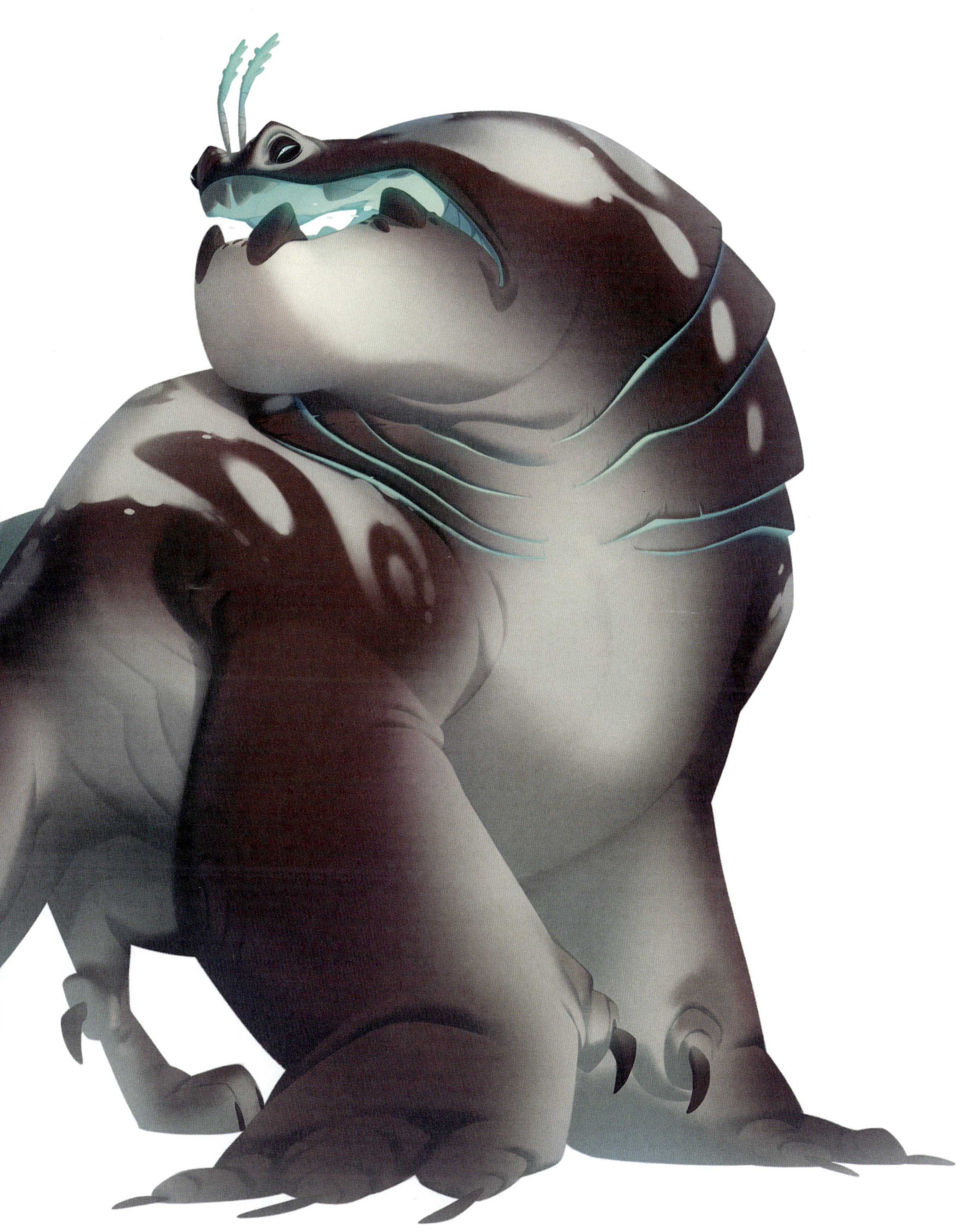

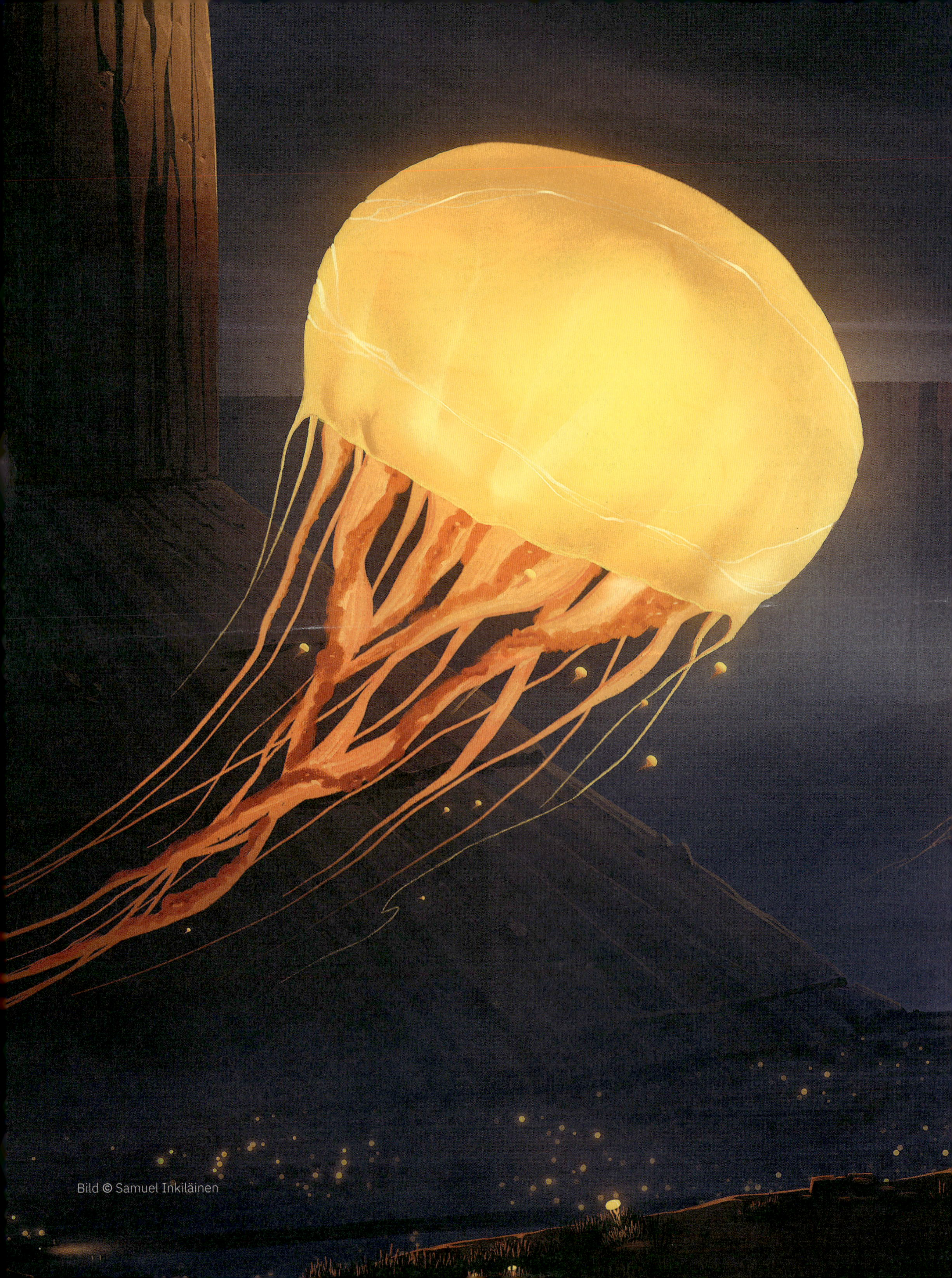

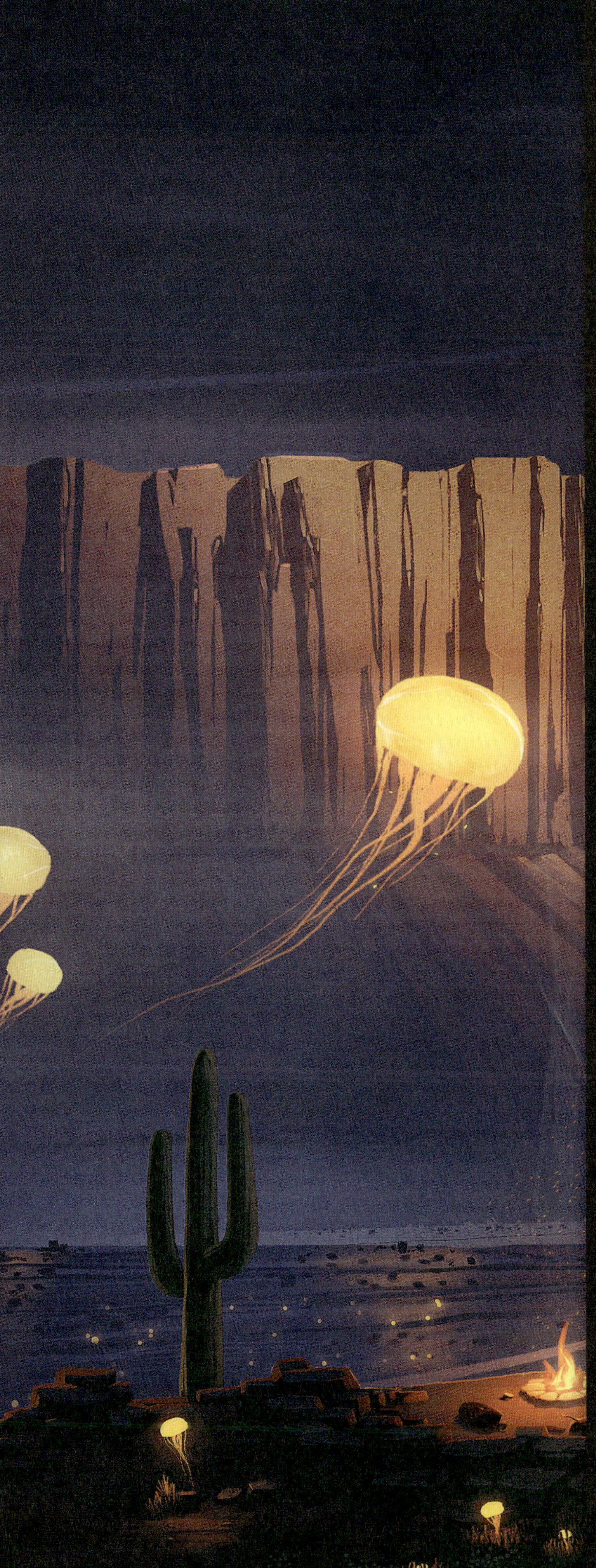

INHALT

EINLEITUNG

VON LUCAS PEINADOR

Unterwegs auf deinem iPad mit Procreate malen

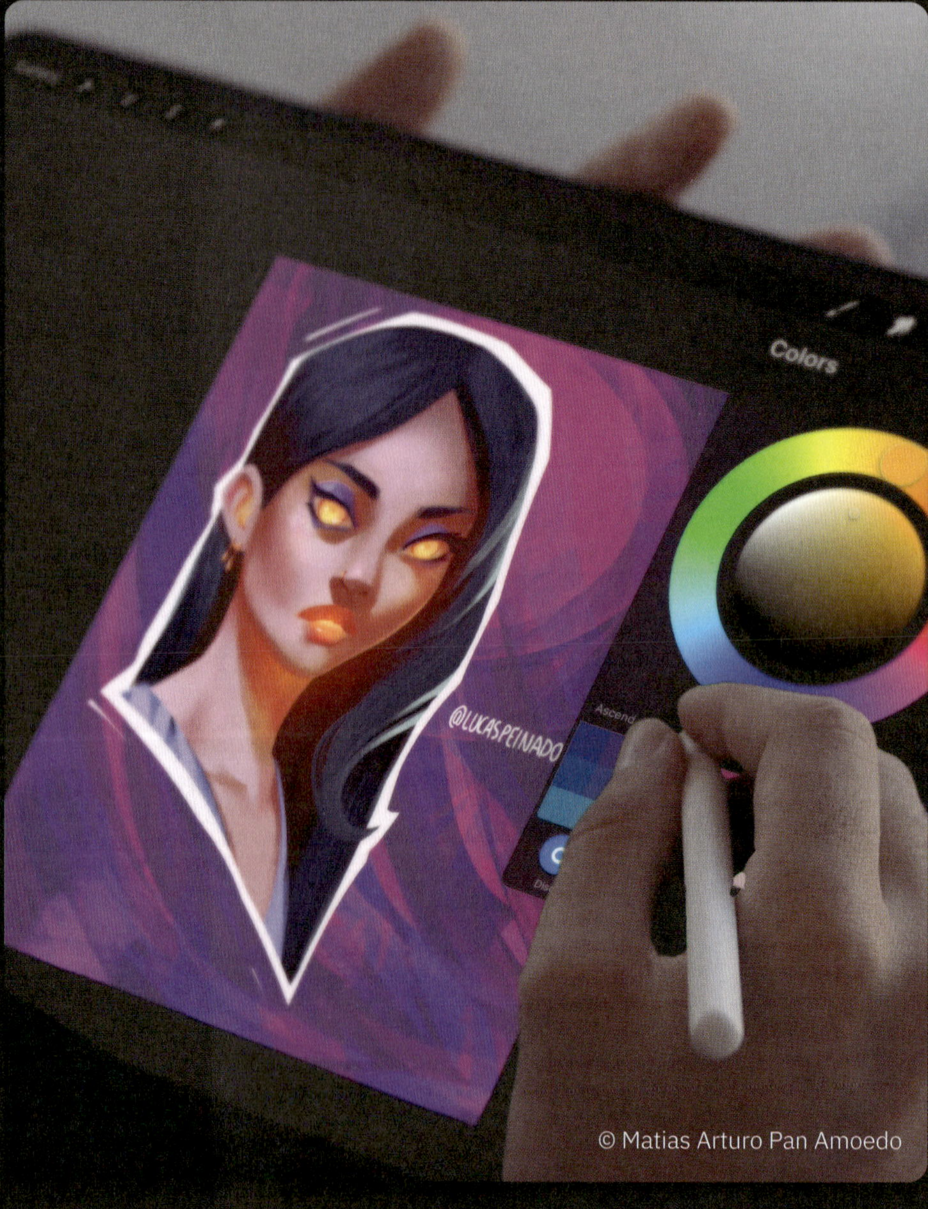

© Matias Arturo Pan Amoedo

Willkommen bei Procreate. Ganz gleich, ob du neu in der Welt der digitalen Malerei oder erfahrene NutzerIn von Photoshop oder einer anderen digitalen Malsoftware bist – du bist hier genau richtig!

Procreate ist eine digitale Mal- und Zeichen-App speziell für das iPad und den Apple Pencil. (Die iPhone-Variante heißt Procreate Pocket.) Das Unternehmen hinter Procreate – Savage Interactive – ist außerordentlich engagiert in der Künstlergemeinde und freut sich immer, Fragen und Hinweise von kreativen Computergrafikern entgegenzunehmen. Das Ergebnis ist eine hervorragende Software, die für Digitalkünstler unglaublich intuitiv zu bedienen ist.

Die leicht zugänglichen Menüs und die umfassende Gestensteuerung bieten dir alle Werkzeuge, die du brauchst, um fantastische Kunstwerke zu erschaffen. Die App ist nicht nur eine preiswerte Option für jeden iPad-Besitzer, sondern sie ist auch in der Grafik- und Unterhaltungsbranche sehr verbreitet.

Die von Procreate genutzte Hardware macht die App ideal für die Nutzung unterwegs – egal, ob du zu Hause, im Bus oder sonst wo im Freien malst. Die ausschließliche Beschränkung auf Apple bedeutet, dass du dich nicht von Bürosoftware ablenken zu lassen brauchst oder Kompatibilitätsprobleme mit deiner Hardware befürchten musst. Du kannst Procreate gegen eine einmalige Zahlung im App Store erwerben.

WÄHLE DEIN WERKZEUG

Procreate kann mit dem Apple Pencil oder dem Stift eines Drittanbieters verwendet werden. Der Apple Pencil, das bevorzugte Werkzeug der Profis, liefert dir optimale Ergebnisse, da er ausgefeilte Druck- und Neigungsfunktionen besitzt, die ein großes Spektrum an Pinselstrichen und Effekten erzeugen, mit denen sich traditionelle Maltechniken simulieren lassen. Stifte anderer Anbieter eignen sich zwar ebenso, doch du solltest darüber nachdenken, dir einen Apple Pencil zuzulegen, wenn du das meiste aus Procreate herausholen willst.

WAS IST DIGITALE MALEREI?

Falls du Neuling auf dem Gebiet der Computergrafik bist, erhältst du von uns hier einen kurzen Überblick über das Konzept der digitalen Malerei, damit du dich auf deine ersten Schritte am Bildschirm vorbereiten kannst. Auch wenn digitale Malerei mit speziellen Programmen wie Procreate viele Ähnlichkeiten mit dem Malen mithilfe traditioneller Medien aufweist, sind die Abläufe doch ganz unterschiedlich. Vielleicht am wichtigsten ist die Tatsache, dass Bilder üblicherweise in Ebenen aufgebaut werden und du entscheiden kannst, wie sich diese Ebenen zueinander verhalten. So könnten sich zum Beispiel Ebenen so verhalten, als würdest du verschiedene Farben übereinandermalen, eine Ebene könnte aber auch zum Maskieren eines Bereichs dienen. Dies bietet dir die Möglichkeit, einzelne Abschnitte und Stadien des Bildes zu isolieren, während du daran arbeitest, sodass du Zeit sparst und dich auf deine Kreativität konzentrieren kannst.

Bei Procreate kannst du außerdem deine eigenen Pinsel erstellen, Formen manipulieren und mit einem Knopfdruck Bildanpassungen vornehmen. Dies gibt dir eine Flexibilität und Geschwindigkeit, die du bei herkömmlichen Medien nicht hast. Außerdem steht dir ein grenzenloses Feld an Werkzeugen und Farben zur Verfügung! Das ist ideal, wenn man unter Zeitdruck arbeiten muss oder unterwegs ist – es müssen keine schmutzigen Pinsel ausgewaschen werden, und du brauchst dir keine Sorgen um zerknittertes Papier zu machen.

Das Arbeiten auf dem Bildschirm mag zunächst abschreckend wirken, doch mit dem intuitiven Procreate-Ansatz wird der ganze Prozess zugänglich und angenehm. Der Schlüssel zum Erfolg ist es, sich mit der App vertraut zu machen und praktische Erfahrungen zu sammeln – blättere also um, lege los und stell fest, wie du das Beste aus diesem Buch und deinem Weg zur digitalen Malerei machst.

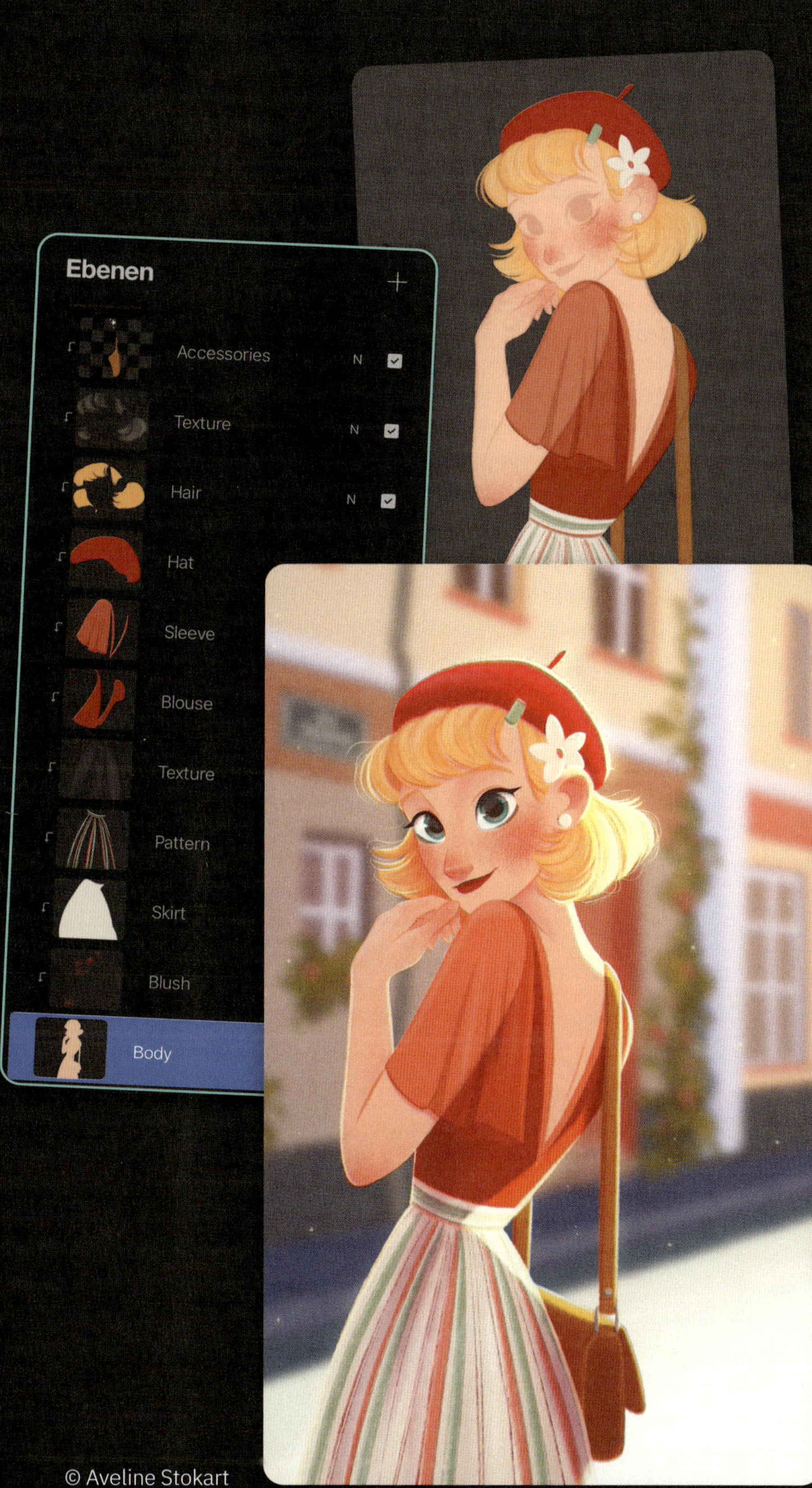

© Aveline Stokart

WIE DU DIESES BUCH NUTZEN SOLLTEST

Gemeinsam mit talentierten Branchenprofis haben wir ein Buch zusammengestellt, das sich an Kreative richtet, die neu bei Procreate sind. Wir empfehlen dir, zuerst die Einführungskapitel zu lesen. *Der Einstieg* bietet einen kurzen Überblick über Oberfläche und Bedienelemente und erklärt, wie du deine Dateien anlegst und organisierst. Anschließend werden in den Abschnitten *Gesten*, *Pinsel*, *Farbe*, *Ebenen*, *Auswahl-Werkzeug*, *Transformieren*, *Anpassungen* und *Aktionen* viele der Werkzeuge vorgestellt, die Procreate im Angebot hat.

Jeder Abschnitt führt dich durch die Grundlagen der Benutzung von Procreate. Die verschiedenen Gesten, Werkzeuge und Techniken, die zum digitalen Malen nötig sind, werden beschrieben und wie du diese in dein persönliches Arbeiten integrieren kannst. Lies die einzelnen Kapitel genau und probiere die unterschiedlichen Werkzeuge aus, damit du den größtmöglichen Nutzen aus ihnen ziehst.

Wenn du die Einführungskapitel gelesen und die Grundlagen verstanden hast, arbeite die acht *Projekte* durch. Diese decken eine Vielzahl von Themen, Stilen und Herangehensweisen ab und leiten dich Schritt für Schritt durch das Arbeiten in Procreate. Am Anfang jedes Projekts findest du eine Liste der *Lernziele*, die aus den kreativen Techniken besteht, die du beim Durcharbeiten der Schritte kennenlernen wirst.

Kästen mit *Künstlertipps* in den einzelnen Kapiteln halten hilfreiche Hinweise und kreative Einblicke für dich bereit. Am Ende des Buches gibt es ein nützliches *Glossar* sowie ein *Werkzeugverzeichnis*, auf die du bei Bedarf zurückgreifen kannst.

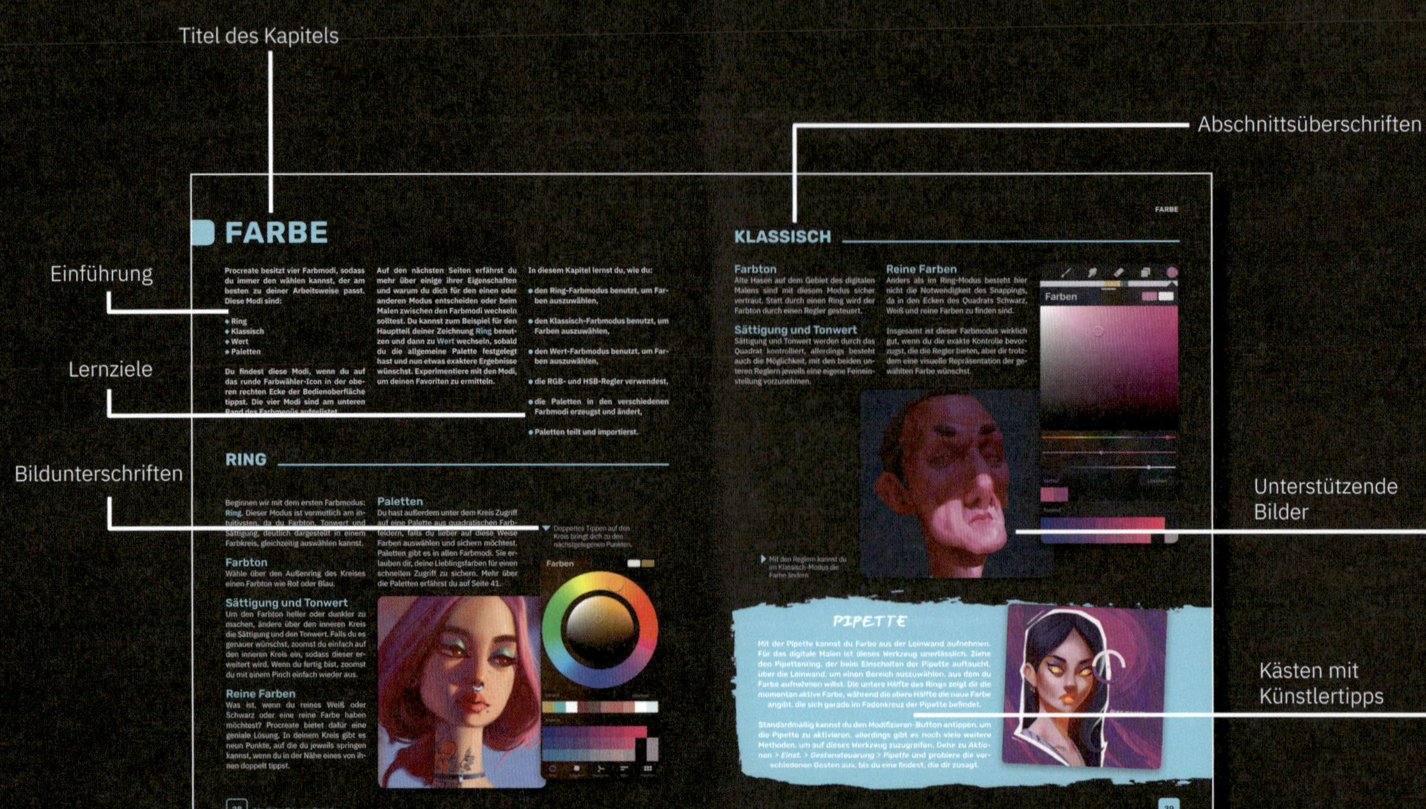

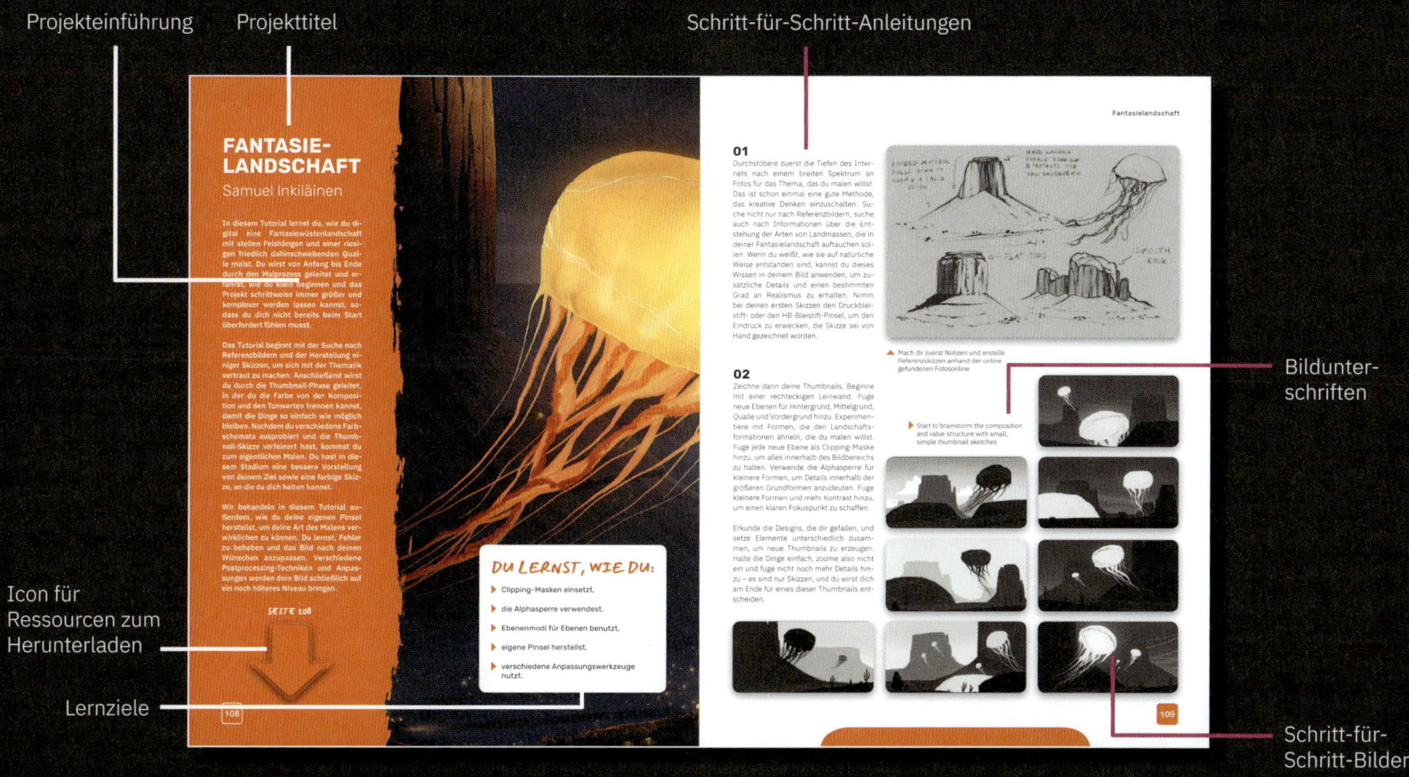

Projekteinführung

Projekttitel

Schritt-für-Schritt-Anleitungen

FANTASIE-LANDSCHAFT

Samuel Inkiläinen

DU LERNST, WIE DU:

- Clipping-Masken einsetzt,
- die Alphasperre verwendest,
- Ebenenmodi für Ebenen benutzt,
- eigene Pinsel herstellst,
- verschiedene Anpassungswerkzeuge nutzt.

Bildunterschriften

Icon für Ressourcen zum Herunterladen

Lernziele

Schritt-für-Schritt-Bilder

RESSOURCEN ZUM HERUNTERLADEN

Die an diesem Buch beteiligten Künstler haben eine Reihe von hilfreichen *Ressourcen* bereitgestellt, die du dir herunterladen kannst. Eine vollständige Liste der Ressourcen findest du am Ende dieses Buches auf Seite 208. Dazu gehören Pinsel, die in den Projekten verwendet wurden, genauso wie Videos und Zeichnungen. Lade sie herunter, bevor du mit den Projekten beginnst. Ein Pfeil am Anfang des jeweiligen Kapitels signalisiert, dass Ressourcen zum Herunterladen bereitstehen.

SEITE 208

Achte auf dieses Icon.

TOUCHSCREEN-GESTEN

Wie bereits erwähnt, verwendet Procreate eine Vielzahl von Gesten zur Ausführung bestimmter Aktionen. So kannst du zum Beispiel eine Aktion widerrufen, indem du den Bildschirm mit zwei Fingern antippst. Um dir dabei zu helfen, diese Gesten schnell zu erlernen, nutzen wir in diesem Buch die folgenden Symbole.

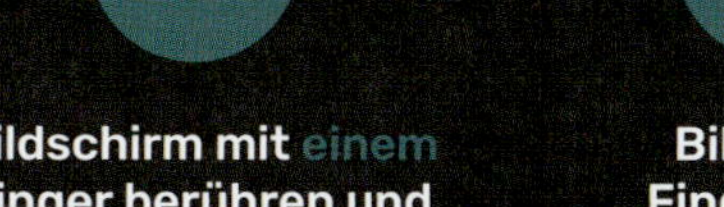

Bildschirm mit einem Finger berühren und gedrückt halten

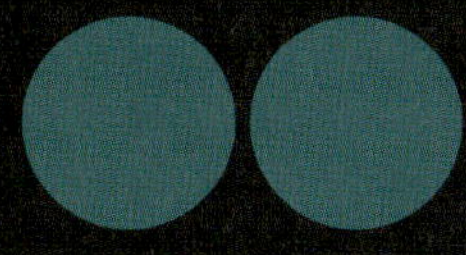

Bildschirm mit zwei Fingern berühren und gedrückt halten

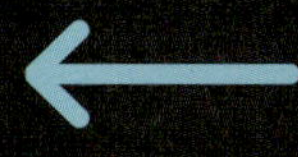

Wischen

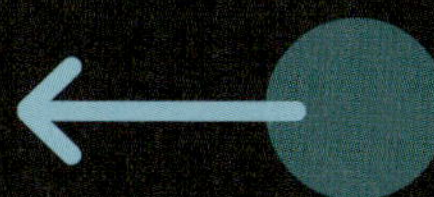

Wischen und dabei den Finger gedrückt halten

DER EINSTIEG

Du hast nun einen Überblick darüber gewonnen, was dich in diesem Buch erwartet. Was nun? Jetzt wird es Zeit, alle Werkzeuge zu entdecken, die diese intuitive Software bereithält. Tippen, wischen und malen wir uns also gemeinsam durch alle Funktionen.

Dieser Abschnitt nimmt dich mit bis ganz an den Anfang, wo du erfährst, wie viele nützliche Optionen es für das Anlegen einer neuen Leinwand gibt. Von dort aus entdeckst du alle möglichen Funktionen und Techniken, mit denen du deine Kreativität ausdrücken und verbessern kannst. Du lernst, wie du deine Arbeit organisieren und die schnellen und cleveren Gesten einsetzen kannst, und erfährst alles über Pinsel, Farben, Effekte und so weiter. Wir zeigen dir sogar, wie du die App an deine individuellen Bedürfnisse anpassen kannst.

Schnapp dir also dein iPad und arbeite diesen Abschnitt durch. Du kannst später jederzeit hierher zurückkehren, falls du eine Auffrischung brauchst. Und schon bald bist du auf dem besten Weg zu deinen eigenen unglaublichen digitalen Kunstwerken.

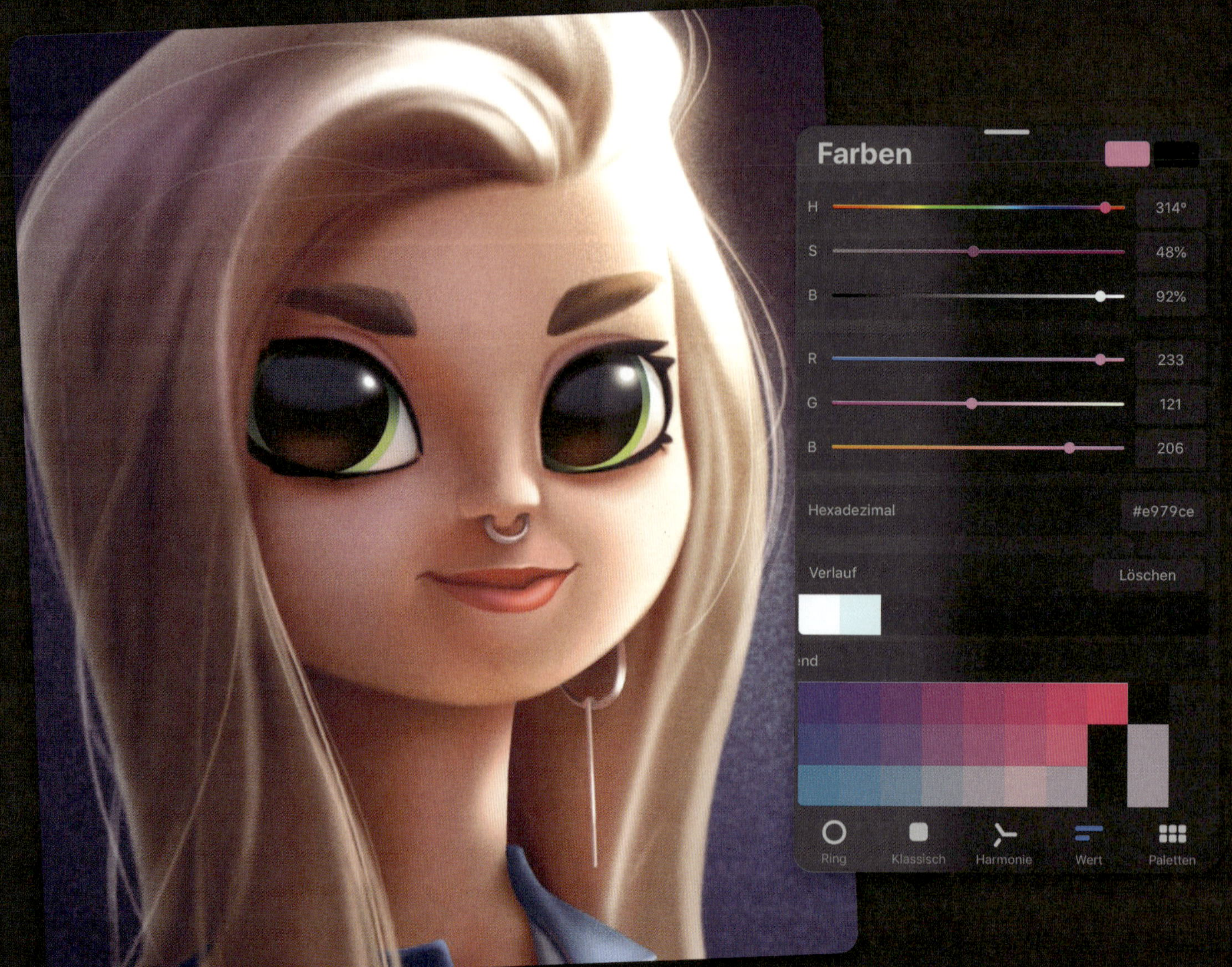

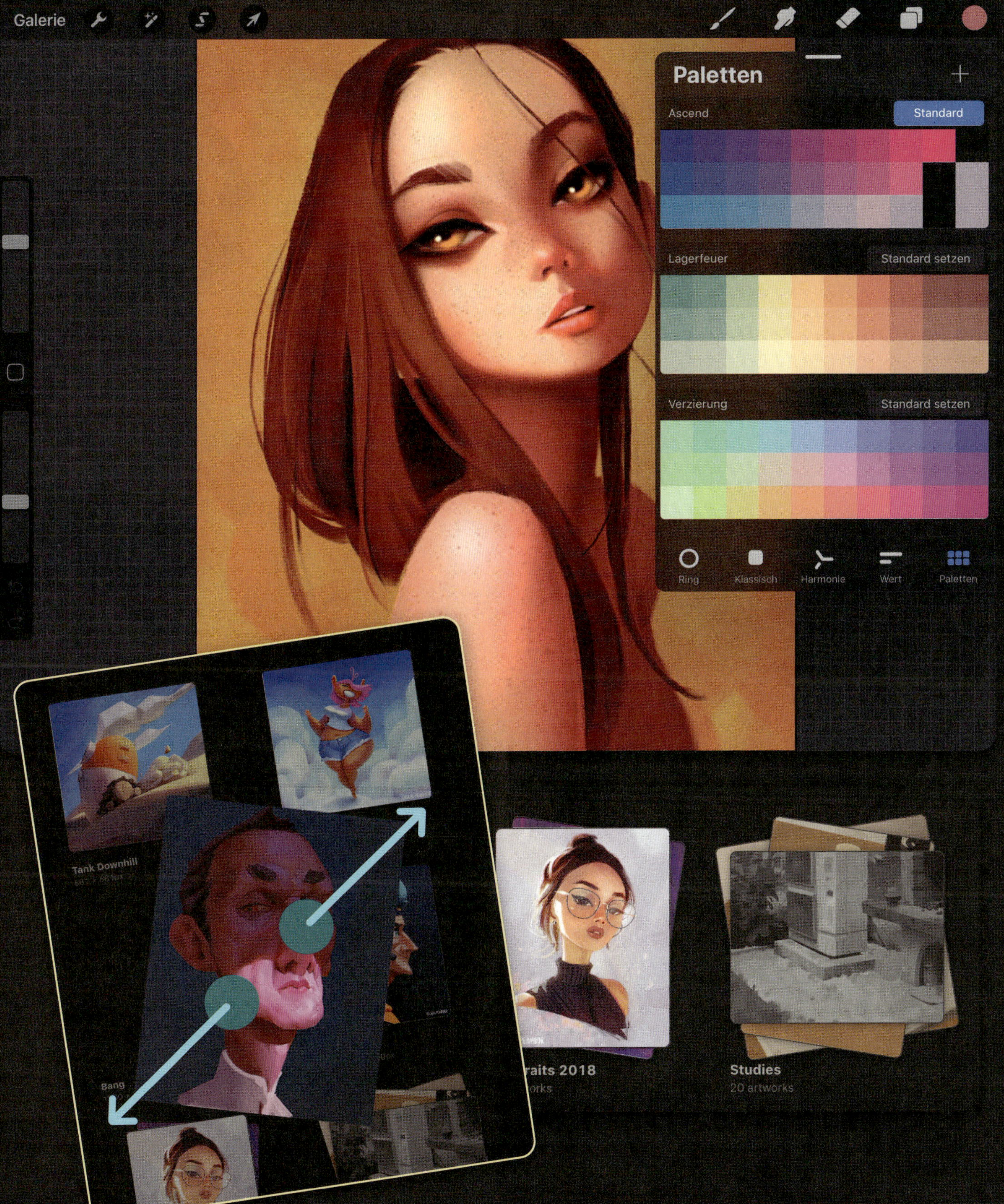

Galerie
Paletten
Ascend
Standard
Lagerfeuer
Standard setzen
Verzierung
Standard setzen
Ring
Klassisch
Harmonie
Wert
Paletten
Tank Downhill
Studies
20 artworks

DIE BEDIENOBERFLÄCHE

In diesem Kapitel lernst du, wie du:

- **durch die Hauptelemente der Bedienoberfläche navigierst und**
- **zwischen der Galerie und den Leinwänden wechseln kannst.**

Über die aus Menüs, Icons und Buttons bestehende Bedienoberfläche kannst du mit Procreate interagieren. Der erste Bildschirm, den du darauf siehst, ist deine Galerie. Hier legst du deine Dateien an und organisierst sie. Außerdem findest du dort einige Beispielbilder, die von Procreate bereitgestellt werden.

Wenn du das Procreate-Logo antippst, erfährst du die Version deiner Software. Procreate veröffentlicht regelmäßig kostenlose Updates mit Verbesserungen und Erweiterungen des Programms.

In der oberen rechten Ecke deiner Galerie findest du Optionen zum Auswählen von Dateien, zum Importieren neuer Dateien von deinem Gerät oder aus deiner Fotos-App und zum Anlegen neuer leerer Leinwände in verschiedenen Größen. Wenn du eines der Beispielbilder antippst oder ein neues erzeugst, gelangst du in die Leinwand-Ansicht. Hier wirst du in deiner App die meiste Zeit verbringen.

Falls du das Drehen des Bildschirms auf deinem iPad freigegeben hast, kannst du sowohl im Hoch- als auch im Querformat malen. Die Bedienoberfläche passt sich entsprechend an.

Die Galerie in Procreate zeigt alle Leinwände an.

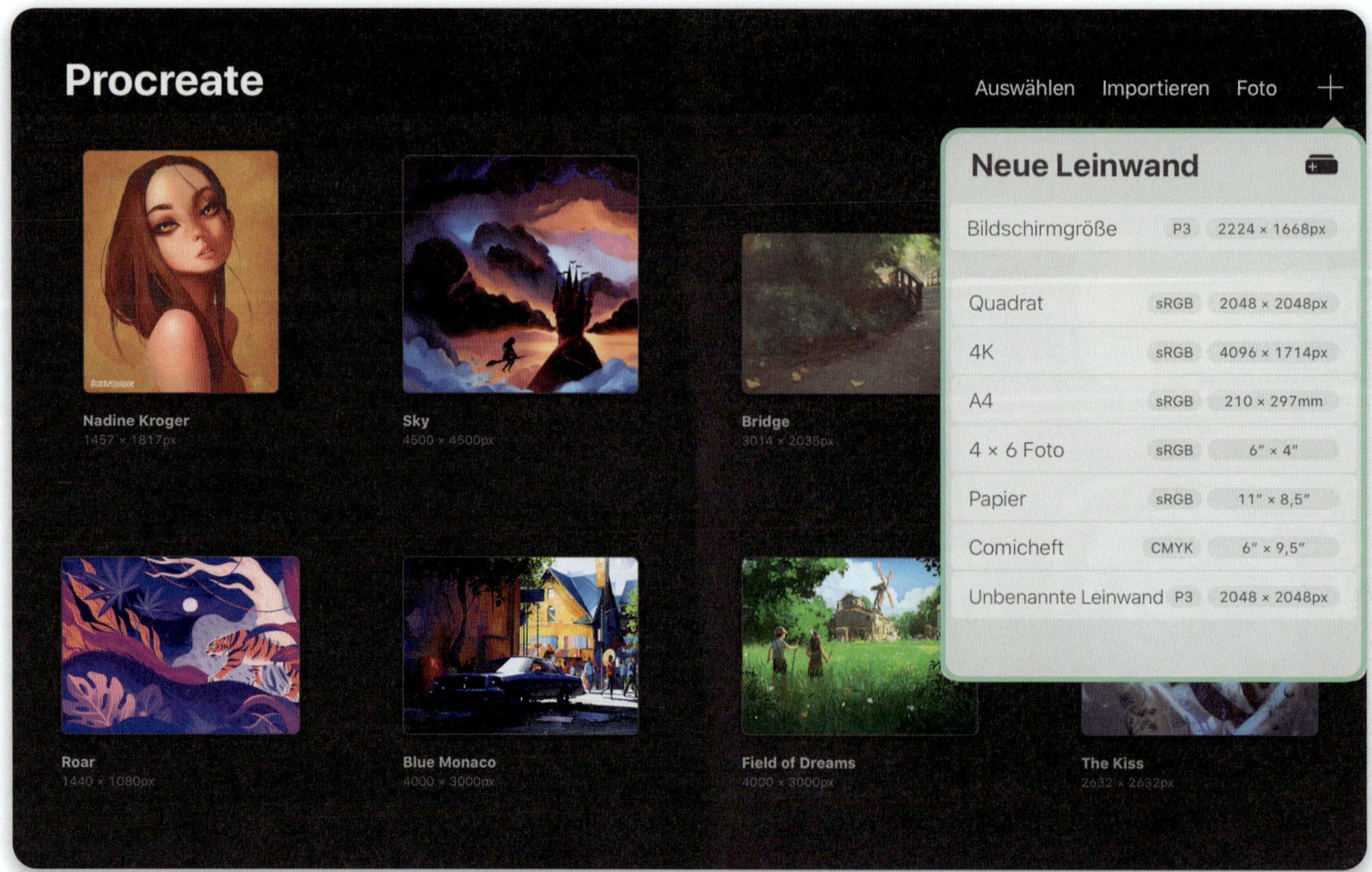

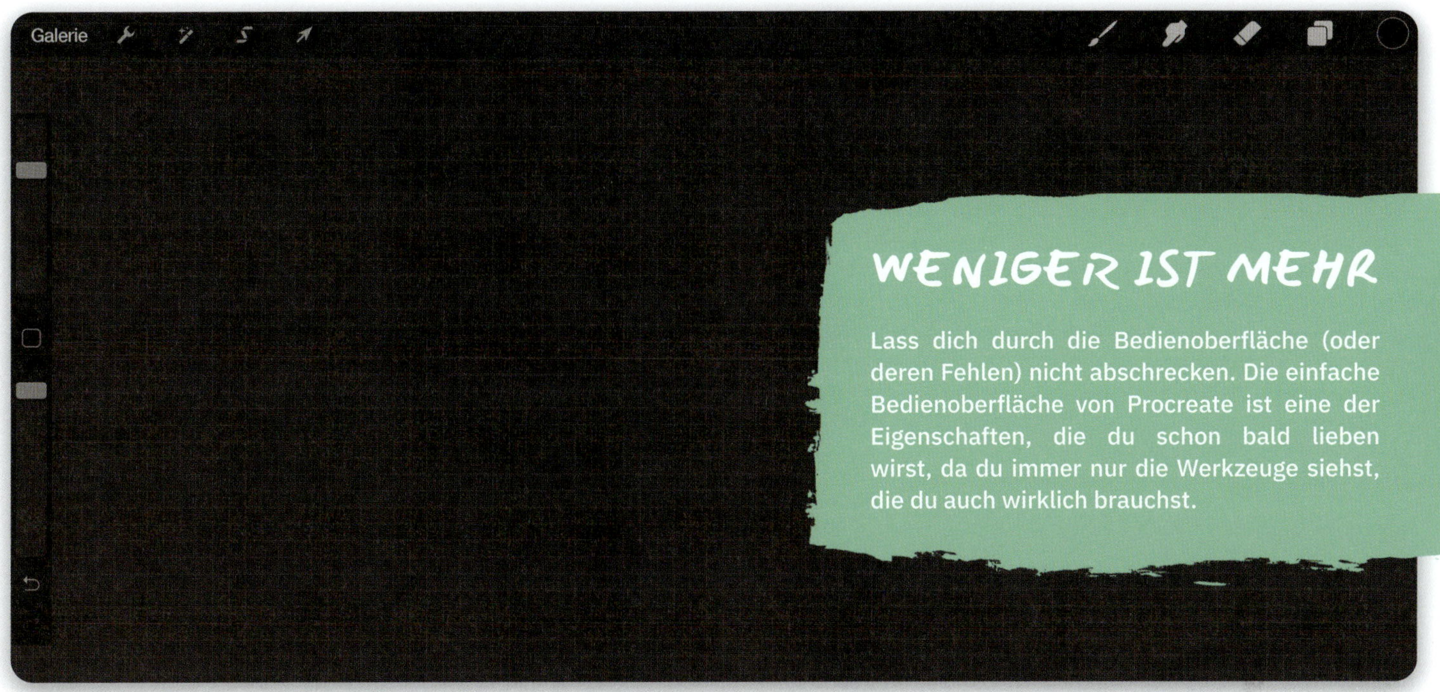

WENIGER IST MEHR

Lass dich durch die Bedienoberfläche (oder deren Fehlen) nicht abschrecken. Die einfache Bedienoberfläche von Procreate ist eine der Eigenschaften, die du schon bald lieben wirst, da du immer nur die Werkzeuge siehst, die du auch wirklich brauchst.

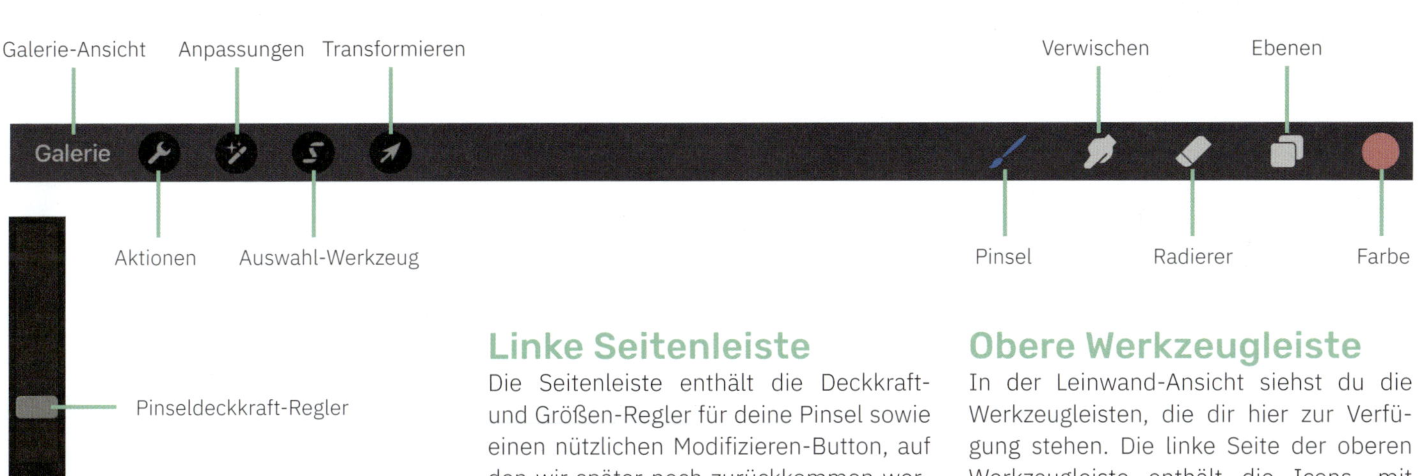

Pinseldeckkraft-Regler

Modifizieren-Button

Pinselgröße-Regler

Widerrufen

Wiederholen

▲ Alle Werkzeuge, die du brauchst, findest du in der Leinwand-Ansicht.

Linke Seitenleiste

Die Seitenleiste enthält die Deckkraft- und Größen-Regler für deine Pinsel sowie einen nützlichen Modifizieren-Button, auf den wir später noch zurückkommen werden. Darunter befinden sich die Buttons zum Widerrufen und Wiederholen, mit denen du einzelne Bearbeitungsschritte rückgängig machen oder wiederherstellen kannst.

Obere Werkzeugleiste

In der Leinwand-Ansicht siehst du die Werkzeugleisten, die dir hier zur Verfügung stehen. Die linke Seite der oberen Werkzeugleiste enthält die Icons, mit denen du wieder zur Galerie gelangst, sowie die Menüs für Aktionen, Anpassungen, Auswahlen und Transformationen. Mehr über diese Funktionen erfährst du später.

Auf der rechten Seite der oberen Werkzeugleiste gibt es Icons für die Pinsel-, Verwischen- und Radierer-Werkzeuge, gefolgt von Ebenen und Farben. Wenn du eines dieser Icons antippst, erscheint das dazugehörende Pop-over (ein Pop-over ist ein Drop-down-Menü, das zusätzlichen Inhalt, Einstellungen oder Optionen bereitstellt). Falls du zum Beispiel auf das Ebenen-Icon tippst, öffnet sich das Ebenen-Pop-over.

DIE APP EINRICHTEN

Nachdem du dich nun mit der grundlegenden Procreate-Oberfläche vertraut gemacht hast, können wir uns genauer anschauen, wie du eine neue Leinwand zum Arbeiten einrichten kannst und wie du deine Galerie organisierst.

In diesem Kapitel lernst du, wie du:

- **eine neue Leinwand anlegst,**
- **eine Datei aus deiner Galerie löschst, duplizierst und bereitstellst,**
- **auswählst, mit welchem Dateityp du arbeitest,**
- **deine Dateien neu anordnest und in Stapeln gruppierst,**
- **deine Navigation beschleunigst, indem du dir Galeriedateien anzeigen lässt, ohne sie zu öffnen,**
- **mehrere Dateien auswählst, um Stapelverarbeitung durchzuführen.**

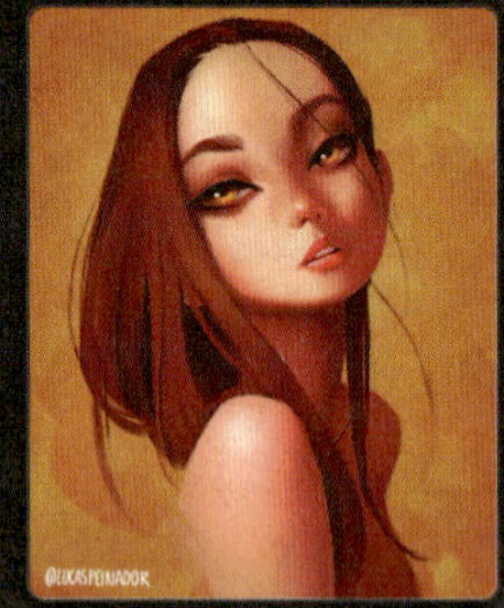

Nadine Kroger
1080 × 1350px

EINE NEUE LEINWAND ANLEGEN

Voreingestellte Größe

Es gibt mehrere Methoden zum Erzeugen einer neuen Leinwand in Procreate. Um eine leere Leinwand zu erstellen, tippst du auf das +-Icon in der oberen rechten Ecke der Galerie-Ansicht. Dies öffnet ein Drop-down-Menü mit mehreren verschiedenen Größen.

Falls deine Leinwand eine dieser voreingestellten Größen haben soll, tippst du die entsprechende Vorgabe an. Damit gelangst du sofort in die Leinwand-Ansicht dieser Datei.

Eigene Größe

Alternativ kannst du eine eigene Größe festlegen. Dabei bestimmst du Höhe und Breite der Leinwand, wählst die Anzahl der Pixel pro Zoll und den Farbmodus aus und gibst einen Namen an. Sobald du auf Erstellen tippst, öffnet sich deine Leinwand.

Die von dir gewählte Größe erscheint beim nächsten Mal, wenn du eine neue Leinwand anlegst, als Wahlmöglichkeit.

Dateien und Fotos importieren

Wenn du auf Importieren tippst, öffnet sich der Dateibrowser auf deinem iPad, aus dem du Dateien aus den iPad-Dokumenten, deiner iCloud oder deinem Google-Laufwerk importieren kannst. Ein Antippen von Foto ermöglicht dir, Dateien aus der Fotos-App deines Geräts zu importieren, was sich anbietet, wenn du einen Screenshot oder ein Foto öffnen willst, das du mit deinem Gerät gemacht hast.

Eine schnelle Möglichkeit, diese beiden Optionen zu verwenden, stellt Drag-and-drop dar: Ziehe die Dateien aus diesen Fenstern einfach in deine Procreate-Galerie und lass sie dort fallen.

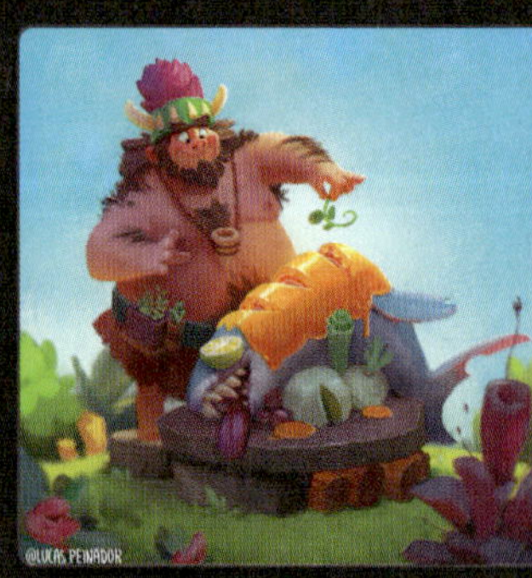

Caveman
1280 × 1280px

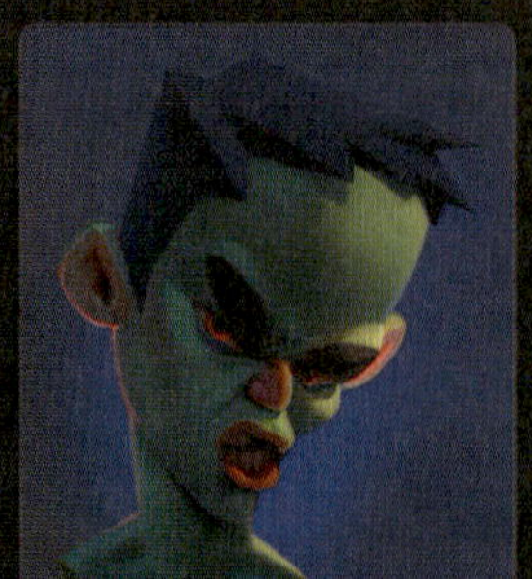

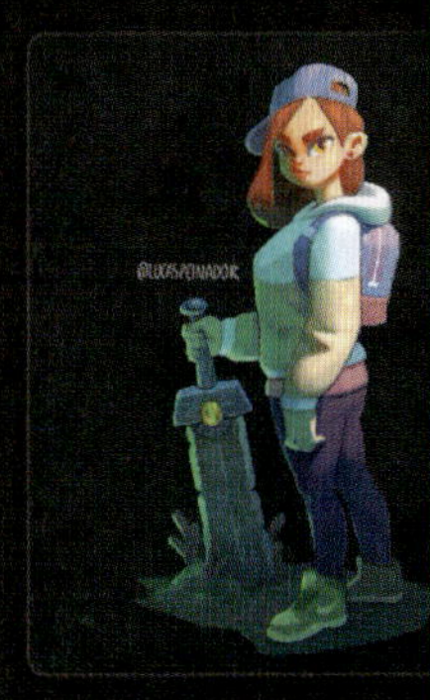

Sword Girl
2160 × 2700px

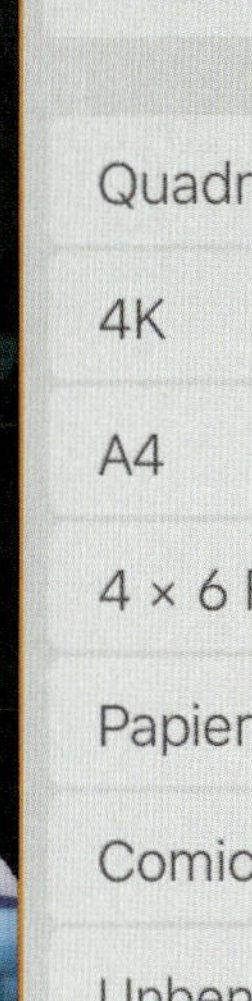

Chicken Ogre
2732 × 2732px

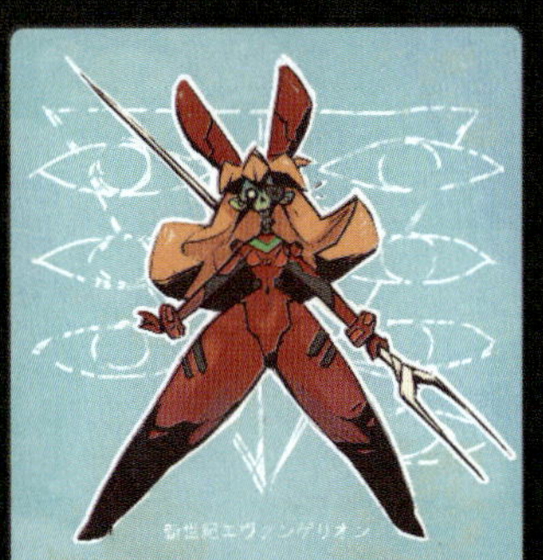

Neue Leinwand

Bildschirmgröße	P3	2224 × 1668px
Quadrat	sRGB	2048 × 2048px
4K	sRGB	4096 × 1714px
A4	sRGB	210 × 297mm
4 × 6 Foto	sRGB	6″ × 4″
Papier	sRGB	11″ × 8,5″
Comicheft	CMYK	6″ × 9,5″
Unbenannte Leinwand	P3	2048 × 2048px

Neue Leinwand

Bildschirmgröße	P3	2224 × 1668px
Quadrat	sRGB	2048 × 2048px
4K	sRGB	4096 × 1714px
A4 (highlighted)	sRGB	210 × 297mm
4 × 6 Foto	sRGB	6″ × 4″
Papier	sRGB	11″ × 8,5″
Comicheft (highlighted)	CMYK	6″ × 9,5″
Unbenannte Leinwand	P3	2048 × 2048px

▲ Speichere die am häufigsten genutzten Leinwandgrößen für eine spätere Benutzung.

SPEICHERE DEINE EIGENEN VOREINSTELLUNGEN

Auch wenn sich Procreate automatisch alle von dir selbst angelegten Größen merkt, kann es hilfreich sein, vorauszuplanen und Leinwände für deine am häufigsten verwendeten Auflösungen zu erzeugen und zu benennen. Dadurch sparst du Zeit, wenn du ein neues Bild beginnen willst, vor allem wenn du merkst, dass du oft mit den gleichen Leinwandgrößen arbeitest.

LÖSCHEN, DUPLIZIEREN UND BEREITSTELLEN

Das Löschen, Duplizieren und Bereitstellen deiner Dateien ist ganz einfach. Wenn du mit dem Finger nach links über eine deiner Dateien in der Galerie-Ansicht wischst, werden dir drei Optionen angezeigt.

Löschen

Löschen entfernt deine Datei. Sichere deine Dateien regelmäßig auch an anderen Stellen, da es keine Möglichkeit gibt, eine gelöschte Datei wiederherzustellen.

Duplizieren

Duplizieren erzeugt eine Kopie deiner Datei. Diese Option eignet sich, wenn du umfassende Änderungen an deinem Bild vornehmen oder unterschiedliche Versionen davon aufheben willst.

Bereitstellen

Bereitstellen erlaubt dir, dein Bild in verschiedenen Formaten zu exportieren. Wir werden uns diese Formate im nächsten Abschnitt anschauen.

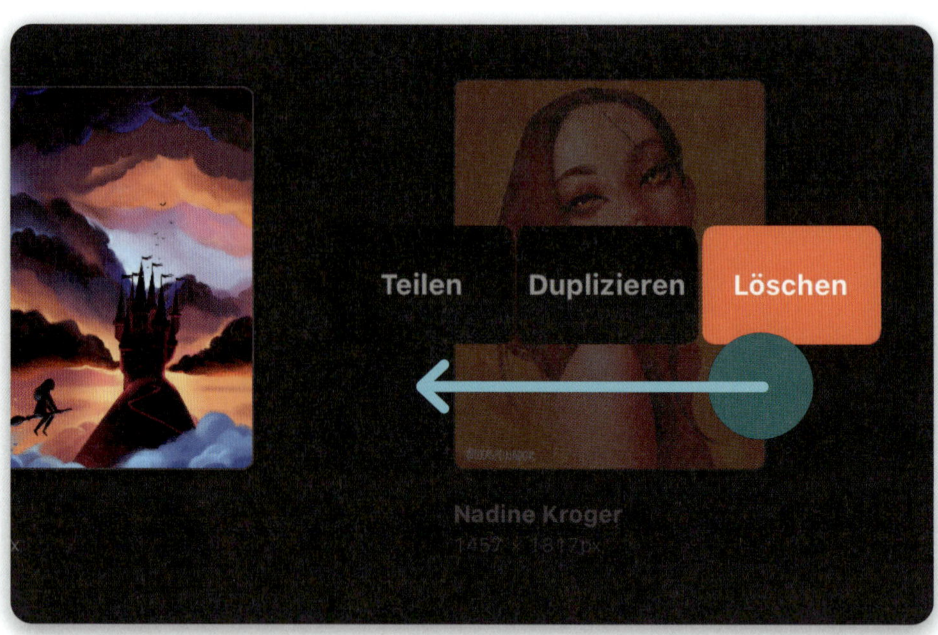

▲ Lösche, dupliziere und stelle Dateien bereit, indem du nach links wischst.

DATEIUNTERSTÜTZUNG

Procreate ist im Laufe der Zeit immer offener für unterschiedliche Dateiformate geworden und bietet Unterstützung vom eigenen PROCREATE-Format bis zum unumgänglichen PSD von Photoshop. Schauen wir uns einige der verfügbaren Formate an und weshalb du dich für das eine oder andere entscheiden solltest.

PROCREATE

Da PROCREATE das lokale Format deiner App ist, solltest du diesen Dateityp nutzen, wenn du eine Datei erneut in Procreate öffnen möchtest. Dieses Format unterstützt nicht nur Ebenen, sondern bietet darüber hinaus eine einzigartige Besonderheit: Es zeichnet ein Zeitraffer-Video deines Bildes auf. (Diese Funktion wird in ***Aktionen*** auf Seite 66 behandelt.)

PSD und TIFF

Neben PROCREATE unterstützen nur die Formate PSD und TIFF Ebenen. Nimm eines dieser beiden Formate, falls du die Ebeneninformationen behalten und die Dateien in einem anderen Programm bearbeiten willst.

PDF

PDF ist eine gute Option, wenn du beabsichtigst, deine Bilder zu drucken.

JPEG und PNG

JPEG und PNG eignen sich ausgezeichnet, falls du deine Dateien digital mit anderen teilen willst. JPEG bietet keine Unterstützung für Transparenz, PNG dagegen schon, sodass du dieses Format wählen solltest, wenn du einen transparenten Hintergrund brauchst.

Zeitraffer-Videos

Ein weiterer hervorragender Grund für den Einsatz von Procreate ist die Leichtigkeit, mit der du direkt aus deinen Dateien Zeitraffer-Videos exportieren kannst. Dieses Werkzeug interpretiert die Ebenen deiner Datei als Frames einer Animation. Du kannst die Abspielgeschwindigkeit festlegen und ob du die Datei mit voller Auflösung oder für ein schnelles Laden im Web exportieren willst. Dateien lassen sich folgendermaßen exportieren:

- Animierte GIFs für umfassende Browserunterstützung bei niedrigerer Qualität.
- Animierte PNGs für bessere Qualität bei geringerer Browserunterstützung.
- Animierte MP4s, falls du statt einer Animationsschleife ein Video exportieren willst und keine Transparenz benötigst.

Das Bildformat-Menü bietet verschiedene Optionen zum Exportieren deiner Bilder.

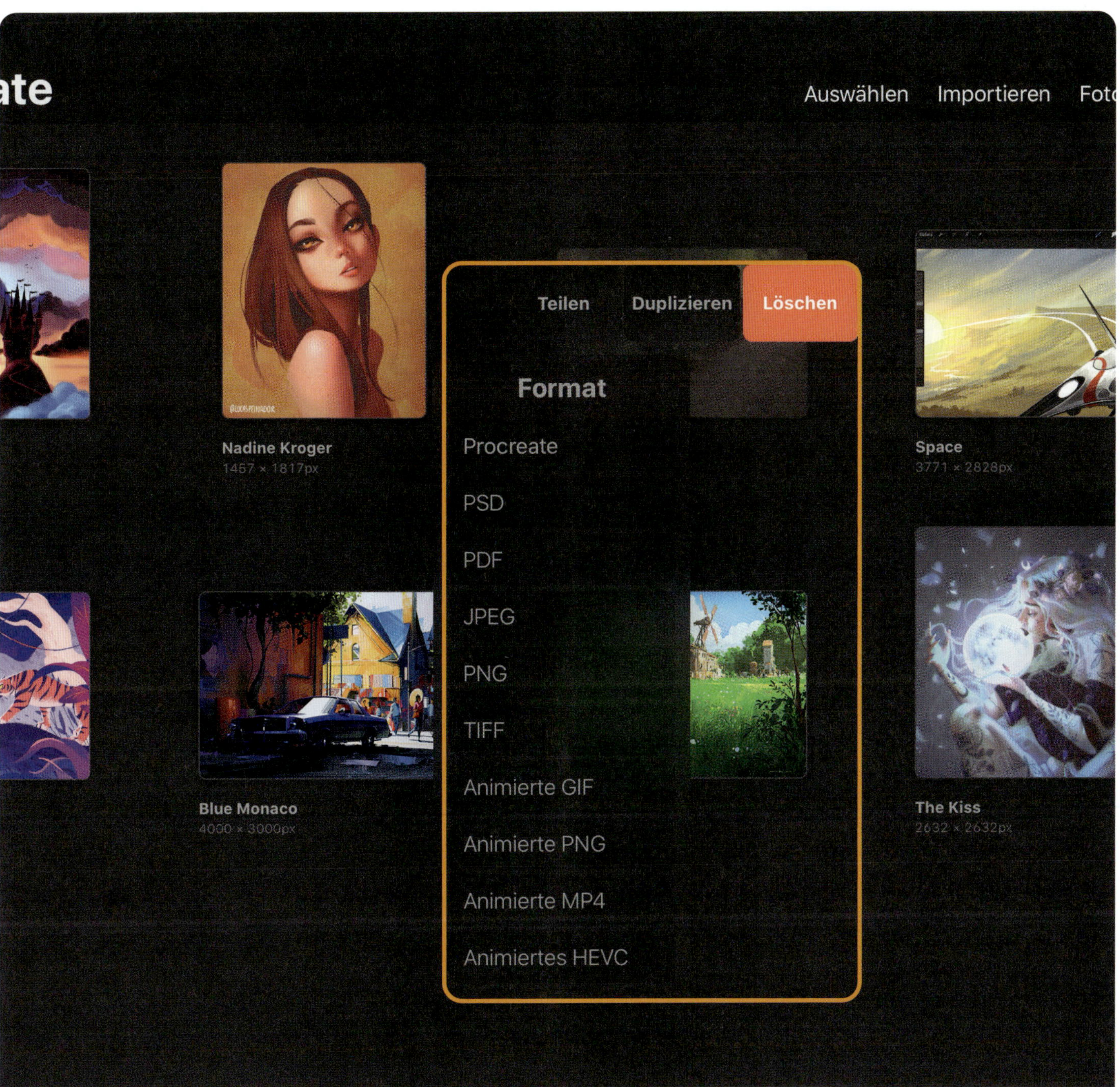

ORGANISIEREN UND UMBENENNEN

Hast du einige Bilder erstellt, füllt sich deine Galerie und wird irgendwann vermutlich etwas unübersichtlich. Glücklicherweise ist es ganz einfach, Dateien in Procreate zu organisieren. Du kannst deine Dateien direkt in der Galerie-Ansicht neu sortieren und umbenennen sowie zu Stapeln zusammenfassen.

Stapel neu anordnen

Um Dateien neu anzuordnen, berührst und hältst du eine der Dateien und ziehst sie dann an eine neue Position.

Falls du eine Datei auf eine andere fallen lässt, bilden diese einen Stapel, das heißt eine Gruppe von Dateien. Mit dieser Methode lässt sich die Galerie aufräumen und organisieren, sodass du deine Dateien schneller findest.

Das Beste an Stapeln ist, dass du sie wie eine einzelne Datei umorganisieren und Dateien hinein- und hinausbewegen kannst.

Dateien umbenennen

Ein wichtiger Weg zum Aufrechterhalten der Ordnung in deiner Galerie ist das Benennen deiner Dateien und Stapel. Tippe einfach den Namen der Datei oder des Stapels an, um die Tastatur zu öffnen und einen neuen Namen einzutippen.

▼ Berühre, halte und ziehe ein Bild, um es neu zu positionieren – lass es auf ein anderes Bild fallen, um einen Stapel anzulegen.

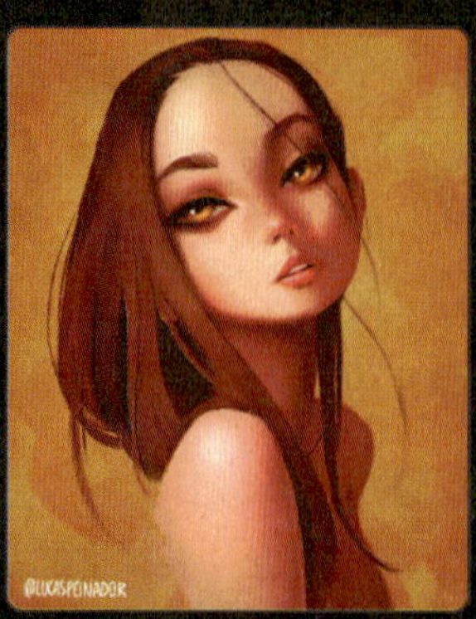

Nadine Kroger
1080 × 1350px

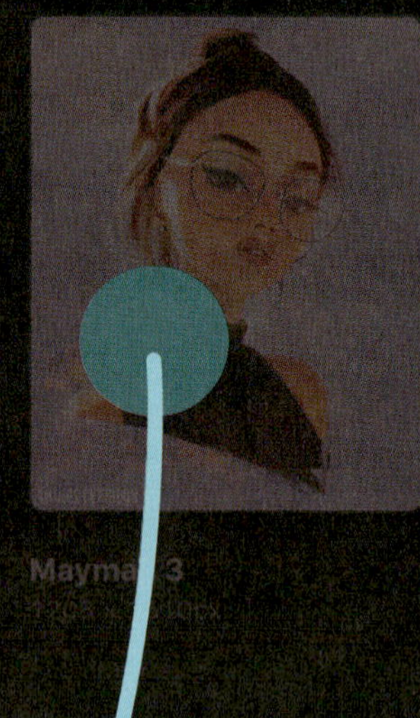

Mayma 3

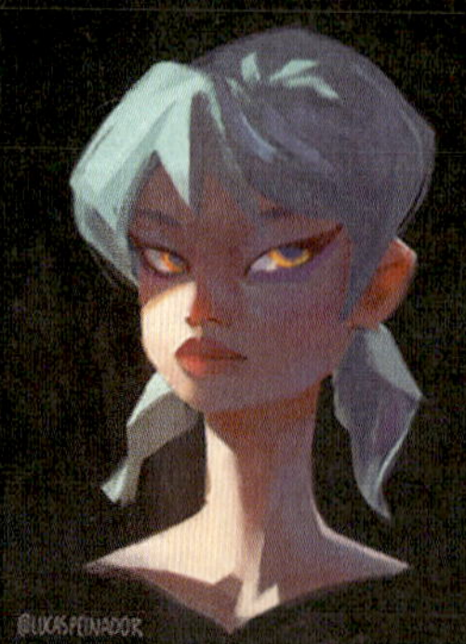

Ramon
2700 × 2700px

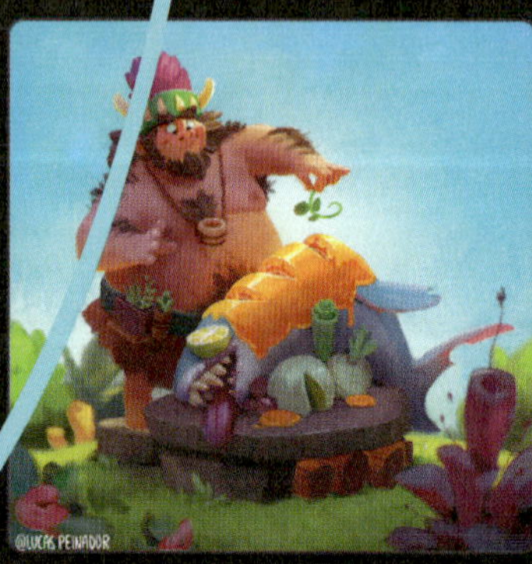

Caveman
1280 × 1280px

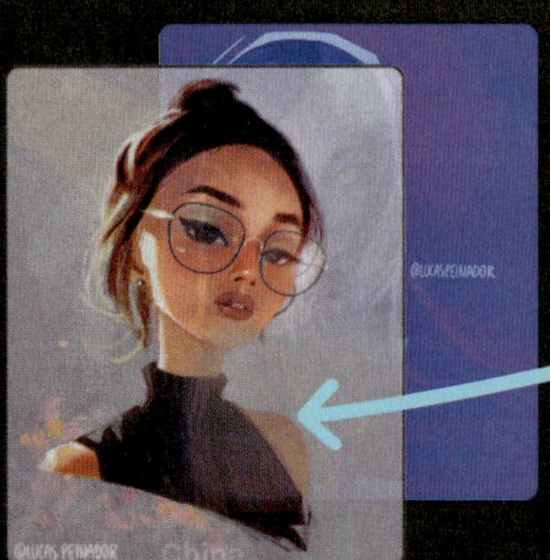

Chine
2160 × 2700px

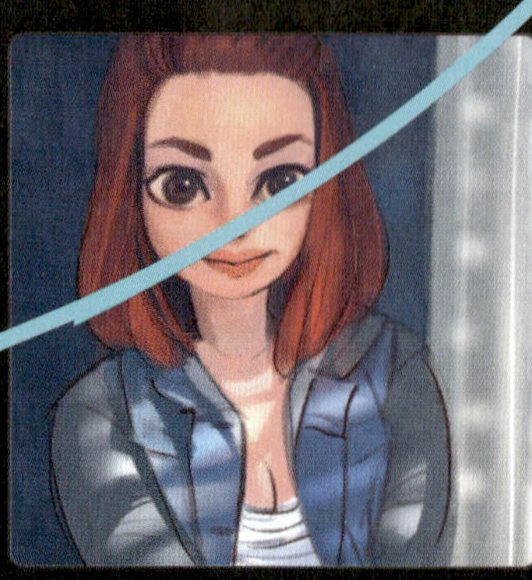

Madi Kay
2048 × 2048px

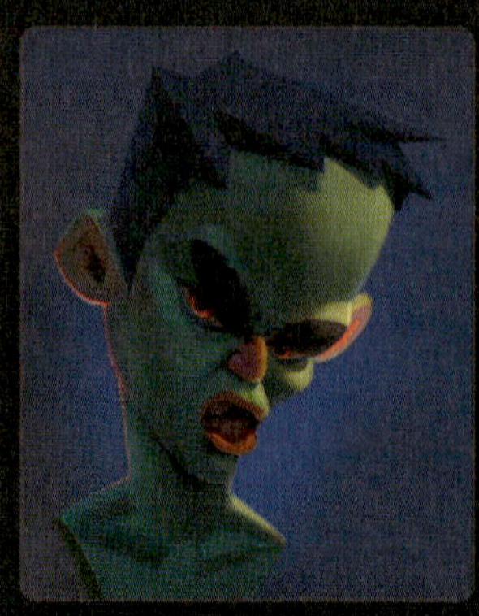

Green Dude
2160 × 2700px

VORSCHAU

Im Vorschaumodus kannst du deine Bilder auf dem ganzen Bildschirm betrachten, ohne sie erst öffnen zu müssen. Das ist toll, wenn du sie zum Beispiel als Portfolio präsentieren willst, aber nicht jedes einzelne Bild exportieren möchtest. Du erledigst dies direkt in deiner Galerie-Ansicht.

Wenn du mit zwei Fingern in eine deiner Dateien einzoomst, öffnet sich eine Vorschau auf dieses Bild. Du kannst dann nach links oder rechts wischen, um eine Diashow aller Dateien in deiner Galerie zu sehen. Eine gute Methode ist, erst einen Stapel der Dateien zu erzeugen, die du anschauen willst, und dann die Vorschau zu öffnen. Die Diashow läuft dann nur durch die Dateien innerhalb des ausgewählten Stapels.

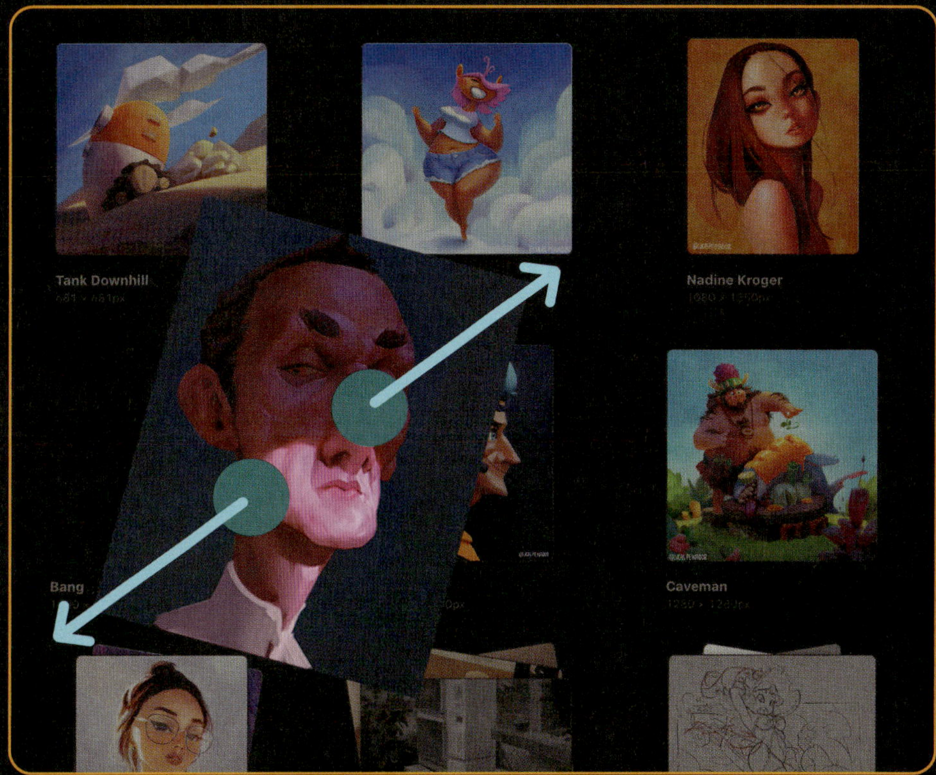

Zoome in ein Bild hinein, um eine Vorschau zu sehen, ohne das Bild zu öffnen.

ORGANISIERE DEINE GALERIE

Halte Ordnung in deiner Galerie mit einem »Work-in-Progress«-Stapel, einem »Studien«-Stapel für Stillleben und einem »Portraits«-Stapel für Sitzungen mit echten Modellen.

Du könntest deine Galerie aber auch in »Skizzen« und »fertige Gemälde« unterteilen. So bleibst du organisiert und kannst deine Zeichnungen schnell und einfach wiederfinden.

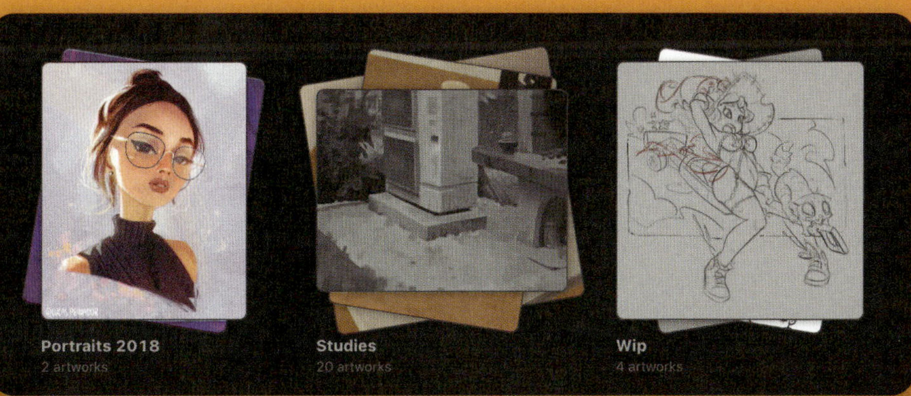

Wenn du deine Werke in Stapeln organisierst, kannst du sie leicht wiederfinden.

AUSWÄHLEN

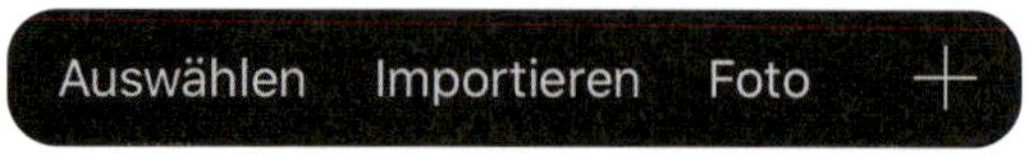

Auswählen Importieren Foto +

Nutze den Auswählen-Button, falls du bei mehreren Dateien die gleiche Aktion ausführen willst. Du findest ihn oben rechts in deiner Galerie. Nachdem du ihn angetippt hast, kannst du mehrere Dateien auswählen und Aktionen auslösen wie etwa:

- Stapeln,
- Vorschau,
- Teilen,
- Duplizieren,
- Löschen.

Mit dieser Funktion kannst du außerdem Stapel aus mehreren Dateien erstellen oder deine komplette Galerie in einem Backup sichern, egal ob online oder auf einem anderen Gerät.

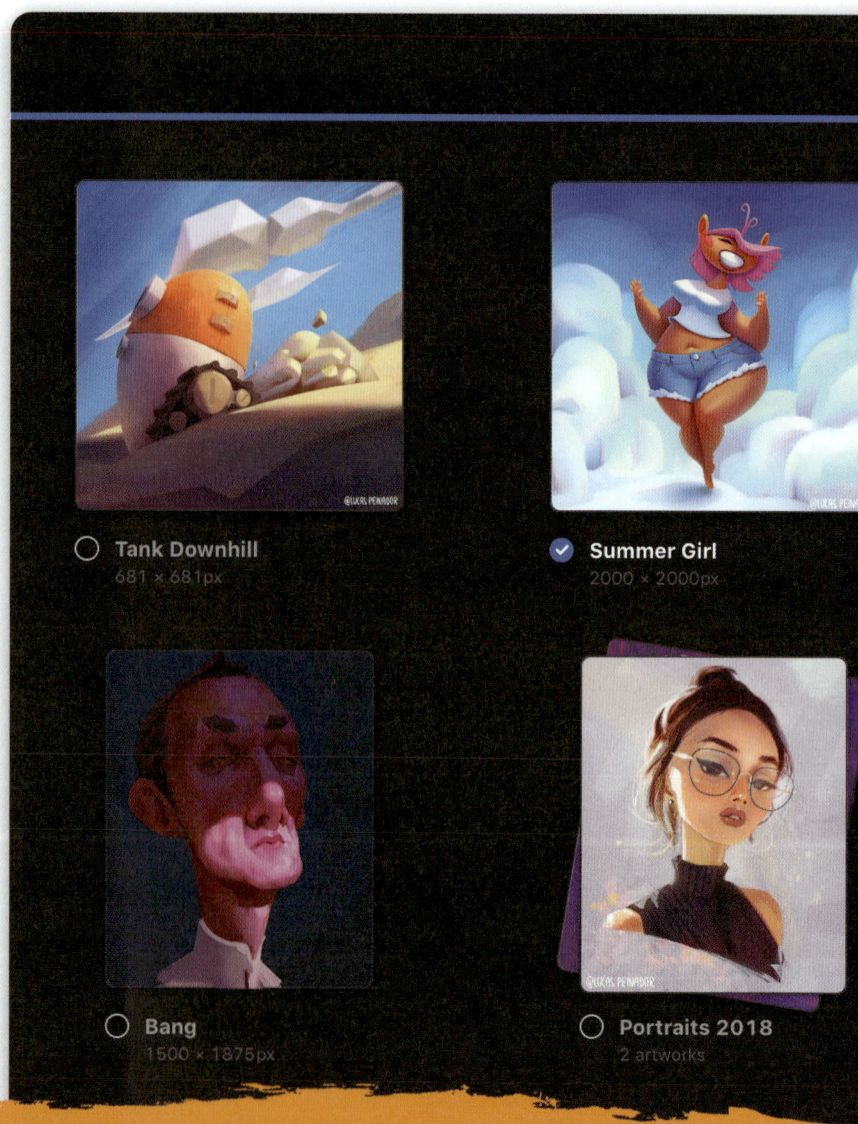

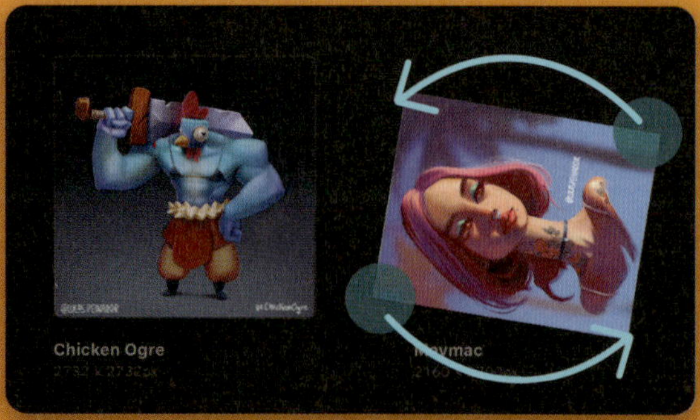

▲ Das Auswählen-Werkzeug erlaubt dir, Dateien in der Galerie-Ansicht zu drehen.

DREHE DEINE DATEIEN

Einer der praktischen Tricks in Procreate ist das Ändern der Ausrichtung einer Datei direkt in der Galerie. Falls du zum Beispiel ein Bild im Hochformat zeichnest und dann in die Galerie-Ansicht zurückkehrst, in der das Gemälde im Querformat ausgerichtet würde, siehst du die Vorschau des Gemäldes in einer falschen Ausrichtung. Fasse in diesem Fall das Bild in der Galerie-Ansicht mit zwei Fingern an und drehe es. Dein Bild »schnippt« in die horizontale oder vertikale Position. Die Option ist ganz praktisch, wenn du die Ausrichtung deiner Dokumente ändern willst, ohne extra in die Leinwand-Ansicht zu wechseln.

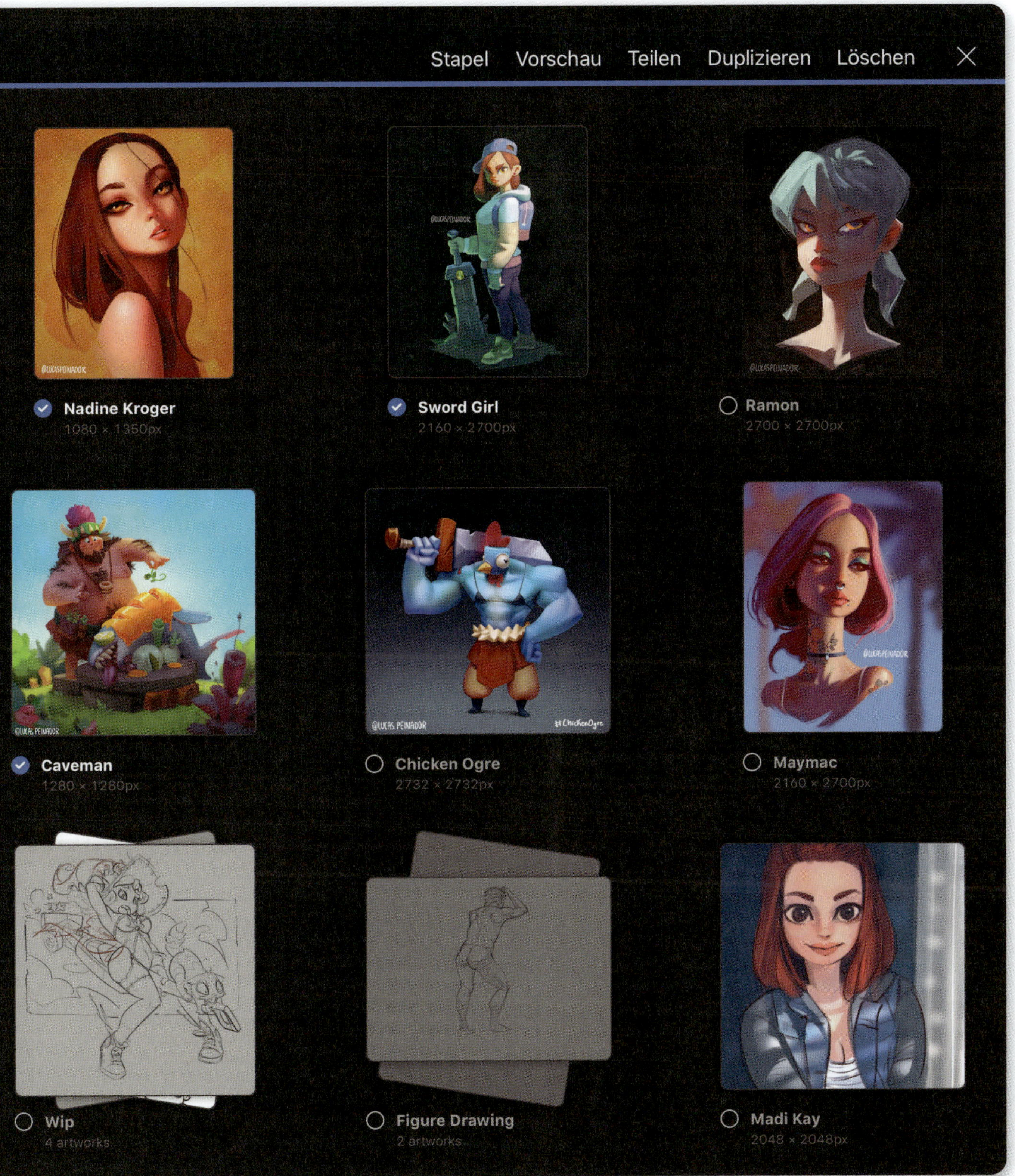

▲ Verwende das Auswählen-Werkzeug, um mehrere Aktionen gleichzeitig auf deinen Dateien auszuführen.

GESTEN

Wir sind nun mit der Galerie fertig und wollen jetzt einen Blick auf die Leinwand-Ansicht werfen.

Wie in *Die Bedienoberfläche* (Seite 14) erwähnt, ist die minimalistische Oberfläche eine der Eigenschaften, die Procreate von anderen Programmen unterscheidet. Die Gestensteuerung macht es zu einer voll ausgestatteten Zeichen-App, ohne dass dein Bild von Dutzenden Menüs verdeckt wird.

Gesten sind für das Arbeiten mit Procreate unerlässlich. In diesem Kapitel werden wir sie nacheinander behandeln.

Mit der Gestensteuerung kannst du Gesten anpassen, um deinen Workflow zu beschleunigen. Wir werden das in *Aktionen* behandeln (Seite 66).

In diesem Kapitel lernst du, wie du:

- **durch Procreate navigierst,**
- **Gesten einsetzt, um deinen Workflow zu beschleunigen,**
- **mithilfe der Gesten und der Buttons in der Seitenleiste Aktionen widerrufst und wiederholst,**
- **das Menü aufrufst, um Elemente auf deiner Leinwand zu kopieren und einzufügen,**
- **Gesten benutzt, um eine Ebene zu löschen,**
- **Gesten einsetzt, um zur Vollbildansicht zu gelangen.**

GESTEN UND NAVIGATION

Die einfachsten Gesten in Procreate sind diejenigen zum Navigieren auf deiner Leinwand. Dazu gehören das Rein- und Rauszoomen sowie das Verschieben der Leinwand auf dem Bildschirm. All diese Gesten sind relativ intuitiv.

Rein- und Rauszoomen

Um rein- oder rauszuzoomen, halte zwei Finger gedrückt und ziehe sie zusammen oder auseinander.

Die Leinwand drehen

Setze deine Finger ähnlich wie bei der Zoomgeste auf den Bildschirm und drehe sie. Die Leinwand folgt deiner Bewegung und dreht sich ebenfalls.

Die Leinwand bewegen

Mit einer ähnlichen Geste kann man die Leinwand auf dem Bildschirm herumbewegen. Halte dieses Mal zwei Finger auf die Leinwand und ziehe diese dann an die gewünschte Stelle.

Mit diesen einfachen Gesten positionierst du dein Bild ebenso intuitiv wie ein Blatt Papier.

Vollbildansicht

Eine andere Geste, die ganz nützlich ist, wenn man an einem Bild arbeitet, ist das schnelle Zusammendrücken (»Pinch«). Diese Geste bringt deine Leinwand auf dem iPad in die Vollbildansicht. Stell dir vor, du hast reingezoomt, um dir irgendwelche Details in deinem Bild anzuschauen, und willst nun wieder das Bild als Ganzes sehen. Setze für diese Geste zwei Finger auf den Bildschirm, drücke sie schnell zusammen und nimm die Finger dann weg.

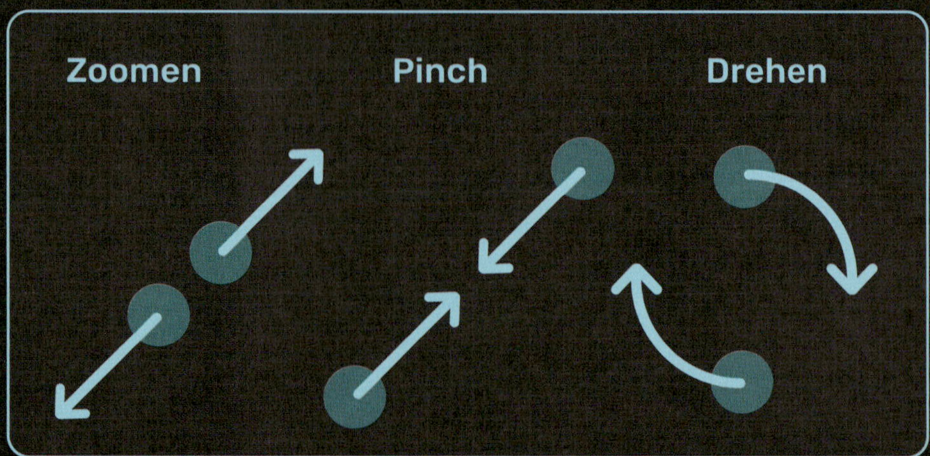

▲ Gesten sind einfach und intuitiv.

WIDERRUFEN UND WIEDERHOLEN

Widerrufen und Wiederholen sind in jedem digitalen Zeichenprogramm unentbehrlich. Mit Widerrufen kannst du einen Schritt in deinem Bild zurückgehen, mit Wiederholen gehst du einen Schritt vorwärts. Da du keine Tastatur an deinem iPad benutzen wirst (obwohl du es könntest und dann sogar in der Lage wärst, einige der Gesten über die Tastatur zu steuern), führst du beide Befehle mithilfe von Gesten aus.

Widerrufen

Zum Widerrufen tippst du mit zwei Fingern auf die Leinwand.

Wiederholen

Zum Wiederholen tippst du mit drei Fingern.

Mehrere Schritte

Falls du mehrere Schritte widerrufen oder wiederholen willst, hältst du deine Finger gedrückt, anstatt zu tippen.

Alternativ findest du Widerrufen und Wiederholen auch mithilfe der Pfeil-Buttons unten in der Seitenleiste auf der linken Seite.

▼ Tippe mit zwei Fingern, um einen Schritt zu widerrufen, oder mit drei Fingern, um ihn zu wiederholen.

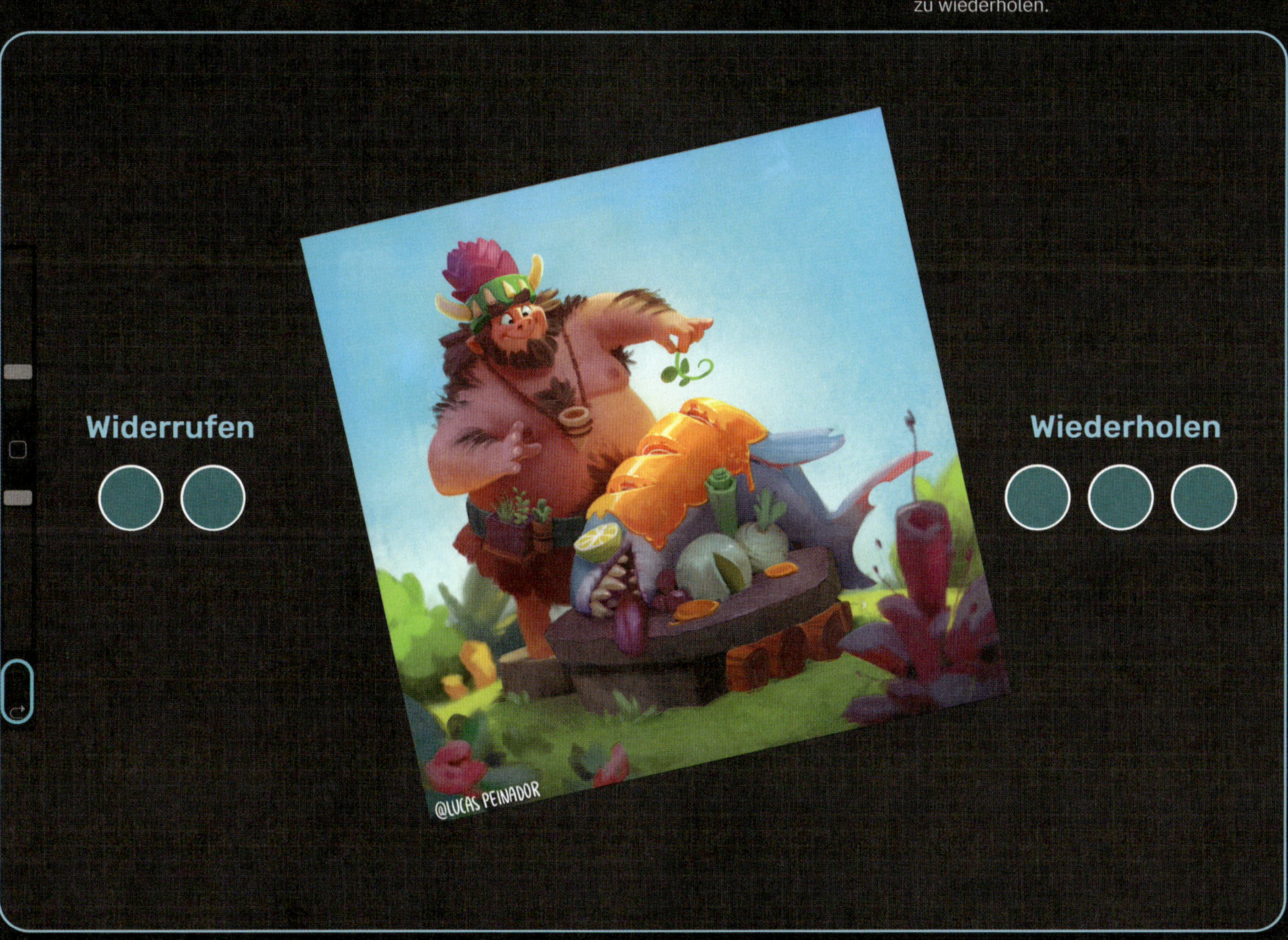

KOPIEREN-UND-EINFÜGEN-MENÜ

Wenn du mit drei Fingern kurz und schnell nach unten über die Leinwand streichst, öffnet sich das Kopieren-und-Einfügen-Menü. Dieses Menü erlaubt dir, Teile deines Bildes zu kopieren, auszuschneiden oder einzufügen.

Kopieren

Beim Kopieren duplizierst du das, was du auf deiner aktuellen Ebene hast. (Wie du Auswahlen triffst, wird im Abschnitt ***Auswahl-Werkzeug*** auf Seite 50 behandelt; über ***Ebenen*** sprechen wir auf Seite 42.) Falls du nichts ausgewählt hast, wird alles kopiert, was sich auf der aktuellen Ebene befindet. Du kannst den kopierten Inhalt dann mit Einfügen platzieren. Das geht aus einer anderen Datei heraus oder sogar in eine andere Anwendung.

Ausschneiden

Ausschneiden funktioniert so ähnlich, allerdings wird keine Kopie deiner Ebene erzeugt, stattdessen entfernst du das ausgewählte Element und kannst es dann woanders einsetzen.

Einfügen

Da du normalerweise den kopierten oder ausgeschnittenen Inhalt immer sofort auf einer anderen Ebene einfügen wirst, sind die Buttons, die diese beiden Aktionen gleichzeitig ausführen, in dem Menü enthalten.

Alle kopieren

Die Option Alle kopieren erzeugt eine Kopie aller Elemente, die in deiner Datei sichtbar sind, unabhängig von den Ebenen, auf denen sie sich befinden.

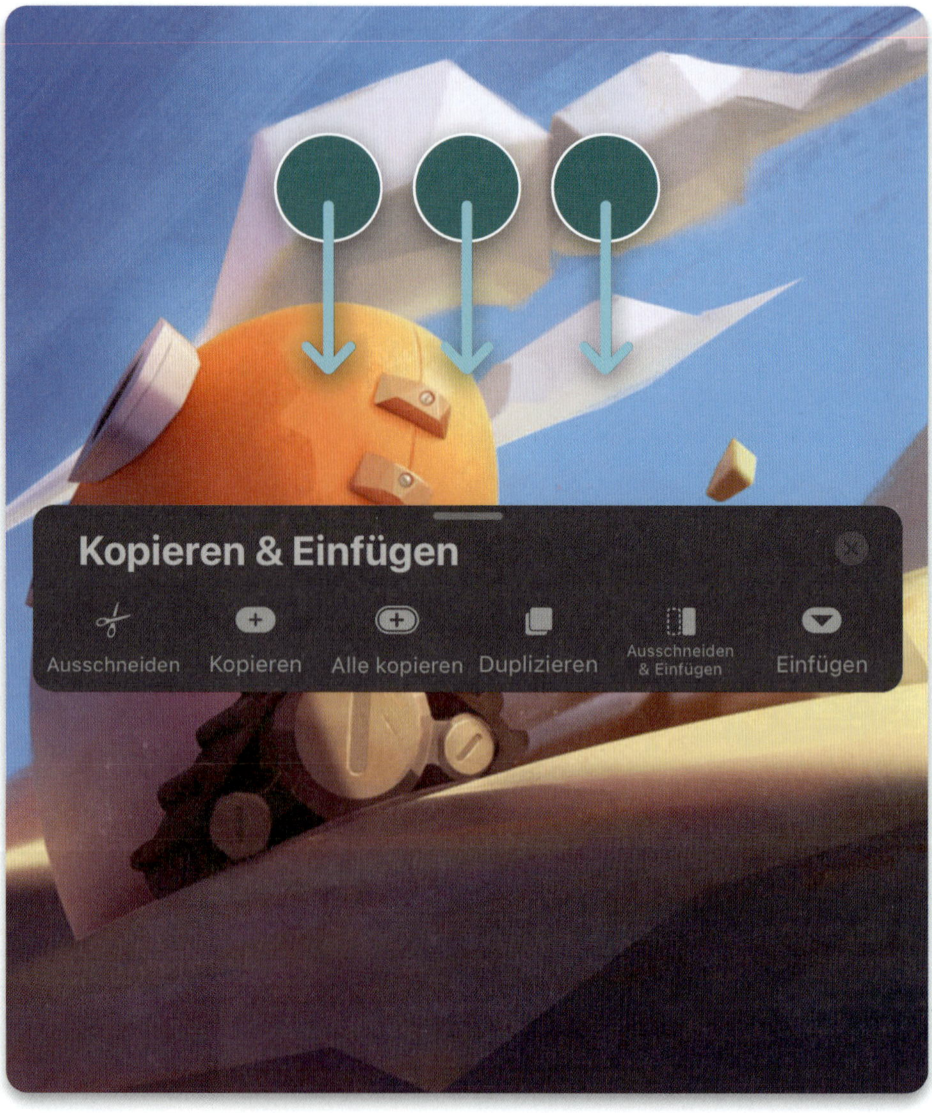

▲ Um das Kopieren-und-Einfügen-Menü zu öffnen, ziehst du drei Finger auf dem Bildschirm nach unten.

ALLE EBENEN KOPIEREN

Der Befehl Alles kopieren erlaubt dir, den Inhalt aller Ebenen zu kopieren und dann auf einer einzigen neuen Ebene einzufügen. (Die Originalebenen bleiben unverändert.) Das ist sinnvoll, wenn du zum Beispiel den Zwischenstand deiner Arbeit mit jemandem teilen willst oder eine auf eine Ebene reduzierte Kopie deines Arbeitsstands festhalten möchtest, um ihn sich später noch einmal anzuschauen. Eine Alternative bestünde darin, eine Gruppe aus Ebenen zu erzeugen, die Gruppe zu duplizieren und dann in der neuen Gruppe weiterzuarbeiten. Das erfüllt den gleichen Zweck wie das Speichern mittels Alles kopieren, bewahrt allerdings darüber hinaus die Ebenen. Achte jedoch auf die Anzahl der Ebenen in deiner Datei.

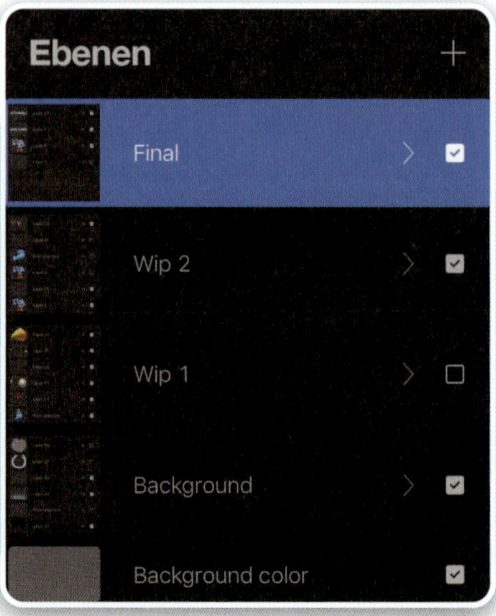

ANDERE NÜTZLICHE GESTEN

Ebene löschen

Falls du alles von einer Ebene löschen möchtest, was du darauf gezeichnet hast, setze drei Finger auf den Bildschirm und ziehe sie hin und her. Diese Geste lässt sich zusammen mit Auswahlen benutzen, um große Teile eines Bildes zu entfernen, ohne den Radierer zu bemühen.

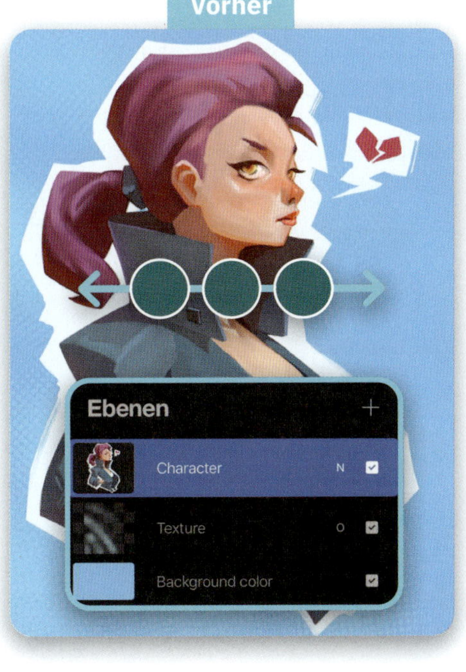

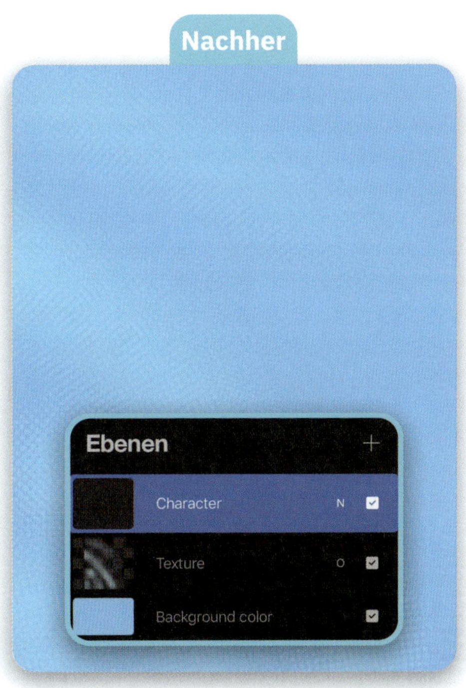

Bewege drei Finger hin und her, um eine Ebene zu löschen.

Die Bedienoberfläche ausblenden

Tippe den Bildschirm einmal mit vier Fingern an, um die Bedienoberfläche auszublenden. Wenn du sie wieder zurückhaben möchtest, wiederhole die Geste. Diese Funktion ist ganz nützlich, wenn du ohne Ablenkungen zeichnen oder deine Arbeit präsentieren willst.

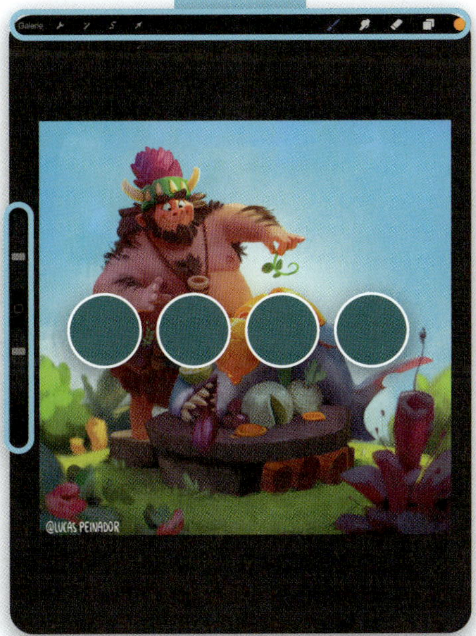

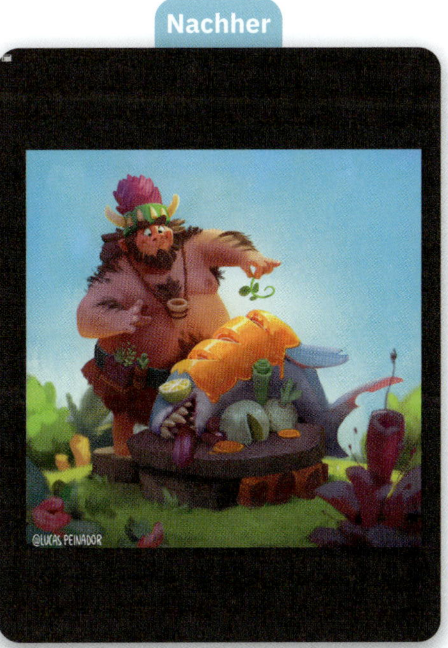

Tippe mit vier Fingern einmal auf den Bildschirm, um die Bedienoberfläche auszublenden.

PINSEL

Procreate kommt mit drei nützlichen Werkzeugen daher: Pinsel, Radierer und Verwischen. Der Pinsel ist dein wichtigstes Mal- und Zeichenwerkzeug, das du vermutlich auch am häufigsten verwenden wirst. Wenn du dann erst einmal Farbe auf der Leinwand hast, kannst du sie mit dem Verwischen-Werkzeug mischen. Der Radierer löscht Teile des Bildes (oder auch gleich das ganze Bild). ate, da sich die drei Tools eine Pinselsammlung teilen. Du kannst mit allen drei Werkzeugen die gleiche Pinselform nutzen, um ähnliche Pinselstriche zu erzeugen.

In diesem Kapitel lernst du, wie du:

- mit den Pinsel-, Radierer- und Verwischen-Werkzeugen arbeitest,
- deine Pinsel neu anordnest,
- eine neue Gruppe mit deinen Lieblingspinseln anlegst,
- Pinsel bereitstellst,
- Pinsel von deinem Gerät importierst,
- Pinsel erzeugst und veränderst,

WIE DU DEINE PINSEL ORGANISIERST

Nachdem du die Pinsel alle einmal ausprobiert hast, haben sich vielleicht schon ein paar Favoriten ergeben, die du gern in einem Set zusammenfassen möchtest.

Ein neues Pinselset anlegen

Um ein neues Pinselset anzulegen, ziehst du die Spalte der Pinselkategorien nach unten, bis du oben ein +-Icon siehst. Tippe auf das +, um ein neues Set zu erzeugen, und nenne es »Favoriten« oder »Lieblinge« oder wie du möchtest. Wenn du das Set anschließend antippst, kannst du es wieder umbenennen, löschen, bereitstellen oder duplizieren.

Pinsel einem Set hinzufügen

Suche zuerst den Pinsel, den du in das neue Set übertragen willst. Wähle ihn dann aus, halte ihn gedrückt und ziehe ihn in das neue Set. Warte, bis das Set blinkt und sich öffnet, und lass den Pinsel dann los.

Pinsel verschieben und duplizieren

Handelte es sich bei dem Pinsel um einen vorgegebenen Pinsel, ist er auch weiterhin in seinem Originalset zu finden. Überträgst du dagegen einen Pinsel von einem eigenen Set in ein anderes eigenes Set, dann verschiebst du ihn, statt ihn zu kopieren. Damit ein Pinsel in zwei selbst angelegten Sets enthalten sein kann, musst du ihn zuerst duplizieren.

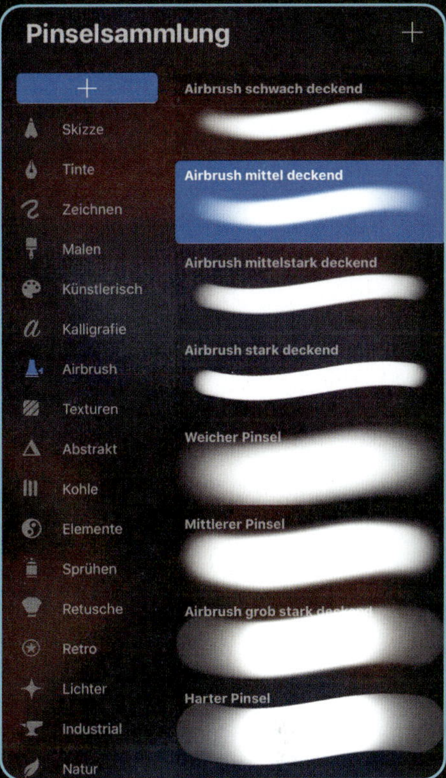

Erzeuge ein neues Pinselset, indem du die Liste der Pinselsets nach unten ziehst und dann oben auf das +-Icon tippst.

PINSEL NEU ANORDNEN

Nachdem du mehrere Pinsel einem Set hinzugefügt hast, kannst du diese neu anordnen, indem du sie auswählst, hältst und in der Liste nach oben oder unten ziehst. Wenn du ähnliche Pinsel gruppierst, findest du sie später schneller wieder und hast mehr Freude beim Arbeiten in Procreate.

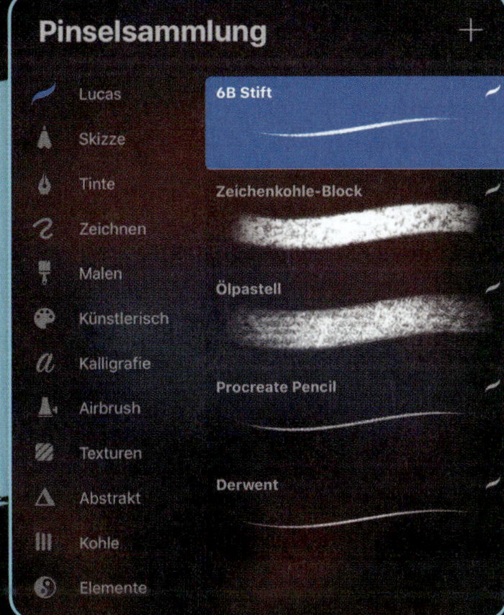

Gruppiere deine Lieblingspinsel, um sie leichter wiederzufinden.

GRÖSSE UND DECKKRAFT

Beim Arbeiten mit Procreate oder anderen digitalen Zeichenprogrammen ist es wichtig, Größe und Deckkraft eines Pinsels zu kontrollieren. Die Größe erlaubt dir, anzugeben, wie groß die Abdrücke deines Pinsel-, Radierer- oder Verwischen-Werkzeugs auf der Leinwand werden, während die Deckkraft bestimmt, wie deckend oder transparent diese Abdrücke werden. Alle Pinsel lassen sich so bearbeiten, dass für Größe und Deckkraft Vorgabewerte eingestellt werden; allerdings gibt es Regler, mit denen sie sich während der Arbeit ändern lassen.

Die Größen- und Deckkraft-Regler befinden sich in der linken Seitenleiste. Sie sind immer zu sehen, es sei denn, du befindest sich in der Vollbildansicht und hast die Seitenleiste ausgeblendet. (In *Die Bedienoberfläche* auf Seite 14 findest du eine Darstellung der Seitenleiste.) Der obere Regler kontrolliert die Größe deines Pinsels, der untere die Deckkraft. Die Steuerungen sind so positioniert, dass du sie mit der Hand verändern kannst, mit der du nicht malst.

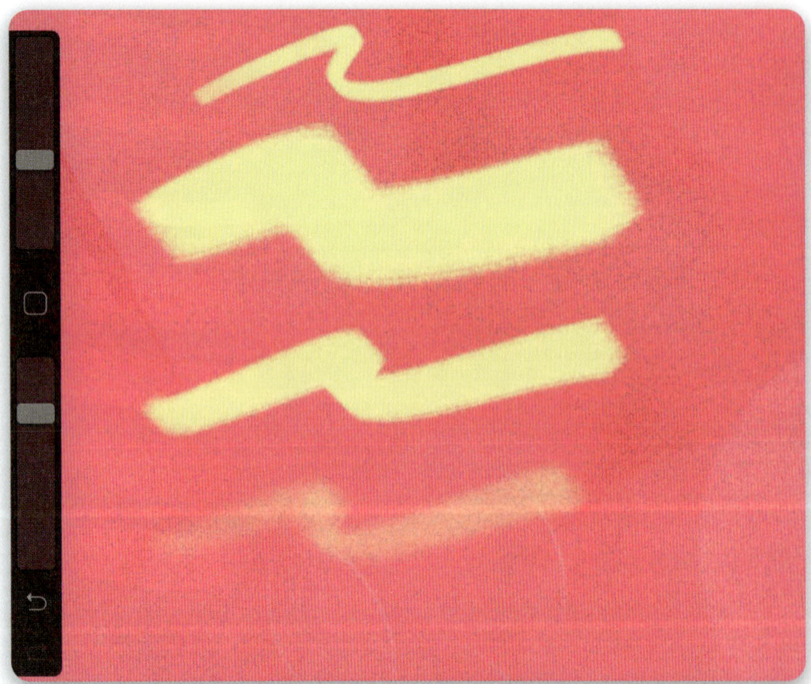

▲ Experimentiere beim Zeichnen und Malen mit den Größen- und Deckkraftwerten deines Pinsels.

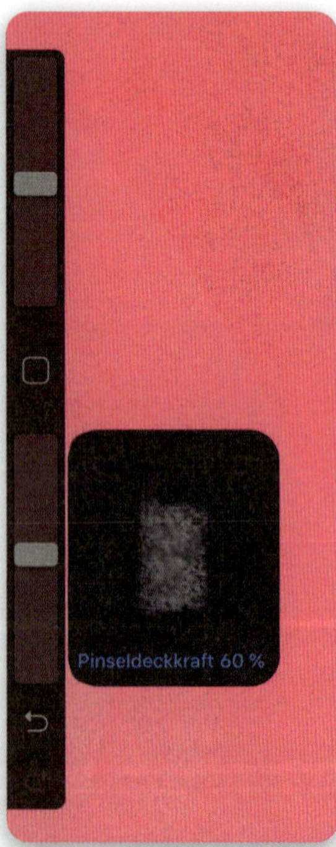

▲ Pinseldeckkraft-Regler

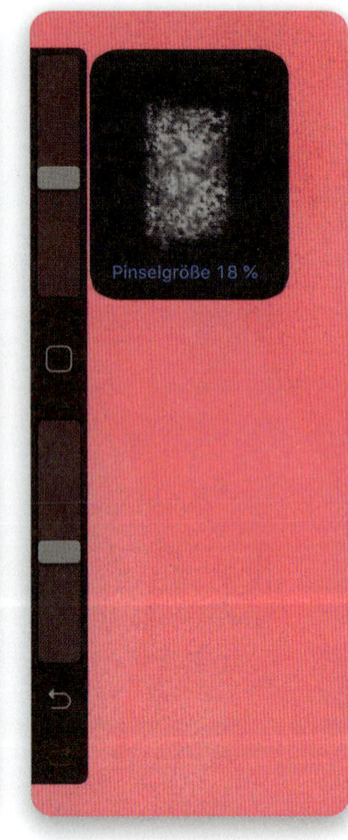

▲ Pinselgröße-Regler

MIT EINEM STIFT MALEN

Du kannst deine Werkzeuge mit deinem Finger oder mit einem Stift betätigen (empfohlen wird der Apple Pencil). Falls du dich fragst, wieso du ein Plastikstöckchen kaufen solltest, um damit zu malen, lautet die Antwort, dass ein Stift (speziell der Apple Pencil) es der Software erlaubt, sowohl Druck als auch Neigung zu erkennen. Wenn du stärker oder weniger stark aufdrückst oder deinen Stift neigst, reagieren die digitalen Pinsel unmittelbar auf die Veränderung und simulieren so ein realistisches Mal- und Zeichenerlebnis.

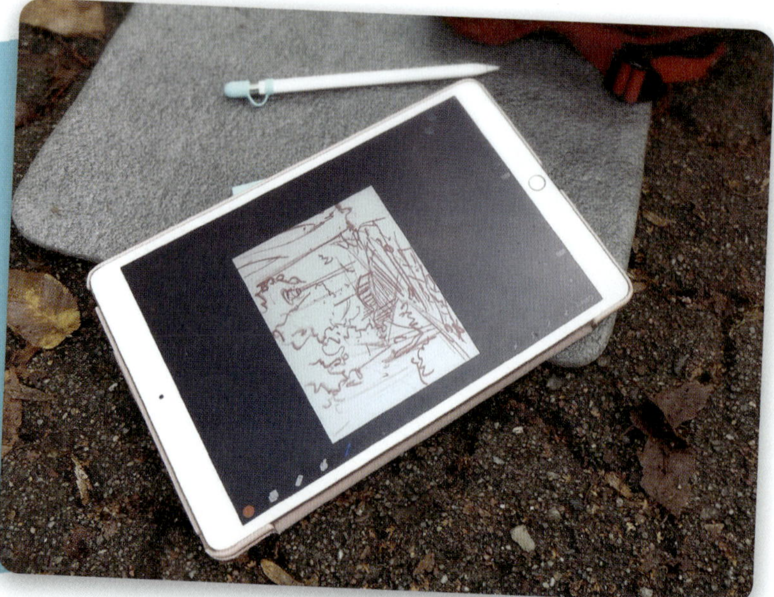

Es gibt einige Tricks, um Procreate an deine Bedürfnisse anzupassen.

Bedienung mit rechter Hand

Falls du Linkshänder bist, kannst du die Position der Regler umkehren. Tippe dazu auf das Aktionen-Icon (das Schraubenschlüssel-Icon in der linken oberen Ecke), wähle dann Einst. und aktiviere Bedienung mit rechter Hand.

Dynamische Pinselskalierung

Procreate verändert die Pinselgröße relativ zur Leinwand jedes Mal, wenn du in die Leinwand rein- oder rauszoomst. Wenn du nicht möchtest, dass Procreate die Pinselgröße ändert, dann aktiviere den Button bei dynamische Pinselskalierung.

Druck und Glätten

Procreate bietet dir Unterstützung bei deinen Pinselstrichen und stabilisiert so deine Linienführung. In welche Maße die App dich unterstützen soll, kannst du für den jeden Pinsel einzeln im Pinselstudio einstellen. Du kannst deine bevorzugten Einstellungen aber auch hier vornehmen. Die Einstellungen für Druck, Glätten und Stabilisierung gelten dann für alle Pinsel.

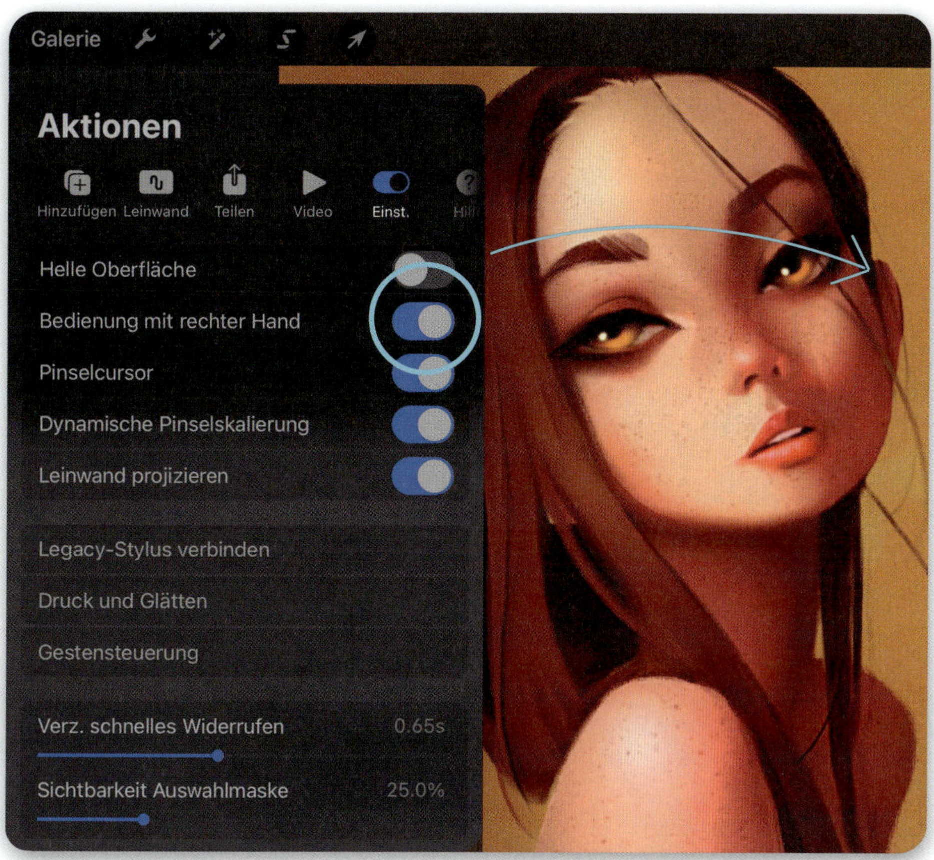

Die Umstellung auf Bedienung mit rechter Hand erlaubt dir, die Regler mit deiner rechten Hand zu manipulieren.

Den Balken neu positionieren

Um den Balken höher oder niedriger zu positionieren, drückst und hältst du den Modifizieren-Button (das kleine Quadrat in seiner Mitte), ziehst ihn vom Rand des Bildschirms weg und schiebst ihn dann nach oben oder unten. Das ist vor allem dann sinnvoll, wenn du den Balken daran anpassen willst, wie du das iPad normalerweise festhältst.

Feineinstellung

Wenn du die Regler präziser bedienen willst, kannst du die Feineinstellung aktivieren. Halte dazu den Regler gedrückt und ziehe ihn vom Balken weg. Bewege ihn anschließend nach oben oder unten, um die Pinselgröße oder die Deckkraft exakter einzustellen. Du wirst feststellen, dass sich der Regler langsamer bewegt, als wenn du ihn einfach ganz normal nach oben oder unten schiebst. Dieser Trick funktioniert bei allen Reglern in Procreate.

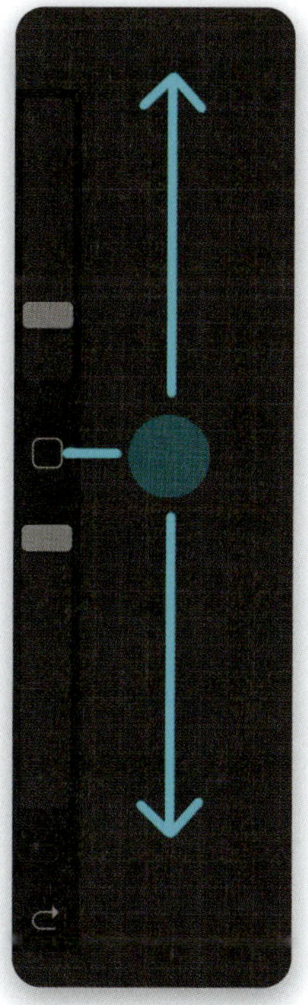

Um die Feineinstellung zu aktivieren, positionierst du den Balken auf der linken Seite neu, indem du ihn von der Kante wegziehst und die Regler dann nach oben oder unten schiebst.

DEINE PINSEL BEREITSTELLEN

Wenn du dir schon einmal die Mühe gemacht hast, eigene Pinselsets anzulegen, willst du diese vielleicht auch mit anderen teilen oder entweder online oder auf einem deiner Geräte sichern. Tippe dazu den entsprechenden Pinsel an und wähle Teilen. Lege dann fest, wohin du dein Pinselset exportieren willst.

Du kannst sogar einzelne Pinsel teilen. Wische auf dem Pinsel, den du teilen möchtest, nach links, um ein Menü mit drei Optionen aufzurufen: Teilen, Duplizieren und Löschen.

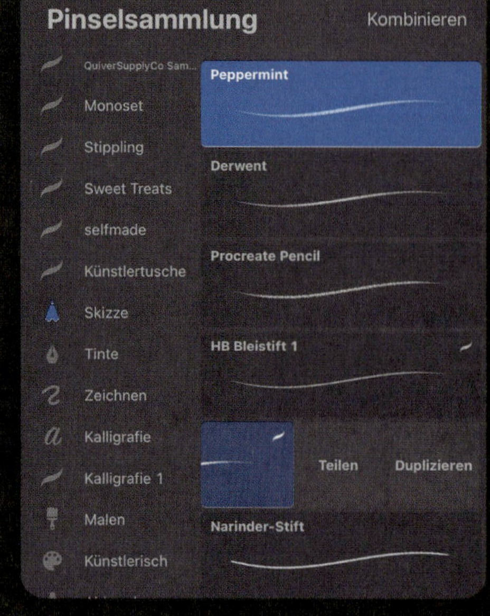

Lösche, dupliziere oder teile einen Pinsel, indem du auf ihm nach links wischst.

WIE DU PINSEL IMPORTIERST

Du kannst zuvor gesicherte Pinsel oder Pinselsets bzw. Pinsel, die du online gefunden hast und einmal ausprobieren willst, ganz einfach in deine Pinselsammlung importieren. Öffne sowohl Procreate als auch den Ordner, in dem der Pinsel gespeichert ist. Ziehe dann den Pinsel, den du importieren möchtest, in die Pinselsammlung von Procreate. Handelt es sich um einen einzelnen Pinsel, lass ihn in die rechte Spalte fallen, ein Set legst du in die linke Spalte.

Du importierst Pinsel ganz einfach, indem du sie aus deinem Gerät in die Sammlung ziehst.

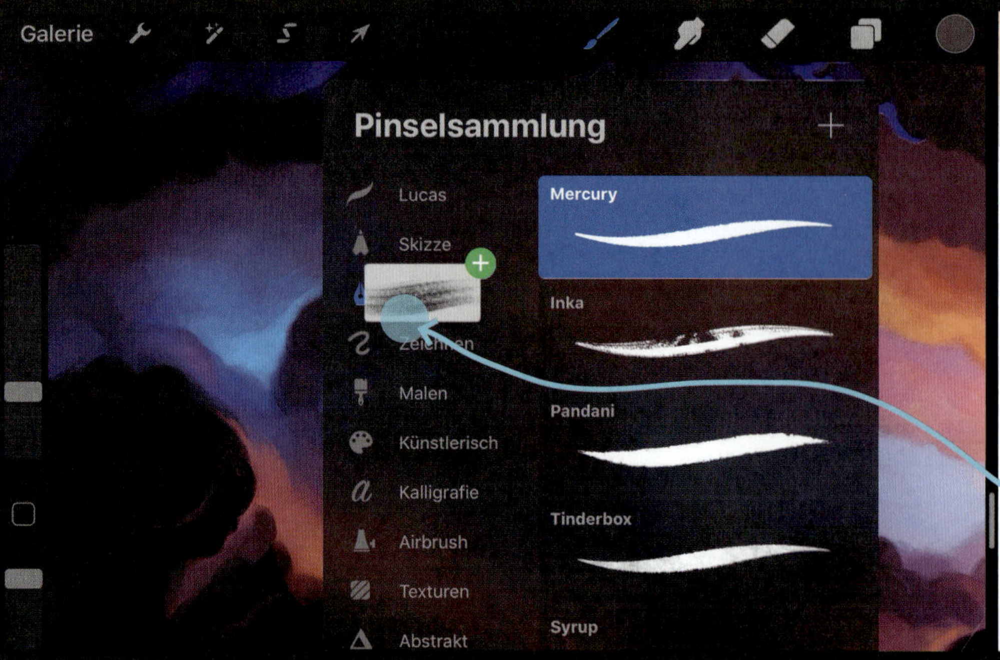

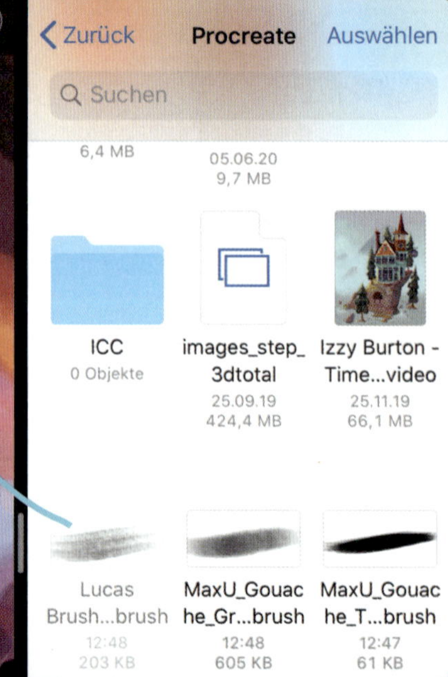

VERLÄUFE

Eine Verlaufswirkung erzielst du mithilfe eines großen weichen Airbrush-Pinsels. Navigiere in das Airbrush-Pinselset der Pinselsammlung. Wähle den Weichen Pinsel aus und tippe ihn noch einmal an, um dessen Einstellungen zu öffnen. Gehe in das Menü Eigenschaften und ziehe den Regler Maximale Größe ganz nach rechts. Nun kannst du mit diesem Pinsel weiche Verläufe auf deiner Leinwand erzeugen.

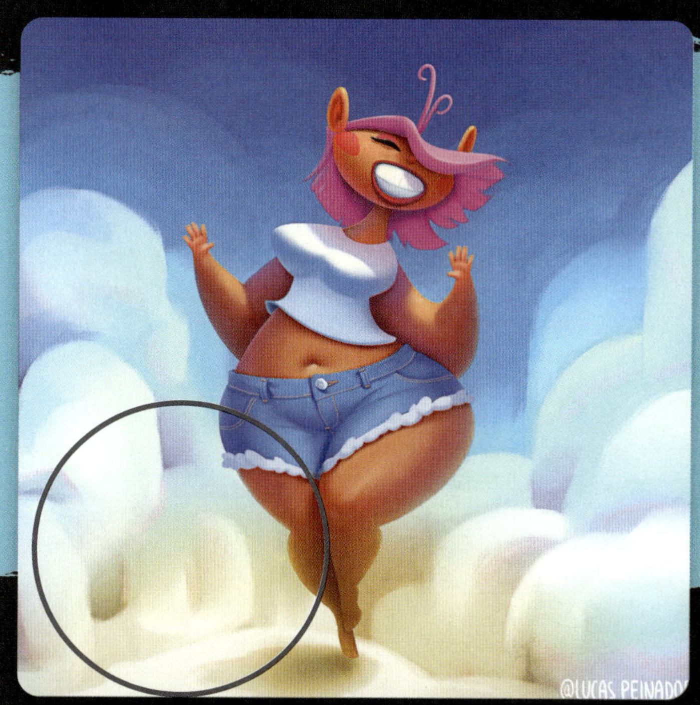

Mit einem großen weichen Airbrush-Pinsel erzielst du eine Verlaufswirkung.

EINEN NEUEN PINSEL ANLEGEN

Möglicherweise merkst du irgendwann, dass du zwar eine Menge Lieblingspinsel hast, aber immer noch irgendetwas fehlt. Erzeuge deinen Idealpinsel doch einfach selbst. Die vielfältigen Einstellungsmöglichkeiten für Pinsel in Procreate erlauben dir, alles zu kombinieren, was du für deinen einzigartigen Pinsel für nötig hältst.

Einen neuen Pinsel erstellen

Tippe in der **Pinselsammlung** auf das +-Icon. Du kannst deinem Pinsel einen Namen geben und eine Form sowie eine Körnung festlegen. Mit Form ist die Form der Pinselspitze gemeint, Körnung gibt die Textur an, die der Pinsel auf der Seite hinterlässt. Tippe auf Aus Quellbibliothek wählen, um aus den bereits in Procreate vorhandenen Formen und Körnungen zu wählen. Wenn du das erledigt hast, ist dein eigener Pinsel angelegt. Nun musst du ihn nur noch anpassen.

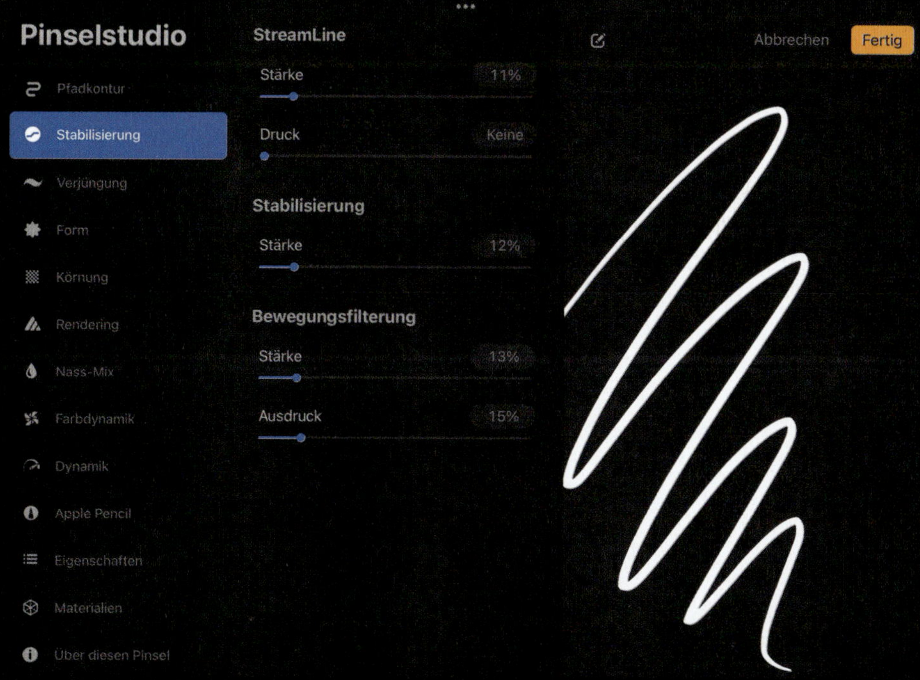

Erzeuge mithilfe der Quellen in deiner Quellbibliothek einen neuen Pinsel.

Pinselanpassung

Die Anzahl der Optionen zum Anpassen eines Pinsels kann auf den ersten Blick ein wenig angsteinflößend sein. Hier sind einige der wichtigeren Einstellungen, mit denen du herumspielen kannst.

Teste alle Pinseleinstellungen, indem du im Vorschaubereich herumkritzelst.

Körnung

So wie du mit dem Form-Menü die Form des Pinsels kontrollierst, kontrollierst du mit diesem Menü die Körnung.

Verschieben legt fest, wie die Körnung bei jedem Strich angewandt wird. 0 % stempelt die Textur, während sie bei 100 % kontinuierlich aufgebracht wird.

Größe bestimmt die Größe der Körnung bei deinem Strich, und **Zoomen** gibt an, ob die Korngröße der Größe deines Pinsels folgt oder unabhängig davon ist.

Form

Das Form-Menü erlaubt es dir, anzupassen, wie die Rotation der Pinselform reagiert. Teste diese Einstellung am besten mit einem flachen Pinsel.

Streuung gibt an, wie stark sich die Pinselform bei jedem Strich dreht.

Rotation beeinflusst, inwieweit die Form der Richtung deines Strichs folgt. Bei 0 % bleibt die Drehung statisch, bei 100 % folgt der Pinsel deinen Strichen.

Zufällig sorgt dafür, dass die Rotation deines Strichs jedes Mal anders ausfällt. **Azimuth** lässt die Richtung deines Pinsels der Neigung des Pinsels folgen.

Eigenschaften

Stempelvorschau verwenden zeigt in deiner Bibliothek den Stempel statt des Pinselstrichs an. **Vorschau** vergrößert oder verkleinert die Vorschau in deiner Bibliothek, ohne den Pinsel zu beeinflussen.

Mit **An Display ausrichten** folgt der Pinsel der Ausrichtung deines iPads. **Wischfinger** legt fest, wie stark dein Pinsel Pixel und Farben verwischt.

Maximale Größe und **Minimale Größe** bestimmt, wie maximal groß oder minimal klein dein Pinsel mit dem Regler eingestellt werden kann. **Maximale Deckkraft** und **Minimale Deckkraft** bestimmen den maximalen, oder minimalen, Wert für die Deckkraft deines Pinsels.

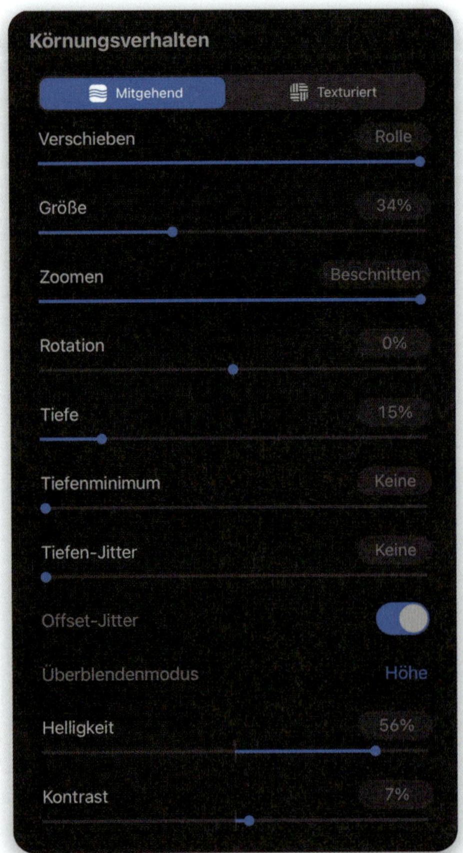

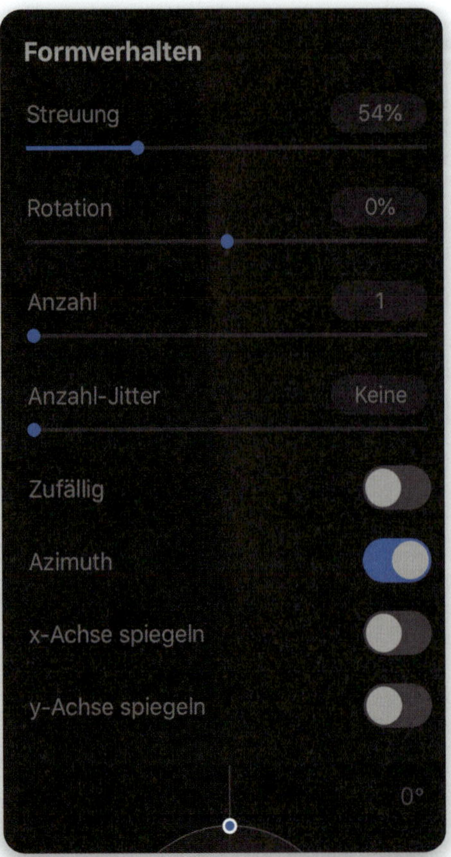

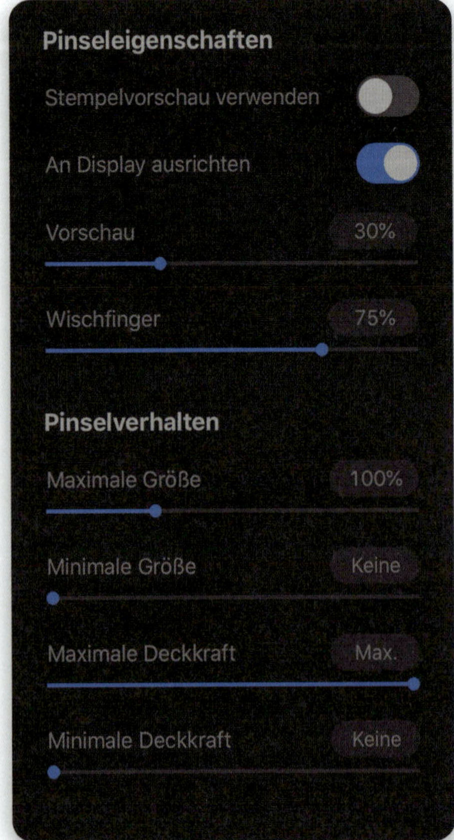

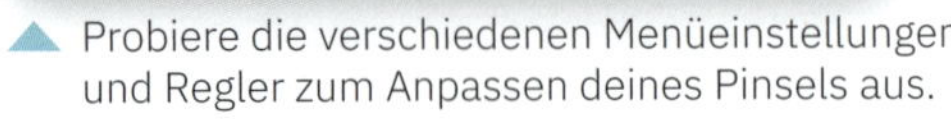
▲ Probiere die verschiedenen Menüeinstellungen und Regler zum Anpassen deines Pinsels aus.

Rendering

Mit den Renderingmodi legst du fest, wie Farb- und Pinselstriche miteinander agieren, wenn sie mit der Leinwand in Berührung kommen.

Mit **Fließen** bestimmst du selbst, wie stark dein Pinsel die Farbe auf die Leinwand auftragen soll.

Nasse Kanten lässt die Pinselstrichränder weicher erscheinen, so wie wenn echte Tinte in echtes Papier blutet.

Der Effekt **Brandkanten** verstärkt die Ränder deiner Pinselstriche. Die Kanten erscheinen dort dunkler, wo Farben überlappen.

Verjüngung

Lege die Dicke und die Deckkraft deiner Pinsel selbst fest. Das kannst du sowohl für den Anfang als auch für das Ende deiner Pinselstriche definieren. Durch Druck auf den Apple Pencil bestimmst du die Dicke der Linien.

Größe definiert den Übergang zwischen dicker und dünner Linie.

Mit **Deckkraft** kannst du deinen Pinselstrich am Ende ausbleichen lassen.

Druck kontrolliert den Verjüngungs-Effekt am Ende des Strichs über die Drucksensitivität deines Stifts.

Mit **Spitze** definierst du, wie fein, oder wie dick, der Pinselstrich bei Druck auf den Stift werden soll.

Apple Pencil

Im Menü zum Apple Pencil findest du den Bereich Druck. Dieser erlaubt dir, die **Größe**- und **Deckkraft**-Werte anzuheben, um den Pinsel größer und deckender zu machen, wenn du mit dem Apple Pencil oder einem anderen Stift stärker aufdrückst. (Auf Seite 8 erfährst du mehr über den Unterschied zwischen dem Apple Pencil und dem Stift eines Drittanbieters.)

Falls dein Pinsel auch reagieren soll, wenn du den Stift anders neigst, lege einen Winkel fest. Je größer der Winkel ist, desto schneller erkennt der Pinsel die Neigung. Du kannst zum Beispiel angeben, dass der Pinsel transparenter werden soll, je schräger du den Stift stellst, indem du die Regler von **Winkel** und **Deckkraft** auf einen höheren Wert schiebst.

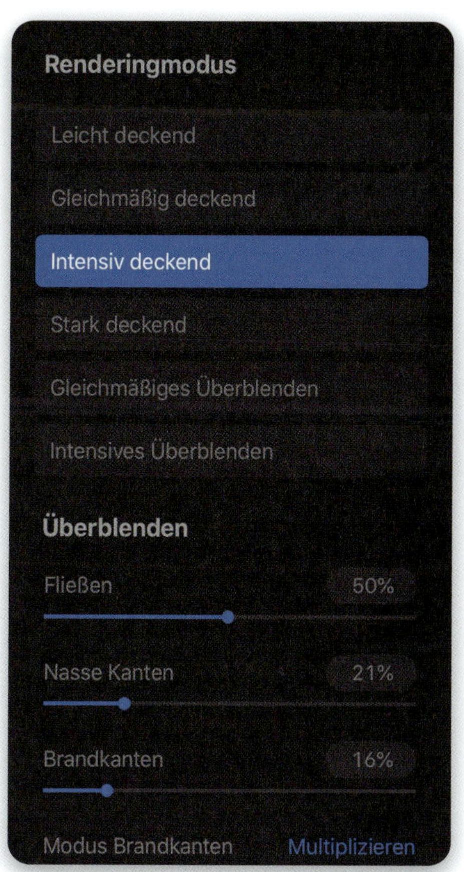

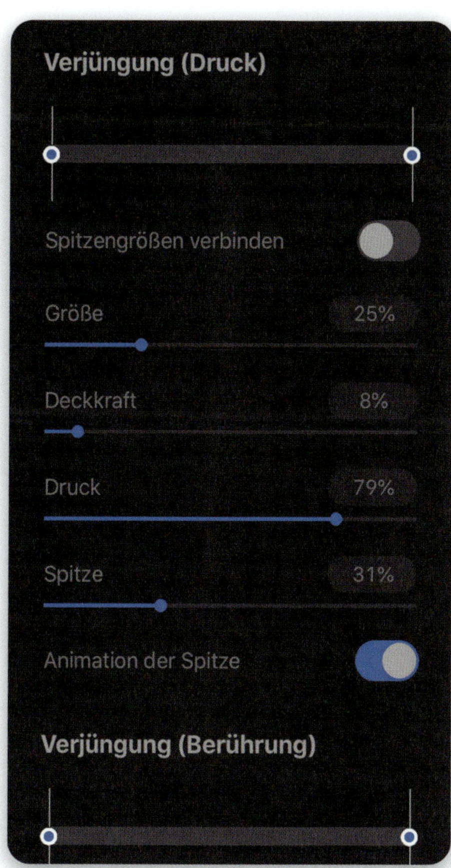

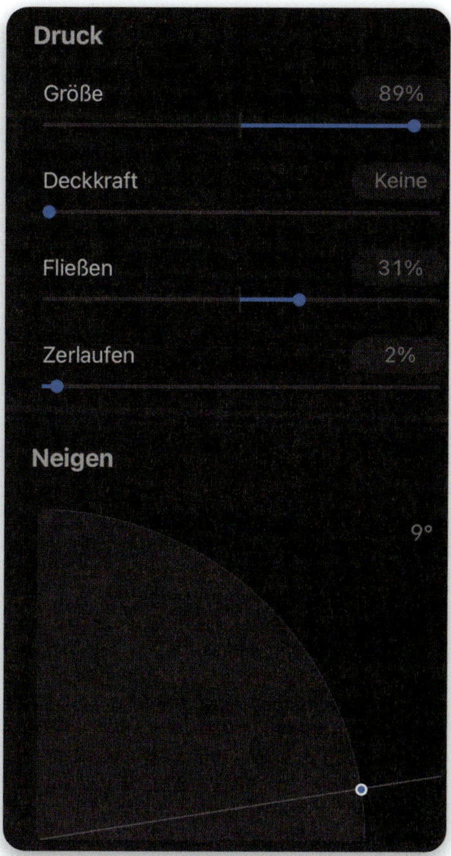

QUICKSHAPE

QuickShape bietet eine einfache Möglichkeit, deine Linien und Formen umzuwandeln, nachdem du sie erzeugt hast. Am besten probierst du die Funktion einmal aus.

Gerade Linien

Zeichne eine gerade Linie, halte deinen Stift am Ende der Linie gedrückt und beobachte, wie Procreate sie in eine perfekt gerade Linie verwandelt. Nimm deinen Stift dann vom Bildschirm und tippe auf **Form bearbeiten**, einen Button oben am Bildschirm. Damit kannst du die Linie nach dem Erzeugen verschieben und bearbeiten. Nutze dazu die blauen Punkte an den Enden der Linie.

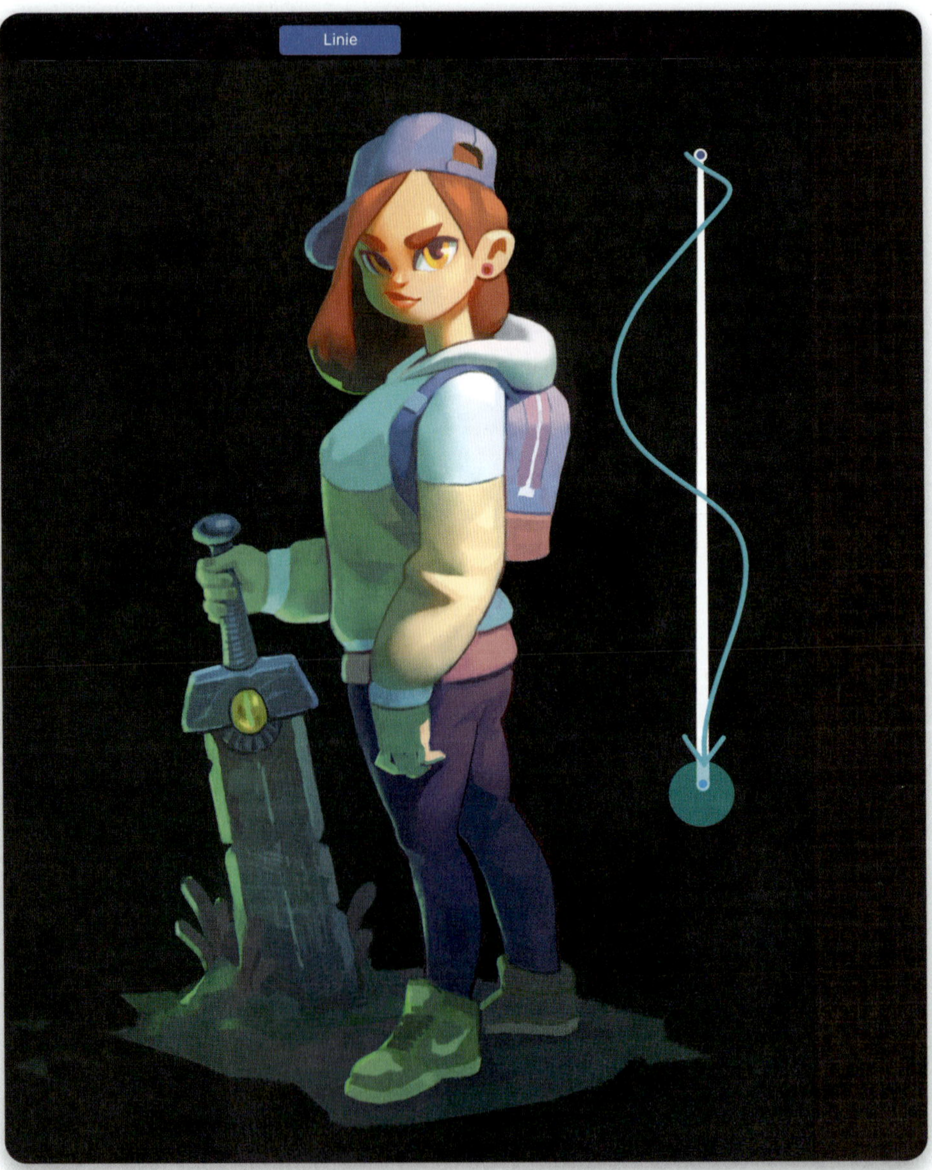

Zeichne eine Linie und halte sie, um QuickShape zu aktivieren.

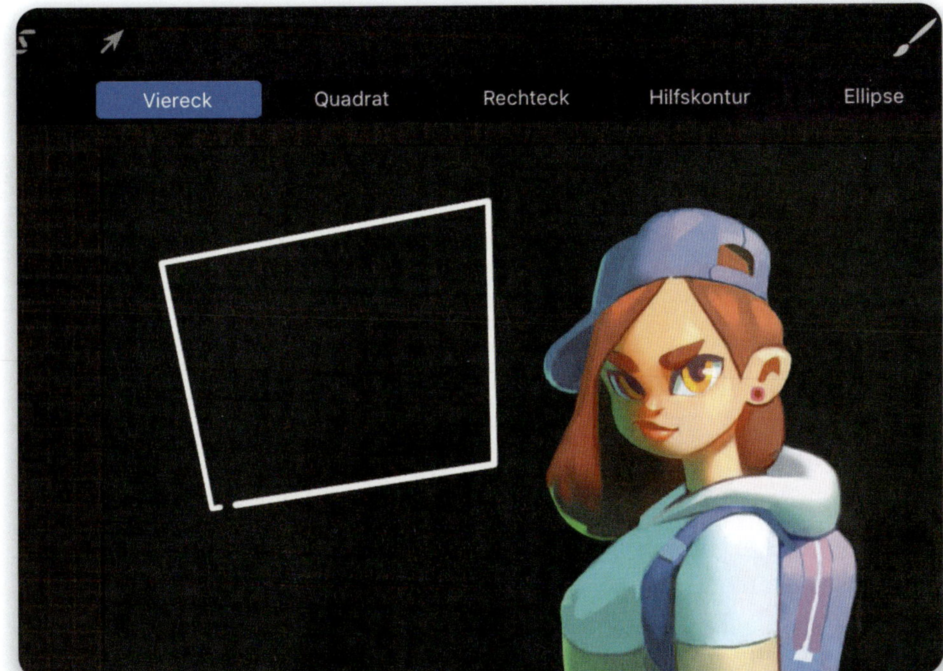

Bearbeite deine QuickShapes nach dem Erzeugen.

Formen

QuickShape lässt sich nicht nur bei geraden Linien einsetzen, sondern auch bei Ellipsen, Vierecken oder anderen Formen, die aus mehreren geraden Linien bestehen. Zeichne die Linien einfach nacheinander und bearbeite sie mithilfe der blauen Punkte an den Enden. So erhältst du saubere Kanten und exakte Formen, falls du beispielsweise Maschinen oder Gebäude zeichnest.

Snapping

Um mit QuickShape einen perfekten Kreis zu erzeugen, zeichne eine Ellipse und halte diese, bis QuickShape aktiviert ist. Anstatt deinen Stift vom Bildschirm zu nehmen, setzt du zusätzlich einen Finger auf den Bildschirm. Deine Ellipse verwandelt sich in einen perfekten Kreis. Dies wird als Snapping bezeichnet, es funktioniert auch mit Quadraten und um Linien in einen bestimmten Winkel zu bringen. Wenn du nach dem Zeichnen des Kreises auf Form bearbeiten tippst, erscheinen vier kleine runde Griffe. Durch Antippen und Ziehen kannst du deinen Kreis zusammendrücken, strecken und drehen.

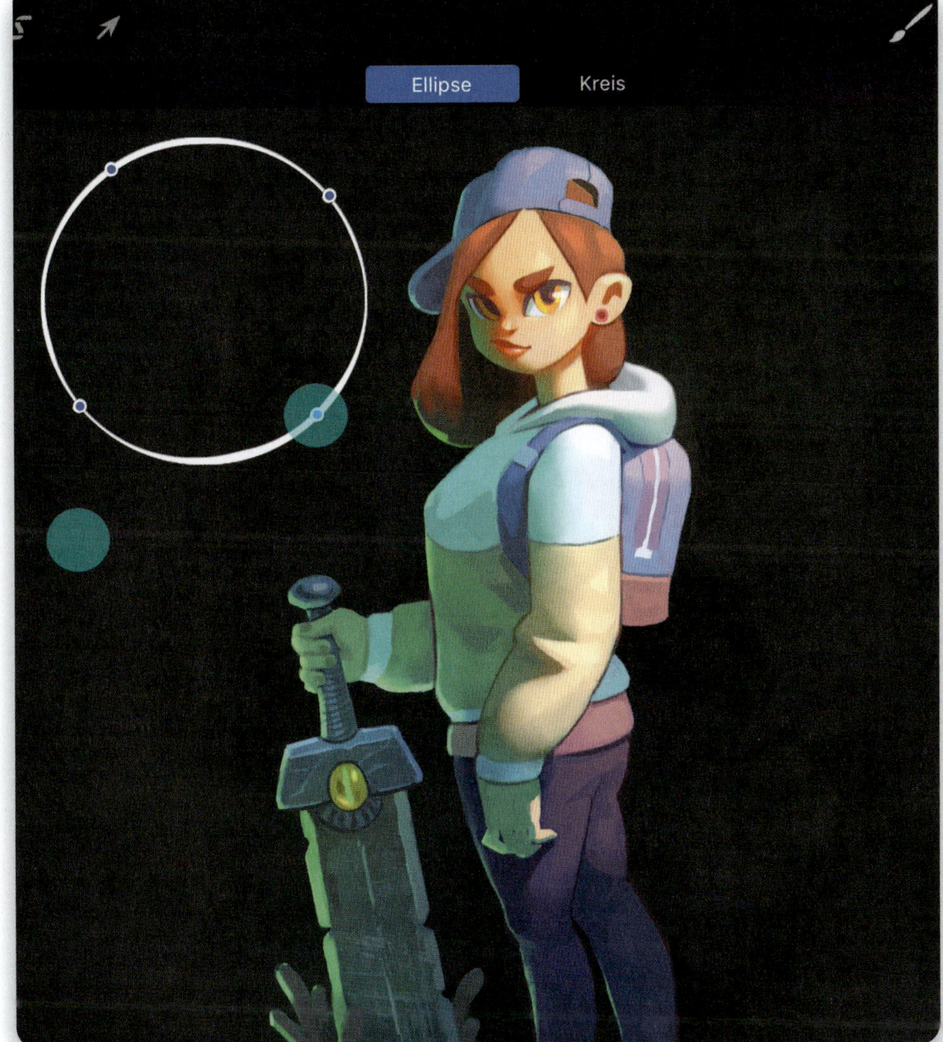

Halte deine QuickShape fest, indem du einen weiteren Finger auf den Bildschirm hältst.

FARBE

Procreate besitzt fünf Farbmodi, sodass du immer den wählen kannst, der am besten zu deiner Arbeitsweise passt. Diese Modi sind:

- **Ring**
- **Klassisch**
- **Harmonie**
- **Wert**
- **Paletten**

Du findest diese Modi, wenn du auf das runde Farbwähler-Icon in der oberen rechten Ecke der Bedienoberfläche tippst. Die vier Modi sind am unteren Rand des Farbmenüs aufgelistet.

Auf den nächsten Seiten erfährst du mehr über einige ihrer Eigenschaften und warum du dich für den einen oder anderen Modus entscheiden oder beim Malen zwischen den Farbmodi wechseln solltest. Du kannst zum Beispiel für den Hauptteil deiner Zeichnung Ring benutzen und dann zu Wert wechseln, sobald du die allgemeine Palette festgelegt hast und nun etwas exaktere Ergebnisse wünschst. Experimentiere mit den Modi, um deinen Favoriten zu ermitteln.

In diesem Kapitel lernst du, wie du:

- **den Ring-Farbmodus benutzt, um Farben auszuwählen,**
- **den Klassisch-Farbmodus benutzt, um Farben auszuwählen,**
- **den Wert-Farbmodus benutzt, um Farben auszuwählen,**
- **die RGB- und HSB-Regler verwendest,**
- **Paletten in den verschiedenen Farbmodi erzeugst und änderst,**
- **Paletten bereitstellst und importierst.**

RING

Beginnen wir mit dem ersten Farbmodus: **Ring**. Dieser Modus ist vermutlich am intuitivsten, da du Farbton, Tonwert und Sättigung, deutlich dargestellt in einem Farbkreis, gleichzeitig auswählen kannst.

Farbton

Wähle über den Außenring des Kreises einen Farbton wie Rot oder Blau.

Sättigung und Tonwert

Um den Farbton heller oder dunkler zu machen, ändere über den inneren Kreis die Sättigung und den Tonwert. Falls du dir mehr Genauigkeit wünschst, zoomst du einfach in den inneren Kreis, sodass dieser erweitert wird. Wenn du fertig bist, zoomst du mit einem Pinch einfach wieder raus.

Reine Farben

Was ist, wenn du reines Weiß oder Schwarz oder eine reine Farbe haben möchtest? Procreate bietet dafür eine geniale Lösung. In deinem Kreis gibt es neun Punkte, auf die du jeweils springen kannst, wenn du in der Nähe eines von ihnen doppelt tippst (Snapping).

Paletten

Du hast außerdem unter dem Kreis Zugriff auf eine Palette aus quadratischen Farbfeldern, falls du lieber auf diese Weise Farben auswählen und sichern möchtest. Paletten gibt es in allen Farbmodi. Sie erlauben dir, deine Lieblingsfarben für einen schnellen Zugriff zu sichern. Mehr über die Paletten erfährst du auf Seite 41.

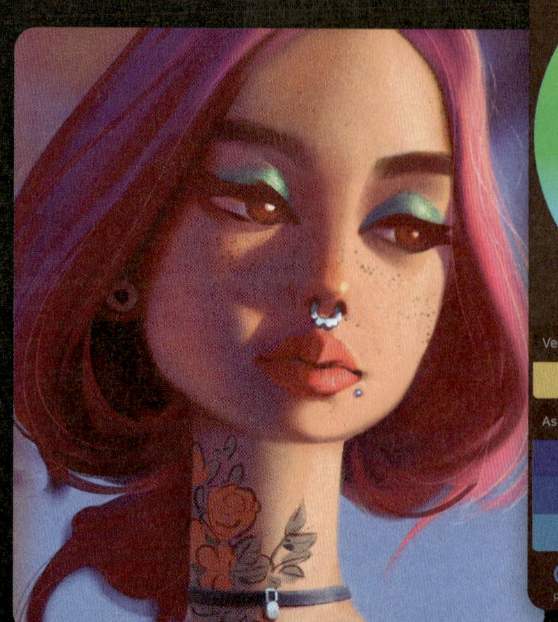

▼ Doppeltes Tippen auf den Kreis bringt dich zu den nächstgelegenen Punkten.

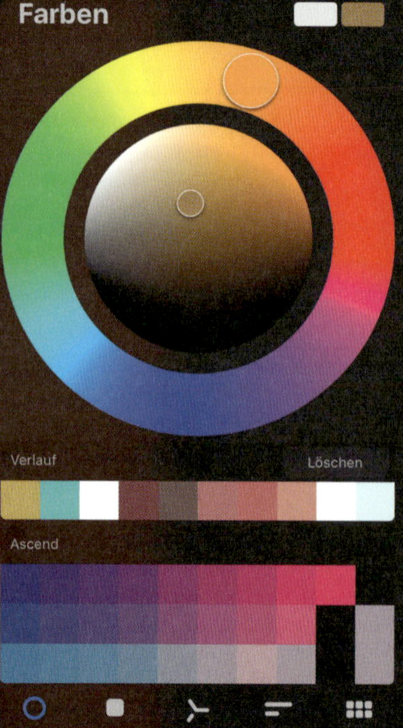

KLASSISCH

Farbton

Alte Hasen auf dem Gebiet des digitalen Malens sind mit diesem Modus sicher vertraut. Statt durch einen Ring wird der Farbton durch einen Regler gesteuert.

Sättigung und Tonwert

Sättigung und Tonwert werden durch das Quadrat kontrolliert, allerdings besteht auch die Möglichkeit, mit den beiden unteren Reglern jeweils eine eigene Feineinstellung vorzunehmen.

Reine Farben

Anders als im Ring-Modus besteht hier nicht die Notwendigkeit des Snappings, da in den Ecken des Quadrats Schwarz, Weiß und reine Farben zu finden sind.

Insgesamt ist dieser Farbmodus wirklich gut, wenn du die exakte Kontrolle bevorzugst, die die Regler bieten, aber dir trotzdem eine visuelle Repräsentation der gewählten Farbe wünschst.

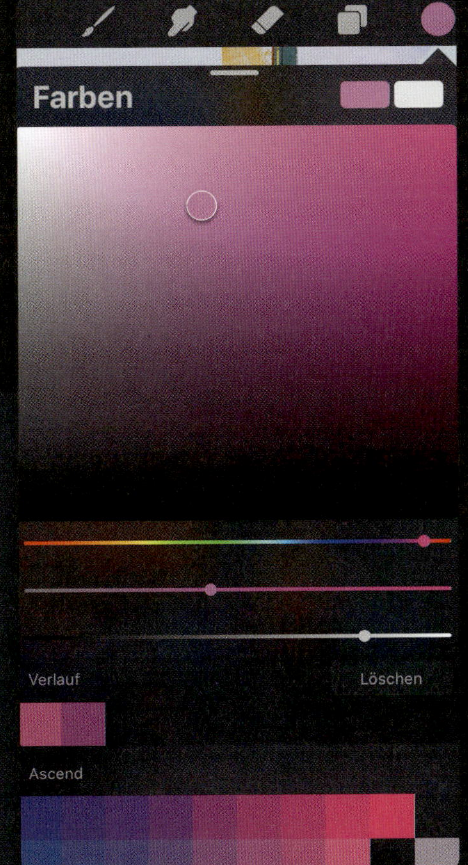

Mit den Reglern kannst du im Klassisch-Modus die Farbe ändern.

PIPETTE

Mit der Pipette kannst du Farbe aus der Leinwand aufnehmen. Für das digitale Malen ist dieses Werkzeug unerlässlich. Ziehe den Pipettenring, der beim Einschalten der Pipette auftaucht, über die Leinwand, um einen Bereich auszuwählen, aus dem du Farbe aufnehmen willst. Die untere Hälfte des Rings zeigt dir die momentan aktive Farbe, während die obere Hälfte die neue Farbe angibt, die sich gerade im Fadenkreuz der Pipette befindet.

Standardmäßig kannst du den Modifizieren-Button antippen, um die Pipette zu aktivieren, allerdings gibt es noch viele weitere Methoden, um auf dieses Werkzeug zuzugreifen. Gehe zu *Aktionen > Einst. > Gestensteuerung > Pipette* und probiere die verschiedenen Gesten aus, bis du eine findest, die dir zusagt.

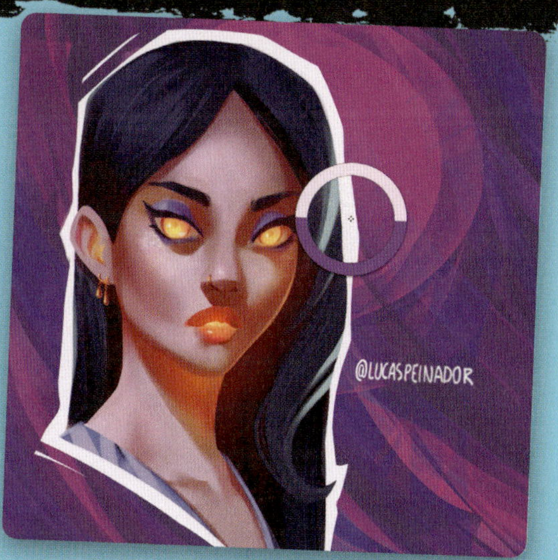

WERT

Der Wert-Farbmodus hat sechs Regler, die mehr Kontrolle beim Auswählen einer Farbe bieten.

Farbton, Sättigung und Tonwert

Die drei oberen Regler sind identisch mit denen des Klassisch-Farbmodus – Farbton (Hue, H), Sättigung (Saturation, S) und Tonwert (hier: Brightness, B) –, allerdings zeigt der Wert-Farbmodus bei den jeweiligen Reglern den Prozentwert an. So kannst du zum Beispiel exakt 50 % Grau festlegen.

RGB

Die drei unteren Regler sind dazu da, die Menge an Rot, Grün und Blau in der gewählten Farbe anzugeben. Damit kann man Farben auswählen und mischen.

Hexadezimal

Falls ein Kunde zum Beispiel eine bestimmte Farbe fordert, kannst du diese über ihren Hexadezimalcode (auch Hexcode genannt) angeben.

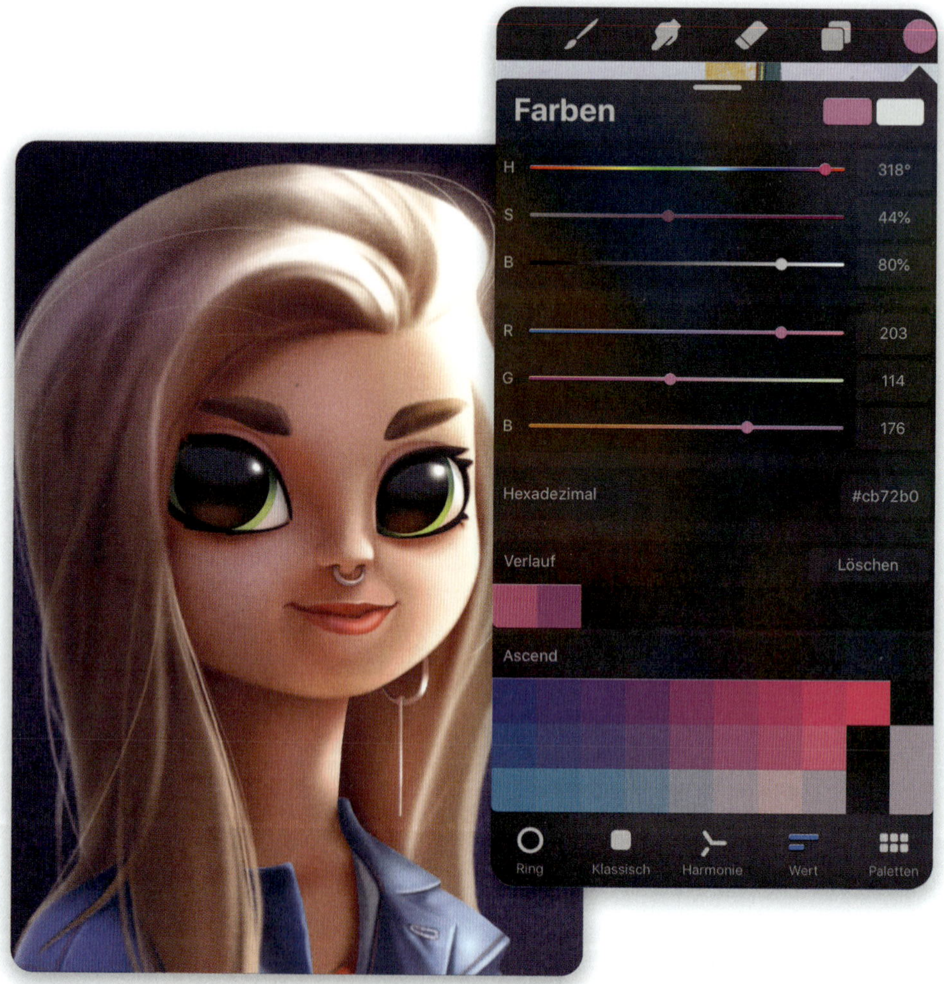

Der Wert-Farbmodus verfolgt einen eher technisch orientierten Ansatz und erlaubt dir, exakte Prozentwerte anzugeben.

COLORDROP

Die ColorDrop-Funktion bietet eine einfache Methode, die Leinwand mit einer einzelnen Farbe zu füllen. Ziehe den Farbpunkt aus der oberen rechten Ecke deiner Bedienoberfläche und lass ihn auf der Leinwand fallen – damit wird diese mit der gewählten Farbe gefüllt. Wenn du das auf einer Ebene mit einer geschlossenen Form machst, erscheint die Füllung nur innerhalb bzw. außerhalb der Form (je nachdem, wo der Tropfen landet).

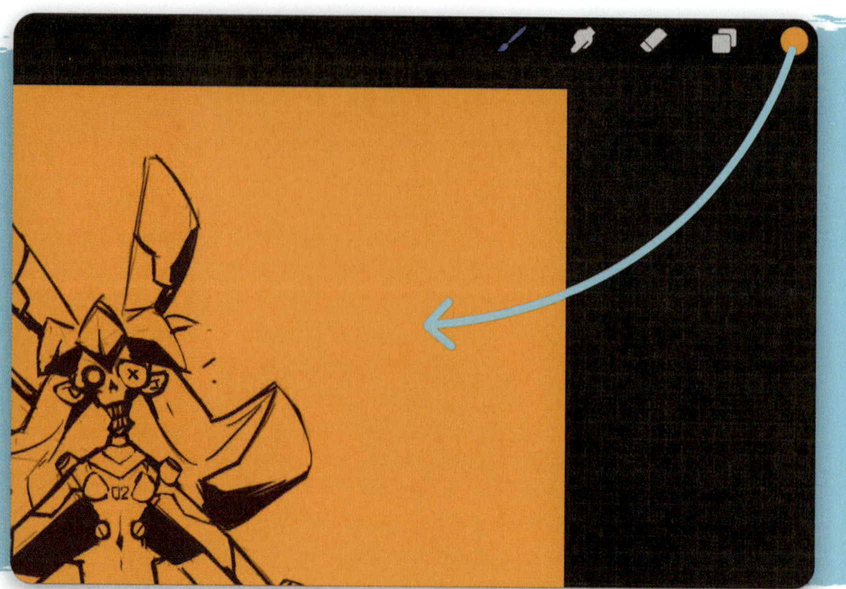

PALETTEN

Falls du es vorziehst, mit einer vordefinierten Menge an Farben zu arbeiten, solltest du dir den Paletten-Modus anschauen. Da Paletten auch in allen anderen Farbmodi verwendet werden können, wird dieser Modus eher als Ergänzung statt als eigenständiger Farbmodus betrachtet.

Eine Palette anlegen und füllen

Tippe auf das +-Icon in der oberen rechten Ecke des Palettenfensters, um eine neue Palette anzulegen. Anschließend tippst du auf ein leeres Quadrat. Dort erscheint die ausgewählte Farbe. Um eines der Farbfelder zu löschen, hältst du es kurz und lässt dann los – der Löschen-Befehl wird angezeigt. Das Anlegen einer völlig neuen Farbpalette ist nur im Paletten-Modus möglich; hinterher wird sie dann aber auch in allen anderen Farbmodi angezeigt. Du kannst ihr neue Farben hinzufügen, das geht aber auch bei den vorhandenen Standardpaletten.

Um eine Palette in einem anderen Farbmodus zu bearbeiten oder zu ergänzen, tippst du eines der leeren Quadrate am Ende der entsprechenden Palette an. Hier wird dann ein neues Quadrat mit der aktuellen Farbe hinzugefügt.

Ersetze ein vorhandenes Farbfeld, indem du es auswählst und gedrückt hältst, bis die Option **Setzen/Löschen** erscheint. Wähle dann **Setzen**.

Umbenennen und Sichern

Wenn du nach dem Erstellen einer Palette auf den Standard-Button tippst, taucht sie unter den anderen Farbmodi auf. Wische auf einer der Paletten nach links, erhältst du die Möglichkeit, sie bereitzustellen oder zu löschen. Du kannst die Paletten zur besseren Organisation auch umbenennen.

Im Paletten-Modus kannst du deine eigenen Farbpaletten anlegen.

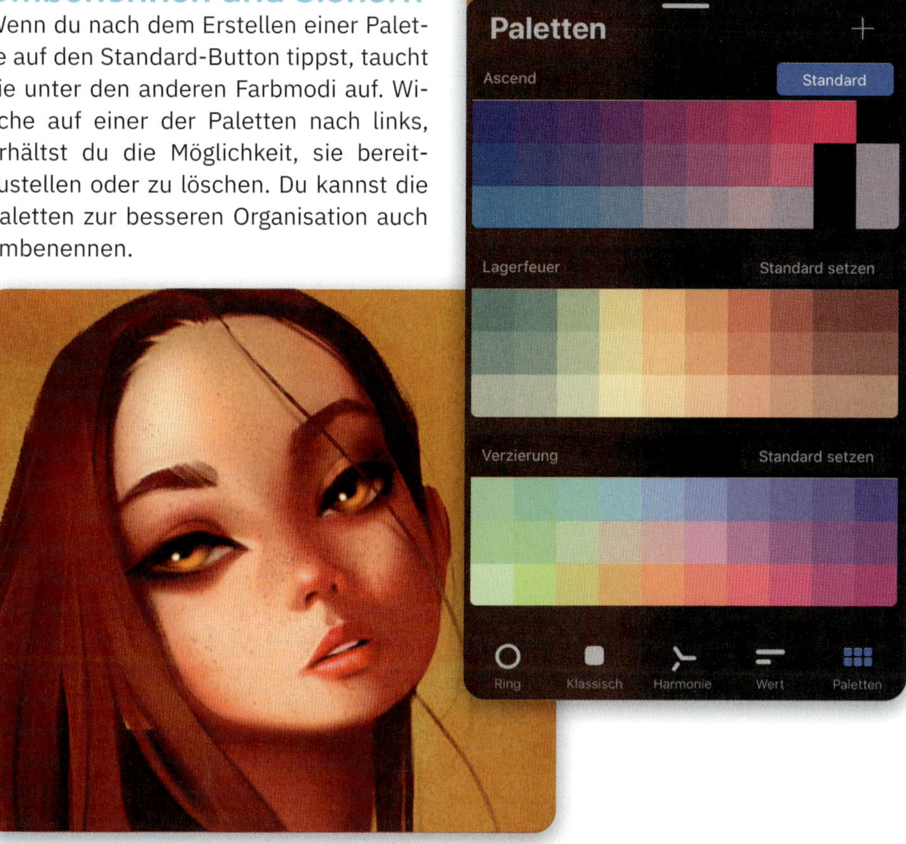

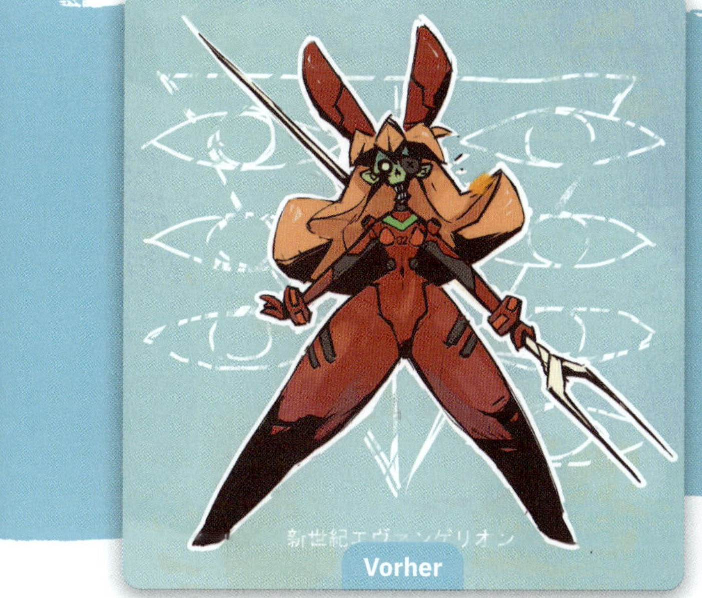

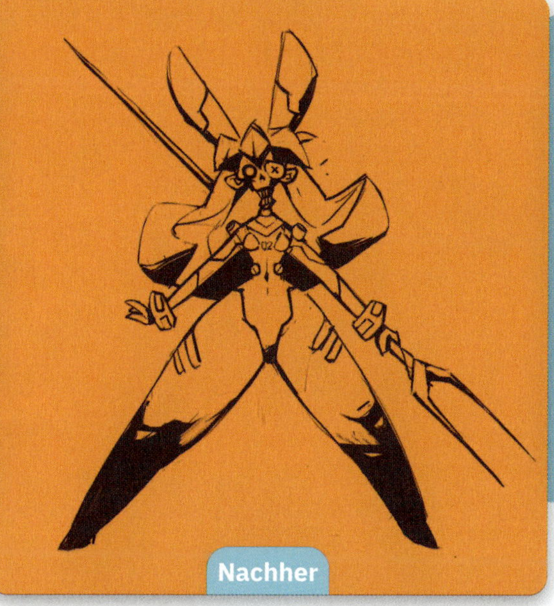

Das Ebenen-Pop-over

Das Icon zum Öffnen des Ebenen-Pop-overs ist das zweite von rechts in der oberen rechten Ecke der Bedienoberfläche. Tippe mit dem Finger oder dem Stift darauf, um es zu öffnen.

Ebene 1

Wenn du eine neue Datei erzeugst, siehst du zwei Ebenen. Eine ist die Hintergrundfarbe-Ebene, und die andere ist Ebene 1. Alle Dateien in Procreate enthalten zunächst standardmäßig diese zwei Ebenen. Auf der linken Seite jeder Ebene siehst du ein Vorschau-Thumbnail mit dem Inhalt dieser Ebene.

Hintergrundfarbe-Ebene

Falls du die Hintergrundfarbe ändern willst, tippe auf die Hintergrundfarbe-Ebene und wähle die Farbe aus, die du setzen willst. Möchtest du mit einem transparenten Hintergrund arbeiten und dein Bild später mit Transparenz exportieren, dann tippe die Checkbox dieser Ebene an, um sie auszublenden.

Sichtbarkeit

Alle Ebenen lassen sich ausblenden, indem du die jeweilige Checkbox antippst. Das ist eine wirklich sinnvolle Option. Falls du zum Beispiel die Ebene, an der du gerade arbeitest, besser sehen willst, bietet es sich an, andere Ebenen auszublenden.

Neue Ebenen anlegen

Tippe auf das +-Icon oben rechts im Ebenen-Pop-over, um eine neue Ebene zu erzeugen. Jeder Künstler nutzt Ebenen anders; manche legen für alles neue Ebenen an, während andere niemals mehr als zwei oder drei Ebenen verwenden. Falls du ein Neuling auf dem Gebiet des digitalen Malens bist, beschränke die Ebenenzahl zu Anfang auf ein Minimum und lege nur dann eine neue Ebene an, wenn du etwas malst, das den bereits vorhandenen Inhalt deiner Leinwand ruinieren könnte.

Probiere aus, wie du damit zurechtkommst, auf verschiedenen Ebenen zu malen, um ein Bild zu erschaffen.

Anzahl der Ebenen

Procreate begrenzt die Anzahl der Ebenen, die du anlegen kannst. Diese Anzahl hängt von der Dateigröße in Megabyte ab. Je größer die Datei ist, desto weniger Ebenen kannst du erzeugen. Du siehst die maximale Anzahl der Ebenen, wenn du die Datei anlegst, und wir behandeln sie auch noch einmal später in diesem Kapitel.

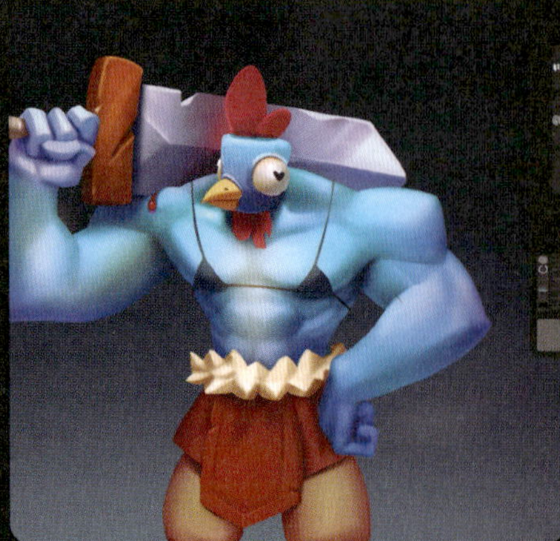

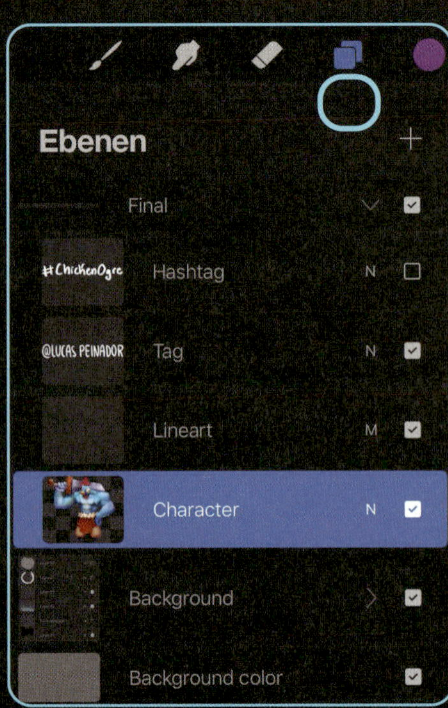

▲ Ebenen sind für jeden Digitalkünstler unentbehrlich.

Einzelne Ebenen verschieben und gruppieren

Beginne, indem du Ebenen in der Ebenenhierarchie nach oben und unten verschiebst. Wenn du sie nach oben verschiebst, erscheint das, was du darauf gemalt hast, über den anderen Ebenen. Zum Bewegen hältst du eine Ebene gedrückt und ziehst sie dann in der Liste im Ebenen-Pop-over nach oben oder unten. Lässt du die Ebene auf einer anderen Ebene los, erzeugst du eine Gruppe aus Ebenen. Gruppen stellen eine ausgezeichnete Möglichkeit dar, Ebenen zu organisieren. Eine Gruppe agiert wie ein Ordner, der zwei oder mehr Ebenen enthält, die gemeinsam verschoben, aber einzeln bearbeitet werden können. Auf der nächsten Seite erfährst du, wie du einzelne Ebenen löschst.

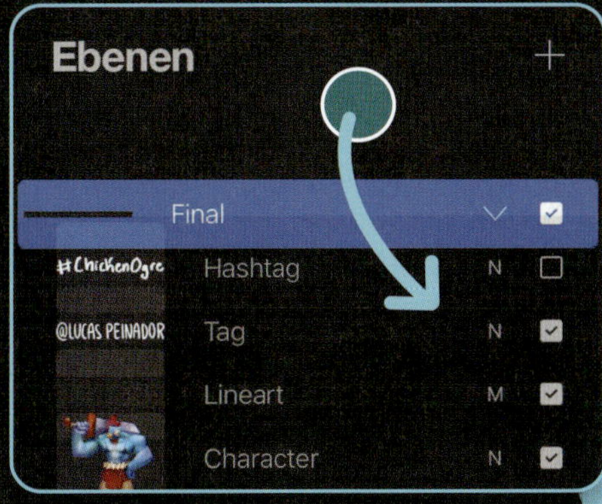

▲ Ziehe eine Ebene an eine neue Position.

Mehrere Ebenen auswählen

Um mehrere Ebenen auf einmal auszuwählen, tippe eine Ebene an, ziehe sie nach rechts und lass sie dann los. (Die ausgewählten Ebenen werden blau markiert.) Das erlaubt dir, sie wie einzelne Ebenen zu ziehen und woanders fallen zu lassen oder die Löschen- bzw. Gruppieren-Befehle anzutippen, die oben rechts erscheinen.

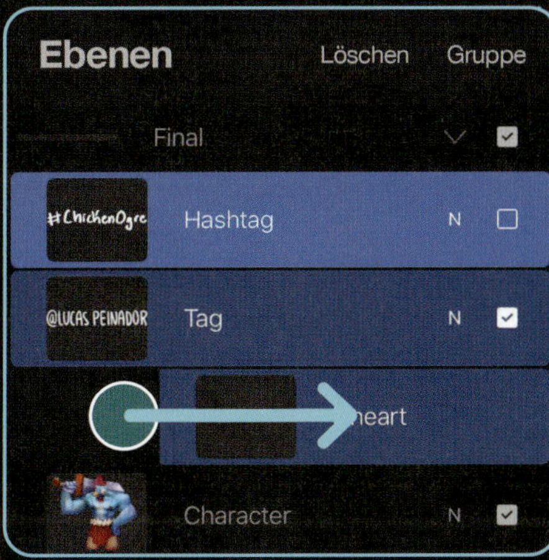

▲ Wische einen Finger nach rechts, um eine Ebene oder eine Gruppe auszuwählen.

Ebenen zusammenführen

Das Zusammenführen von Ebenen ist eine gute Methode zum Organisieren von Ebenen, wenn du nicht an separaten Elementen arbeiten musst oder eine Anpassung am Ende der Bearbeitung am kompletten Bild vornehmen willst, sozusagen als letzte Verfeinerung.

Das Zusammenführen von Ebenen (auch »Reduzieren« genannt) bedeutet, dass zwei oder mehr Ebenen auf eine reduziert, also quasi in ihr zusammengefasst werden. Sie können nicht mehr getrennt bearbeitet werden. Mache das daher nur, wenn du zu 100 % sicher bist.

Führe Ebenen zusammen, indem du sie im Ebenen-Pop-over zusammendrückst (»Pinch«). Das ist mit einer beliebigen Anzahl an Ebenen möglich.

▲ Drücke Ebenen zusammen, um sie zusammenzuführen.

ORGANISIERE DEINE EBENEN

Für ein geschmeidiges Arbeiten ist es wichtig, Ordnung in den Ebenen zu halten. Unordentliche oder verwirrende Ebenen sorgen dafür, dass du irgendwann nichts mehr in deinen eigenen Dateien findest.

BIST DU SICHER?

Du kannst das Zusammenführen bzw. Reduzieren nur unmittelbar nach dem Durchführen dieser Aktion rückgängig machen. Du musst dir dabei also absolut sicher sein, da es sonst schwierig wird, diese Bereiche später zu bearbeiten oder zu korrigieren.

SPERREN, DUPLIZIEREN UND LÖSCHEN

Wenn du eine Ebene nach links schiebst, erscheinen drei Optionen: Sperren, Duplizieren und Löschen.

Löschen

Beim Löschen wird eine Ebene entfernt. Sie kann wiederhergestellt werden, wenn du sofort im Anschluss auf Widerrufen tippst. Tust du das nicht, ist es später nicht möglich, sie wieder zurückzuholen.

Duplizieren

Duplizieren erzeugt eine Kopie deiner Ebene. Diese erscheint unter deiner Originalebene und trägt den gleichen Namen. Gib ihr deshalb gleich einen neuen Namen. So vermeidest du Verwirrung.

Sperren

Es kann sehr frustrierend sein, versehentlich auf der falschen Ebene zu malen, vor allem wenn du lange gearbeitet hast und auf einmal feststellst, dass all deine harte Arbeit an der falschen Stelle gelandet ist. Die Sperrfunktion bietet eine Lösung für dieses Problem. Du kannst eine Ebene sperren und später auch wieder entsperren.

Das Sperren einer Ebene verhindert jegliche Veränderung, also auch das Malen auf der Ebene oder ihre Löschung. Falls du die Ebene wieder entsperren möchtest, schiebe sie erneut nach links und wähle Entsperren.

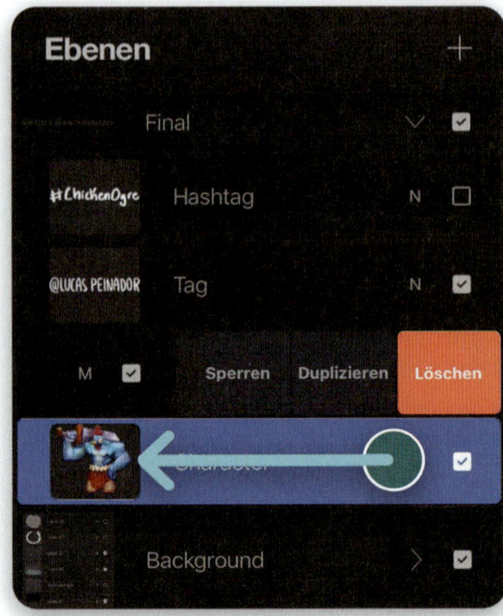

▲ Sperre, dupliziere oder lösche Ebenen, indem du sie nach links schiebst.

DECKKRAFT UND ALPHASPERRE

Alphasperre und Deckkraft werden deshalb zusammen in diesem Abschnitt betrachtet, weil sie beide mit Zweifingergesten aus dem Ebenen-Pop-over kontrolliert werden. Beide sind außerdem ausgesprochen nützlich, wenn man mit Ebenen arbeitet.

Deckkraft

Hiermit steuerst du die Deckkraft des gesamten Inhalts einer Ebene. Falls du zum Beispiel einen Verlauf aus Licht auf eine Ebene malen möchtest, kannst du mit der Deckkraft-Einstellung der Ebene genau festlegen, wie stark der Verlauf werden soll. Oder falls du eine Skizze auf eine Ebene gezeichnet hast und nun zur fertigen Zeichnung kommen willst, kannst du die Deckkraft der Skizze verringern und sie als Grundlage für die sauberen und endgültigen Linien verwenden, die du einfach auf eine Ebene darüber zeichnest. Das sind nur zwei Beispiele, es gibt aber natürlich noch viele weitere Möglichkeiten, die Deckkraft einzusetzen.

Um die Deckkraft einer Ebene zu steuern, tippe die Ebene im Ebenen-Pop-over mit zwei Fingern an und ziehe dann auf dem Bildschirm nach links oder rechts, um die Sichtbarkeit zu verändern.

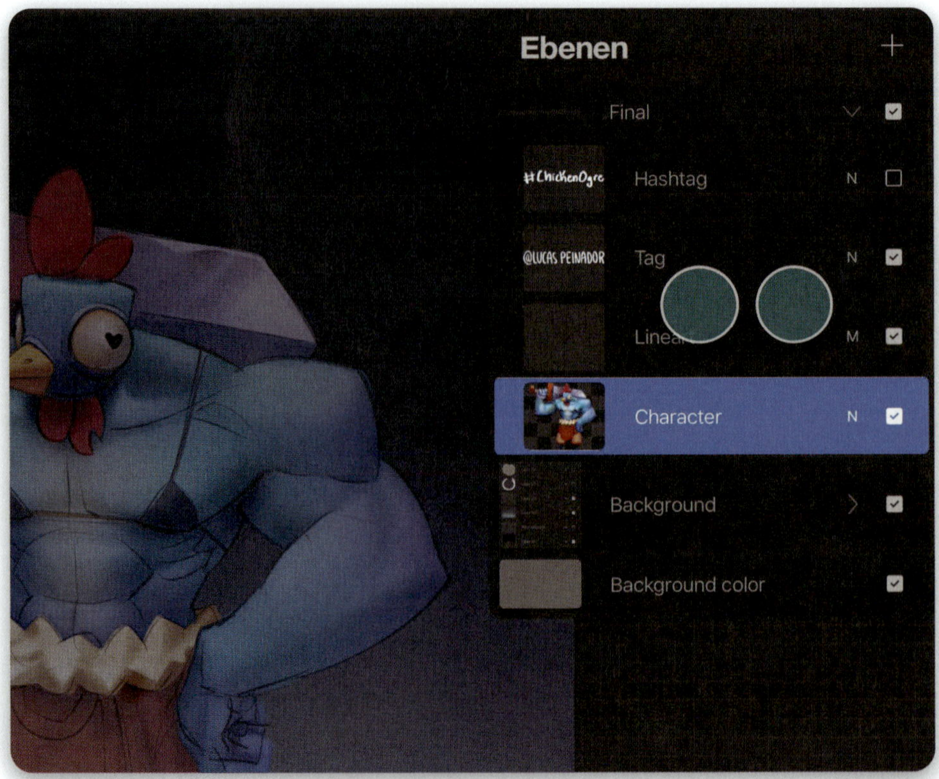

▲ Tippe mit zwei Fingern auf die Ebene, um die Deckkraft-Steuerung zu öffnen.

Alphasperre

Alphasperre ist eine weitere nützliche Option, die es nur beim digitalen Malen gibt. Wenn sie aktiviert ist, kannst du nur noch auf den Teilen deiner Illustration malen, auf denen bereits einmal gemalt wurde. Damit wird verhindert, dass du außerhalb der gewünschten Form malst. Du könntest diese Option zum Beispiel verwenden, um eine Textur auf ein Objekt aufzubringen. Du würdest das Motiv auf eine eigene Ebene malen, dort die Alphasperre aktivieren und anschließend mit einem Texturpinsel darübermalen. Wenn du die Alphasperre erst einmal ausprobiert hast, wirst du sicher unzählige Möglichkeiten finden, sie in deine Arbeit einzubinden.

Um die Alphasperre auf einer Ebene zu aktivieren, wische auf der Ebene mit zwei Fingern nach rechts. Auf den transparenten Teilen deines Ebenen-Thumbnails erscheint daraufhin ein Schachbrettmuster.

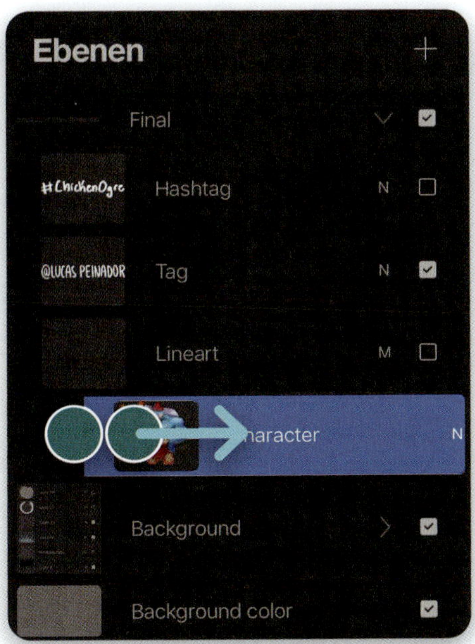

Aktiviere die Alphasperre auf deiner Ebene, indem du mit zwei Fingern nach rechts wischst.

ALPHASPERRE

Schalte die Alphasperre ein, nachdem du den Umriss deines Objekts gemalt hast, um den Schatten oder irgendwelche Details in den Umriss zu zeichnen. So bleibt deine Zeichnung sauber und ordentlich.

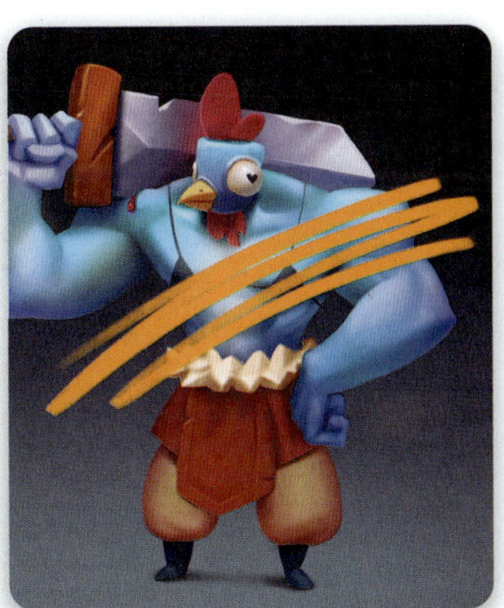

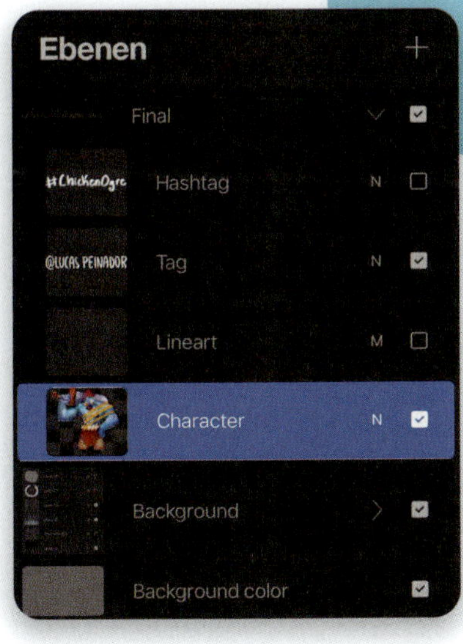

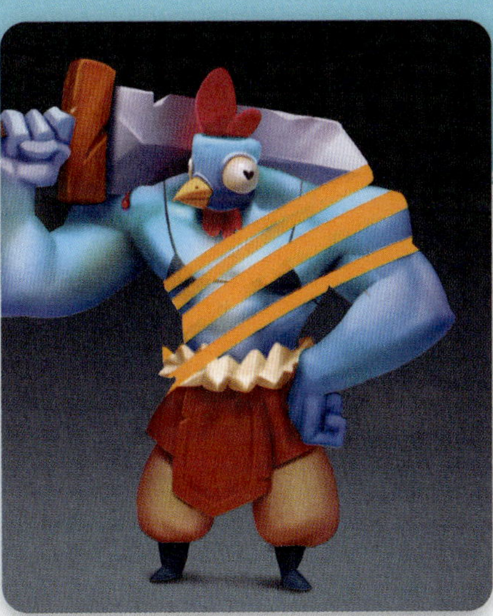

ÜBERBLENDMODI

Ein Überblendmodus sorgt dafür, dass eine Ebene anders mit den Ebenen interagiert, die unter ihr liegen. Manche Künstler wollen nicht auf die Überblendmodi verzichten, während andere sie nicht so wichtig finden.

Um auf das Überblendmodus-Menü zuzugreifen, tippe auf das kleine N einer Ebene im Ebenen-Pop-over. Das N steht für Normal und ist der Standardzustand einer Ebene, wenn kein Überblenden erfolgt. Darunter sind verschiedene Überblendmodi aufgelistet, organisiert in unterschiedlichen Kategorien.

Wenn du den Überblendmodus einer Ebene änderst, wird aus dem N eine Abkürzung des neuen Modus. So steht etwa Sa für den Sättigungsmodus.

Öffne ein Bild aus den vorhandenen Ressourcen, experimentiere ein bisschen mit den verschiedenen Modi und beobachte, wie diese das Bild verändern. (Auf Seite 16 erfährst du, wie du ein Bild importierst.)

Beachte, dass dieses Menü außerdem einen Regler zum Kontrollieren der Deckkraft deiner Ebene enthält, falls du diese hier verändern willst.

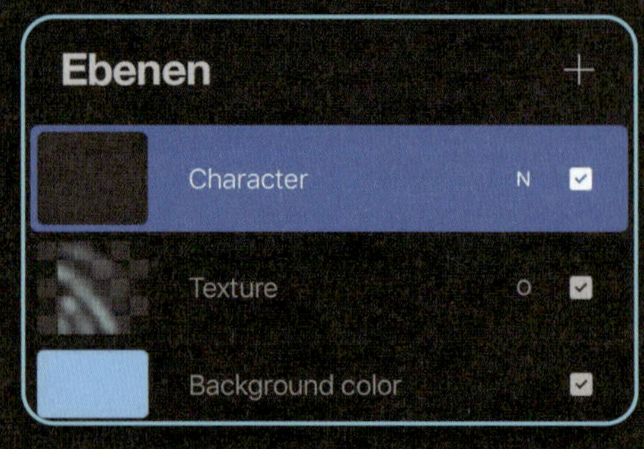

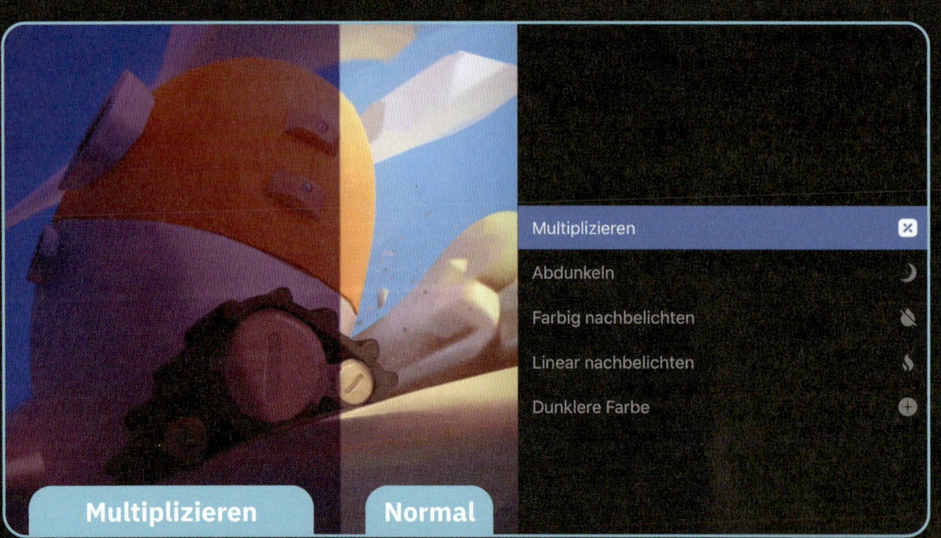

Abdunkeln

Der **Abdunkeln**-Modus (Da) verstärkt die Farben, was in einer dunkleren Mischung resultiert.

Multiplizieren (M) ist der am häufigsten verwendete Modus in dieser Kategorie. Er multipliziert den Tonwert deiner Farbe mit den Farben aus der darunterliegenden Ebene, was super ist, wenn du Schatten erzeugen willst. Reines Weiß kann mit diesem Modus nicht multipliziert und abgedunkelt werden und wird stattdessen transparent. Das ist nützlich, wenn sich deine Lineart auf einer weißen Ebene befindet und du auf den Ebenen darunter farbig arbeiten möchtest.

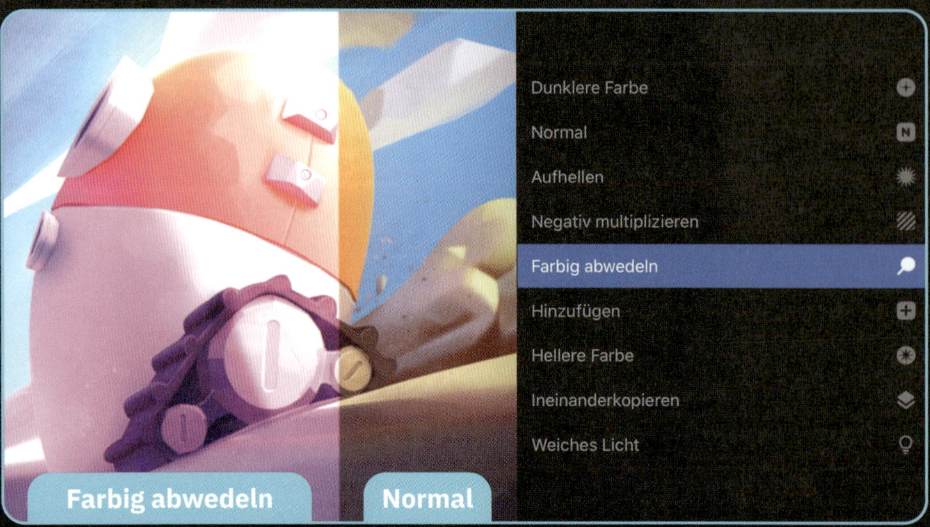

Aufhellen

Der **Aufhellen**-Modus (Li) macht genau das Gegenteil von Abdunkeln, das heißt, er überblendet deine Farben so, dass sich eine hellere Kombination ergibt.

Verwende **Negativ multiplizieren** (S), wenn du deinem Bild eine Lichtquelle hinzufügen möchtest, oder **Farbig abwedeln** (Cd), wenn du die Sättigung und die Lichter verstärken willst.

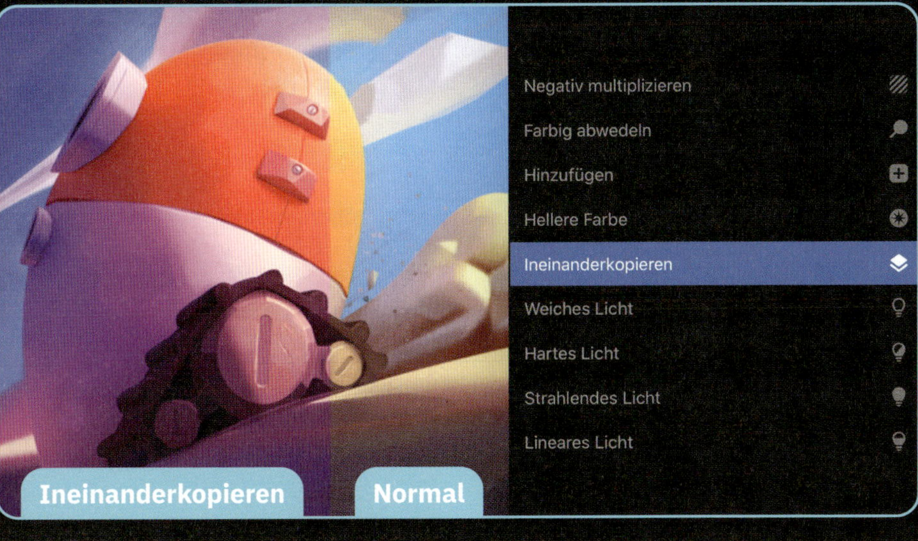

Kontrast

Kontrast erzeugt eine Kombination aus Abdunkeln und Aufhellen. Das Ergebnis ist immer ein erhöhter Kontrast zwischen den hellen und den dunklen Teilen des Bildes.

Ineinanderkopieren ist der am häufigsten verwendete Modus. Damit kann man eine Farbe lasieren, was die Stimmung des ganzen Bildes ändert.

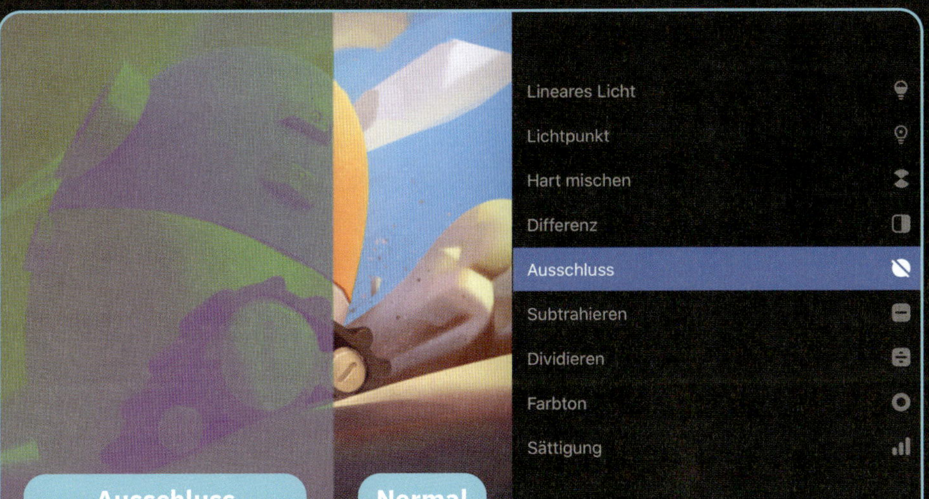

Ausschluss

Der Überblendmodus **Ausschluss** erzeugt eine Art Fotonegativeffekt. Dieser Modus eignet sich gut für ausgefallene, experimentelle Ergebnisse.

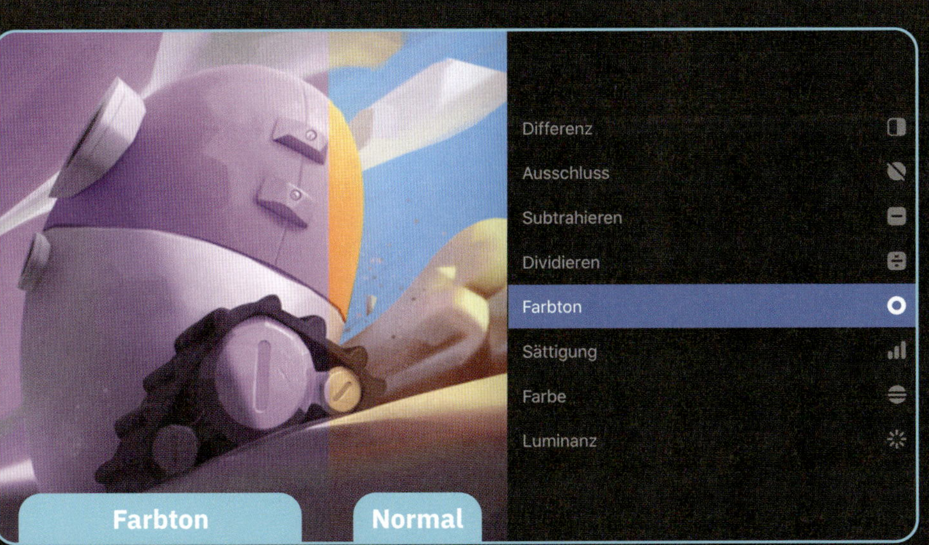

Farbe

Mit den **Farbe**-Modi beeinflusst du, wie Farbton, Sättigung und Tonwert deiner Ebenen unabhängig voneinander interagieren.

Sowohl **Farbton** als auch **Farbe** werden häufig verwendet, um Graustufenbildern einen Farbton hinzuzufügen. Experimentiere mit den verschiedenen Modi, damit du siehst, wie sie ein Bild verändern können.

WEITERE OPTIONEN

Es gibt noch ein zusätzliches Menü mit Optionen für Ebenen. Was in diesem Menü angezeigt wird, hängt von der Art der gewählten Ebene ab. Procreate zeigt nur Optionen an, die für die aktuelle Ebene relevant sind.

Tippe auf deine ausgewählte Ebene, um das Menü zu öffnen.

Umbenennen ist zwar sicher selbsterklärend, aber trotzdem ist es gut zu wissen, wo du diese Option findest.

Auswählen erstellt eine Auswahl des Inhalts der Ebene. (Wir werden uns im nächsten Kapitel näher mit Auswahlen befassen.)

Kopieren kopiert den Inhalt der ausgewählten Ebene.

Ebene füllen füllt die Ebene mit Farbe.

Löschen entfernt den Inhalt der Ebene.

Alphasperre sperrt die leeren Pixel der Ebene, sodass du auf der Ebene nur noch dort malen kannst, wo sich schon Farbe befindet (wie auf Seite 45 gezeigt).

Clipping-Maske erzeugt aus der aktuellen Ebene die Clipping-Maske (Beschneidungsmaske) der Ebene darunter. (Clipping-Masken werden im nächsten Abschnitt behandelt.)

Maskieren versteckt, was sich auf deiner Maske befindet (und auch das ist Thema des nächsten Abschnitts).

Umkehren invertiert die Farben deiner Ebene.

Referenz sorgt dafür, dass diese Ebene bestimmt, wo ColorDrop Farbe auf anderen Ebenen anwendet.

Kombinieren kombiniert die aktuelle Ebene und die Ebene darunter in einer Gruppe.

Abwärts zusammenfügen führt die ausgewählte Ebene mit der direkt darunterliegenden Ebene zusammen.

Reduzieren ist eine Option für Gruppen. Sie führt die Gruppe aus Ebenen in einer einzigen Ebene zusammen.

Text bearbeiten öffnet den Texteditor. Diese Optionen gibt es nur bei Textebenen.

Auch **Rastern** gibt es nur für Textebenen. Hier werden die Textzeichen in Pixel umgewandelt.

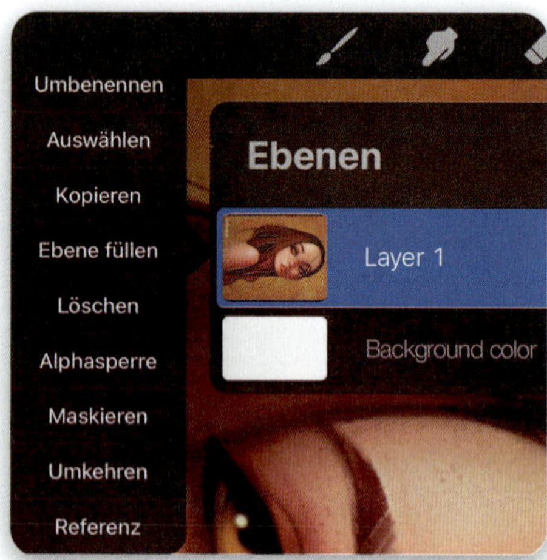

▲ Tippe auf deine ausgewählte Ebene, um ein Zusatzmenü mit Ebenenoptionen zu öffnen.

MASKIEREN

Wie du eine Maske benutzt

Masken sind einfache, aber ungemein nützliche Hilfsmittel, wenn du es schaffst, sie in deinen Arbeitsablauf zu integrieren. Wenn du eine Ebene und anschließend Maskieren antippst, wird auf deiner ausgewählten Ebene eine weiße Ebene erzeugt. Das ist deine Maske. Malst du mit Schwarz auf der Maske, wird alles versteckt, was auf deiner Ebene gemalt wurde, während Weiß es wieder hervorzaubert. Falls du mit Grau malst, wird das Gemalte teilweise versteckt. Im Bild auf der rechten Seite siehst du, dass die schwarzen und grauen Striche auf der Ebenenmaske die dunkelblaue Ebene teilweise verdecken und damit die grünblaue Ebene darunter enthüllen.

Masken sind sehr nützlich, da sie sog. nicht destruktives Arbeiten erlauben. Anstatt die Informationen auf deiner Ebene zu entfernen und damit zu verlieren, versteckt eine Maske sie einfach nur, sodass sie bei Bedarf noch da sind.

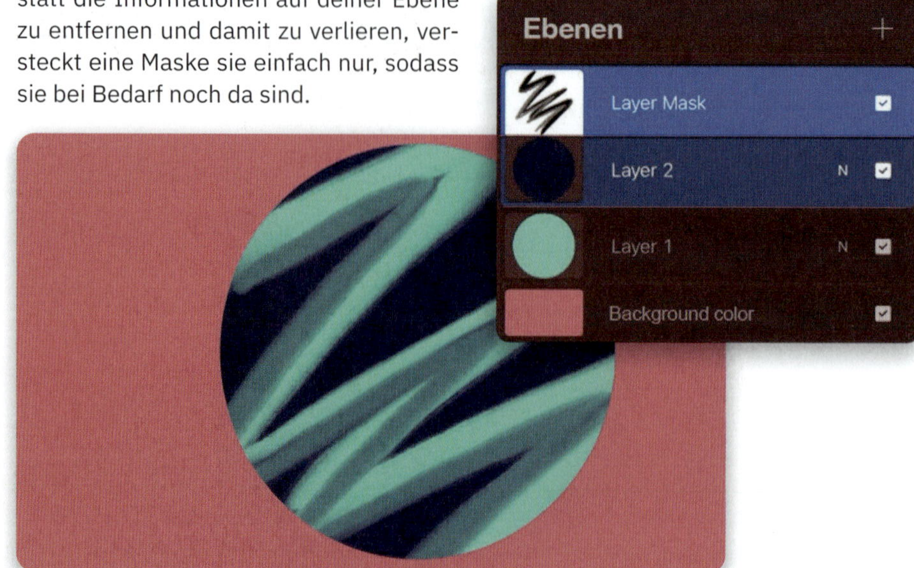

▲ Masken stellen eine ausgezeichnete Möglichkeit dar, etwas auf nicht destruktive Weise zu entfernen.

CLIPPING-MASKE

Clipping-Masken verhalten sich weniger wie die gerade vorgestellten Masken, sie haben mehr Gemeinsamkeiten mit der Alphasperre. Bei einer Alphasperre kannst du nur auf den bereits vorhandenen Pixeln einer Ebene malen. Das ist bei einer Clipping-Maske ebenso, allerdings auf einer anderen Ebene.

Ein Beispiel: Du malst einen Kreis auf einer gesonderten Ebene (nutze QuickShape, um die Kreisform zu erzeugen, und ColorDrop, um diese mit Farbe zu füllen). Diese Ebene bestimmt, wo du innerhalb der Clipping-Maske malen kannst – nur auf den farbigen, nicht jedoch auf den transparenten Bereichen.

Lege nun über dieser Ebene eine neue Ebene an und mache aus ihr eine Clipping-Maske, indem du das Zusatzmenü öffnest und auf Clipping-Maske tippst. Du siehst, dass diese Ebene einen nach unten weisenden Pfeil auf der linken Seite hat. Das bedeutet, dass die neue Ebene nun an die originale Kreisebene geklammert wurde (quasi mit einer Büroklammer). Was auch immer du nun auf diese Ebene malst, wird nur dort gezeigt, wo sich auf der Originalebene der Kreis befindet.

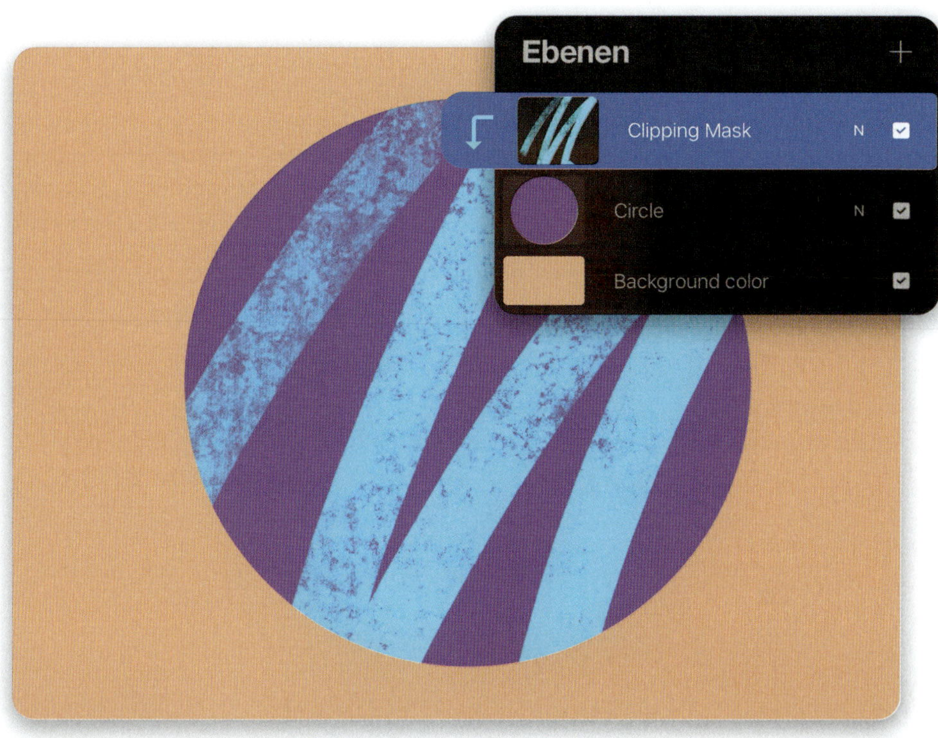

▲ Arbeite effizient mit Clipping-Masken.

CLIPPING-MASKEN

Nutze Clipping-Masken, um Schatten auf eine Ebene zu malen. Erzeuge mit der Form oder dem Umriss des Objekts eine Grundform des Schattens, lege anschließend eine neue Ebene als Clipping-Maske an und male dann den Schatten. So kannst du den Schatten separat von der Farbe des Objekts steuern.

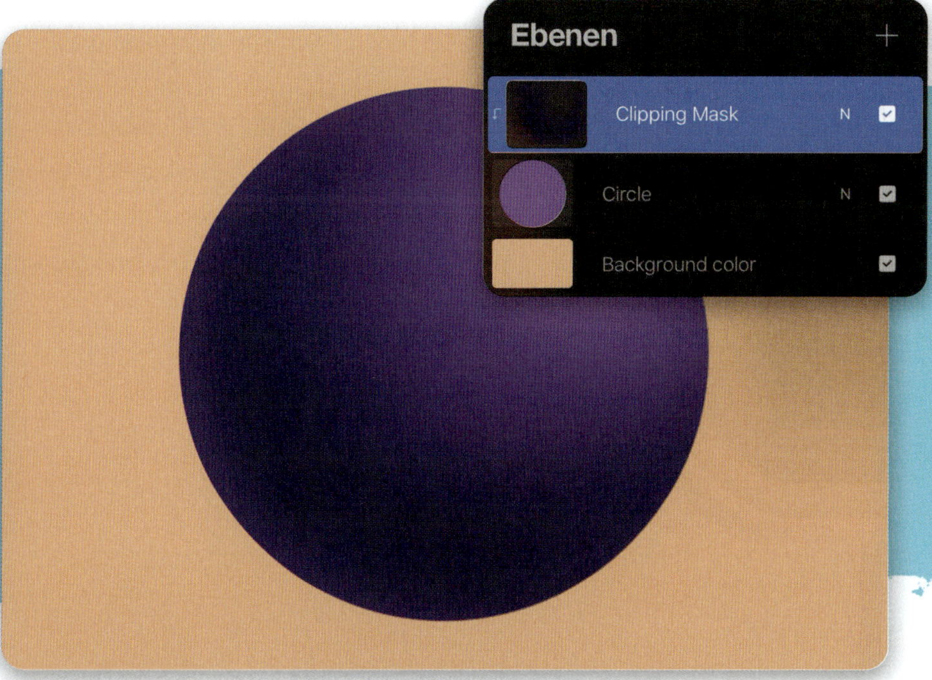

AUSWAHL-WERKZEUG

Auswahlen dienen dazu, zu kontrollieren, wo du malen oder welche Elemente du transformieren willst. (Das Transformieren-Werkzeug behandeln wir auf Seite 54.)

Das Auswahl-Menü öffnet sich, wenn du auf das S-Icon oben links in deiner Bedienoberfläche tippst. Am unteren Rand des Bildschirms kannst du dann den Auswahlmodus festlegen und aus einer Reihe von Modifikatoren wählen.

Nachdem du einen Bildbereich ausgewählt hast, lässt sich nur noch dieser Bereich bearbeiten. Die restliche Leinwand bleibt unverändert. Am besten verstehst du dieses Konzept vermutlich, wenn du es selbst ausprobierst – experimentiere einfach mit einem der in den Ressourcen vorhandenen Bilder.

In diesem Kapitel lernst du, wie du:

- **Auswahlen einsetzt, um deinen kreativen Prozess zu verbessern,**
- **eine Auswahl löschst und die vorherige Auswahl zurückholst,**
- **die Automatische Auswahl benutzt,**
- **die Freihand-Auswahl benutzt,**
- **die Rechteck- und Ellipse-Auswahl benutzt,**
- **Auswahlen erweiterst, entfernst, umkehrst, duplizierst, mit einer weichen Kante versiehst und löschst.**

AUTOMATISCHE AUSWAHL

Der erste Auswahlmodus ist die Automatische Auswahl. Dieser Modus wählt einen Bereich ähnlicher Farben aus, den du durch ein Tippen mit dem Finger auf den Bildschirm bestimmst. Falls du den Auswahlbereich erweitern willst, die sogenannte Auswahlgrenze, ziehst du den Finger nach rechts. Willst du den Bereich verkleinern, ziehst du ihn nach links. Beim Tippen oder Ziehen werden die ausgewählten Bereiche farbig hervorgehoben. Bist du mit der Auswahl zufrieden, tippst du einfach auf ein Werkzeug. Es erscheint ein diagonales Streifenmuster. Dieses Muster bestätigt, welche Bereiche ausgewählt wurden. Falls du zurückgehen und deine Auswahl verändern willst, halte einen Augenblick das Auswahl-Icon gedrückt, bis sich das Menü wieder öffnet.

Die Automatische Auswahl ist dann sinnvoll, wenn du deine Ebenen zusammengeführt hast und dann feststellst, dass du einen Bereich des Bildes ändern willst, der ähnliche Farben aufweist, wie etwa das Haar einer Figur oder den Himmel einer Landschaft.

Sei dir bewusst, dass Auswahlen nur auf deiner aktuell ausgewählten Ebene wirksam sind. Das ist besonders bei der Automatischen Auswahl wichtig, bei der die Bereiche, die du auswählen kannst, vom Inhalt deiner aktuellen Ebene bestimmt werden.

▼ Nutze Automatische Auswahlen, um kontraststarke Objekte zu separieren.

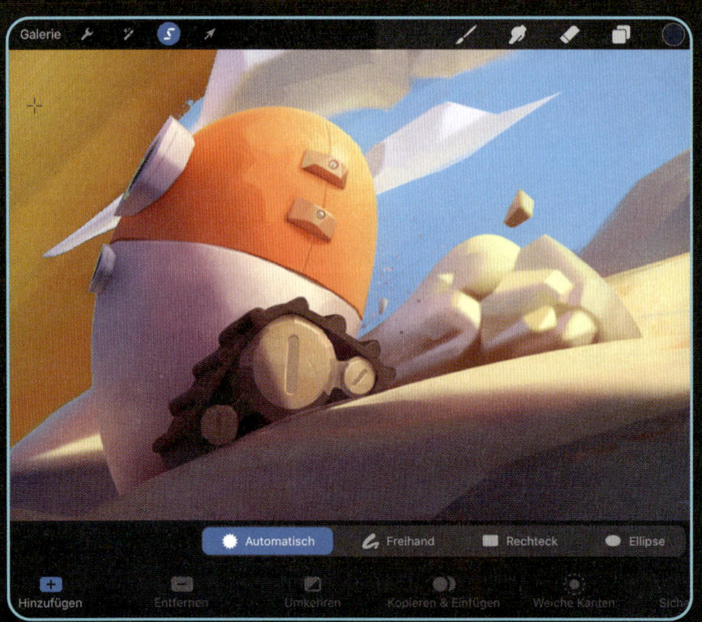

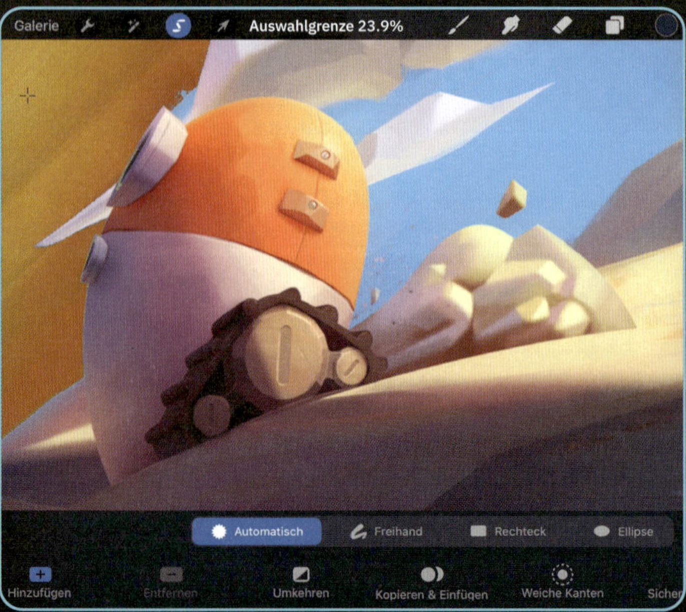

Die Freihand-Auswahl ist einfach zu benutzen und gleichzeitig ein mächtiges Werkzeug in der Werkzeugkiste eines Digitalkünstlers. Bewege nach dem Aktivieren des Freihandmodus den Finger oder den Stift über den Bildschirm, um den gewünschten Bereich auszuwählen.

Alternativ kannst du auf den Bildschirm tippen, um einen Punkt zu platzieren, und dann erneut tippen, damit eine Punktlinie erscheint. Setze solange weitere Punkte, bis du eine polygonale Form rund um den Bereich erzeugt hast, den du auswählen willst. Wenn du mit der Auswahl zufrieden bist, tippe noch einmal auf den ersten Punkt. Damit schließt sich die Auswahl. Wenn du nun weitere Formen zeichnest, werden diese zur Auswahl hinzugefügt.

Beide Auswahlen lassen sich miteinander kombinieren.

Mit der Freihand-Auswahl arbeitest du so präzise, wie du willst.

TIPP

Wenn du die Funktion »Farbfüllung« aktivierst, füllst du deine getroffene Auswahl automatisch mit der aktiven Farbauswahl. So kannst du schnell größere Flächen einfärben.

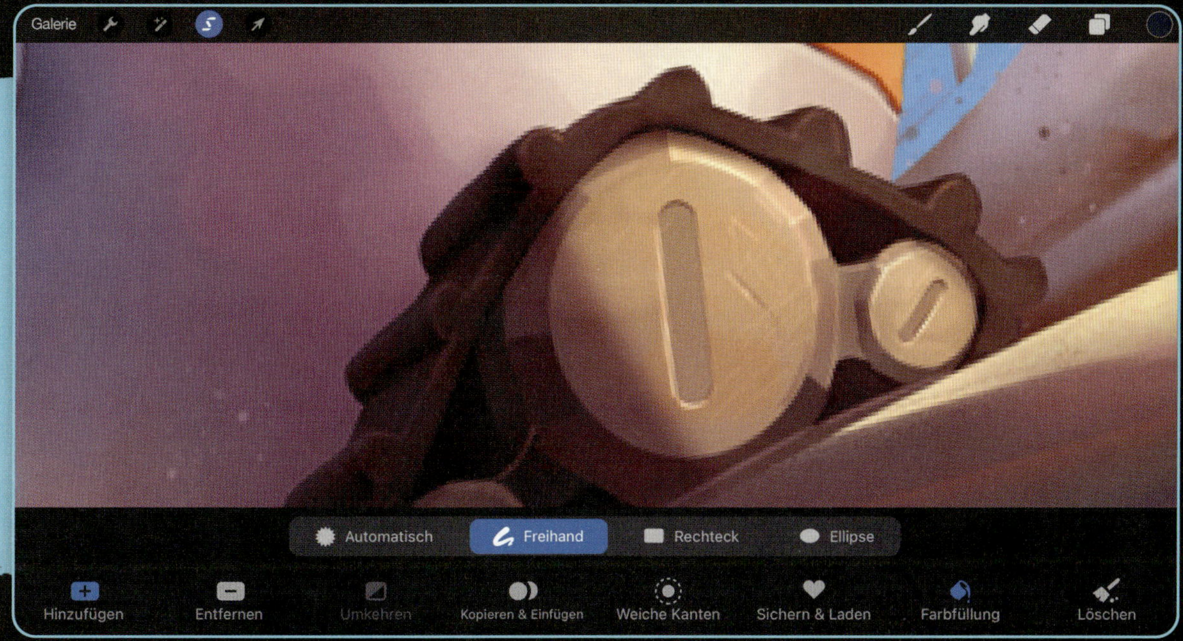

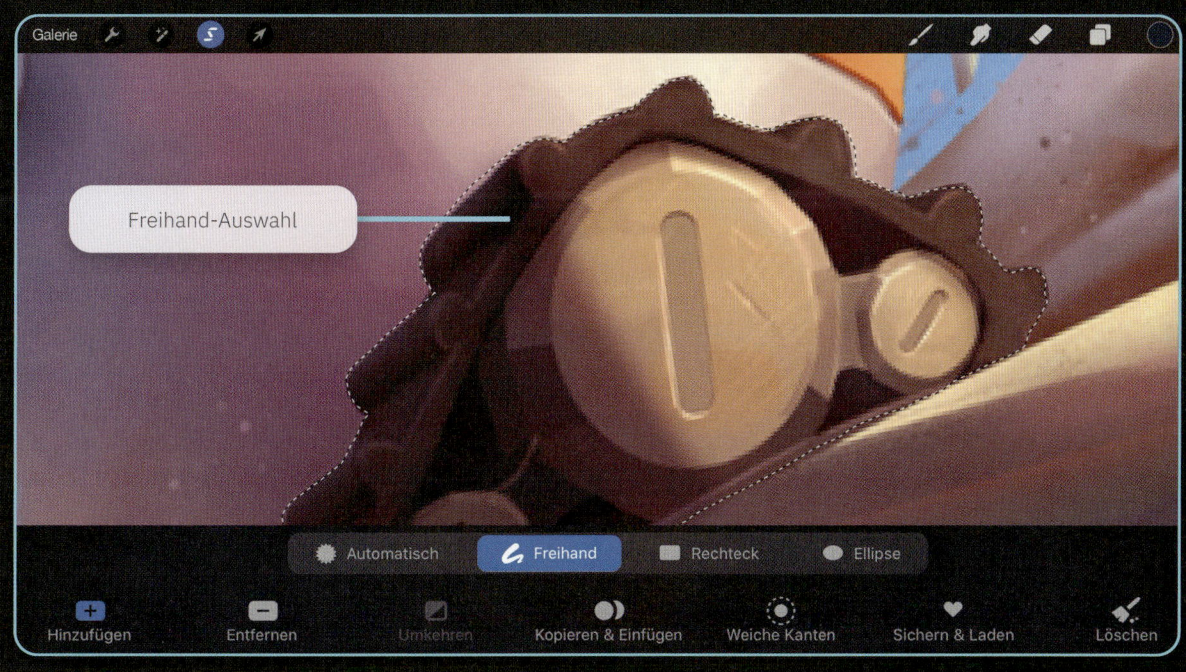

AUSWAHL PER RECHTECK UND ELLIPSE

Formen-Auswahlen sind aus verschiedenen Gründen sinnvoll: Man kann damit beispielsweise kreisförmige Masken zeichnen oder auch einen Ausschnitt der Leinwand auswählen, um ihn auszuschneiden und woanders einzusetzen. Tippe einfach auf Rechteck oder Ellipse und ziehe die gewünschte Form auf. Ein weiterer Vorteil ist, dass du deine Ellipsen in perfekte Kreise verwandeln kannst, indem du einen weiteren Finger auf den Bildschirm setzt, während du die Ellipse aufziehst.

▼ Ellipse- und Rechteck-Auswahlen erlauben dir das schnelle Erzeugen von Formen.

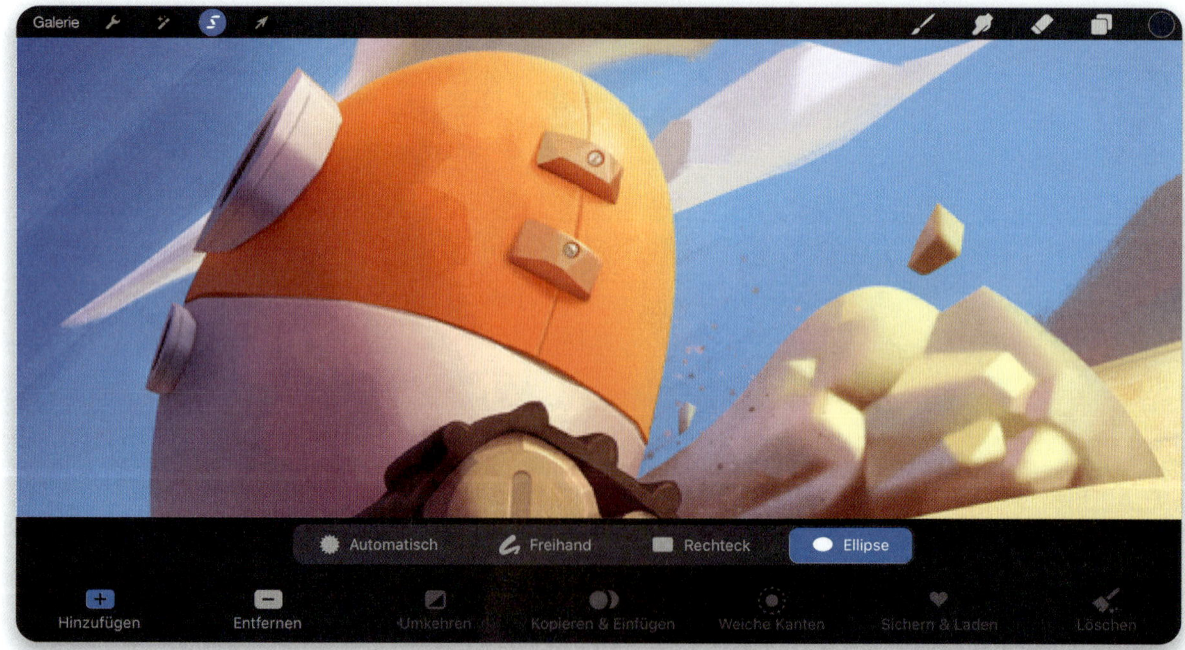

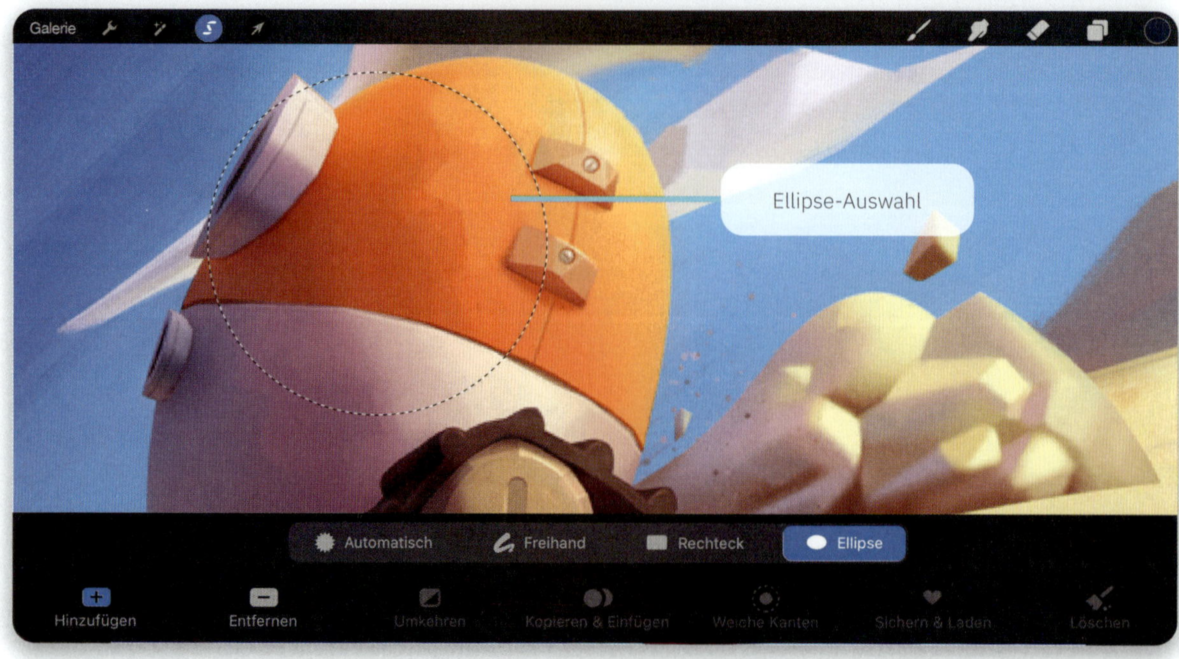

 Alle Bilder © Lucas Peinador

AUSWAHLMODIFIKATOREN

Es gibt eine Reihe von Auswahlmodifikatoren, die unter den Auswahlmodi aufgeführt sind. Die Buttons **Hinzufügen** und **Entfernen** sind ganz nützlich, wenn du Freihand-Auswahlen erstellst. Hinzufügen hängt den gewählten Bereich an die vorhandene Auswahl an, während Entfernen den gewählten Bereich von der vorhandenen Auswahl abzieht.

Umkehren kehrt die Auswahl um. Wozu soll das gut sein? Manchmal ist es leichter, die Bereiche auszuwählen, in die du nichts hineinmalen willst, und diese dann umzukehren, anstatt die Auswahl auf die übliche Weise zu erstellen. **Kopieren & Einfügen** dupliziert den Inhalt deiner Auswahl auf eine andere Ebene. Denke daran, dass Auswahlen nur auf der aktuell gewählten Ebene funktionieren, pass deshalb auf, dass du tatsächlich die richtige Ebene aktiviert hast.

Weiche Kanten ist eine interessante Option, die in ganz speziellen Fällen eingesetzt wird. Damit kannst du die Auswahl zum Rand hin auslaufen lassen, quasi wie einen Verlauf. Du siehst, wie das diagonale Streifenmuster immer zarter wird und schließlich verschwindet. Wie weit die weiche Kante reicht, legst du selbst fest. **Löschen** widerruft deine aktuelle Auswahl, sodass du von Neuem beginnen kannst.

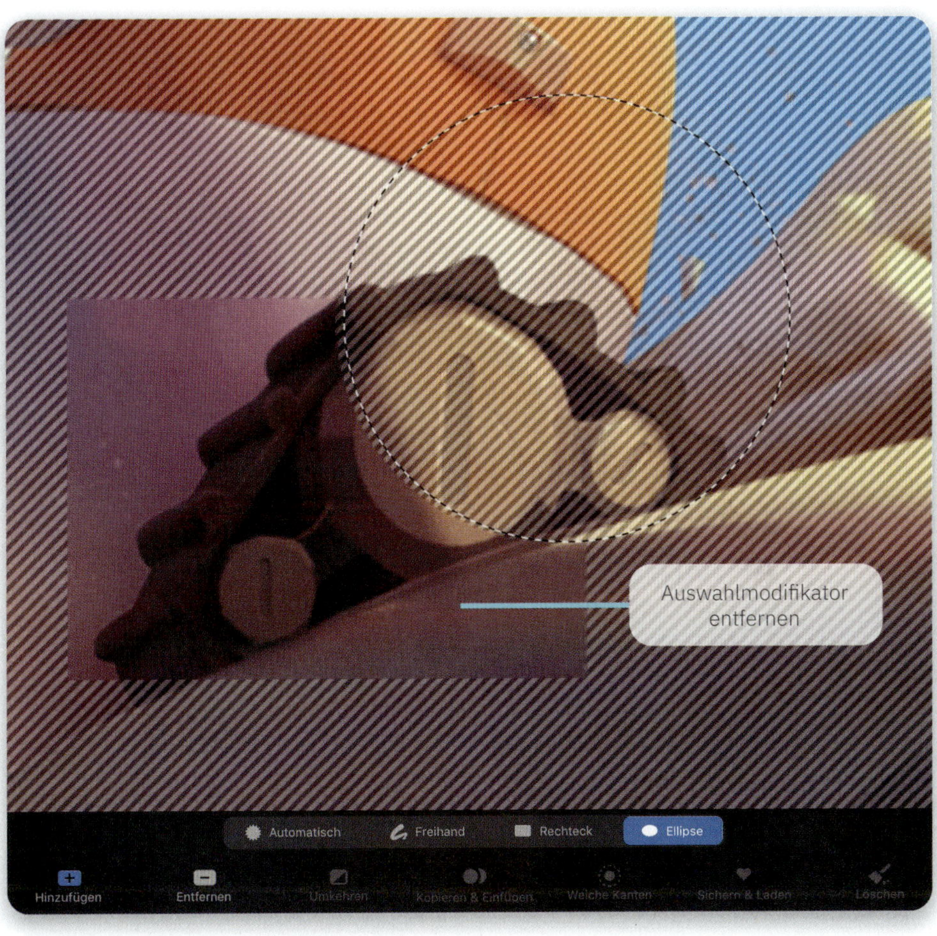

Entferne etwas aus deiner aktuellen Auswahl.

SICHTBARKEIT DER AUSWAHLMASKE

Falls dir das Arbeiten mit dem Streifenmuster Probleme bereitet, kannst du dessen Deckkraft erhöhen oder verringern. Gehe in das Menü *Aktionen > Einst.* und betätige den Regler Sichtbarkeit Auswahlmaske.

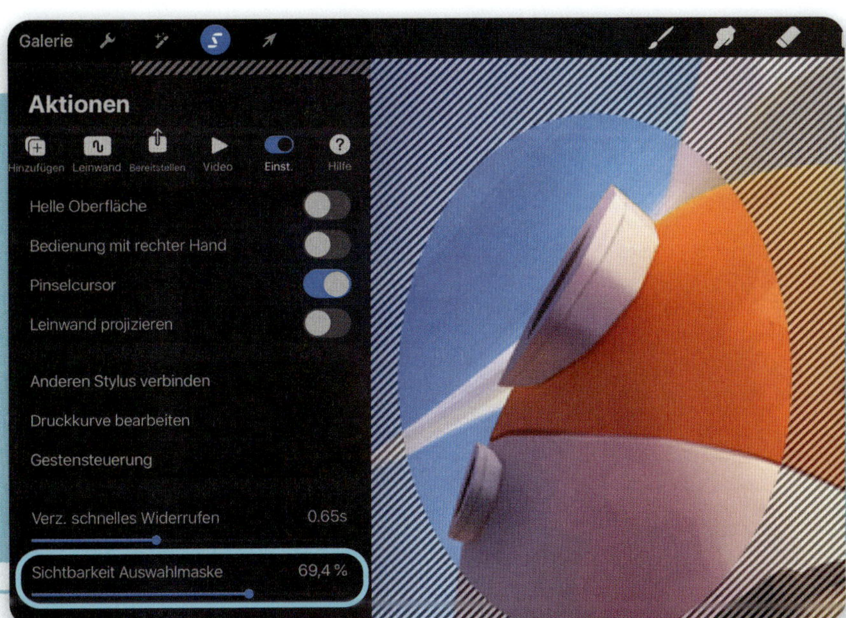

TRANSFORMIEREN

Mit dem Transformieren-Werkzeug kannst du Teile eines Bildes verschieben, drehen, spiegeln, verzerren und verformen. Das Werkzeug, auf das du über das Pfeil-Icon in der oberen Werkzeugleiste zugreifst, arbeitet gut mit Auswahlen zusammen. Falls eine Auswahl aktiv ist (zu erkennen an dem blauen S-Icon oben links auf dem Bildschirm), kannst du den ausgewählten Bereich transformieren. Ist nichts ausgewählt, beeinflusst das Transformieren-Werkzeug den gesamten Inhalt einer Ebene. Genau wie bei den Auswahlen enthält das Transformieren-Menü eine Reihe von Modi und Optionen. Experimentiere damit anhand der vorhandenen Bilder.

In diesem Kapitel lernst du, wie du:

- **die Transformationen Gleichmäßig und Freiform verwendest,**
- **verzerrst und verformst,**
- **das Erweiterte Gitter benutzt,**
- **Auswahlen spiegelst, drehst, in die Leinwand einpasst und zurücksetzt,**
- **die Einstellung Magnetisch verwendest,**
- **die Interpolation einsetzt.**

FREIFORM VS. GLEICHMÄSSIG

Der Unterschied zwischen den Transformationen Freiform und Gleichmäßig zeigt sich am augenfälligsten beim Skalieren eines Objekts.

Erzeuge ein Objekt und tippe dann auf Transformieren, um die Steuerelemente aufzurufen. Das Objekt ist von einer gestrichelten Linie umgeben, deren Strichelchen wie kleine Ameisen um das Objekt herummarschieren, Bezugsrahmen genannt. Er grenzt den Bereich ein, den du ausgewählt hast. Verwende die blauen Punkte, um die Form eines Objekts zu ändern, und den grünen Punkt, um ein Objekt zu drehen. Wenn du an der Ecke des Rahmens ziehst, änderst du Breite und Höhe deines Objekts gleichzeitig.

Freiform

Hast du Freiform ausgewählt, kannst du die Proportionen deines Objekts zusammendrücken und strecken.

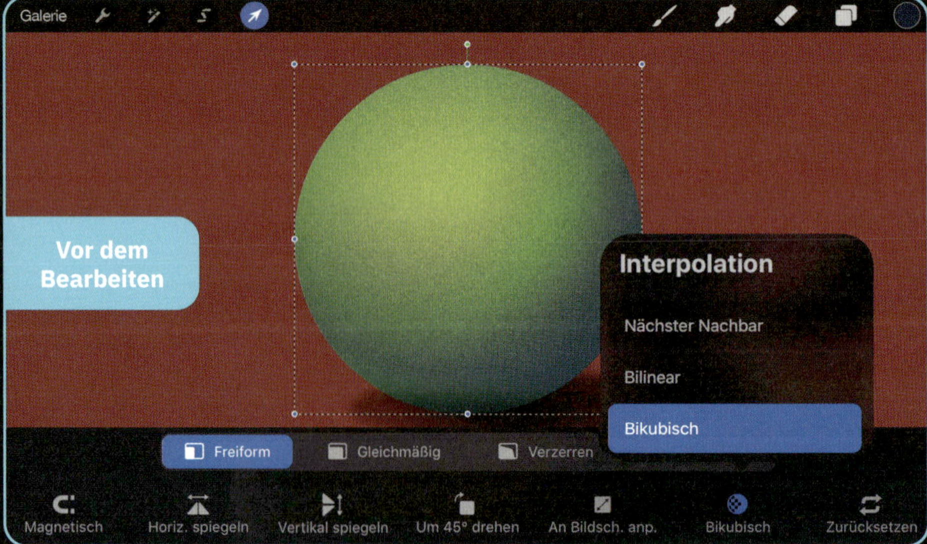

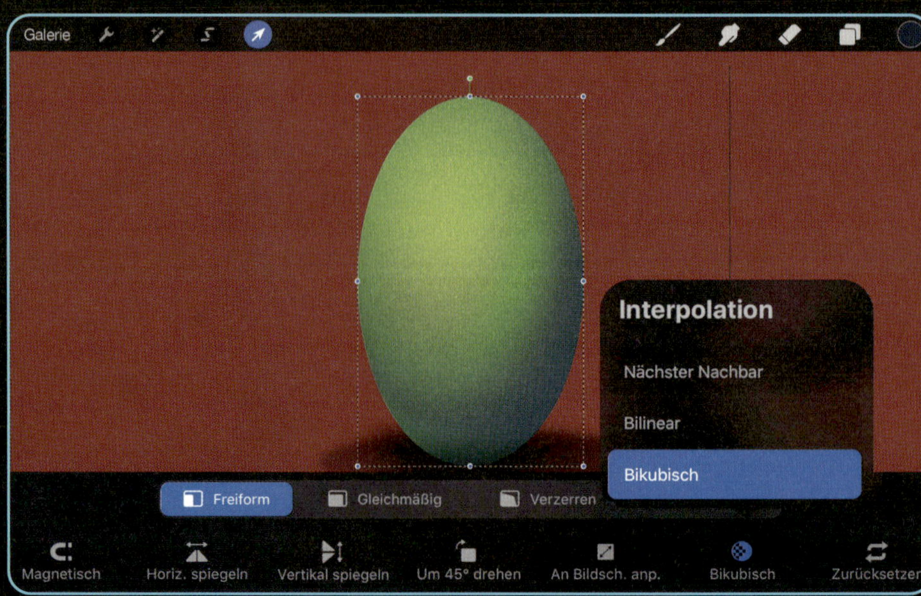

Die Freiform-Transformation erlaubt dir, die Proportionen eines Objekts zu verändern.

Gleichmäßig

Hast du dagegen Gleichmäßig ausgewählt, bleiben die Proportionen deines Objekts erhalten, sodass es nicht zusammengedrückt oder gestreckt wird. Sowohl Freiform als auch Gleichmäßig haben ihre Anwendungsfälle. Wenn du zum Beispiel den Kopf einer Figur skalierst, willst du dessen Proportionen sicher erhalten, während das Ändern von Höhe und Breite eines Felsens in einer natürlichen Umgebung dazu beiträgt, diesen ebenfalls natürlich(er) aussehen zu lassen.

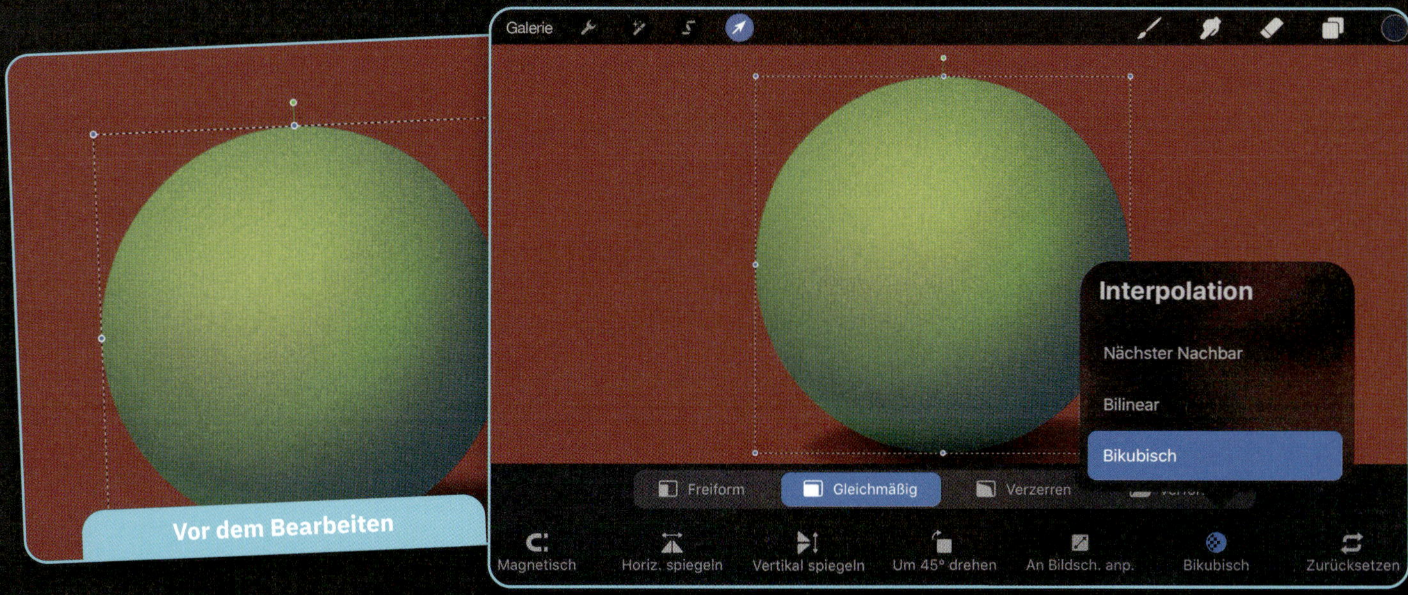

VERZERREN

Mit Verzerren lässt sich die Perspektive deines Objekts ohne Einschränkungen transformieren. Das ist vergleichbar mit Freiform, allerdings sind beim Transformieren alle Punkte auf dem Bezugsrahmen unabhängig voneinander. Damit sind diagonale Verzerrungen sowie die Anpassung von Texturen auf ein dreidimensionales Objekt möglich.

▼ Wähle Verzerren, wenn du die Perspektive deines Objekts frei transformieren willst.

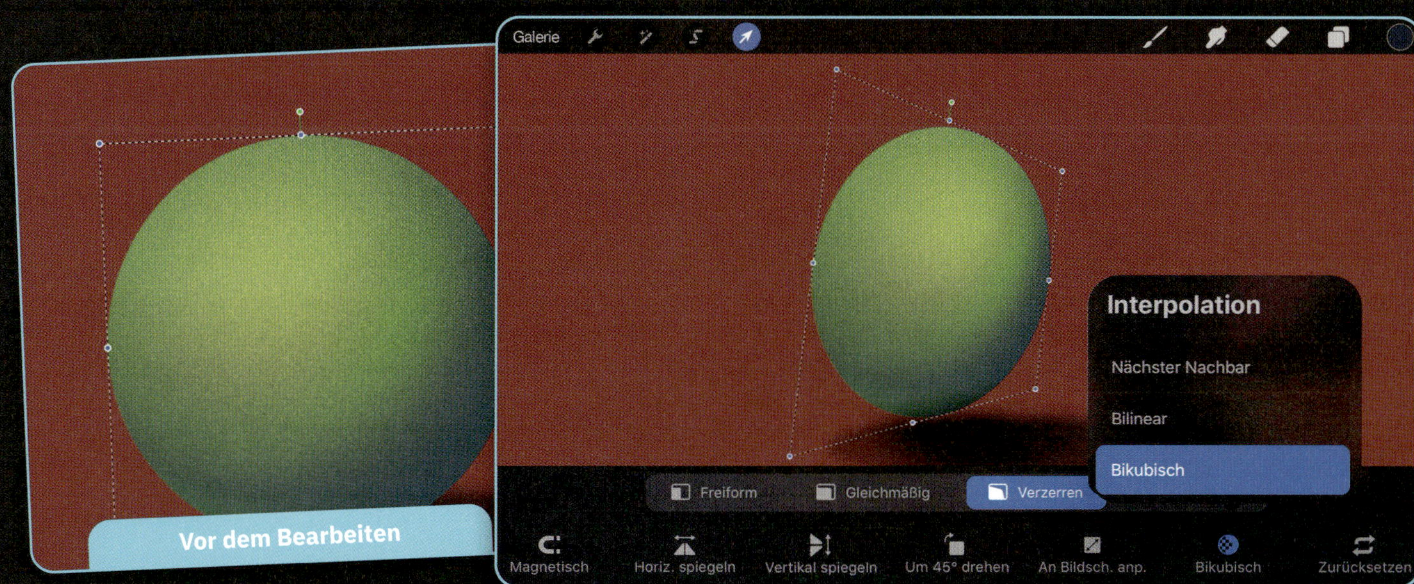

VERFORMEN

Verformen verbiegt Objekte, als wären sie auf ein Stück Papier gemalt worden. Du kannst das Gitter, das über dem Bezugsrahmen liegt, verschieben, um unterschiedliche Effekte zu erzielen, oder die Form selbst verbiegen. Wenn du die Punkte um ein Objekt herum antippst, kannst du sie im Raum nach hinten oder vorn bewegen.

Eine umfassendere Kontrolle über das Verkrümmen deiner Form erhältst du, wenn du Erweitertes Gitter aktivierst: Hier werden noch mehr Punkte auf deinem Gitter angezeigt.

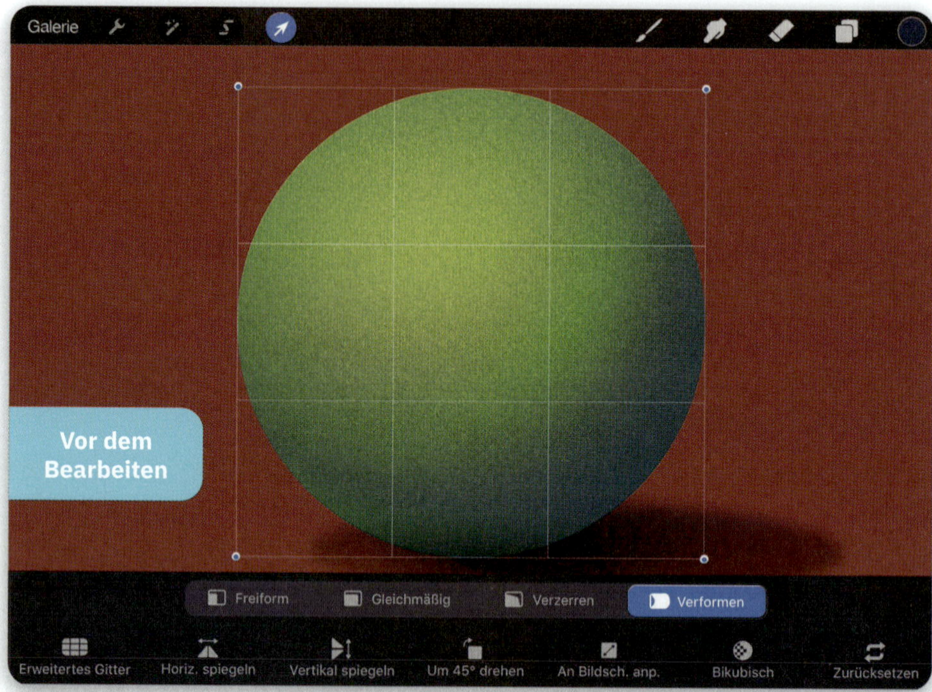

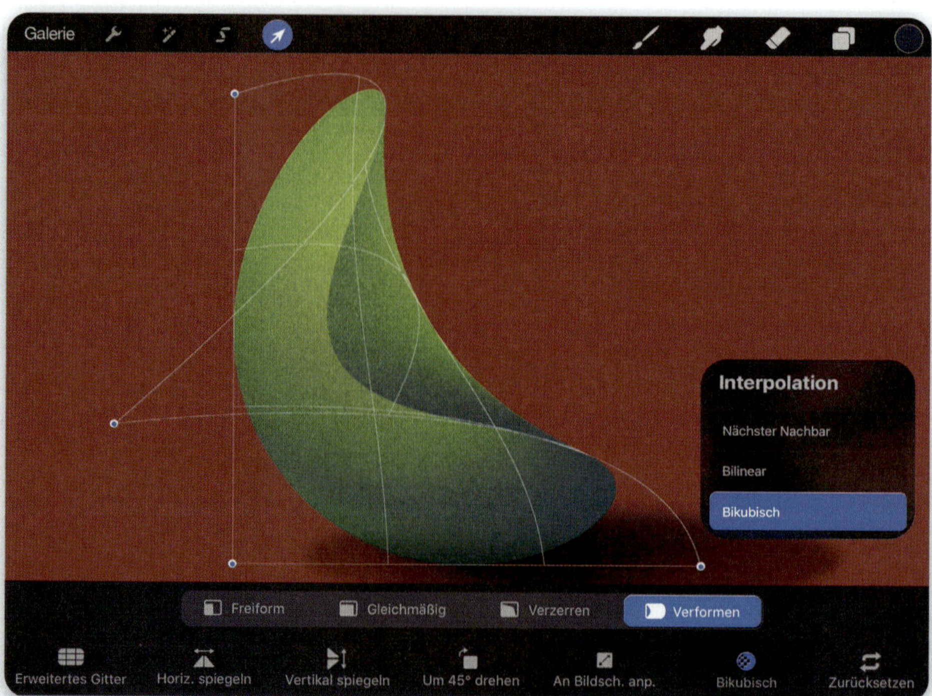

Verformen erlaubt dir, Objekte wie ein Blatt Papier zu verkrümmen.

OPTIONEN

Neben den Haupttransformationsmodi gibt es Optionen, die es dir erlauben, die Modi weiter anzupassen. Du findest sie am unteren Rand des Bildschirms, wenn Transformieren aktiviert ist.

Magnetisch

Wenn du Magnetisch aktivierst, kannst du dein Objekt mit bestimmten Beschränkungen transformieren, also etwa in 15-Grad-Schritten drehen oder in 25 %-Schritten skalieren. Das ist sinnvoll, wenn du eindeutige Maße und feste Achsen beim Transformieren benötigst.

Horizontal spiegeln und Vertikal spiegeln

Diese beiden Optionen sind selbsterklärend. Sie sind besonders gut für das Arbeiten mit symmetrischen Objekten geeignet.

Um 45° drehen

Hier wird dein Objekt um 45 Grad gedreht, allerdings kannst du diese Aktion und noch viel weitere auch mit der Option Magnetisch ausführen.

An Bildschirm anpassen

Mit An Bildschirm anpassen wird dein Objekt so weit vergrößert, dass es bis an die Ränder deiner Leinwand reicht. Je nachdem, ob Magnetisch eingeschaltet ist oder nicht, kannst du entweder die Höhe oder die Breite anpassen.

Interpolation

Interpolation bietet drei Optionen für die Transformation deiner Objekte auf Pixelebene:

- Nächster Nachbar
- Bilinear
- Bikubisch

Von Nächster Nachbar bis Bikubisch werden Farbübergänge zwischen Pixeln sanfter und weicher. Probiere alle drei aus, um festzustellen, welche für dich am besten funktionieren. Du wirst merken – vor allem wenn du eine Auswahl vergrößerst –, dass manche Interpolationsmodi sauberer aussehende Ergebnisse liefern als andere.

Zurücksetzen

Mit Zurücksetzen bzw. Alle zurücksetzen werden alle Transformationen rückgängig gemacht, und dein Objekt nimmt wieder seinen Ausgangszustand an.

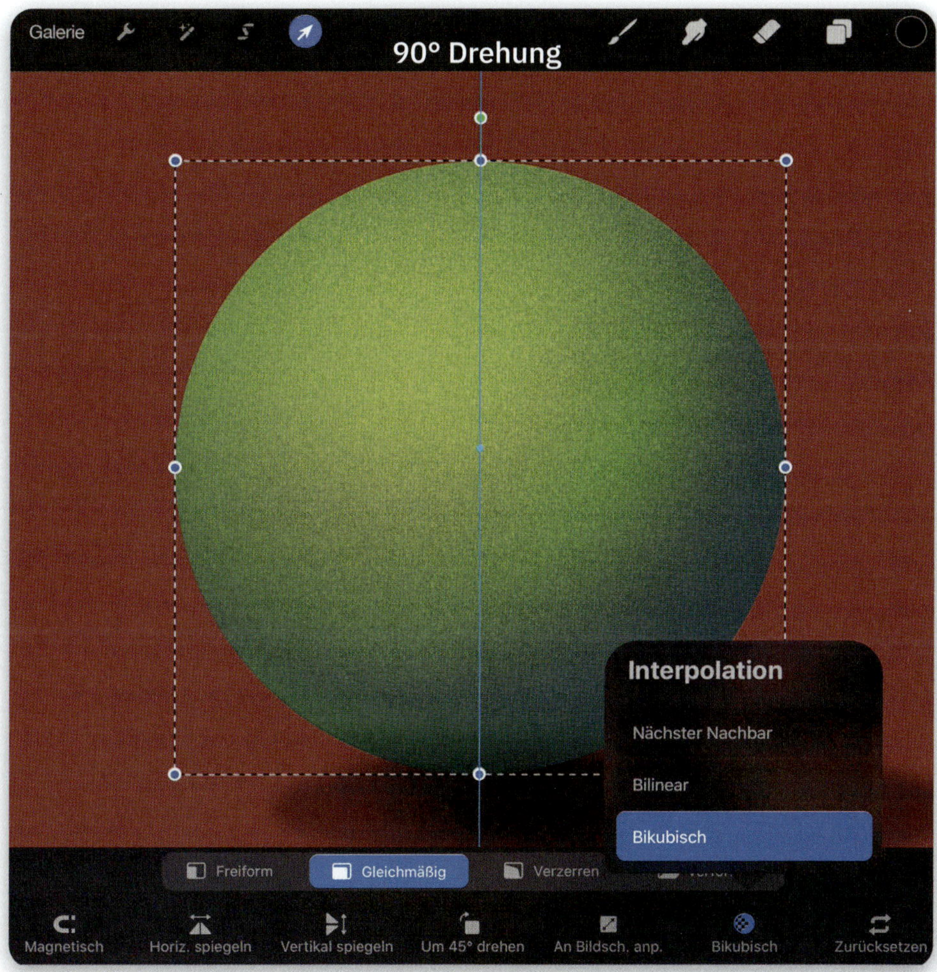

Mit Magnetisch lässt sich ein Objekt entlang einer geraden Achse bewegen.

ANPASSUNGEN

Hinter dem Zauberstab-Icon in der Werkzeugleiste am oberen Bildrand versteckt sich das Anpassungen-Menü. Bei den Anpassungen handelt es sich um Effekte, die auf ein Bild angewandt werden können, um sein Aussehen zu verändern. Sie lassen sich auf Ebenen einsetzen, manche aber funktionieren am besten, wenn man sie auf das gesamte Bild anwendet. Anpassungen gelten nur für die Ebene, die du ausgewählt hast, und können zusammen mit Auswahlen eingesetzt werden. Das heißt, wenn du einen Teil des Bildes ausgewählt hast und dann eine Anpassung verwendest, beeinflusst diese nur den ausgewählten Bereich.

In diesem Kapitel lernst du, wie du:

- **die Anpassungen in einem Bild anwendest,**
- **die Gauß'sche Unschärfe einsetzt,**
- **Bewegungsunschärfe und Perspektivische Unschärfe verwendest,**
- **Scharfzeichnen einsetzt,**
- **Rauschen anwendest,**
- **Verflüssigen benutzt,**
- **die Anpassungen Farbton, Sättigung und Helligkeit einsetzt,**
- **Kurven nutzt,**
- **Neu färben verwendest.**

Anpassungen

Farbton, Sättigung, Helligkeit
Farbbalance
Kurven
Verlaufsumsetzung

Gauß'sche Unschärfe
Bewegungsunschärfe
Perspektivische Unschärfe

Rauschen
Scharfzeichnen
Bloom
Störung
Streuraster
Chromatische Aberration

Verflüssigen
Klonen

▶ Tippe auf das Zauberstab-Icon, um das Anpassungen-Menü zu öffnen.

GAUSS'SCHE UNSCHÄRFE

Die Gauß'sche Unschärfe ist die zweite Option im Anpassungen-Menü. Diese außerordentlich nützliche Anpassung erlaubt dir, die ausgewählte Ebene gleichmäßig weichzuzeichnen. Es gibt hierfür eine Vielzahl von Anwendungsfällen. Vielleicht musst du einmal den Hintergrund einer Figur unscharf machen oder möchtest einen Verlauf, den Glanz auf einer Figur oder die Wolken im Himmel weicher aussehen lassen. Die Gauß'sche Unschärfe ist sehr einfach zu bedienen.

Tippe sie einfach im Menü an und verstärke oder verringere dann die Unschärfe mithilfe des Reglers.

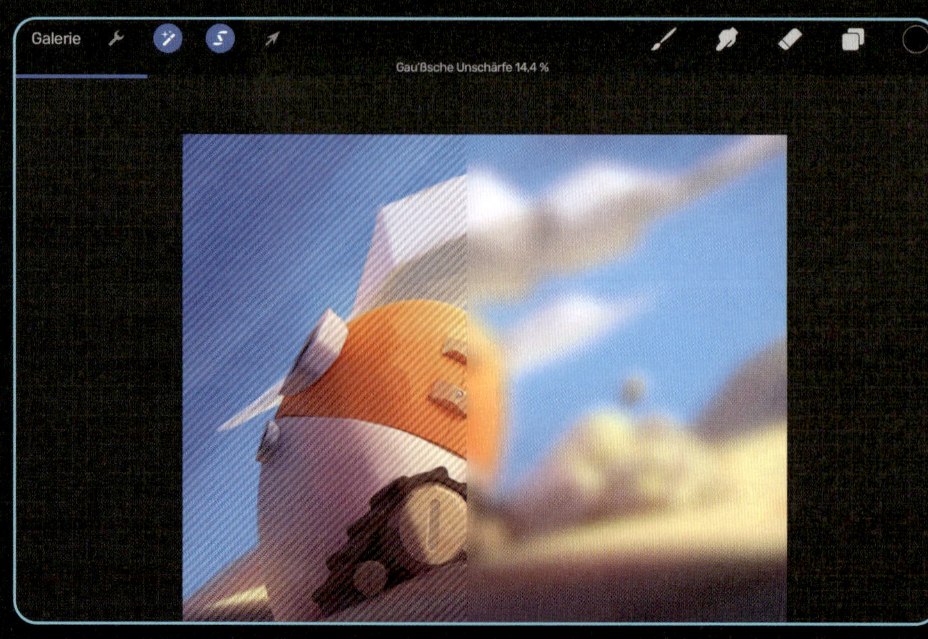

▶ Die Gauß'sche Unschärfe eignet sich gut, um Abstand zwischen Objekten darzustellen.

BEWEGUNGSUNSCHÄRFE UND PERSPEKTIVISCHE UNSCHÄRFE

Bewegungsunschärfe und Perspektivische Unschärfe erzeugen in einem Bild ebenso wie die Gauß'sche Unschärfe eine Unschärfe, allerdings auf gerichtete Weise. Bei der Bewegungsunschärfe geschieht das entlang einer geraden Linie, sodass du die Illusion erzeugst, das Objekt bewege sich parallel zur Kamera. Die Perspektivische Unschärfe dagegen arbeitet radial. Du kannst damit also den Eindruck erwecken, dass sich Objekte auf die Kamera zubewegen.

Bewegungsunschärfe

Um die Bewegungsunschärfe anzuwenden, tippe auf die Option im Anpassungen-Menü und ziehe dann mit dem Finger über das Bild. Die Richtung deiner Bewegung bestimmt die Achse und die Länge des Strichs die Stärke der Unschärfe.

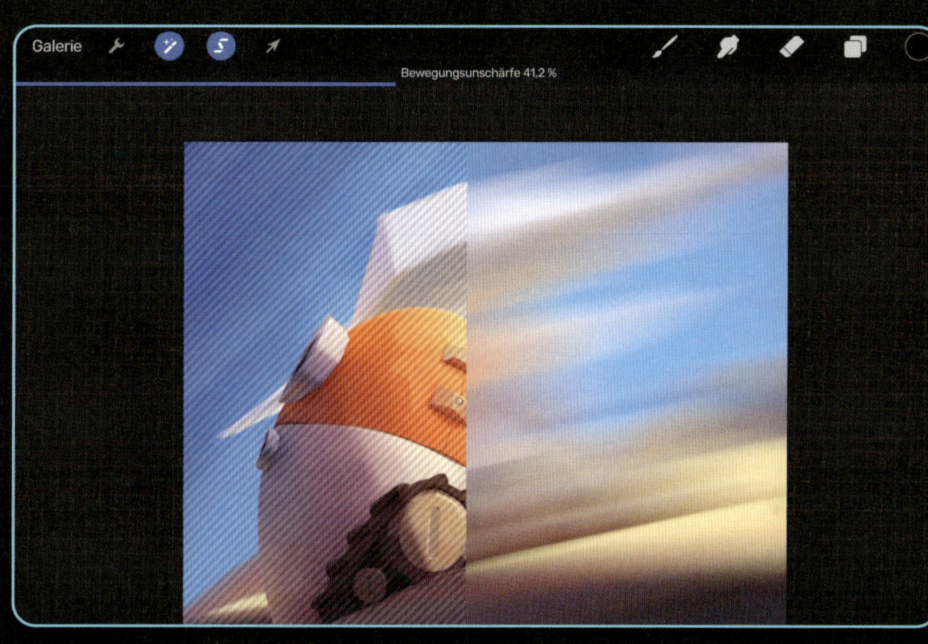

▲ Mit der Bewegungsunschärfe kannst du ein Gefühl von Geschwindigkeit vermitteln.

Perspektivische Unschärfe

Die Perspektivische Unschärfe ist ein bisschen anders. Nachdem du die Option ausgewählt hast, erscheint ein Punkt auf deinem Bild. Dieser Punkt ist das Zentrum deiner radialen Unschärfe. Du kannst ihn durch Ziehen an einer anderen Stelle platzieren. Wenn du mit seiner Position zufrieden bist, ziehe auf dem Bild nach links oder rechts, um die Stärke der Unschärfe zu vergrößern oder zu verkleinern. Alternativ kannst du die Option Direktional am unteren Bildschirmrand wählen. Aus der radialen wird nun eine konische Unschärfe, die dir möglicherweise besser gefällt.

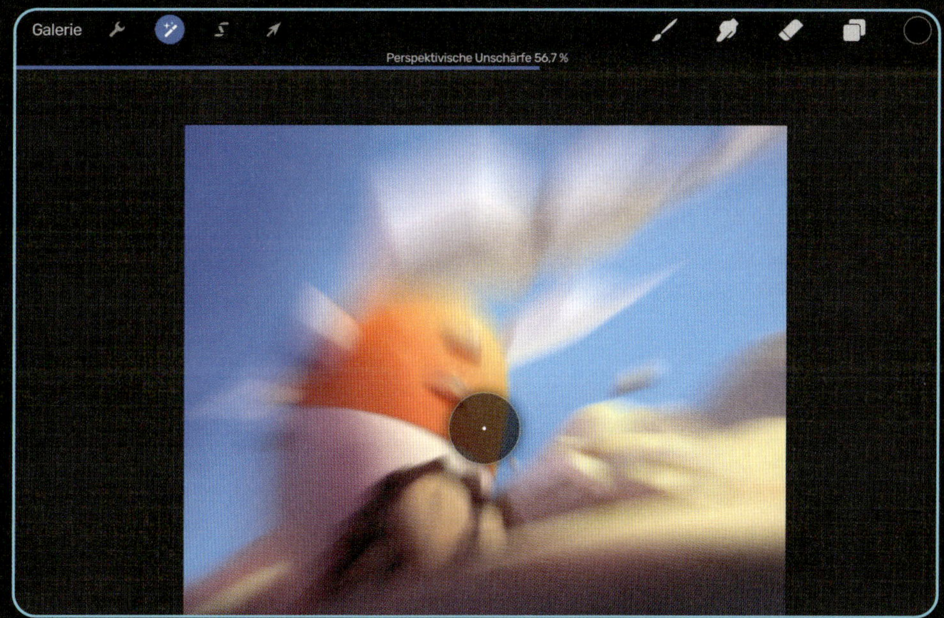

▲ Auch mit der Perspektivischen Unschärfe kann man den Eindruck von Bewegung erzeugen.

SCHARFZEICHNEN

Scharfzeichnen verstärkt den Kontrast zwischen benachbarten Pixeln, wodurch die Kanten in einem Bild knackiger und kontraststärker werden.

Wie bei den anderen Anpassungen gibt es auch hier einen Regler, mit dem du die Stärke des Effekts verändern kannst. Sei aber vorsichtig! Es mag verlockend sein, den Regler ganz nach rechts zu schieben, doch wenn du es mit dem Scharfzeichnen übertreibst, sieht dein Bild körnig und unnatürlich aus, und der Effekt überstrahlt deine handgezeichneten Details.

Mit dem Scharfzeichnen lassen sich Details betonen, doch übertreib es nicht!

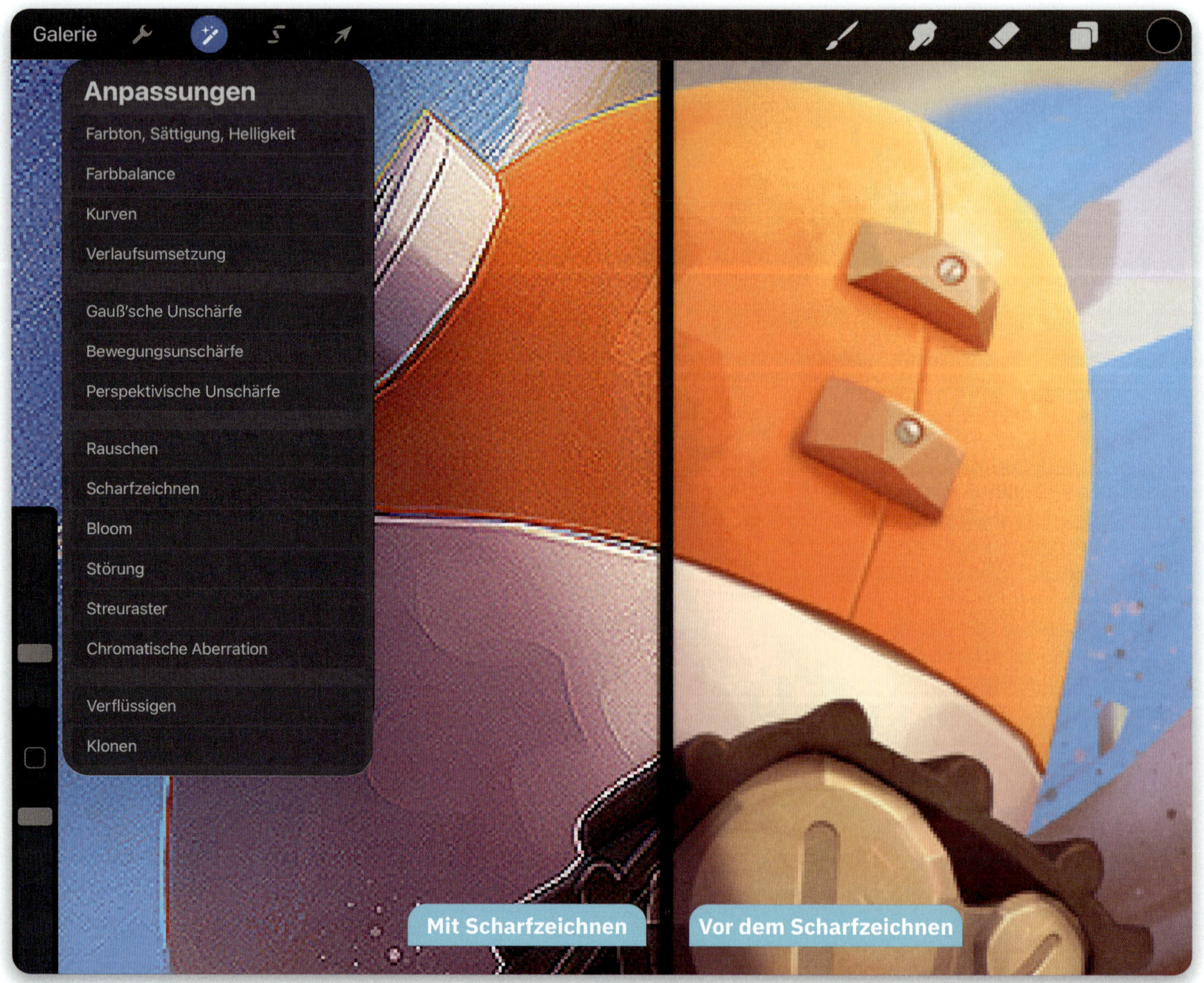

RAUSCHEN

Wenn du dir ein Foto oder Video ganz genau anschaust, siehst du, dass überall Rauschen zu finden ist. Diese subtile Körnung auf dem Motiv kann ihm durchaus Charakter verleihen. Digitale Bilder fühlen sich im Gegensatz dazu manchmal ein bisschen zu glatt und sauber an, und es scheint ihnen an Struktur zu mangeln. Wenn du das vermeiden willst, verwende die Rauschen-Anpassung. Diese erzeugt eine Schicht aus Rauschen auf einem Bild, die diesem eine fotografische Anmutung verleiht.

Tippe auf Rauschen und schiebe dann nach rechts, um mehr Rauschen zu erhalten, oder nach links, um das Rauschen zu verringern. Wie beim Scharfzeichnen gilt, dass weniger mehr ist und eine Übertreibung das Bild künstlich aussehen lässt.

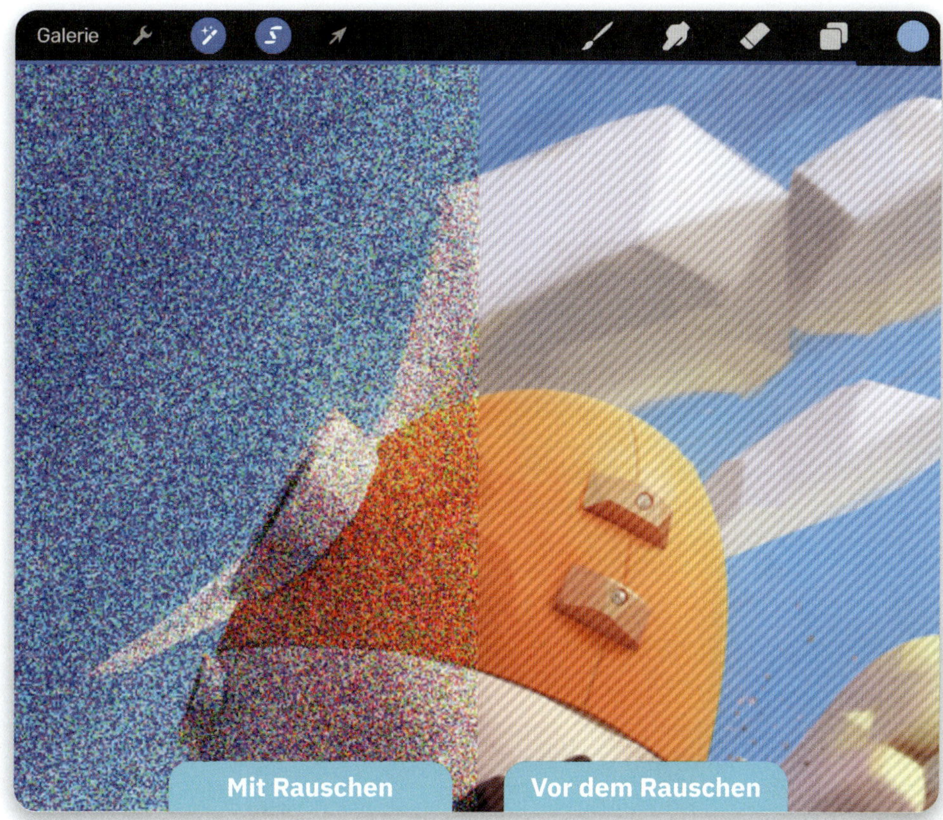

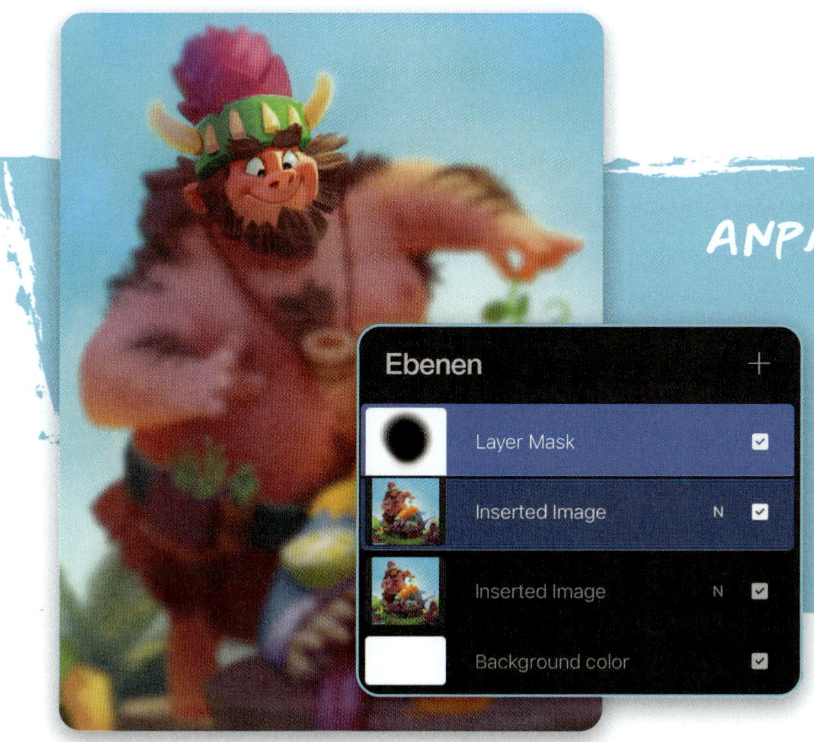

ANPASSUNGEN UND MASKEN

Die Feineinstellung einer Anpassung ist manchmal nicht ganz einfach. Angenommen, du möchtest die Gauß'sche Unschärfe auf das ganze Bild anwenden mit Ausnahme des Gesichts einer Figur. Du könntest dies erreichen, indem du die Anpassung auf eine duplizierte Version deines Bildes anwendest und dann Teile der Anpassung mit dem Maskierungswerkzeug verdeckst oder einblendest. Damit hast du präzise Kontrolle über alle Details.

VERFLÜSSIGEN

Verflüssigen gehört zu den mächtigsten Anpassungen in Procreate. Wenn du es aktivierst, erscheint ein Menü am unteren Rand des Bildschirms, in dem du eine Reihe von Werkzeugen und Reglern findest.

Werkzeuge

Drei der nützlichsten Werkzeuge von Verflüssigen sind Schieben, Kneifen und Erweitern. Mit **Schieben** kann man Pixel ziehen, mit **Kneifen** kann man sie zu einem Mittelpunkt ziehen, und mit **Erweitern** kann man sie von der Auswahl wegziehen. Die anderen Werkzeuge können ebenfalls ganz lustig sein, wenn auch vielleicht nicht ganz so nützlich. **Wirbel rechtsdrehend**, **Wirbel linksdrehend**, **Kristalle** und **Kante** verformen das Bild auf jeweils seltsame Weisen.

Regler

Im Menü mit den Werkzeugen gibt es Regler zum Ändern des Verflüssigen-Effekts. **Größe** bestimmt die Pinselgröße – der Verflüssigen-Pinsel wird hier kontrolliert, nicht der normale Pinsel-Regler. **Druck** steuert die Stärke des Effekts, vergleichbar dem Deckkraft-Regler bei einem normalen Pinsel. Wenn du **Schwung** vergrößerst, setzt Verflüssigen seinen Weg fort, obwohl du den Stift bereits vom Bildschirm genommen hast. Und **Verzerrung** schließlich verzerrt das Bild. Du kannst diesen Regler für jedes Werkzeug vergrößern, um dessen Zufälligkeit zu verstärken. So fügt er Wellen zu deinem Schieben, Spitzen zu deinem Kneifen oder Kleckse zu deiner Erweiterung hinzu.

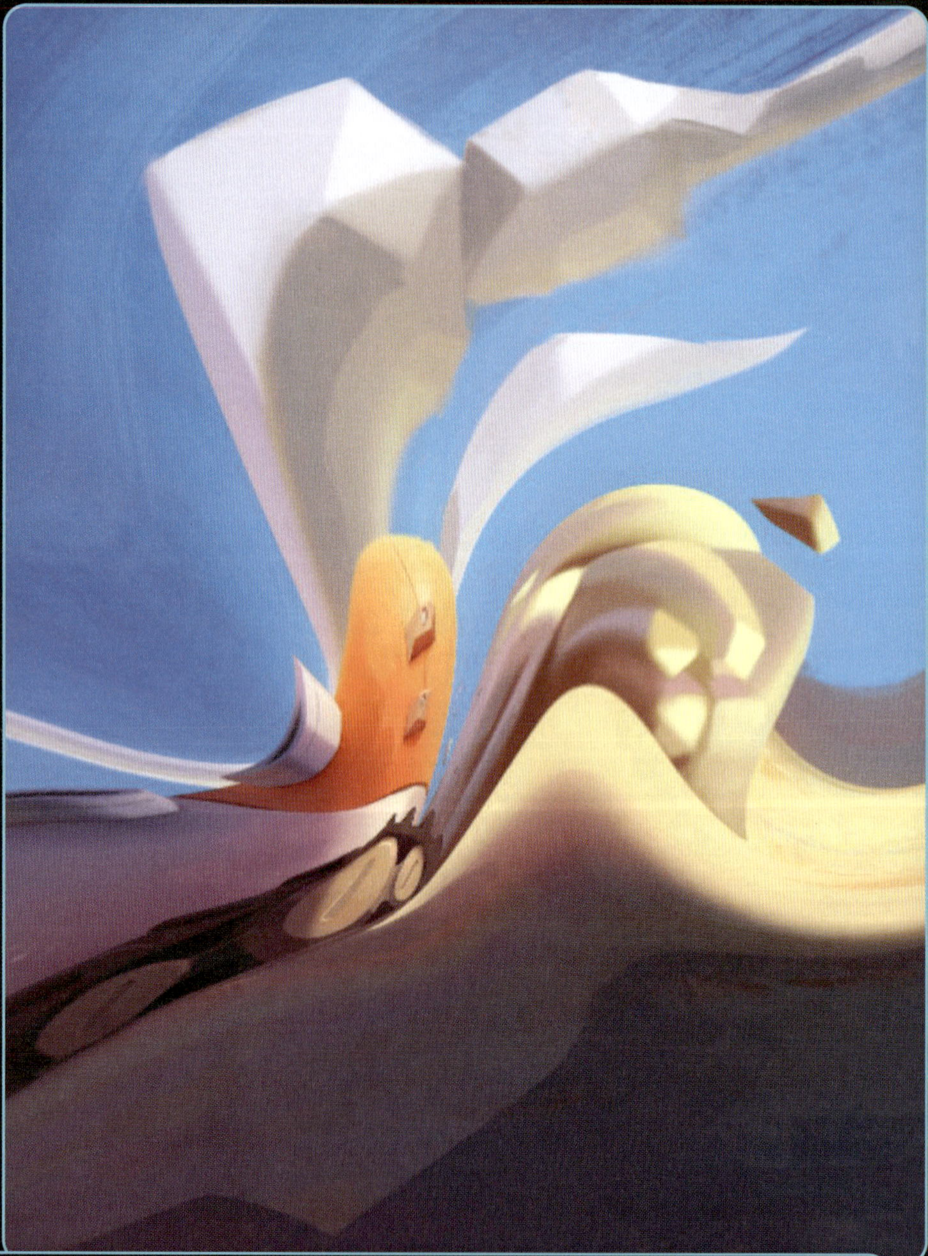

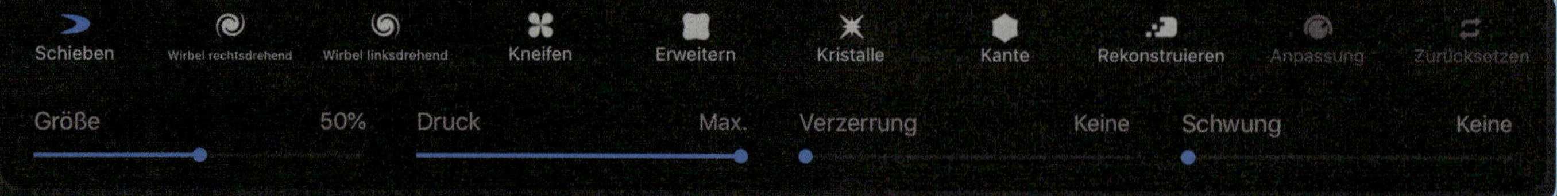

▲ Verwende Verflüssigen, um dein Bild zu verändern und zu verbessern.

FARBTON, SÄTTIGUNG, HELLIGKEIT

Farbton, Sättigung, Helligkeit (auch: HSB, von englisch Hue, Saturation, Brightness) ist eine einfach zu benutzende Anpassung, die es dir erlaubt, mithilfe der drei Regler die Farbe zu ändern. Du kannst damit unterschiedliche Farbkombinationen in einem Bild ausprobieren, ohne die Nuancierung an ihnen zu ändern.

Wenn du diese Option antippst, öffnet sich ein Menü mit drei Reglern. Außerdem hast du die Möglichkeit, deine Änderungen zurückzusetzen, eine Vorher-nachher-Sicht zu betrachten und den letzten Schritt in deiner Anpassung zu widerrufen oder zu wiederholen.

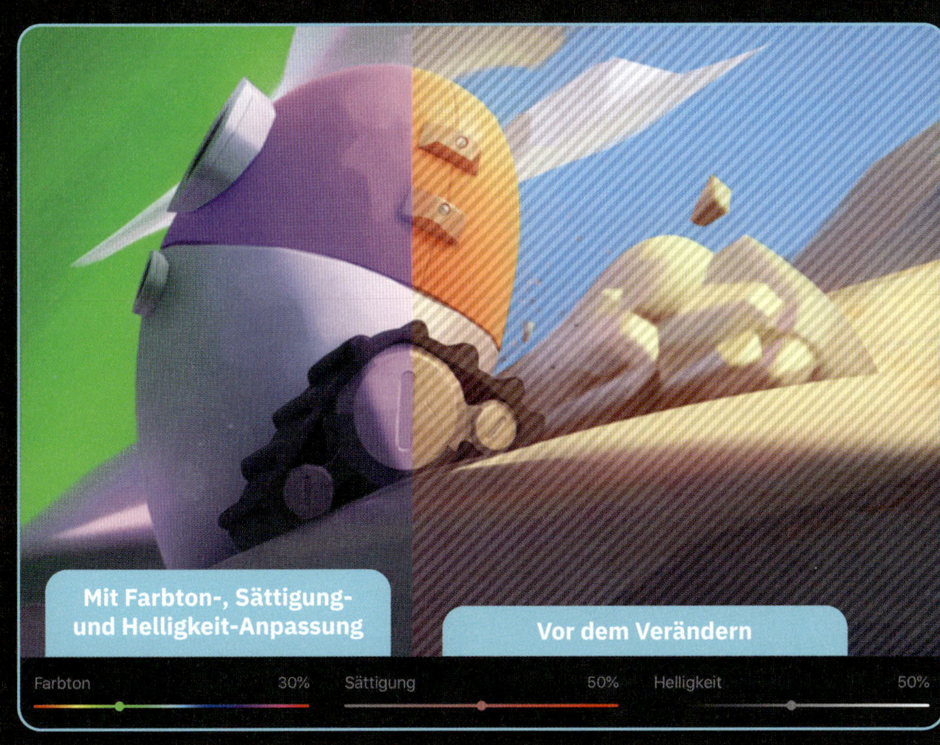

Experimentiere mit Farbton, Sättigung und Helligkeit eines Bildes.

FARBBALANCE

Stell dir die Farbbalance als den kleinen, raffinierten Bruder von HSB vor. Wo HSB ein Farbeimer ist, ist Farbbalance ein Marderhaarpinsel.

Die Anpassung erlaubt dir, die Menge an Rot, Grün und Blau in einem Bild individuell zu steuern, indem du die Regler für die jeweiligen Farben betätigst. Du kannst sogar wählen, ob du die Schatten, Mitteltöne oder Glanzlichter einzeln ändern willst.

Nutze die Farbbalance für eine Feineinstellung der Farben in deinem Bild, etwa um die Temperatur der Schatten abzusenken und die Glanzlichter zu erhöhen.

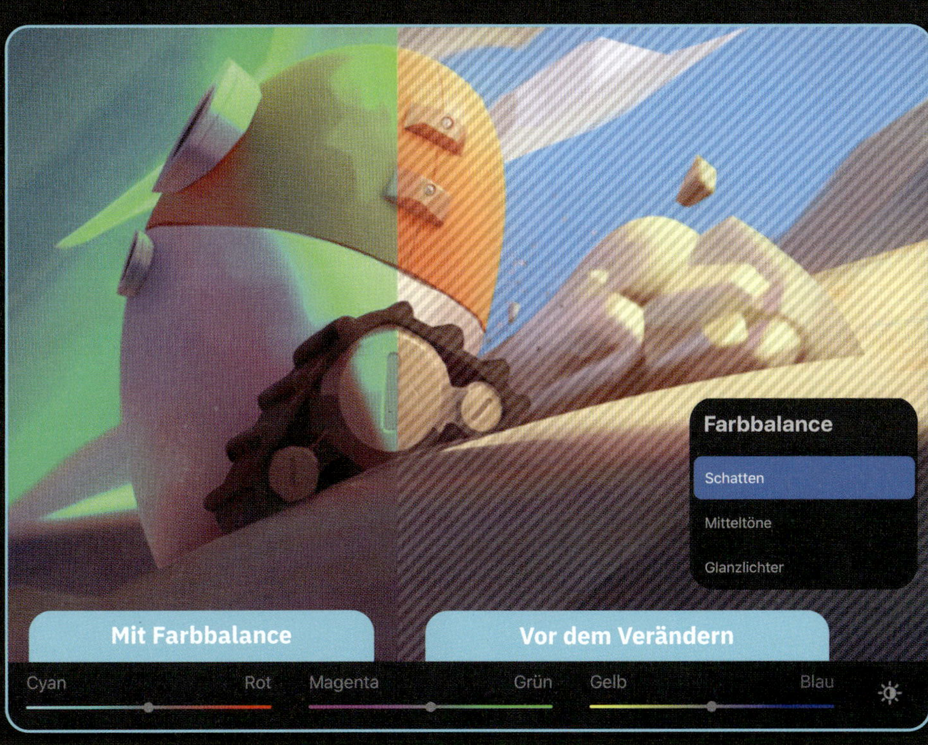

Farbbalance agiert viel subtiler als HSB, ist aber ebenso nützlich.

KURVEN

Kurven ermöglichen dir, die Farben in deinem Bild bis ins Kleinste zu regeln. Entsprechend ist diese Anpassung eine der mächtigsten in deiner Werkzeugkiste. Sie mag zunächst einschüchternd wirken, wenn du aber erst einmal verstanden hast, was die Kurve darstellt, wirst du schon bald merken, dass sie ebenso einfach zu bedienen ist wie die anderen Werkzeuge.

Nachdem du auf Kurven getippt hast, öffnet sich ein Histogramm mit einer Linie durch die Mitte. Wenn du an der Mitte der Kurve ziehst, erzeugst du einen Punkt. Du kannst diesen Punkt manipulieren, um unterschiedliche Wertebereiche deines Bildes zu beeinflussen. Ziehe diese Bereiche dann nach oben, um sie aufzuhellen, oder nach unten, um sie abzudunkeln.

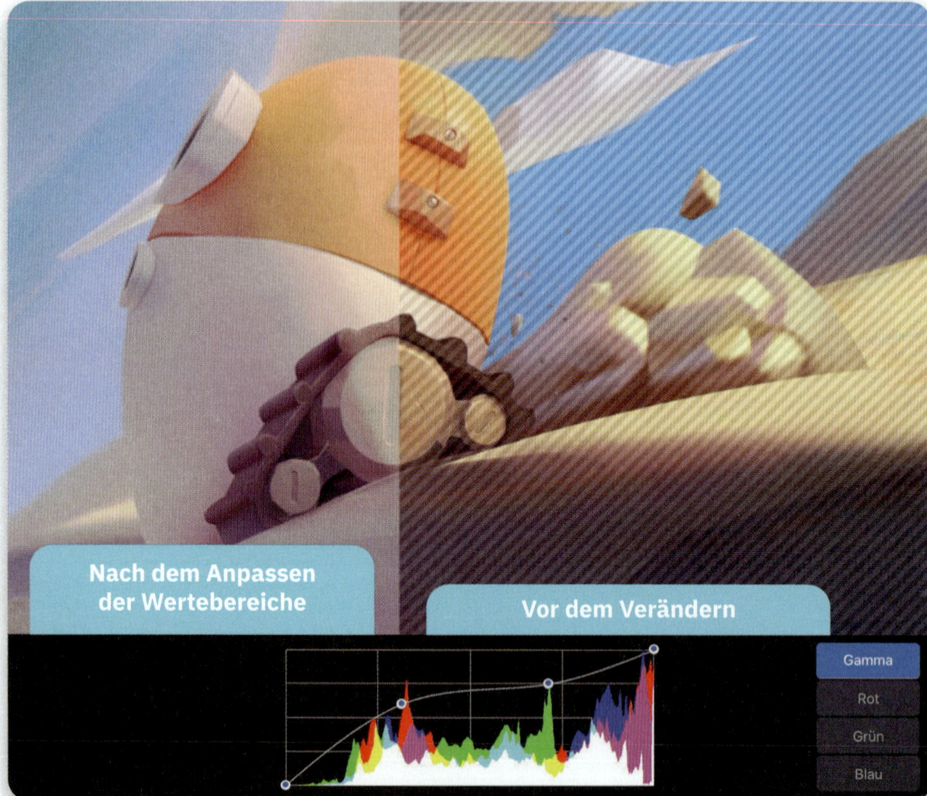

Kurven wirken auf den ersten Blick einschüchternd, sind aber nicht komplizierter als andere Anpassungen.

Viele Künstler beschränken den Einsatz von Kurven auf die Gesamtfarbtöne und -tonwerte ihrer Bilder. Das ist schon mal nicht schlecht, allerdings kannst du darüber hinaus die Menge an Rot, Grün oder Blau in jedem der Wertebereiche verändern. Falls du zum Beispiel das Gefühl hast, deine Glanzlichter wären zu gelb, öffne den Blaukanal im Kurven-Feld (da Blau die Komplementärfarbe von Gelb ist) und ziehe den rechten Teil der Kurve nach oben. Das erhöht den Blauanteil in den Glanzlichtern und reduziert damit die Menge an Gelb.

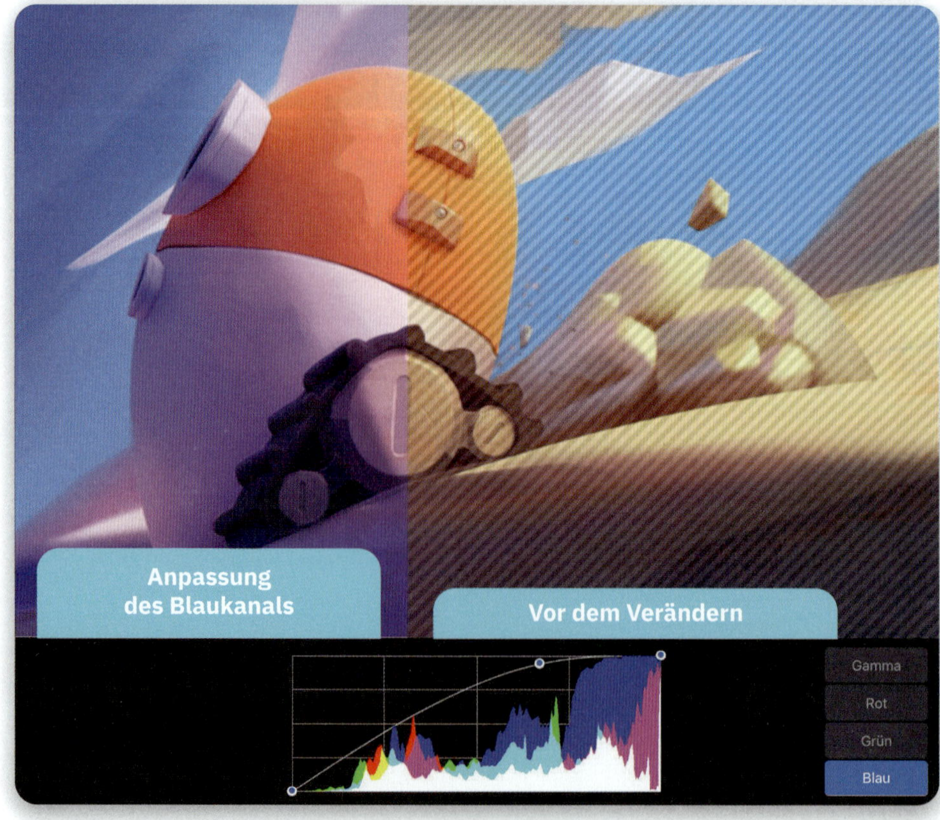

Erhöhe den Blauanteil in deinem Bild, indem du den Blaukanal des Histogramms bearbeitest.

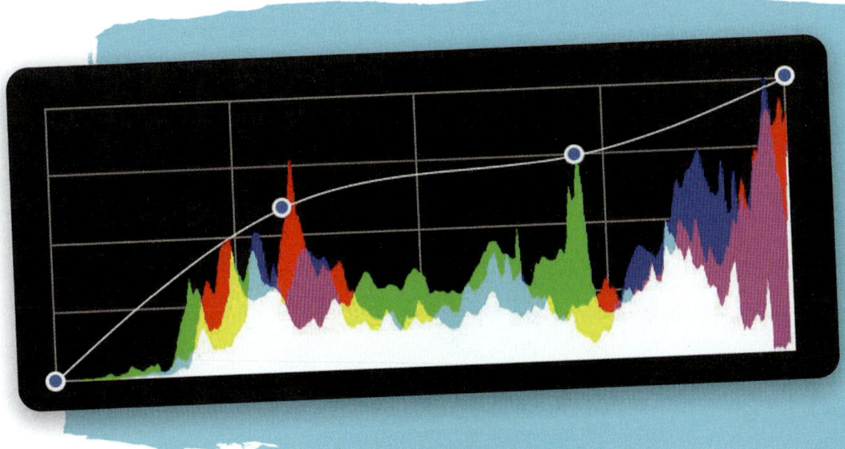

HISTOGRAMME

In Procreate ist ein Histogramm eine grafische Darstellung der Farben und Tonwerte eines Bildes. Ganz links ist Schwarz, rechts ist Weiß, und dann gibt es noch alles andere dazwischen. Die Höhe der Balken in den einzelnen Abschnitten repräsentiert, wie viel von diesem Wert im Bild vorhanden ist.

NEU FÄRBEN

Neu färben ist ein einfaches Werkzeug, das viel Zeit sparen kann, wenn du nach Beendigung des Malvorgangs noch große Änderungen durchführen musst.

Nehmen wir einmal an, du hast eine Illustration abgeschlossen, die Ebenen reduziert, ein paar Effekte angewandt und das Bild abgeliefert, und dann beschließt dein Kunde, dass er die Hautfarbe deiner Figur ändern möchte. Anstatt zu versuchen, die Haut der Figur auszuschneiden oder auszuwählen, wählst du einfach eine neue Farbe aus der Farbpalette, gehst dann auf Neu färben, tippst die Haut der Figur an – und das war's.

Mit der Neu-färben-Anpassung kannst du viel Zeit bei Änderungen sparen.

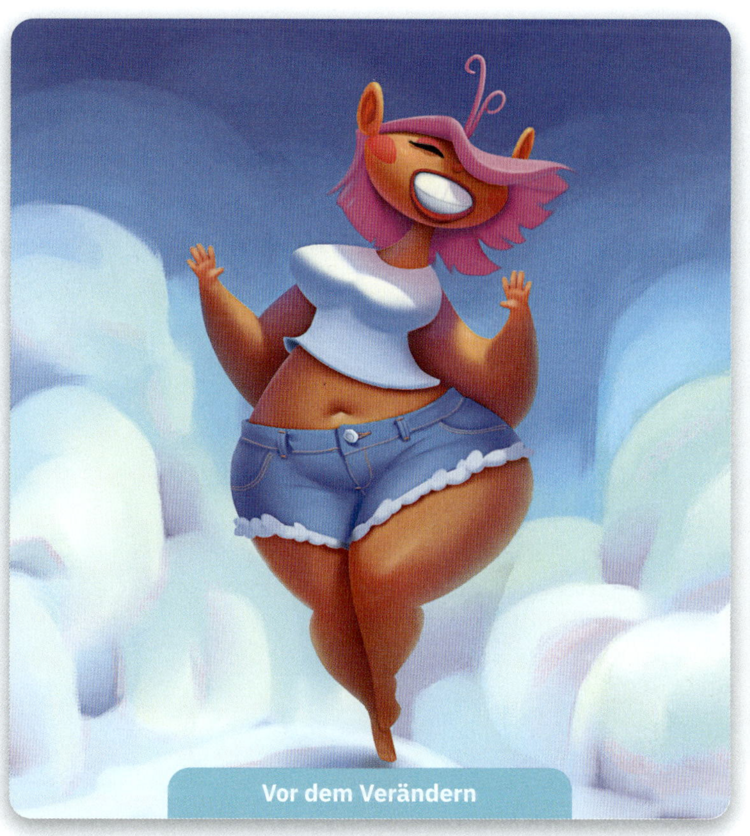

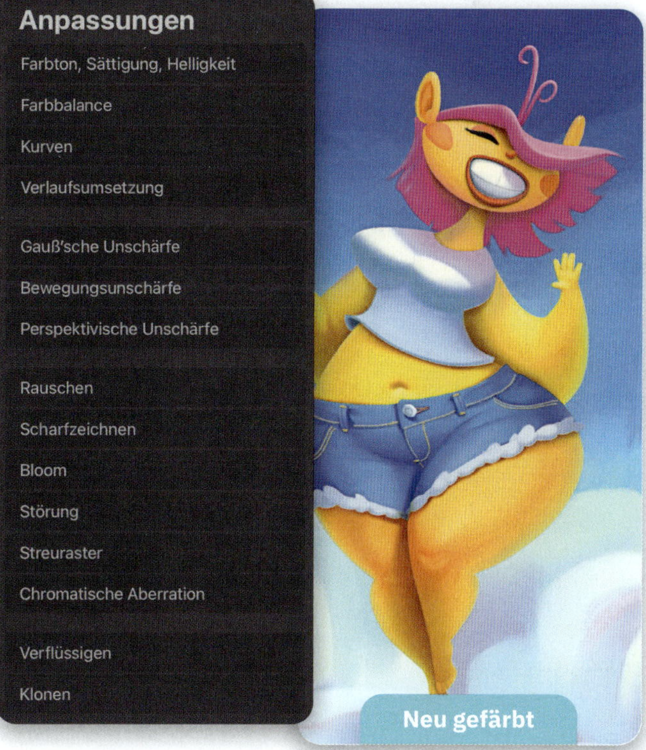

AKTIONEN

Das Aktionen-Menü öffnet sich, wenn man das Schraubenschlüssel-Icon in der oberen Werkzeugleiste antippt. Darin befinden sich verschiedene Optionen – vom Personalisieren deiner Procreate-Gesten bis zum Anschließen eines anderen Stifts.

In diesem Kapitel lernst du, wie du:

- **das Text-hinzufügen-Werkzeug benutzt,**
- **die unterschiedlichen Optionen im Leinwand-Tab verwendest,**
- **die Zeichenhilfe benutzt und bearbeitest,**
- **den Modus Unterstütztes Zeichnen benutzt,**
- **verschiedene Optionen im Einstellungen-Tab einsetzt, um Procreate an deine Bedürfnisse anzupassen,**
- **das Gestensteuerung-Feld verwendest, um die Gesten in Procreate nach Belieben anzupassen,**
- **die Zeitraffer-Video-Funktion einsetzt und wie du deine Arbeit teilen und von dem Wissen anderer profitieren kannst.**

HINZUFÜGEN

Um das Aktionen-Menü zu öffnen, tippst du auf das Schraubenschlüssel-Icon oben in der Bedienoberfläche. Die erste der Kategorien, die du zu sehen bekommen, ist Hinzufügen.

Hinzufügen enthält Optionen

- zum Einfügen einer Datei direkt von deinem Gerät,
- zum Einfügen eines Fotos aus deiner Galerie,
- zum Aufnehmen eines Fotos mit deinem iPad,
- zum Hinzufügen von Text.

Weiter unten im Menü gibt es noch die Optionen aus dem Kopieren-Einfügen-Menü, die du benutzen kannst, falls du nicht auf die Gesten zurückgreifen willst, die wir auf Seite 26 behandelt haben.

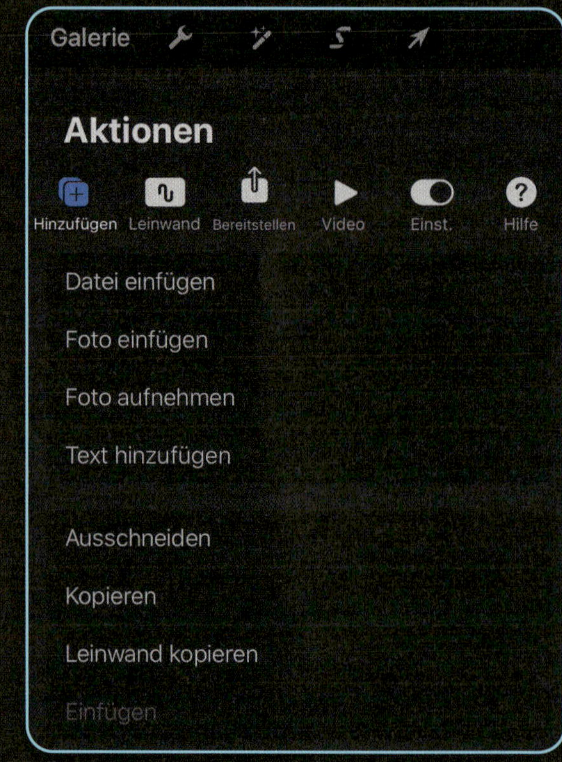

▲ Das Hinzufügen-Tab beinhaltet Optionen zum Einfügen von Elementen sowie zum Kopieren und Einfügen von Ebenen.

TEXT HINZUFÜGEN

Wenn du auf Text hinzufügen tippst, wird eine Textebene mit dem Wort »Text« erzeugt. Die gerade ausgewählte Farbe im Farbwähler bestimmt, welche Farbe der Text hat. Tippe nach dem Eingeben deines gewünschten Textes auf Stil bearbeiten. Es wird eine Vielzahl von Stiloptionen angezeigt, mit denen du Schriftart, Größe, Deckkraft, Stil und Laufweite (das ist der Abstand zwischen den Buchstaben) ändern sowie deine eigenen Schriften importieren kannst.

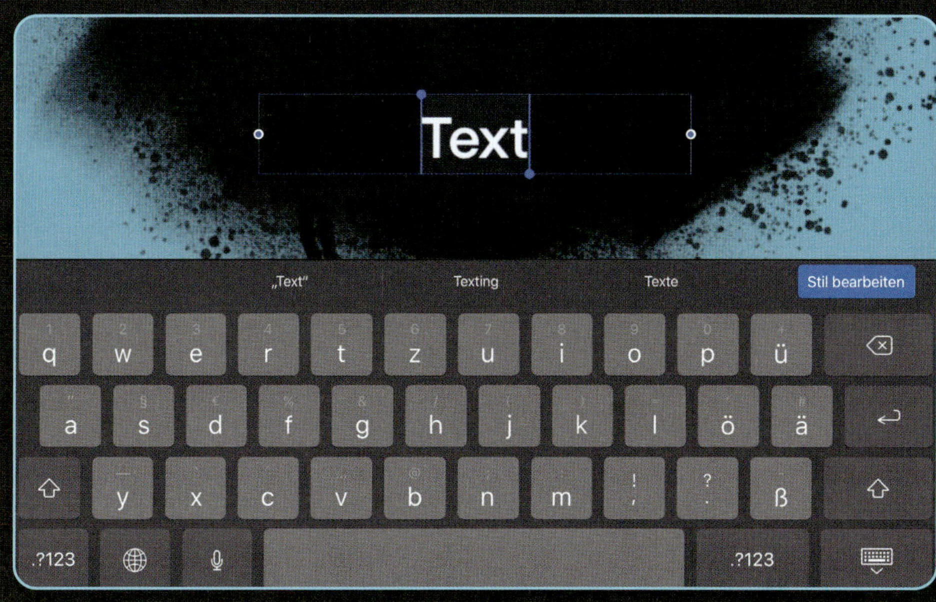

▶ Tippe auf Stil bearbeiten, um Schriftart, Größe, Deckkraft, Stil und Laufweite deines Textes zu ändern.

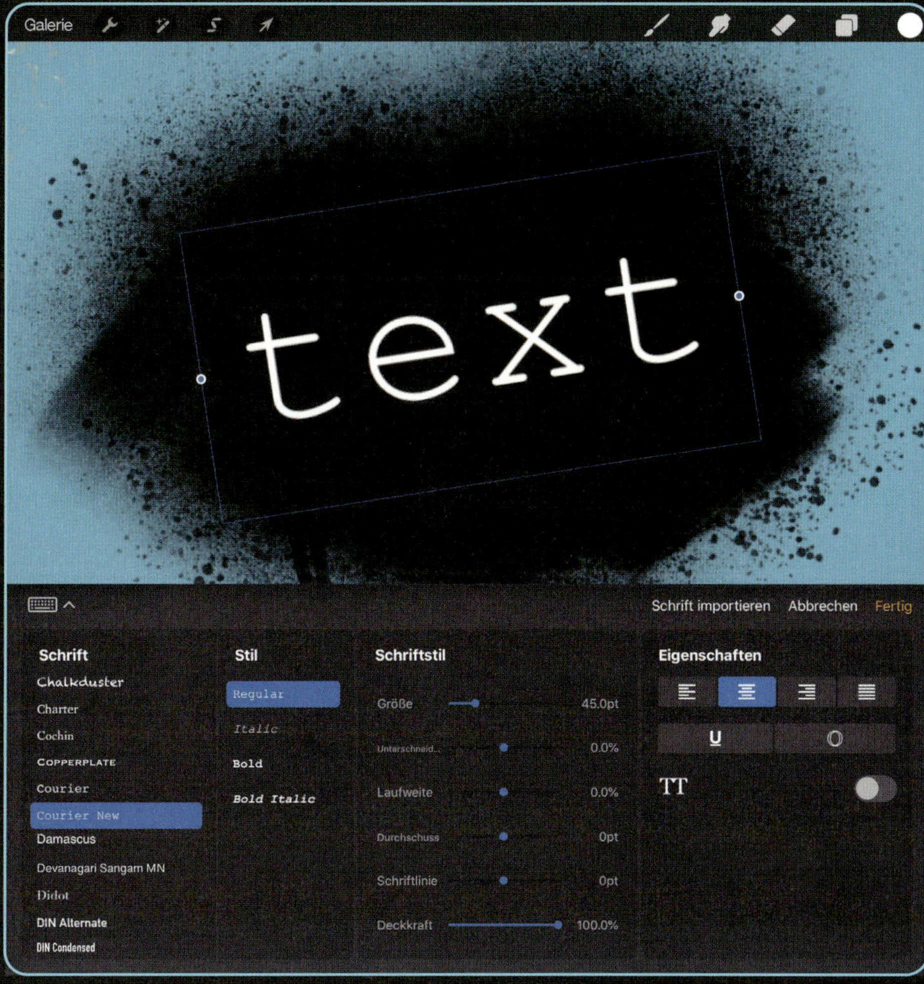

▶ Das Text-hinzufügen-Werkzeug bietet eine Vielzahl von Stiloptionen.

LEINWAND

Die zweite Kategorie im Aktionen-Menü ist Leinwand. Hier kannst du die Eigenschaften deiner Leinwand anschauen und bearbeiten.

Die Option **Beschneiden und Größe ändern** erlaubt dir, die Größe deiner Leinwand zu modifizieren. Du kannst sie beschneiden, indem du das Rechteck rund um dein Bild ziehst, oder die Auflösung ändern, indem du die Zahlen in den Feldern am unteren Bildschirmrand bearbeitest. Mithilfe des Reglers lässt sich die Leinwand außerdem drehen.

Der Wert im ersten Feld ist die Breite, der Wert im zweiten Feld ist die Höhe. Wenn du das Ketten-Icon antippst, werden die beiden Werte miteinander verknüpft, sodass sich beim Ändern eines Werts der andere proportional dazu ebenfalls ändert. Falls du das Bild und nicht nur die Leinwand vergrößern willst, aktiviere **Leinwand neu berechnen**. Diese Option verknüpft automatisch Breite und Höhe.

Darüber hinaus wird die Anzahl der Ebenen angezeigt, und zwar die maximale Anzahl, die in einer Datei angelegt werden kann. Je größer die Leinwand ist, desto kleiner ist die Ebenenzahl.

Das Leinwand-Tab enthält außerdem Optionen zum **vertikalen** und **horizontalen Spiegeln der Leinwand**. Diese Optionen sind ganz nützlich, wenn du einen neuen Blick gewinnen und Fehler aufspüren willst. Darunter siehst du die **Leinwanddaten**, die dir Details verraten, wie die Dateigröße, die Anzahl der verwendeten Ebenen, die Abmessungen der Leinwand und die Zeitmessung. Mit der Zeitmessung kannst du feststellen, wie lange es tatsächlich gedauert hat, das Bild anzufertigen.

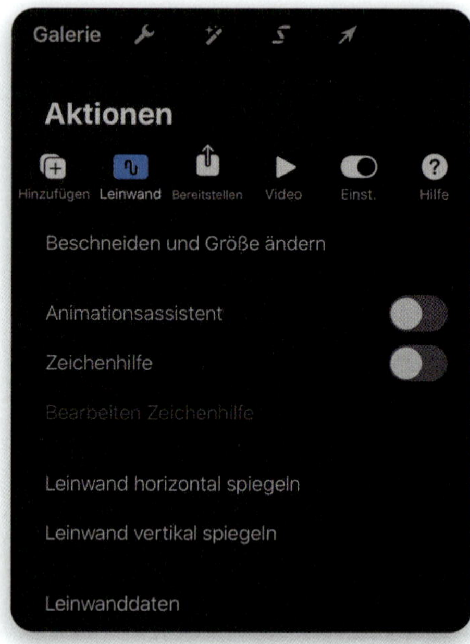

▲ Tippe auf Leinwand, um die Eigenschaften deiner Leinwand zu bearbeiten.

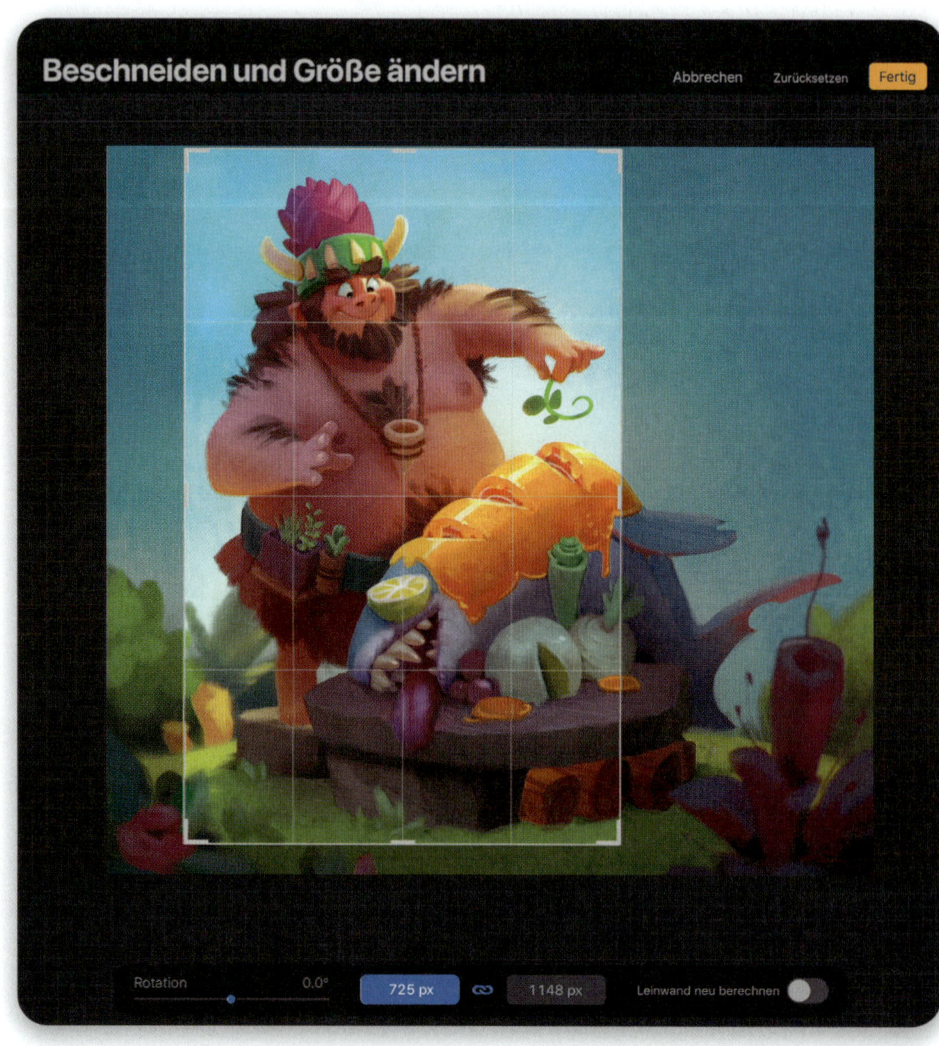

◀ Dein Bild lässt sich ganz einfach beschneiden und in der Größe ändern.

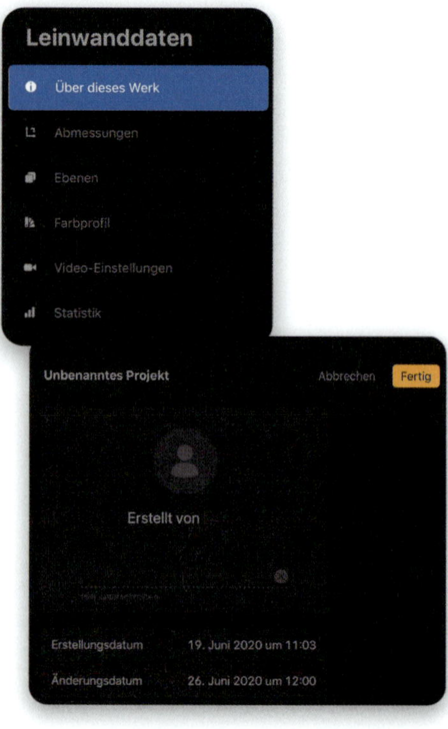

ZEICHENHILFE

Mit der Zeichenhilfe kannst du ganz einfach ein Gitter erzeugen, dem du beim Zeichnen folgst. Dieses Gitter lässt sich im Leinwand-Tab ein- und ausschalten. Wenn du Bearbeiten Zeichenhilfe antippst, öffnet sich ein Feld, in dem du die Art der Zeichenhilfe sowie deren Eigenschaften einstellen kannst. Du hast die Wahl zwischen 2D-Gitter, Isometrisch, Perspektive und Symmetrie. Alle sind relativ einfach und haben gemeinsame Eigenschaften wie Farbe, Dicke und Deckkraft der Hilfslinien.

Die Zeichenhilfe erlaubt dir darüber hinaus, die Pinselstriche an die Hilfslinien anzuheften. Das ist hilfreich, wenn du Szenen perspektivisch aufbauen willst. Um diese Funktion zu erhalten, musst du Unterstütztes Zeichnen aktivieren.

2D-Gitter

Das 2D-Gitter ist ein Gitter aus vertikalen und horizontalen Linien, deren Abstände voneinander jeweils gleich sind. Ein solches Gitter ist hilfreich, wenn du die Leinwand in gleiche Teile aufteilen oder Objekte gleichmäßig auf der Leinwand verteilen willst.

Isometrisch

Dies ist ein Gitter aus vertikalen und diagonalen Linien, wobei die diagonalen Linien jeweils in 30-Grad-Winkeln zu den vertikalen dargestellt sind. Damit kann man Objekte zeichnen, die sich auch dann nicht mit zunehmendem Abstand zu verkürzen scheinen, wenn sie in drei Dimensionen gezeichnet werden.

Perspektive

Mit Perspektive kannst du bis zu drei Fluchtpunkte platzieren, indem du einfach auf die Leinwand tippst und die Punkte dann entweder in Position ziehst oder erneut antippst, um sie zu löschen.

Symmetrie

Symmetrie erlaubt dir, die Art der gewünschten Symmetrie zu wählen – vertikal, horizontal, Quadrant oder radial – und außerdem die Drehsymmetrie ein- oder auszuschalten. Wenn du diese letzte Option aktivierst, wirst du feststellen, dass deine Linien derselben Richtung folgen, statt wie üblich der entgegengesetzten Richtung.

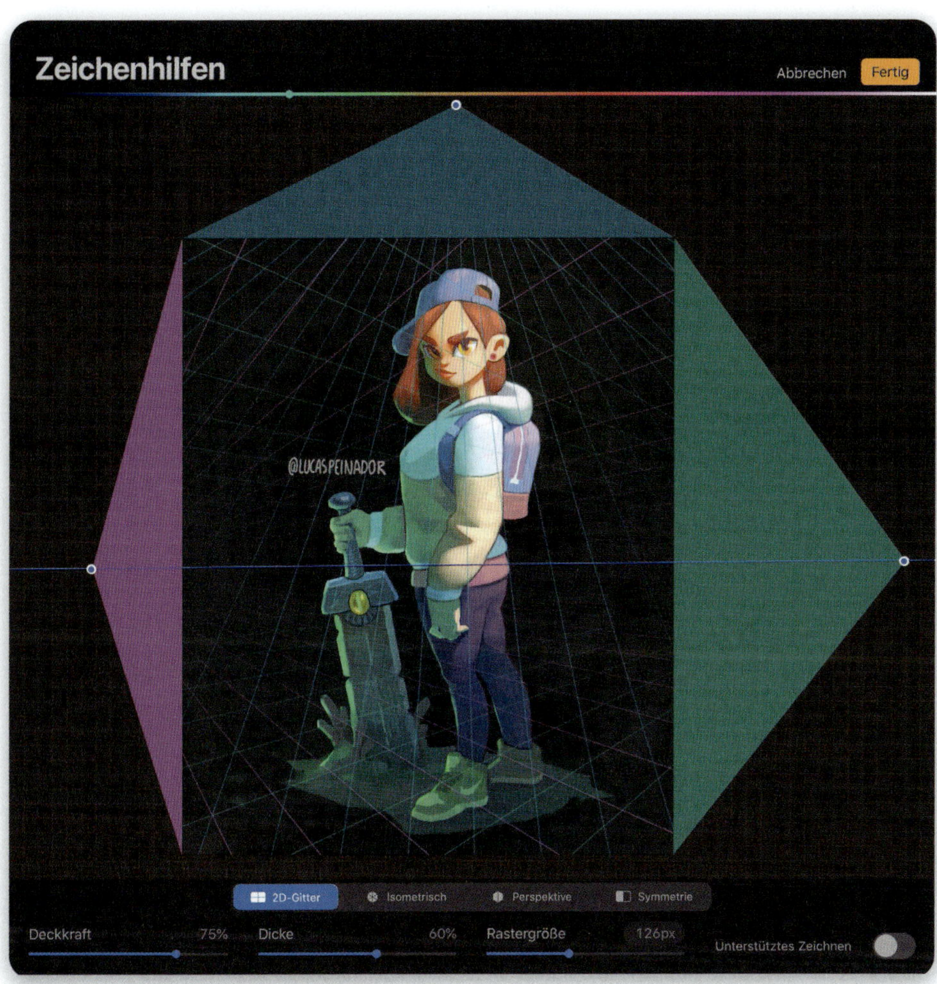

▲ Mit der Perspektive-Zeichenhilfe lassen sich bis zu drei Fluchtpunkte anlegen.

UNTERSTÜTZTES ZEICHNEN

Unterstütztes Zeichnen ist ebenenbezogen, das heißt, du kannst es für bestimmte Ebenen einschalten. Das erledigst du im Ebenen-Pop-over, indem du eine Ebene antippst und dann Unterstütztes Zeichnen auswählst. Wenn die Option aktiviert ist, erscheint das Wort »Hilfe« unter dem Ebenennamen.

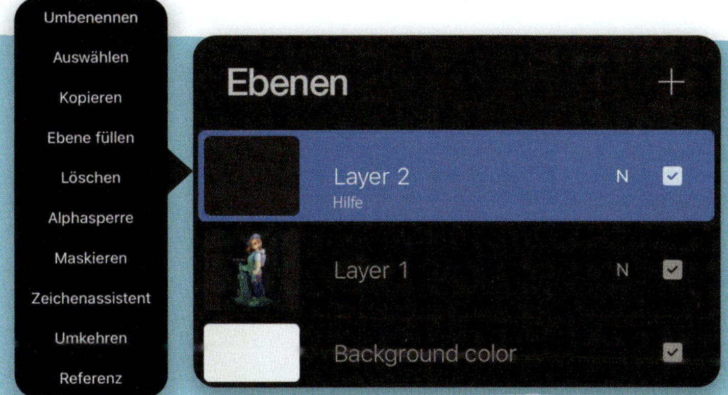

EINSTELLUNGEN

Das Einstellungen-Tab bietet nützliche Optionen, mit denen du das Arbeiten in Procreate verbessern kannst:

- Falls du Procreates dunkle Oberfläche nicht magst, kannst du **Helle Oberfläche** wählen.
- **Bedienung mit rechter Hand** erlaubt dir, die Größen- und Deckkraft-Regler auf die andere Seite zu setzen, sodass du sie mit deiner nicht dominanten Hand bedienen kannst.
- **Pinselcursor** kann ein- oder ausgeschaltet werden, um die Silhouette deines Pinsels beim Malen ein- oder auszublenden.
- **Leinwand projizieren** bedeutet, dass du deine Leinwand teilen kannst, ohne die Bedienoberfläche zu zeigen, wenn du deinen Bildschirm mit einem anderen Gerät teilst.
- **Verzögerung schnelles Widerrufen** legt fest, wie lange du den Finger halten musst, um das automatische Widerrufen auszulösen.
- **Sichtbarkeit Auswahlmaske** kontrolliert, wie sichtbar das Zebramuster einer aktiven Auswahl ist.
- **Anderen Stylus verbinden** brauchst du nur, wenn du keinen Apple Pencil hast, sondern einen Zeichenstift von einem Drittanbieter verwendest.
- **Druck und Glätten** erlaubt dir, einzustellen, wie Procreate den Druck deiner Malstriche interpretiert.

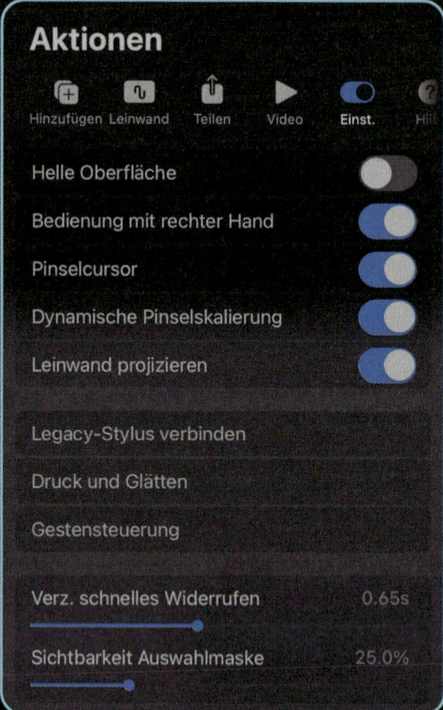

Das Einstellungen-Tab enthält viele nützliche Optionen.

DRUCK-EMPFINDLICHKEIT

Wir alle halten einen Stift auf unsere ganz eigene Weise. Manche Menschen fassen ihn ohne Kraft an, während andere ihn wie eine leere Zahnpastatube quetschen. Mit der Option Druckkurve kannst du das anpassen. Eine nach oben gewölbte Kurve erkennt sanftere Striche, während eine nach unten gewölbte Kurve besser für jemanden mit einer schweren Hand geeignet ist.

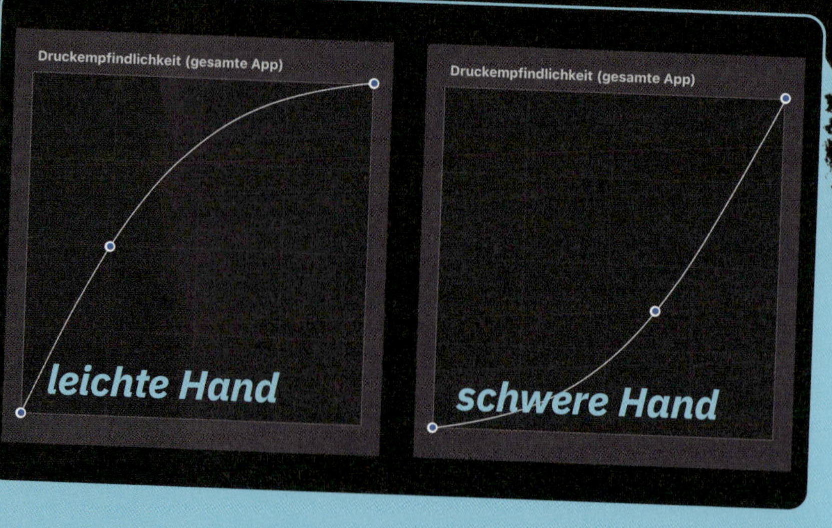

GESTENSTEUERUNGEN

Die letzte Option im Einstellungen-Tab ist die Gestensteuerung. Hier kannst du die Gesten in Procreate anpassen, um deine Arbeitsabläufe zu optimieren. Zum Beispiel kannst du zum Verwischen-Werkzeug wechseln, wenn du den Bildschirm mit deinem Finger statt mit deinem Stift berührst, du kannst eine Geste für das unterstützte Zeichnen festlegen, die Art und Weise ändern, wie du die Pipette aufrufst, oder die Verzögerung verringern, mit der sie erscheint.

Ein paar sinnvolle Anpassungen sind der Aufruf des QuickMenu mit einer Berührung und das Aktivieren der Ebenenauswahl mit dem Modifizieren-Button plus Berührung. Diese zwei Befehle können deine Abläufe beträchtlich beschleunigen, wenn du an großen Projekten arbeitest.

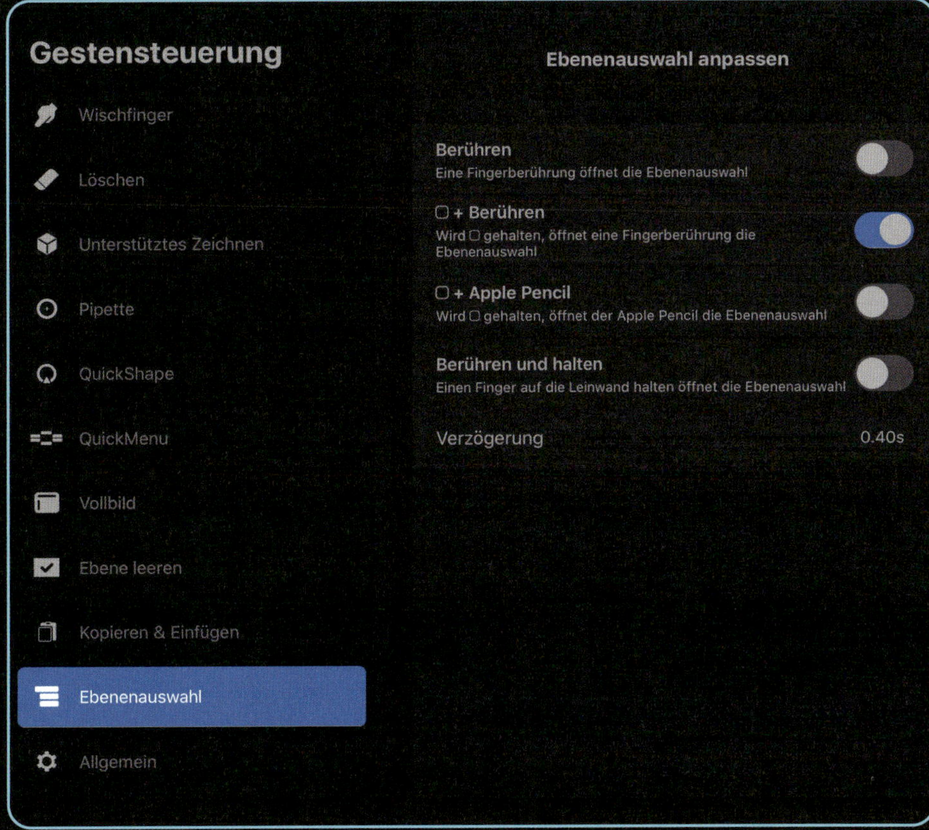

▶ Verändere in der Gestensteuerung deine Gesten.

VIDEO

Procreate bietet eine einzigartige Funktion, die es von anderen digitalen Zeichenprogrammen auf dem Markt unterscheidet: die Möglichkeit, ein Zeitraffer-Video aufzunehmen.

Im Aktionen-Menü gibt es ein Tab namens Video. Wenn du Zeitraffer-Aufnahme einschaltest, zeichnet Procreate alle Pinselstriche und Aktionen, die du in deiner Datei ausführst, als Schritt in einem Video auf. Das hat unglaubliche Vorteile für einen Künstler. Du kannst nicht nur aus deinem eigenen Vorgehen etwas lernen, um es anschließend zu verbessern, sondern du kannst dein Video auch mit anderen teilen.

Um das Video deiner aktuellen Datei anzuschauen, tippst du auf Zeitraffer-Wiedergabe. Spule zurück oder vor, indem du mit dem Finger nach links oder rechts ziehst.

Um ein Video zu exportieren, tippst du auf Zeitraffer-Video exportieren. Procreate bietet dir an, das Video in voller Länge zu exportieren oder den Export – bei einem sehr langen Video – auf eine komprimierte Version von 30 Sekunden Länge zu beschränken. Nachdem du dich für eine Möglichkeit entschieden hast, gibst du noch an, wo du das Video speichern möchtest.

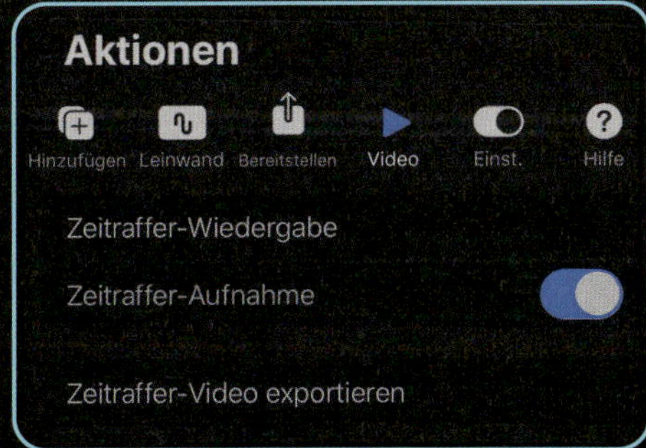

▲ Procreate zeichnet deine Leinwand standardmäßig auf – nutze diese Funktion zu deinem Vorteil.

PROJEKTE

Du weißt nun, wie du Procreate benutzt. Jetzt wird es Zeit, das neu erworbene Wissen in die Praxis umzusetzen. Folge diesen acht ausführlichen Projekt-Kapiteln, die von Profikünstlern geschrieben wurden und dir zeigen sollen, wie du vielfältige digitale Bilder in Procreate erzeugst.

Die Projektkünstler haben alle den Apple Pencil verwendet. Falls du einen anderen Stift benutzt, bist du unter Umständen nicht in der Lage, exakt die gleichen Effekte zu erzielen wie die Künstler auf den folgenden Seiten. Das gilt vor allem in Bezug auf komplexere Druck- und Neigefunktionen, die es nur für den Apple Pencil gibt. Doch auch mit dem Stift oder Stylus eines Drittanbieters kannst du die Projekte nachvollziehen und abschließen.

Vergiss nicht, für jedes Projekt zuerst die kostenlosen Ressourcen (siehe Seite 208) herunterzuladen.

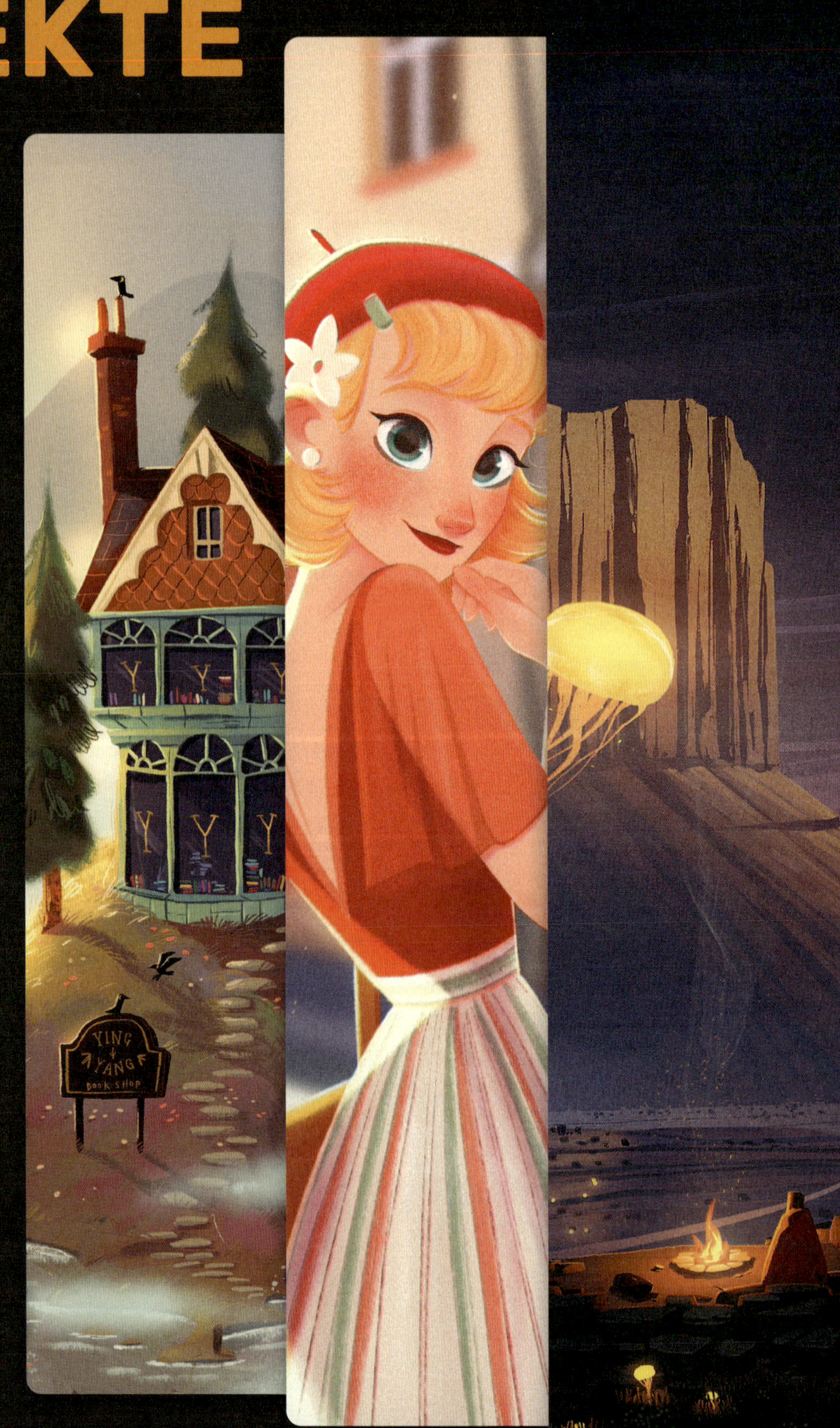

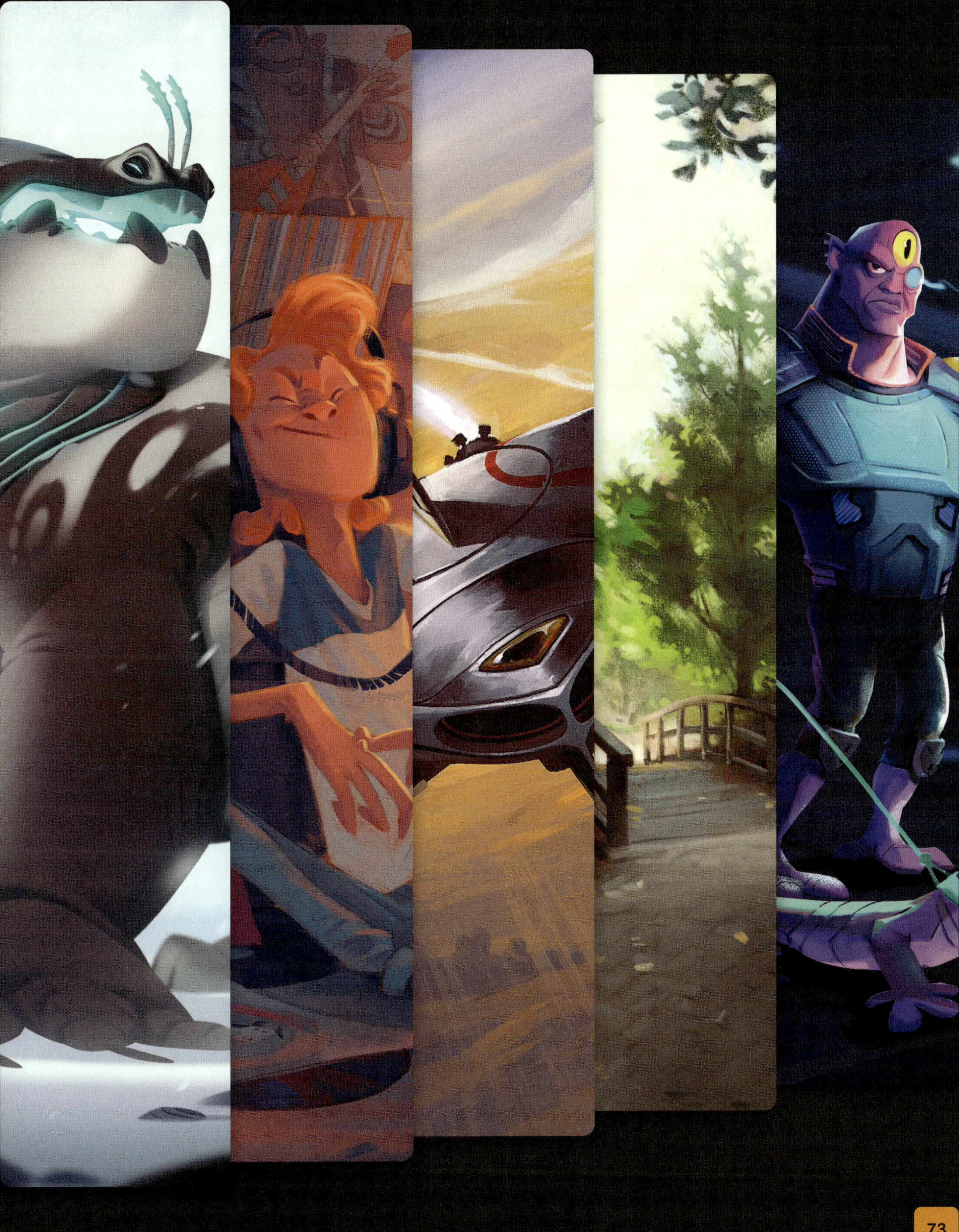

ILLUSTRATION

Izzy Burton

Dieses Projekt zeigt dir, wie du die Illustration einer Fantasiewelt mit einem architektonischen Element erstellst, deren mysteriöse Stimmung den Betrachter faszinieren und fesseln soll.

Du lernst, wie du vom Thumbnail-Stadium über eine grobe Farbzeichnung zum fertigen Werk gelangst, wobei deine eigenen Architekturfotos als Anregung dienen. Du lernst, wie du Formen blockierst und deren Pixel sperrst, damit du innerhalb der Formen malen und Texturen aufbringen kannst. Und du lernst, wie du deiner Illustration Licht und Details hinzufügst, damit sie zum Leben erwacht. Die Fertigkeiten und Techniken, die du hier erwirbst, lassen sich leicht auf andere Arten von Illustrationen übertragen und können dir bei künftigen Projekten helfen.

Auch wenn dieses Projekt fotografische Referenzen zur Grundlage hat, solltest du auf die Kraft deiner Fantasie setzen. Das Beste an Illustrationen ist, dass du nicht auf die reale Welt beschränkt bist. Erschaffe dir eine Welt, die von dieser inspiriert ist, aber auch fantastische und übertriebene Farben oder Formen enthält.

SEITE 208

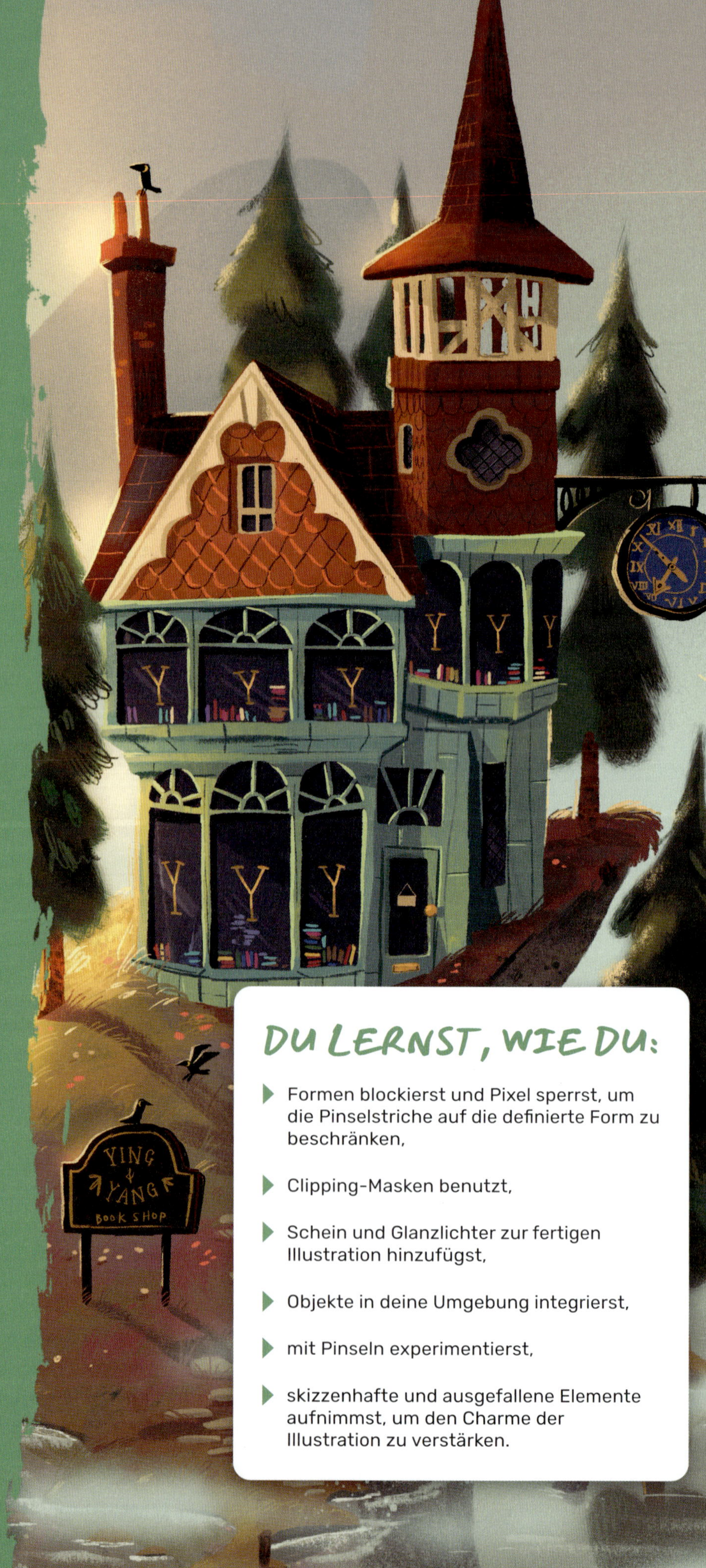

DU LERNST, WIE DU:

- Formen blockierst und Pixel sperrst, um die Pinselstriche auf die definierte Form zu beschränken,
- Clipping-Masken benutzt,
- Schein und Glanzlichter zur fertigen Illustration hinzufügst,
- Objekte in deine Umgebung integrierst,
- mit Pinseln experimentierst,
- skizzenhafte und ausgefallene Elemente aufnimmst, um den Charme der Illustration zu verstärken.

01

Nimm dir vor Beginn ein wenig Zeit, um eine Idee zu formulieren und Referenzen zu sammeln, die dir dabei helfen, die Illustration zusammenzustellen. Wenn du eine Illustration erschaffst, die sich auf die Architektur konzentriert, nimm an deinem Heimatort oder auch an einem anderen Ort Fotos auf. Dieses Moodboard enthält Aufnahmen, die im englischen Lewes entstanden sind, einem Städtchen mit sehr alter Tudor-Architektur, das genau das mystische, märchenhafte Gefühl verströmt, das diese Illustration auslösen soll.

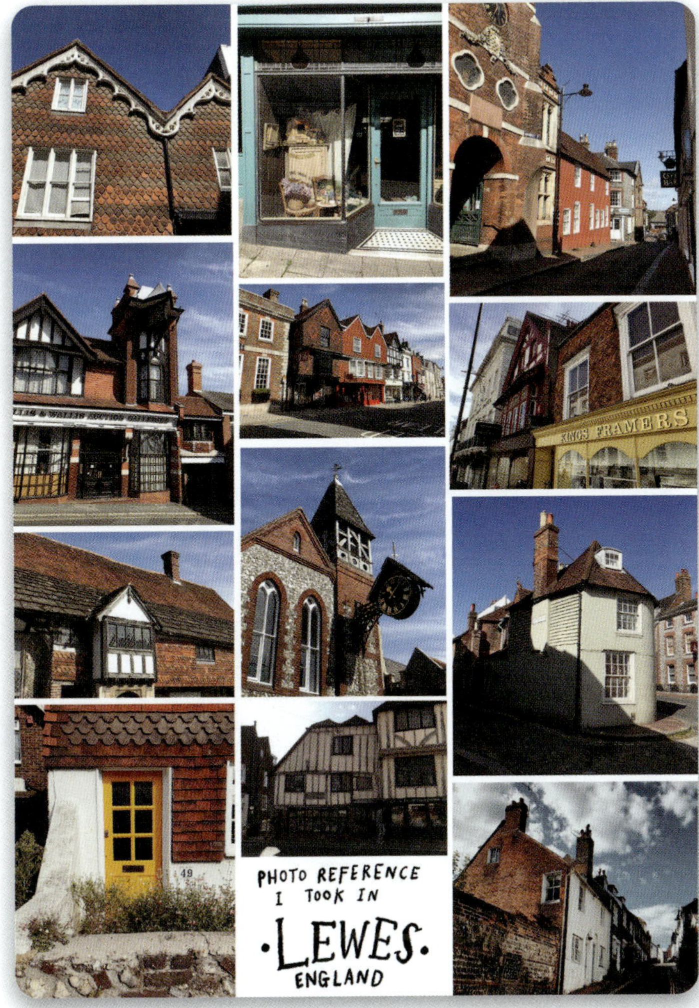

▶ Stimmungsvolle Fotografien sorgen für die passende Inspiration.

02

Nun richtest du auf deinem iPad den Arbeitsbereich ein. Du kannst die Splitscreen-Funktion des iPads nutzen, um dein Moodboard neben die Leinwand in Procreate zu setzen. Wische von dem grauen Balken am unteren Rand des Bildschirms nach oben, um das Dock zu öffnen. Berühre und halte die Fotos-App gedrückt und ziehe sie auf den Bildschirm. Suche in deiner Galerie nach dem Moodboard. (Das Dock zeigt nur die letzten Apps. Falls also die Fotos-App nicht im Dock zu finden ist, öffne sie zuerst separat und gehe dann zurück zu Procreate, wo sie nun im Dock auftauchen sollte.)

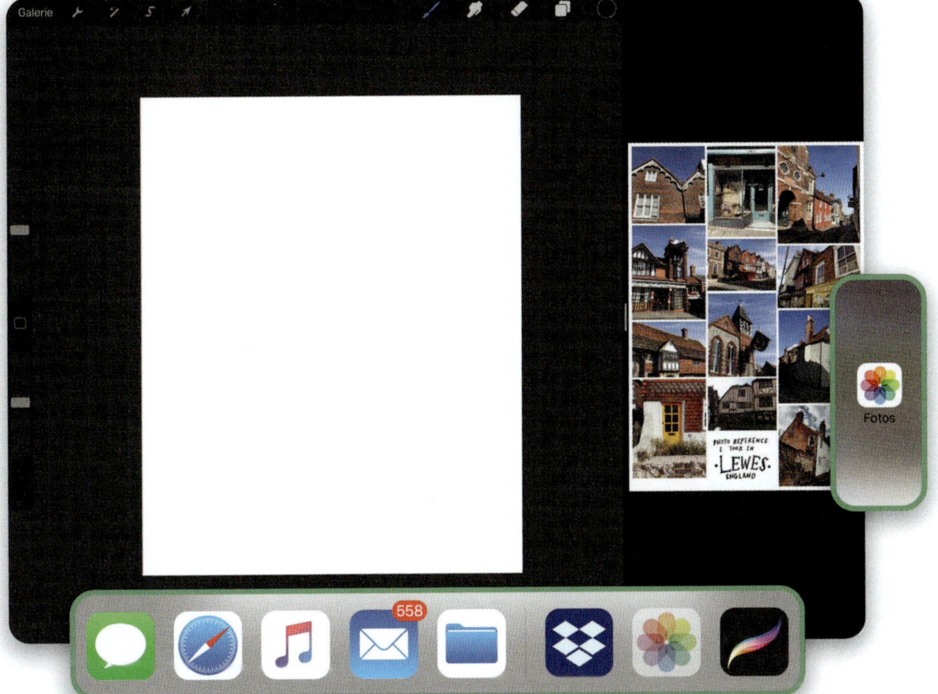

▶ Den Arbeitsbereich einrichten

03

Erstelle mit dem QuickShape-Werkzeug vier Storyboard-Felder für deine skizzierten Ideen in Thumbnail-Größe (siehe Seite 36). Wenn du die ersten vier Linien des ersten Kastens gezeichnet hast, wähle **Transformieren > Gleichmäßig** und skaliere den Kasten auf ein Viertel der Seite. Anschließend duplizierst du die Ebene. Schiebe den zweiten Kasten mit dem Transformieren-Werkzeug neben den ersten und wiederhole das Duplizieren, bis du vier Kästen hast. Reduziere zum Schluss die Ebenen, sodass sich alle Kästen auf derselben Ebene befinden.

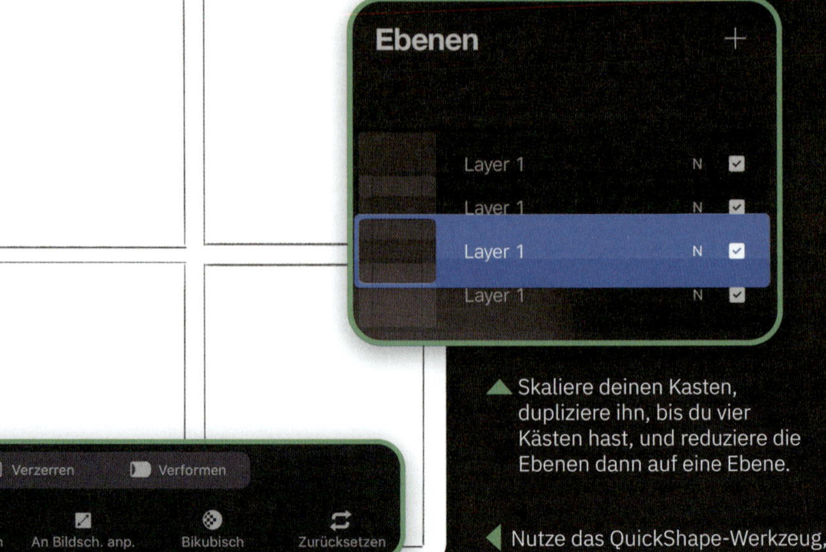

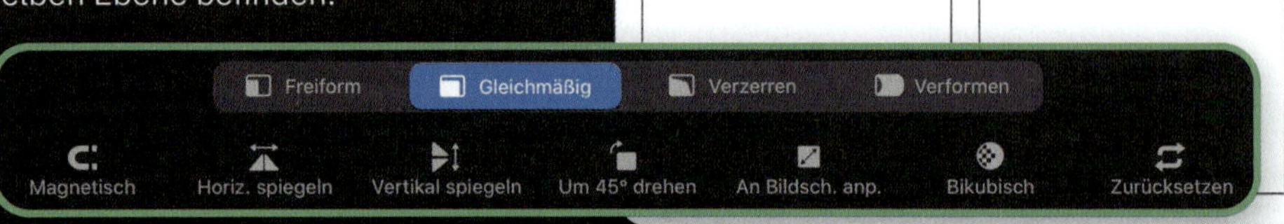

▲ Skaliere deinen Kasten, dupliziere ihn, bis du vier Kästen hast, und reduziere die Ebenen dann auf eine Ebene.

◀ Nutze das QuickShape-Werkzeug, um gerade Linien zu zeichnen.

04

Zeichne die Thumbnails mit dem **Zeichnen > 6B-Stift**-Pinsel. Die Thumbnails sollten nur grobe, schnelle Skizzen sein, die sich auf die Idee, das Layout und die Komposition konzentrieren. Lass deiner Fantasie freien Lauf – jetzt hast du die Gelegenheit, mit der Idee herumzuspielen. Lege für deine Zeichnungen über den Thumbnail-Kästen eine neue Ebene an. Gib deinen Ebenen Namen, um den Überblick zu behalten.

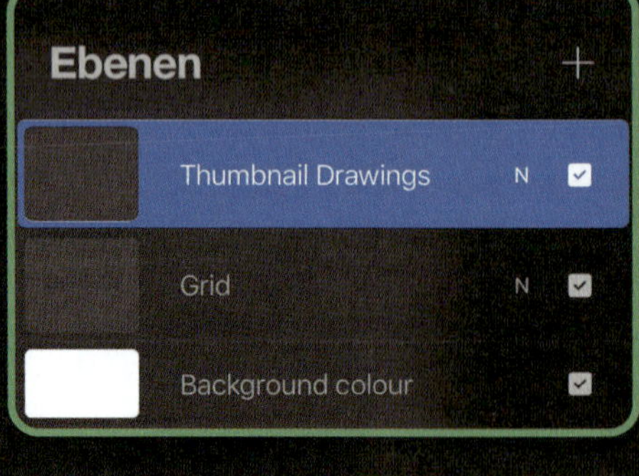

◀ Lege eine neue Ebene für die Thumbnails an und benenne alle Ebenen, um eine optimale Ordnung zu gewährleisten.

05

Skaliere und drehe deine Zeichnungen mithilfe des Transformieren-Werkzeugs. Falls du nur einen Bereich des Bildes herunterskalieren willst, wähle **Auswahl > Freihand** und ziehe um den zu skalierenden Bereich herum. Anschließend skalierst und drehst du mit dem Transformieren-Werkzeug. Der 6B-Stift erlaubt einige nette Schattierungseffekte, wenn du deinen Stift unterschiedlich stark neigst.

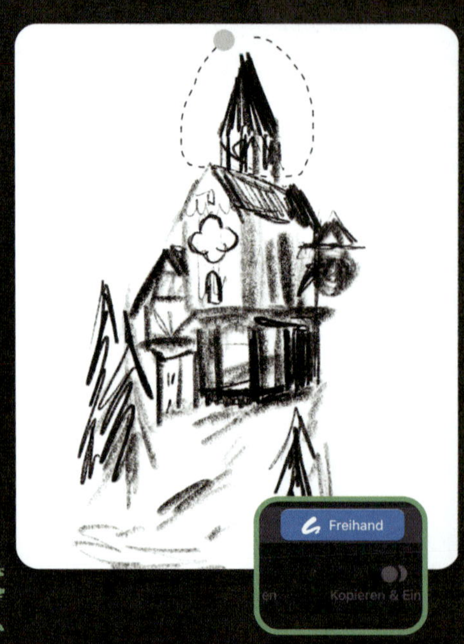

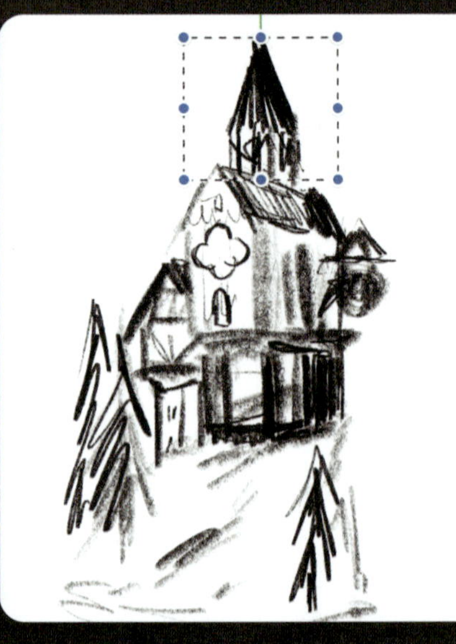

▲ Transformiere Bereiche deiner Thumbnails mit dem Auswahl-Werkzeug.

KÜNSTLERTIPP

Bei einem Apple Pencil (2. Generation) kannst du den unteren Abschnitt doppelt antippen, um schnell zwischen den Radierer- und Pinsel-Werkzeugen zu wechseln.

1 2 3 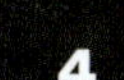

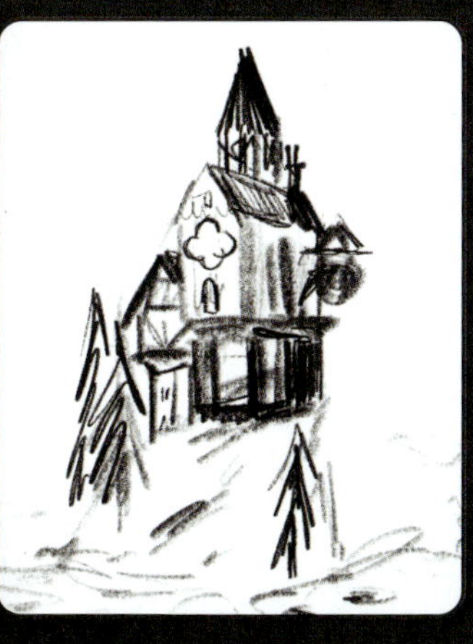

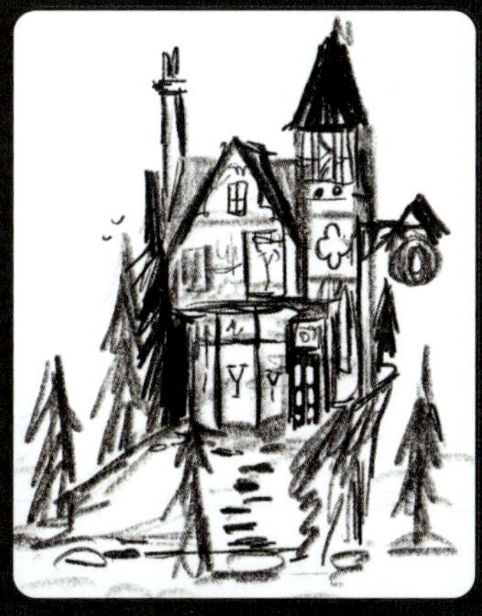

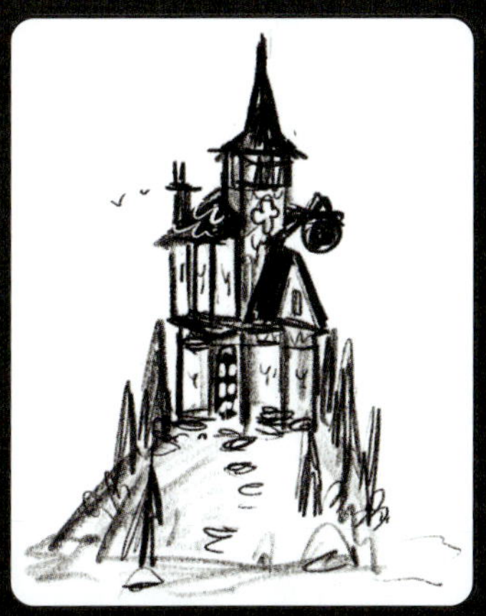

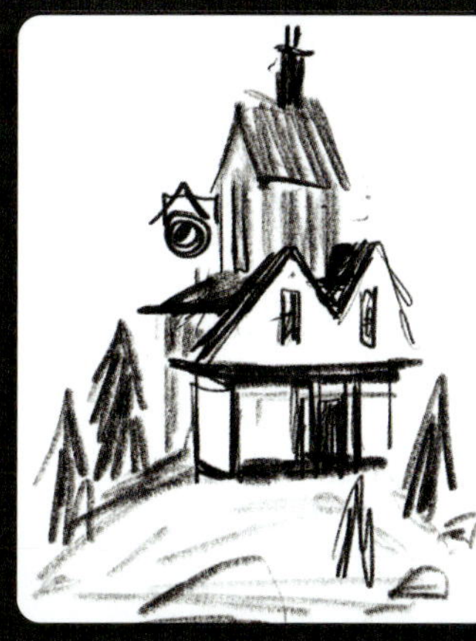

Fertige Thumbnails

06

Thumbnail 2 sieht ganz okay aus, allerdings gibt es auch in Thumbnail 3 ein paar recht gute Elemente. Erzeuge ein neues Thumbnail, das diese beiden kombiniert. Ziehe zuerst das Auswahl-Werkzeug um Thumbnail 2 herum, öffne dann das Zwischenablage-Menü und wähle Kopieren & Einfügen. Es wird eine neue Ebene mit dem Namen Aus Auswahl angelegt. Blende die anderen Thumbnails aus, indem du die Ebenen abklickst. Entferne den Bereich in Thumbnail 2, der dir nicht gefällt. Blende die anderen Thumbnails wieder ein und kopiere in Thumbnail 3 den Bereich, den du haben willst – das Türmchen. Schiebe und skaliere es mit dem Transformieren-Werkzeug. Führe das fertige Thumbnail auf einer eigenen Ebene zusammen und fülle alle Lücken mit dem Pinsel.

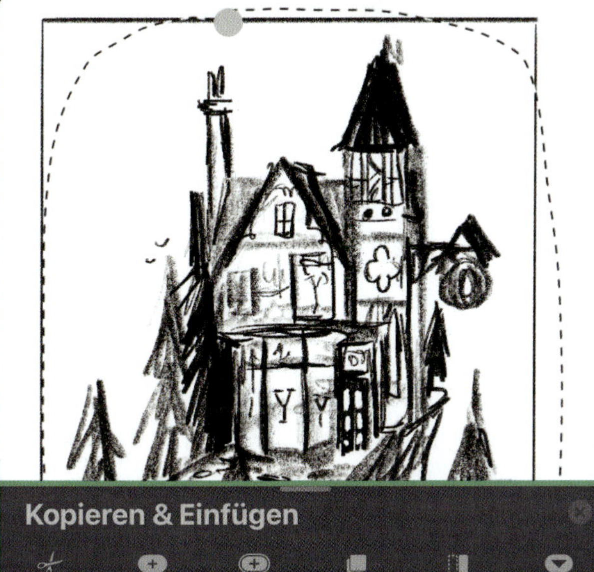

Transformiere Bereiche deines Thumbnails mit dem Auswahl-Werkzeug.

Entferne die Bereiche, die dir in Thumbnail 2 nicht gefallen.

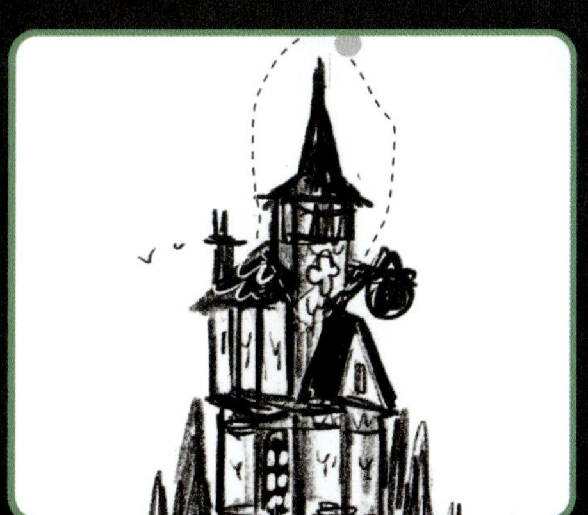

Kopiere das Türmchen aus Thumbnail 3 mit dem Auswahl-Werkzeug.

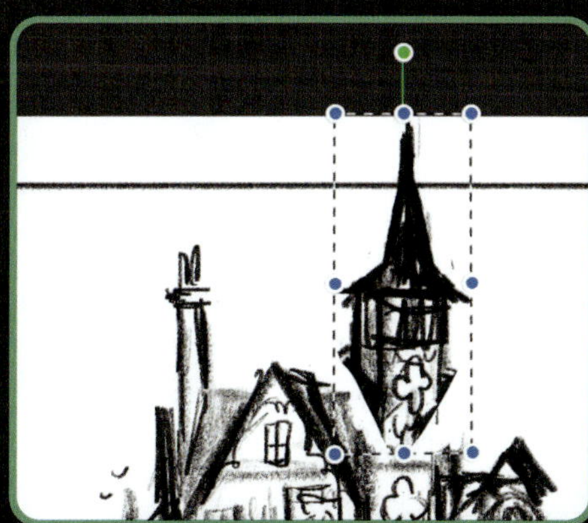

Füge die Thumbnails zusammen, indem du die Details kopierst und einfügst.

07

Sobald du mit deinem Thumbnail zufrieden bist, blendest du die restlichen Ebenen aus und skalierst es auf Leinwandgröße. Wähle **Transformieren > Horizontal spiegeln**. Das ist eine gute Methode, um die Perspektive zu prüfen und sicherzustellen, dass du nicht schief gemalt hast. Sollte dein Bild doch schief sein, tippst du die Punkte der Transformationsbox an und ziehst an ihnen, um das Bild geradezurücken. Kehre dann mit Horizontal spiegeln wieder zur ursprünglichen Ausrichtung zurück.

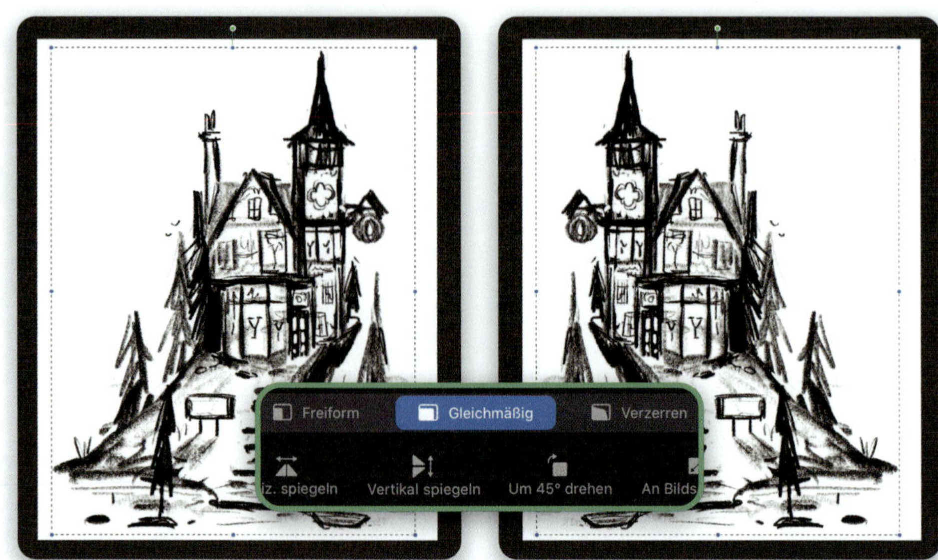

Spiegle deine Leinwand horizontal, um sicherzustellen, dass dein Thumbnail in Ordnung ist.

08

Eine weitere großartige Möglichkeit, mit der du deine Probleme beheben kannst, bietet **Anpassungen > Verflüssigen**. Nutze die Schieben-Funktion, um Teile deines Thumbnails herumzuschieben, indem du den Stift über die Bereiche bewegst. Experimentiere auch mit den anderen Optionen in Verflüssigen und verfeinere damit dein Thumbnail.

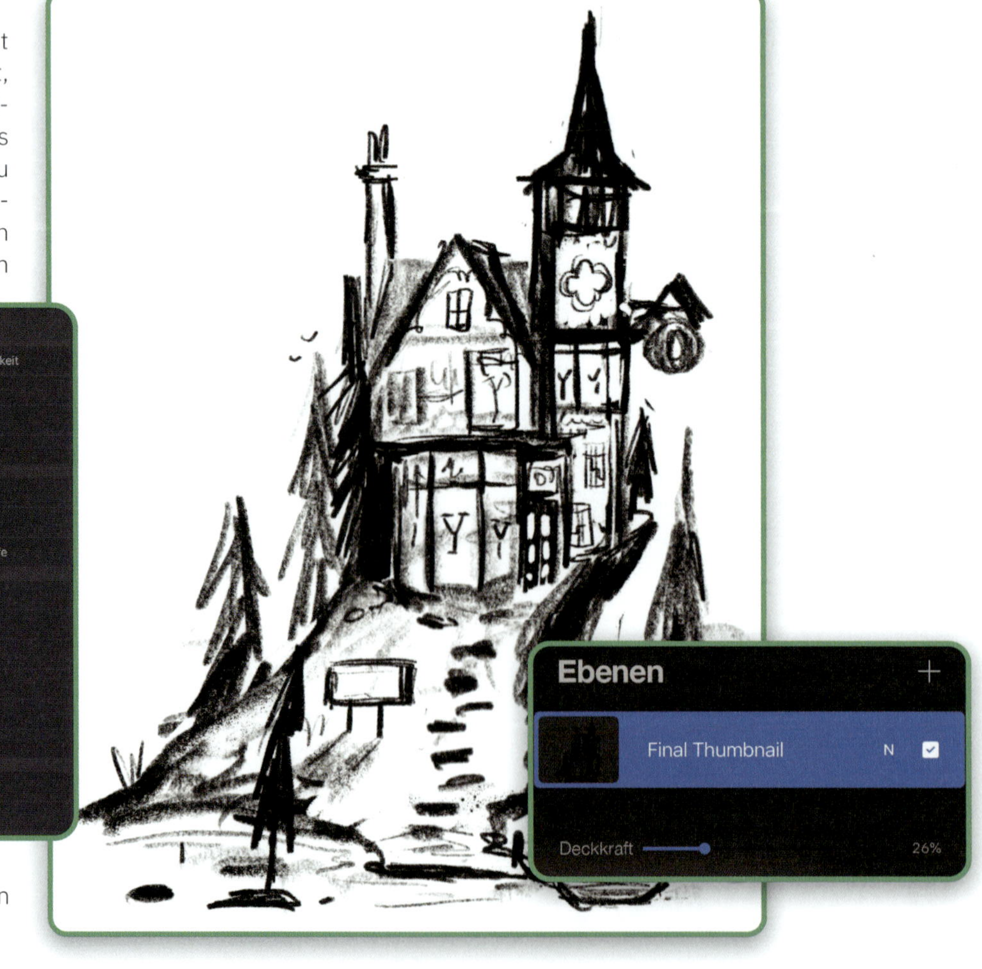

Nutze das Verflüssigen-Werkzeug zum Perfektionieren deines Thumbnails.

09

Nun wird es Zeit für eine detailliertere Skizze. Verringere dazu zunächst die Ebenendeckkraft. Lege dann eine neue Ebene mit dem Namen Fertige Skizze an. Auf dieser Ebene zeichnest du nun, wobei dir dein Thumbnail als Basis dient. Auch diese Skizze darf noch relativ grob ausfallen – schließlich werden die Linien in der fertigen Illustration nicht zu sehen sein. Du erstellst lediglich eine hinreichend detaillierte Vorlage für deine endgültige Illustration.

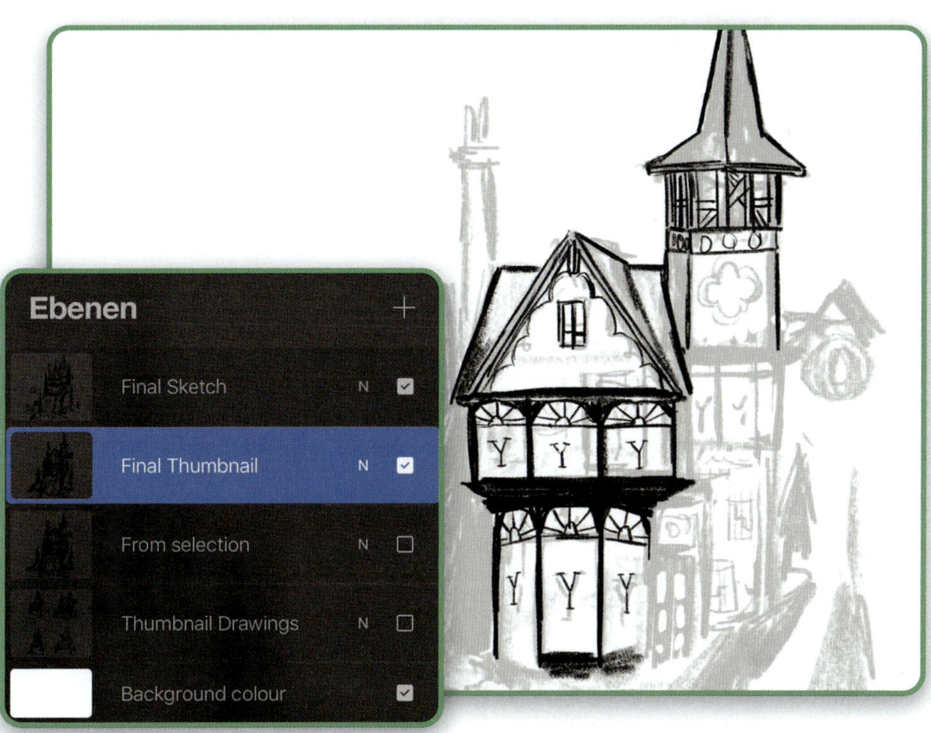

▶ Reduziere die Deckkraft deiner Thumbnail-Ebene und lege darüber eine neue Skizzenebene an.

10

Erzeuge mit QuickShape einen perfekten Kreis für die Uhr – wir haben dieses Werkzeug bereits für gerade Linien verwendet (siehe auch Seite 36) – und verfeinere dann deine Skizze. Dies bildet die Grundlage für die endgültige Illustration. Es ist viel einfacher, Dinge in diesem Stadium zu korrigieren, als wenn du bereits auf mehreren Ebenen gemalt hättest.

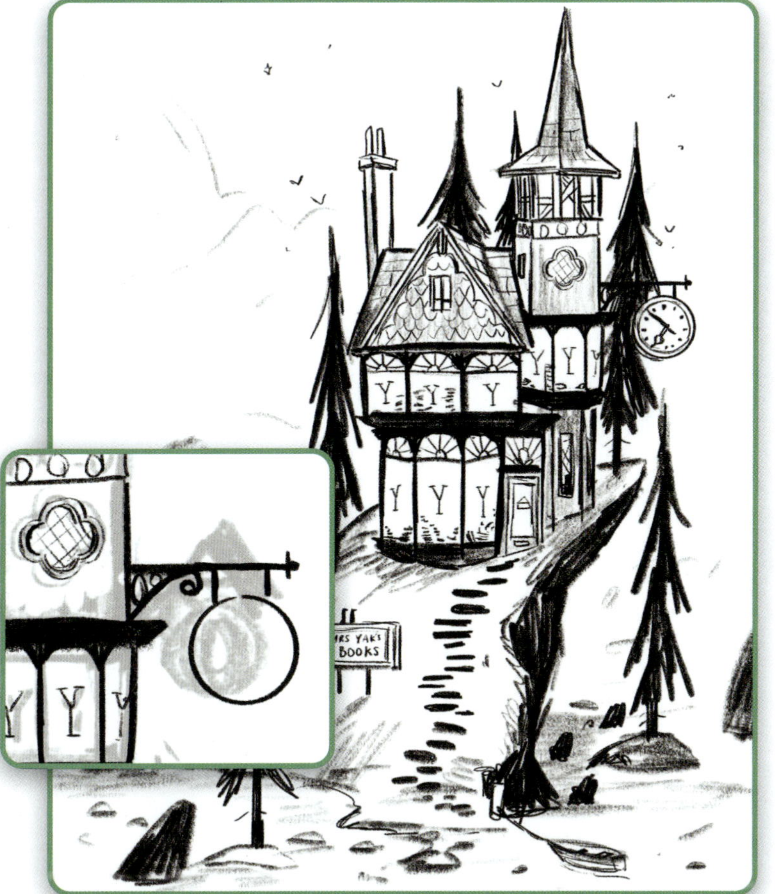

▶ Perfekte Formen lassen sich ganz einfach mit QuickShape erstellen.

11

Eine farbige Rohfassung bietet eine gute Möglichkeit, mit der Stimmung und der Atmosphäre zu experimentieren, die du schaffen willst, bevor du dich für die endgültige Farbe entscheidest. Lege für deine erste farbige Rohfassung eine neue Ebene an. Stelle für die Skizzenebene den Überblendmodus Multiplizieren ein und reduziere die Deckkraft. Fülle die Farbebene mit einer Grundfarbe, indem du eine Farbe wählst und dann das Farbfeld auf die Leinwand ziehst. (Achte darauf, dass du tatsächlich auf der neuen Farbebene bist.)

KÜNSTLERTIPP

Die Grundfarbe ist ungemein wichtig, um die gewünschte Stimmung in deinem Bild zu untermauern. Traditionelle Maler grundieren ihre Leinwand in einer Grundfarbe, damit Stellen, an denen sonst keine Farbe aufgebracht wird, nicht reinweiß sind. Eine purpurne Grundfarbe könnte eine neblige, mysteriöse Atmosphäre schaffen, während eine goldgelbe Grundfarbe eine wärmere und einladendere Stimmung erzeugt. Denke über deine Grundfarbe nach, bevor du mit dem Malen beginnst.

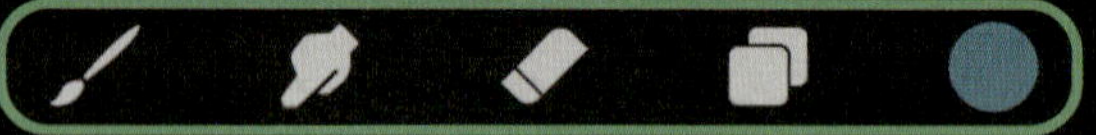

Erzeuge eine farbige Ebene.

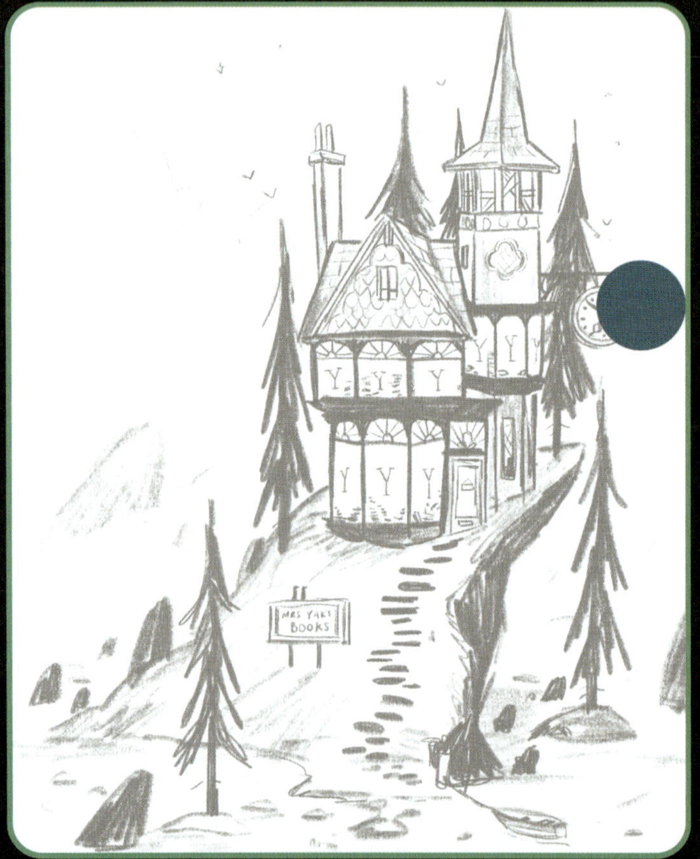

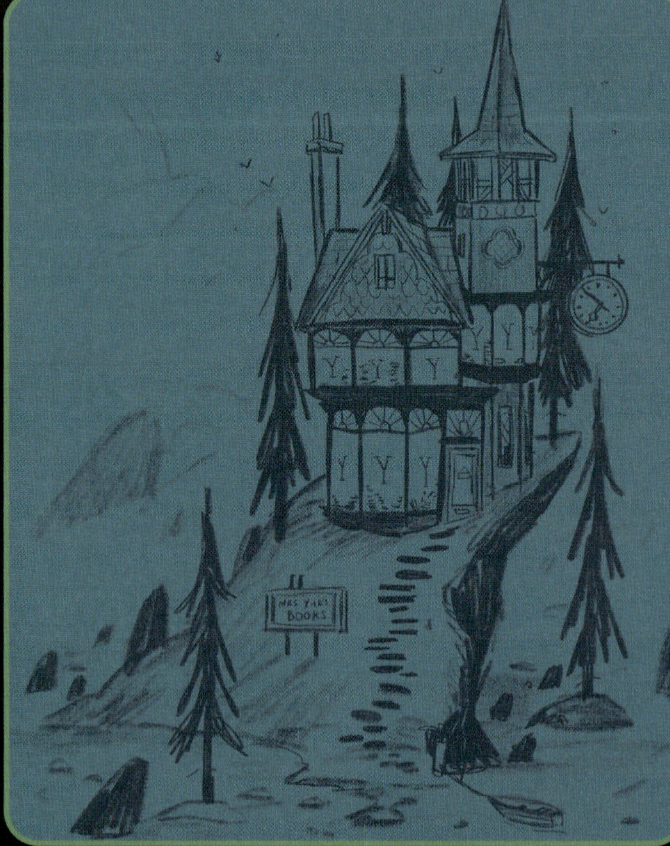

12

Male auf dieser Grundfarbe. Du musst dich für Farbskizzen nicht um Ebenen kümmern. Bringe die Farbe in breiten, lockeren Strichen mit einem Pinsel wie **Künstlerisch > Acryl** auf. Erstelle mehrere Farbskizzen, jeweils auf einer eigenen Ebene. Experimentiere mit unterschiedlichen Tageszeiten und Wettersituationen und nutze dazu online verfügbare Bilder als Referenz. Um etwas über Licht und Farbe zu lernen, musst du die Welt um dich herum beobachten. Gewöhne es dir daher an, immer wieder deine eigenen Fotos hinzuzuziehen. Entscheide, welche Farbfassung dir am besten gefällt, und entferne die anderen.

▶ Male mit breiten, lockeren Strichen, um Stimmung und Atmosphäre zu schaffen.

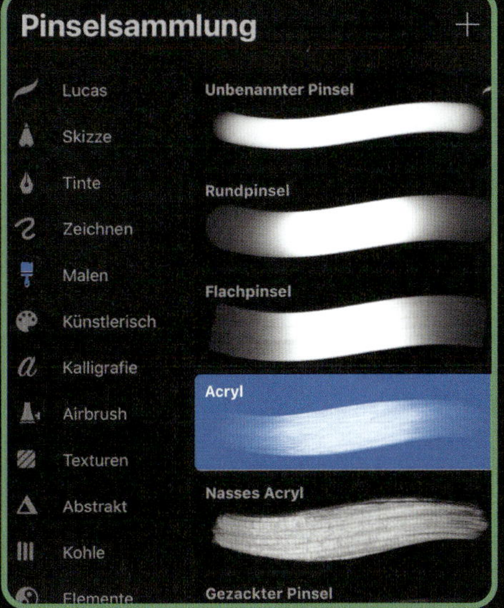

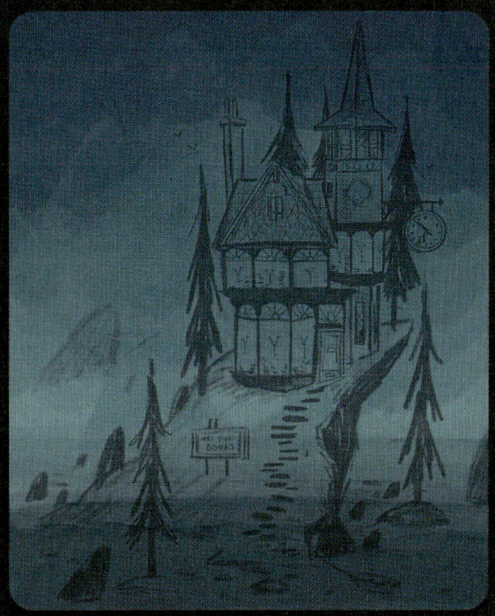

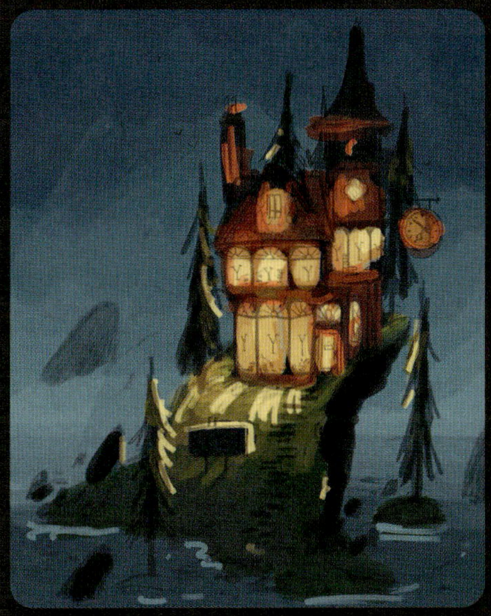

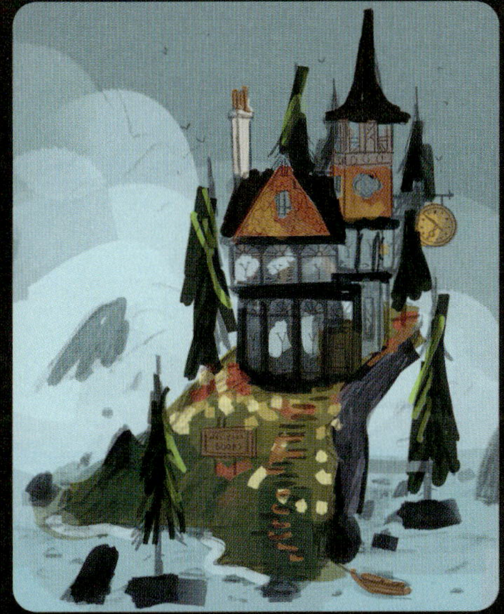

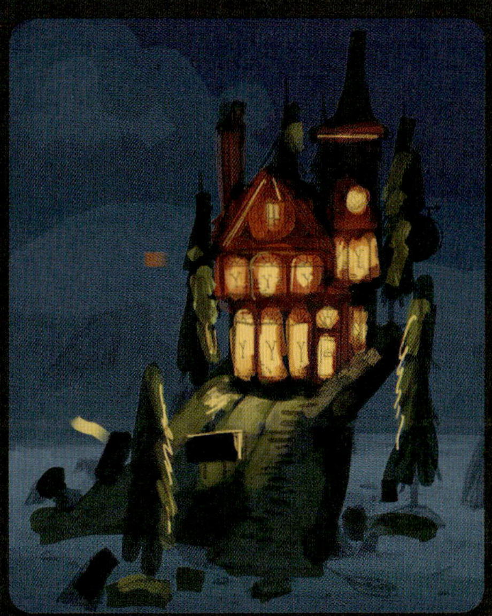

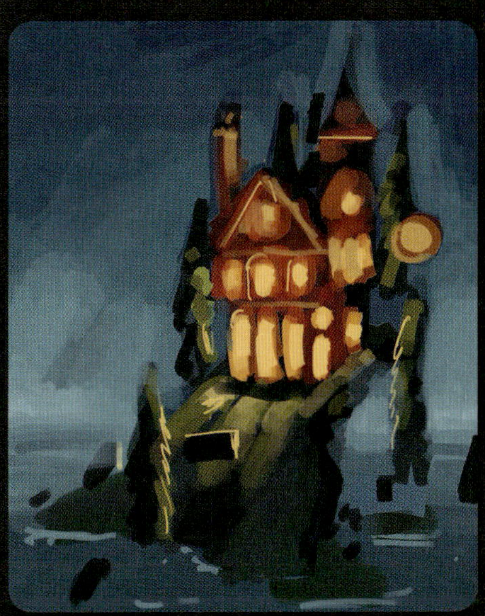

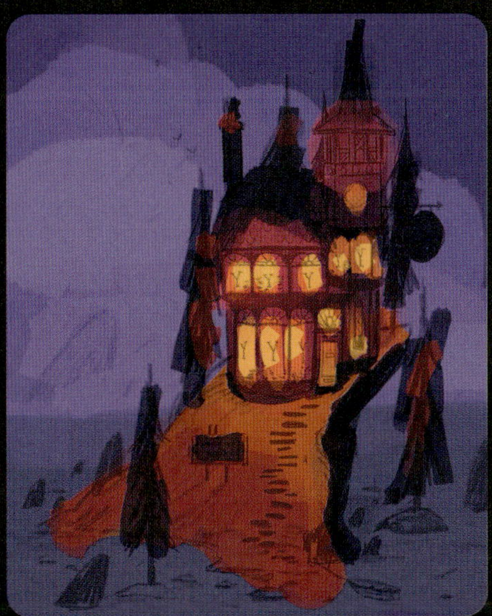

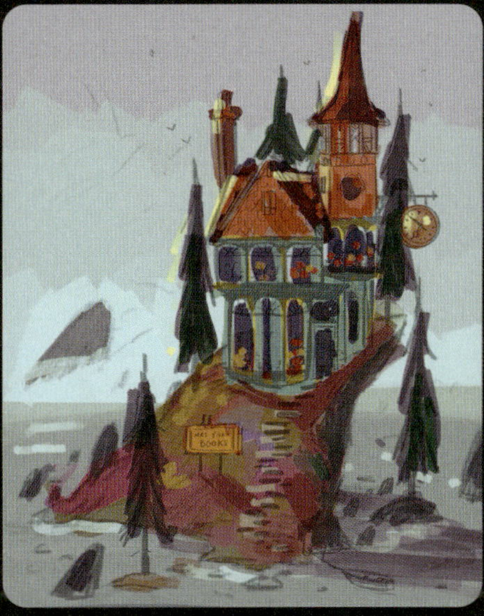

13

Reduziere die Anzahl der Ebenen, aber behalte die fertige Skizze und die Farbrohfassung. Lege die Farbrohfassung über alle anderen Ebenen, damit du diese Ebene ein- und ausblenden kannst, um Farben auf ihr auszuwählen. Lege beim Malen für jedes Element, das du irgendwann möglicherweise einzeln bearbeiten möchtest, eine eigene neue Ebene an. Beginne mit einer Ebene für den Hintergrund und male Himmel und Wasser hinein. Wähle mit der Pipette (siehe Seite 39) Farben aus deiner Farbrohfassung. Hintergrundfarben kannst du mit einem Pinsel wie **Malen > Flachpinsel** aufbringen. **Sprühen > Sprühnebel** liefert dir einen weichen, körnigen Effekt für die Wolken.

Ebenen
Final Sketch M
Colour Rough N
Background colour

Pinselsammlung
Lucas
Skizze
Tinte
Zeichnen
Malen
Künstlerisch
Kalligrafie
Unbenannter Pinsel
Rundpinsel
Flachpinsel
Acryl

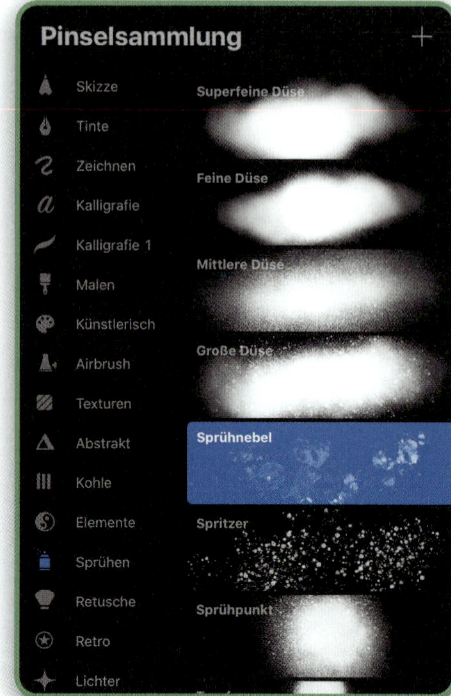

▶ Verwende unterschiedliche Pinsel für unterschiedliche Effekte.

14

Blende die Skizzenebene beim Arbeiten ein und aus, um ohne die Skizze zu prüfen, ob alles funktioniert. Pinsel wie der Acrylpinsel haben eine niedrige Deckkraft, was dir ermöglicht, Farben schichtweise übereinanderzulegen. Um zwei Farben zu mischen, male die beiden Farben so, dass sie sich überlappen. Wähle dann die Farbe aus dem sich überlappenden Bereich und male über den harten Farbübergang. Wähle immer wieder die überlappende Farbe und male über die harten Kanten, bis sich die Farben zu einem schönen Verlauf vermischt haben. Schaffe auf diese Weise einen weichen Übergang zwischen Meer und Himmel, sodass es aussieht, als sei es dunstig in dem Bild. Benenne die entstandenen Ebenen mit passenden Namen.

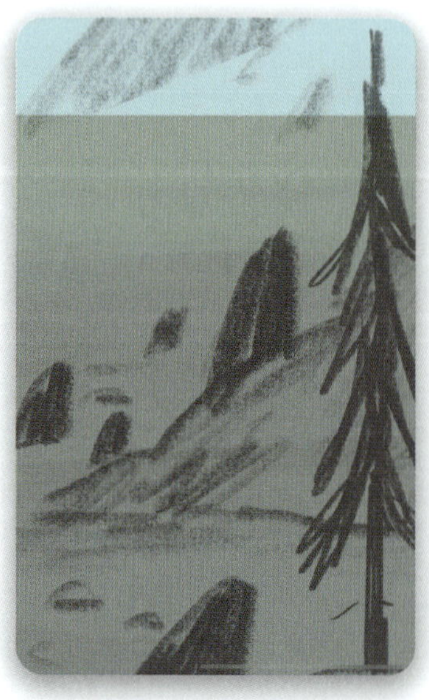

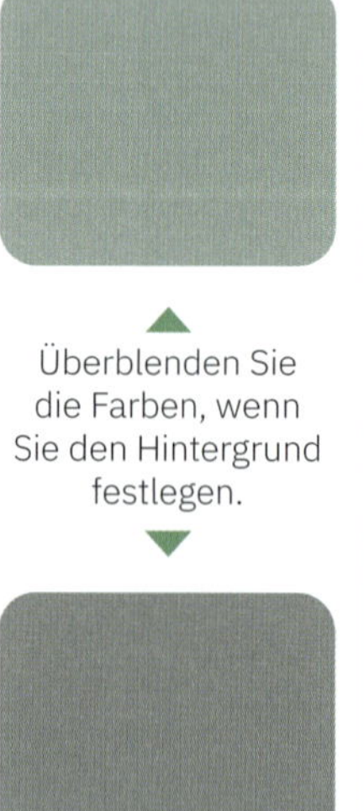

Überblenden Sie die Farben, wenn Sie den Hintergrund festlegen.

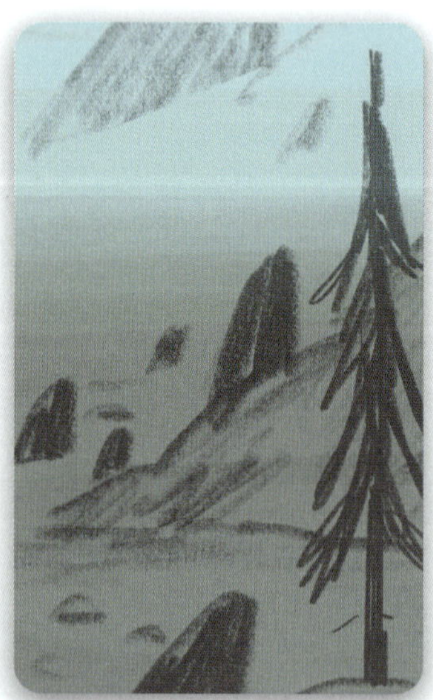

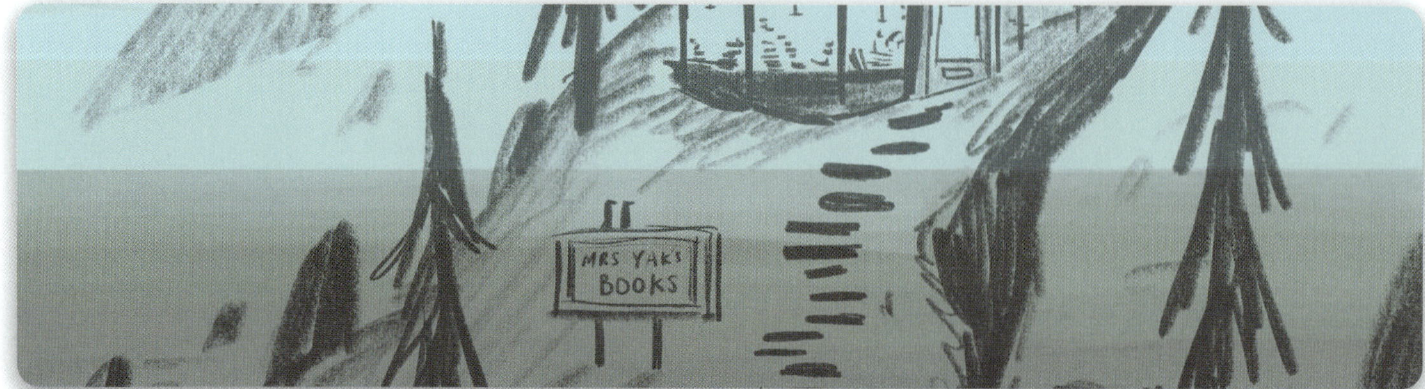

15

Lege eine neue Ebene für die Insel an und zeichne diese mit **Tinte > Getrocknete Tinte** ein. Wenn du mit der Form zufrieden bist, aktiviere eine Alphasperre auf der Ebene. Dies beschränkt weitere Pinselstriche auf die bereits definierte Form. Färbe das Gras auf der Insel mit den **Zeichnen > Wachsmalkreide**- und **Natur > Zweige**-Pinseln. Nutze für Details den 6B-Stift. Experimentiere mit unterschiedlichen Pinseln, um die gewünschte Wirkung zu erzielen.

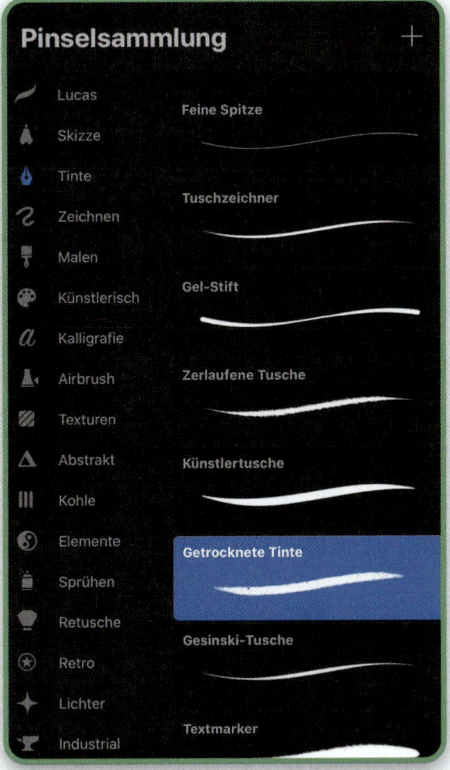

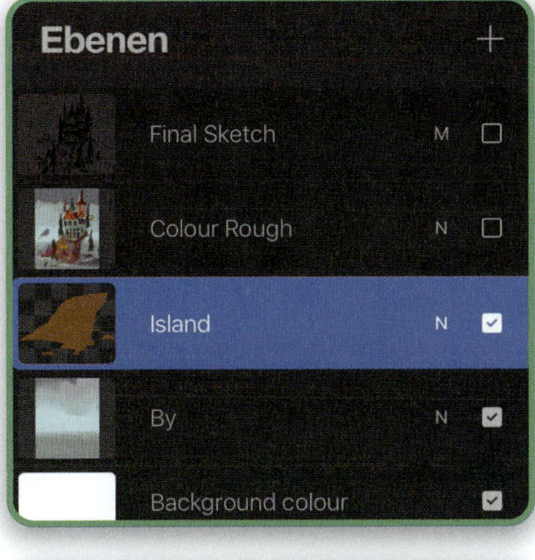

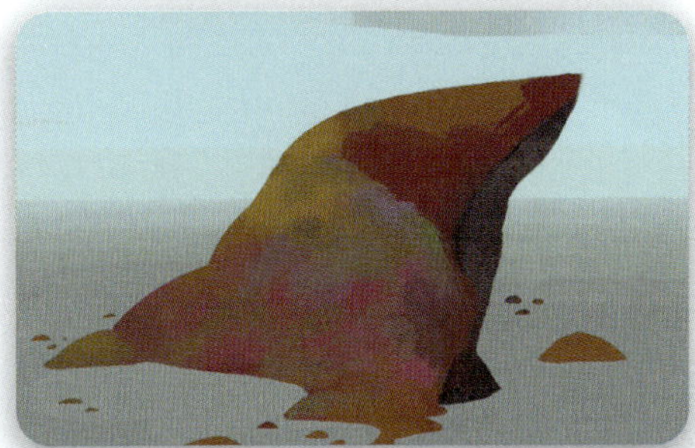

Skizziere die Insel und füge Details hinzu.

16

Lege eine neue Ebene für den Buchladen an und skizziere die Form mit dem Getrocknete-Tinte-Pinsel. Zeichne dieses Mal nur den Umriss und ziehe dann das Farbfeld zum Ausfüllen in die umrissene Form. Sperr die Pixel mit der Alphasperre und beginne dann mit dem Zeichnen der Details deines Gebäudes. Lege für einzelne Teilstücke wie Dachkanten und Fenster eigene Ebenen an. Mit einer Clipping-Maske stellst du sicher, dass die Ebene direkt über der Buchladen-Ebene liegt und diese neuen Ebenen nahtlos an die skizzierte Gebäudeform anschließen.

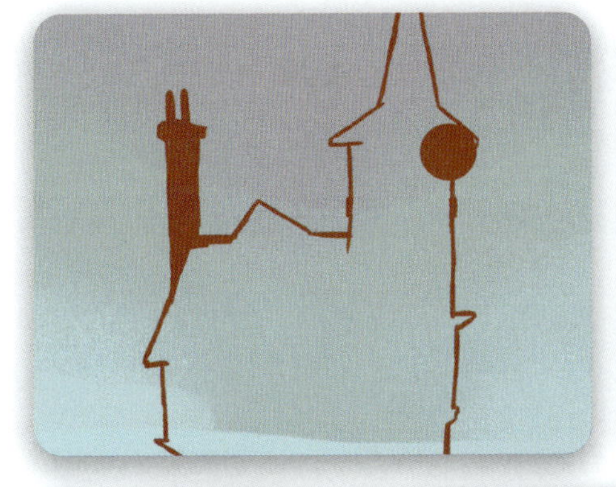

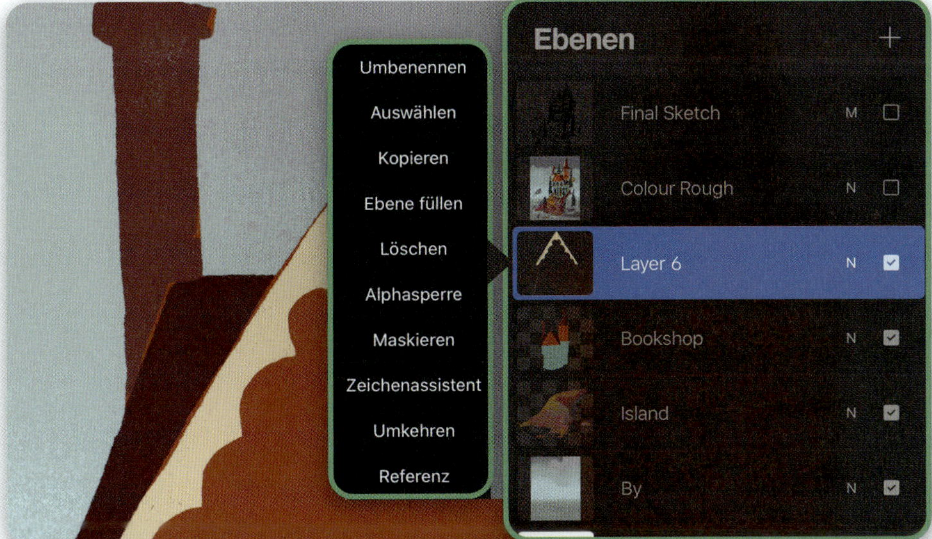

Skizziere den Buchladen und füge mithilfe von Clipping-Masken Details hinzu.

17

Füge Schatten und Glanzlichter hinzu, nachdem du eine Lichtquelle gesetzt hast, damit die Schatten alle in dieselbe Richtung fallen. Nutze den Getrocknete-Tinte-Pinsel für harte Linien und etwas Weicheres wie den **Natur > Bambus**-Pinsel zum Mischen. Füge mit dem 6B-Stift skizzenhaft Ziegel und Dachsteine hinzu. Bringe Abwechslung in die Farben, damit das Holz an der Hausfront nicht zu flach aussieht. Senke dazu die Deckkraft und pinsele verschiedene lebhafte Farben über die Hauptfarbe. Mische das Ganze anschließend mit dem Verwischen-Werkzeug, das du auf **Malen > Abgenutzter Pinsel** gesetzt hast.

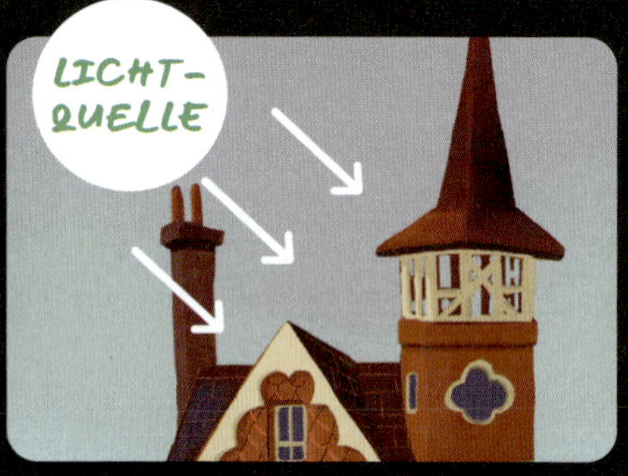

Lass das Bild mit Details und Farbenvielfalt interessanter aussehen.

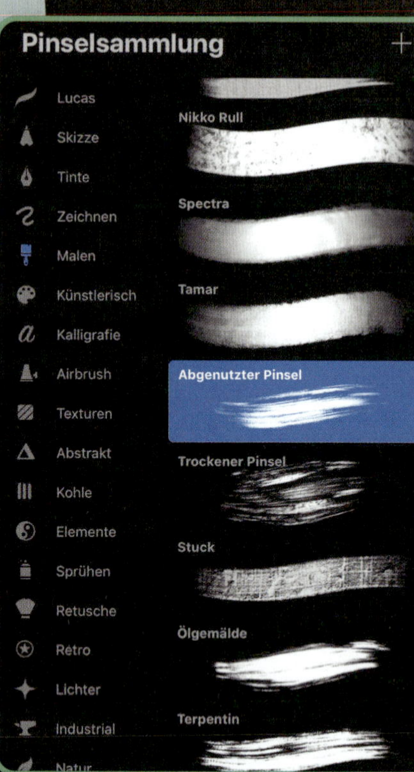

18

Füge Buchdetails hinzu, indem du eine neue Ebene anlegst und einfache farbige Rechteckformen einzeichnest, die nebeneinanderliegen und aufeinandergestapelt sind. Da sie so klein sind, müssen sie nicht besonders ordentlich sein. Stelle als Überblendmodus **Aufhellen** ein, damit die Bücher aussehen, als würden sie sich hinter Glas befinden. Gruppiere alle Gebäudeebenen und nenne diese Gruppe »Building«. Lege über der Gebäudegruppe eine neue Ebene an und füge an der Stelle, an der das Gebäude auf das Gras trifft, mit dem 6B-Stift Grasdetails hinzu, um das Haus in die Umgebung zu integrieren.

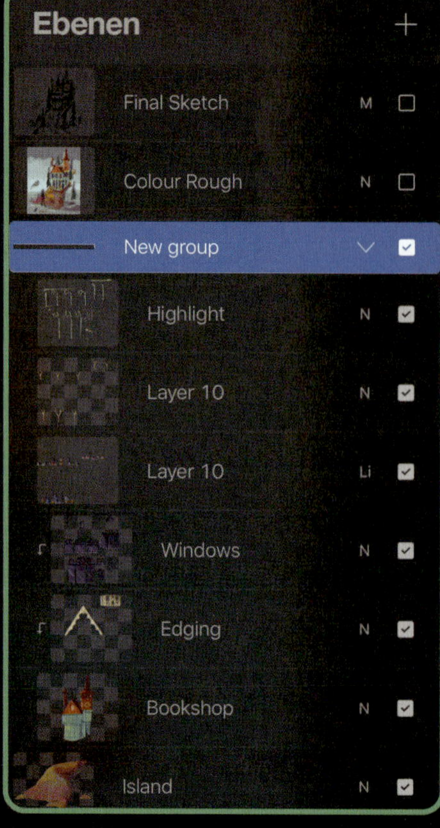

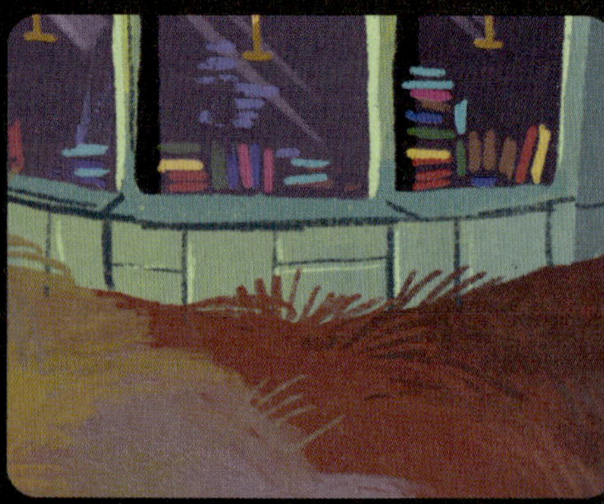

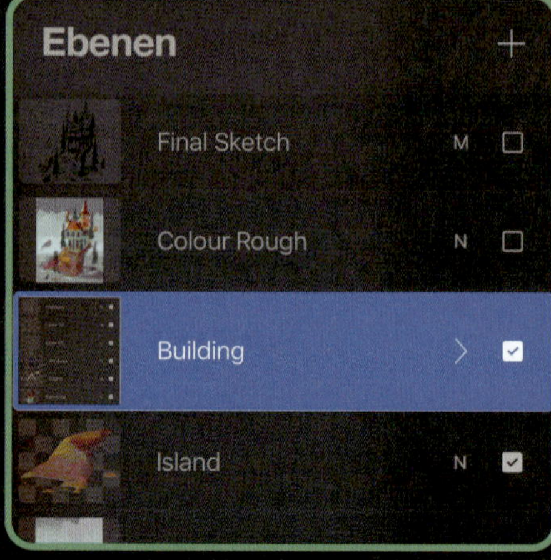

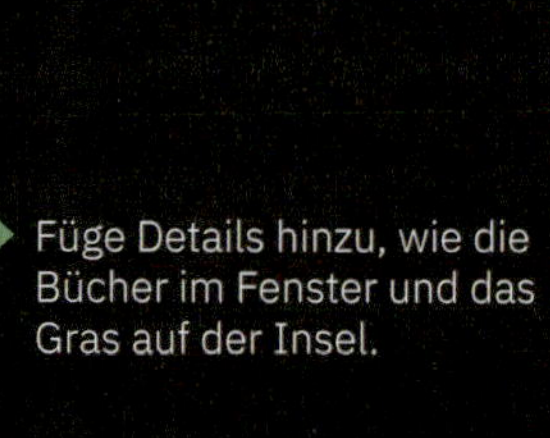

Füge Details hinzu, wie die Bücher im Fenster und das Gras auf der Insel.

19

Zeichne einen Weg und noch weitere Grasdetails. Lege für die Bäume eine neue Ebene an und zeichne deren Stämme mit dem Getrocknete-Tinte-Pinsel. Aktiviere die Alphasperre und zeichne mit hellerer Farbe und dem **Industrial > Mondlandschaft**-Pinsel Texturen in den Stamm. Füge eine Ebene für die Zweige hinzu und skizziere mit dem **Natur > Zobel**-Pinsel abstrakte Laubformen. Für die Zweige hinter dem Gebäude brauchst du eine weitere neue Ebene. Verschiebe diese Ebene unter die Gebäudegruppe. Details bei den Blättern zeichnest du mit dem 6B-Stift.

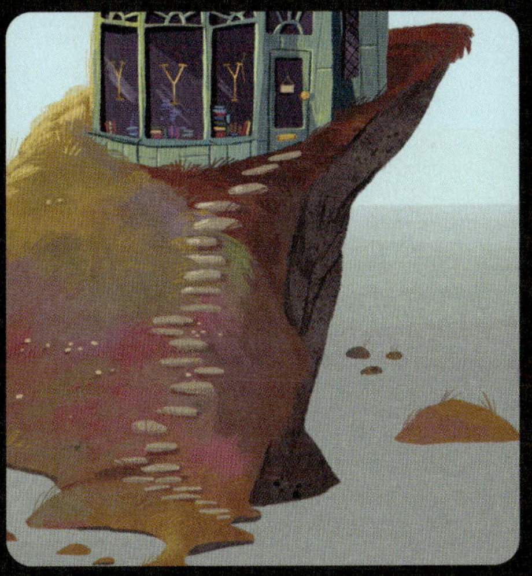

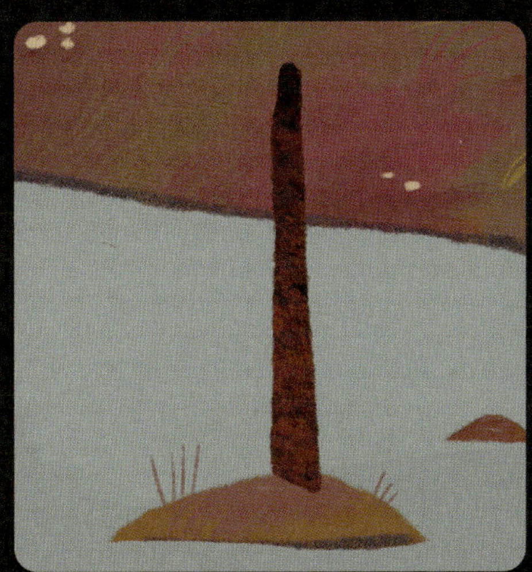

KÜNSTLERTIPP

Denke beim Malen über die Farbe deiner dunkelsten und hellsten Punkte (der Schwarz- und Weißpunkte) nach. In der Wirklichkeit sieht man nur selten reines Schwarz oder Weiß. Verwende statt Weiß als hellstem Punkt lieber ein blasses Gelb, um Wärme, oder ein blasses Blau, um eine gewisse Kühle in das Bild einzubringen. Das gilt auch für deinen dunkelsten Punkt. Dies verleiht deinem Bild Tiefe.

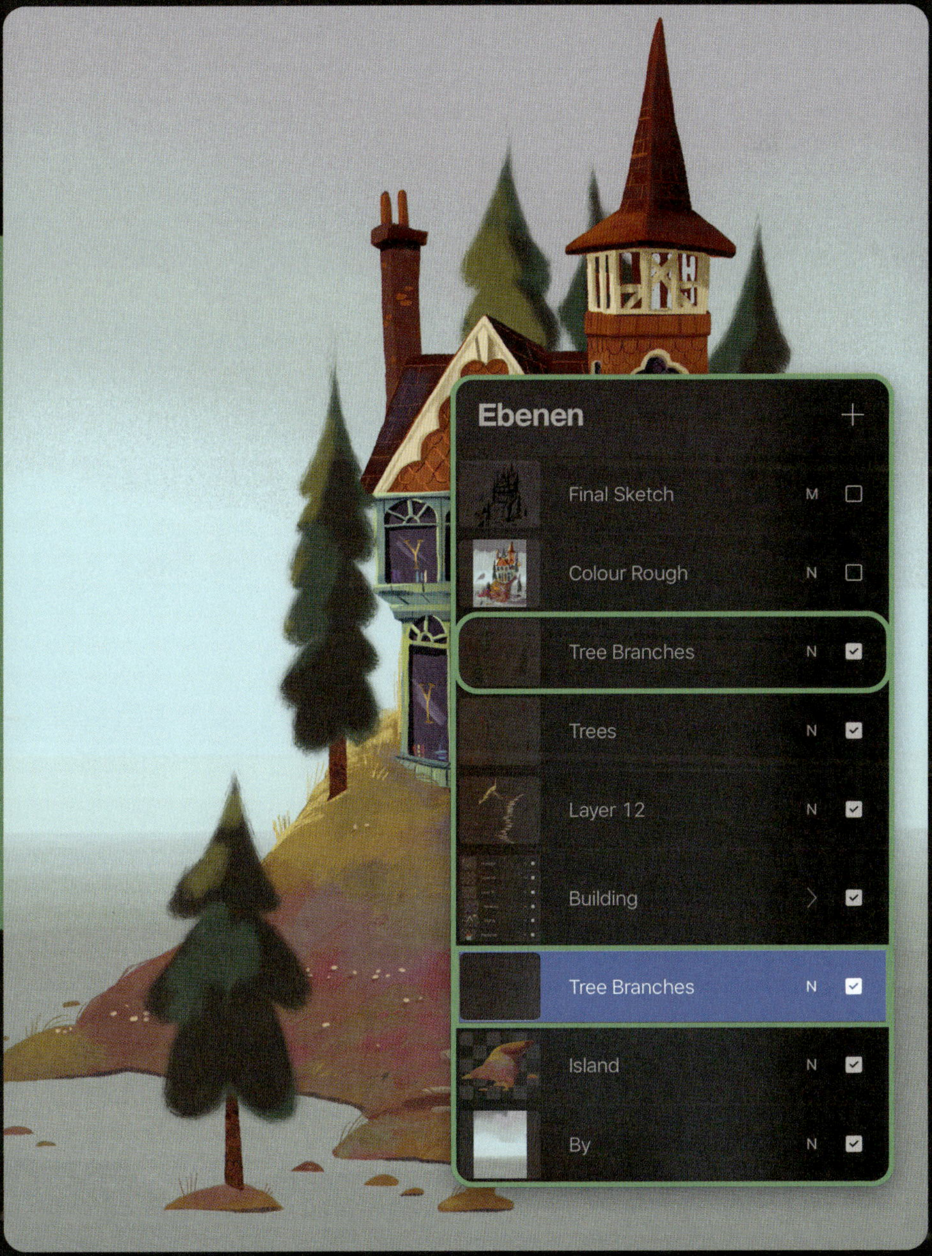

▶ Verfeinere dein Bild und füge weitere Details hinzu.

20

Füge die Uhr hinzu. Falls die Fenster des Ladens nicht kontrastreich genug sind, dunkelst du sie ab, indem du eine Alphasperre auf der Ebene aktivierst und dann mit einem schwarzen Pinsel bei niedriger Deckkraft über die Ebene malst. Zeichne mit dem Getrocknete-Tinte-Pinsel und der Alphasperre Felsen ins Wasser, denen du mit dem **Industrial > Heavy Metal**- und **Sprühen>Spritzer**-Pinsel Details in einer anderen Farbe verleihst. Füge dann Berge im Hintergrund hinzu und verwende den Pinsel **Sprühen>Mittlere Düse** am Fuße jedes Berges in der Farbe des Hintergrunds, um den Eindruck von Nebel entstehen zu lassen.

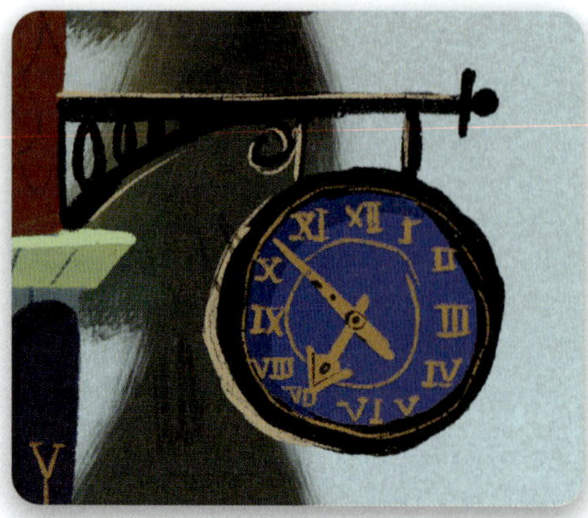

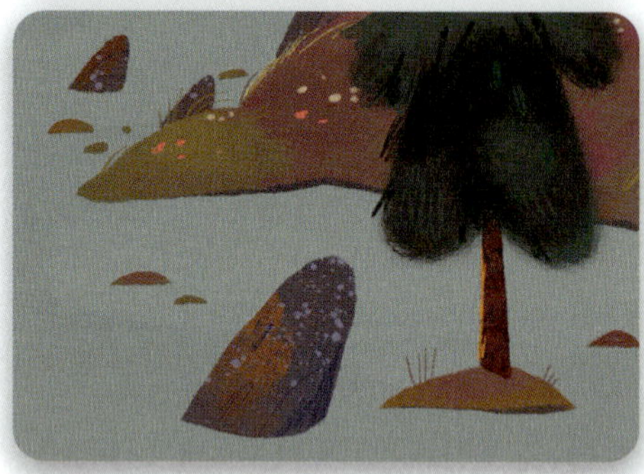

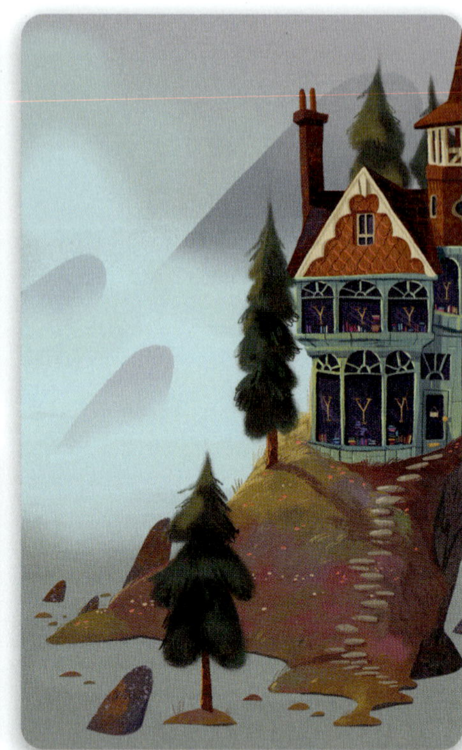

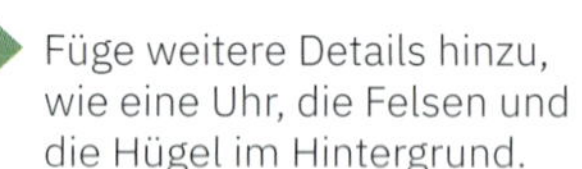

Füge weitere Details hinzu, wie eine Uhr, die Felsen und die Hügel im Hintergrund.

21

Verwende auf einer neuen Ebene den 6B-Stift in Fahlblau, um Wellen und Wasserspritzer hinzuzufügen. Wenn du den Stift in verschiedenen Winkeln neigst, erzeugst du dickere und dünnere Striche. Setze außerdem Glanzlichter in Blassgelb auf die Ränder der Bäume und des Gebäudes und füge Schatten an Stellen hinzu, an denen du sie bisher vergessen hast. Zoome regelmäßig raus, damit du kontrollieren kannst, ob das Bild auch in einer kleinen Darstellung funktioniert.

Füge Glanzlichter, Schatten und Wellen hinzu.

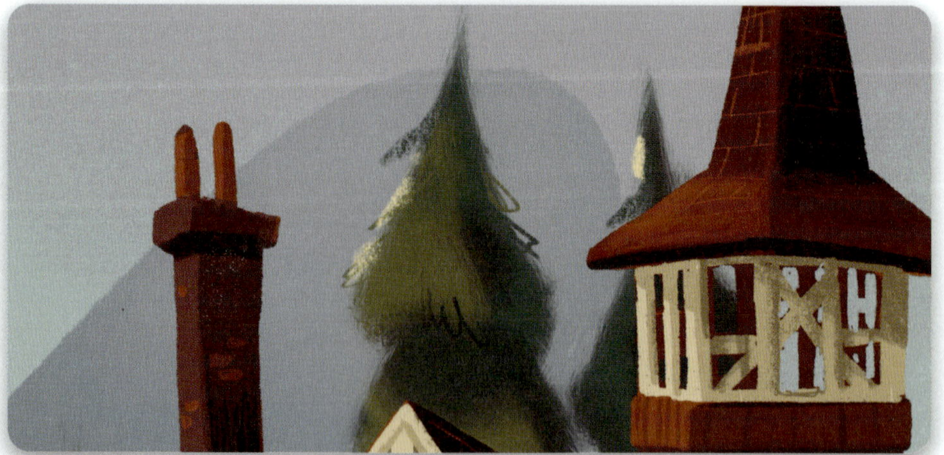

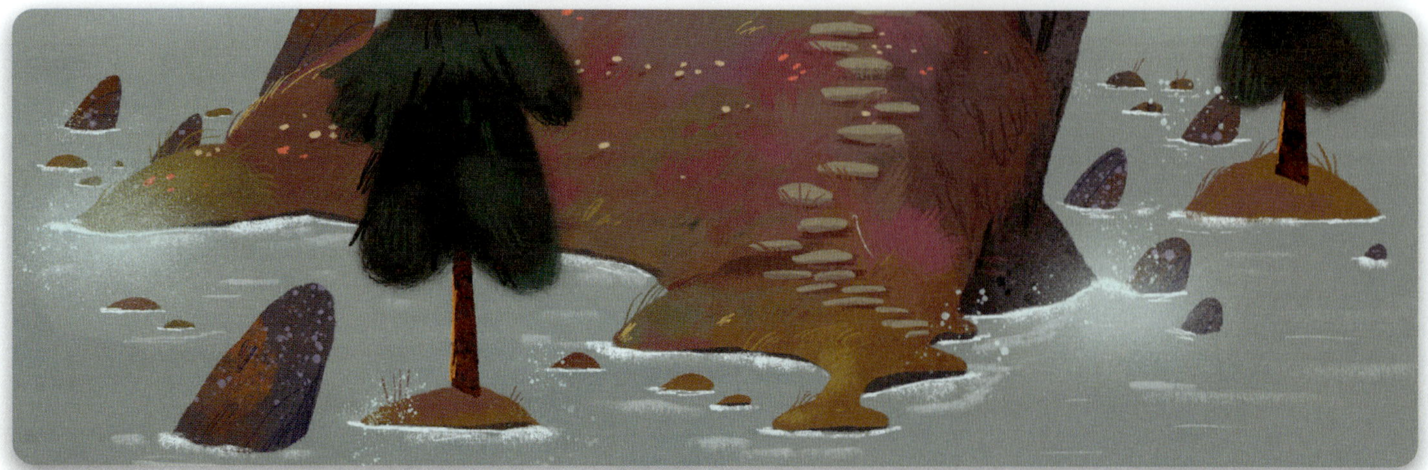

22

Führe alle Insel-Ebenen zusammen, da du vermutlich inzwischen bei der Anzahl der Ebenen das Limit erreicht hast. Dupliziere die Insel-Ebene, tippe auf **Transformieren > Vertikal spiegeln** und nenne diese neue Ebene »Reflection«. Verschiebe diese Ebene unter die erste Insel-Ebene und positioniere sie als Spiegelung im Wasser. Verringere die Deckkraft dieser Ebene und korrigiere fehlerhafte Bereiche bzw. entferne falsche Spiegelungen mit dem Radierer. Schiebe alle Bereiche mit den Auswahl- und Transformationswerkzeugen an die korrekten Positionen. Füge mit Sprühen-Pinseln auf einer neuen Ebene über allem anderen mehr Nebel hinzu und zeichne mit dem 6B-Stift winzige Vögel.

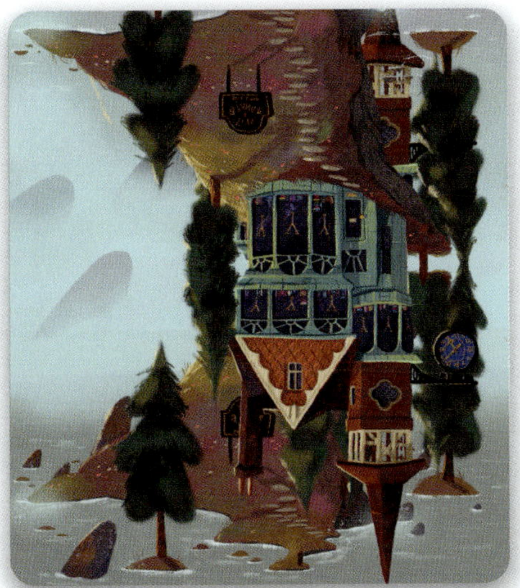

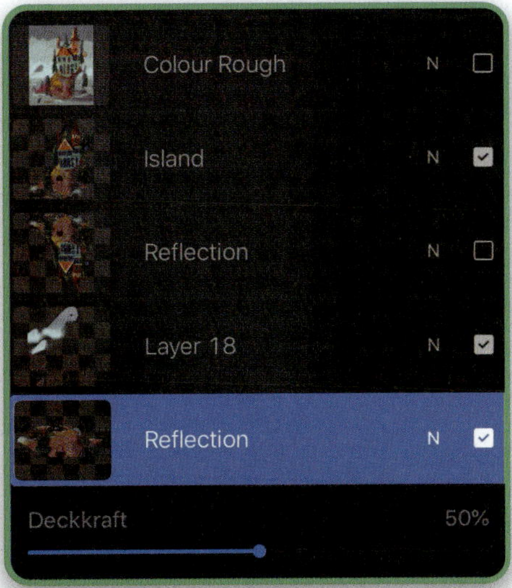

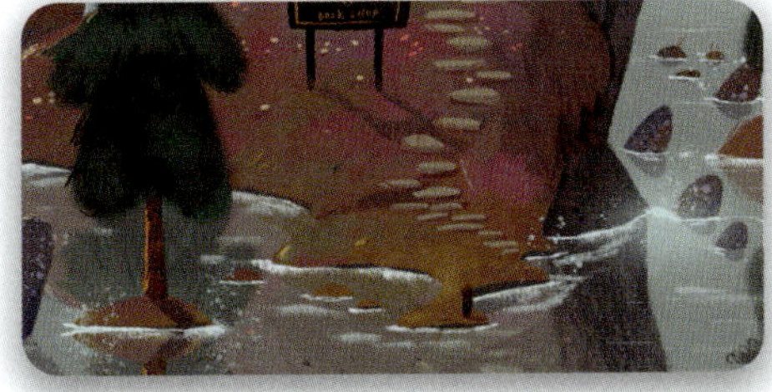

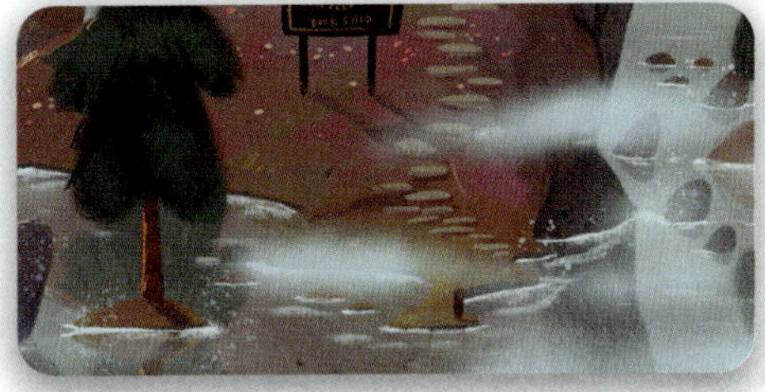

▶ Erzeuge eine Reflexion im Wasser, indem du das Bild zusammenführst und spiegelst.

23

Erzeuge eine neue Ebene und stelle als Überblendmodus Ineinanderkopieren ein. Male anschließend mit einem der Sprühen-Pinsel blassgelbes Licht, das von der Lichtquelle kommt (die sich links außerhalb des Bildes befindet). Pass die Ebenendeckkraft an, bis alles richtig aussieht. Erzeuge eine weitere Ebene mit dem Überblendmodus Ineinanderkopieren und male mehr Licht hinein. Konzentriere dich dabei auf die Bereiche, die das hellste Glanzlicht haben müssten.

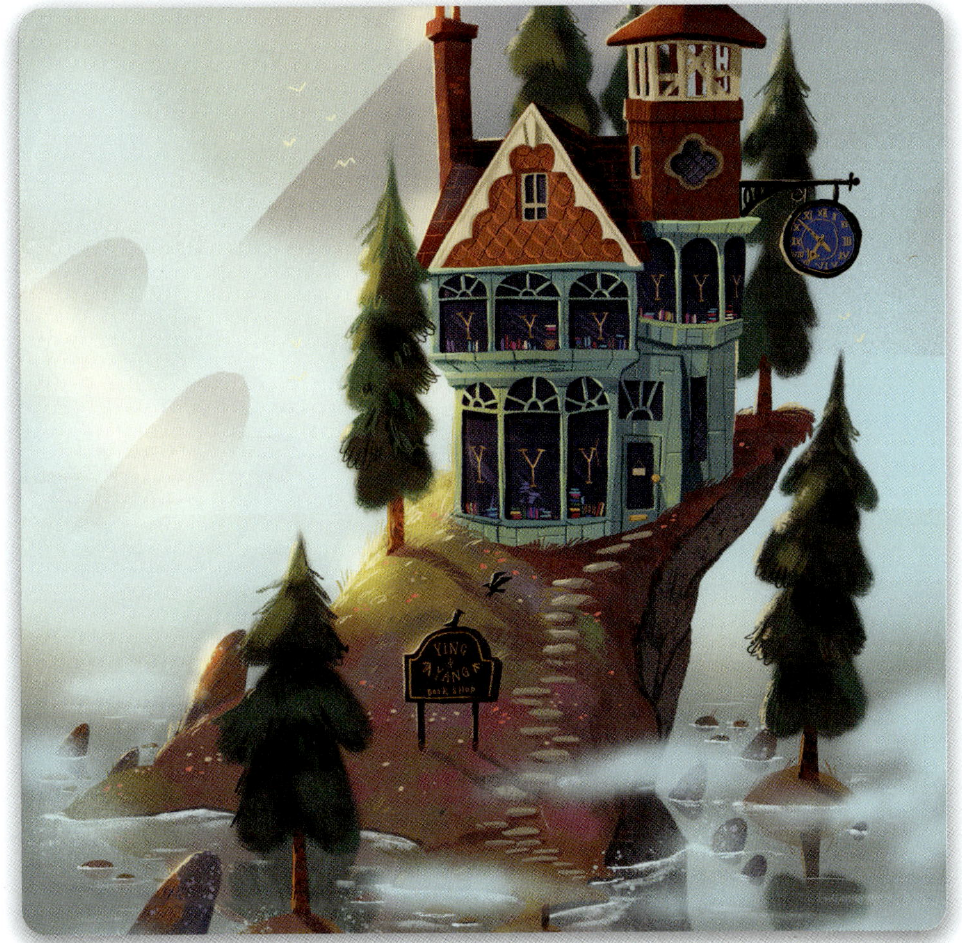

▶ Füge Wärme und Licht hinzu.

24

Wenn du mit dem Bild zufrieden bist, führe alle Ebenen zusammen. (Um vor dem Zusammenführen eine Sicherungskopie zu speichern, dupliziere das gesamte Bild mit **Auswahl > Duplizieren** in die Galerie.) Dupliziere das auf eine Ebene reduzierte Bild und wähle dann **Anpassungen > Farbbalance**. Experimentiere mit den Glanzlichtern, Mitteltönen und Schatten, bis du die gewünschte Wirkung erzielt hast. Füge den Glanzlichtern mehr Rot und Gelb hinzu, um mehr Wärme zu schaffen. Wenn du fertig bist, exportiere das Bild, damit du es bereitstellen und mit anderen teilen kannst (siehe Seite 18).

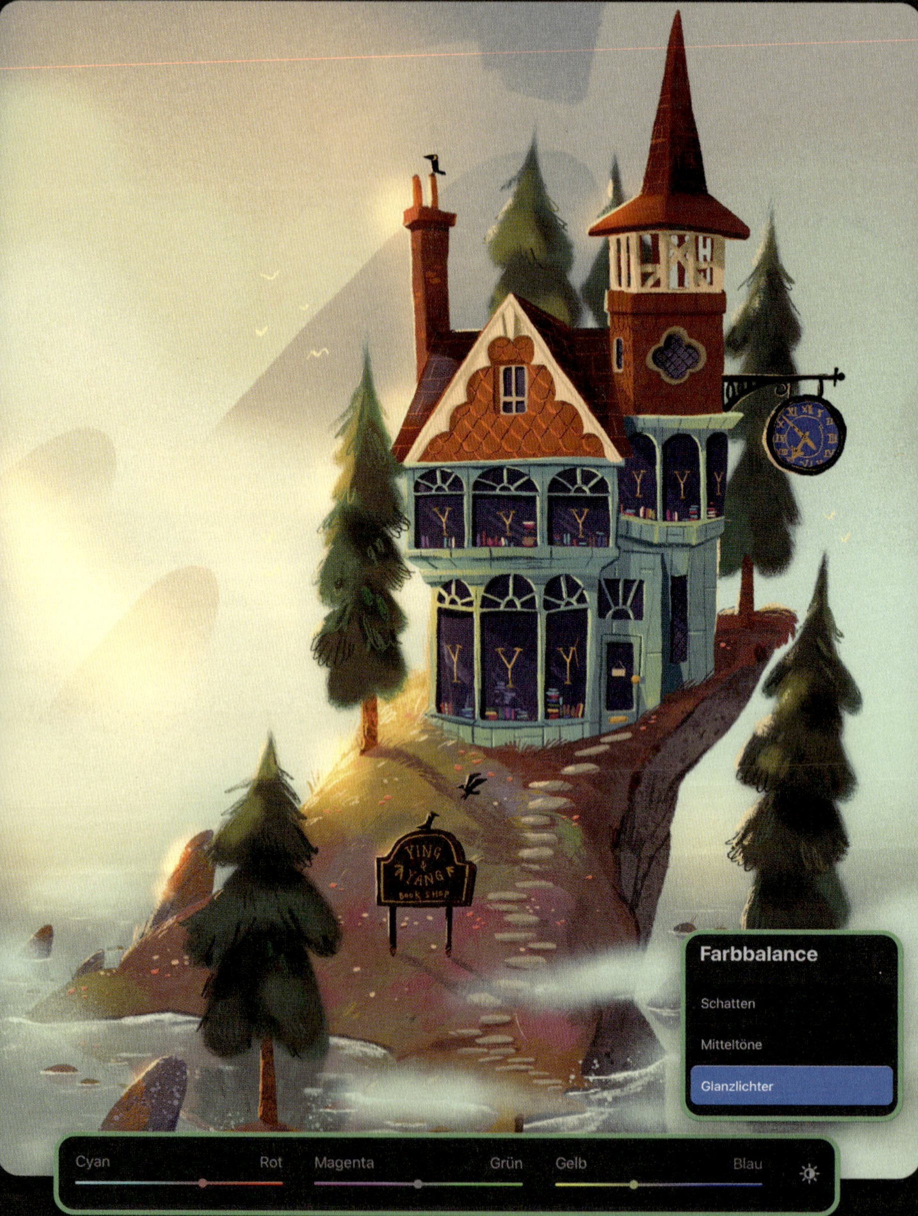

Bearbeite vor dem Speichern die endgültigen Farben mit Farbbalance.

FERTIGES BILD

Das fertige Bild ist ein wunderbar mysteriöser in Nebel gehüllter Buchladen auf einer felsigen Insel. Wurde er vielleicht verlassen? Wer weiß? Die Illustration lädt dich dazu ein, es herauszufinden. Kleine Details wie die Vögel erwecken das Bild zum Leben. Verwende die Techniken, die in diesem Projekt behandelt wurden, um unterschiedliche Stimmungen zu erzeugen, indem du die Tageszeit, das Wetter und die Farben änderst. Du könntest außerdem versuchen, Figuren hinzuzufügen, um die Geschichte noch weiterzuspinnen.

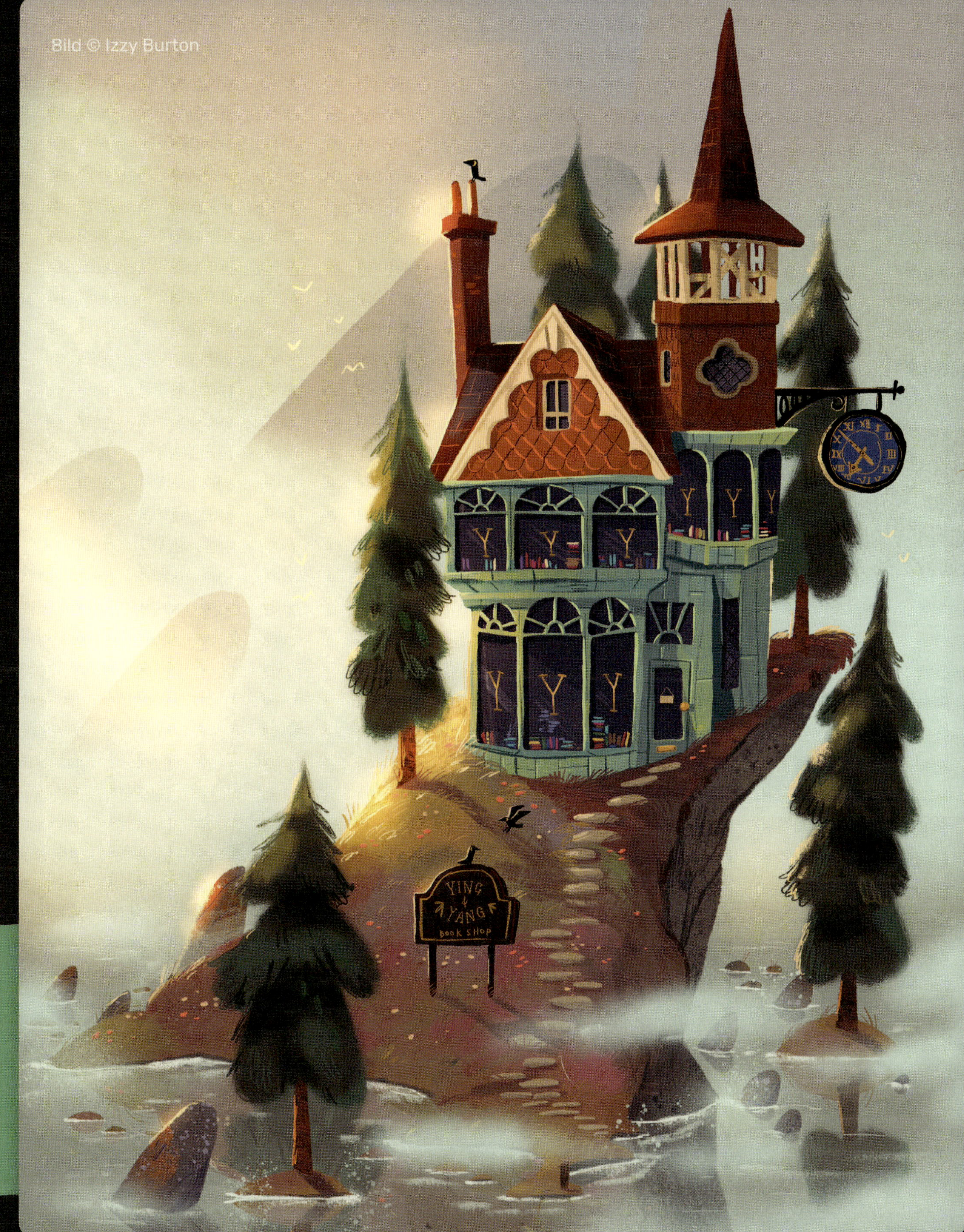
YING
&
YANG
BOOK SHOP

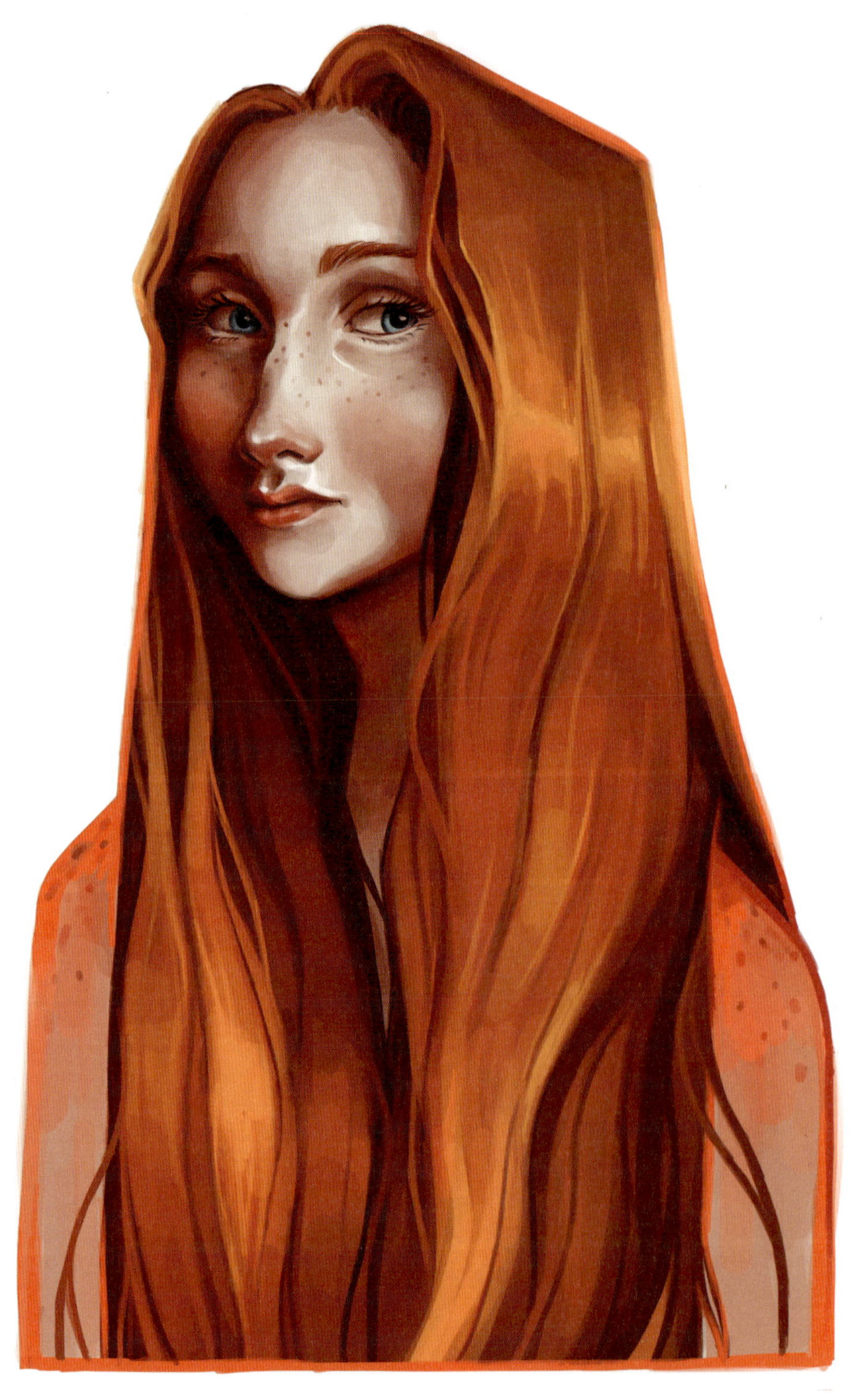

Unten: Am Ufer

CHARAKTER-DESIGN

Aveline Stokart

Dieses Tutorial zeigt dir, wie du eine menschliche Figur vor einem einfachen Hintergrund erschaffst. Es handelt sich um eine junge Frau, die durch die Straßen von Paris läuft. Du lernst hier, wie du ihre elegante und sonnige Persönlichkeit mit einem Hauch von Schüchternheit festhalten und darüber hinaus eine Atmosphäre erschaffen kannst, die zu ihrer Stimmung passt. Das Bild soll einen Hauch von Vintage und französischem Flair vermitteln und den Eindruck erwecken, einen Moment während eines Spaziergangs an einem sonnigen Nachmittag festgehalten zu haben.

Du wirst in diesem Tutorial Schritt für Schritt durch den Entstehungsprozess geleitet – von den ersten Skizzen bis zum fertigen Bild. Du lernst, wie du Clipping-Masken und Alphasperren für das Arbeiten mit Farben benutzt, wie du Überblendmodi einsetzt und wie du unterschiedliche Effekte verwendest, um eine warme, lebhafte Atmosphäre zu schaffen.

SEITE 208

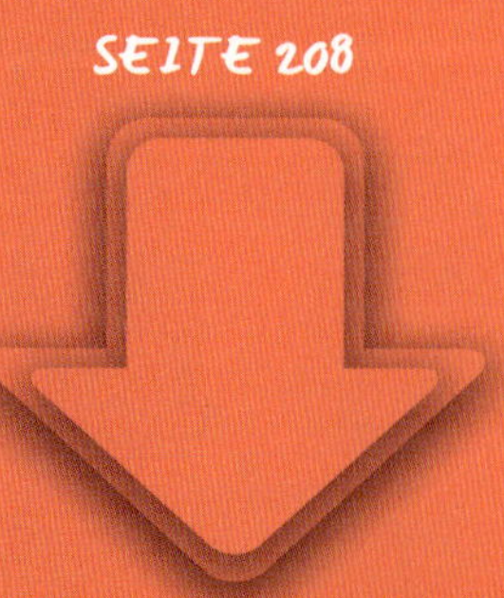

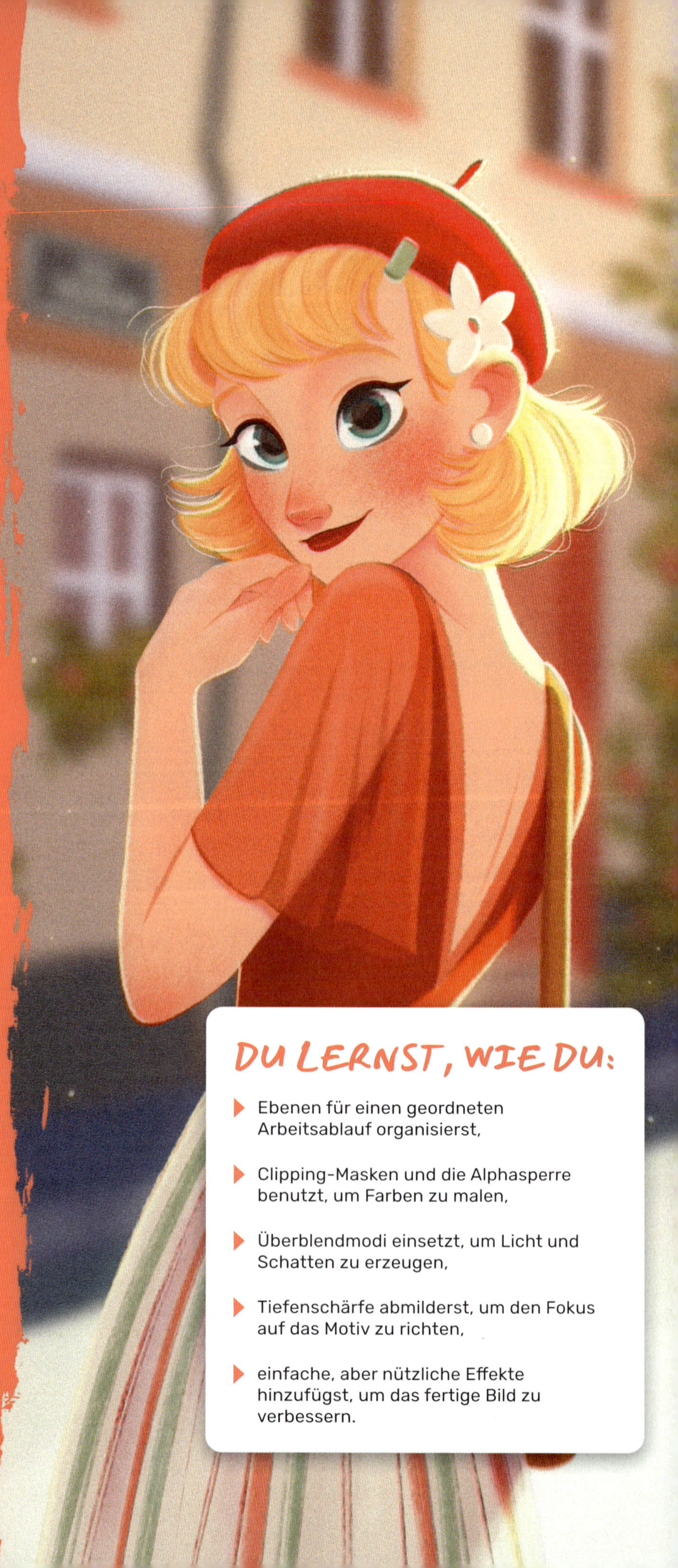

DU LERNST, WIE DU:

- Ebenen für einen geordneten Arbeitsablauf organisierst,
- Clipping-Masken und die Alphasperre benutzt, um Farben zu malen,
- Überblendmodi einsetzt, um Licht und Schatten zu erzeugen,
- Tiefenschärfe abmilderst, um den Fokus auf das Motiv zu richten,
- einfache, aber nützliche Effekte hinzufügst, um das fertige Bild zu verbessern.

01

Lege zuerst eine neue Datei in deiner Galerie an. Du kannst ein vorgegebenes Format wählen, zum Beispiel A4 (210 × 297 mm, 300 dpi), oder auf Größe anpassen tippen. Die gewählte Auflösung bestimmt, wie viele Ebenen du verwenden kannst. Falls du eine eigene Größe wählst, musst du immer den dpi-Wert beachten. Gehe nicht niedriger als 300 dpi, wenn du eine einigermaßen anständige Druckqualität erzielen möchtest.

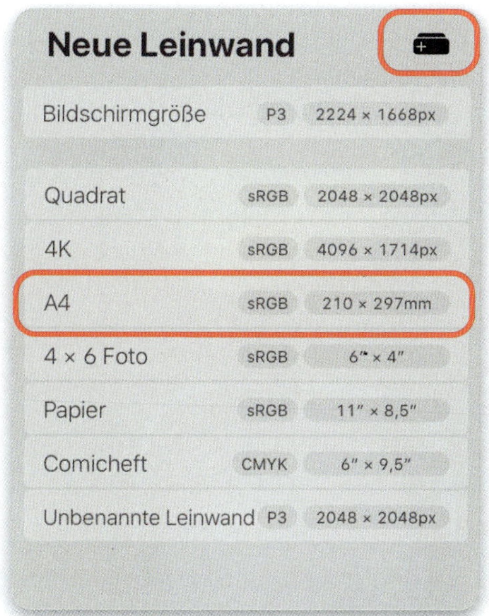

Lege eine neue Leinwand an.

02

Skizziere auf deiner neuen Leinwand mit dem **Zeichnen > Verlaufene Tusche**-Pinsel verschiedene Charakterstudien. Der Pinselstrich dieses Pinsels besitzt eine schöne Textur, aber natürlich solltest du auch andere Pinsel ausprobieren, um den zu finden, der dir am besten gefällt. Verringere mit den Reglern auf der linken Seite sowohl die Größe als auch die Deckkraft des Pinsels auf 35 %. Damit erhältst du einen leichten, dünnen Strich, was beim Skizzieren wichtig ist, damit du dich nicht in starken, dicken Linien verlierst. Beginne bei der Konstruktion deiner Zeichnung mit vielen zarten Strichen und arbeite dann nach und nach die richtigen Linien heraus.

Fünf Charakterstudien zum Erkunden unterschiedlicher Stimmungen und Ausdrücke

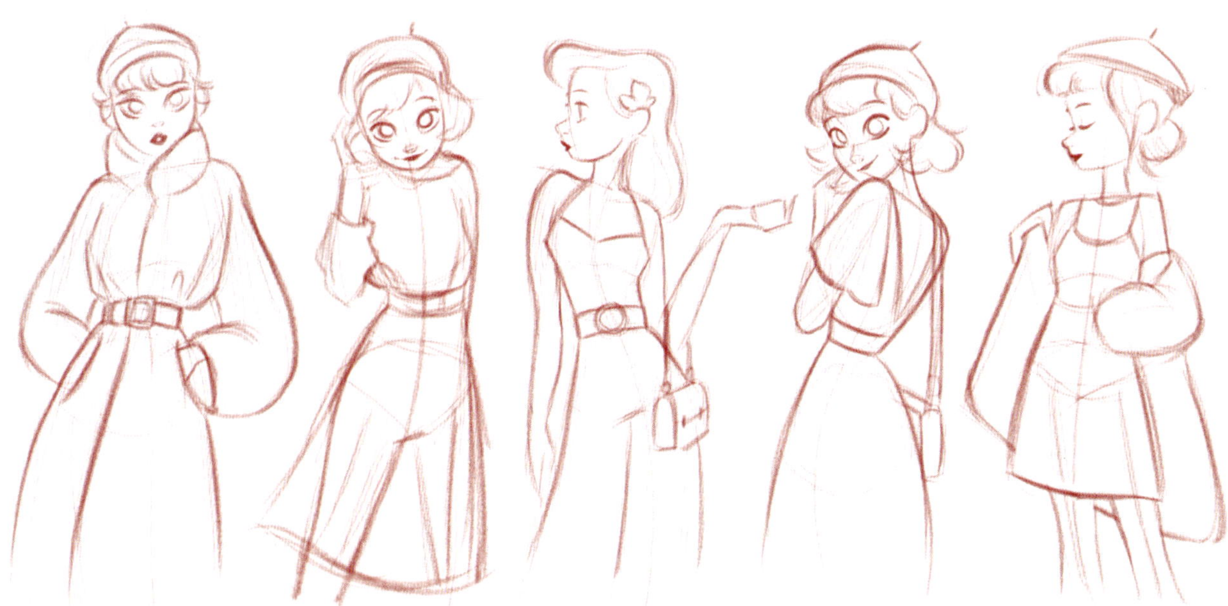

03

Hole deine Lieblingsskizze mit dem Auswahl-Werkzeug auf eine neue Ebene. Tippe auf **Auswahl > Freihand** und ziehe das Werkzeug um deine Skizze herum. Tippe den grauen Punkt an, um die Auswahl zu vervollständigen. Wähle dann Kopieren & Einfügen und bringe die Auswahl auf eine neue Ebene, die du zum Beispiel Charakterskizze nennen kannst. Es wird automatisch das Transformationswerkzeug aktiviert, sodass du die Auswahl drehen oder vergrößern bzw. verkleinern kannst. Mit Magnetisch (siehe Seite 57) bewahrst du die korrekten Proportionen deiner Skizze.

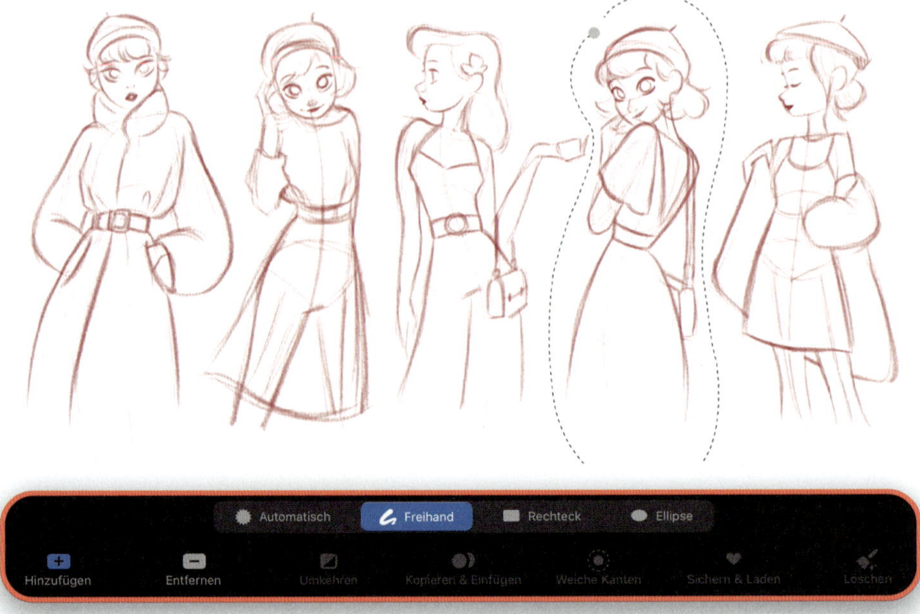

Die gewählte Charakterstudie lädt den Betrachter in das Bild ein.

04

Passende Namen für die Ebenen erleichtern dir, sie später zu identifizieren. Wenn du die Ebenen sortiert hast, blendest du alle aus, die du gerade nicht benötigst. Verstecke die anderen Skizzen, indem du die Häkchen an den Ebenen entfernst. Stelle dann für die sichtbare Ebene den Überblendmodus Multiplizieren ein. Dieser Modus verleiht deinen Linien Transparenz, während er sie gleichzeitig dunkler wirken lässt, wenn sie über eine andere Farbe gelegt werden.

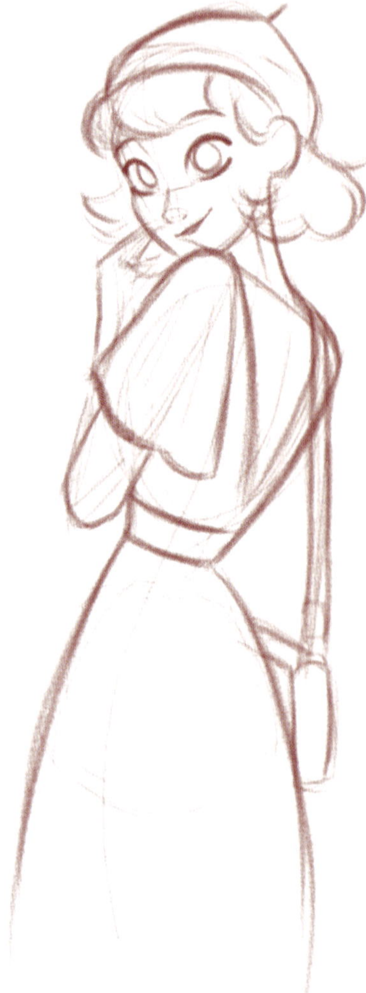

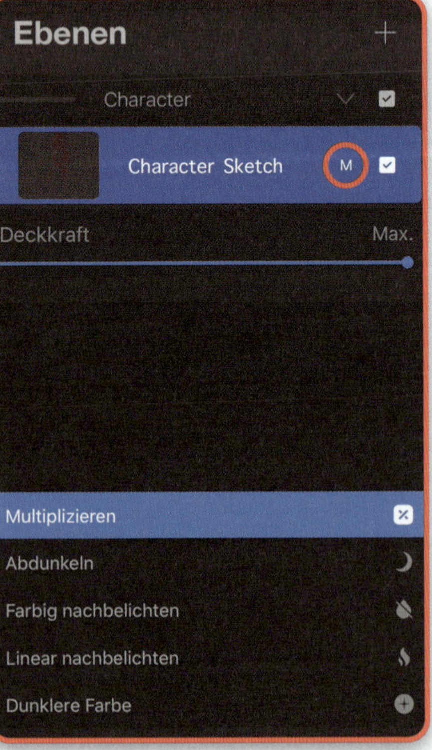

Die Charakterskizze-Ebene im Überblendmodus Multiplizieren

05

Lege für die Haut eine neue Ebene mit dem Namen »Skin« an, die du unter der Charakterskizze platzierst. Experimentiere mit **Kalligrafie > Kreide**, um verschiedene Farben auszuprobieren. Dieser Pinsel besitzt eine schöne Textur und ermöglicht dir, ganz einfach große Farbblöcke zu malen. Wähle eine Farbe und beginne mit der Farbrohfassung. Genauigkeit spielt an dieser Stelle noch keine Rolle; du bist hier schließlich erst in der Testphase. Erzeuge jedes Element auf einer eigenen Ebene – dadurch ist es einfacher, eine Farbe zu ändern, ohne den Rest zu beeinflussen. Wenn du mit der ersten Farbfassung fertig bist, gruppiere die Ebenen und nenne die Gruppe Farbe 1.

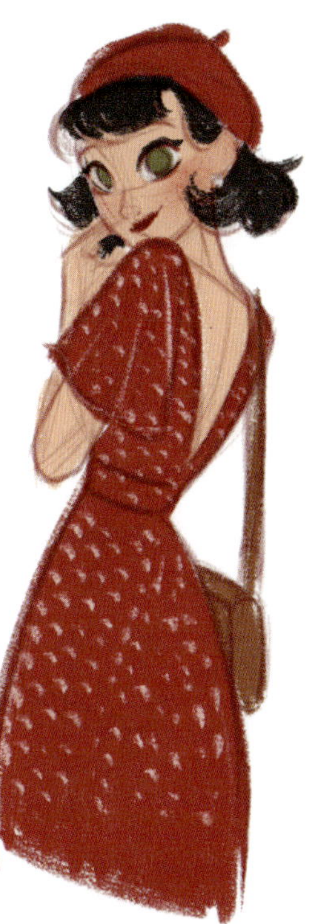

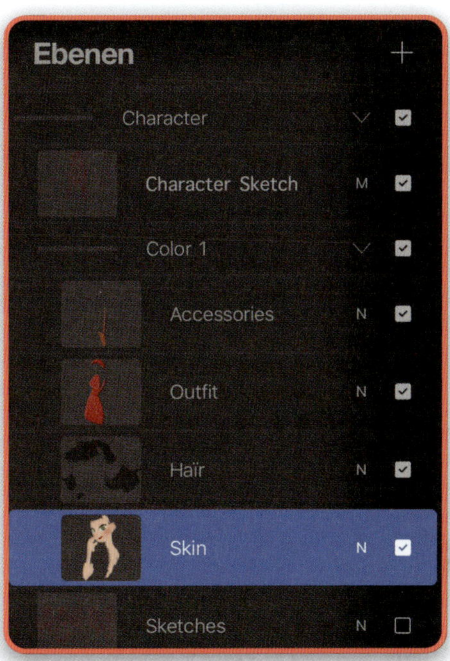

Verwende für jedes Element eine neue Ebene: Haut, Haare, Kleidung und Accessoires.

KÜNSTLERTIPP

Wenn du ein Moodboard als Inspiration verwendest, teile den Bildschirm, damit du nicht immer zwischen den Ansichten hin- und herschalten musst. Wische bei geöffnetem Procreate von der Mitte der unteren Bildschirmkante nach oben, bis das Dock mit den kürzlich geöffneten Apps auftaucht. Befindet sich dein Moodboard in Pinterest, tippst du auf die Pinterest-App und ziehst an die rechte oder linke Kante deines Bildschirms. So kannst du dir ganz leicht deine Referenzbilder anschauen, während du in Procreate arbeitest, und einfach und methodisch deine Entwürfe untersuchen.

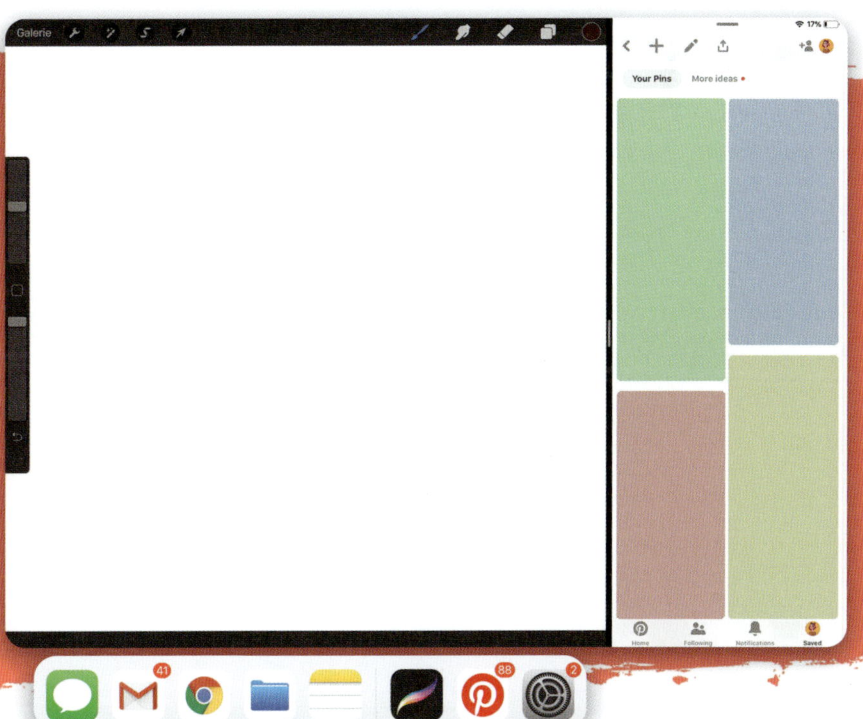

06

Um andere Möglichkeiten auszuprobieren, dupliziere Farbe 1. Nenne die neue Ebene Farbe 2 und schiebe sie über Farbe 1. Wiederhole das fünfmal, um sechs verschiedene Testgruppen zu erhalten. Wenn du damit fertig bist, tippst du auf eine Farbgruppe, um sie zu öffnen und die unterschiedlichen Ebenen neu und anders einzufärben. Mit einer Alphasperre bleibst du direkt in den jeweiligen Formen und malst nicht über die Ränder hinaus. Alternativ kannst du die Farben ändern, indem du mit den Farbton-, Sättigung- und Helligkeit-Reglern experimentierst.

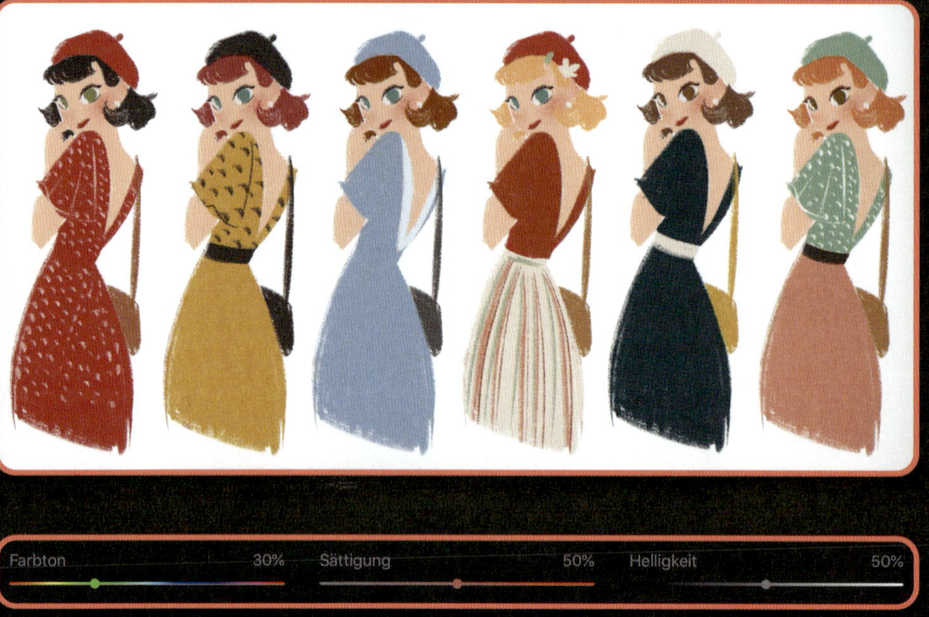

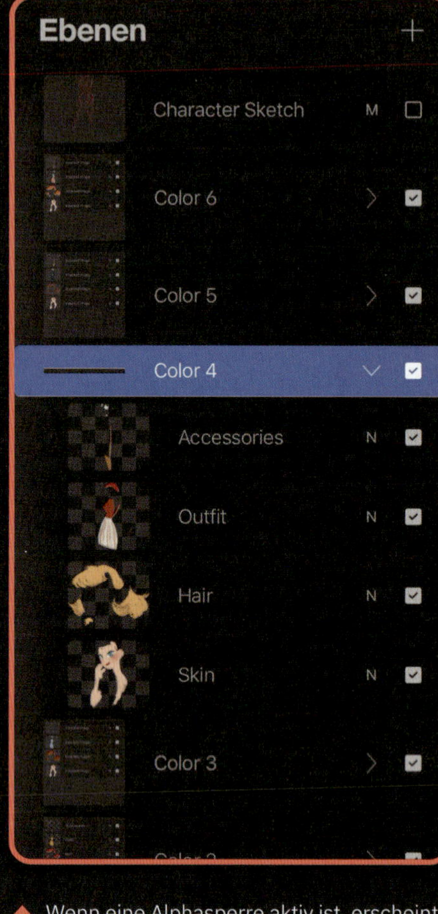

Wenn eine Alphasperre aktiv ist, erscheint ein Feld mit einem Schachbrettmuster hinter der Ebenenvorschau.

07

Entscheide dich für eine deiner Farbfassungen, dupliziere deren Ebenengruppe und reduziere sie auf eine Ebene. Damit hast du eine Ebene, auf der alle Elemente enthalten sind. Du hast jetzt eine Vorstellung von der Figur und kannst diese nun in eine einfache Umgebung setzen. Nutze dieselbe Datei, um mit der Szenerie zu experimentieren. Gruppiere alle Ebenen, die mit der Figur zu tun haben, in einer Gruppe, die du zum Beispiel Figur nennst, und maskiere diese, um Platz für die Entwicklung des Hintergrunds zu schaffen.

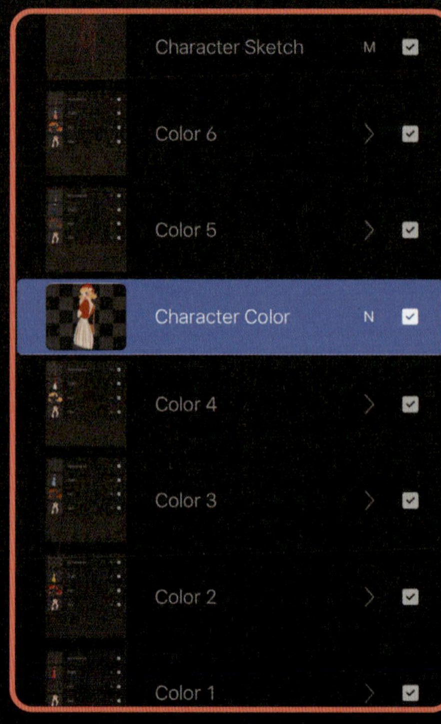

Die Figur-Ebenengruppe sollte alle Farbskizzen enthalten.

08

Probiere die Ideen für den Hintergrund auf die gleiche Weise aus wie bei der Figur. Beginne mit einer groben Komposition, die dir eine Vorstellung davon vermittelt, wie groß die Figur in der Szene wirken wird. Zeichne die Linien mit einer leichten Perspektive, das macht das Ganze dynamischer. Schau dir zur Unterstützung Fotos von Menschen an, die eine Straße hinuntergehen. Zeichne die gleiche Skizze auf einer neuen Ebene noch einmal und entwickle sie weiter. Dupliziere dann die Ebene und verringere ihre Deckkraft auf 30%. Lege darauf eine neue Ebene an und zeichne eine detailliertere Version des Hintergrunds über der vorherigen Skizze.

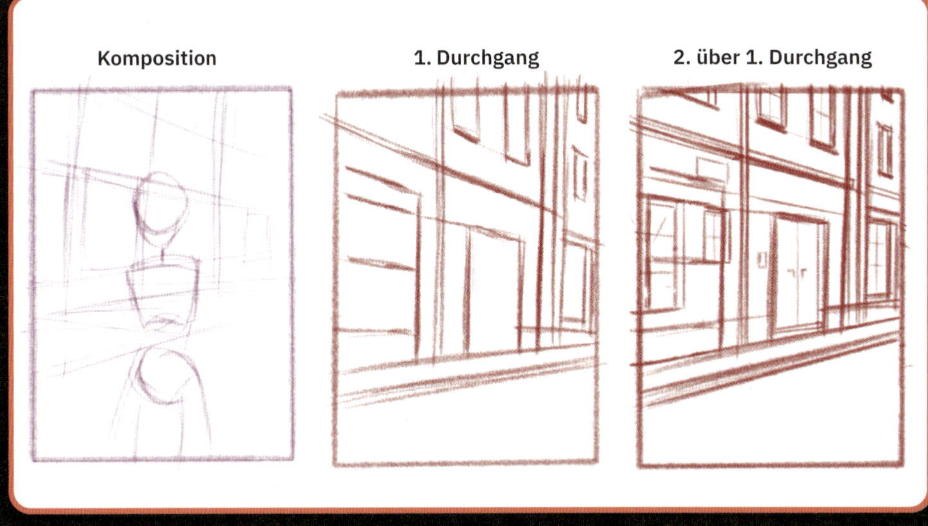

▲ Skizzenhafte Studien für den Hintergrund

09

Greife bei der Auswahl der Farben für den Hintergrund auf Bilder zurück, deren Lichtstimmung dir gefällt. Setze wie bei deiner Figur die Skizzenebene auf den Überblendmodus Multiplizieren und wende die Farben auf eine darunterliegende Ebene an. Wenn du fertig bist, setze die reduzierte Farbrohfassung deiner Figur über die Hintergrundrohfassung. Pass die Größe mit dem Transformationswerkzeug entsprechend an. Dadurch erhältst du eine erste Vorstellung davon, wie die gewählten Farben zusammen funktionieren und ob du irgendwelche Anpassungen vornehmen musst. Füge als Nächstes Ebenen hinzu, um die Bereiche zu kennzeichnen, an denen Lichter und Schatten auftreten sollen. Zeichne den Lichteinfall mit einer hellgelben Farbe, die Schatten dagegen mit einem warmen Violett. Setze diese Ebene auf Multiplizieren und reduziere die Deckkraft. Wenn du fertig bist, führst du die farbigen Figuren- und Hintergrundebenen zusammen.

▼ Farbrohfassungen von Hintergrund und Figur mit einem schnellen Test von Licht und Schatten

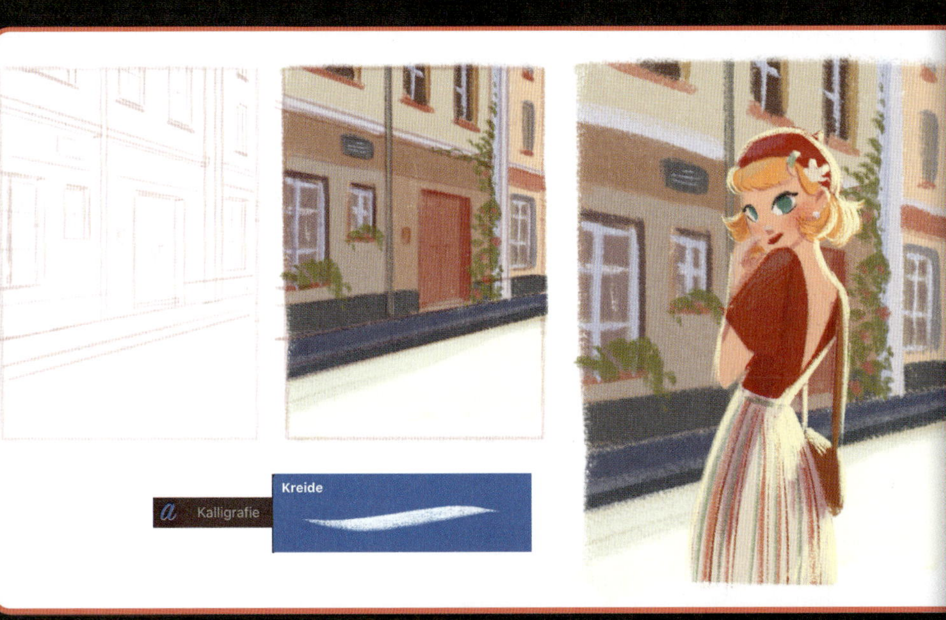

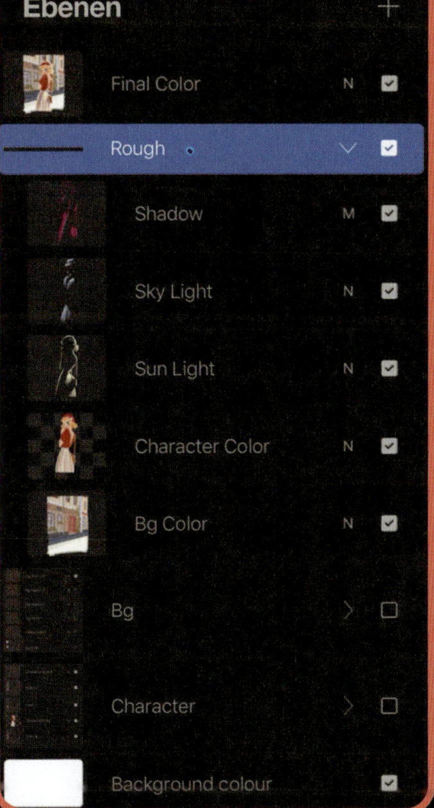

10

Um mit der endgültigen Version zu beginnen, legst du eine neue A4-Leinwand an. Kopiere die Ebenen deiner letzten Farben und Skizzen und füge sie in die neue Datei ein. Wähle dazu die Ebenen aus, die du kopieren willst (Hintergrundskizze, Figurenskizze und Farbrohfassung), und drücke mit dem Stift auf eine der Ebenen. Die Ebenen springen hoch und folgen deinem Stift. Während du sie hältst, tippst du mit der anderen Hand auf die Galerie und dann auf die neue Datei. Gib den Stift auf der neuen Datei frei. Die Ebenen werden automatisch importiert.

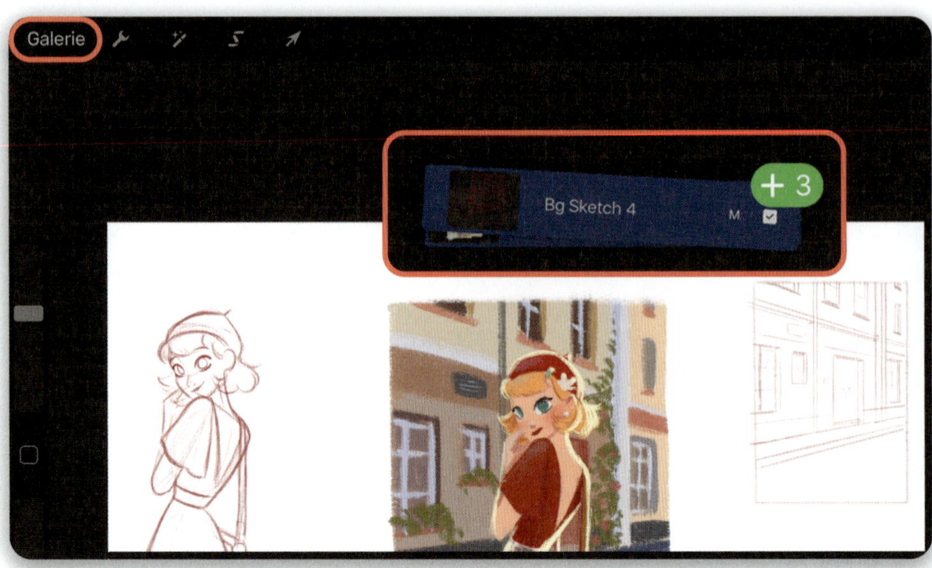

Die ausgewählten Ebenen erscheinen beim Exportieren in eine andere Datei als Gruppe.

11

Benutze Transformieren, um deine Skizzen auf der Leinwand anzuordnen. Positioniere die Hintergrund- und Figurenskizzen und pass gegebenenfalls die Größen an, sodass die Augen der Figur im oberen Drittel der Komposition landen. Verringere die Größe deiner Farbrohfassung und setze sie als Thumbnail in eine Ecke des Bildschirms, damit du sie als Vergleich hinzuziehen kannst. So hast du die Farbpalette immer zur Hand und kannst mit der Pipette die gewünschten Farben wählen.

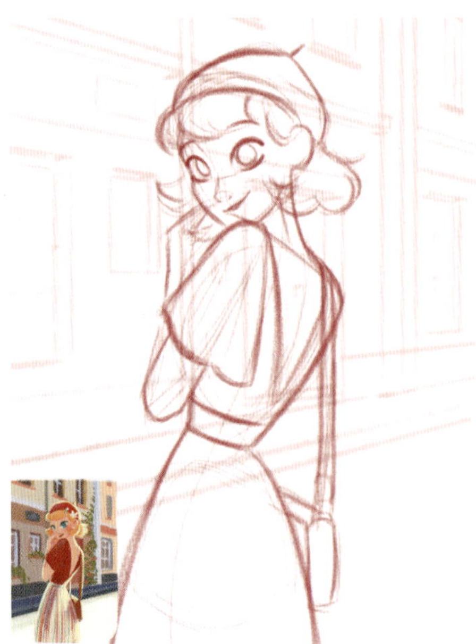

Die in der Größe angepassten Hintergrund- und Figurenskizzen mit der Farbrohfassung als Thumbnail

12

Nun kannst du deine Skizze ins Reine zeichnen. Blende den Hintergrund aus und verringere die Deckkraft der Figurenskizze auf 35 %. Lege über der Figurenskizze eine neue Ebene an, aktiviere den Zerlaufene-Tusche-Pinsel und zeichne über deine Skizze. Wiederhole diesen Schritt so oft wie nötig, um deine Skizze zu verfeinern. Wenn du zufrieden bist, blende die Ebene mit der Figurenskizze aus oder lösche sie. Setze die Ebene mit der Reinzeichnung auf Multiplizieren, und dann kannst du mit dem Malen beginnen.

Setze die Ebene mit der Reinzeichnung über der Figurenskizze auf Multiplizieren.

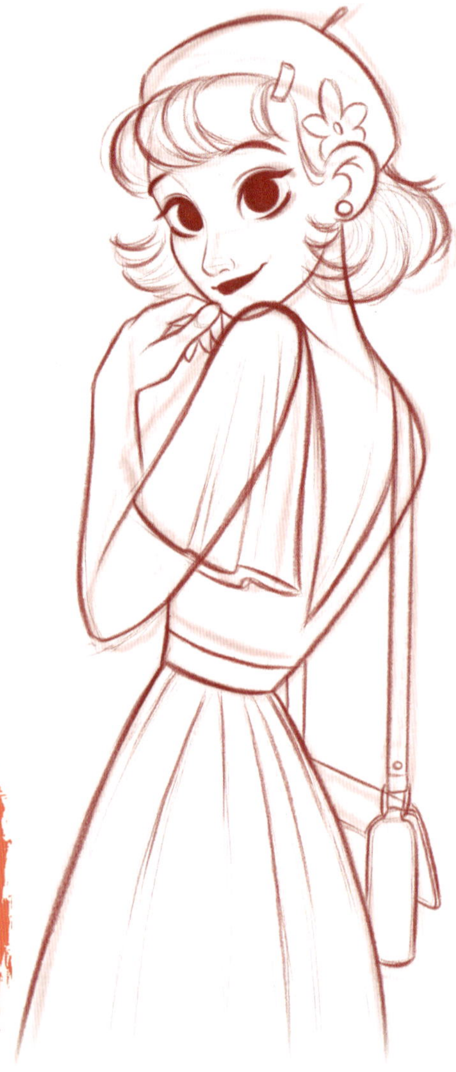

KÜNSTLERTIPP

Du kannst den Radierer mit der gleichen Textur benutzen wie deinen Pinsel. Tippe und halte den Radierer gedrückt, bis er leicht hüpft und sich blau verfärbt. Dadurch weißt du, dass er aktiv ist und die gleiche Textur hat wie der Pinsel, mit dem du gearbeitet hast.

13

Blende die Ebene mit der Figurenskizze aus und verringere die Deckkraft der Reinzeichnungsebene auf 20%. Lege unter der Reinzeichnungsebene eine neue Ebene mit dem Namen Körper an. Färbe den vorgegebenen Leinwandhintergrund grau, indem du die Hintergrundebene antippst und ein Grau aus dem Farbwähler auswählst. Das betont deine Farben und hilft dir, sie deutlicher zu erkennen. Wenn du Rot für deine Skizze und die Linien verwendest, wirkt das Bild wärmer, wenn Farben darunter aufgebracht werden. Das gilt vor allem für die Hautfarben. Vermeide die Verwendung von Schwarz, da es schnell schlammig wirkt und das ganze Bild verunreinigt.

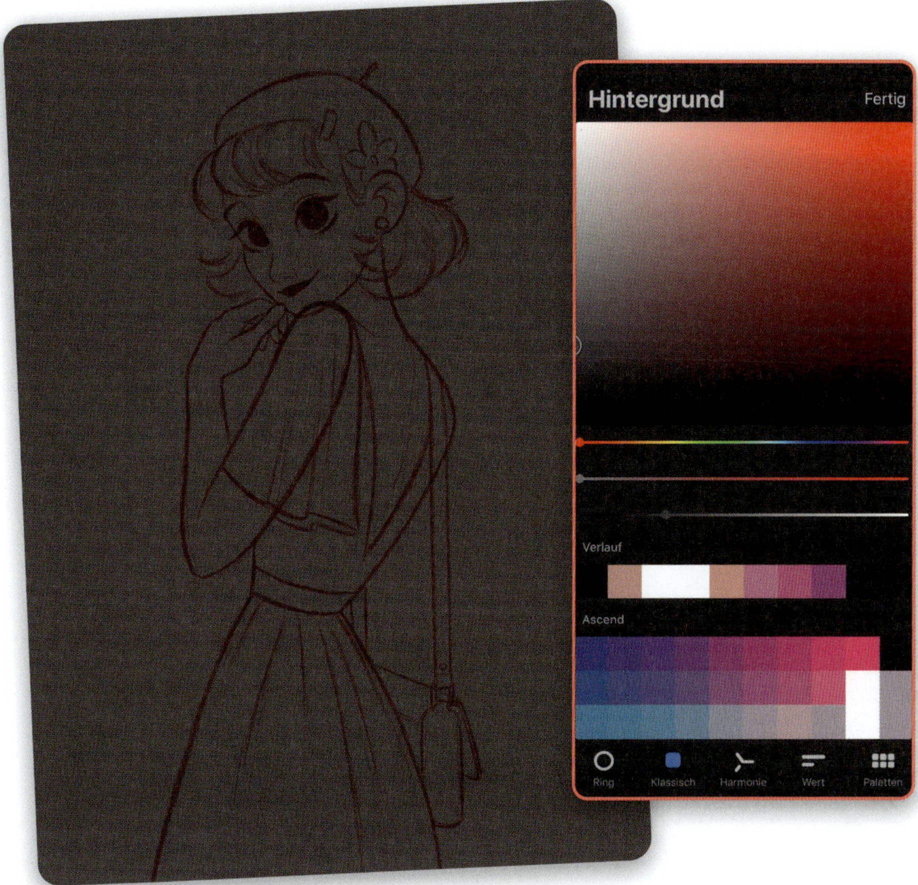

Die Reinzeichnungsebene auf einem grauen Hintergrund

14

Wähle mit der Pipette die Hautfarbe aus dem Thumbnail mit der Farbrohfassung. Das Farbfeld in der oberen rechten Ecke wechselt automatisch auf die ausgewählte Farbe. Zeichne den Umriss der ganzen Figur mit dem Zerlaufene-Tusche-Pinsel in der Hautfarbe. Achte darauf, dass der Umriss geschlossen ist, da die Farbe ansonsten beim Füllen der Form auf die ganze Leinwand »läuft«. Ziehe zum Füllen der Form das Farbfeld in den Umriss hinein und lass ihn dort fallen. Falls eine dünne weiße Linie in der Nähe des Umrisses verbleibt, ziehe einfach noch einmal darüber.

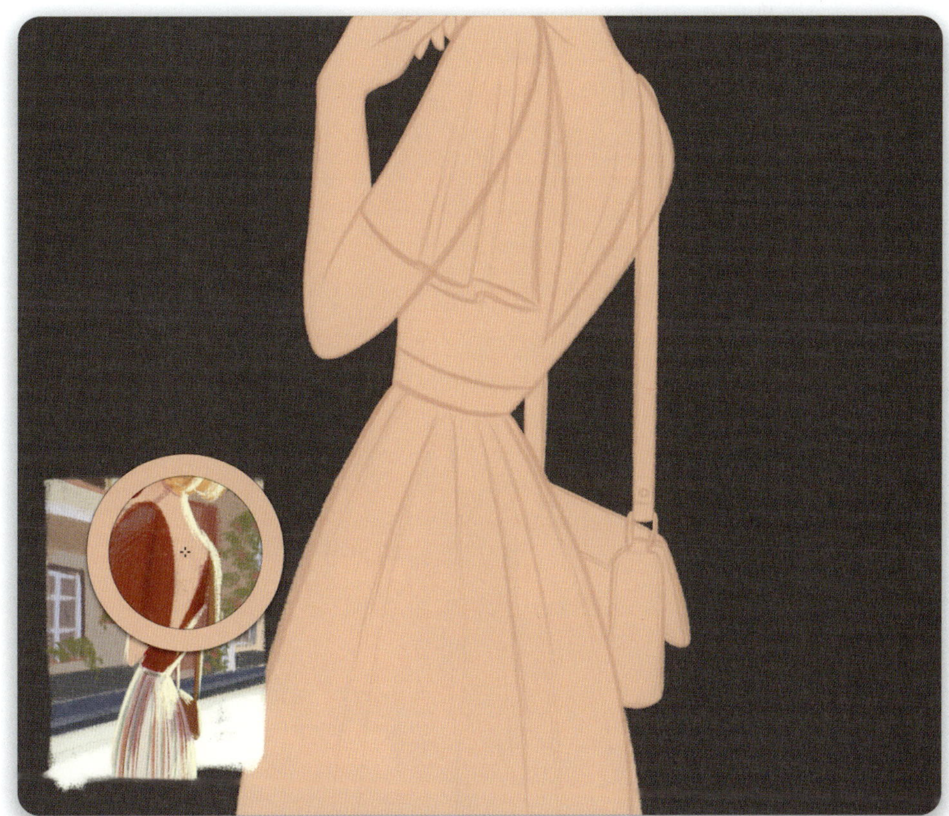

Nimm mit der Pipette eine Farbe aus der Farbrohfassung auf.

Lege eine neue Ebene an, um die einzelnen Elemente farbig zu gestalten. Wenn du Clipping-Masken benutzt, sparst du Zeit, weil du nicht für jedes Objekt den exakten Umriss nachziehen musst. Tippe auf die gewünschte Ebene (zum Beispiel die Bluse) und wähle dann Clipping-Maske. Die Ebene wird automatisch an die darunterliegende Ebene geheftet, die als Schablone dient. Du kannst nun die Bluse ausmalen, ohne dich darum sorgen zu müssen, dass du außerhalb der Form landest. Nimm mit der Pipette die rote Farbe auf, ziehe grob den Umriss der Bluse nach (die wegen der Schablone unsichtbar ist), aber sei an der Taille exakt. Sobald die Form geschlossen ist, ziehst du das Farbfeld hinein und lässt es dort fallen.

Umbenennen
Auswählen
Kopieren
Ebene füllen
Löschen
Alphasperre
Maskieren
Zeichenassistent
Umkehren
Referenz

Texture N
Hair N
Hat N
Sleeve N
Blouse N
Texture M
Pattern N
Skirt N

Alle Ebenen mit einem kleinen nach unten gerichteten Pfeil auf der linken Seite sind an die Körperebene geheftet.

16

Wiederhole den Vorgang für den Rock, die Haare, den Hut, die Accessoires, das Erröten und so weiter. Wähle ein lebhaftes Rot für das Rouge und trage es mit **Sprühen > Spritzer** bei einer Größe zwischen 3 % und 5 % auf. Das Gesicht deiner Figur wirkt dadurch wärmer und die Haut erhält eine schöne Textur. Setze die Ebene mit dem Rouge auf Multiplizieren. Damit der Ärmel transparent aussieht, verringere die Deckkraft seiner Ebene auf 75 %. Nutze den Pinsel **Künstlerisch > Nasses Acryl** für die Schattierungen im Haar. Verringere die Größe des Pinsels auf 10 %, lege eine neue Ebene an und male mit einem sehr hellen Gelb, um es aussehen zu lassen, als hätte sie Strähnchen im Haar.

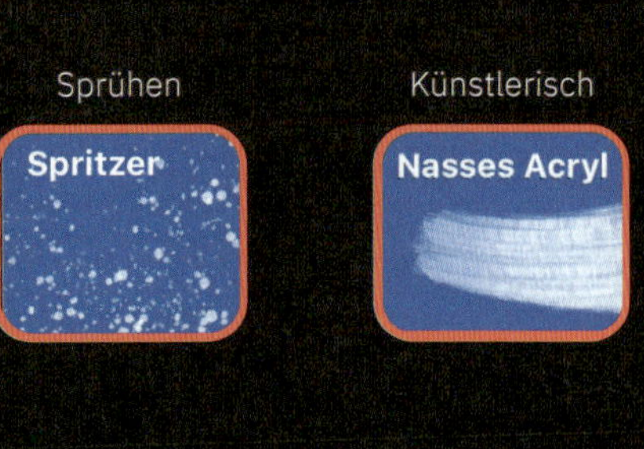

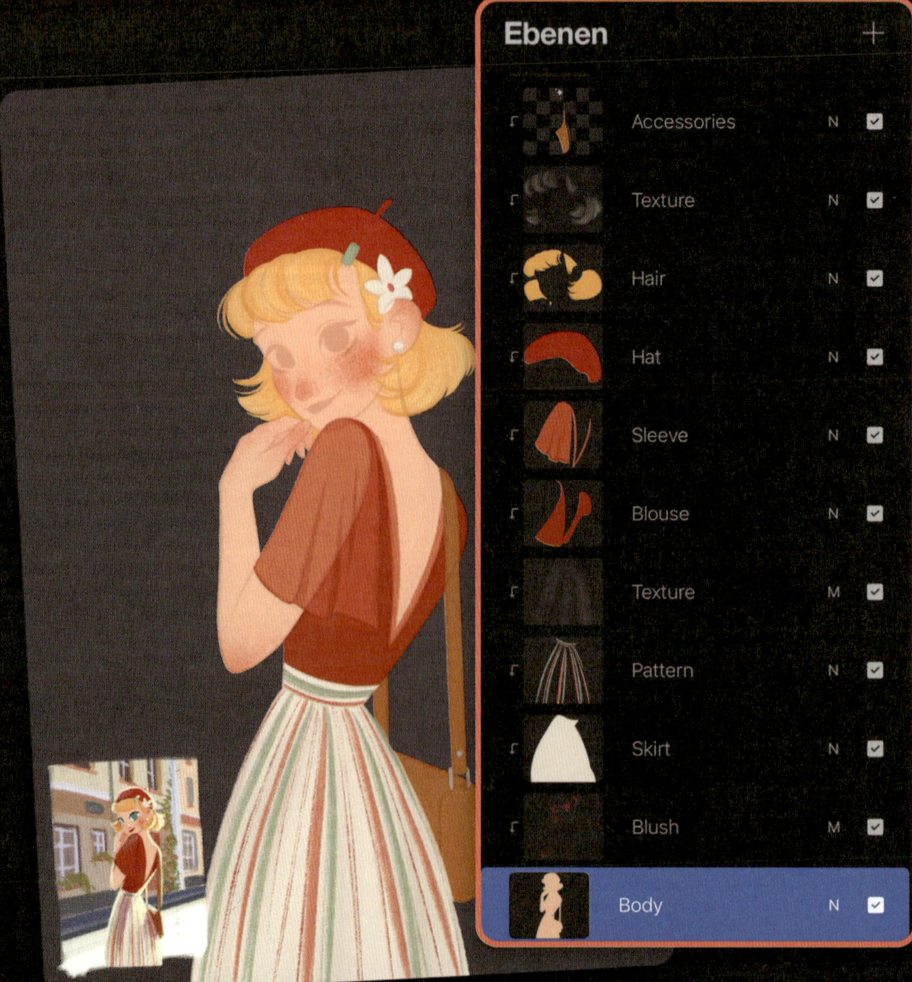

Die Farbebenen enthalten alle Farben der Figur.

17

Erzeuge zum Malen des Gesichts eine eigene Ebene. Lege eine Ebene für das Weiß der Augen an, füge darüber eine Ebene für die Iris hinzu und hefte diese an das Augenweiß. So kannst du die Iris notfalls anders positionieren. Darüber kommen Ebenen für die Wimpern, die Augenbrauen und den Mund. Fass die Ebenen für das Gesicht in einer Gruppe zusammen und nenne diese Gesicht. Nimm schließlich einen Pinkton und ziehe über der Gruppe mit den Figurenebenen die Linien noch einmal nach, um die unterschiedlichen Elemente besser zu definieren und sicherzustellen, dass sie nicht verschwinden, wenn du die Reinzeichnungsebene ausblendest und auf Multiplizieren setzt.

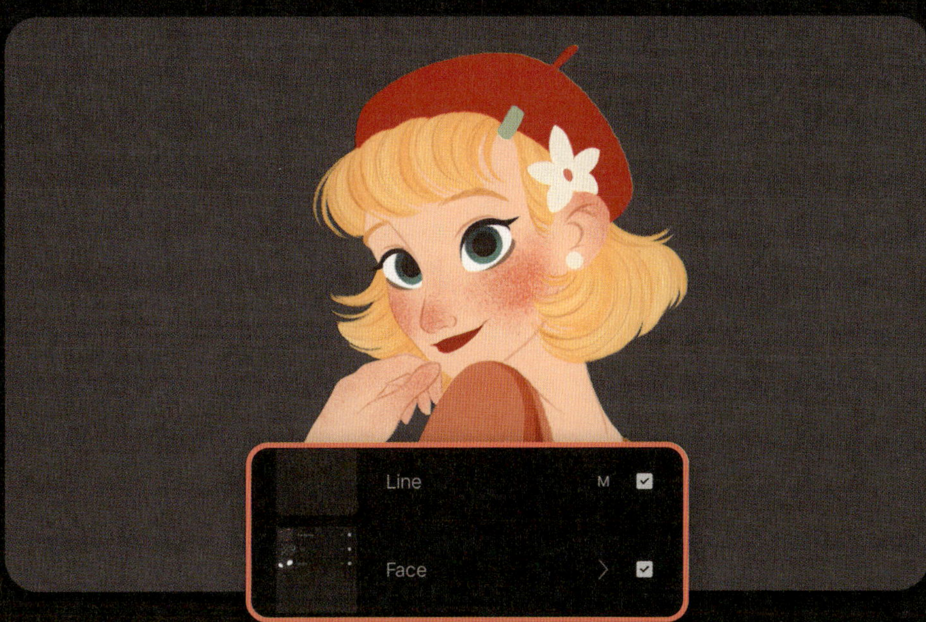

Linien definieren den Hals, die Augenlider, die Nase, die Finger, das Innere des Ohres und die Ränder der Tasche.

18

Wenn die Figur fertig ist, gehst du noch einmal genauso vor, um den Hintergrund zu malen. Zuerst gruppierst du alle Figurenelemente, dann blendest du die Figurengruppe aus. Als Nächstes legst du unter der Figurengruppe eine neue Ebene an, nimmst mit der Pipette Farben aus der Farbrohfassung auf und beginnst zu malen. Hier bietet sich der Kreide-Pinsel an. Du kannst zwar den gesamten Hintergrund auf dieselbe Ebene malen, aber wenn du die Elemente auf unterschiedliche Ebenen separierst, hast du später mehr Freiheiten beim Bearbeiten. Mach dir nicht allzu viele Sorgen um die Exaktheit – der Hintergrund wird später weichgezeichnet und außerhalb des Fokus sein.

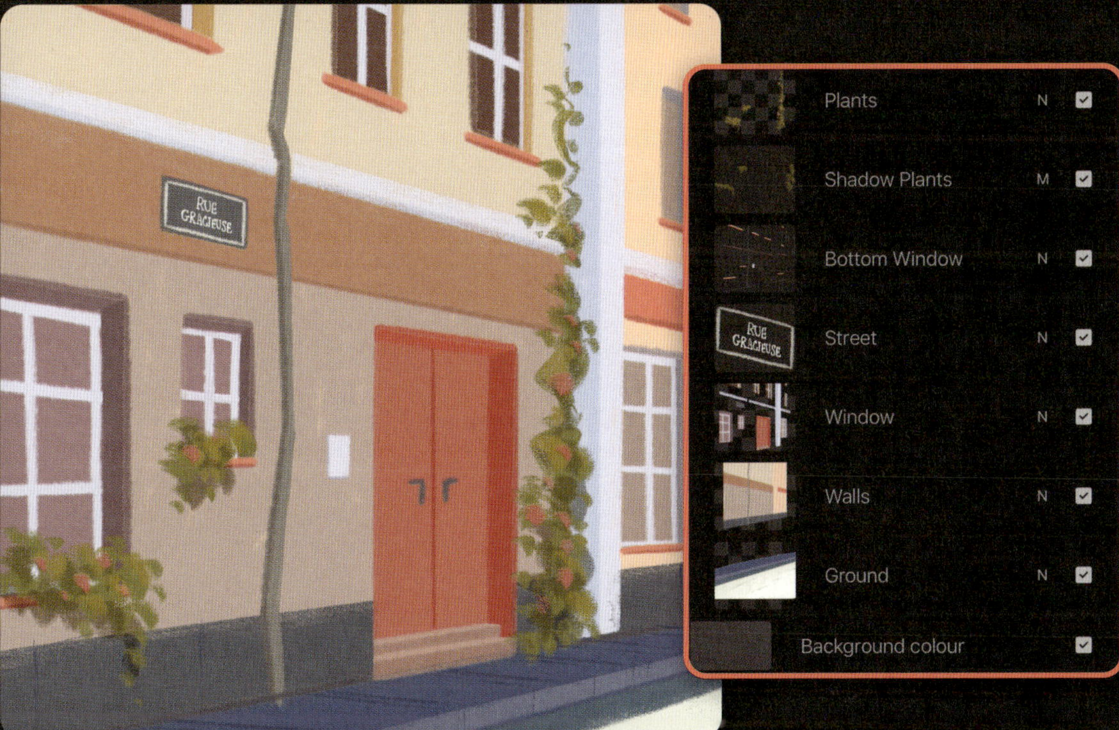

Verwende unterschiedliche Ebenen, um die Straße zu malen.

19

Um den Eindruck zu erwecken, dass der Hintergrund außerhalb des Fokus liegt, duplizierst du die Hintergrundebene (falls du mehrere Hintergrundebenen hast, legst eine Gruppe an, duplizierst diese und reduzierst sie) und wendest dann **Anpassungen > Gauss'sche Unschärfe** an. Setze die Stärke der Unschärfe auf 17 %, um eine geringere Tiefenschärfe zu erzielen.

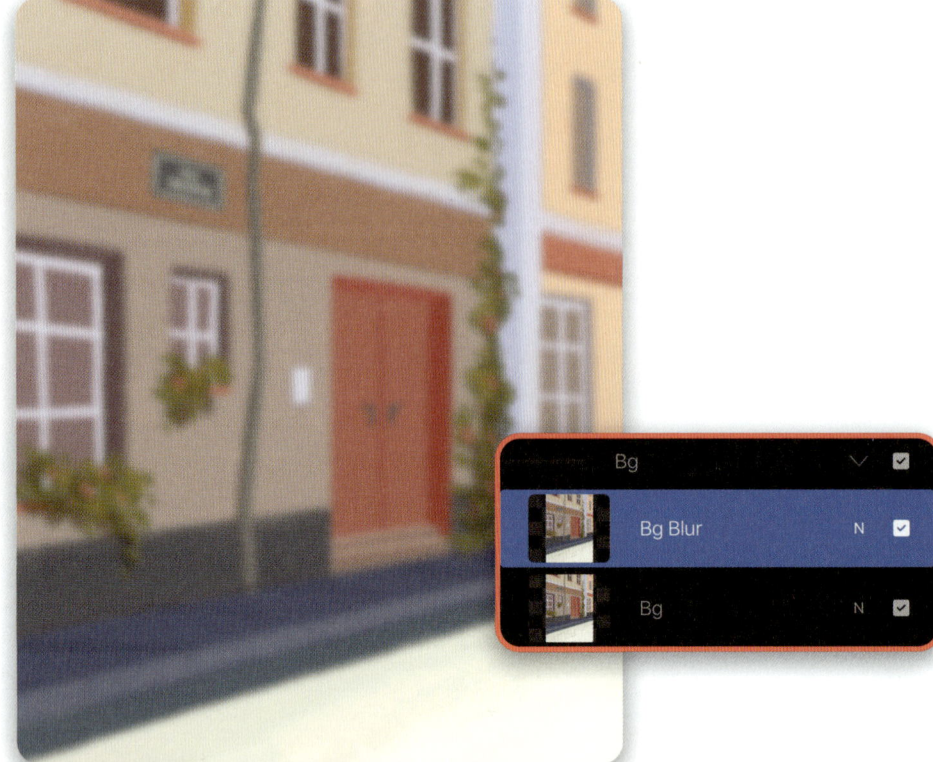

Steuere die Stärke der Gauß'schen Unschärfe, indem du den Regler von links nach rechts schiebst.

20

Zum Beleuchten der Szene blendest du die Figurengruppe wieder ein und legst über dieser eine neue Ebene an. Setze sie auf Multiplizieren und nimm eine warme Farbe, um Schatten hineinzumalen. Benutze niemals Schwarz, dieses lässt deine Farben schlammig wirken. Wähle **Verwischen > Zerlaufene Tusche**, stelle die Pinselgröße auf 80 bis 100 % und die Deckkraft auf 10 bis 20 %. Wische damit über die Umrisse der Schatten, um sie weicher zu machen.

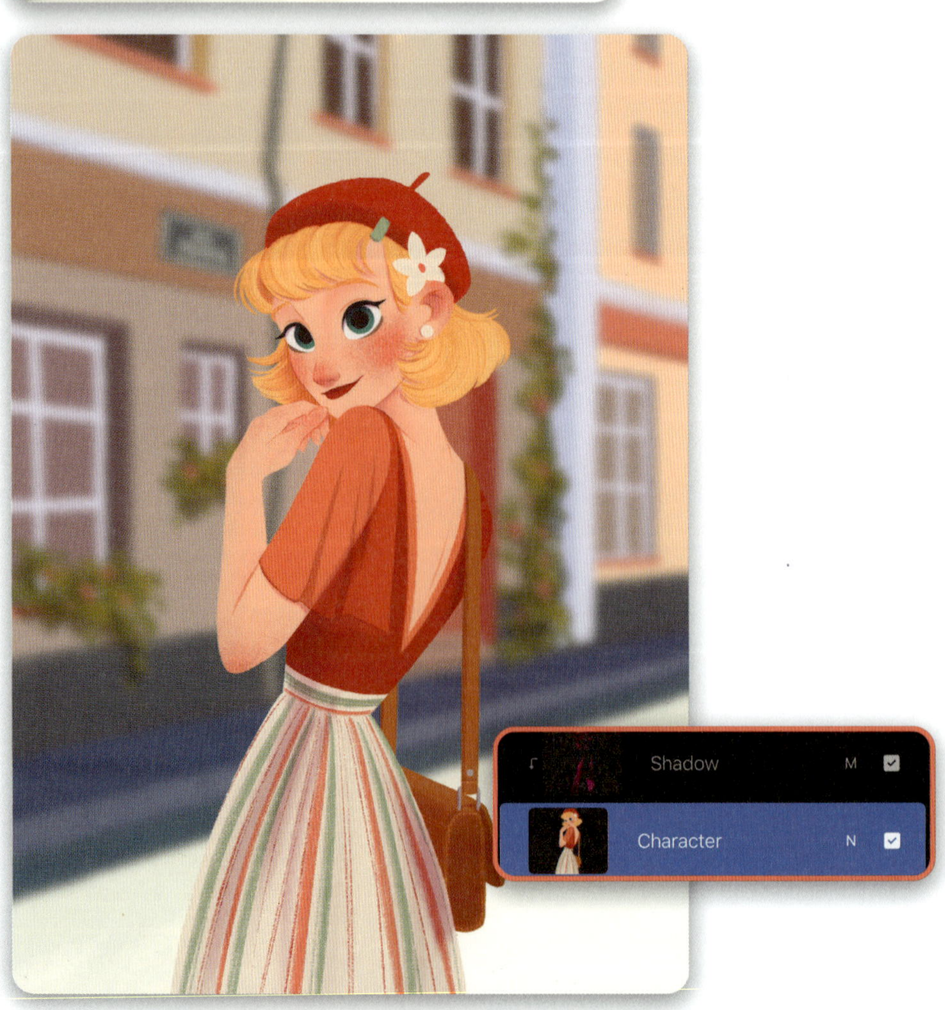

Die Figur vor einem weichgezeichneten Hintergrund

21

Um Sonnenlicht hinzuzufügen, legst du eine neue Ebene an und malst mit Hellgelb an den Stellen, an denen die Sonne auf die Figur trifft. Setze den Überblendmodus auf Ineinanderkopieren, um den Kontrast zu verstärken und die Farben zu sättigen. Lege für die Glanzlichter eine neue Ebene über der aktuellen an und betone einige Bereiche mit derselben hellgelben Farbe. Anschließend ergänze das blaue Licht des Himmels. Es ist sehr weich, lässt die Lichtkomposition jedoch natürlicher wirken. Tupfe ein bisschen Hellblau auf den Hut, die Nase und die Hand der Figur. Dazu setzt du den Überblendmodus auf Negativ multiplizieren und verringerst die Deckkraft auf 55 %.

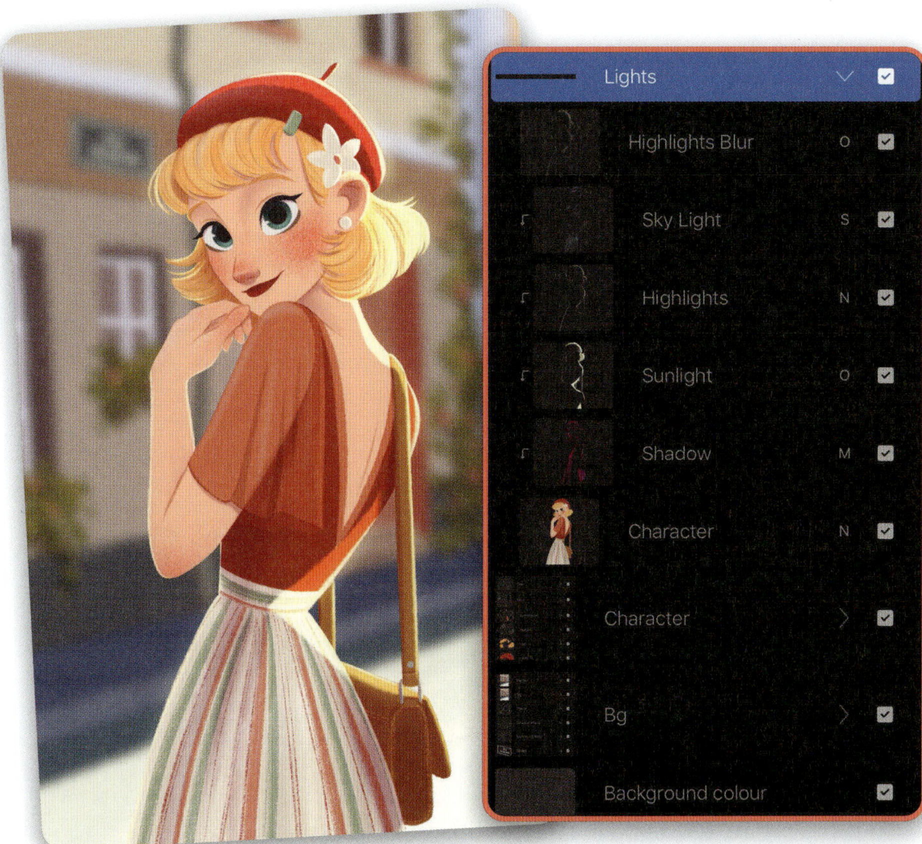

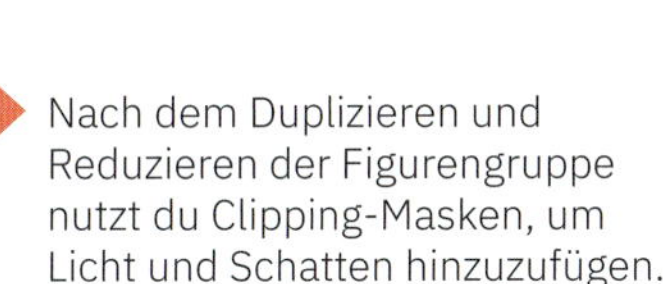

Nach dem Duplizieren und Reduzieren der Figurengruppe nutzt du Clipping-Masken, um Licht und Schatten hinzuzufügen.

22

Um ein bisschen Atmosphäre zu schaffen, duplizierst du die Ebene mit den Glanzlichtern und setzt sie auf Ineinanderkopieren. Wende eine Gauß'sche Unschärfe von 20 % an, um ein weiches Leuchten über die Figur zu legen. In diesem Stadium kannst du noch ein paar Details hinzufügen. Erzeuge auf einer neuen Ebene mit Weiß eine Reflexion in den Augen. Setze den Überblendmodus dieser Ebene auf Hinzufügen und die Deckkraft auf 13 %. Male mit diesem Weiß außerdem feine Haare und kleine Staubpartikel, indem du ungleichmäßige Punkte erzeugst. Dupliziere die Staubebene und mache sie etwas unschärfer. Die Partikel bekommen dadurch einen schönen Leuchteffekt.

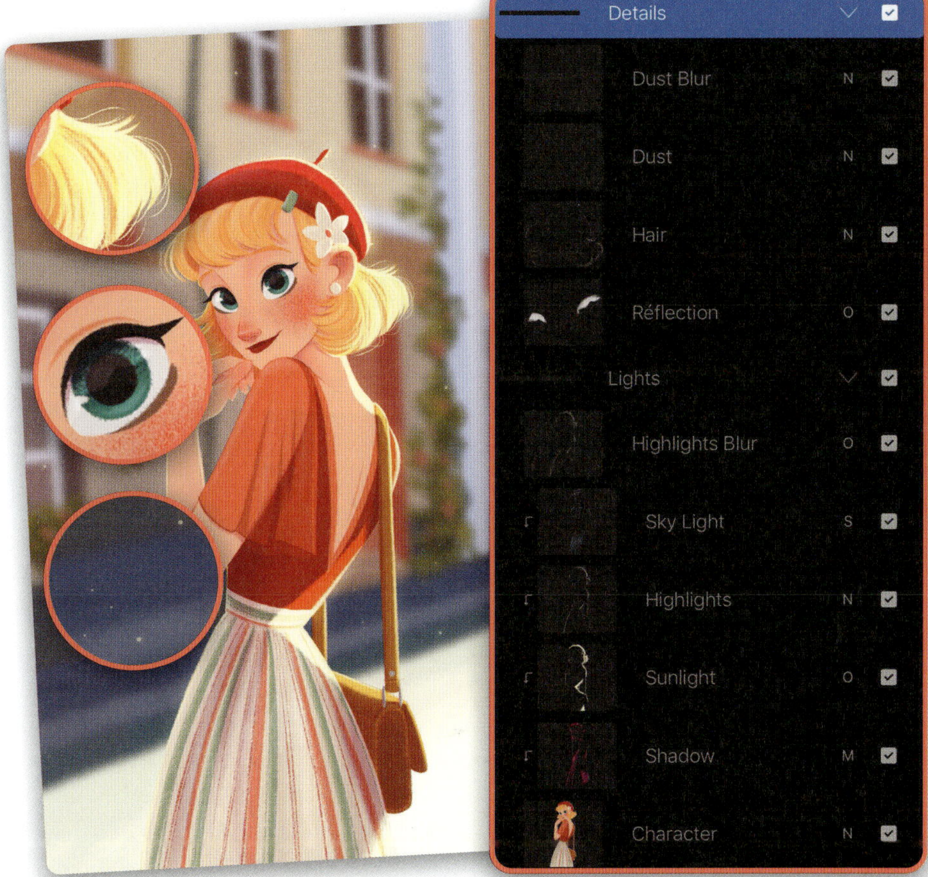

Nahaufnahmen der feinen Details

23

Nimm schließlich einige Farbanpassungen vor, um die Atmosphäre wärmer zu gestalten. Damit die Anpassungen auch wirklich das gesamte Bild beeinflussen, muss dieses zu einer Ebene reduziert werden, die über allem anderen liegt. Rufe dazu das Kopieren-Einfügen-Menü auf und wähle **Alles kopieren > Einfügen**. (Falls der Einfügen-Button inaktiv bleibt, wiederholst du einfach den Vorgang, der Button sollte nun verfügbar werden.) Jetzt ist das gesamte Bild in einer Ebene zusammengefasst und du kannst die Kurven bearbeiten. Ziehe den mittleren Punkt in Gamma ein wenig nach unten, um den Kontrast zu verstärken, und erhöhe dann das Rot, um das gesamte Bild wärmer zu machen.

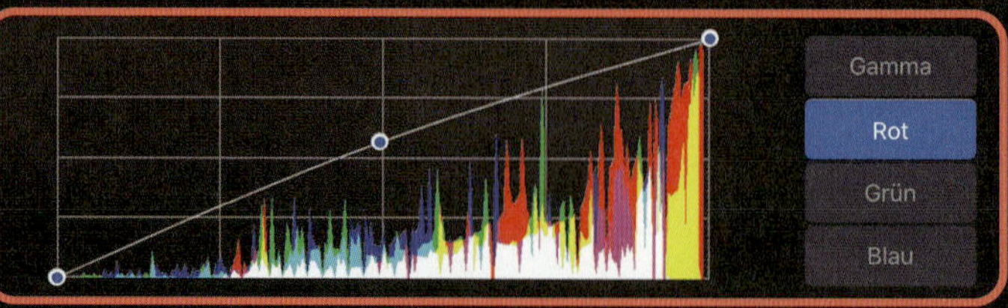

▲ Gamma beeinflusst alle Farben im Bild.

24

Für die letzten Effekte duplizierst du die fertige Bildebene. Nutze **Anpassungen > Perpektivische Unschärfe**, um einen leichten Bewegungseindruck zu erzeugen. Setze den Cursor in die Mitte des Gesichts deiner Figur und stelle die Stärke der Unschärfe auf 5 %. Das ist fast unsichtbar, gibt den Augen aber dennoch eine gewisse Dynamik. Füge **Anpassungen > Rauschen** mit 13 % hinzu. Falls du einen Farbsaum hinzufügen möchtest, also einen Effekt wie bei alten VHS-Videos schaffen willst, setze den Überblendmodus auf Farbe und verschiebe das Bild um einige Millimeter. Male schließlich mit **Airbrush > Weicher Pinsel** einen weichen orangefarbenen Schein auf eine neue Ebene, die du auf den Überblendmodus Hinzufügen und eine Deckkraft von 30 % gestellt hast. Wenn du dann mit dem Aussehen deines Bildes zufrieden bist, kannst du es exportieren und teilen (siehe Seite 18).

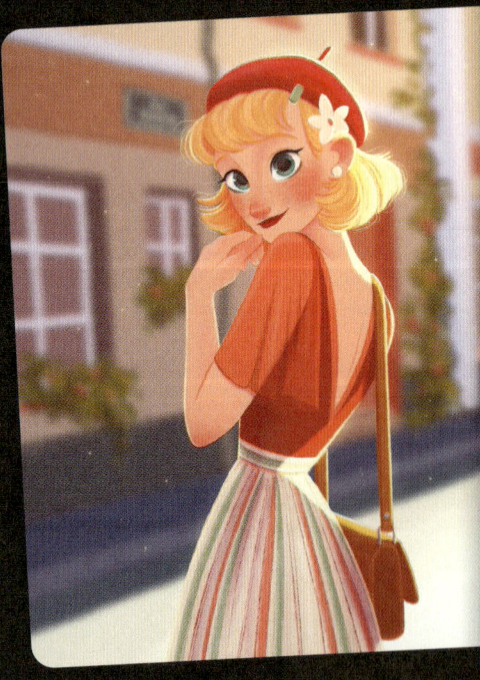

▲ Das fertige Bild

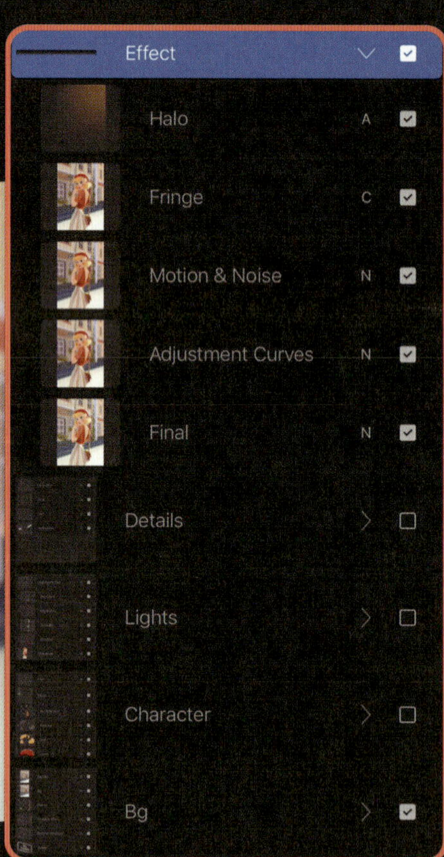

DAS FERTIGE BILD

Wenn du dieses Tutorial durchgearbeitet hast, solltest du in der Lage sein, eine Figur zu entwerfen, diese vor einen Hintergrund zu setzen und eine dazu passende Atmosphäre zu schaffen. Du hast gelernt, wie du eine warme, leuchtende und lebhafte Stimmung erzeugst, die deine Figur unterstützt und den Betrachter ins Bild zieht. Versuche beim nächsten Mal, ganz unterschiedliche Charaktere zu schaffen, die starke Persönlichkeiten oder Emotionen ausstrahlen. Die jeweiligen Hintergründe sollten dazu passen. Denke darüber nach, mit welchen Farben sich Stimmungen wie Angst, Trauer oder Liebe ausdrücken lassen.

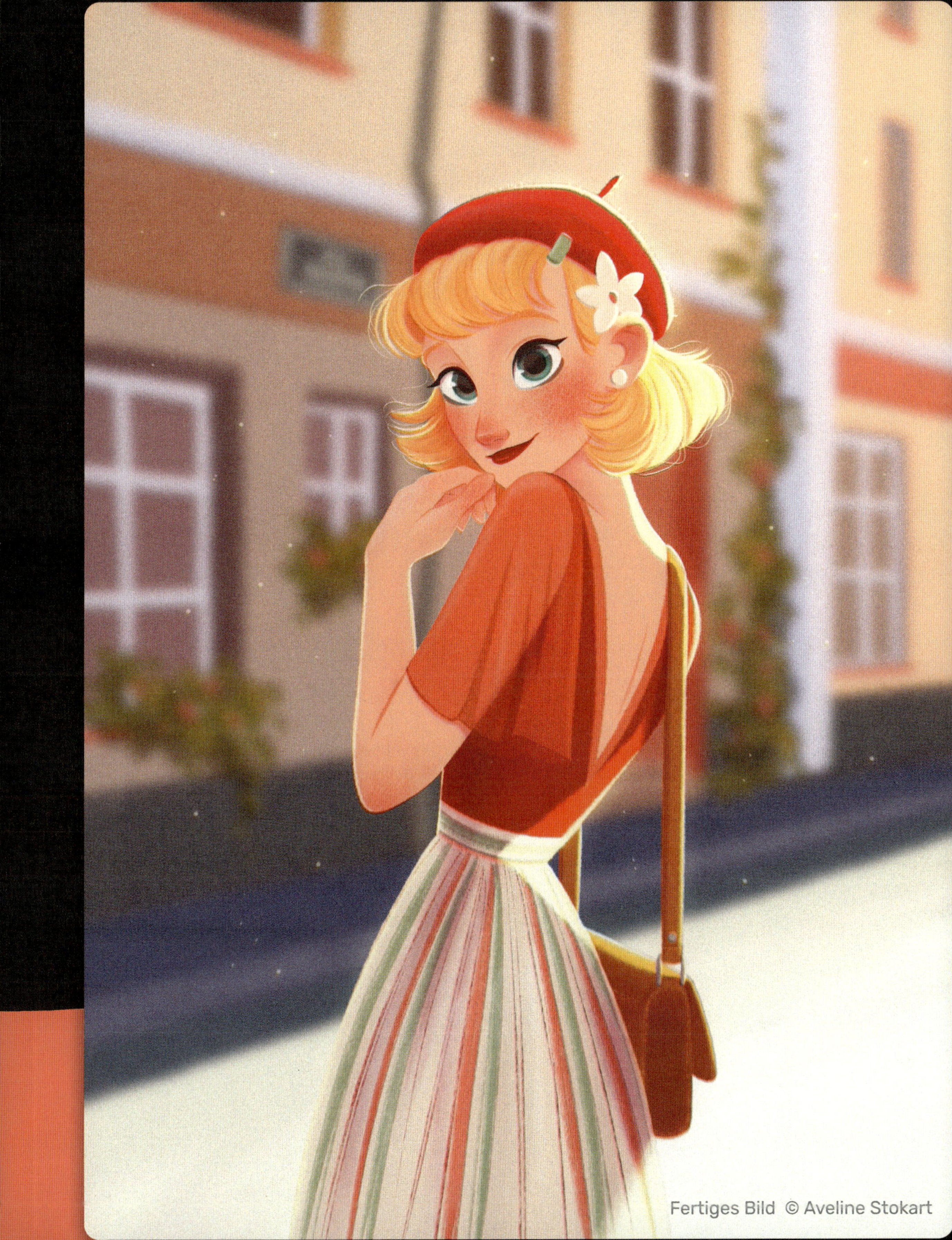

Fertiges Bild © Aveline Stokart

Unten: Herbstmädchen

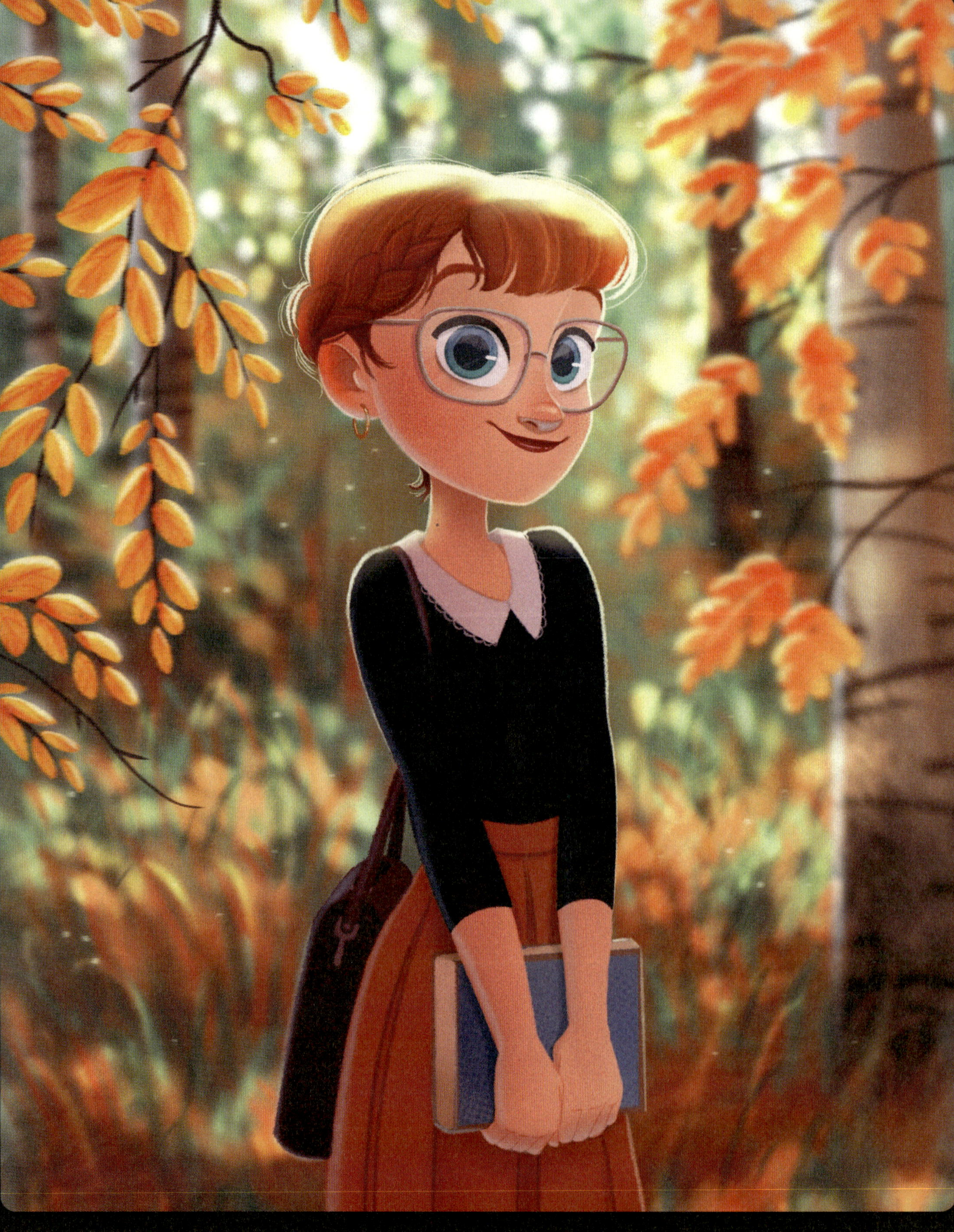

Unten: Regen

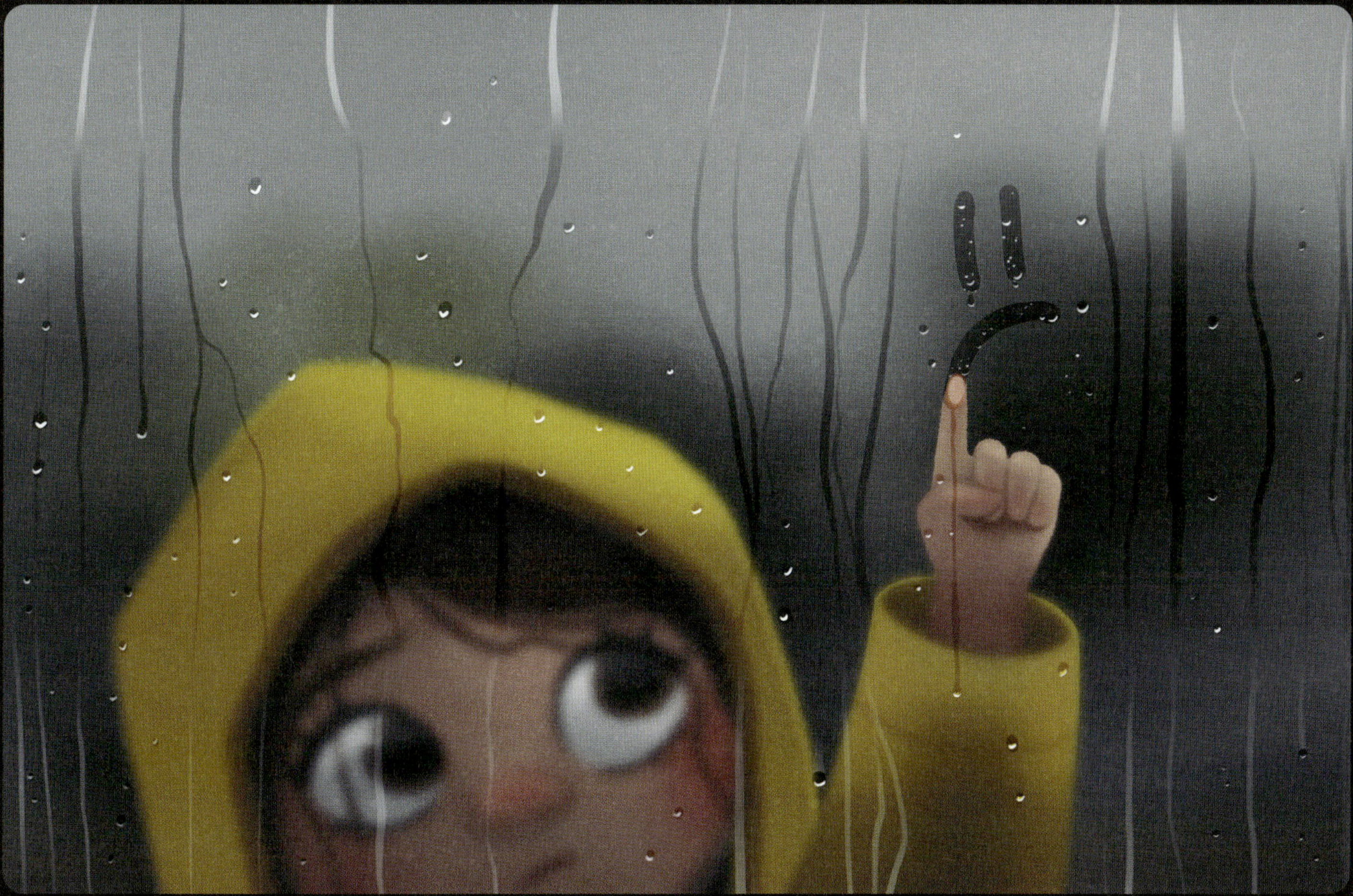

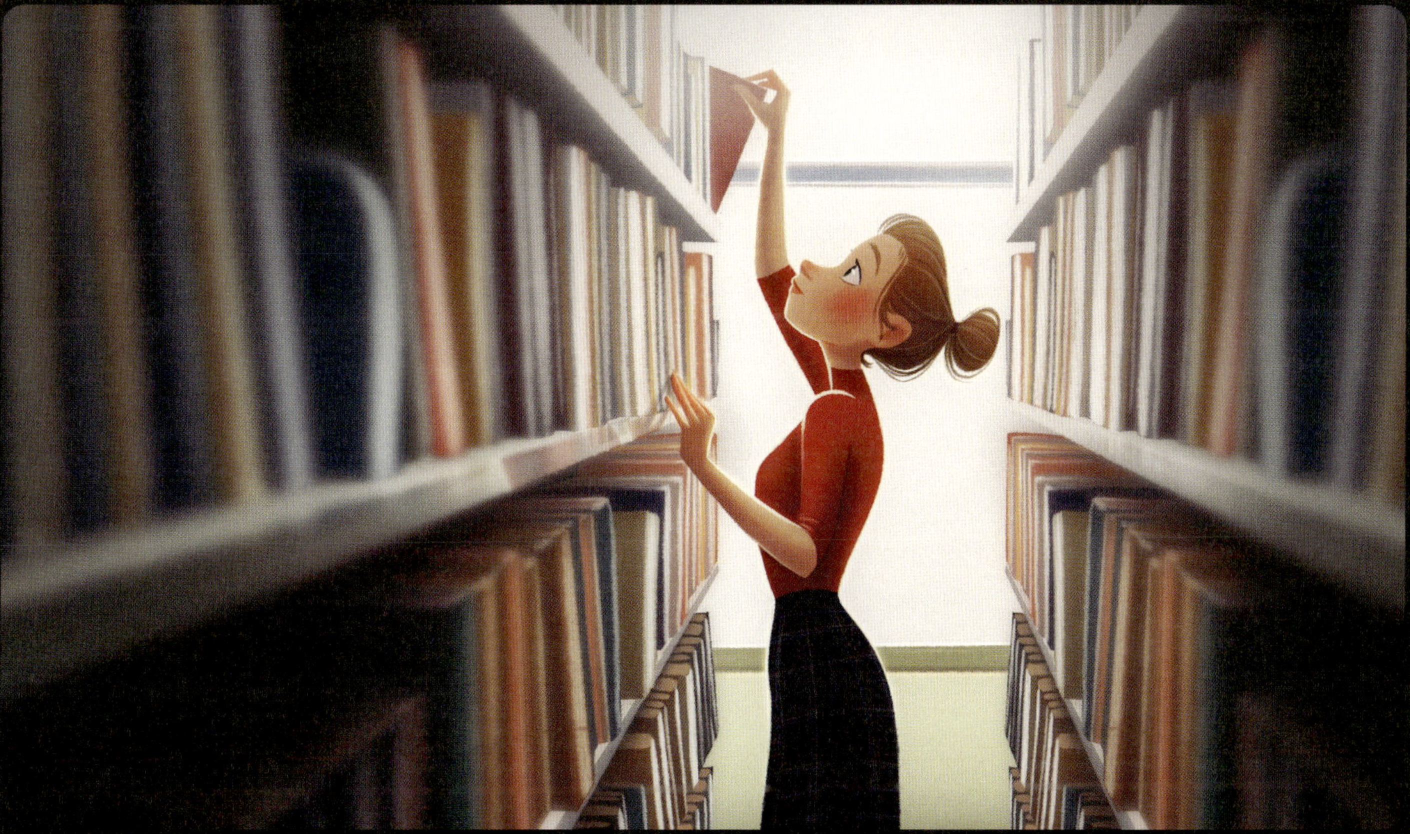

Oben: Bibliotheksmädchen

FANTASY-LANDSCHAFT

Samuel Inkiläinen

In diesem Tutorial lernst du, wie du digital eine Fantasy-Wüstenlandschaft mit steilen Felshängen und einer riesigen friedlich dahinschwebenden Qualle malst. Du wirst von Anfang bis Ende durch den Malprozess geleitet und erfährst, wie du klein beginnen und das Projekt schrittweise immer größer und komplexer werden lassen kannst, sodass du dich nicht bereits beim Start überfordert fühlen musst.

Das Tutorial beginnt mit der Suche nach Referenzbildern und der Erstellung einiger Skizzen, um sich mit der Thematik vertraut zu machen. Anschließend wirst du durch die Thumbnail-Phase geleitet, in der du die Farbe von der Komposition und den Tonwerten getrennt betrachten kannst, um alles so einfach wie möglich zu halten. Nachdem du verschiedene Farbschemata ausprobiert und die Thumbnail-Skizze verfeinert hast, kommst du zum eigentlichen Malen. Du hast in diesem Stadium eine bessere Vorstellung von deinem Ziel sowie eine farbige Skizze, an die du dich halten kannst.

Wir behandeln in diesem Tutorial außerdem, wie du deine eigenen Pinsel erstellst, um auf deine ganz eigene Art malen zu können. Du lernst, Fehler zu beheben und das Bild nach deinen Wünschen anzupassen. Verschiedene Postprocessing-Techniken und Anpassungen werden dein Bild schließlich auf ein noch höheres Niveau bringen.

SEITE 208

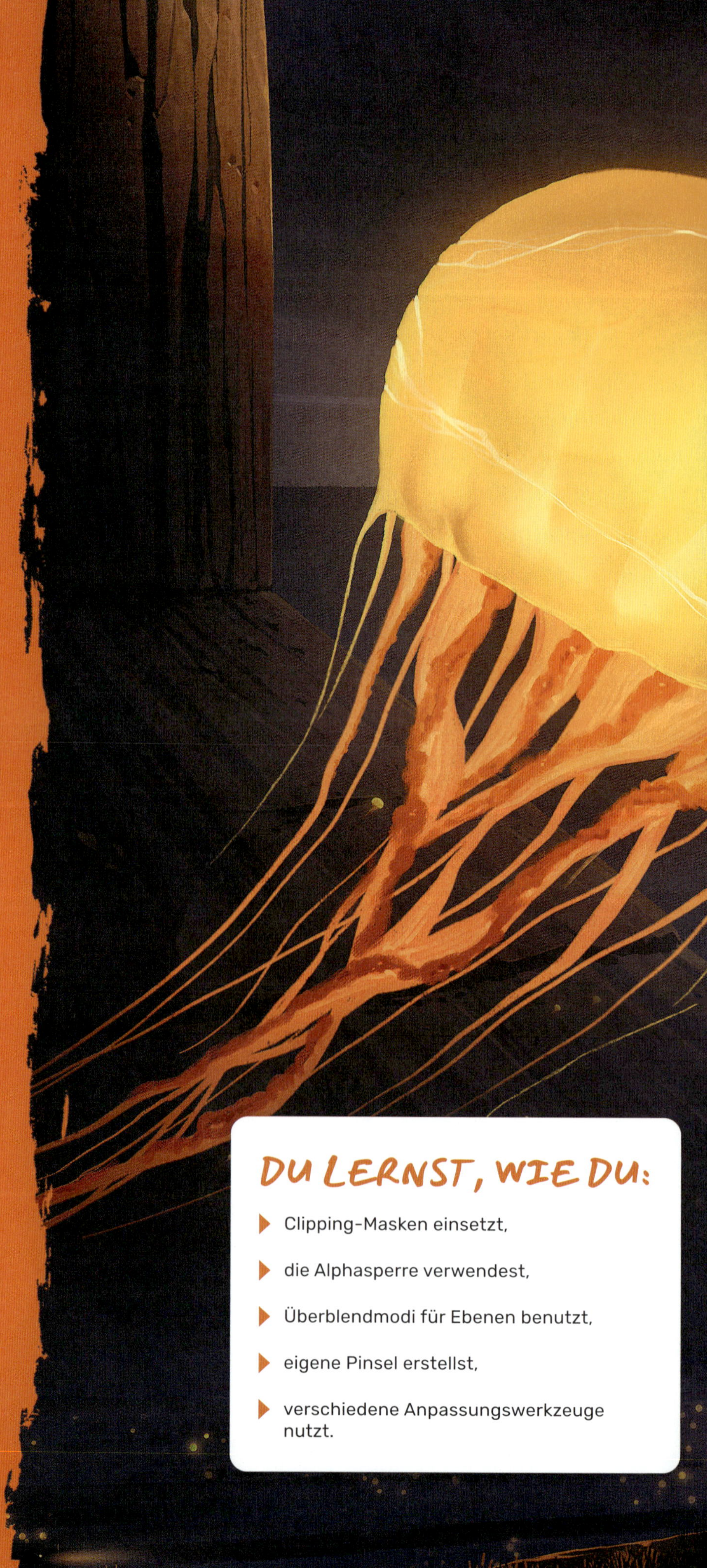

DU LERNST, WIE DU:

- Clipping-Masken einsetzt,
- die Alphasperre verwendest,
- Überblendmodi für Ebenen benutzt,
- eigene Pinsel erstellst,
- verschiedene Anpassungswerkzeuge nutzt.

01

Durchstöbere zuerst die Tiefen des Internets nach einem breiten Spektrum an Fotos für das Thema, das du malen willst. Das ist schon einmal eine gute Methode, das kreative Denken einzuschalten. Suche nicht nur nach Referenzbildern, suche auch nach Informationen über die Entstehung der Arten von Landmassen, die in deiner Fantasy-Landschaft auftauchen sollen. Wenn du weißt, wie sie auf natürliche Weise entstanden sind, kannst du dieses Wissen in deinem Bild anwenden, um zusätzliche Details und einen bestimmten Grad an Realismus zu erhalten. Nimm bei deinen ersten Skizzen den Druckbleistift- oder den HB-Bleistift-Pinsel, um den Eindruck zu erwecken, die Skizze sei von Hand gezeichnet worden.

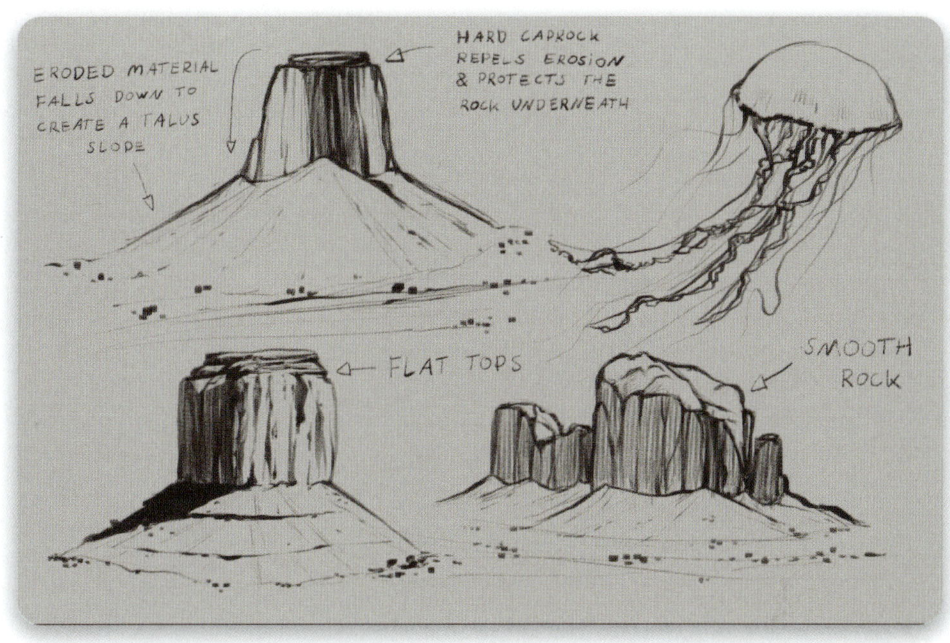

Mach dir zuerst Notizen und erstelle Referenzskizzen anhand der online gefundenen Fotos.

02

Zeichne dann deine Thumbnails. Beginne mit einer rechteckigen Leinwand. Füge neue Ebenen für Hintergrund, Mittelgrund, Qualle und Vordergrund hinzu. Experimentiere mit Formen, die den Landschaftsformationen ähneln, die du malen willst. Füge jede neue Ebene als Clipping-Maske hinzu, um alles innerhalb des Bildbereichs zu halten. Verwende die Alphasperre für kleinere Formen, um Details innerhalb der größeren Grundformen anzudeuten. Füge kleinere Formen und mehr Kontrast hinzu, um einen klaren Fokuspunkt zu schaffen.

Probier aus, welche Designs dir gefallen, und setze Elemente unterschiedlich zusammen, um neue Thumbnails zu erzeugen. Halte die Dinge einfach, zoome also nicht rein und füge nicht noch mehr Details hinzu – es sind nur Skizzen, und du wirst dich am Ende für eines dieser Thumbnails entscheiden.

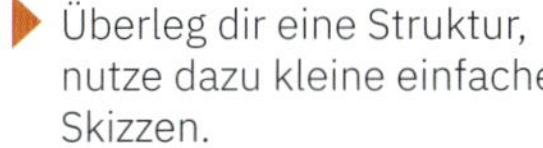

Überleg dir eine Struktur, nutze dazu kleine einfache Skizzen.

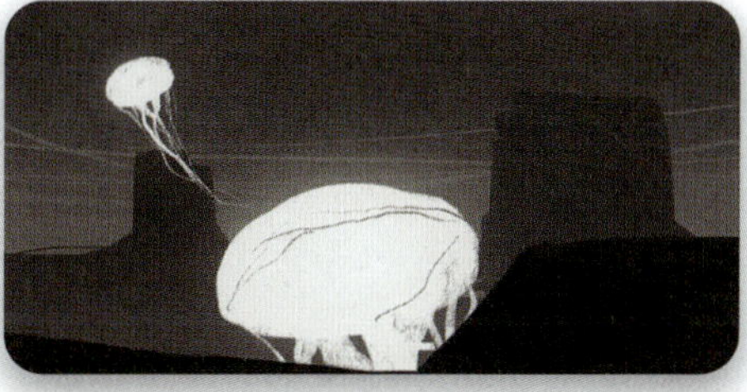

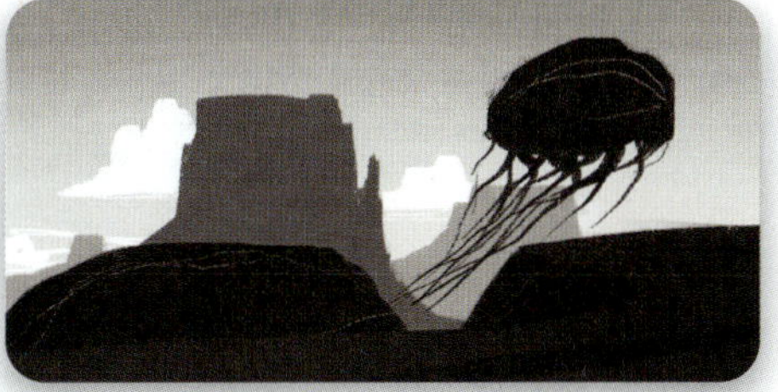

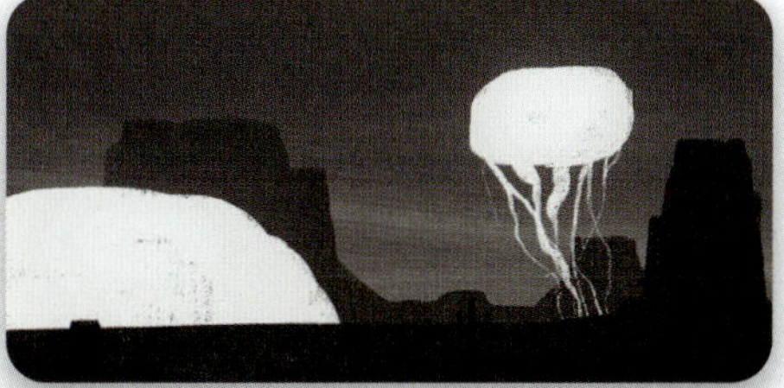

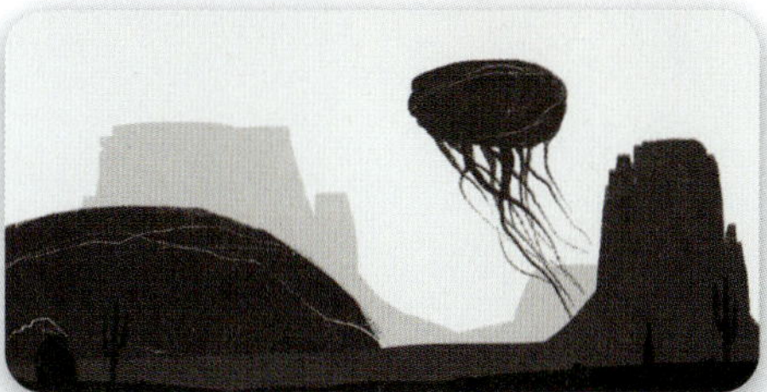

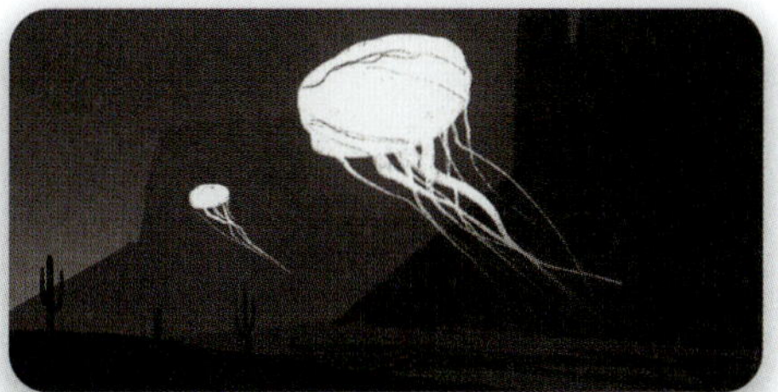

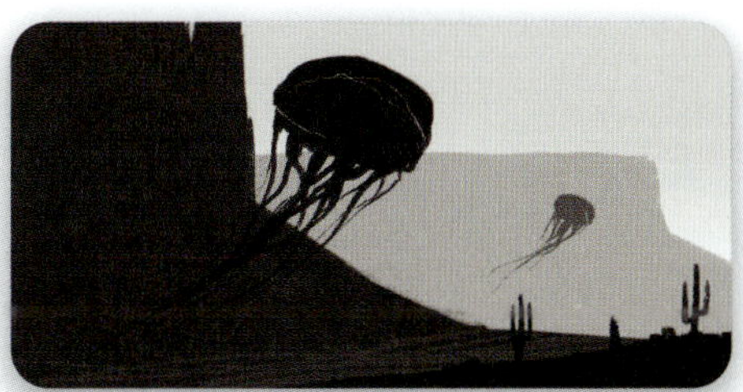

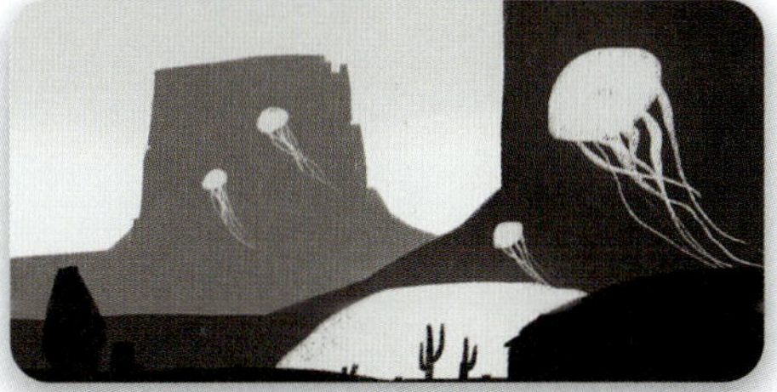

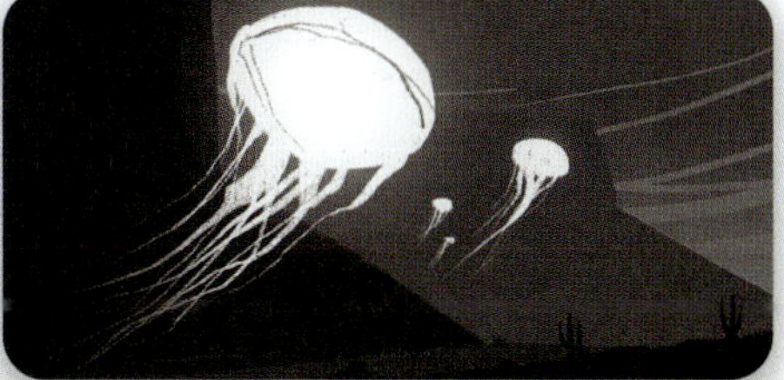

03

Wähle das Thumbnail, das dir am interessantesten erscheint und das auch nach dem Rauszoomen klar wirkt. Experimentiere nun mit unterschiedlichen Farbpaletten. Dupliziere deine Thumbnail-Ebenen einige Male und benutze die Filter in **Anpassungen > Farbbalance** und **Farbton, Sättigung, Helligkeit**, um Farbe hinzuzufügen. Wenn die Anpassungsfilter nicht reichen, scheue dich nicht, Bereiche des Thumbnails neu zu malen. Benutze den weichen Pinsel, um ausladende Farbverläufe hinzuzufügen und ein leichtes Leuchten um die Qualle zu malen. Verleihe dann der Landschaft mit einem harten Pinsel mehr Definition und weitere Details.

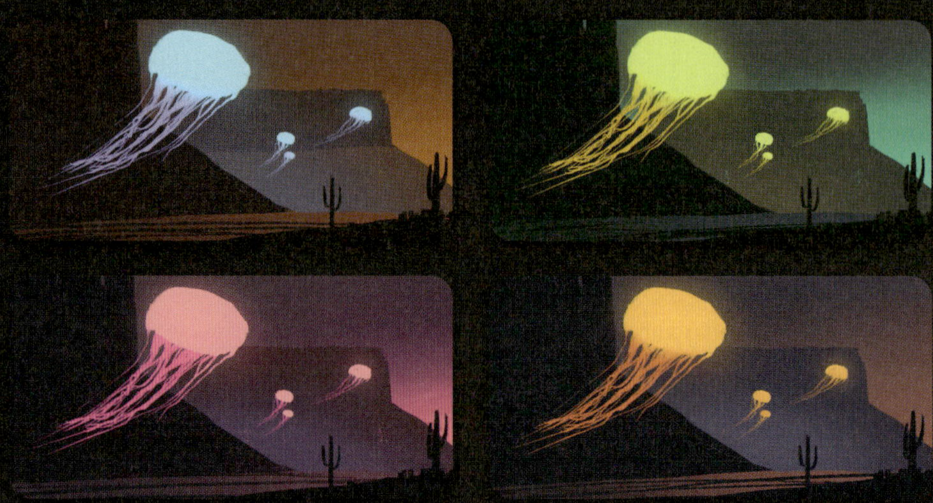

▲ Verwende die Filter Farbbalance und Farbton, Sättigung, Helligkeit, um mit unterschiedlichen Farbschemata zu experimentieren.

04

Beginne damit, dein gewähltes farbiges Thumbnail zu verfeinern. Zerlege größere Farbbereiche in kleinere Formen, indem du mit einem harten Pinsel auf einer neuen Ebene malst bzw. Bereiche ausradierst. Nimm mit der Pipette die hellste Farbe des Himmels auf und streiche diese Farbe dann über den Himmel, um einfache Wolken zu erzeugen. An dieser Stelle solltest du auch einmal über die Geschichte des Bildes nachdenken und wie du sie am besten vermitteln kannst. Füge die Form einer verhüllten Figur in den Vordergrund sowie kleine leuchtende Punkte in den unteren Teil des Mittelgrunds ein, die aussehen wie kleine Quallen, die aus dem Boden aufsteigen. Dieses Thumbnail dient dir als Hilfsmittel bei der Erstellung deines endgültigen Bildes.

▼ Beginne damit, dein gewähltes farbiges Thumbnail zu verfeinern, indem du es detaillierter und komplexer gestaltest.

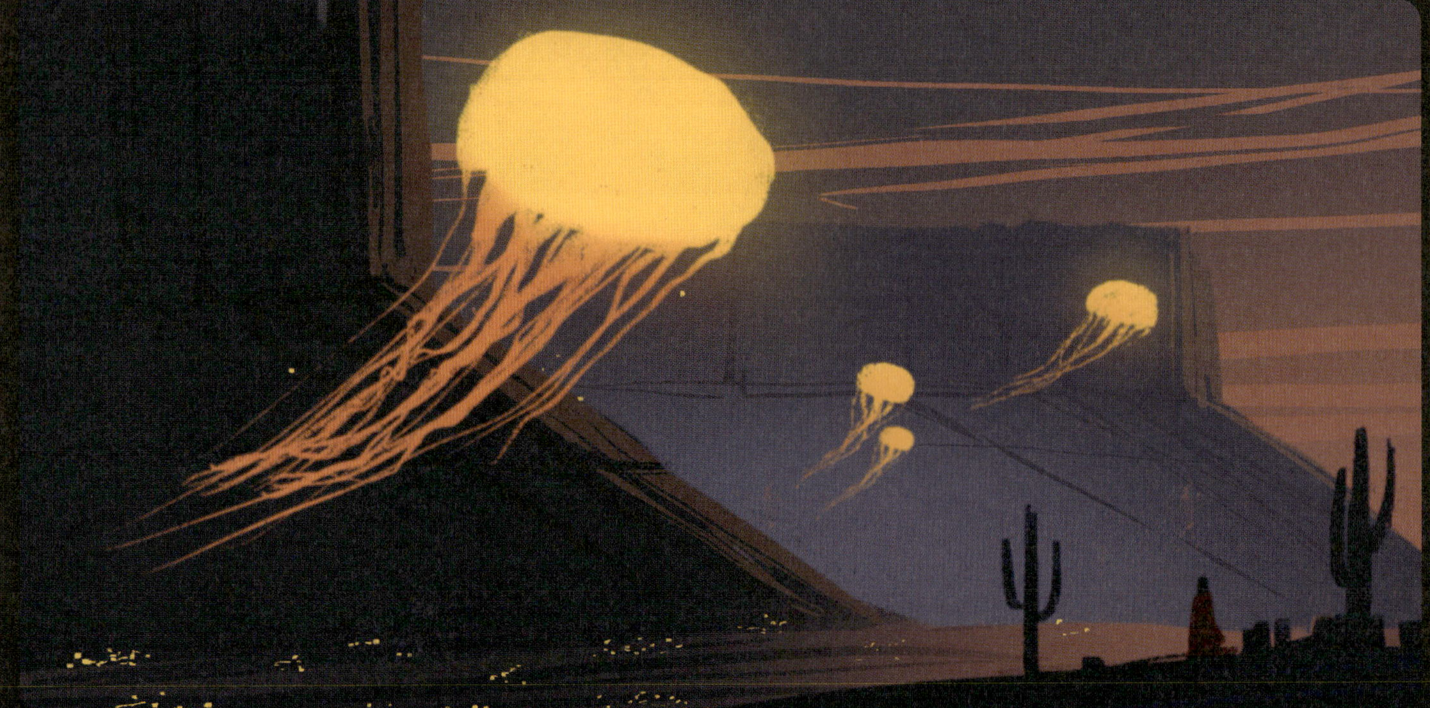

05

Lege eine größere Leinwand an und platziere auf ihr die Thumbnail-Ebene aus der Thumbnail-Datei. Wähle dafür die Ebene mit einem Finger und navigiere mit einem anderen zu der neu erstellten Datei, in der du dann die Thumbnail-Ebene in das Ebenen-Fenster schiebst. Damit dein Bild sauber und ordentlich aussieht, zeichne neue klare Formen. Benutze dabei dein Thumbnail als Grundlage. (Eine andere Möglichkeit, zum fertigen Bild zu gelangen, besteht darin, das Thumbnail auszuarbeiten und zu verfeinern.) Arbeite sorgfältiger als in der experimentellen und spontanen Thumbnail-Phase. Nimm mit der Pipette Farben aus dem Thumbnail auf und füge mit einem weichen Pinsel einen Verlauf in den Himmel ein.

▲ Verwende das Thumbnail als Grundlage und male zuerst einen Verlauf für den Himmel.

06

Erstelle mithilfe eines scharfkantigen Pinsels wie etwa Opaque Oil auf jeweils eigenen Ebenen die Grundformen für Vordergrund, Mittelgrund, Hintergrund und die Qualle. Wenn du mit getrennten Ebenen arbeitest, musst du dir keine Sorgen darüber machen, dass du irgendwann später die Kanten beschädigst. Mithilfe der Basisebenen kannst du dann schnell Auswahlen treffen, sie mit Alphasperren versehen und Clipping-Masken erstellen.

▶ Erzeuge mit einem scharfkantigen Pinsel klare Silhouetten für die wichtigsten Objekte im Bild.

07

Setze die Alphasperre ein, um Grundfarben zu den ganzen unterschiedlichen Objekten hinzuzufügen. Später wirst du noch Glanzlichter und Schatten ergänzen, weshalb du die Farben nicht zu hell oder dunkel gestalten solltest. Da die Luft Staubpartikel und Feuchtigkeit enthält, die eine perfekte Fernsicht verhindern, musst du dafür sorgen, dass die am weitesten entfernten Objekte am wenigsten an Kontrast und Sättigung erhalten. Das wird als atmosphärische Perspektive bezeichnet. Wähle dunkle und gedämpfte Grundfarben, damit die leuchtenden und gesättigten Quallen stärker betont werden.

▲ Separiere unterschiedliche Materialien und Objekte, indem du lokal farbige Bereiche hinzufügst.

08

Lege auf der Ebene mit den Grundformen eine neue Ebene an und wähle Clipping-Maske. Nutze die Clipping-Masken-Ebenen, um die Seiten der Felshänge, die Oberseiten der Felsen im Vordergrund und alle anderen großen Flächen, auf die Licht fallen wird, hinzuzufügen.

▼ Verwende Clipping-Masken, um die großen Flächen zu definieren, auf die Licht fallen wird.

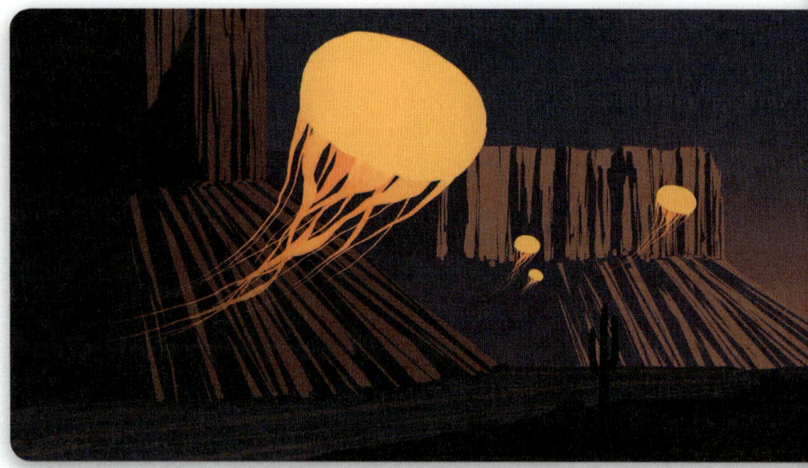

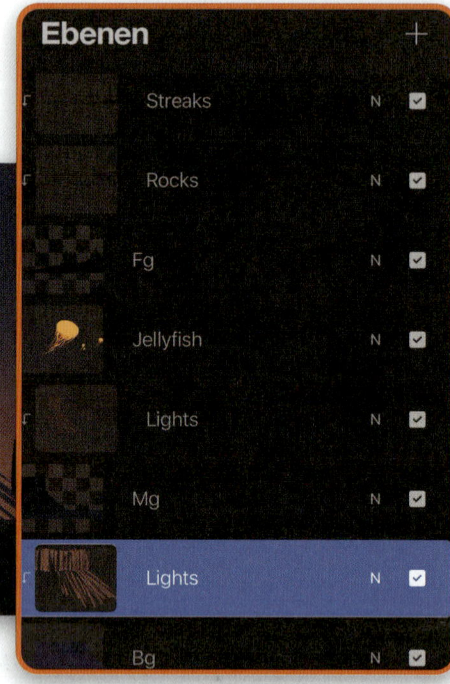

09

Um die Felsoberflächen besser in das Bild zu integrieren und einen weichen Übergang zu schaffen, sperrst du die Clipping-Masken-Ebene mit einer Alphasperre und fügst mit einem weichen Pinsel einen Verlauf hinzu, der bei der Farbe der untergehenden Sonne beginnt und sich bis zur Farbe der darunterliegenden Ebene zieht. Lege die Richtung der Sonne fest und achte darauf, dass die Beleuchtung konsistent ist. Verleihe deinen Farben etwas Glanz, indem du die Übergangsfarbe zwischen hell und dunkel wählst und ihre Sättigung erhöhst. Streiche die gesättigte Farbe mit einem weichen Pinsel ganz leicht auf den Übergangsbereich. So bleibt der Effekt subtil und wirkt nicht übertrieben.

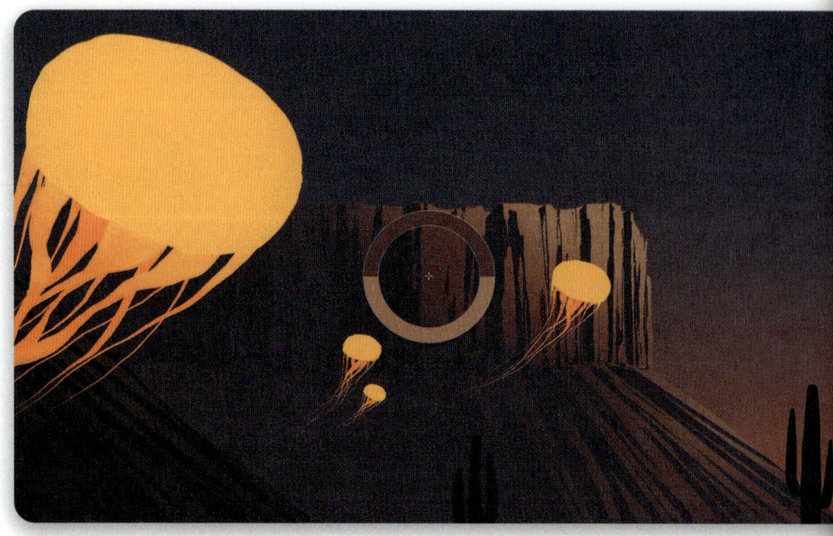

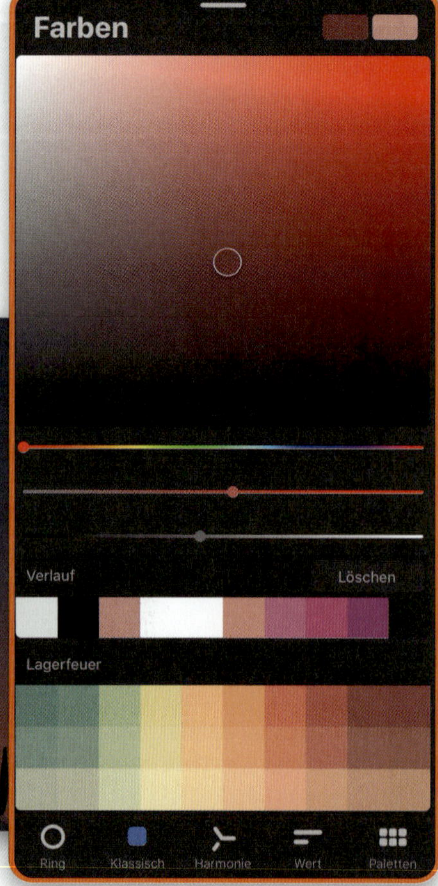

▲ Verwende die Alphasperre, um auf die hellen Flächen Farbverläufe aufzubringen.

10

Falls einige deiner Farben dir nicht gefallen, markiere den betreffenden Bereich mit dem Auswahl-Werkzeug und wähle dann **Anpassungen > Farbton, Sättigung, Helligkeit**, um die Farbe zu ändern. Das ist die Stelle, an der es sich als nützlich erweist, mit klaren Formen und einfachen Farbbereichen zu beginnen – Auswahlen sind hier schnell und einfach möglich.

Eine andere Möglichkeit, Farben anzupassen, bieten die verschiedenen Überblendmodi. Experimentiere mit den Modi, um ihre Wirkungen kennenzulernen. (Am nützlichsten sind meist Multiplizieren, Hinzufügen, Farbig abwedeln, Ineinanderkopieren, Weiches Licht und Farbe.) Pinsele mit einem weichen Pinsel ein bisschen Nebel auf die Hintergrundebene, füge im Vordergrund die Form einer rot verhüllten Figur hinzu, die auf einem Holzklotz sitzt, sowie eine ovale Form, die als Basis für eine Feuerstelle dient.

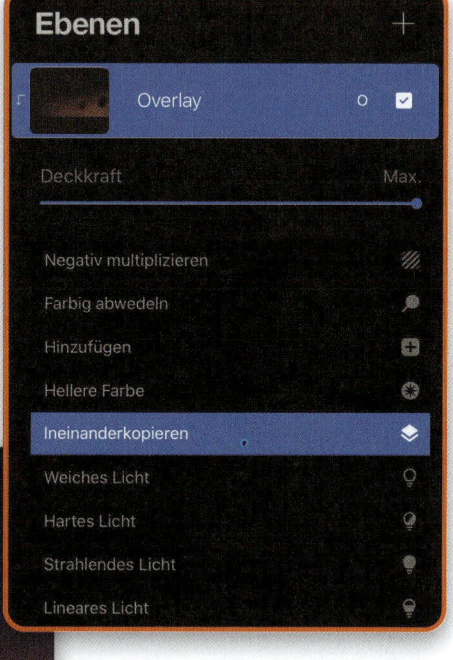

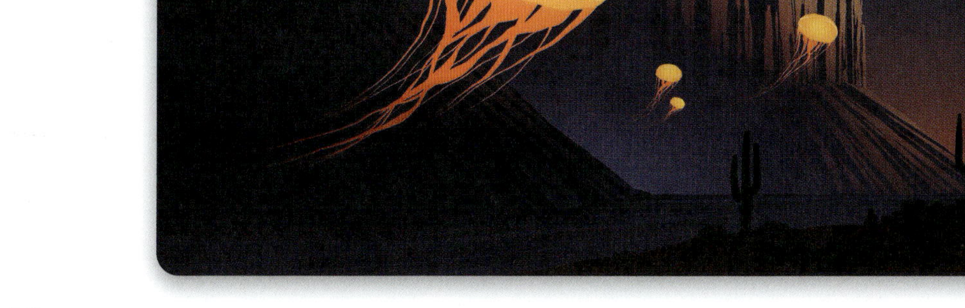

Nutze die unterschiedlichen Anpassungsfilter, um Fehler zu beheben und Farben zu vereinheitlichen.

11

Falls dir die Form eines Objekts nicht gefällt, repariere es mit dem Verflüssigen-Werkzeug. So musst du nicht den gesamten Bereich neu malen. Verschiebe Bereiche deines Bildes mit **Verflüssigen > Schieben**. Experimentiere mit unterschiedlichen Werkzeugen und Einstellungen, um zu sehen, welche Wirkung sie erzielen. Füge im Mittelgrund eine Straße hinzu und male mit dem **Elemente > Flamme**-Pinsel ein Lagerfeuer in einem dunklen und gesättigten Orange. Verwende auf einer neuen Ebene einen weichen Pinsel, um ein warmes Licht rund um die Flamme und im Mittelgrund hinzuzufügen, wo die letzten Strahlen der Sonne auftreffen. Erzeuge mit dem Radierer-Werkzeug und einem harten Pinsel Schatten.

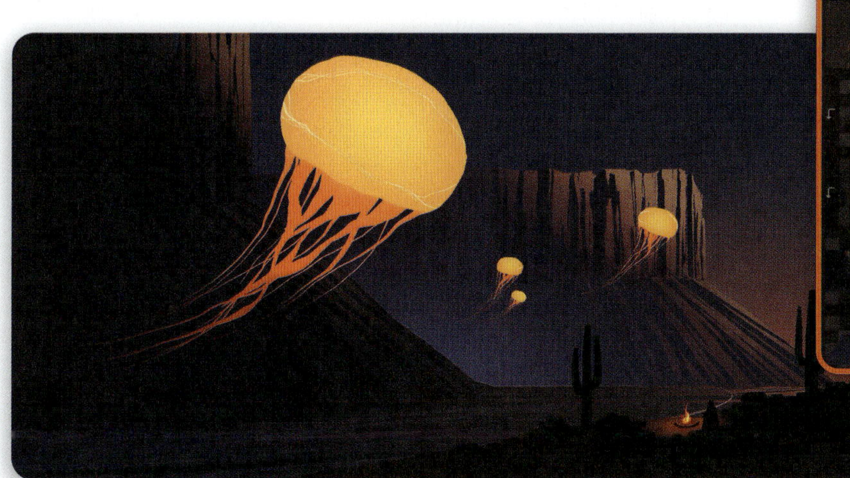

Mit dem Verflüssigen-Werkzeug änderst du die Formen, die dir nicht gefallen.

12

Füge auf den felsigen Flächen dunklere Felsspalten hinzu, um die Schattenseite stärker zu definieren. Achte auf die Tonwerte und vermeide es, reines Schwarz zu verwenden. Führe unnötige Ebenen zusammen, um das Arbeiten zu beschleunigen. Füge Andeutungen von kleinen Sträuchern im Mittelgrund hinzu, um die Größenverhältnisse zu verdeutlichen. Die Sträucher sollten klein sein und in horizontal ausgerichteten Grüppchen auftreten. Je weiter sie entfernt sind, desto kleiner müssen sie werden.

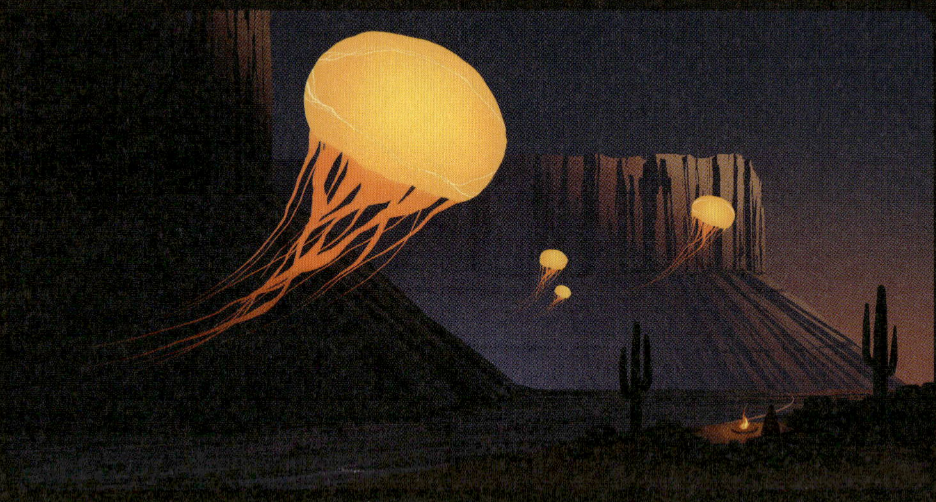

Füge im Mittelgrund kleine Sträucher und an den Schattenseiten der Felsen dunklere Felsspalten hinzu.

KÜNSTLERTIPP

Man wird leicht blind, was die eigenen Fehler betrifft. Versuche einfach einmal, die Leinwand zu spiegeln, um eine frische Perspektive zu gewinnen: *Aktionen > Leinwand > Leinwand horizontal spiegeln*. Lass dich nicht entmutigen, wenn die Formen und Farben nicht gleich beim ersten Mal korrekt aussehen. Das Malen ist ein iterativer Vorgang, bei dem zwangsläufig Fehler passieren. Übereile nichts und lege immer wieder kleine Pausen ein, um deinen Augen Ruhe zu gönnen.

13

Definiere jetzt weitere Flächen, die beleuchtet werden sollen, und nutze eine Ebene mit dem Überblendmodus Ineinanderkopieren, um die Teile der Felsen, auf nimmst du die Farbe der Lichtquelle auf und malst diese Farbe dann ganz leicht auf die Oberfläche, die von dem Licht beeinflusst wird. (Nutze einen Pinsel, dessen

Definiere die Flächen, die unterschiedlichen Lichtquellen ausgesetzt sind, wie die Felsen am Lagerfeuer.

14

Um das Gefühl für Größe und Entfernung zu verstärken, malst du mit dem Weichen Airbrush vorsichtig ein bisschen Nebel zwischen die Ebenen. Dadurch hellt sich der Hintergrund auf und es wird eine atmosphärische Perspektive simuliert. Der Tonwertunterschied zwischen den Ebenen erhöht sich und das Bild wird eindeutiger. Du kannst auch eine Ineinanderkopieren- oder Multiplizieren-Ebene verwenden, um die Schattenseite mit kalten Blautönen abzudunkeln und damit das warme Sonnenlicht stärker zu betonen. Bringe den Nebel mithilfe des Verwischen-Werkzeugs mit einem harten runden Pinsel in interessantere Formen. Der scharfe Rand des runden Pinsels erzeugt harte Kanten, die in einem hübschen visuellen Kontrast zu den weichen Kanten des Weichen Airbrush stehen.

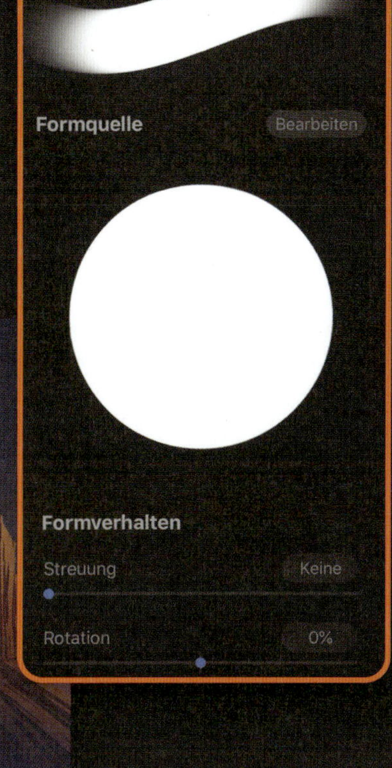

Erzeuge einen stärkeren Kontrast und mehr Atmosphäre, indem du Nebel zwischen die Ebenen malst.

15

Füge Wolken hinzu, indem du mit einem Pinsel mit harten Kanten interessante Formen entwirfst, die deine Komposition ergänzen. Verwische die Kanten mit dem Verwischen-Werkzeug, damit dünne Wolkenausläufer entstehen und das wolkenartige Aussehen unterstützt wird. Vergiss nicht, dass Wolken ein wesentlicher Teil der Komposition sind und eine gute Gelegenheit bieten, klare Formen zu erstellen. Nicht viele andere natürliche Elemente können so unterschiedlich und interessant aussehen. Der harte Pinsel erlaubt dir, dich stärker auf die Form zu konzentrieren und die Wolken so interessant wie möglich zu gestalten.

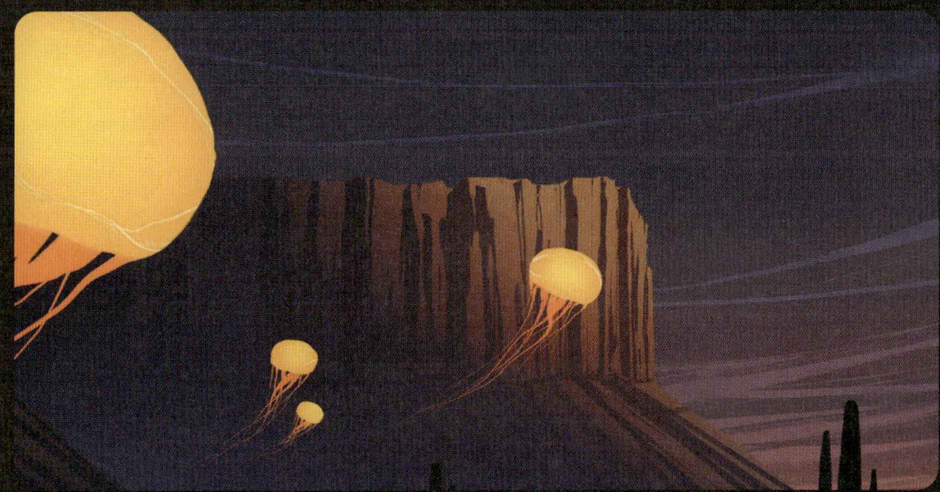

Füge mit einem harten Pinsel Wolken hinzu und verwische Teile davon mit dem Verwischen-Werkzeug.

16

Füge den Felsen im Vordergrund weitere Flächen und Glanzlichter hinzu. Überlege dazu, wie das Umgebungslicht des Himmels und das Licht des Lagerfeuers diese beeinflussen. Setze einen kleinen Rucksack auf den Boden neben die Figur und lass eine Landmasse im Vordergrund teilweise über die Tentakel der Qualle ragen, um den Größeneindruck zu verstärken. Erzeuge einen Leuchteffekt für die Qualle, indem du die Ebene der Qualle duplizierst und auf die duplizierte Ebene eine Gauß'sche Unschärfe mit 35 % anwendest. Ändere den Überblendmodus der Ebene auf Aufhellen und verringere ihre Deckkraft auf 60 %. Dupliziere die Quallenebene erneut und wende darauf eine Gauß'sche Unschärfe mit ungefähr 50 % bei einer Deckkraft von 45 % an. Ziehe die beiden neu angelegten Ebenen unter die Originalebene.

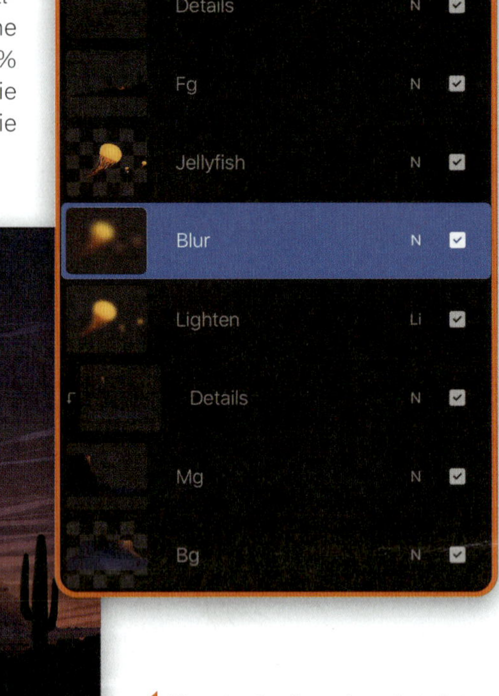

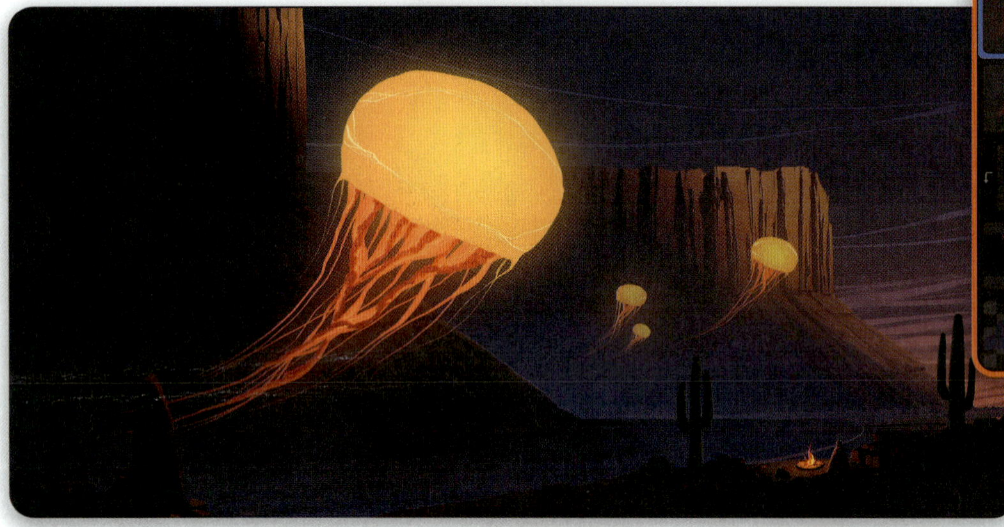

Füge der Qualle weitere Details und ein warmes Leuchten hinzu.

17

Male nun ein bisschen Blätterwerk in den Vordergrund. Das könntest du von Hand erledigen, allerdings sparst du eine Menge Zeit, wenn du für diese Aufgabe einen neuen Pinsel erstellst. Lege dazu eine neue Leinwand mit 1.000 × 1.000 Pixeln an. Erzeuge mithilfe einer Rechteckauswahl ein Blatt des Busches und fülle es schwarz. Dupliziere das Blatt und erzeuge den Rest mit dem Transformationswerkzeug. Fasse alle Blätter in einer Ebene zusammen, indem du die Ebenen reduzierst. Radiere mit einem weichen Radierer ein bisschen an der unteren Seite des Busches, damit dieser dort mit dem Bild verschmelzen kann. Speichere das Bild als JPEG.

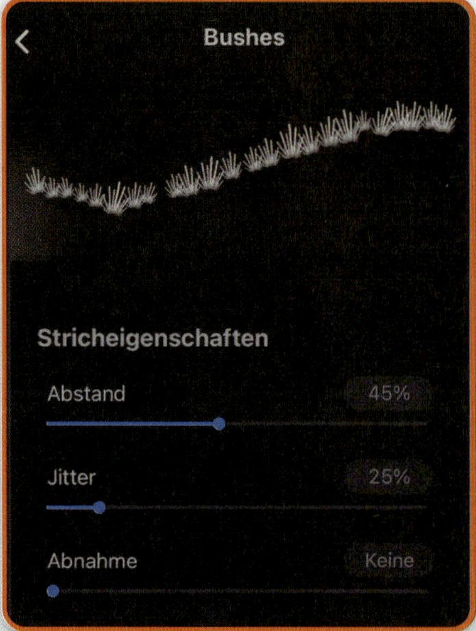

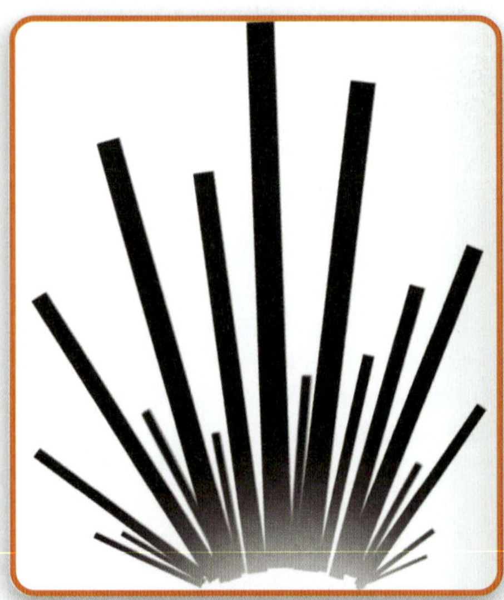

Erstelle einen einfachen Busch, um die Buschform für das Laub zu benutzen.

18

Tippe in der Pinsel-Palette auf +, um einen neuen Pinsel anzulegen. Wähle im Pinselstudio Form und tippe auf Bearbeiten. Hier importierst du über **Importieren > Foto importieren** das zuvor erstellte JPEG. Füge der Kornquelle eine leere Körnung aus der Quellbibliothek hinzu. Setze im Tab Pfadkontur den Abstand auf 45 % und den Jitter auf 25 %. Füge im Form-Tab eine Streuung von 10 % hinzu, um der Richtung des Pinsels eine gewisse Zufälligkeit zu geben. Das Körnung-Tab kannst du ignorieren, da der Pinsel keine Textur benötigt. Setze im Dynamik-Tab die Größe für den Jitter auf 45 %, um die Größe des Pinsels zu variieren. Und schließlich stellst du noch die Größe im Tab Apple Pencil auf 35 %, um eine gewisse Kontrolle über die Pinselgröße zu erlangen.

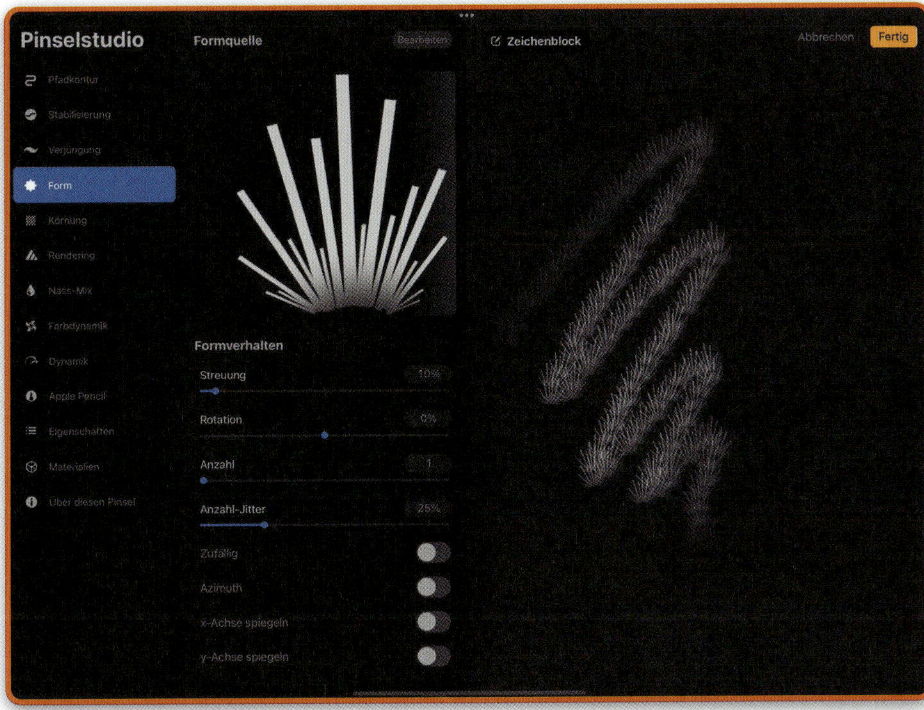

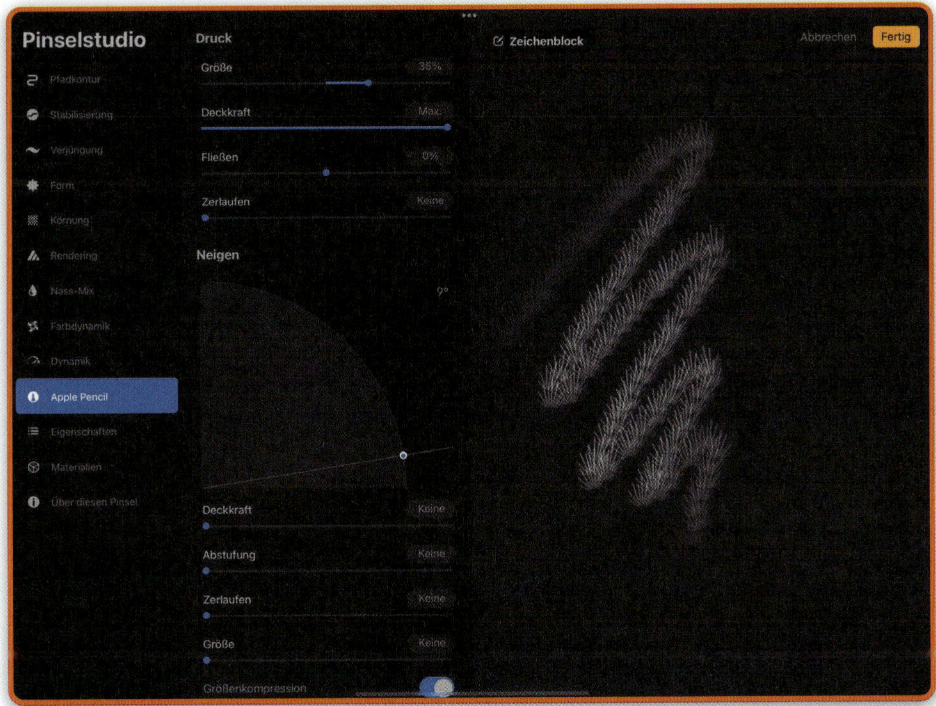

Mithilfe der verschiedenen Pinseleinstellungen erzeugst du den gewünschten Effekt.

19

Setze nun mit dem neuen Busch-Pinsel Ansammlungen von Büschen in den Vordergrund. Beginne mit der Ebene, die am weitesten entfernt ist, helle die Farbe dann auf und male eine zweite Ebene darüber. Ändere die Farbe erneut und male eine dritte Ebene. So erzielst du einen Tiefeneindruck. Füge hinter den Büschen eine neue Ebene hinzu und male einige beleuchtete Büsche, um die Illusion zu erzeugen, das Licht der größten Qualle würde von hinten auf die Blätter fallen. Eine gewisse Variation im Laubwerk erhältst du, wenn du mit einer helleren Farbe Ansammlungen von Blüten malst und die Form eines abgestorbenen Baums oder einiger trockener Zweige hinzufügst.

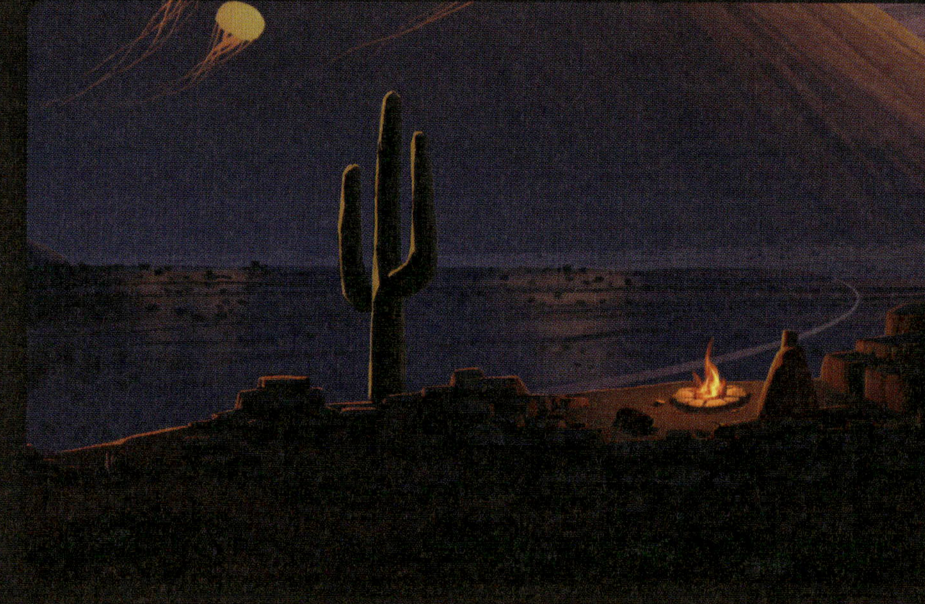

▲ Erzeuge mit deinem neuen Busch-Pinsel mehrere Ebenen aus Laubwerk.

20

Pass die Farben weiter an und füge an den Stellen im Bild, auf denen der Fokus liegt, weitere Details hinzu. Deute zum Beispiel mit dem Spritzer-Pinsel an, dass kleine Quallen aus dem Boden aufsteigen. Du musst an dieser Stelle keine getrennten Ebenen mehr benutzen, sondern kannst alles zu einer Ebene zusammenfassen. Damit sparst du Zeit, weil du nicht mehr von Ebene zu Ebene wechseln musst. Falls es dir widerstrebt, die Ebenen zu reduzieren, dupliziere deine Datei. Damit hast du ein Backup, falls etwas schiefgeht. Füge der Babyqualle mit der bewährten Technik des Duplizierens und Weichzeichnens der Ebene ein Leuchten hinzu. Setze außerdem Licht auf die Ränder der Objekte im Vordergrund vor der riesigen Qualle, aber übertreibe es nicht.

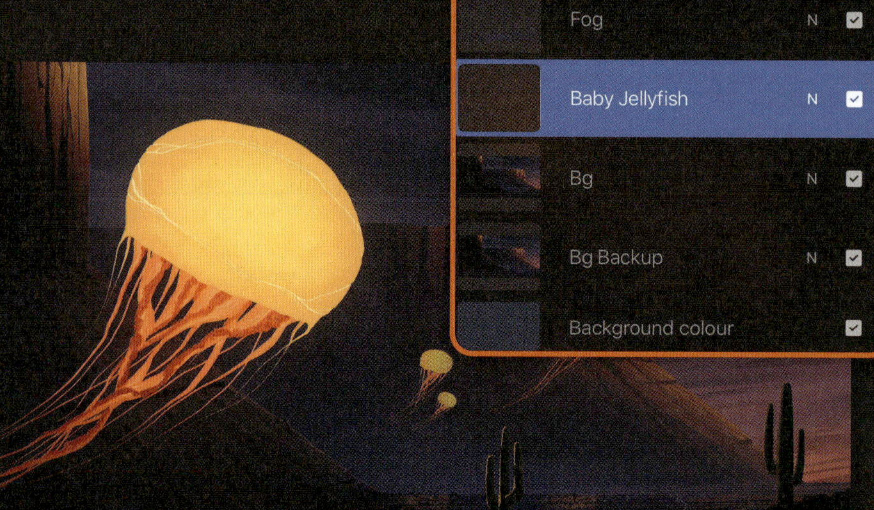

▲ Reduziere deine Ebenen auf eine und zoome heran, um mehr Details zu sehen.

KÜNSTLERTIPP

Die Zeit für große, allumfassende Änderungen ist vorbei. Sobald du eine solide Grundlage hast und das Bild als Ganzes funktioniert, wird es Zeit, an den Details zu arbeiten. Schalte dir deine Lieblingsmusik ein und male los. Dies ist der langsamste und vielleicht am wenigsten aufregende Teil des Malprozesses, aber es ist wichtig, dass du es hier nicht übereilst.

21

Nimm dir einen weichen Pinsel und nutze die Vorteile der Überblendmodi jetzt voll aus. Pass Tonwerte und Farben mit Ineinanderkopieren an, gib den Lichtquellen mit Farbig abwedeln etwas mehr Biss, dunkle Bereiche mit Multiplizieren ab und nimm Weiches Licht für subtile Farbanpassungen. Arbeite weiter an den Details und behebe Fehler. Füge weitere kleine Quallen hinzu und lass am Lagerfeuer Rauch aufsteigen. Erzeuge zarte Nebelschlieren, die das Licht der großen Qualle auffangen. Konzentriere deine Detailarbeit auf die wichtigen Bereiche des Bildes und lass die weniger wichtigen Bereiche etwas roher, um die entscheidenden Blickpunkte herauszuheben. Wenn du nichts mehr hinzufügen willst, lass dein Bild für einen oder zwei Tage ruhen. Nimm es dir dann noch einmal vor.

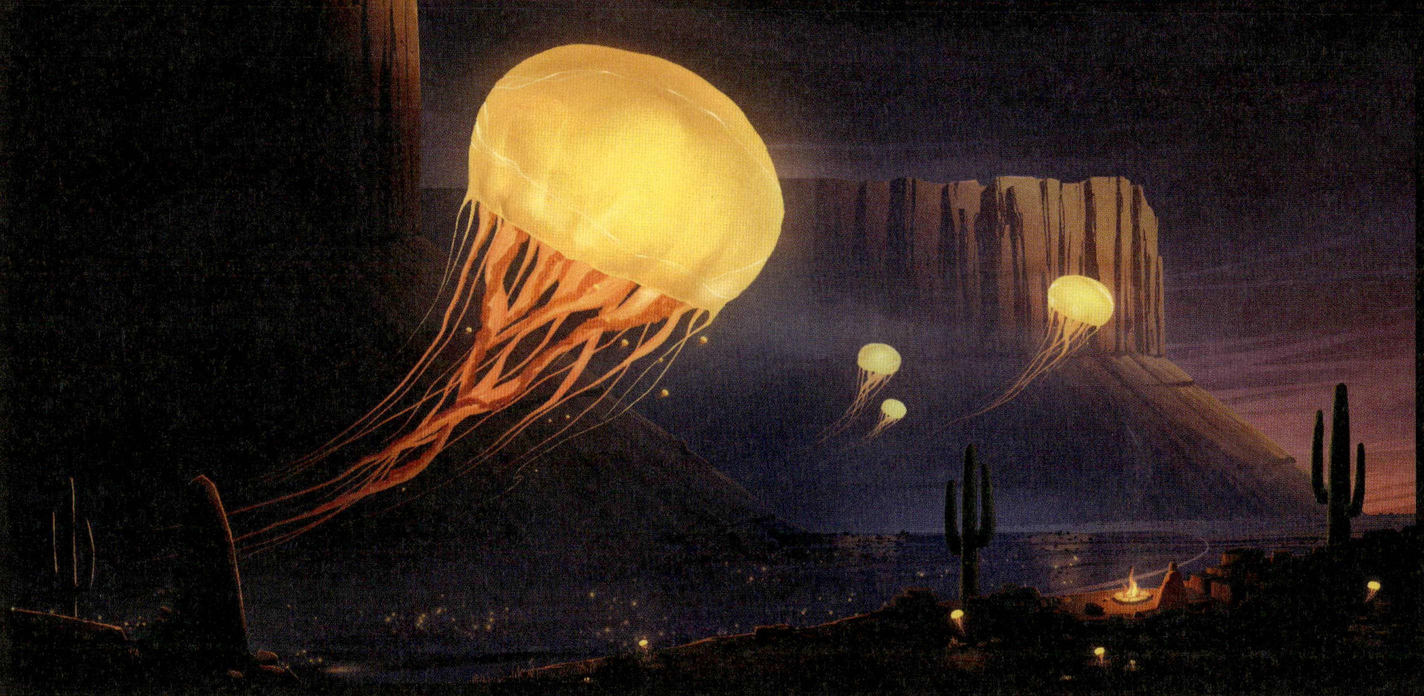

▲ Verwende die Überblendmodi, um die Farben und den Kontrast des Bildes zu verstärken.

22

Führe alle Ebenen zusammen, bevor du letzte Hand anlegst. Mit **Anpassungen > Scharfzeichnen** erzeugst du schärfere Kanten. (Tipp: Wenn du hier auf einer duplizierten Ebene arbeitest, kannst du die Teile wegnehmen, die nicht beeinflusst werden sollen.) Füge ein bisschen Körnung hinzu, indem du eine neue Ebene anlegst und sie mit Mittelgrau füllst. Verwende den Rauschfilter mit 100 % im Modus Ineinanderkopieren und reduziere seine Deckkraft auf etwa 20 %. Reduziere die Ebenensättigung mithilfe der Farbton-, Sättigung- und Tonwert-Regler auf 0. Damit erzeugst du einen raffinierten monochromen Körnungseffekt. Zum Schluss exportiere und teile dein Bild (siehe Seite 18).

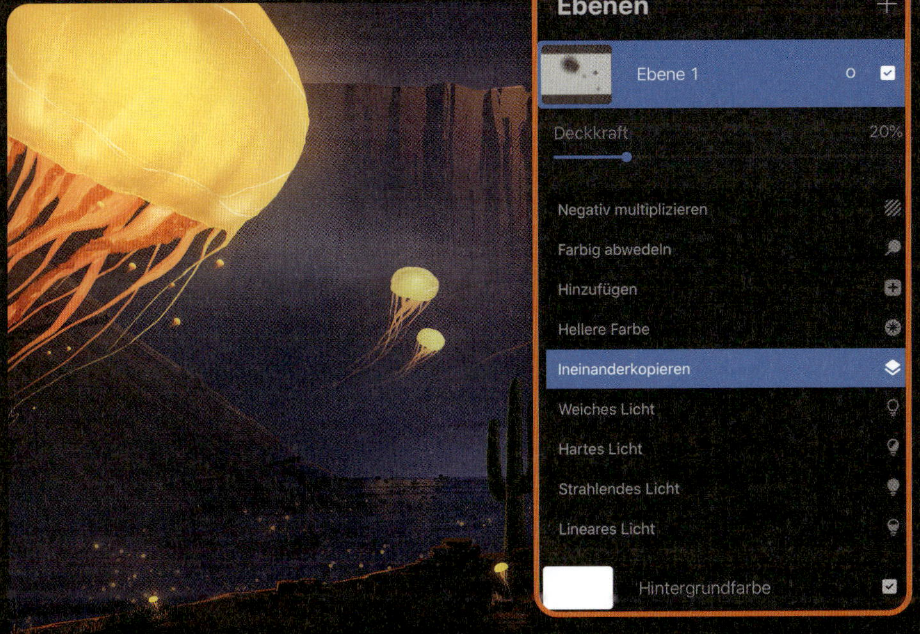

▶ Wende als letzten Schliff Rausch- und Scharfzeichnungsfilter auf das Bild an.

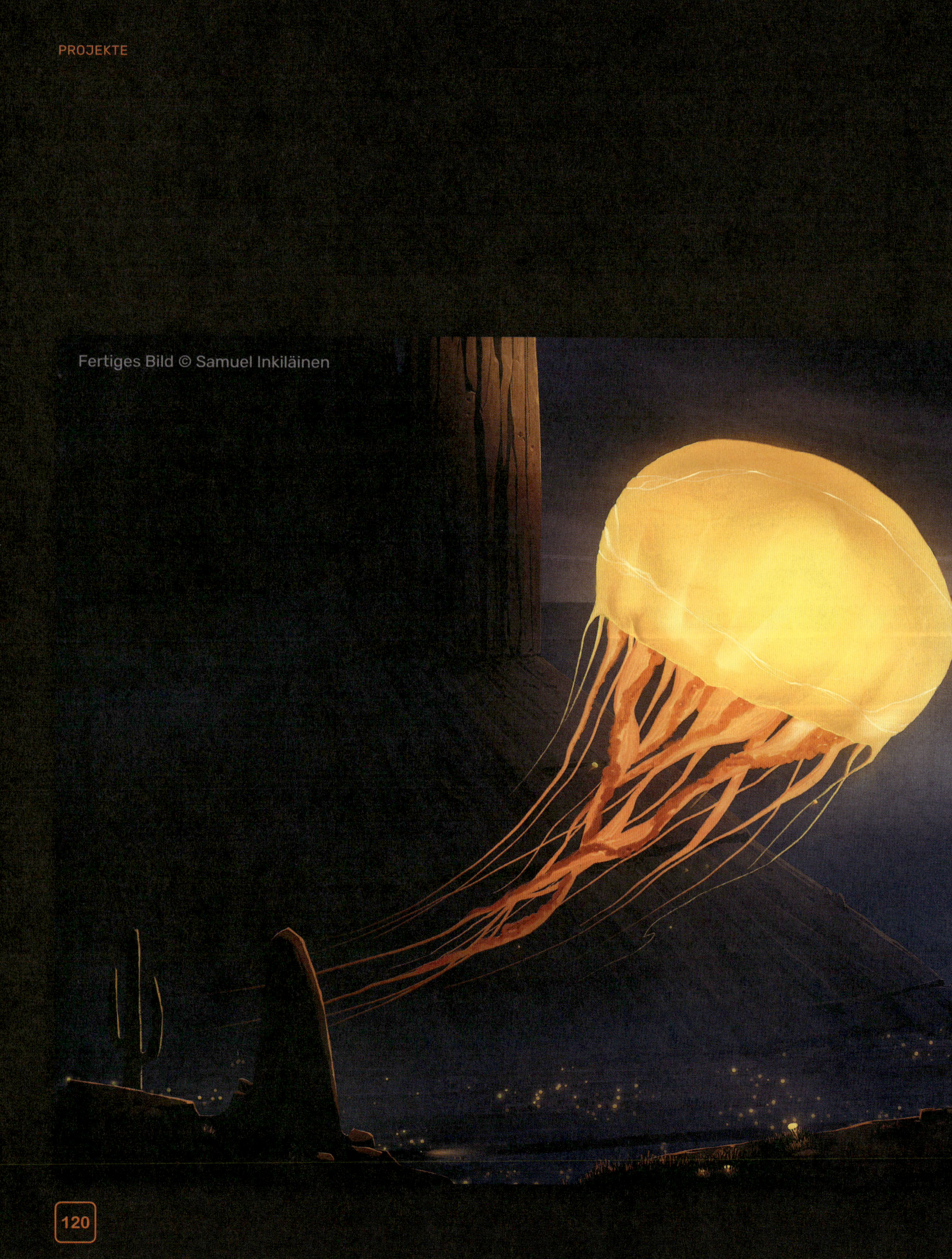

Fertiges Bild © Samuel Inkiläinen

FERTIGES BILD

Das fertige Bild erzählt die Geschichte von einer mystischen Fantasy-Landschaft. Die warme, aber nur schwach beleuchtete Farbpalette und die übernatürliche Stimmung ergänzen einander ganz hervorragend.

Wenn du das Bild zunächst mithilfe grober Skizzen planst, verhinderst du, dass du dich verloren fühlst – was schnell passiert, wenn man spontaner loslegt. Ein Großteil des Prozesses drehte sich darum, das richtige Gefühl für die Größenverhältnisse zu vermitteln, indem visuelle Hinweise gesetzt wurden, mit denen der Betrachter vertraut ist. Ohne diese visuellen Hinweise könnten die schwebenden Quallen auch einfach nur so aussehen, als wären es normal große Quallen, die näher an der Kamera sind.

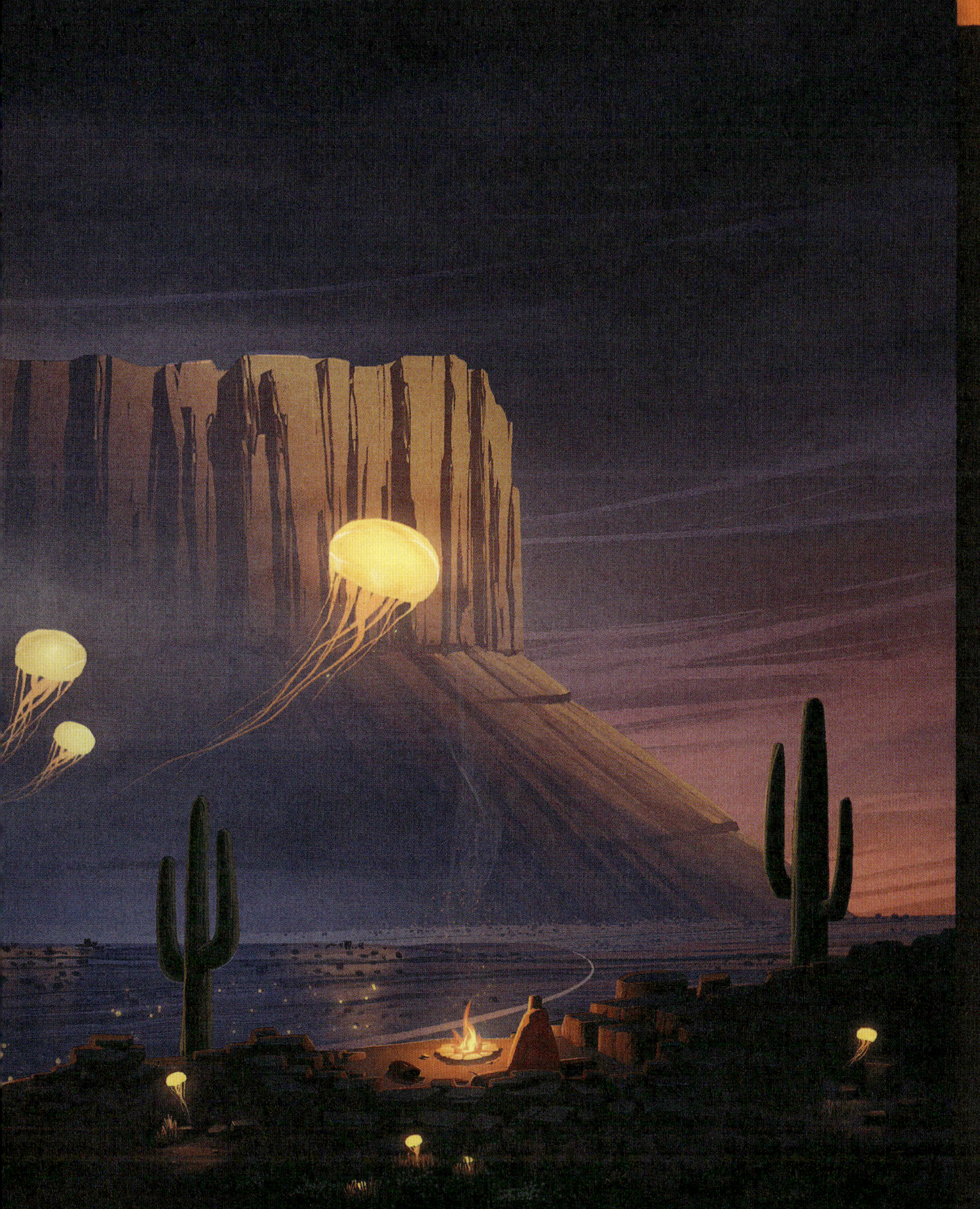

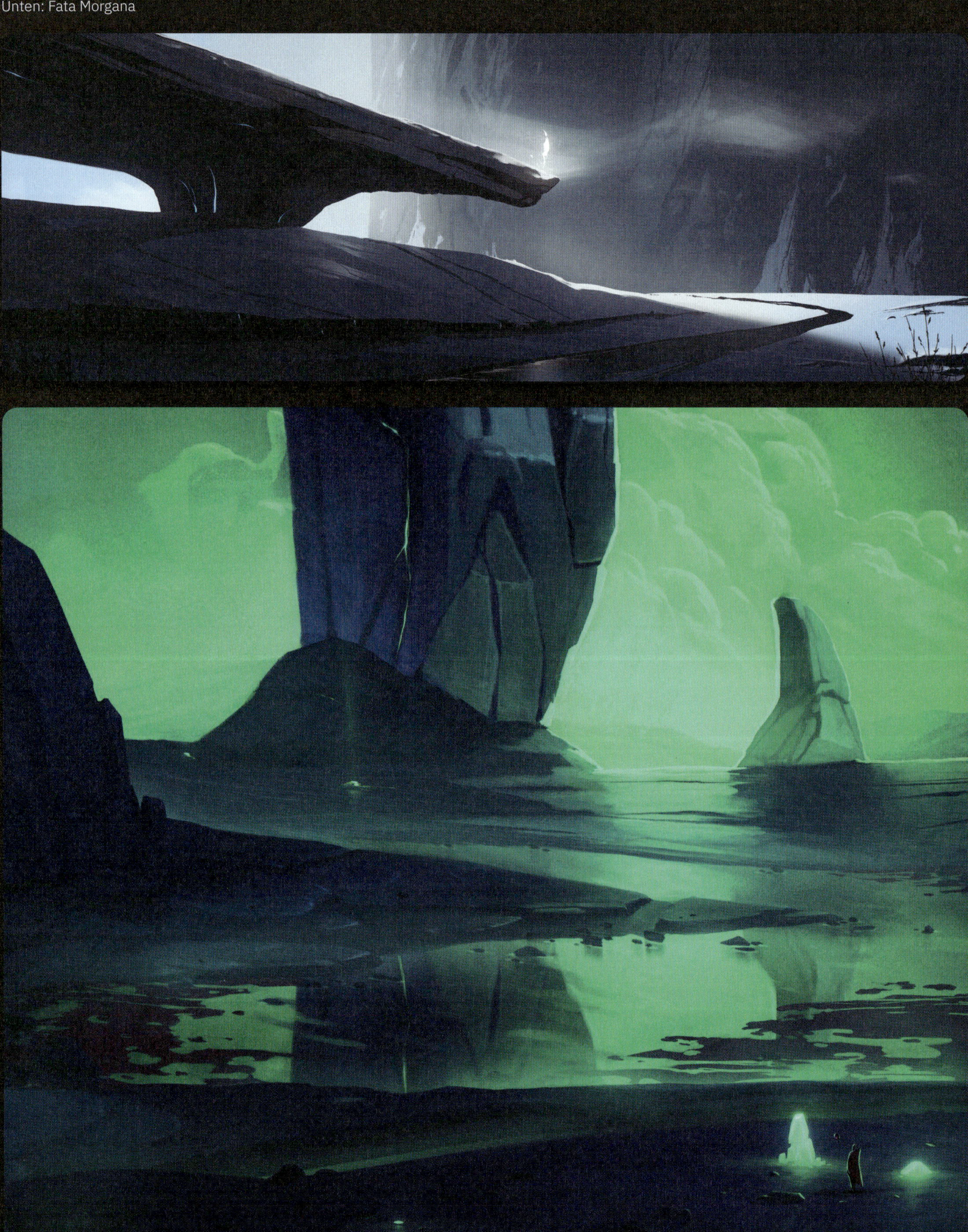

Unten: Fata Morgana

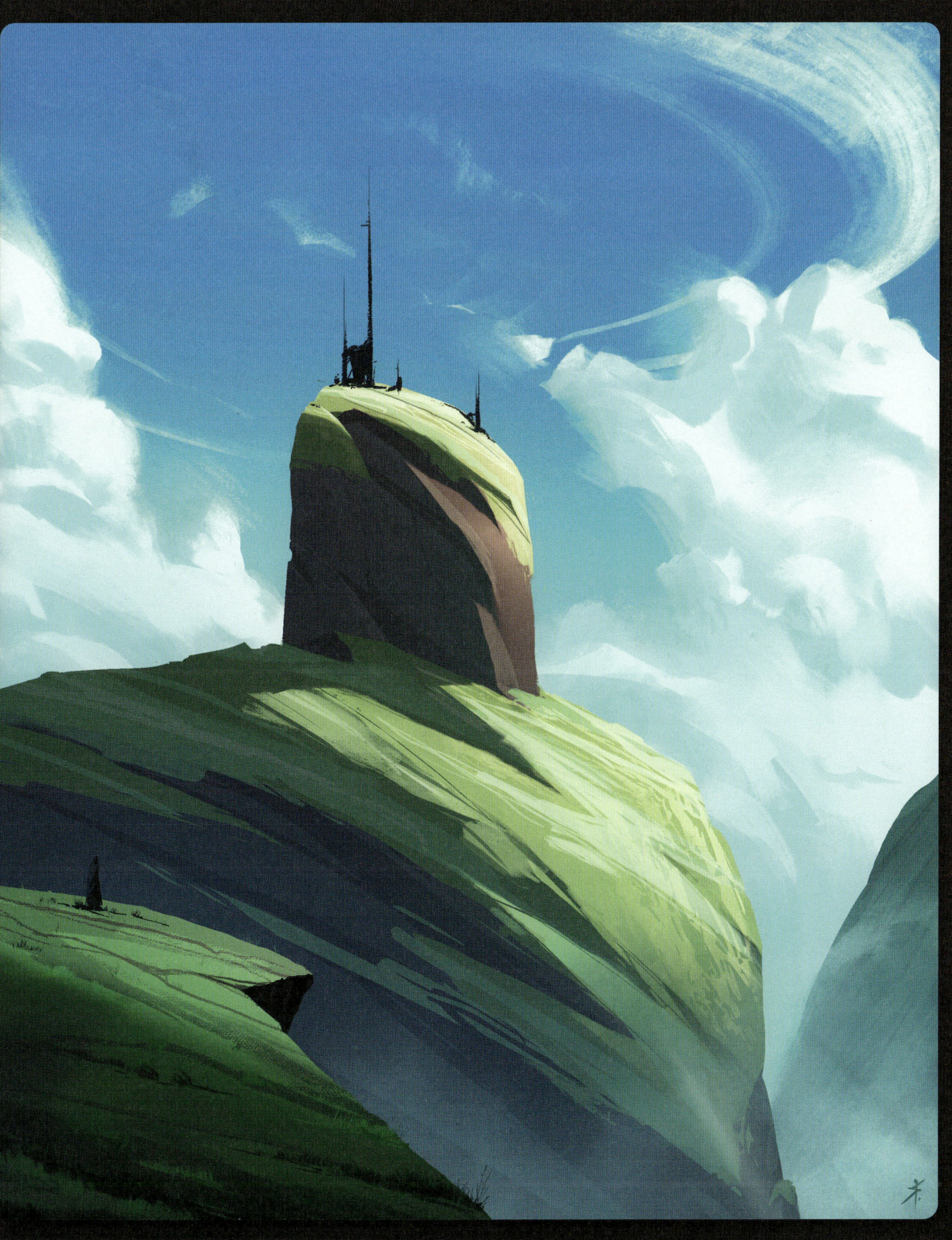

Oben: Wachturm

FANTASY-WESEN

Nicholas Kole

In diesem Tutorial wirst du Schritt für Schritt durch die Erschaffung einer Fantasy-Kreatur in Procreate geleitet. Wenn du mit einem neuen Projekt beginnst, solltest du deine ersten Skizzen direkt mit Blick auf den Kontext und das Ziel erstellen. Beim Entwerfen einer Fantasy-Kreatur für ein Videospiel könntest du zum Beispiel Fragen zum Spiel stellen. Wo wird diese Figur eingesetzt? Welche Funktionen muss sie erfüllen? Gibt es Hintergrundinformationen zum Spiel oder zur Figur, die den Entwurf beeinflussen könnten?

Schreibe eine Liste mit einigen deiner Lieblingstiere und denke darüber nach, welche Eigenarten du übernehmen kannst, um dein Monster zu erschaffen. Tiere, die unter Wasser leben, sind eine ausgezeichnete Inspiration für Aliens, da die Anforderungen und Optik, die eine Unterwasserumgebung mit sich bringt, komplett anders sind als die unserer eigenen. Welche Art von Fantasy-Kreatur könntest du etwa entwerfen, wenn du ein bisschen Seelöwe, etwas Killerwal, einen Hauch von Axolotl und die Zähne eines prähistorischen Dunkleosteus mischst?

SEITE 208

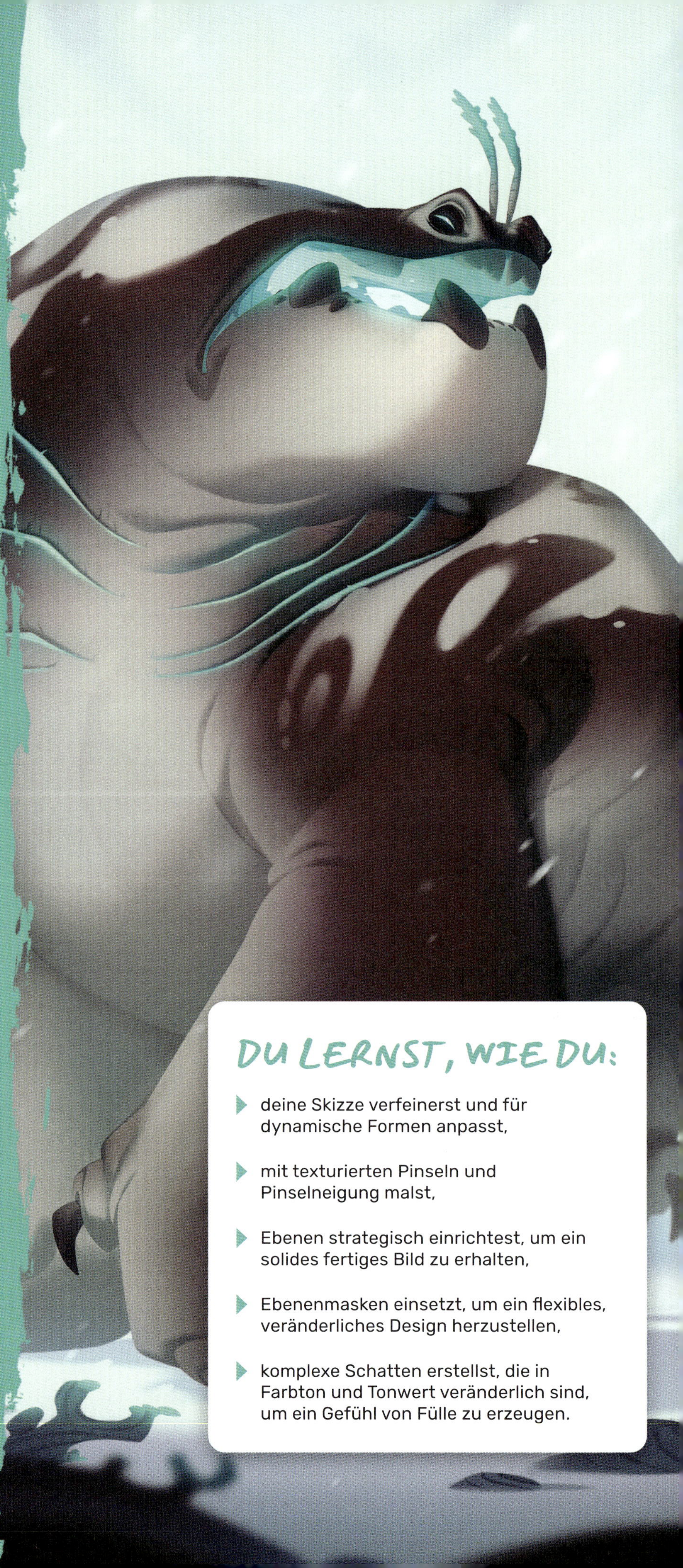

DU LERNST, WIE DU:

- deine Skizze verfeinerst und für dynamische Formen anpasst,
- mit texturierten Pinseln und Pinselneigung malst,
- Ebenen strategisch einrichtest, um ein solides fertiges Bild zu erhalten,
- Ebenenmasken einsetzt, um ein flexibles, veränderliches Design herzustellen,
- komplexe Schatten erstellst, die in Farbton und Tonwert veränderlich sind, um ein Gefühl von Fülle zu erzeugen.

01

Beginne mit einigen lockeren Skizzen. Falls du jetzt schon zu viele Details hinzufügst, könnte sich deine Arbeit steif anfühlen, und du stehst dir selbst im Weg. Wähle Taras Oval-Sketch-NK-Pinsel mit einer mittleren oder großen Pinselgröße, damit du gar nicht erst versucht bist, zu sehr ins Detail zu gehen. (Auf Seite 208 erfährst du, wie du Taras Oval-Sketch-NK-Pinsel herunterlädst.) Suche nach Formen, die dir gefallen, und lass dich von der Natur inspirieren. Denke darüber nach, welche einzigartigen körperlichen Eigenschaften von Tieren du spannend findest oder selten in Figuren umgesetzt siehst. Vielleicht kannst du diese irgendwie in deine Skizzen aufnehmen?

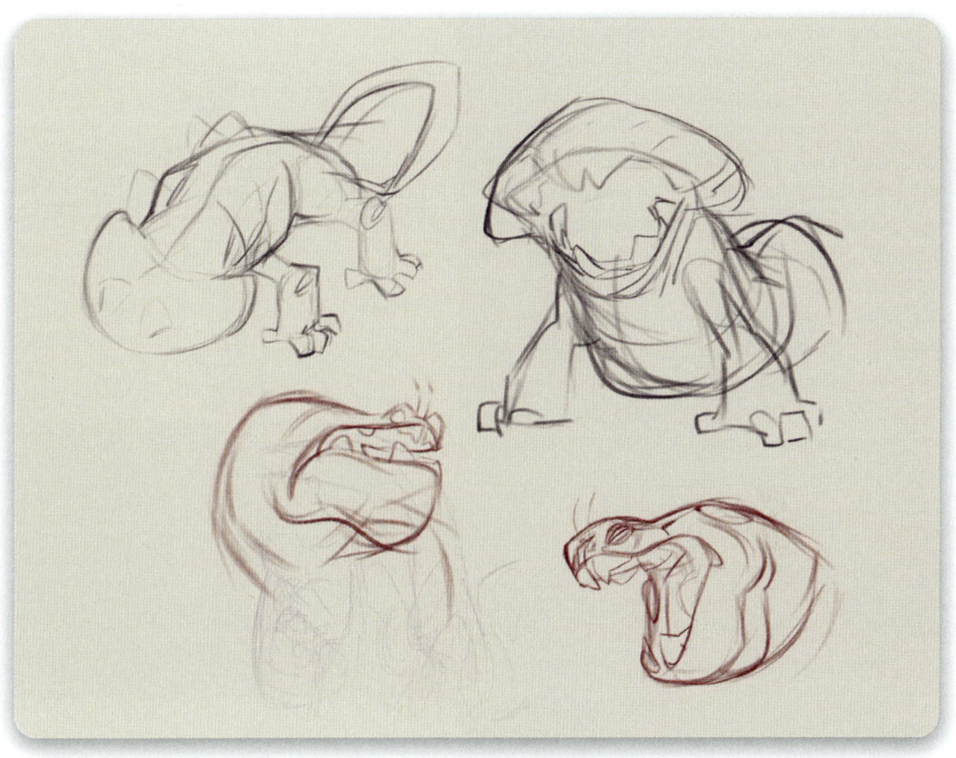

Erstelle eine Auswahl an lockeren Skizzen – vermutlich sind einige Versuche nötig, bis dir ein Entwurf gefällt.

02

Falls du merkst, dass ein Teil deiner Skizze besonders gut funktioniert (in Schritt 01 ist es der Kopf), duplizierst du die Ebene und verwendest jede weitere Version, um eine neue Pose oder Körperaufteilung auszuprobieren. Gehe auf Erkundungsreise – bei fantastischen Tierwesen kannst du neue und unerwartete Körperteile ergänzen, falls die Kreatur zu vertraut aussieht. Strebe in deiner Skizze nach kühnen, einfachen Formen und überfrachte den Entwurf nicht mit unnötigen Einzelheiten. Geradlinige Designs mit einem vernünftigen Maß an Details sind für den Betrachter einfacher zu verstehen. Außerdem kannst du diese Klarheit ausnutzen, um die Aufmerksamkeit auf Gebiete zu lenken, die du besonders hervorheben willst.

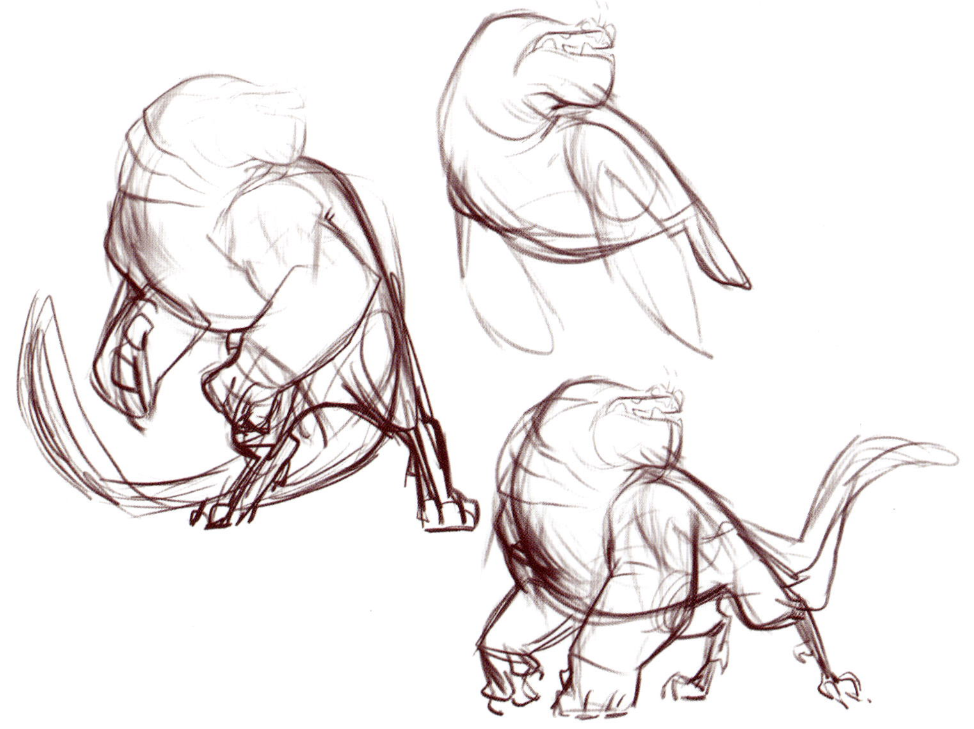

Probiere mit dem gewählten Kopf unterschiedliche Körper und Posen aus.

03

Wenn du zu Beginn frei und locker arbeitest, kann dir das helfen, schnell zu zeichnen, damit dir nicht der Schwung ausgeht und du beginnst, ins Detail zu gehen, statt neue Ideen zu erkunden. Eine Möglichkeit, die Skizzenphase zu beschleunigen, besteht darin, das Verflüssigen-Werkzeug zu benutzen. Falls ein Entwurf zu schief und ungleichmäßig aussieht oder du eine schwierige Linie schnell woanders hinziehen willst, ohne alles neu zu malen, benutze **Anpassungen > Verflüssigen**. Es gibt eine Vielzahl nützlicher Modi, mit denen du experimentieren kannst. Schieben erlaubt dir, deine Skizze hin- und herzuschieben, um neue Formen auszuprobieren, bevor du dich für einen Entwurf entscheidest.

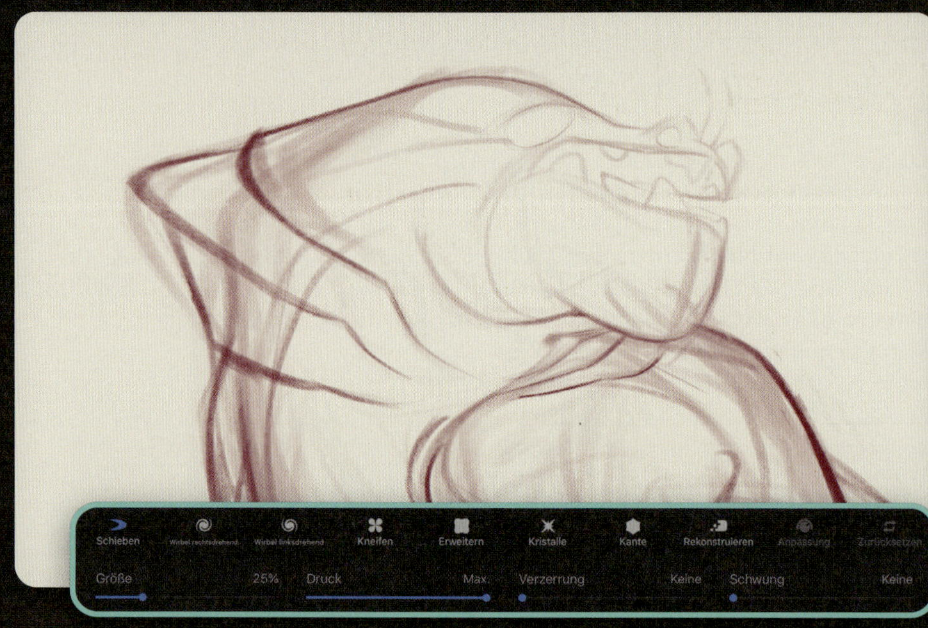

Ein extremes Beispiel dafür, was die Schieben-Funktion des Verflüssigen-Werkzeugs mit einer Skizze machen kann.

04

Wenn du eine Skizze mit starken Formen und einer guten Pose gezeichnet und zurechtgeschoben hast, reduziere die Ebenendeckkraft auf einen niedrigen Wert, sodass sie weiterhin sichtbar, aber nicht zu aufdringlich ist. Lege dann eine neue Ebene darüber an und verwende diese, um darauf sauberere, detailliertere Linien über die grobe Skizze zu malen. In diesem Stadium kannst du beginnen, das Design zu verfeinern und bestimmte Details hinzuzufügen, wie Fingernägel und Falten.

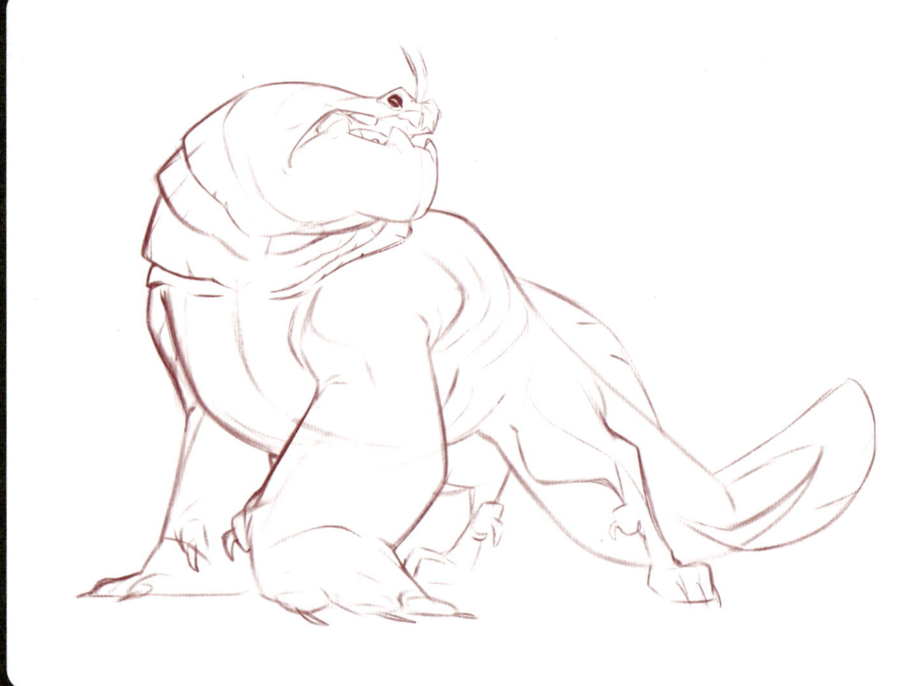

Die saubere Skizze, unter der noch schwach der erste Entwurf zu sehen ist – Arme und Schwanz wurden so verändert, dass die Aufmerksamkeit auf den Kopf gelenkt wird.

05

Bevor du mit der Farbe weitermachst, spiegelst du deine Leinwand. Das erlaubt dir, die Zeichnung aus einem neuen Winkel zu sehen und Schwächen zu erkennen, bevor du noch mehr Arbeit in das Bild investierst. Wähle **Aktionen > Leinwand > Leinwand horizontal spiegeln**. Oft erkennt man auf diese Weise Asymmetrien in den Augen oder Unregelmäßigkeiten bei den Gliedmaßen. Auch wenn es schmerzen könnte, solltest du dir angewöhnen, die Leinwand bereits frühzeitig und oft zu spiegeln. Du kannst fehlerhafte Stellen neu zeichnen oder sie mit Verflüssigen an die richtige Stelle rücken. Anschließend spiegelst du die Leinwand wieder zurück.

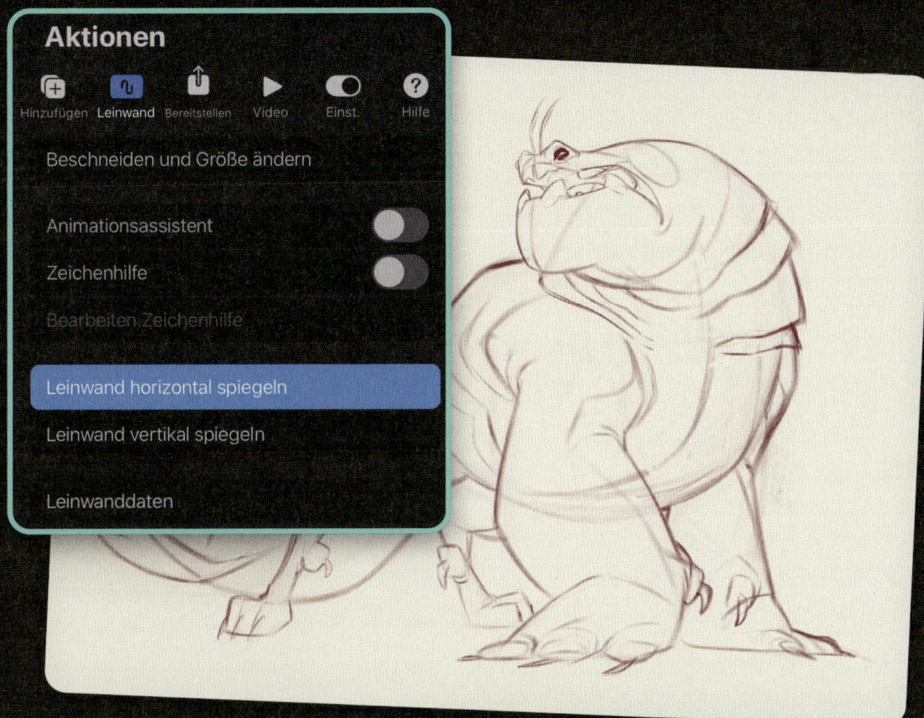

▶ Durch das Spiegeln wurde offenbar, dass Kiemen und Maul ein wenig unproportioniert waren – sie wurden dann vorsichtig geändert.

06

Deine saubere Skizze kannst du nun als Grundlage zum Malen verwenden. Stelle dazu den Überblendmodus auf Multiplizieren, damit er durchscheinend wird, und verringere die Deckkraft ein bisschen. Lege unter den Linien eine neue Ebene an. Diese dient nun als Basis für die farbige Figur. Wähle als Erstes eine starke Mitteltonfarbe.

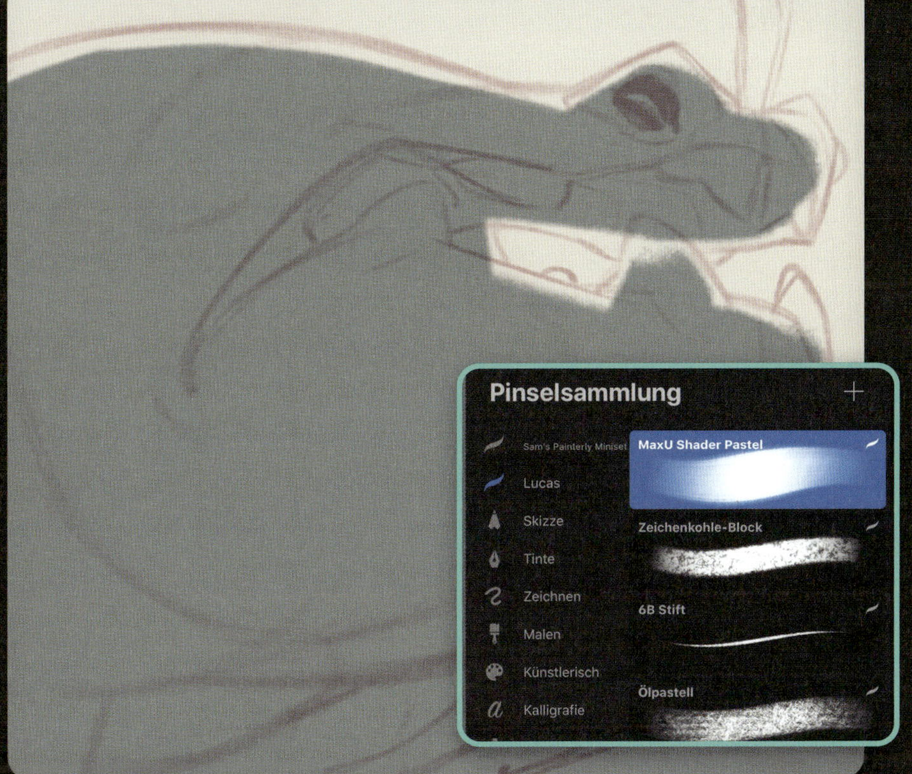

▶ Mit dem MaxU-Shader-Pastel-Pinsel kannst du schnell größere Bereiche farbig ausmalen.

07

Zeichne auf diese neue leere Ebene mit der Mitteltonfarbe den Umriss der Figur ordentlich. Verwende zunächst den Max-Shader-Pastel-Pinsel, da er breit ist und große Formen schnell überdecken kann. (Wie du diesen Pinsel herunterlädst, erfährst du auf Seite 208.) Wechsle wieder zu Taras Oval-Sketch-NK-Pinsel, um sicherzustellen, dass die Kanten schön sauber sind. Das kann ein wenig Zeit kosten, sei also geduldig – wenn du hier exakt arbeitest, wird später alles recht einfach.

▶ Erzeuge einen knackigen Umriss oder experimentiere mit lockereren texturierten Formen, wenn du einen eher lässigen Stil wünschst.

08

Die gerade erzeugte Silhouette kann jetzt als Maske dienen, um die einzelnen Farben, die du nun hinzuzufügen beginnst, innerhalb der Linien deines Entwurfs zu halten. Wechsle zuerst auf die blasse Farbe für den Bauch der Kreatur. Dazu aktivierst du **Anpassungen > Farbton, Sättigung, Helligkeit** und stellst die Grundfarbe so ein, dass sie einen mittleren Hautton zeigt. Verwende dann die Maskenform, um die dunkle Farbe des Rückens auf einer eigenen Ebene hinzuzufügen.

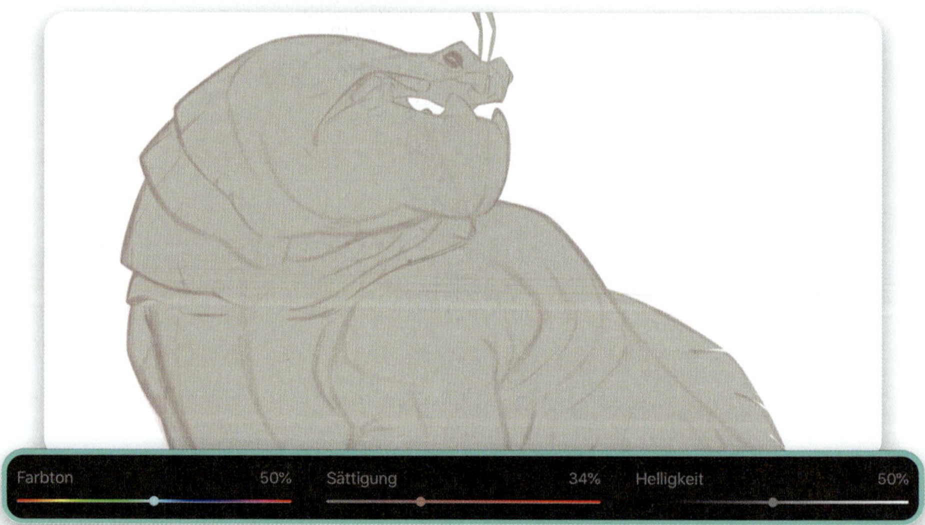

▶ Das laufende Anpassen der Farben ist einer der Hauptvorteile beim Arbeiten mit maskierten Ebenen – alles kann während der Arbeit geändert werden.

09

Öffne das Ebenenmenü und tippe auf Auswählen. Um die Silhouette herum tauchen schwache diagonale Linien auf, die anzeigen, dass die Form auf der Grundebene ausgewählt wurde. Lege bei aktiver Auswahl eine neue Ebene an, tippe auf die neue Ebene, um das Menü mit den Optionen zu öffnen, und wähle Maskieren aus.

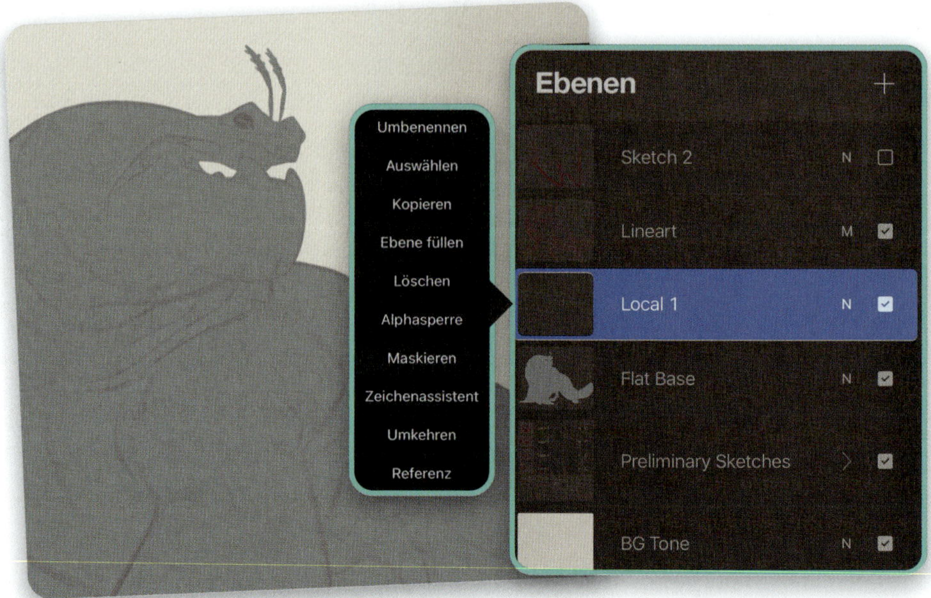

▶ Wenn dir Masken noch nicht vertraut sind, solltest du zuerst ein bisschen experimentieren, bevor du es mit einem so großen Projekt versuchst.

10

Über der neuen Ebene im Ebenen-Popover erscheint eine schwarz-weiße Ebenenmaske, die die schwarz umrandete weiße Form des Umrisses deiner Figur zeigt. Dupliziere sie (gemeinsam mit ihrer Maske) mehrere Male. Dies werden die Farbebenen für deine Kreatur. Die Funktion der Masken besteht darin, alle neuen Farben innerhalb der Linien des Entwurfs zu halten und gleichzeitig die Flexibilität für spätere Änderungen zu bewahren. (Diese Masken können auch einzeln bearbeitet werden.)

KÜNSTLERTIPP

Das Denken in Masken und Ebenen kann kompliziert sein, wenn du es nicht gewohnt bist. Sei mit dir selbst geduldig. Wenn du dir die Zeit nimmst, die Grundlagen zu erlernen, erweisen sich Masken als sehr machtvoll und vielseitig. Die Flexibilität, die sie bieten, ist dann nützlich, wenn ein Kunde plötzlich möchte, dass etwas blau statt rot ist.

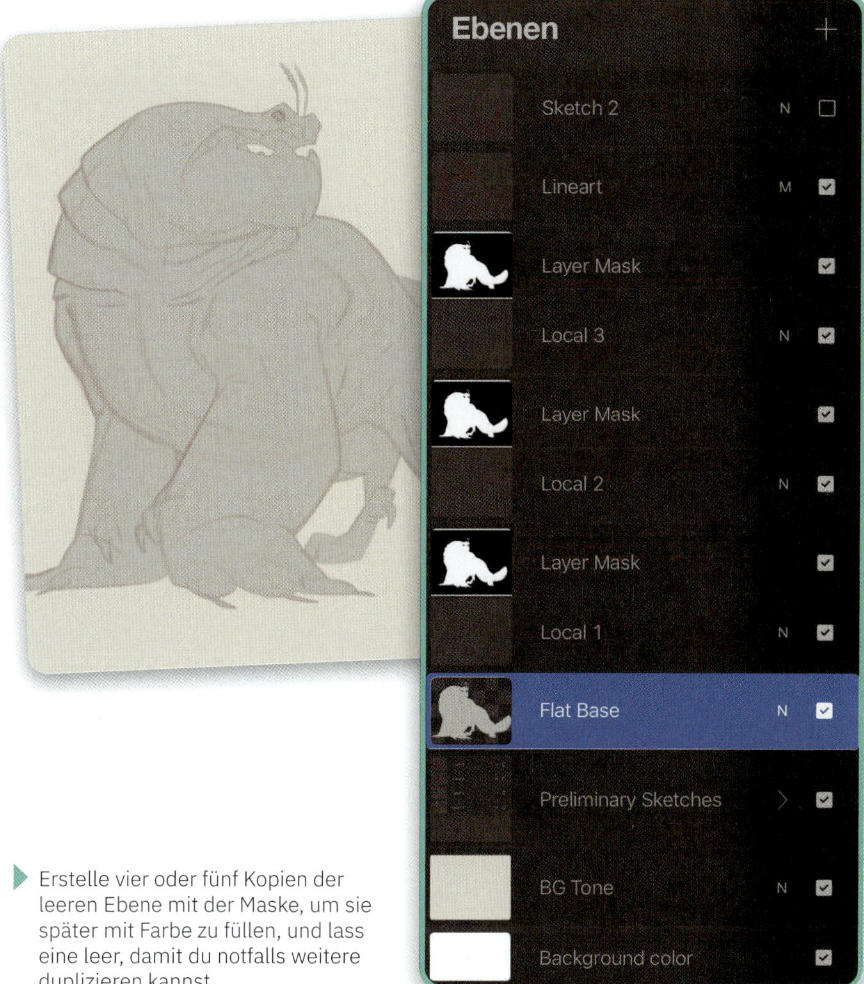

Erstelle vier oder fünf Kopien der leeren Ebene mit der Maske, um sie später mit Farbe zu füllen, und lass eine leer, damit du notfalls weitere duplizieren kannst.

11

Male mit einem Weichen Airbrush die erste Farbe in die maskierte Ebene. Pass auf, dass du nicht versehentlich die Maske selbst auswählst und ausmalst. Nimm Rot für den Rücken der Kreatur. Du siehst, dass die Farbe nicht über den Umriss des Entwurfs hinausragt. Die Maske erlaubt dir, innerhalb dieser Begrenzungen frei zu malen. Pass den Rotton mit den Farbton-, Sättigung- und Helligkeit-Reglern an. Verringere Sättigung und Helligkeit, um einen Kohleton zu erzielen. Wie du siehst, wird die Ebene mit dem Unterbauch nicht beeinträchtigt, sondern es ändert sich nur das Rot.

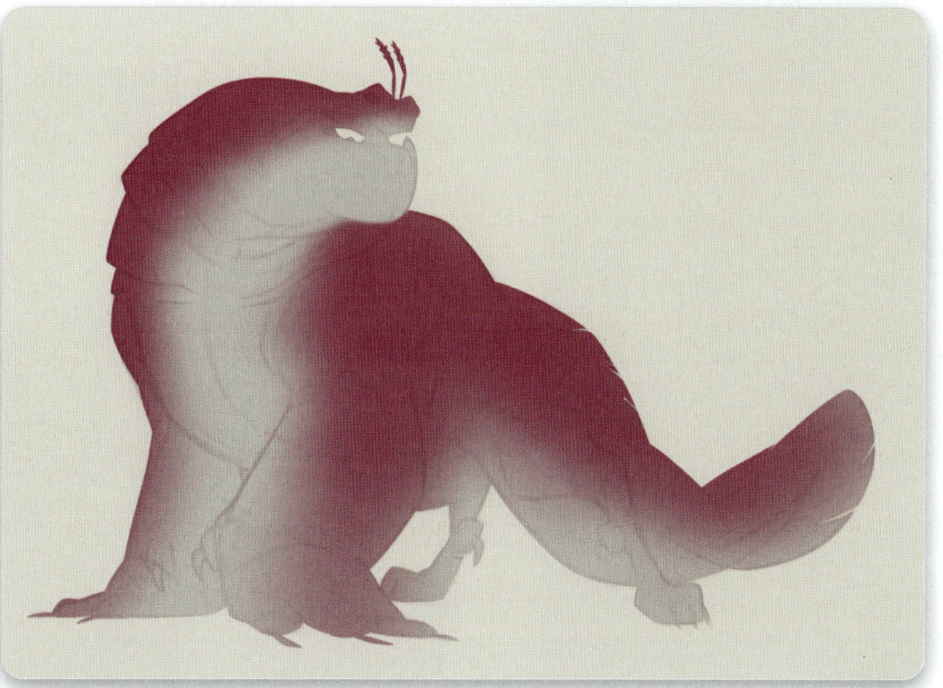

Die rote Farbe wurde hier rein zufällig gewählt – sie soll nur demonstrieren, wie die Farben nachträglich geändert werden können.

12

Wähle mit derselben Technik eine neue Ebene aus der Gruppe der maskierten Ebenen, die du in Schritt 10 dupliziert hast. Im Allgemeinen lassen sich Zonen mit Lokalfarben in separate Ebenen wie diese zerlegen. Lokalfarbe ist ein Begriff, der die wahre Farbe eines Objekts ohne Beeinflussung durch Licht oder Schatten bezeichnet. Dein Haar besitzt nicht die gleiche Lokalfarbe wie deine Haut und dein Hemd unterscheidet sich von deinem Haar – du würdest diese Elemente daher auf separate Ebenen legen. Diese Ebenenstruktur ist dann sinnvoll, wenn du später Änderungen an den einzelnen Farben vornehmen willst, ohne die umgebenden Farben zu ändern. Male mit Hellgrau das Orca-inspirierte Muster in eine maskierte Ebene auf den Rücken der Kreatur.

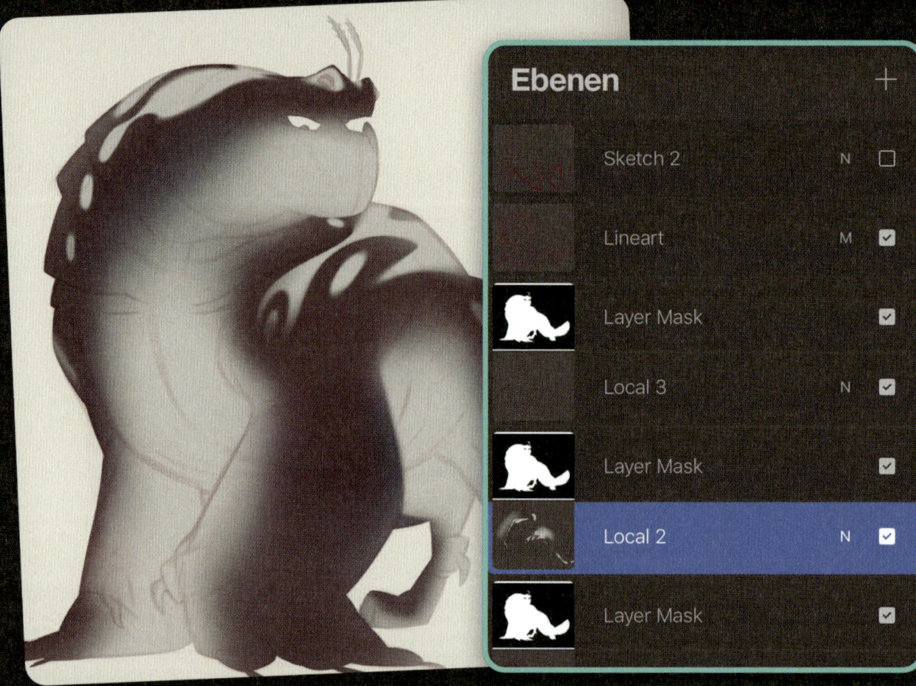

▲ Je mehr Texturen und Muster verwendet werden, desto mehr Spaß macht es später, die Wirkung von Licht und Schatten auf der Form zu beobachten.

13

Mach jetzt so weiter und male Augen, Haare, Fingernägel, Schichten von Kleidung oder andere Dinge, die einen farblichen Bruch vom Rest des Entwurfs benötigen. Nutze für diesen Schritt maskierte Ebenen und Tara's Oval-Sketch-NK-Pinsel, um das Auge, die blaugrünen Flossen an Rücken und Schwanz und das leuchtend türkisfarbene Innere des Mauls zu malen.

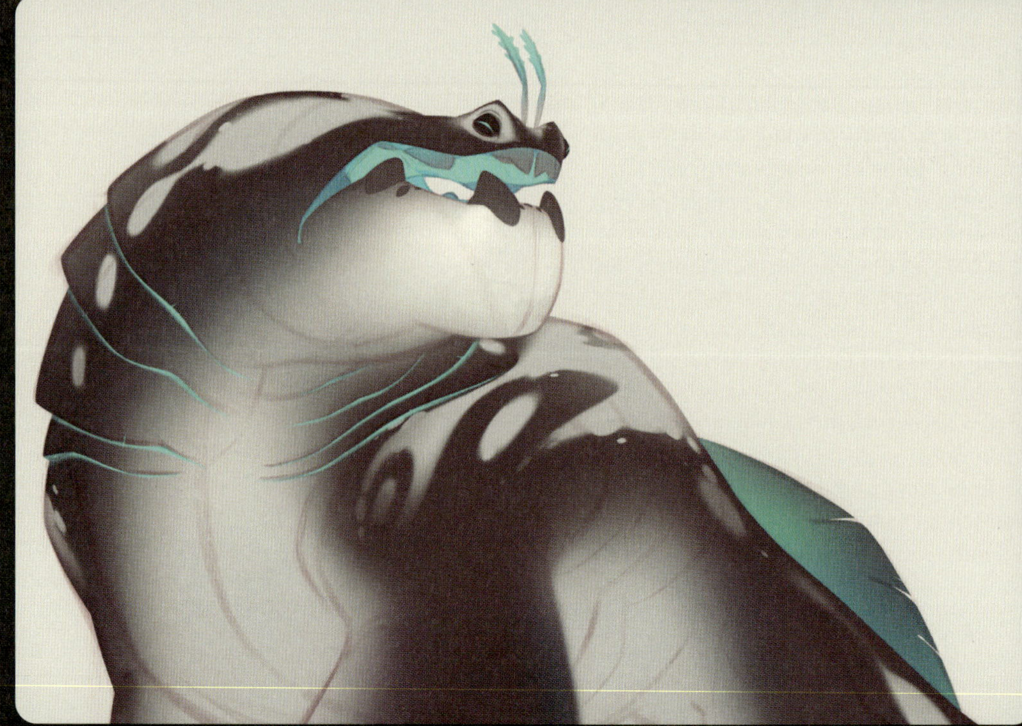

▶ Die Linien deiner Skizze dienen als Hilfe beim Aufbringen der Farbe und bei den folgenden Entwicklungen – exakte Linien führen zu einem besseren Ergebnis.

14

Jede Ebene mit einer Lokalfarbe kann am Anfang aus einer einzelnen Farbe bestehen. Manche Bereiche verlangen allerdings eine größere Farbkomplexität. Um ein Leuchten oder einen Verlauf innerhalb einer Form zu erzeugen, die du gemalt hast, setze eine Alphasperre auf den Pixeln dieser Ebene. Das kleine Ebenenvorschaubild wird mit einem Schachbrettmuster gefüllt. Das deutet an, dass die Pixel dieser Ebene nun gesperrt sind und alles Neue, das du auf diese Ebene malst, innerhalb der bereits gemalten Pixel bleibt.

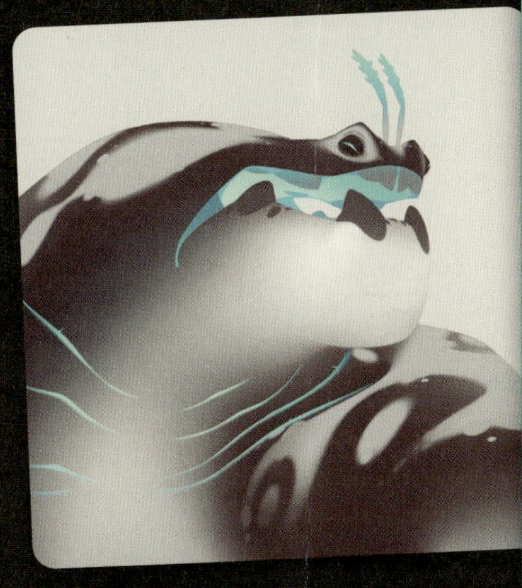

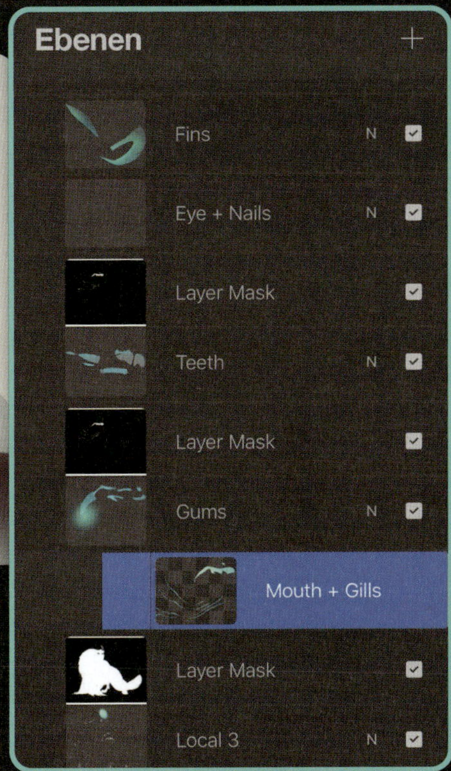

Beachte das Schachbrettmuster auf dem Ebenen-Thumbnail – prüfe immer, ob die Pixel auch tatsächlich gesperrt sind.

15

Sobald die Pixel gesperrt sind, wähle eine neue Farbe im Farbmenü aus und beginne mit einem Weichen Airbrush mit kleiner Pinselgröße zu malen. Setze ein helleres Türkis hinten in das Maul der Kreatur. Damit deutest du an, dass aus der Tiefe seines Körpers Licht strömt. Durch die Alphasperre gelangt die helle Farbe nicht über die Form des Mauls hinaus, die du bereits gemalt hast.

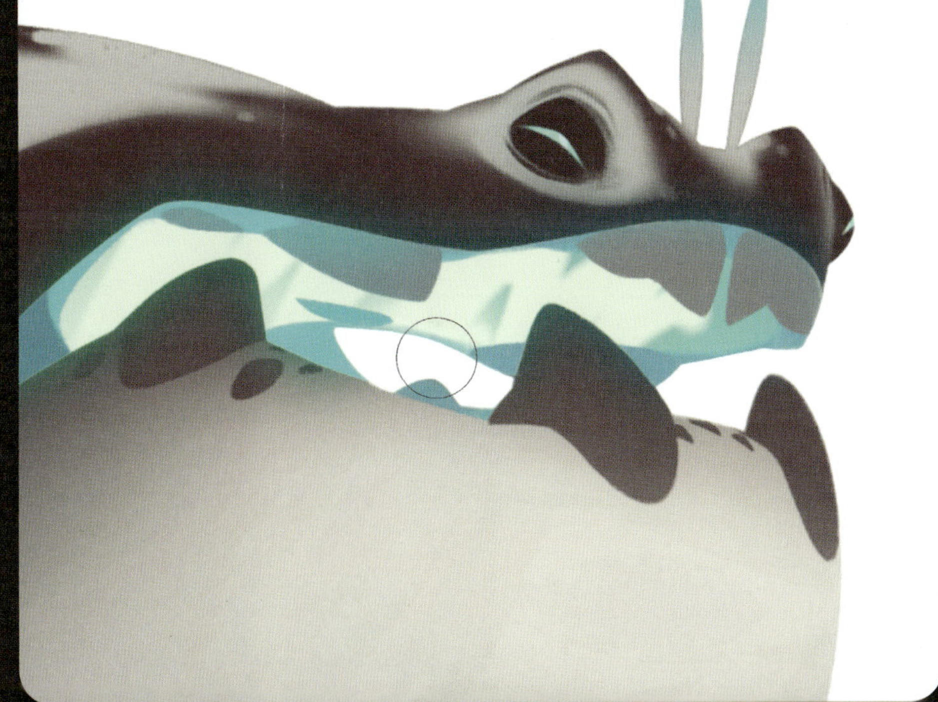

Verwende die Alphasperre, um ein Leuchten oder einen Verlauf innerhalb einer bereits gemalten Form zu erzeugen.

16

Das Einrichten und Anpassen der Lokalfarben und das Hinzufügen der komplexen Änderungen kann eine Weile dauern. Suche dir deshalb einen guten Podcast oder ein Hörbuch, falls diese kleine Ablenkung dich nicht allzu sehr stört. Es lohnt sich, sauber und gründlich zu arbeiten, da der weitere Prozess deutlich geschmeidiger verläuft, wenn die Grundfarben eine gute Form haben. Denke daran, die Skizzenebene gelegentlich auszublenden, um zu prüfen, wie gut der Entwurf ohne die Linien funktioniert.

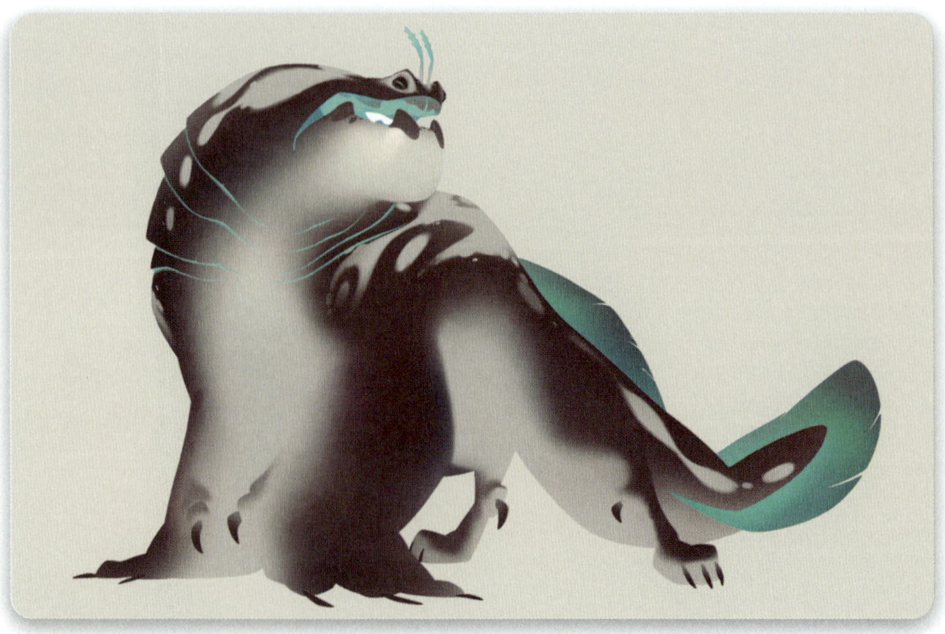

In diesem Stadium sollten die Formen und Farben kräftig wirken, ohne zu detailliert ausgearbeitet zu sein – beim Feinschliff wird der Rest ergänzt.

17

Wenn du die Lokalfarben eingerichtet hast, kannst du beginnen, mithilfe von Licht und Schatten Formen hinzuzufügen. Lege über den lokalen Farben, aber unter der Skizzenebene (die weiterhin als Hilfe dient) eine neue Ebene an, die du auf Multiplizieren stellst. Scrolle nach unten zur Basisebene, mit der du das Ausmalen begonnen hast, tippe sie einmal an, tippe auf Auswählen und kehre bei aktiver Auswahl zu deiner neuen Multiplizieren-Ebene zurück. Tippe diese einmal an und wähle Maskieren.

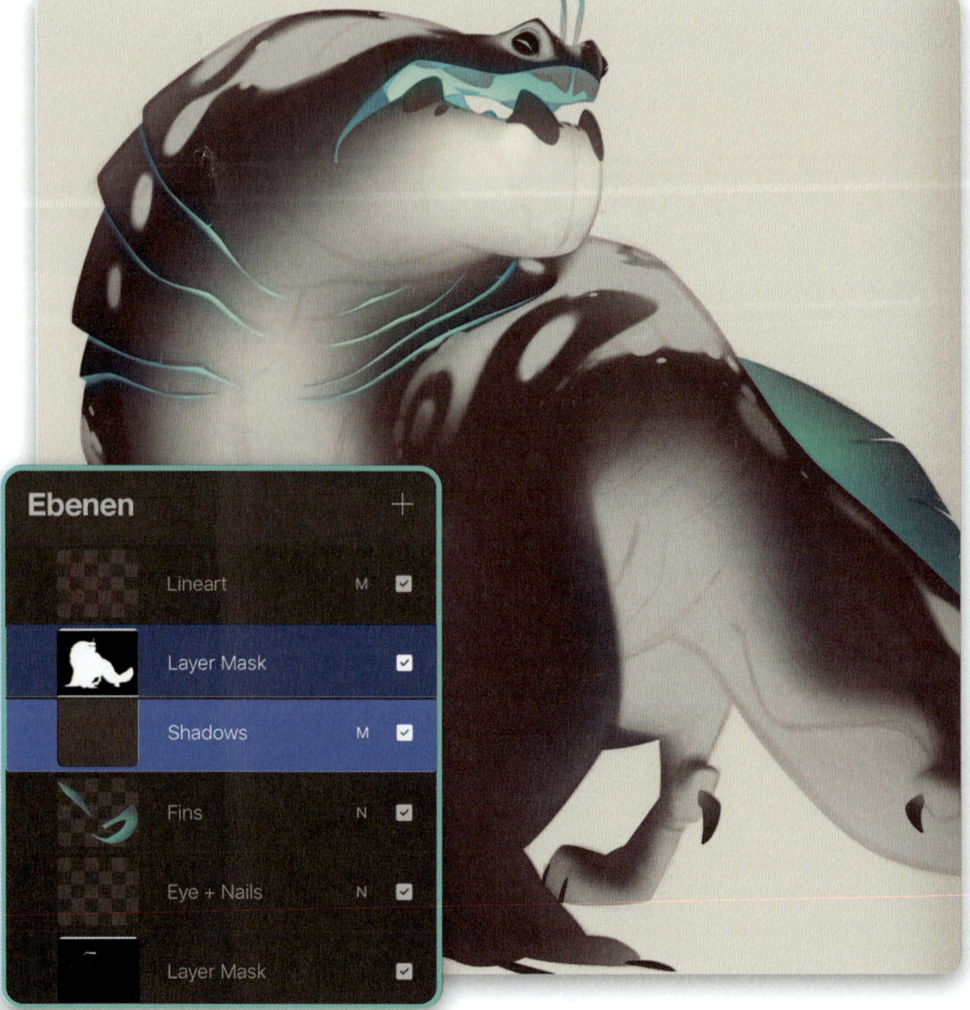

Diese maskierte Ebene wird einen Großteil der Schatteneffekte übernehmen – versuche, mehrere Schatten übereinanderzulegen, um zusätzliche Komplexität zu erzielen.

18

Die Multiplizieren-Ebene dient als hauptsächliche Ebene für die Schatten in deinem Entwurf. Da Multiplizieren die Pixel auf der Ebene durchscheinend macht, wird alles, was du auf diese Ebene malst, halb durchsichtig über den Lokalfarben darunter liegen. Wähle ein blasses Blau aus (oder experimentiere mit verschiedenen Schattentönen) und beginne, dort zu malen, wo sich die Schatten sammeln. Beachte die Richtung deiner Lichtquelle, die Ausbildung der Anatomie deiner Kreatur und die Helligkeit (oder Gedämpftheit) deiner Lichtquelle.

▶ Denke beim Malen der Schatten an die Weichheit oder Schärfe der Kanten – weiche Kanten bedeuten runde Formen, während scharfe Kanten harte Ränder implizieren.

19

Einer der größten Vorteile dieses Arbeitens in Ebenen besteht darin, dass deine Schatten gemalt werden können, ohne die farbigen Ebenen darunter dauerhaft zu verändern. Das bedeutet, du kannst ohne Bedenken Schatten hinzufügen, verschmieren und entfernen. Benutze den Max-Shader-Pastel-Pinsel, um große texturierte Bereiche mit weichen Schatten hineinzumalen, und Tara's Oval-Sketch-NK-Pinsel für enger gesetzte Fältchen und abrupte Wechsel in der Form. Harte Schatten kannst du mit dem Verwischen-Werkzeug, dessen Pinsel du auf Max-Shader-Pastel gesetzt hast, vorsichtig weichzeichnen.

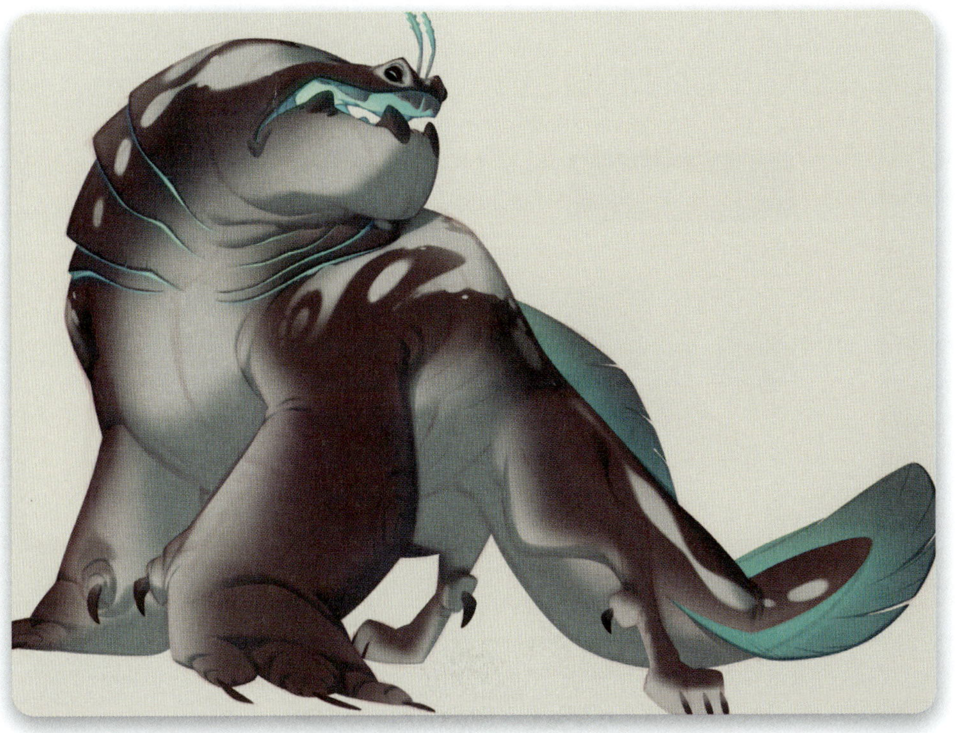

▶ Dabei wirkt es am besten, wenn du eine gute Mischung schaffst aus scharfen Kanten, bei der sich die Form abrupt ändert, und sanften Verläufen, wo du dir rundere Formen wünschst.

20

Wie bei den Ebenen mit den Lokalfarben malst du deine Schatten zuerst mit einer einzigen Farbe und konzentrierst dich auf die Form und den Eindruck der Form. Anschließend fügst du Farbe und Komplexität hinzu. Um deinen Schatten Farbe hinzuzufügen, sperrst du die Pixel auf der Ebene mit einer Alphasperre und benutzt dann den Weichen Airbrush, um die Schattenfarbe ein bisschen zu verschieben. Pinsele vorsichtig Rot- und Goldtöne auf, wenn die Wirkung von hellem Licht angedeutet werden soll. Helles Blau und Blaugrün wiederum eignen sich an Stellen, an denen kühles Licht reflektiert werden soll. Tiefe Falten und Vertiefungen verdeutlichst du, indem du dunklere Blau- und Lilatöne verwendest.

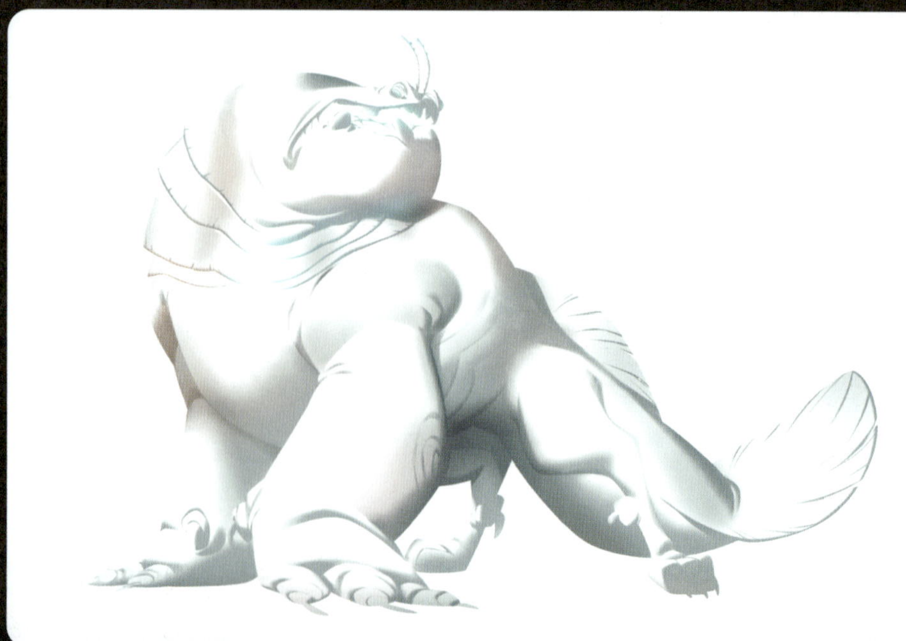

▲ Dies ist die fertige Schattenebene, wenn alle Lokalfarben und die Basisebene deaktiviert sind – beachte die Unterschiede in Farbe und Helligkeit.

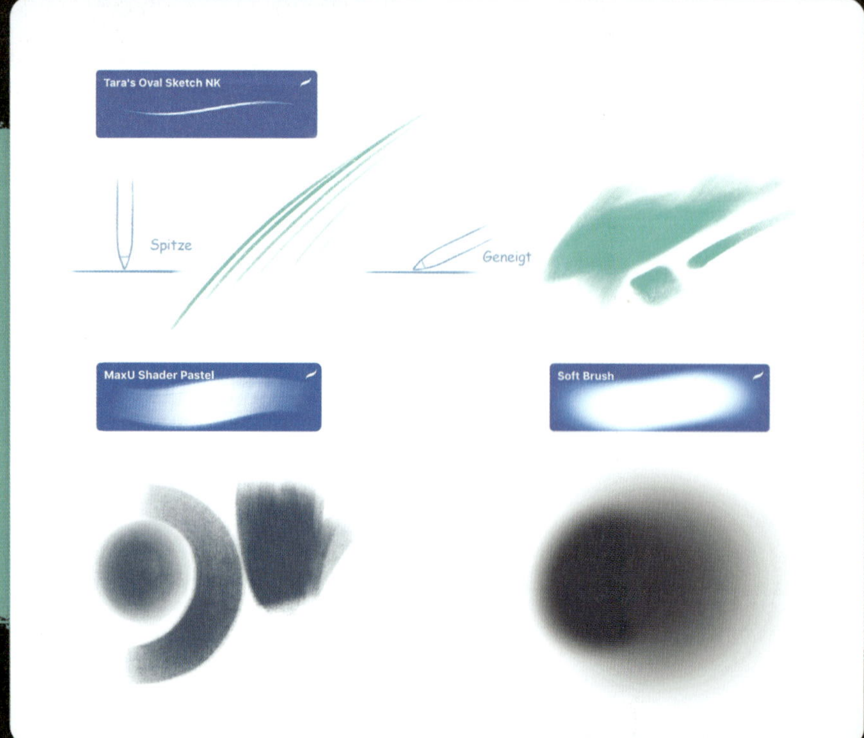

KÜNSTLERTIPP

Es erfordert Übung, die harten und weichen Kanten zu meistern. Tara's Oval-Sketch-NK-Pinsel malt mit einer scharfen Linie, wenn du den Stift auf der Spitze benutzt. Wenn du ihn neigst, wird eine weichere Kante erzeugt. Mische dies mit dem Max-Shader-Pastel-Pinsel und dem Weichen Airbrush, und du erhältst eine Vielzahl von Kantenvariationen.

21

Bei diesem Vorgehen definieren die Schatten die Form des Lichts (vergleichbar mit vielen Wasserfarbentechniken). Überlege, wo Glanzlichter oder Leuchteffekte angebracht sein könnten, um die Form klarer werden zu lassen. Lege dazu eine neue Ebene an, die du auf Ineinanderkopieren setzt. Male als Nächstes mit dem Weichen Airbrush, den du auf eine große Pinselgröße gestellt hast und mit hellen Farben benutzt, Bereiche strahlenden Lichts über die Kreatur. Sei aber vorsichtig und zurückhaltend – wenn du es hier übertreibst, wirkt der Bereich überbelichtet.

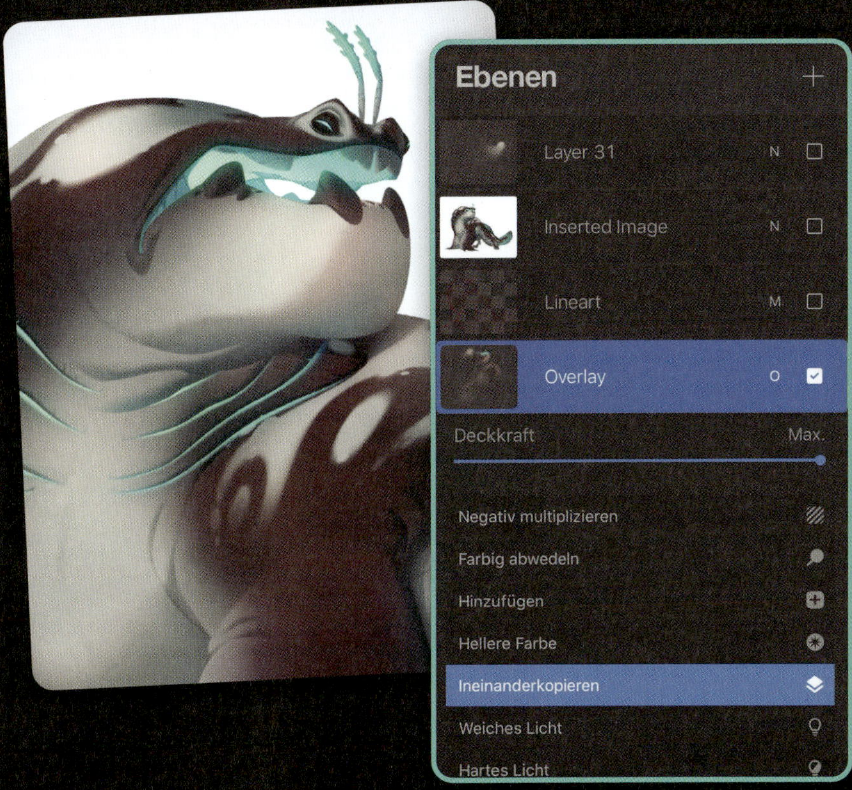

Der Effekt ist hier subtil, dennoch verleiht das Leuchten am Maul und auf dem Buckel am Hals dem Licht eine gewisse Glaubwürdigkeit.

22

Lege schließlich eine neue Ebene mit dem Überblendmodus Normal an. Auf dieser Ebene fügst du die letzten Details hinzu. Erzeuge Lichtränder, spezielle Glanzlichter oder glänzende Flecken – kleine, klärende Details in Bereichen der Anatomie, die noch nicht eindeutig dargestellt werden. Je nach deinen Vorlieben und der verfügbaren Zeit kann dies relativ lange dauern. Die starke Basis aus Lokalfarben, Licht und Schatten, die du unter dieser Ebene erschaffen hast, trägt zum Erfolg dieser Aktion bei.

Kleine Ergänzungen – Glanzlichter auf den Zähnen, eine Pupille für das Auge, ein bisschen Licht auf dem Kiefer.

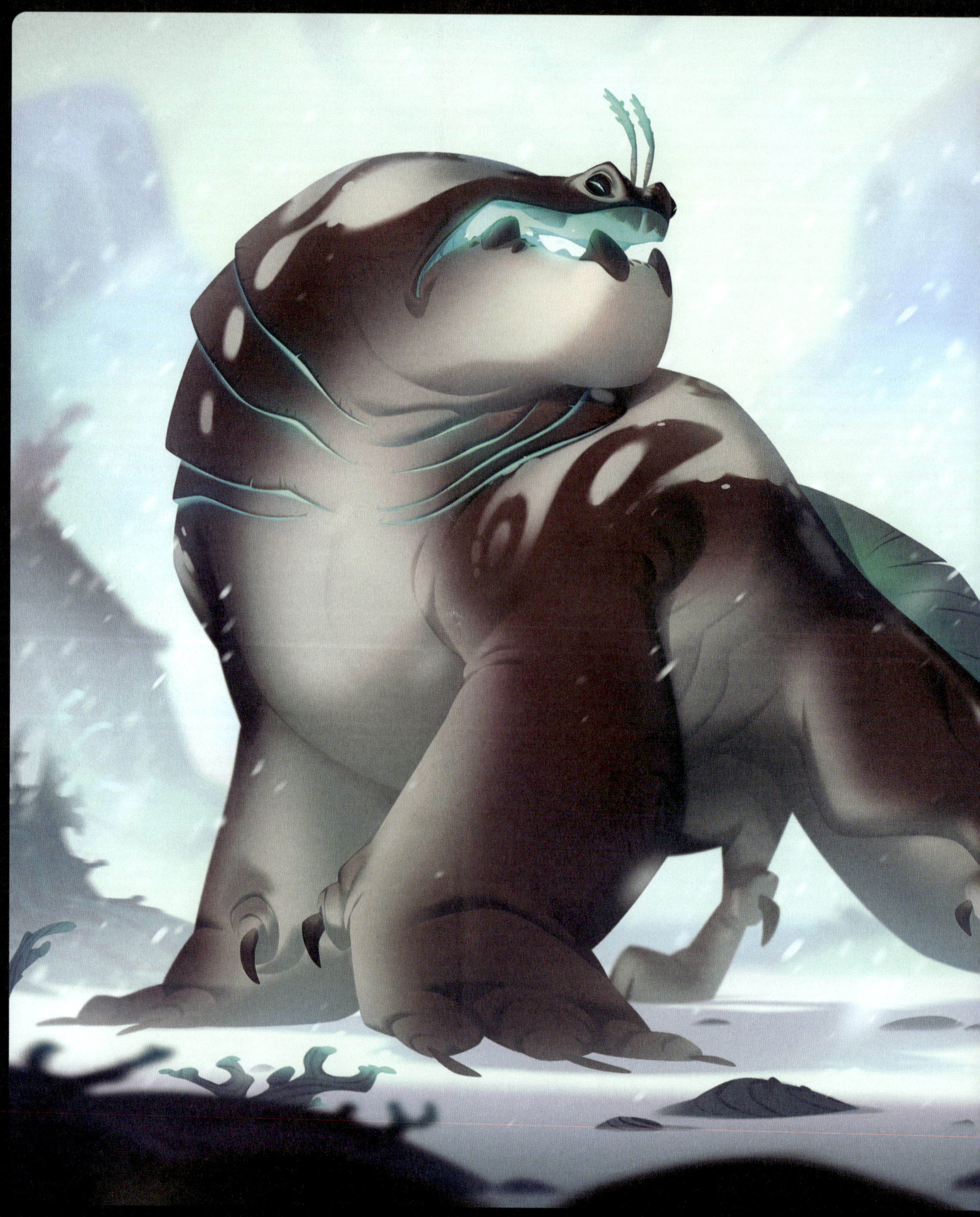

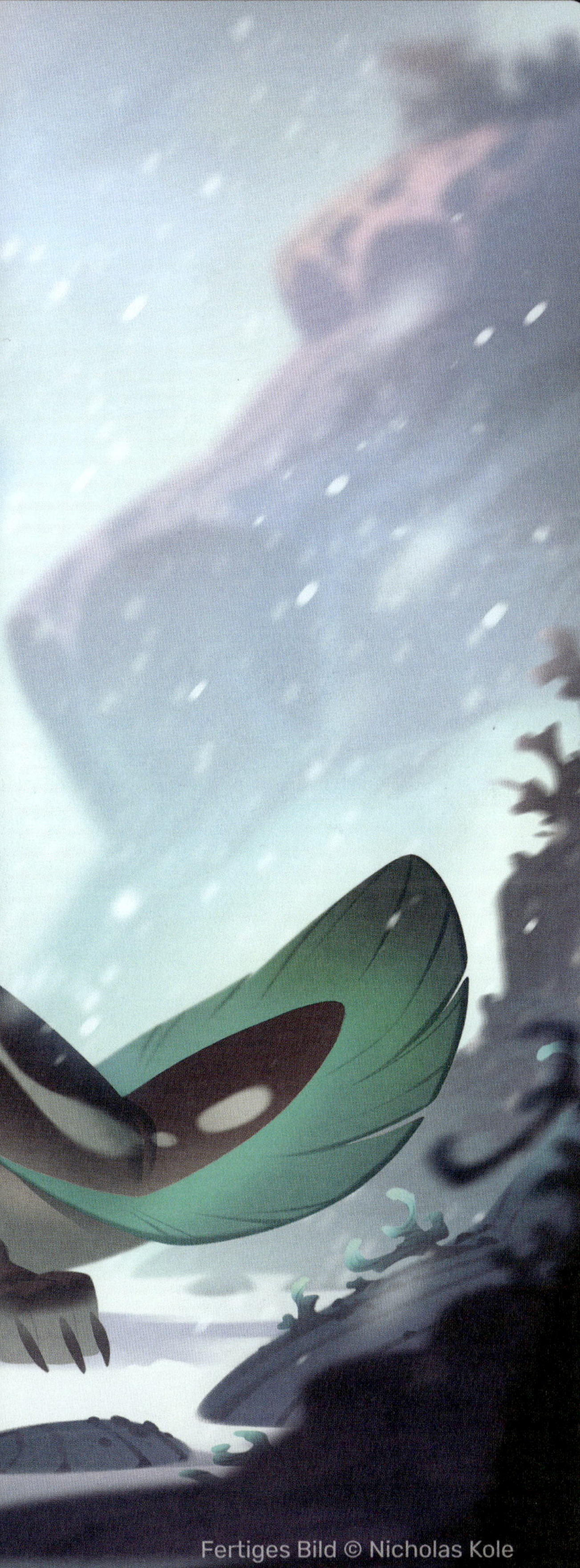

Fertiges Bild © Nicholas Kole

23

Ein Hintergrund kann dazu beitragen, einen Kontext und einen Größeneindruck zu liefern. Weniger ist mehr, füge deshalb nicht zu viel Kontrast oder zu viele ausführliche Details hinzu, die die Aufmerksamkeit von deiner Kreatur ablenken. Eine verschneite Tundra aus einer anderen Welt eignet sich sehr gut für diese Kreatur – schließlich wurde sie durch Tiere aus kalten Klimazonen inspiriert. Nutze helle Tonwerte und einen niedrigen Kontrast hinter der Figur, damit sie deutlich hervortritt. Mache Ebenen entsprechend ihrer Entfernung von der Kreatur unscharf, damit das Gefühl einer flachen Tiefenschärfe entsteht – auch dadurch wird die Aufmerksamkeit gelenkt. Ein Schlagschatten, weicher Dunst und Schneeflocken runden den Entwurf ab. Das Ergebnis ist visuell ausreichend interessant, ohne den Blick von dem Monster abzulenken. Wenn dir das Bild gefällt, kannst du es exportieren (siehe Seite 18).

◀ Der Hintergrund setzt die Kreatur in ihre natürliche Umgebung und hebt sie hervor, lenkt aber selbst nicht ab.

FERTIGES BILD

Wenn du dieses Tutorial abgeschlossen hast, besitzt du eine robuste, flexible, mit Ebenen ausgestattete Datei mit einer Fantasy-Kreatur, die du nun nach Belieben weiterbearbeiten kannst. Das System der Masken und Überblendmodi in Procreate ist dir nun deutlich vertrauter als zuvor. Versuche beim nächsten Mal, die verschiedenen Masken einzeln zu verändern, damit du sehen kannst, welche Nuancen sich damit umsetzen lassen. Arbeite doch einmal mit einer grob texturierten Basis oder schichte mehrere Schattenebenen übereinander. Die Maskierung ist vielleicht zu Anfang schwer zu verstehen, aber wenn du sie einmal gemeistert hast, kannst du auf diesem Wissen aufbauen und komplexe, professionelle Werke erschaffen.

Unten: Wanderung

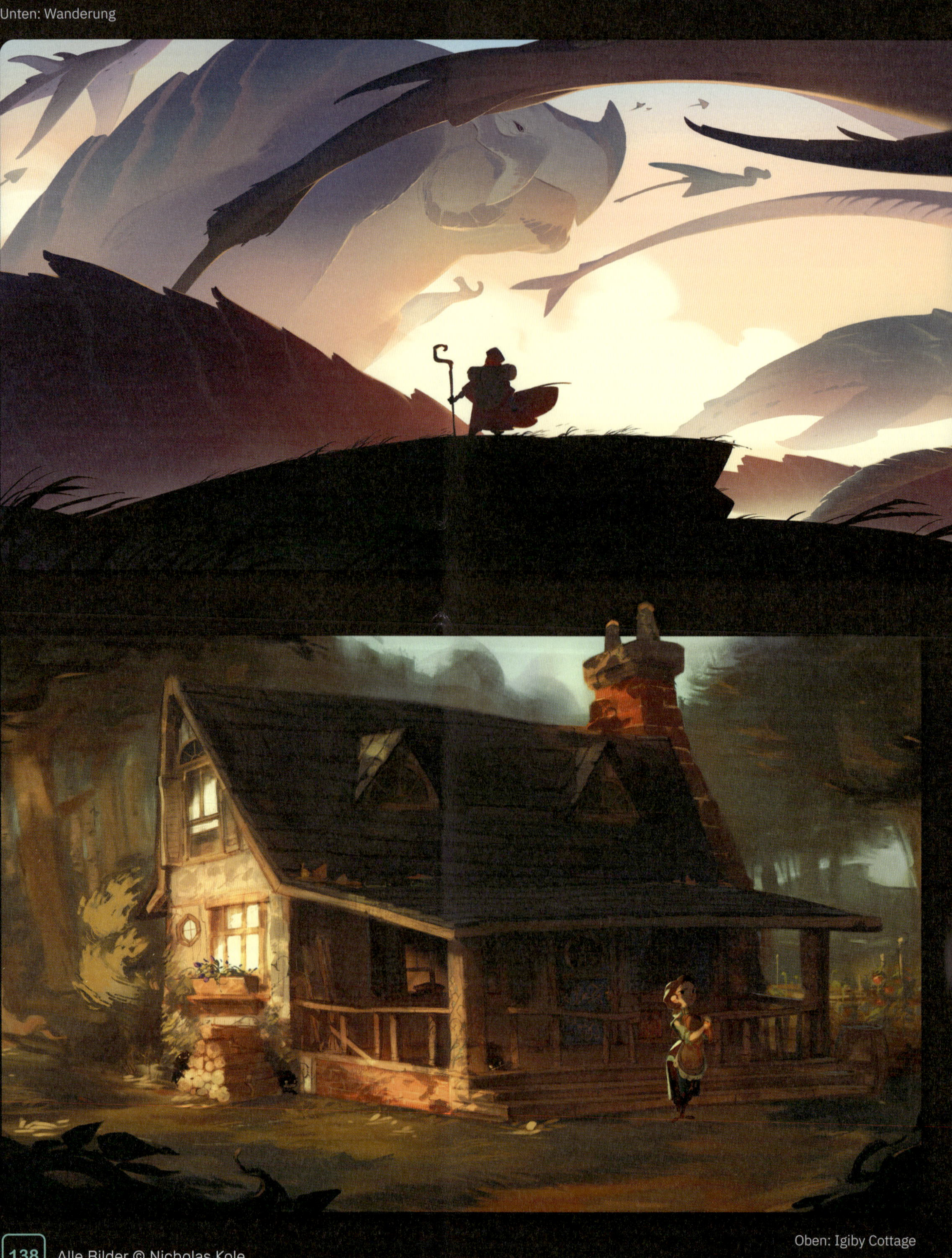

Oben: Igiby Cottage

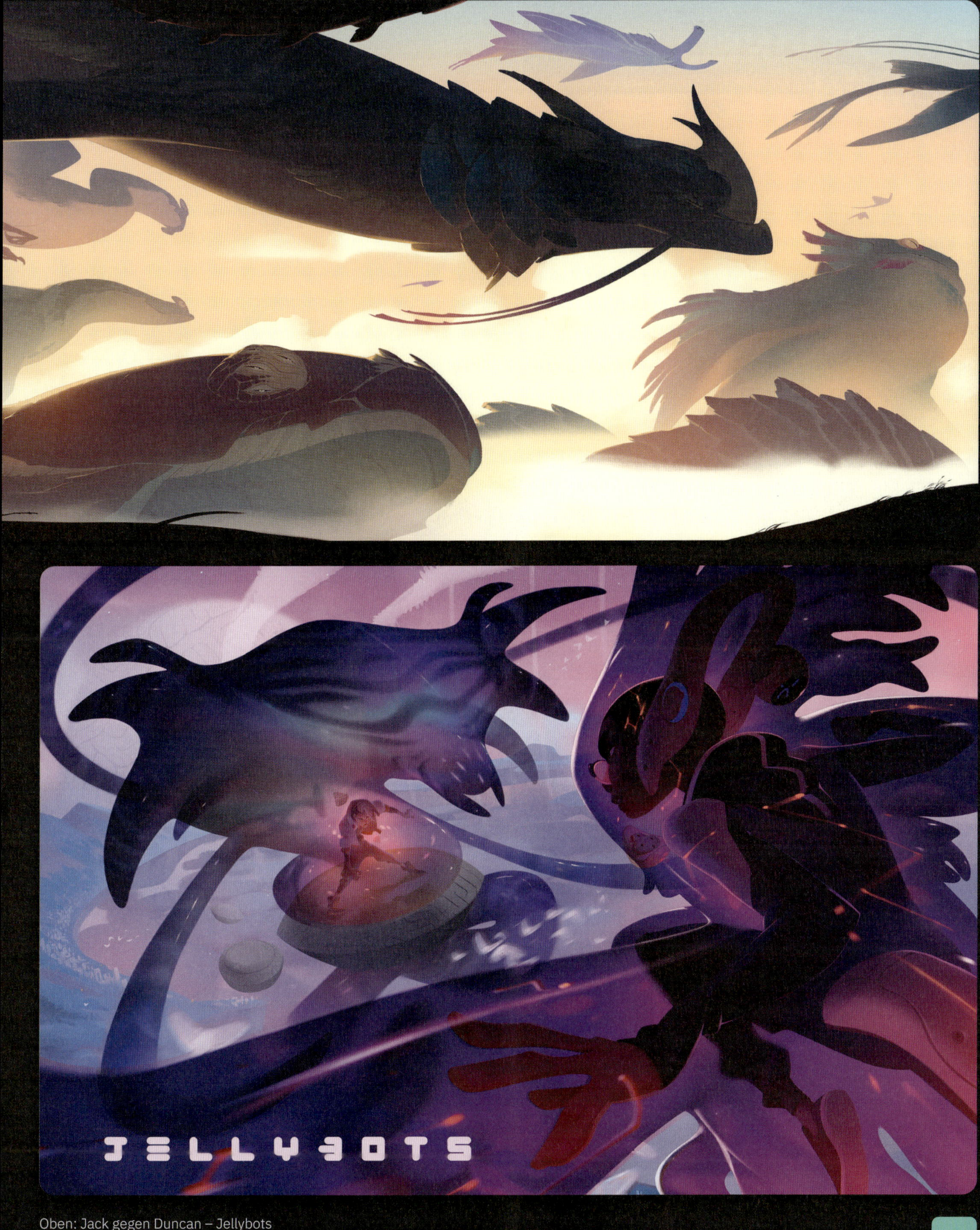

Oben: Jack gegen Duncan – Jellybots

TRADITIONELLE MEDIEN

Max Ulichney

Künstler lernen oft, dass sie sich auf Design und Technik konzentrieren sollen, dabei ist es durchaus wichtig, über die Motive einer Figur und das Storytelling nachzudenken. Charaktere verdienen einen inneren Monolog und eigene Wünsche und Begehren. Dieses Tutorial zeigt dir, wie du eine lustige, nostalgische Szene mit einem Jungen erschaffst, der sich an einem sonnigen Nachmittag nach der Schule die Schallplatten seines älteren Bruders anhört, obwohl er eigentlich seine Hausaufgaben erledigen oder sein unordentliches Zimmer aufräumen sollte. Das Bild wird darüber hinaus hübsche Details zum Weiterspinnen der Geschichte enthalten, wie seine Katze und ein Poster seines Idols.

Dieses Tutorial behandelt grundlegende Pinseltechniken sowie die Erstellung eines neuen Gouache-Pinsels. Du lernst, wie du in Procreate auf eine ausdrucksvolle Weise malst, die die verspielte Energie des Motivs verstärkt. Dazu nutzt du eine Kombination aus analog-inspirierten Techniken und digitaler Flexibilität, mit der du ein Bild erschaffst, das satt, warm und traditionell gemalt aussieht, während du gleichzeitig die Stärken von Procreate ausnutzt.

Außerdem verrät dir das Tutorial einige Tricks für komplexe Perspektiven, für die du Procreates Zeichenhilfe verwendest und die das Konstruieren von Szenen einfacher machen als jemals zuvor in der digitalen Malerei.

SEITE 208

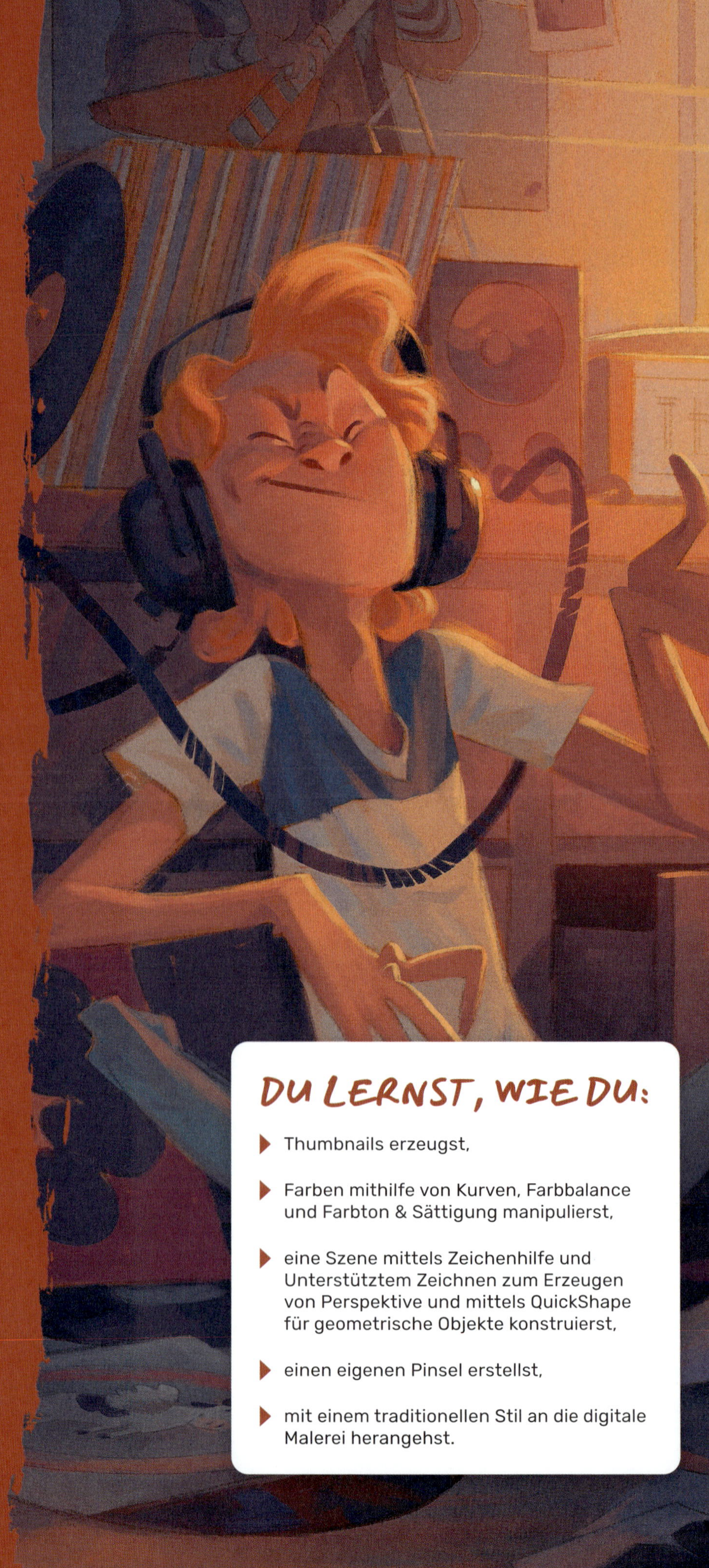

DU LERNST, WIE DU:

- Thumbnails erzeugst,
- Farben mithilfe von Kurven, Farbbalance und Farbton & Sättigung manipulierst,
- eine Szene mittels Zeichenhilfe und Unterstütztem Zeichnen zum Erzeugen von Perspektive und mittels QuickShape für geometrische Objekte konstruierst,
- einen eigenen Pinsel erstellst,
- mit einem traditionellen Stil an die digitale Malerei herangehst.

01

Ein so komplexes Werk erfordert Thumbnails. Beginne also als Erstes damit, Rahmen dafür zu erstellen. Um die Proportionen des Bildes zu imitieren, ziehe mit QuickShape gerade Linien von Ecke zu Ecke. Das dabei entstehende X dient dir als Hilfe (siehe Seite 36). Wähle anschließend **Optionen > Leinwand > Zeichenhilfe**, um die Rahmen anzulegen. Aktiviere die Zeichenhilfe und tippe darunter auf Bearbeiten Zeichenhilfe. Die Einstellungen für das 2D-Gitter sind perfekt. Du kannst Unterstütztes Zeichnen aktivieren, indem du auf eine Ebene klickst und die Zeichenhilfe auswählst. Zeichne vertikale und horizontale Linien für deinen Rahmen und halte dich dabei an deine diagonalen Linien, um die Proportionen zu wahren.

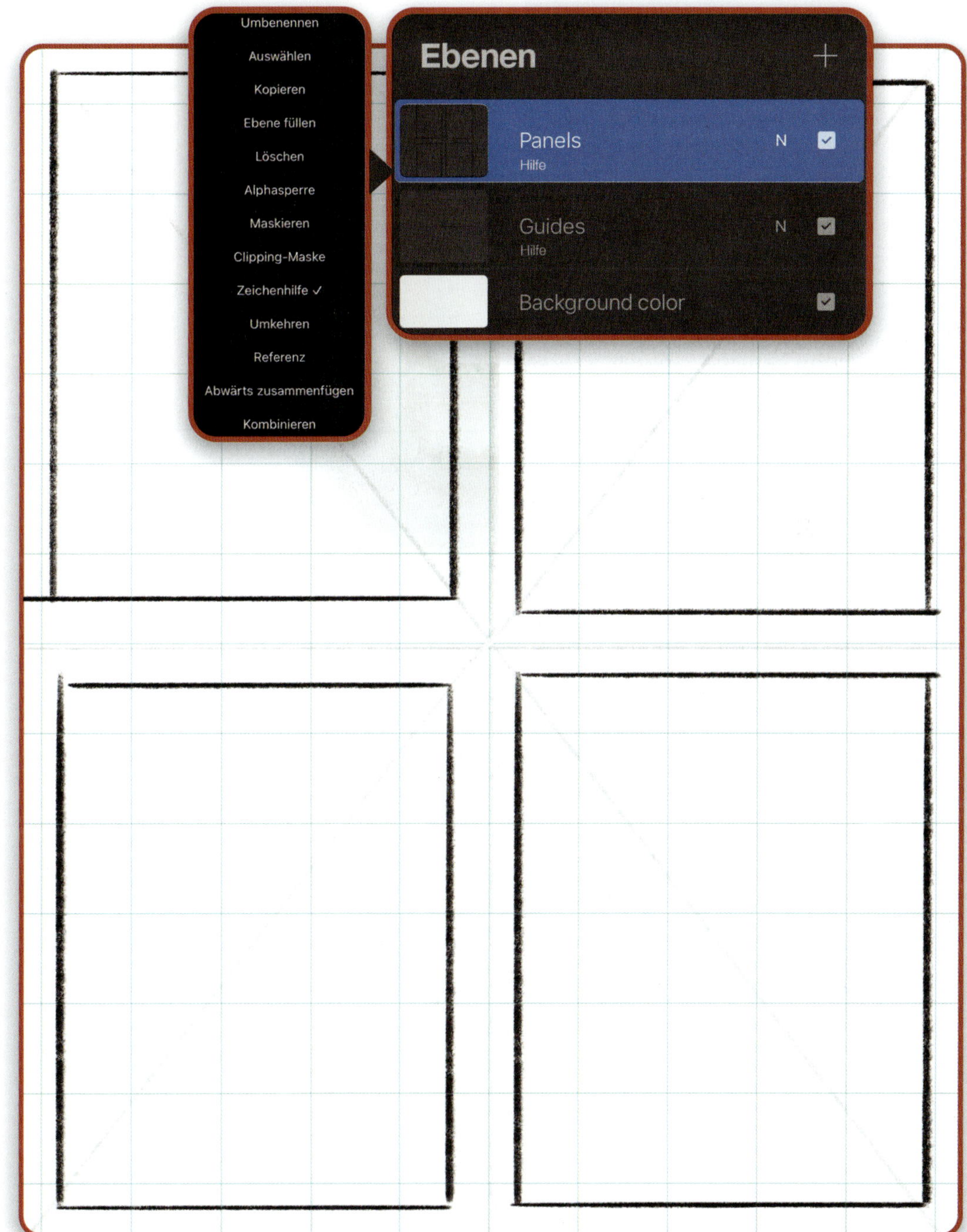

Mithilfe von QuickShape und der Zeichenhilfe erzeugst du die Thumbnail-Rahmen.

02

Halte einen Augenblick inne, um die Komposition und die Geschichte, die du erzählen willst, zu überdenken. Beginne dann auf einer neuen Ebene unter den Rahmen mithilfe des Sketchy-Sarmento-Stifts mit dem Skizzieren. Wie das obere linke Thumbnail zeigt, begann die Idee für dieses Bild mit einem Jungen, der ruhig auf dem Boden sitzt und völlig in die Musik versunken ist. Allerdings fehlten hier irgendwie die Emotionen und eine wirkliche Story. Um deine erste Thumbnail-Idee weiterzuentwickeln, duplizierst du die Ebene und bewegst die neue Ebene mit dem Transformationswerkzeug in den nächsten Rahmen. Wenn du nun skizzierst, wie der Junge auf seiner Luftgitarre herumschrammelt, wirkt er gleich viel aktiver, was zu der Idee von der Katze führte, die nach seinen Fingern hascht.

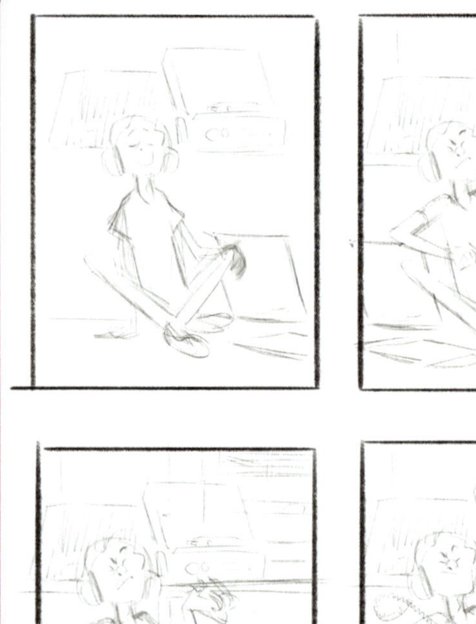

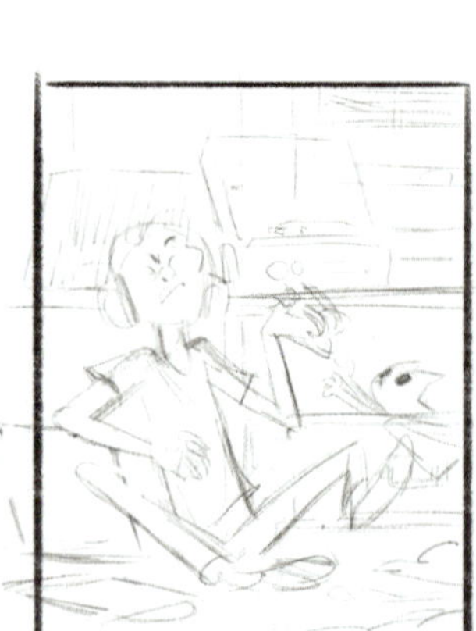

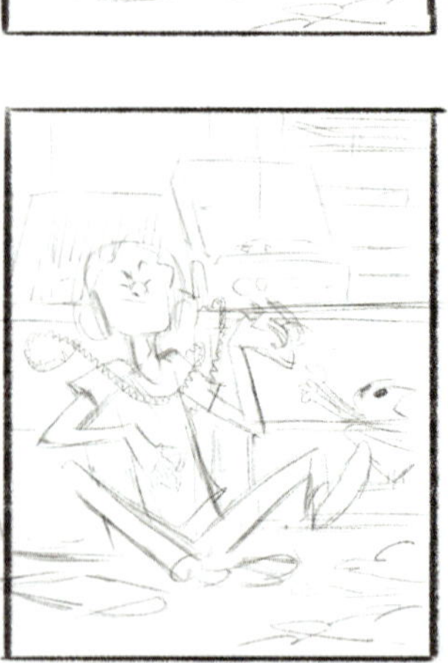

Mit jeder Iteration entwickelt sich das Konzept weiter und werden die Posen verfeinert.

03

Erzeuge nun die Farbrohfassungen. Kopiere zuerst die letzte Thumbnail-Skizze auf alle Rahmen und fasse sie zu einer Skizze zusammen, indem du die Ebenen reduzierst. Stelle Grau als Hintergrundfarbe ein. Tippe dazu auf das Thumbnail, sodass sich der Farbwähler öffnet.

Beginne auf einer neuen Ebene, die Lokalfarbe der Objekte im Raum zu malen. Dunkle auf einer neuen Ebene über dieser Ebene den Raum ab, indem du den kompletten Rahmen hellblau übermalst und den Überblendmodus der Ebene auf Multiplizieren setzt. Mehr musst du hier nicht machen, da der Raum dunkel und von hinten beleuchtet ist. In den meisten anderen Fällen könntest du die Schatten gezielter betonen – etwa unter der Figur oder auf den Objekten.

Benutze außerdem an dieser Stelle eine helle Farbe, um das Fenster hell zu malen und ein Kantenlicht auf die Figur und andere betroffene Oberflächen zu setzen. Das kannst du in separaten Ebenen erledigen.

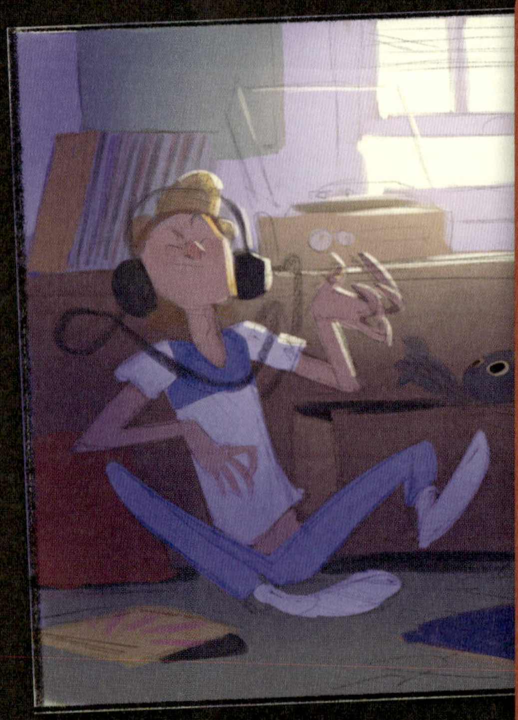

Lege Ebenen an, die viele Farbvariationen und ausreichend Flexibilität erlauben.

04

Um den Dunst zu erzeugen, fülle eine Ebene mit Orange, tippe auf die Ebene, um eine Ebenenmaske hinzuzufügen, tippe auf das Masken-Thumbnail und kehre die Maske um, sodass sie schwarz wird. Verwende den Grain-Cloud-Pinsel, um sanft weiß in die Maske zu malen, damit das Orange durchkommt. Setze den Überblendmodus der orangefarbenen Ebene auf Negativ multiplizieren.

Damit es aussieht, als würden sich die Hand und das Gesicht der Figur vor dem Dunst befinden, legst du über der Dunst-Ebene eine neue Ebene an und erzeugst eine Clipping-Maske. Damit wird alles, was du auf der Ebene machst, nur auf der Ebene wirksam, an die sie angeheftet ist. Da der Überblendmodus Negativ multiplizieren Schwarz als transparent behandelt, malst du dort, wo die Hand und das Gesicht sind, mit Schwarz, um den Effekt des Dunstes dort zu verbergen. Alternativ könntest du das direkt in die Maske malen, allerdings ist diese Methode flexibler, falls du später noch einmal Hand anlegen musst. Setze die helle Fensterfarbe auf eine separate Ebene, damit du unabhängig von der Farbe des Dunstes mehr Kontrolle über diese Farbe hast.

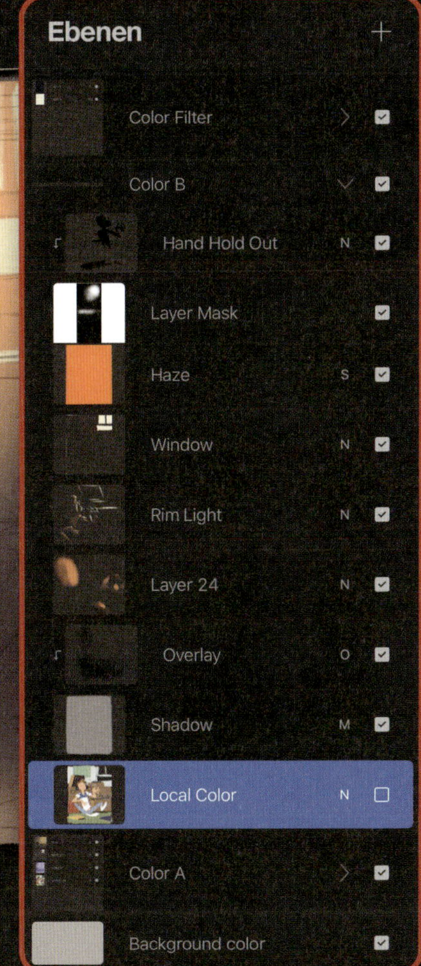

▲ Die isolierte Dunst-Ebene ohne Lokalfarbe – beachte die Platzhalter/Silhouetten der Clipping-Ebene.

05

Fass diese Ebenen in einer Gruppe zusammen. So kannst du die Gruppe duplizieren und Variationen von der Tageszeit und Farbpalette erstellen. Mit **Filter > Farbton, Sättigung, Helligkeit** kannst du die Farben des Schattens und des Dunstes ändern, bis du ein Farbschema findest, das eine altmodische, nostalgische Stimmung auslöst, die an ein Polaroidbild oder ein Bild aus einer 8-mm-Kamera erinnert. Wenn sich die Farben in deinem Rahmen ein bisschen düster anfühlen, wie die vier oberen Bilder auf der rechten Seite, dann reduziere diese Gruppen auf eine Ebene und verwende **Filter > Farbbalance**, um die Farben so lange zu verändern, bis du zufrieden bist.

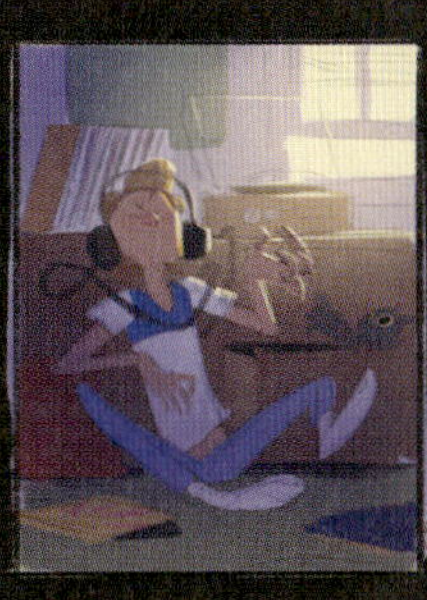
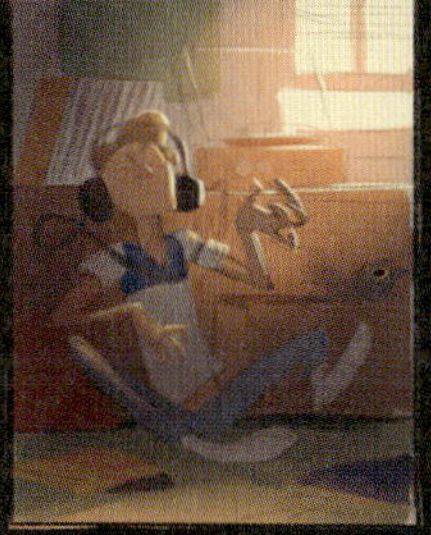
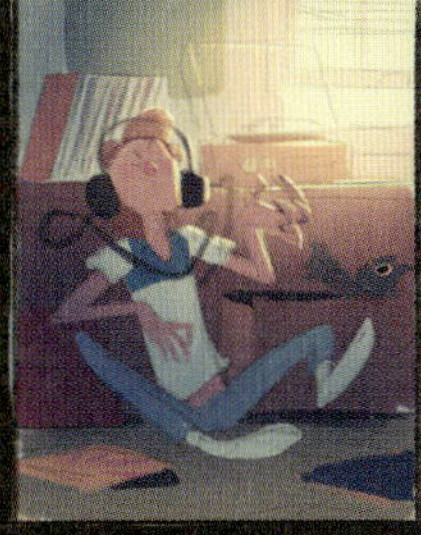
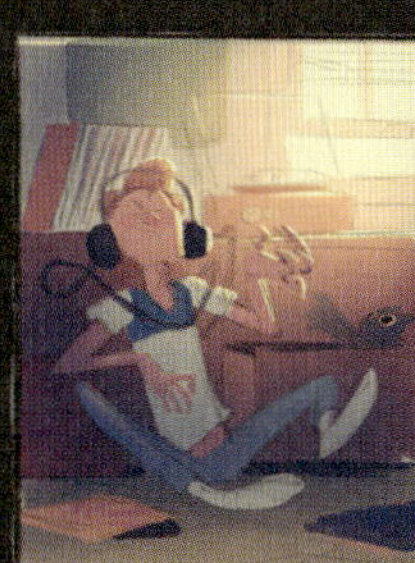
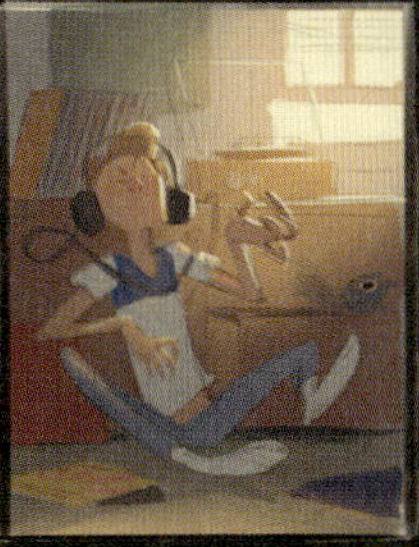
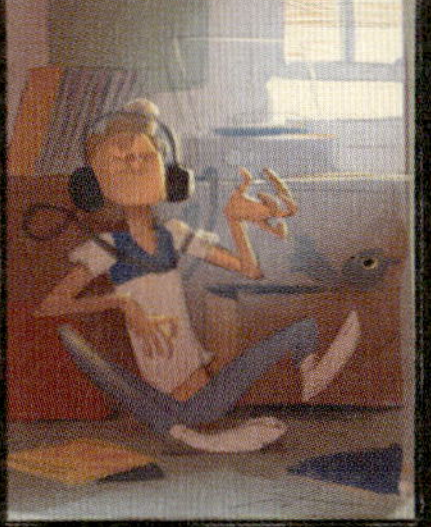
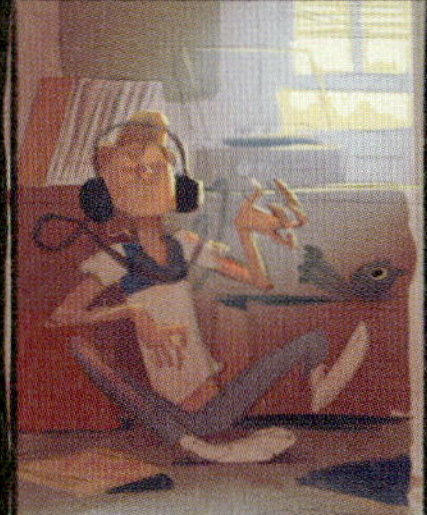
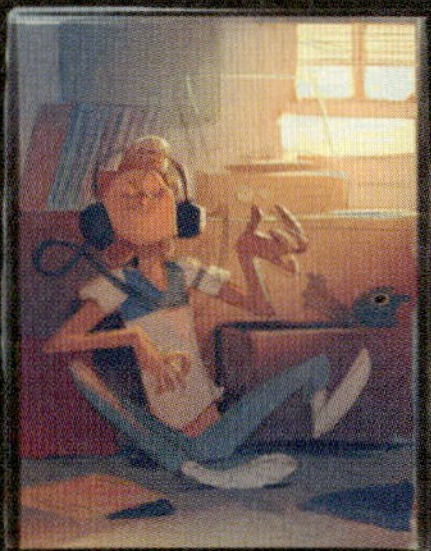

▲ Mögliche Farbvariationen, bevor wir uns für das Bild unten rechts entschieden haben.

KÜNSTLERTIPP

Für gutes Storytelling sind gute Referenzen unerlässlich. Da sich dieses Bild an den 1980ern orientiert, muss man sicherstellen, dass alle Objekte und Kleidungsstücke authentisch aussehen, vor allem der Plattenspieler. Das menschliche Gehirn ist hervorragend darin, die Welt zu vereinfachen, jedoch nicht so gut, sich daran zu erinnern, wie ein echter gebrauchter Plattenspieler aus den 1970ern oder 1980ern aussieht. Modelliere das Teil am Beispiel der Realität, und dein Publikum reagiert deutlich besser darauf.

06

Nun wird es Zeit, die Skizze zu verfeinern. Wenn du bereits frühzeitig deine Perspektive einrichtest, dürfte es dir nicht schwerfallen, die Figur einzuordnen. Wähle **Optionen > Leinwand > Bearbeiten Zeichenhilfe** und schalte auf den Modus Perspektive um. Zoome raus und tippe einmal auf der Höhe des Horizonts auf die Seite der Leinwand. Tippe noch einmal, um einen zweiten, weiter entfernten Fluchtpunkt festzulegen. Dies ist ein guter Zeitpunkt, um die Leinwand mittels **Optionen > Leinwand horizontal spiegeln** zu spiegeln. So prüfst du, ob es irgendwelche seltsamen Verzerrungen gibt, die dir nicht aufgefallen sind.

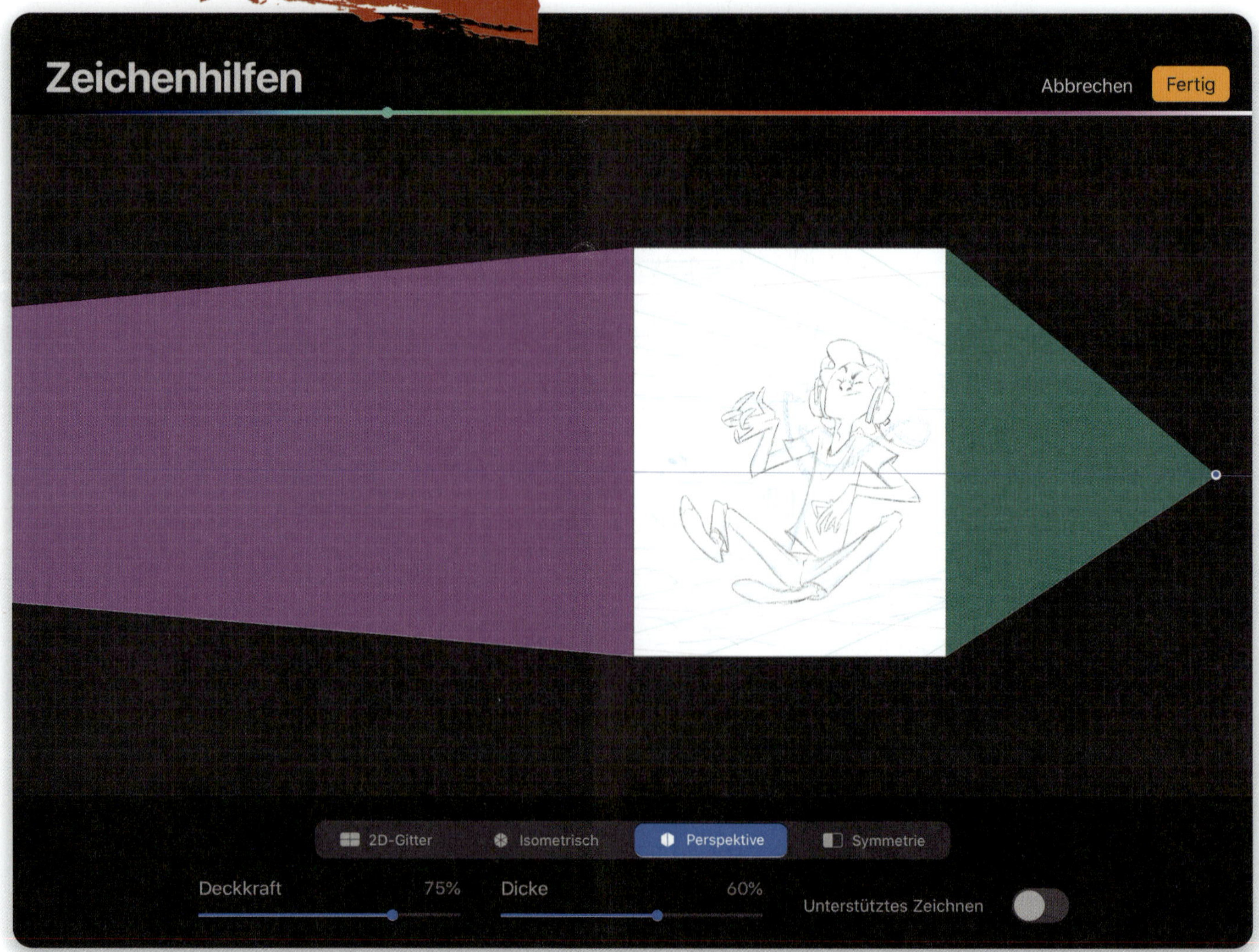

▲ Richte mithilfe der Zeichenhilfen eine Zweipunktperspektive ein.

07

Beginne, auf einer neuen Ebene deine perspektivische Szene zu konstruieren. Die Zeichenhilfe führt dabei deine Linien zu den Fluchtpunkten, sodass du kein Lineal benötigst. Nutze QuickShape für runde Schallplatten oder Lautsprecher. Dazu zeichnest du einen Kreis und hältst den Stift gedrückt, bis die Linien in eine saubere Form springen (siehe Seite 36). Halte den Stift weiter auf die Leinwand und tippe dann mit einem Finger der anderen Hand auf die Leinwand, um einen perfekten Kreis zu erzeugen.

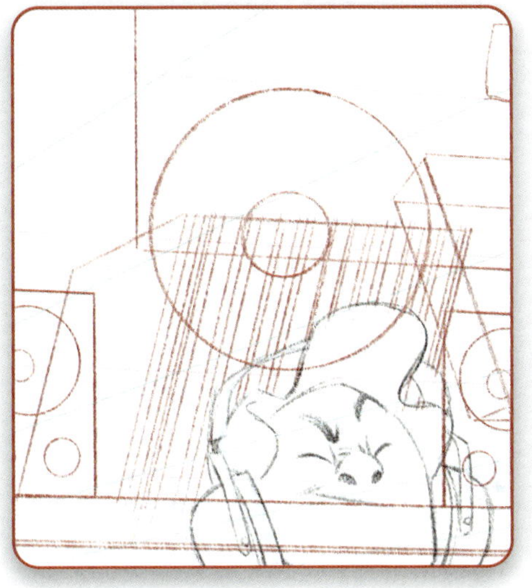

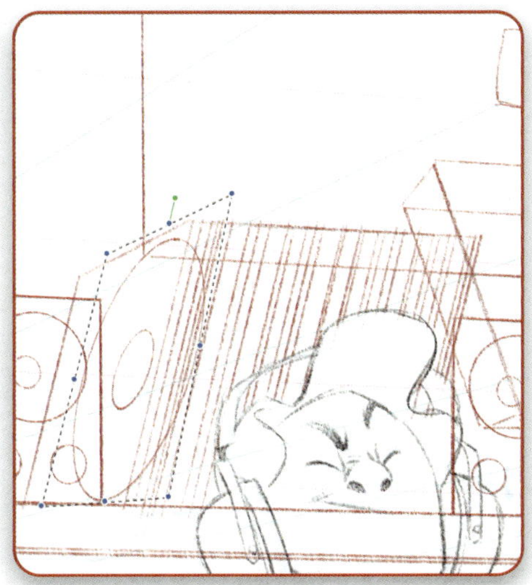

▲ Eine Schallplatte, mit QuickShape gezeichnet und dann in die passende Perspektive umgewandelt

08

Bei den Lautsprechern und Albumcovern ist es vielleicht einfacher, sie flach zu zeichnen und dann mit dem Transformationswerkzeug in die richtige Perspektive zu ziehen. Wenn du auf die Ecken tippst und diese dann hältst, kannst du sie in die gewünschte Form ziehen. Wiederhole das für die Lautsprecher, damit beide identisch sind. Wenn du die Platten auf dem Boden ausreichend verzerrt hast, erstelle mit der Freihand-Auswahl eine Auswahl und wische anschließend mit drei Fingern nach unten, um das Kopieren-Einfügen-Menü zu öffnen. Eine schnelle Transformation schiebt die Platte dann an Ort und Stelle.

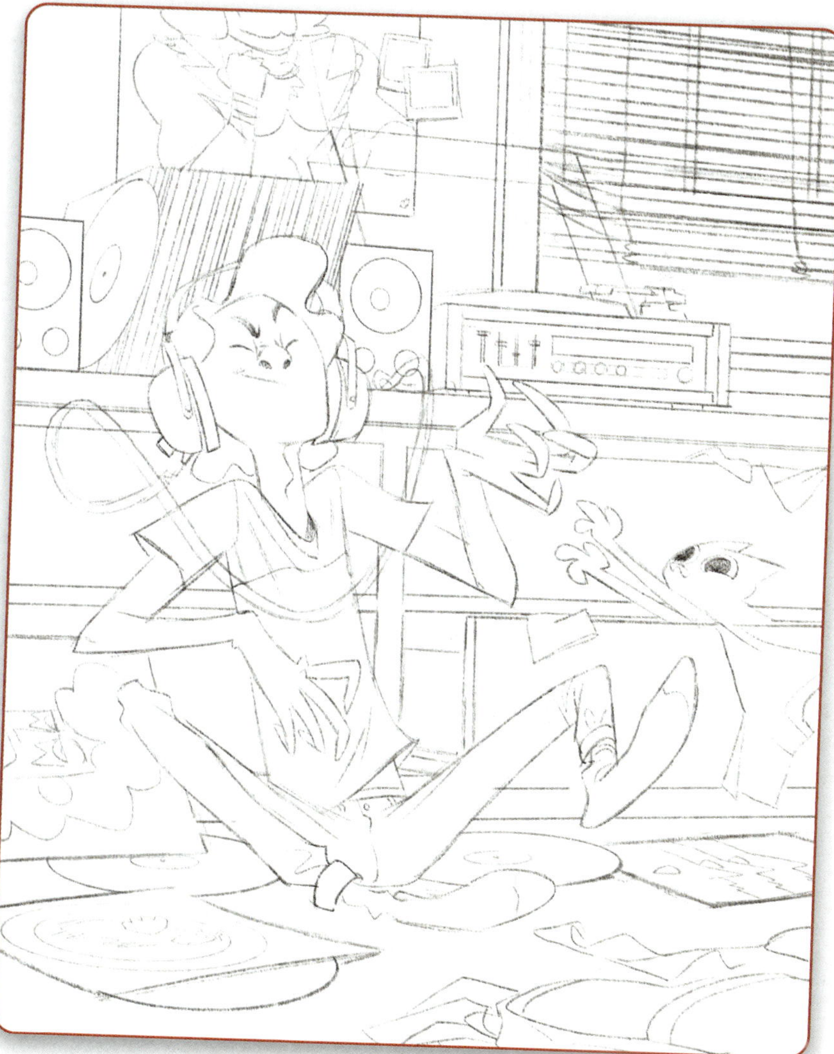

▶ Fertiges Lineart

09

Bevor du mit dem Malen beginnst, willst du vielleicht einen eigenen Pinsel für das Bild erstellen. Tippe dazu auf das + oben im Pinselsammlung-Menü. Dies öffnet ein leeres Tab für deinen neuen Pinsel, in dem du eine Formquelle für die Pinselspitze und eine Kornquelle für die Papiertextur oder in diesem Fall für die Borstentextur hinzufügen kannst. Das wird in späteren Schritten genauer erklärt. Tippe in beiden Fällen auf Aus Quellbibliothek wählen, um Formen und Texturen aus den in Procreate vorhandenen Pinseln auszuwählen. Die eingebauten Ressourcen eignen sich ausgezeichnet für eine Vielzahl von Effekten. Du kannst auch Foto einfügen oder Form wählen antippen, um ein eigenes Bild zu laden.

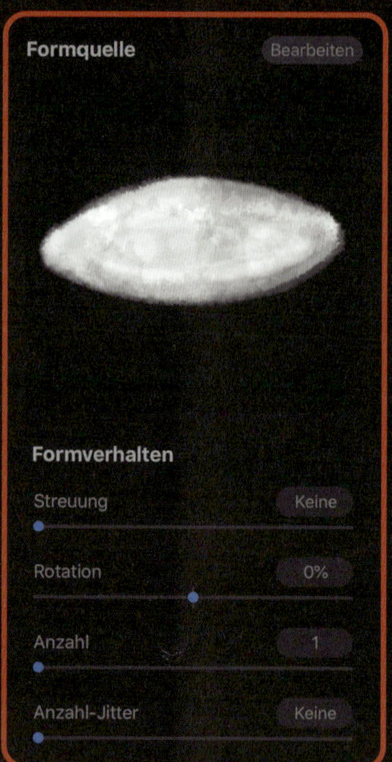

Das Menü zum Erstellen eines Pinsels erlaubt dir, die Formquelle und die Kornquelle zu bearbeiten.

KÜNSTLERTIPP

Die Pinselerstellung ist ein riesiges Thema. Du kannst schon mit den Grundlagen, die hier behandelt werden, eine Menge erreichen. Am besten ist es jedoch, wenn du einfach experimentierst. Bei der Erstellung eines bestimmten Pinsels merkst du möglicherweise, dass du versehentlich eine Vielzahl weiterer Pinsel erzeugt hast. Weiche dann vom Weg ab, experimentiere, entwickle sie weiter, wenn sie interessant aussehen – selbst wenn du anfangs gar nicht vorhattest, sie anzulegen. Wische auf einem Pinsel nach links, um ihn zu duplizieren, und spiele dann mit den Einstellungen herum, bis du den gewünschten Effekt erzielt hast.

10

Eine der nützlichsten Einstellungen ist **Körnung > Körnungsverhalten > Verschieben**. Mit der Standardeinstellung auf 100 % kannst du detaillierte Effekte erzielen, wie bei einem Bleistift auf grobkörnigem Papier. Ziehst du den Regler nach links, wird die Körnung länger entlang des Strichs gestreckt, sodass längere Texturen entstehen wie bei Pinselhaaren oder -borsten. In dem Bereich Körnungsverhalten bestimmt Größe die Größe der Körnung, während Zoomen sich auf die Größe des Pinsels bezieht. Bei der niedrigsten Zoomstufe aktivierst du die Option Beschnitten, was bedeutet, dass die Körnung immer dieselbe Größe behält, unabhängig von der Pinselgröße, also wie bei einem Bleistift. In der höchsten Zoomstufe lautet die Option Größe folgen, was bedeutet, dass sich die Größe der Körnung relativ zur Pinselgröße verändert, also genau wie die Borsten eines Pinsels. Zwischen diesen beiden Extremwerten kannst du subtilere Zoomstufen für deine Körnung wählen.

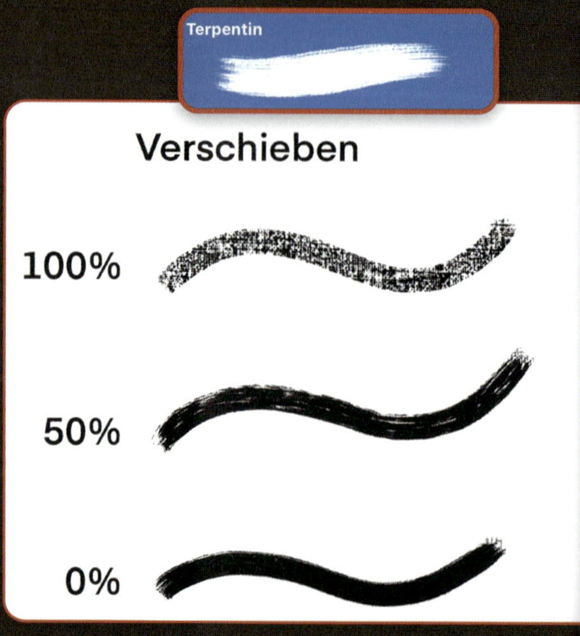

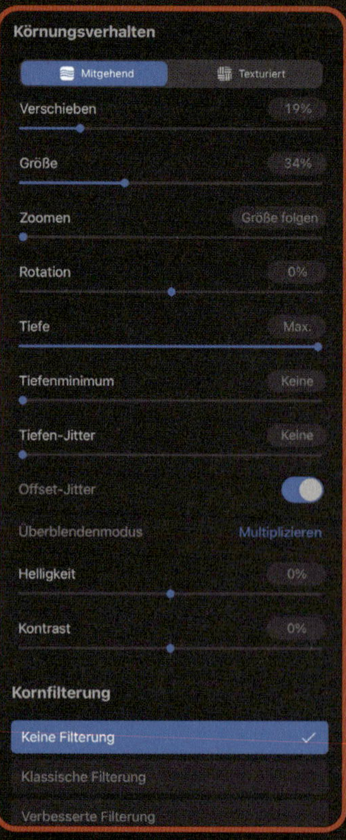

Ein genauerer Blick auf die Wirkungen des Körnungsverhaltens und der Pinseleinstellungen

11

Schau dir nun **Apple Pencil > Druck** an. Größe kontrolliert, was passiert, wenn du mit dem Stift stärker aufdrückst und damit den Pinsel vergrößerst. Man findet diesen Effekt vor allem bei Malpinseln und Füllfederhaltern. Deckkraft gibt an, wie transparent der Strich ist, also etwa wie bei einem Airbrush. Zerlaufen lässt sich fast wie eine kontrastreiche Version von Deckkraft verstehen, wobei der vorsichtigere Druck ignoriert wird und du dickere, stärker strukturierte Striche erhältst. Das ist perfekt für einen starken, trockenen Pinseleffekt. Wenn du Genaueres wissen willst, schau dir die Einstellungen des MaxU-Gouache-Thick-Pinsels an, der extra für dieses Tutorial hergestellt wurde.

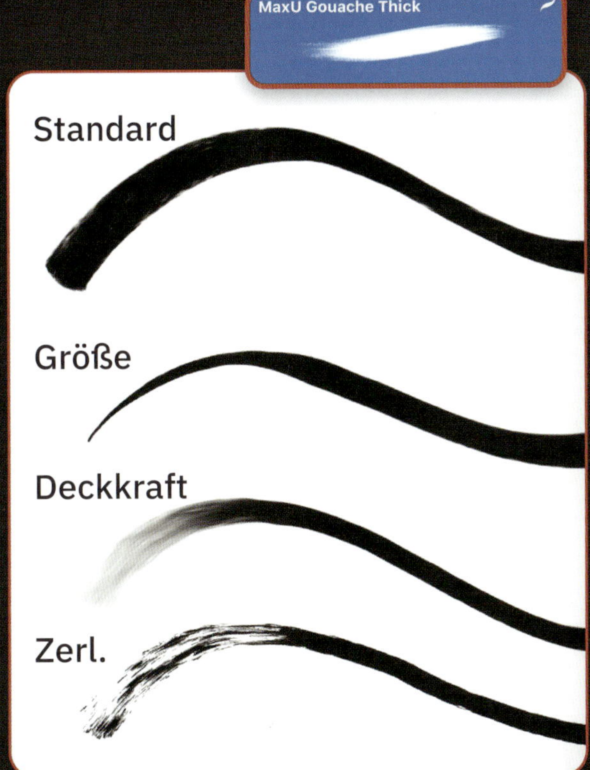

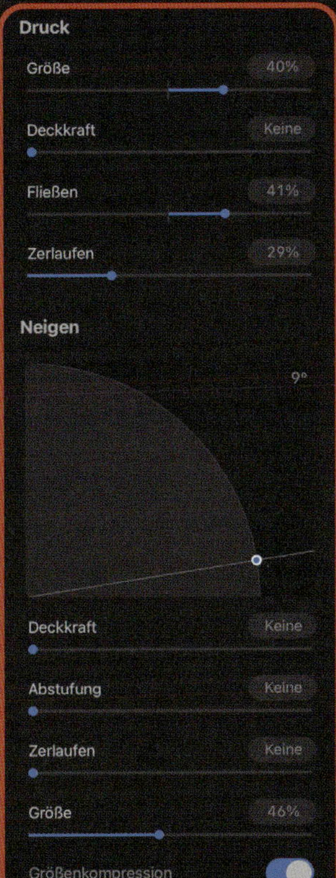

Die Auswirkungen des Drucks auf einen Pinsel und die Einstellungen für den MaxU-Gouache-Thick-Pinsel

12

Nachdem du dein Bild gewissenhaft mit einem bleistiftartigen Pinsel vorgezeichnet hast, kannst du nun loslegen und malen. Eine sorgfältige Zeichnung bietet eine gute Grundlage für einen ausdrucksstärkeren Malstil. Es kann beim Malen leicht passieren, dass man die Form verliert, wenn diese nicht ordentlich vorgegeben war. Mit einer starken Zeichnung und bereits herausgearbeiteten Farben kannst du nun intuitiver arbeiten. Importiere deine Farbstudie aus deiner anderen Datei mit Kopieren & Einfügen.

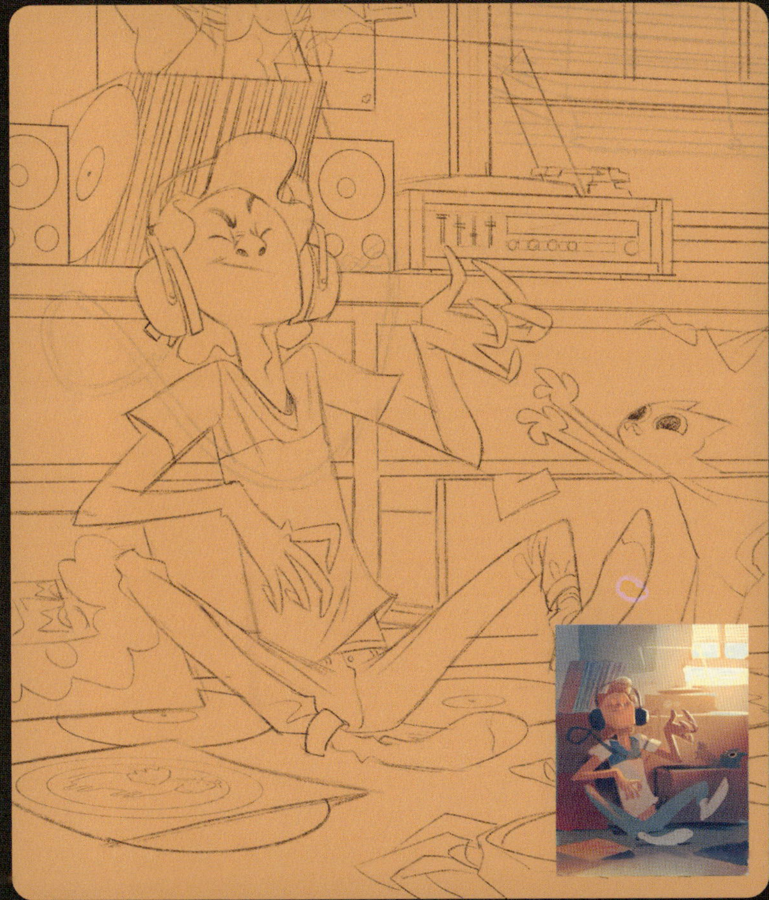

Fertiges Lineart mit importiertem Thumbnail

13

Das Einfärben der Leinwand ist eine gebräuchliche traditionelle Technik. Schaffe eine Basis aus orangefarbenen Mitteltönen, um ein warmes Strahlen anzudeuten. So kannst du locker und transparent malen, ohne dass du einen weißen Hintergrund abdecken musst. Eine gute Textur hilft, wenn man es der Leinwand erlaubt, hindurchzuscheinen. Male hier mit dem MaxU-Gouache-Bristle-Gritty-Pinsel.

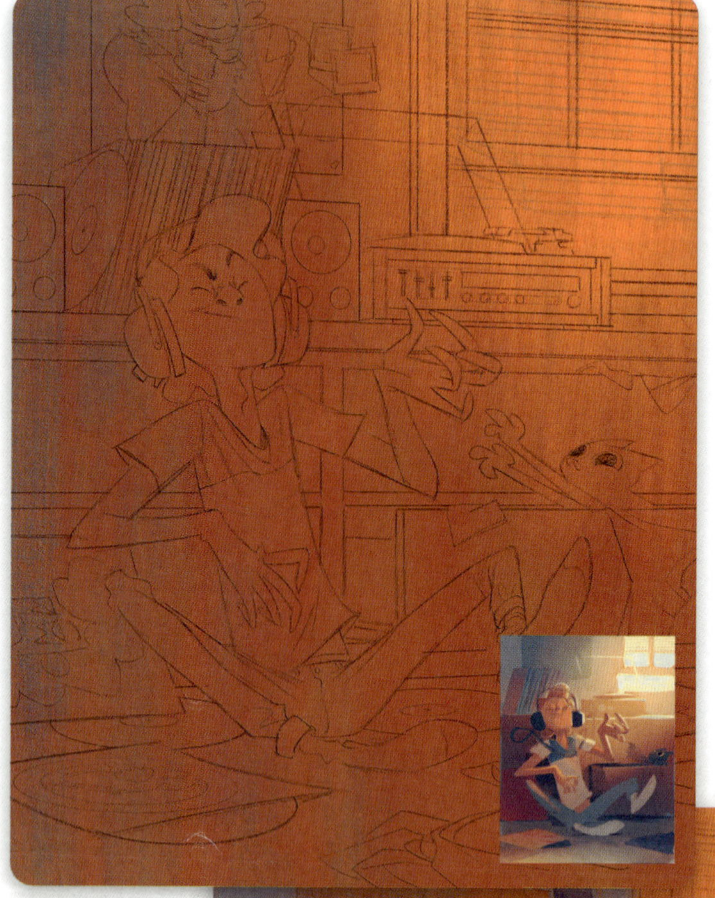

Der Untergrund wurde im traditionellen Stil abgedeckt, die Textur lieferte der MaxU-Gouache-Bristle-Gritty-Pinsel.

14

Die ineinander übergehenden Mitteltöne, die hier eingesetzt wurden, sind mithilfe der Pipette dem farbigen Thumbnail entnommen worden. Um ein vom Fenster hereinfallendes Licht zu erhalten, malst du in der Nähe des Fensters wärmere Töne und etwas weiter davon entfernt kühlere Töne. Du musst an dieser Stelle nicht superexakt arbeiten und kannst nach und nach Details hinzufügen.

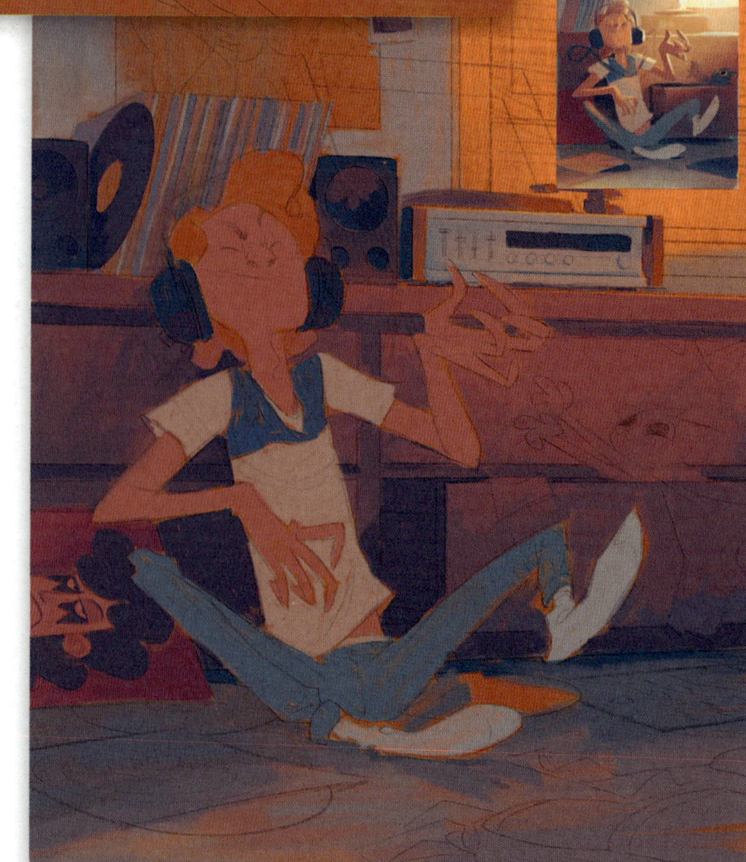

Male ausdrucksstarke Mitteltöne.

15

Es macht Spaß, Einzelheiten wie Albumcover und Poster zu malen. Meist kannst du deckende Farben benutzen, die du der Farbstudie entnimmst. Male das Poster über dem Kopf des Jungen jedoch unbeleuchtet und setze den Überblendmodus auf Multiplizieren, da es sich an einer weißen Wand befindet, die von warm nach kühl verläuft, je weiter sie vom Fenster entfernt ist.

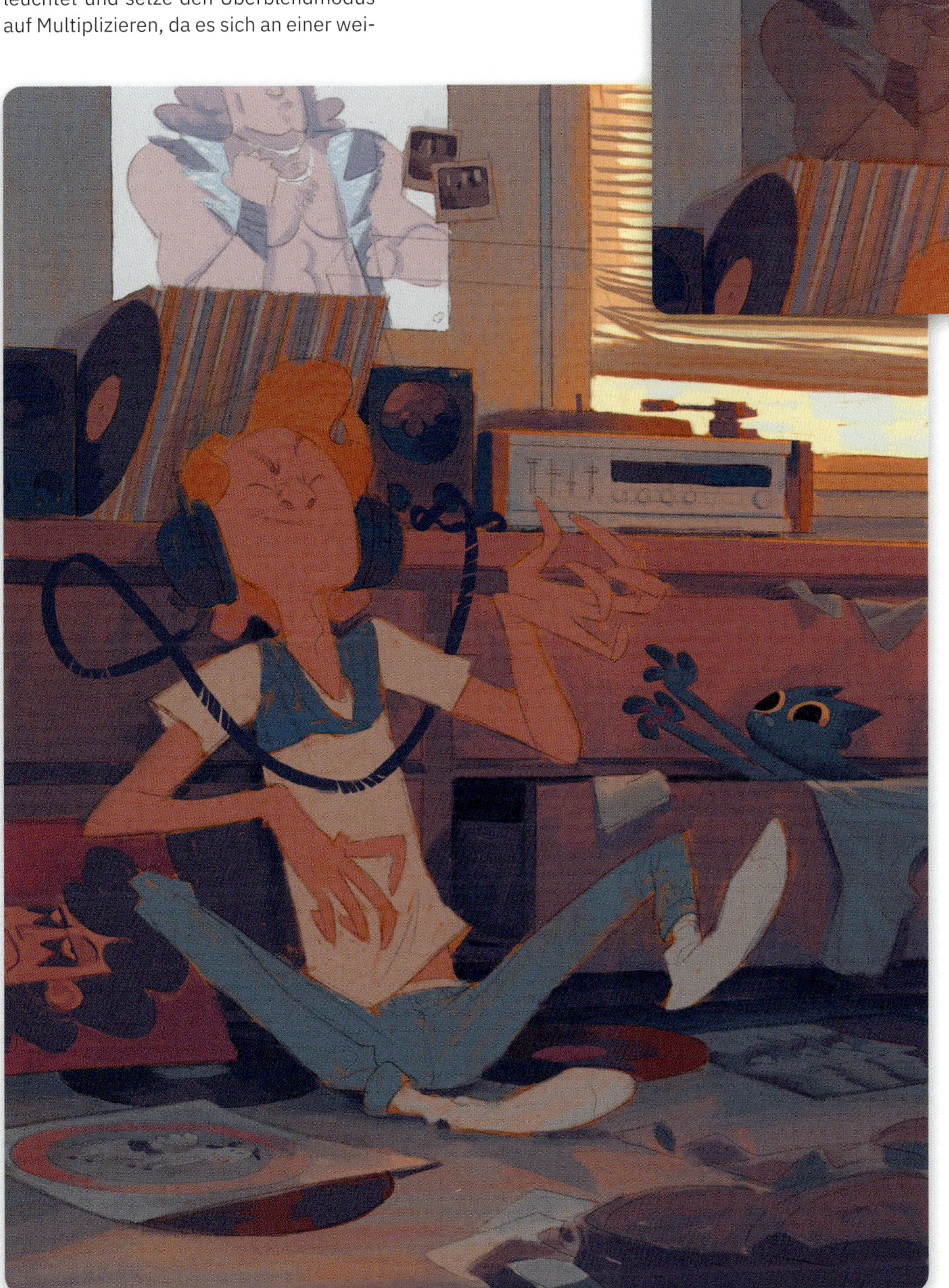

▲ Füge Details hinzu wie das Poster, das unbeleuchtet ist und dann mit Multiplizieren in das Bild eingeblendet wird.

16

Für die leicht dunstige Atmosphäre gehst du ähnlich vor wie bei den Farbrohfassungen. Allerdings sieht irgendetwas an den Farben ein bisschen blass und flach aus, wenn der Dunstschleier ausläuft. Besonders deutlich wird das rund um die Katzenpfoten. Bau die Ebenen neu zusammen und male weißen Dunst auf eine schwarze Ebene, die auf Negativ multiplizieren gesetzt ist. Schneide dann die Silhouetten von Hand, Gesicht, Kabel und Katze mithilfe von Multiplizieren-Ebenen aus dem Dunst aus (hier »Hold out«-Ebenen genannt). Die Farbe Orange kommt nun aus zwei Ebenen, die oben auf diesen Stapel geheftet sind; eine ist auf Ineinanderkopieren gesetzt, um die Grautöne wärmer zu machen, und die oberste ist auf Multiplizieren gesetzt, um das Ganze zu tönen. Das Ergebnis lässt sich nun einfacher bearbeiten und anpassen.

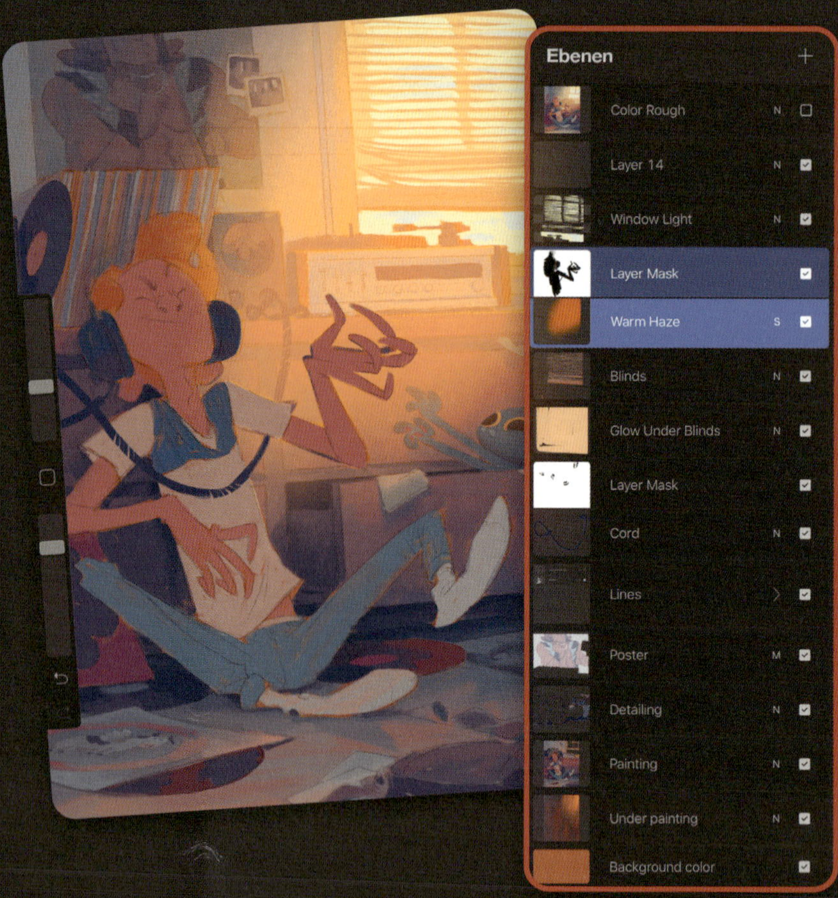

▶ Vergleich mit der alten Dunst-Einstellung; die neuen Einstellungen vermitteln einen deutlich wärmeren Farbeindruck.

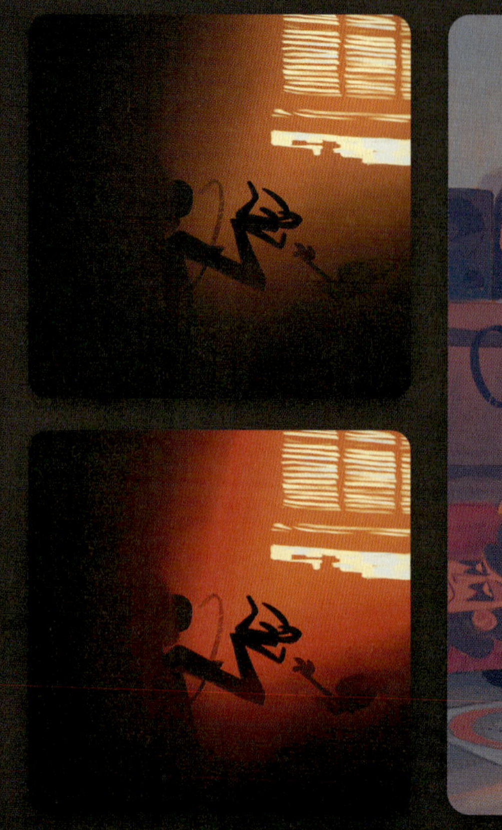

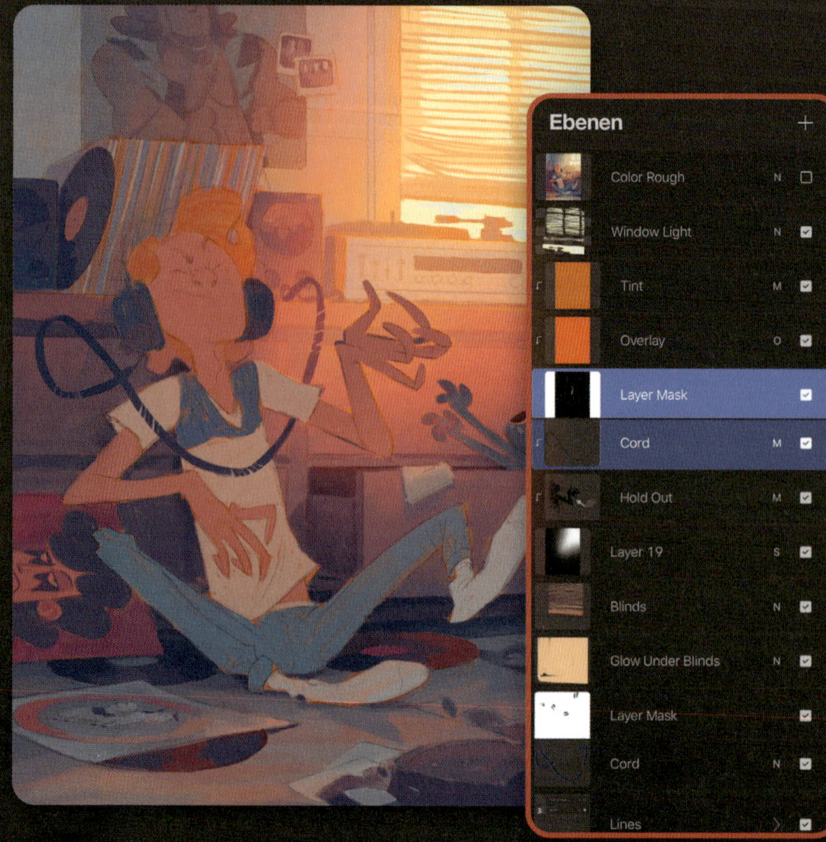

17

Jalousien und Fensterrahmen sitzen unter der Dunst-Ebene, profitieren also vom warmen Licht. Male das gelbe Licht, das durch die Lamellen der Jalousie fällt, auf den Dunst, damit du gezielter arbeiten kannst und nicht künstlich durch den Dunst beeinflusst wirst. Mische warm und kühl auf dieser Ebene, um den Himmel und die Umgebung von außen anzudeuten. Das wäre nicht möglich, wenn über allem eine große orangefarbene Ebene liegen würde. Damit sich das Bild wirklich traditionell anfühlt, solltest du keine Angst vor Unvollkommenheit haben und dir keine Sorgen machen, sollten nicht alle Linien ganz gerade sein.

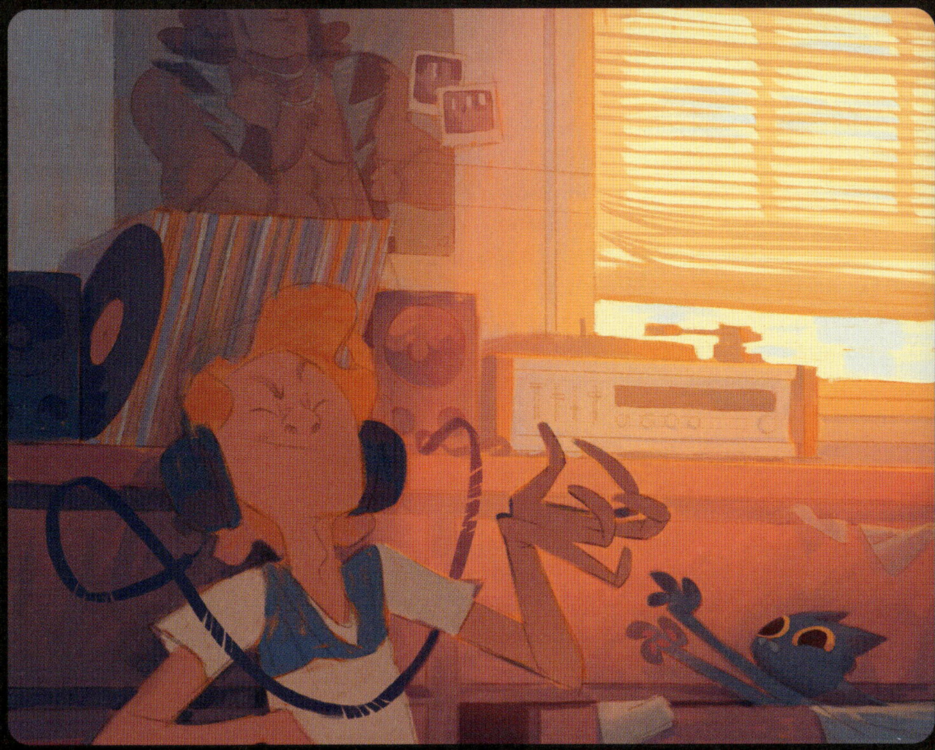

Das Ergebnis der Fenster-Ebenen auf den Dunst-Ebenen

18

Du kannst ein Konzept namens »simultaner Kontrast« verwenden, was bedeutet, dass du zwei unterschiedliche Farben mit vergleichbarer Helligkeit nebeneinandersetzt. Das kann ein Gefühl von Lebhaftigkeit und Energie erzeugen. Wenn die warme Unterfarbe durch die kühlen Wände und den Teppich hindurchscheint, ist das visuell durchaus interessant. Der Effekt zeigt sich besonders deutlich in den leuchtenden Gelb- und Blautönen am Fenster. Er ist perfekt für sehr heiße Lichtquellen, reflektiertes Licht, reichhaltige Hauttöne und Lichtdurchlässigkeit. Er lässt sich leicht herstellen, indem du die Farbe aufnimmst, die du kombinieren willst, und dann im Farbwähler die Farbton- oder Sättigung-Regler betätigst und das Ganze dann mit dem Helligkeit-Regler verfeinerst, bis du die Farbe gefunden hast, die zur Helligkeit passt und sich anfühlt, als würdest du die erste Farbe in den oberen rechten Farbfeldern ergänzen, erweitern und verbessern.

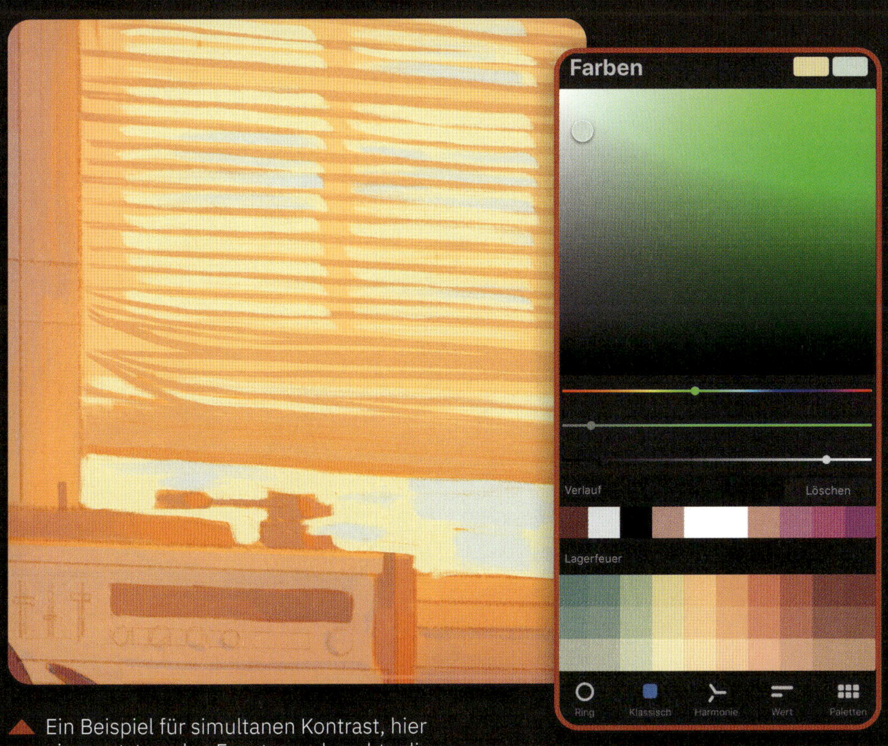

Ein Beispiel für simultanen Kontrast, hier eingesetzt an den Fenstern – beachte die Farbfelder oben rechts im Farbwähler.

19

Details wie das Poster an der Wand sind eine großartige Möglichkeit, die Geschichte eines Bildes zu ergänzen. Als der Mann auf dem Poster nur ein Musiker mit einem komischen Haarschnitt und einer albernen Weste war, trug er nicht viel zur Story bei. Seit seine neu gezeichnete Pose mit der Gitarre jedoch die des Jungen widerspiegelt, wird uns klar, dass der Junge ihn verehrt und vermutlich einen seiner Songs spielt. Die Tatsache, dass der Gitarrist sehr muskulös ist, der Junge dagegen überhaupt nicht, spinnt die Geschichte noch weiter.

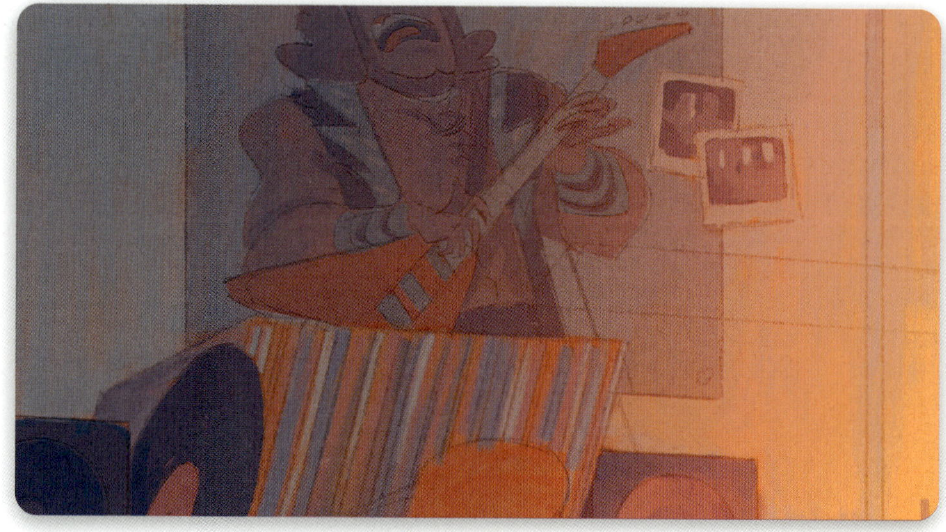

Nutze Details, um die Geschichte weiterzuspinnen, die im Bild erzählt wird.

20

Beim Kopfhörerkabel besteht schnell die Gefahr, zu detailliert zu werden, entscheide dich daher für einen stilisierten Ansatz. Erstelle eine Maske, male in einigen Bereichen schwarz und zeichne dann ein paar weiße Schleifen hinein. Löse die Farbgebung im Kabel auf, indem du in der Ebene eine Alphasperre aktivierst, sodass du nicht über die bereits bemalten Bereiche hinausmalen kannst. Das Schachbrettmuster im Thumbnail sagt dir, dass die Sperre aktiv ist. Male dann mit kühlen und warmen Farbtönen einige Schlaufen auf die Kabel-Ebene.

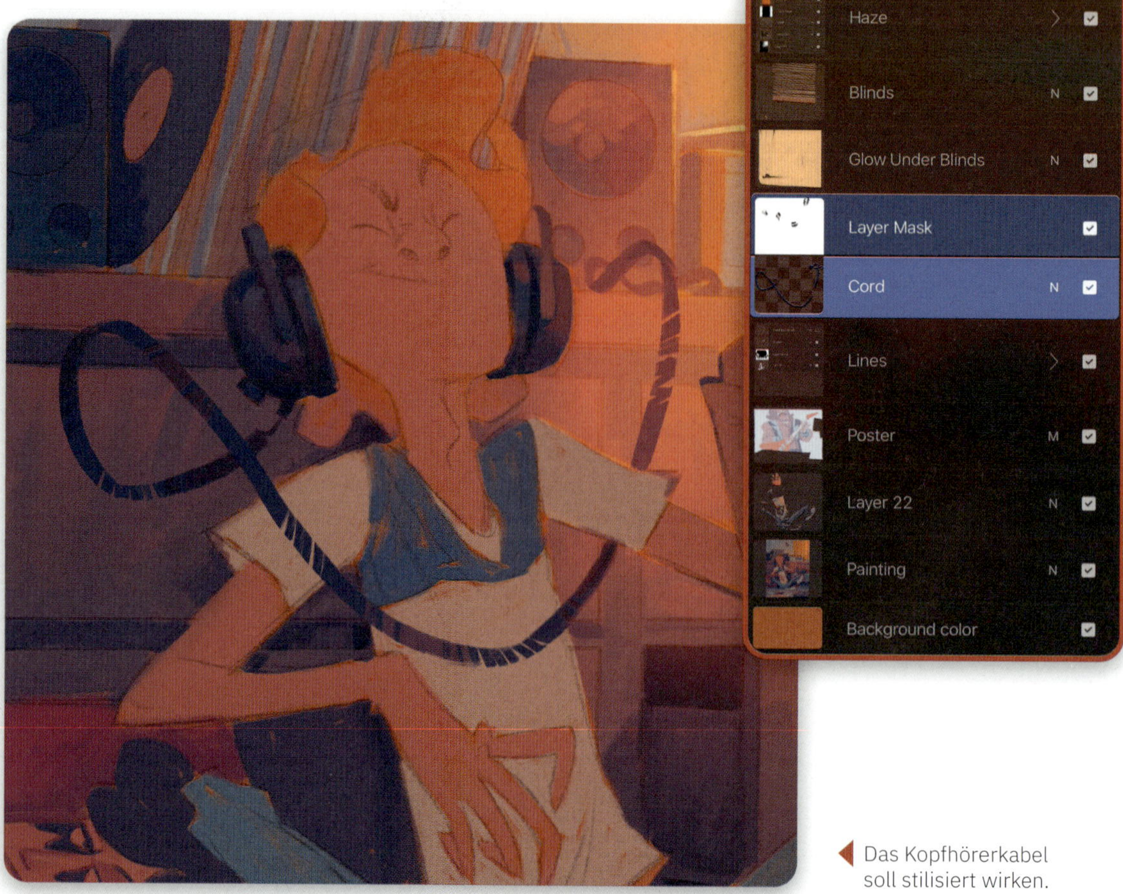

Das Kopfhörerkabel soll stilisiert wirken.

21

Blende beim Aufnehmen der Farben im Bild die Dunst-Ebene aus, damit die Farben nicht durch das Orange verfälscht werden, wenn du darunter malst. Je mehr Ebenen du hast, desto schwieriger kann es werden, sie zu verwalten. Deshalb solltest du sie an dieser Stelle möglicherweise reduzieren. Anschließend kannst du beginnen, über dem Bild Details zu malen. Das spart Platz und lässt dir dennoch eine gewisse Flexibilität, falls du einen Fehler machst.

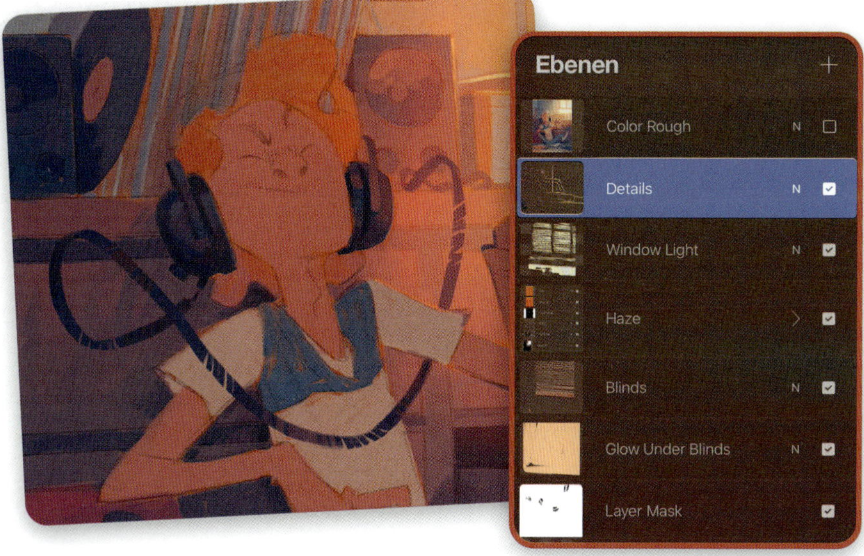

Reduziere deine Ebenen und beginne dann darüber mit der Detailarbeit.

22

Konzentriere dich nun auf das Säubern der Ränder, indem du Farben direkt aufnimmst, statt zwischen den Ebenen hin- und herzuschalten. Fange an, Gesicht und Hände zu verfeinern; säubere die Kanten, aber zoome nicht zu sehr rein und verwende auch keinen allzu kleinen Pinsel. Übermäßig saubere und scharfe Pinselstriche sind ein sicheres Zeichen dafür, dass das Bild digital erstellt wurde. Achte also auf auffällige Pinselstriche, wenn du ein Bild erhalten willst, das nach traditionellen Medien aussieht.

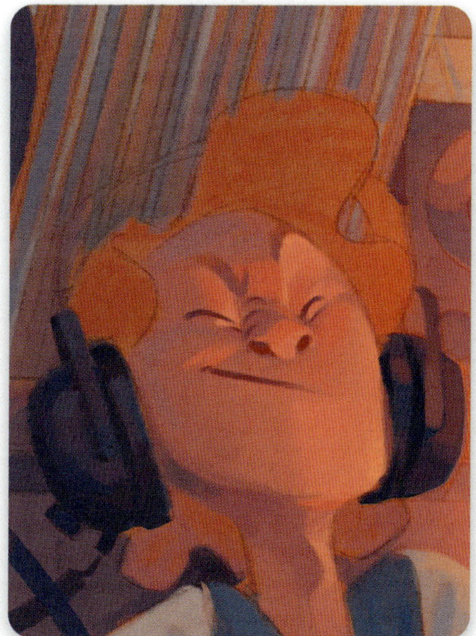

Konzentriere dich auf das Verfeinern des Gesichts.

23

Das letzte Element, das nun noch fehlt, ist das Kantenlicht. Es zieht das Auge des Betrachters auf den Fokuspunkt. Reserviere deshalb die dunkelsten Schatten und hellsten Glanzlichter für das Gesicht des Jungen. Gesicht und Hände sollten auch die meisten Details enthalten, während der Bereich rund um die Figur nicht so detailreich und mit weniger Kontrast gestaltet sein darf.

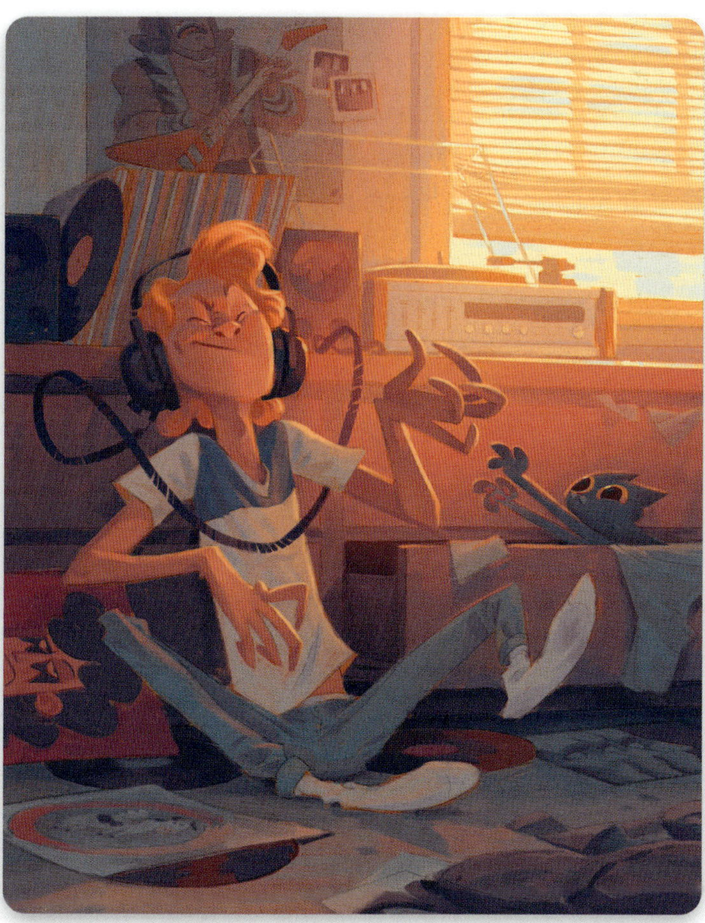

Das Kantenlicht ist entscheidend für die Komposition, damit sich der Junge vor dem Hintergrund abhebt.

24
Eine leichte Vignette um den Raum herum lenkt den Blick des Betrachters. Außerdem sind die kühlen Farbtöne eine schöne Ergänzung zu dem warmen Dunst. Male dazu auf eine neue Ebene mit dem Überblendmodus Ineinanderkopieren einige weiche, dunkelblaue Schatten in die Ecken. Um dem Kantenlicht ein bisschen mehr Feuer zu geben, nutze den MaxU-Gouache-Bristle-Gritty-Pinsel auf einer neuen Ebene, die auf Hellere Farbe gesetzt ist, und male etwas warmes Orange rund um die hellsten Glanzlichter. Gib zum Schluss noch ein wenig Körnung hinzu, indem du eine neue Ebene mit 50 % Grau füllst, sie auf Ineinanderkopieren setzt und mit **Filter > Rauschen** etwas Rauschen hinzufügst. Mach das Rauschen mit der Gauß'schen Unschärfe einige Pixel unscharf und reduziere die Deckkraft dieser Ebene dann auf etwa 25 %, damit es ganz subtil wird. Wenn du glaubst, dass das Bild fertig ist, kannst du es exportieren (siehe Seite 18).

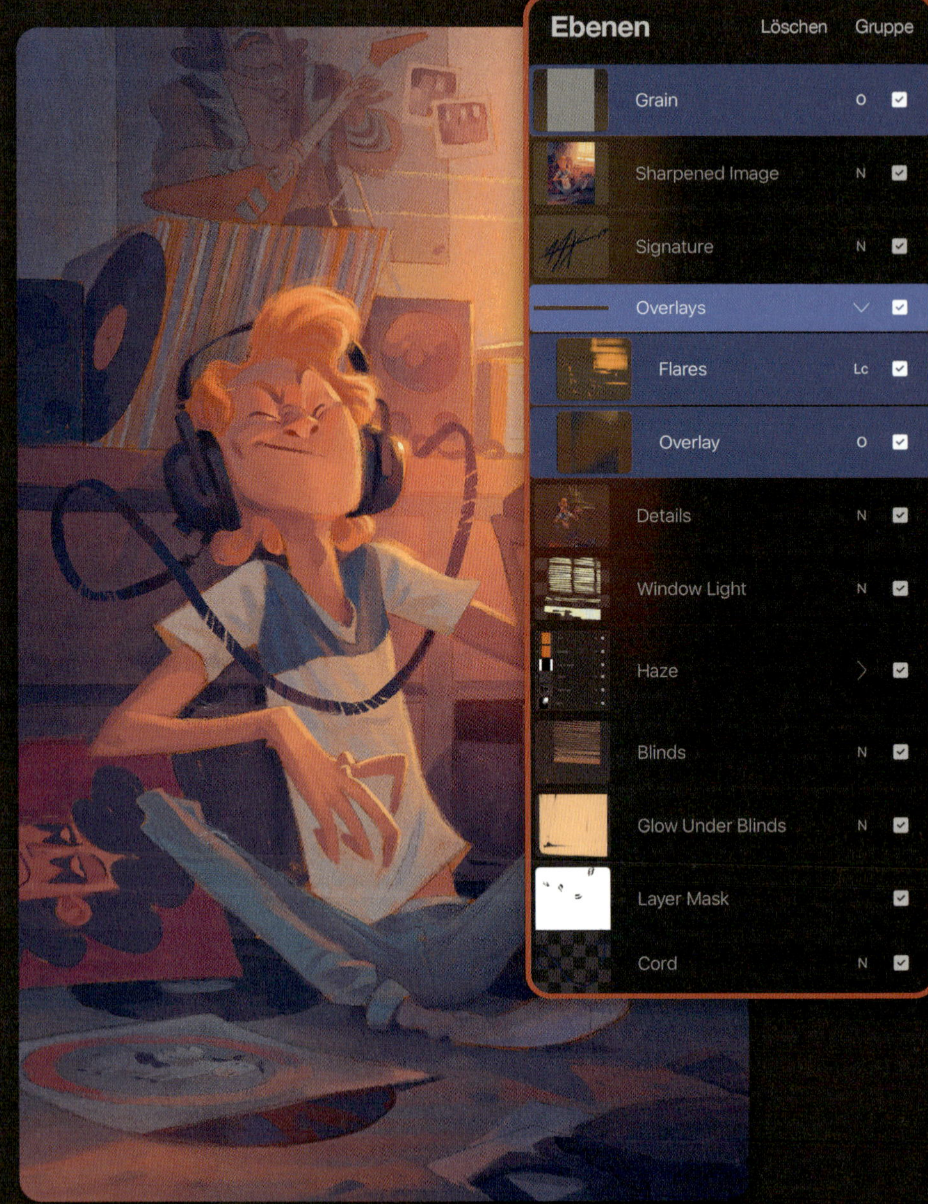

Die Ebene mit Vignette, Strahlen und Körnung

FERTIGES BILD

Dies ist ein hochkomplexes Bild mit vielen Elementen, doch der Kern des Ganzen ist die Geschichte eines Jungen, der in einen bestimmten Augenblick versunken ist. Du hast nun gelernt, wie du die Werkzeuge und Techniken in Procreate verwendest. Trotzdem musst du in deiner Arbeit immer nach dem »Wieso?« fragen. Denke auch darüber nach, wie der Entwurf der Figur, die Farbe, die Beleuchtung und die konkrete Ausführung dein Konzept beeinflussen. Das sind wichtige Werkzeuge für dich. Jetzt liegt es an dir, durchdachte Entscheidungen zu treffen.

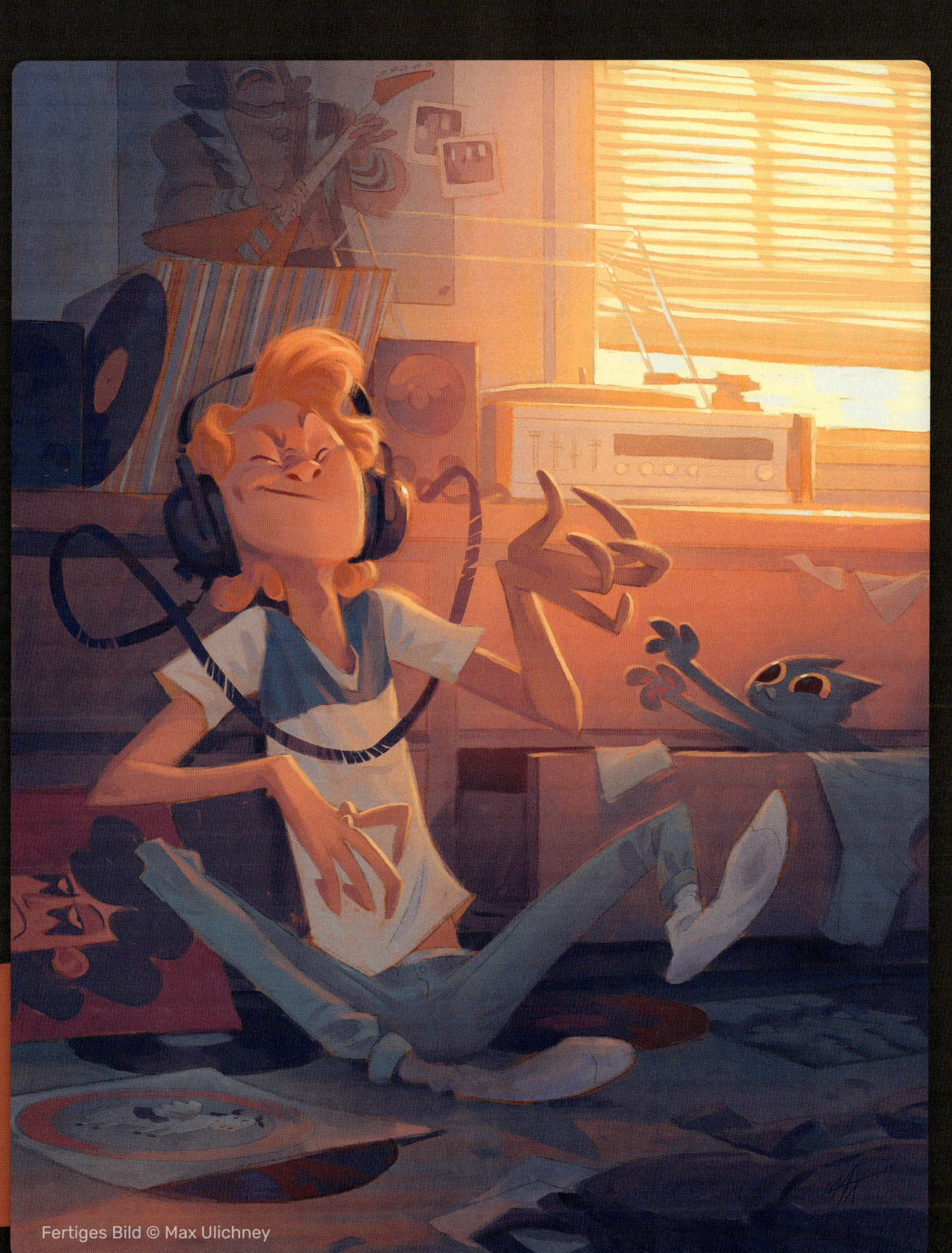

Fertiges Bild © Max Ulichney

Unten: Zenturio

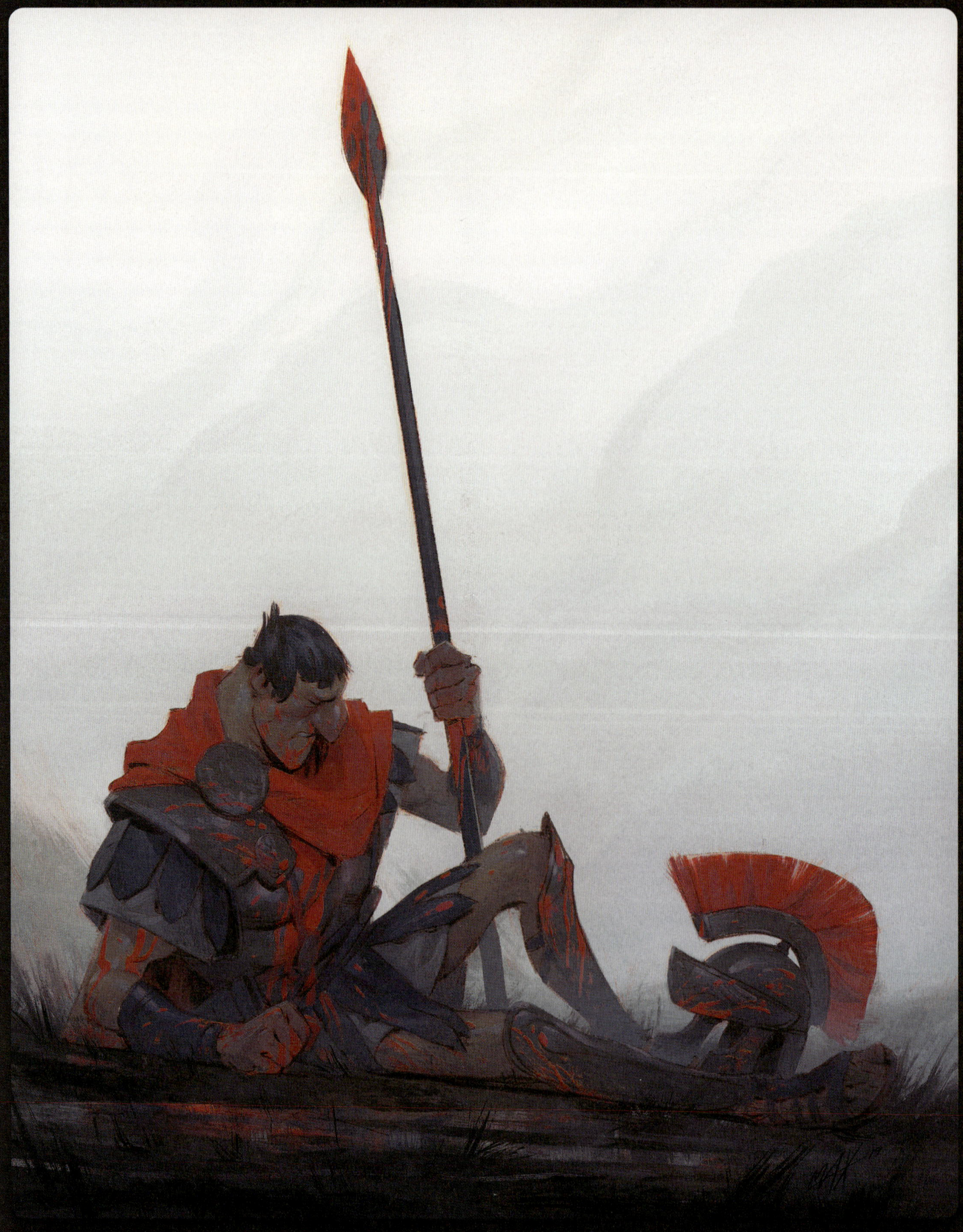

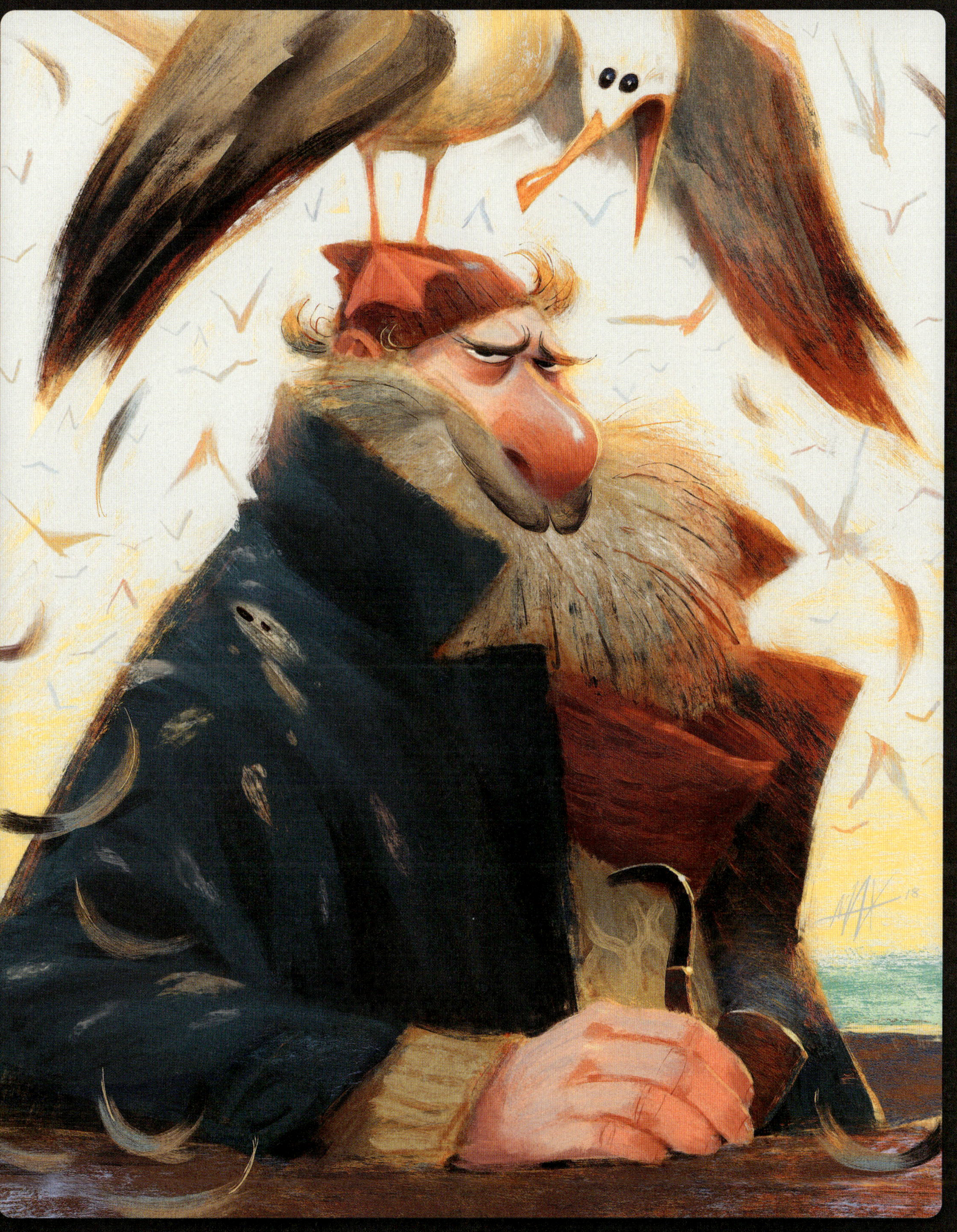

RAUMSCHIFF

Dominik Mayer

Dieses Tutorial zeigt dir Schritt für Schritt, wie du ein dynamisches Raumschiffbild mit den Werkzeugen und Standardpinseln von Procreate erstellst. Anfänger werden von Anfang bis Ende durch die Erstellung eines Sci-Fi-Bildes geführt, während geübtere Künstler eine Menge interessanter Tipps und Tricks entdecken können.

Du lernst hier, wie du eine Leinwand einrichtest und alle Grundeinstellungen vornimmst. Das Tutorial demonstriert die Macht des Symmetrie-Werkzeugs und wie du dieses einsetzen kannst, um den Designprozess zu beginnen. Es befasst sich mit der Bedeutung einer guten Ebenenverwaltung und mit den verschiedenen Überblendmodi. Neben den technischen Aspekten lernst du auch, wie du eine gute Komposition erstellst, wie du mit dem Malen beginnst und wie du nach und nach zum fertigen Bild gelangst.

Das Tutorial zeigt dir, wie du ein kleines, wendiges Kampfschiff malst, das über eine goldene Landschaft mit einer aufgehenden Sonne flitzt, wie du beeindruckende Lichteffekte erzeugst und im Bild Bewegung und Geschwindigkeit darstellen kannst. Es behandelt, wie du einen locker gemalten Hintergrund erstellst, indem du grobe Pinselstriche nutzt und das Schiff selbst sauberer und mit mehr Details malst, um einen starken Kontrast zwischen Vorder- und Hintergrund zu schaffen, der dem Bild eine gute Lesbarkeit gibt. Darüber hinaus verwendest du verschiedene Standardpinsel und erfährst, wie du mit ausgesprochen einfachen Mitteln ein faszinierendes und realistisch aussehendes Bild erhältst.

SEITE 208

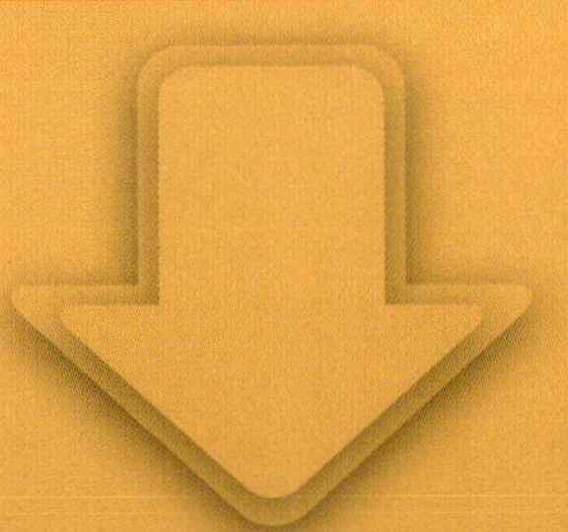

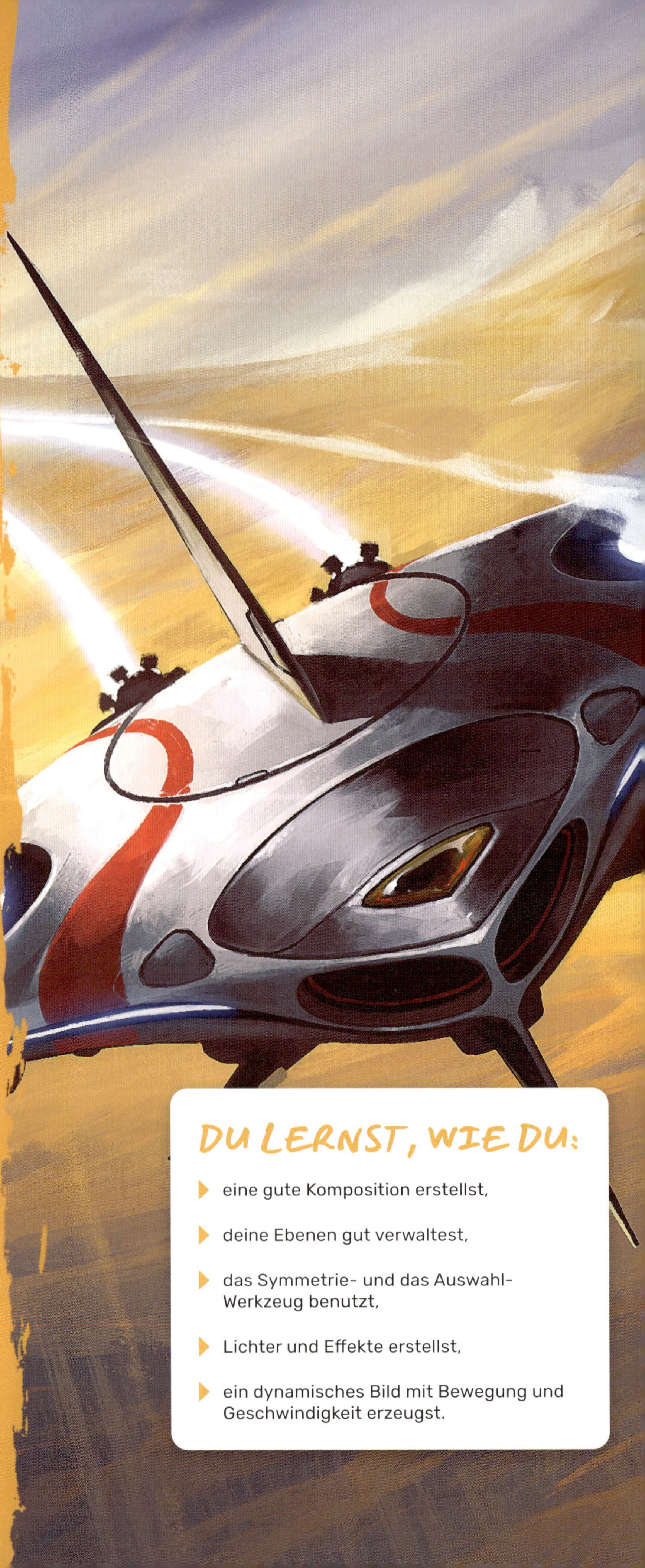

DU LERNST, WIE DU:

- eine gute Komposition erstellst,
- deine Ebenen gut verwaltest,
- das Symmetrie- und das Auswahl-Werkzeug benutzt,
- Lichter und Effekte erstellst,
- ein dynamisches Bild mit Bewegung und Geschwindigkeit erzeugst.

01

Als Erstes legst du eine neue Datei an und richtest diese ein. Wähle Eigene Leinwandgröße und stelle 4.000 Pixel Breite, 2.151 Pixel Höhe, 300 dpi und sRGB als Farbmodus ein. Wenn du mit der Leinwandgröße experimentierst, wirst du feststellen, dass sich die Anzahl der in der Datei verfügbaren Ebenen ändert. Je größer die Datei ist, desto weniger Ebenen sind zulässig.

Einrichten der Leinwandeinstellungen

02

Es ist immer eine Herausforderung, neue Ideen zu entwickeln. Deshalb ist es wichtig, sich eine große Bibliothek mit Bildern zuzulegen, auf die man während des kreativen Prozesses zur Inspiration zurückgreifen kann. Bei diesen Bildern kann es sich um Grafiken und/oder Fotos von anderen Künstlern handeln, aber natürlich auch um Fotos, die du selbst aufgenommen hast. Durch das Speichern dieser Bilder auf deinem Gerät baust du gleichzeitig eine visuelle Bibliothek in deinem Kopf auf, was für den Designprozess unglaublich wichtig ist. Durchstöbere deine Bildbibliothek nach Inspirationen für interessante Raumschiffdesigns.

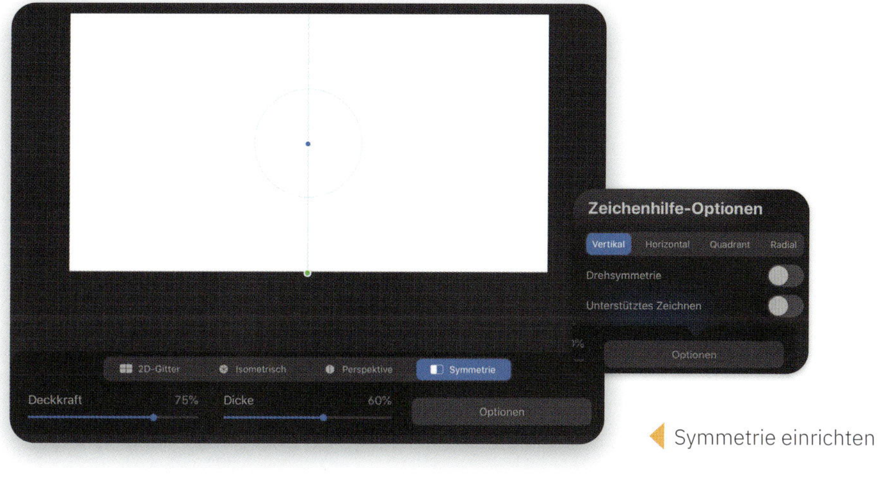

Symmetrie einrichten

03

Das Symmetrie-Werkzeug kann sich beim Erstellen der ersten Skizzen als ausgesprochen hilfreich erweisen. Wähle **Aktionen > Leinwand** und aktiviere die Zeichenhilfe. Wähle als Nächstes **Bearbeiten Zeichenhilfe > Symmetrie > Vertikal > Fertig**. Dies ermöglicht dir, Linien von einer Seite auf der anderen zu spiegeln. Einige deiner Ebenen haben möglicherweise die kleine Hilfe-Kennzeichnung, was einfach nur bedeutet, dass die Ebene deine Symmetrieeinstellungen verwendet. Falls du das deaktivieren willst, tippst du auf die Ebene und dann auf Zeichenhilfe. Dieses Werkzeug ist hilfreich, wenn man von Menschen gemachte Strukturen erstellt, weil es zu glücklichen kleinen Zufällen führen kann, die am Ende interessante Formen ergeben.

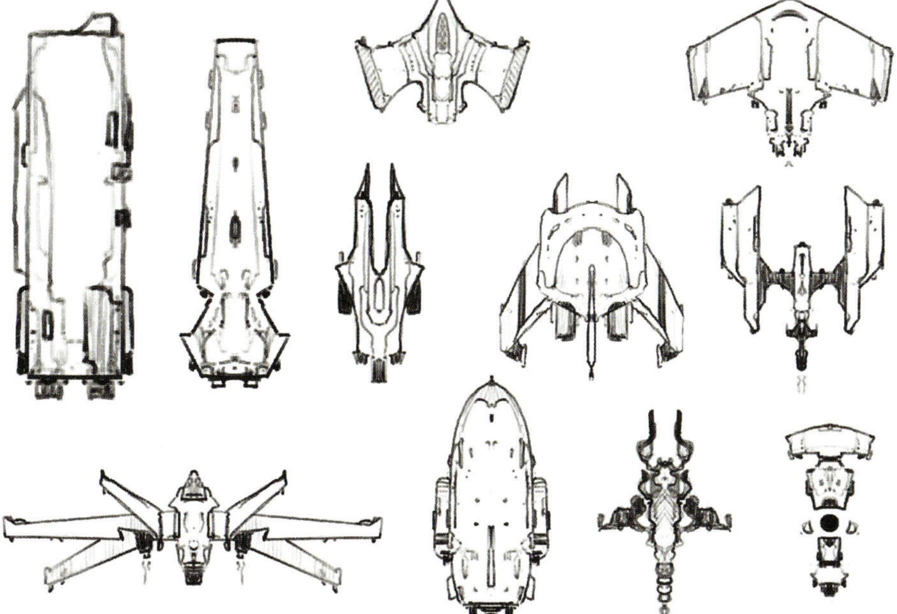

Erste Raumschiffdesigns

04

Eine andere gute Methode zum Erschaffen interessanter Designs ist es, kleine Schwarz-Weiß-Skizzen zu zeichnen. Nimm einen schwarzen Pinsel mit einer Deckkraft von 100 % und beginne damit, zufällige Formen zu skizzieren. Gehe aber nicht ins Detail. Bearbeite die Formen mit dem Radierer-Werkzeug. Wenn dir eine Form gefällt, erstelle eine detailliertere Skizze davon. Versuche, mehrere unterschiedliche Entwürfe zu erzeugen, damit du eine gute Auswahl bekommst.

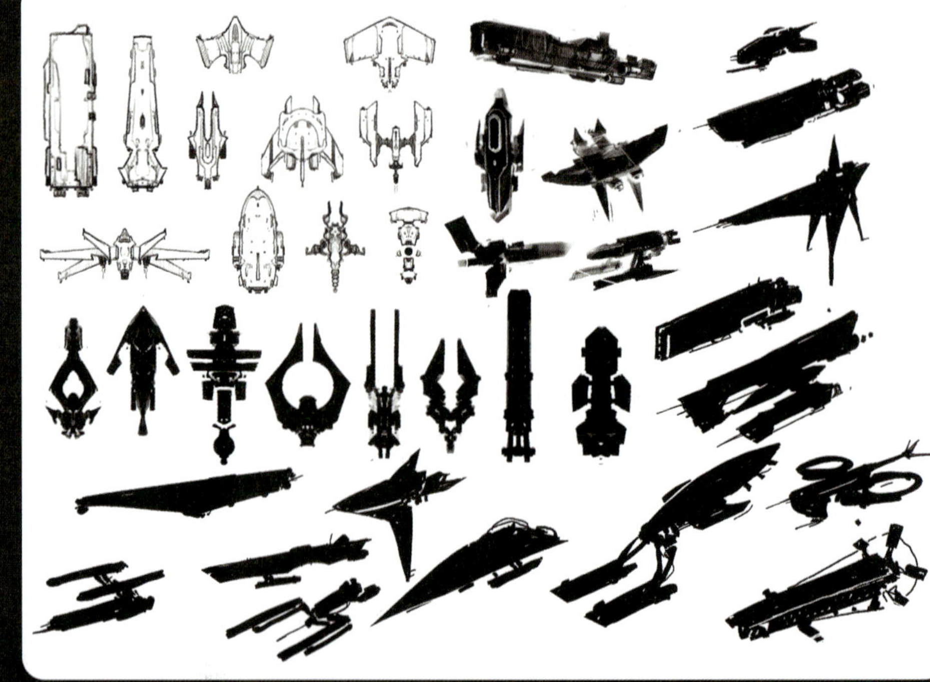

Raumschiffskizzen

05

Wenn du dann eine Reihe möglicher Ideen für deinen Raumschiffentwurf hast, überlege, wie du ihn präsentieren kannst. Entscheide zum Beispiel, ob du besser das Hoch- oder das Querformat nutzen solltest. Querformatige Bilder weisen oft horizontal eine Menge Energie auf, während Bilder im Hochformat ihre Dynamik eher in vertikaler Richtung zum Ausdruck bringen. Bilder im Querformat erzeugen eine filmische Anmutung und eignen sich wunderbar für große oder breite Motive, während das Hochformat perfekt ist, wenn man Höhe oder extrem geneigte Horizontlinien verdeutlichen möchte.

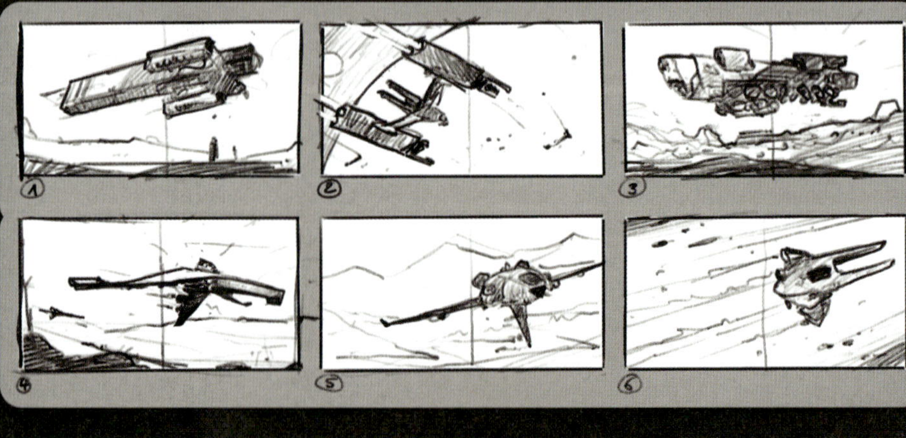

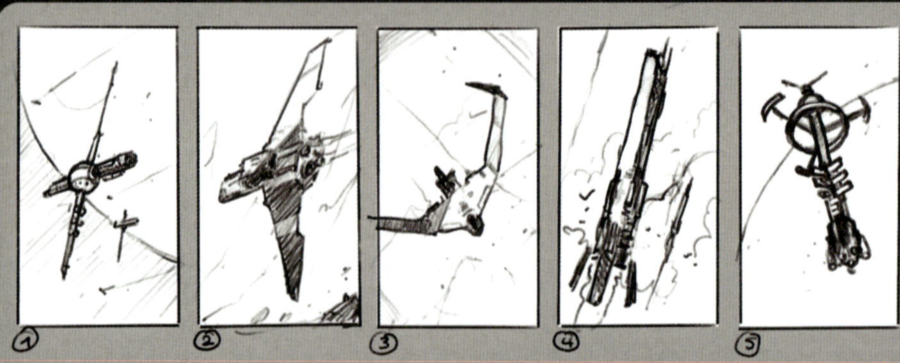

Thumbnails im Quer- und im Hochformat

06

Entscheide dich für ein Thumbnail und zeichne eine verfeinerte Skizze davon. Jetzt solltest du auch beginnen, über Einzelheiten deines Raumschiffdesigns nachzudenken. Überlege außerdem, was im Hintergrund zu sehen sein sollte und wie dies deinen Raumschiffentwurf unterstützen könnte. Hier wurde Querformat-Thumbnail 5 ausgewählt. Für eine dynamische Szene wie diese ist ein geneigter Horizont erforderlich, weil dieser Geschwindigkeit und Bewegung vermittelt. Er bricht die friedvolle Harmonie und statische Wirkung auf, die die gerade Horizontlinie erzeugt. Lass die Neigung von unten links nach oben rechts verlaufen, wenn du ein positives Gefühl vermitteln willst, oder in umgekehrter Richtung, wenn es eher negativ sein soll.

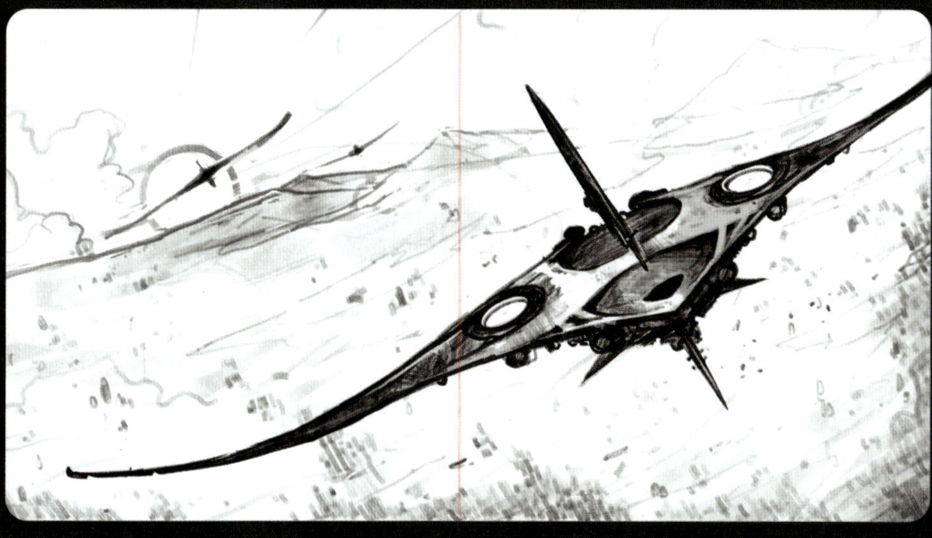

▲ Fertige Skizze

07

Wenn die Skizze fertig ist, legst du einige Ebenen zum Malen der verschiedenen Elemente in deinem Bild an. Wähle die Form des Raumschiffs mit dem Auswahl-Werkzeug aus. Wenn du von einem Punkt A zu einem Punkt B tippst, wird eine gerade Auswahllinie zwischen diesen beiden Punkten erzeugt, während du eine natürlicher aussehende Freihandlinie erhältst, wenn du die Linie ziehst. Lege eine neue Ebene an und wähle dann Ebene füllen. Dadurch wird deine Auswahl mit der momentan aktiven Farbe gefüllt. Wiederhole dies für alle Hintergrundelemente.

▼ Wähle Ebene füllen, um die Auswahl farbig zu füllen.

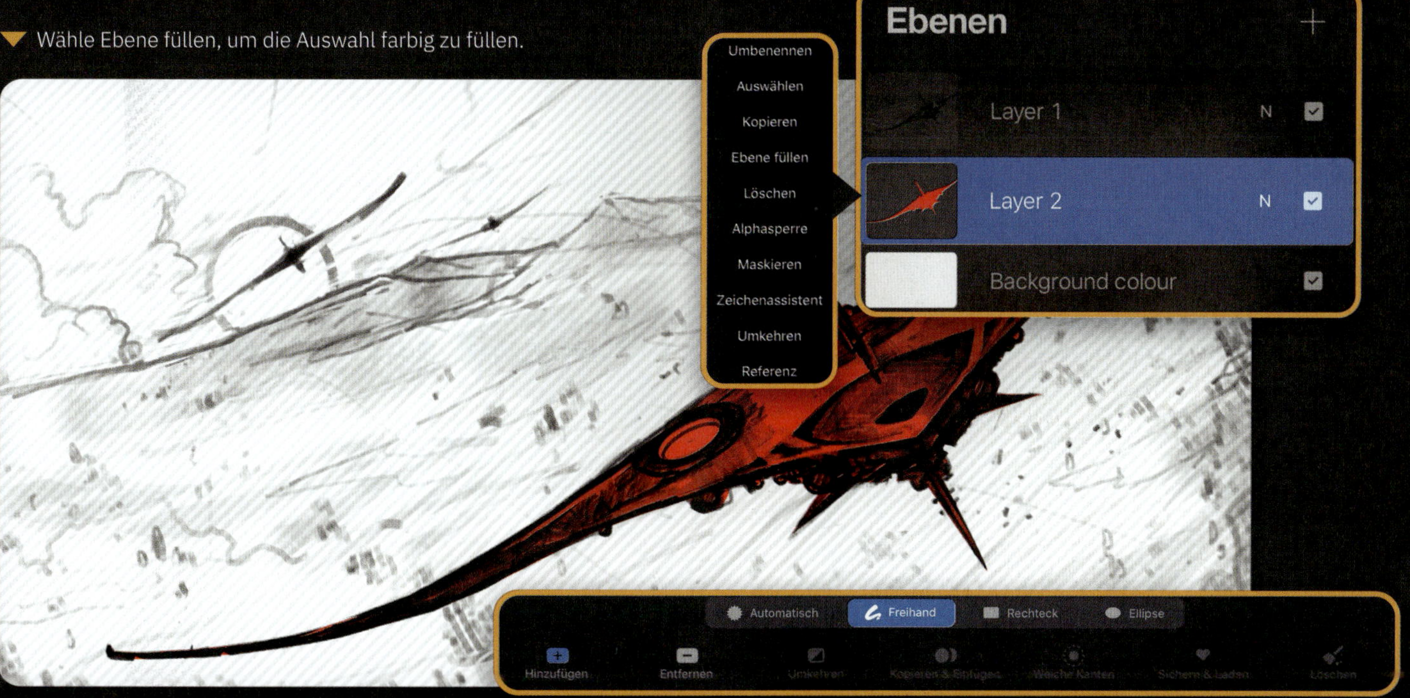

08

Erzeuge nun mithilfe von QuickShape (siehe Seite 36) einen perfekten Kreis für die Sonne. Wähle **Pinsel > Malen > Rundpinsel** und stelle als Farbe Weiß ein. Zeichne einen geschlossenen Kreis und halte den Stift für einige Sekunden auf der Leinwand, bis eine exakte runde Form aufspringt. Tippe auf **Form bearbeiten > Kreis**, und deine runde Form verwandelt sich in einen perfekten Kreis. Fülle ihn, indem du den Farbpunkt aus der oberen rechten Ecke in den Kreis ziehst.

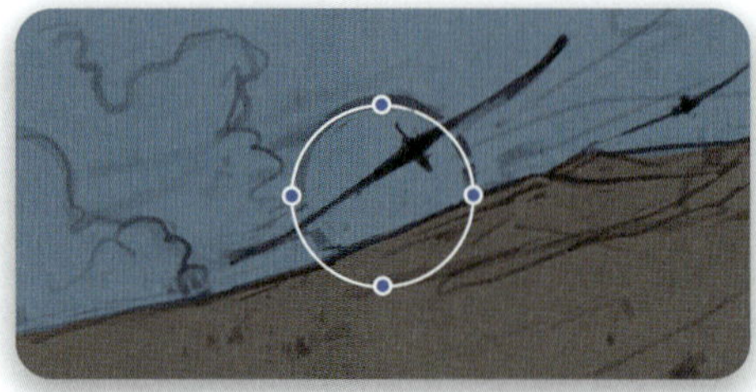

▲ Erzeuge mithilfe von QuickShape einen perfekten Kreis.

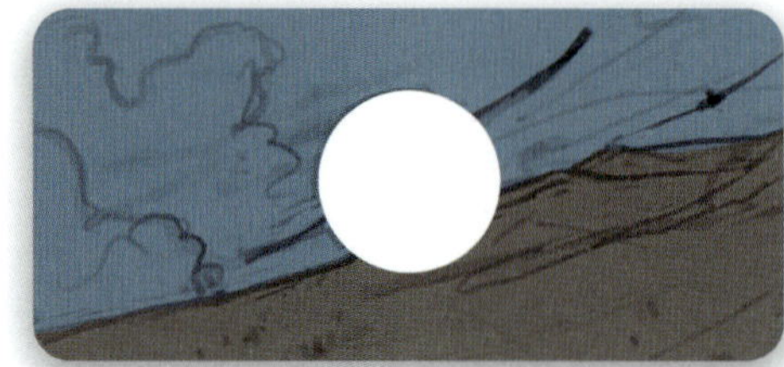

▲ Fülle den Kreis, indem du die Farbe aus der oberen rechten Ecke in ihn hineinziehst.

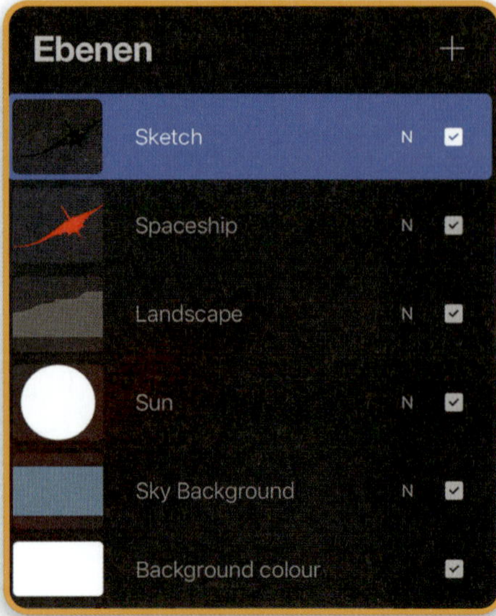

▲ Ebenenstruktur

09

Nachdem du die Ebenen eingerichtet hast, kannst du beginnen zu malen. Erzeuge auf jeder deiner Basisebenen eine neue Ebene, tippe sie einmal an und wähle Clipping-Maske. Nun wird alles, was du auf diesen Ebenen malst, nur auf der Ebene darunter zu sehen sein. Beginne mit dem Himmel. Wähle den Weichen Pinsel und male zuerst einen leuchtend blauen Verlauf auf den unteren Teil des Himmels im Hintergrund. Verwende den Regler auf der linken Seite, um die Pinselgröße umzuschalten, und färbe dann mit diesem Pinsel die Landschaft in Gelb- und Brauntönen. Setze einen leichten blauen Verlauf auf die Berge und fülle dann die Raumschiff-Ebene mit Dunkelgrau.

▼ Verwende Clipping-Masken, um Grundfarben einzusetzen.

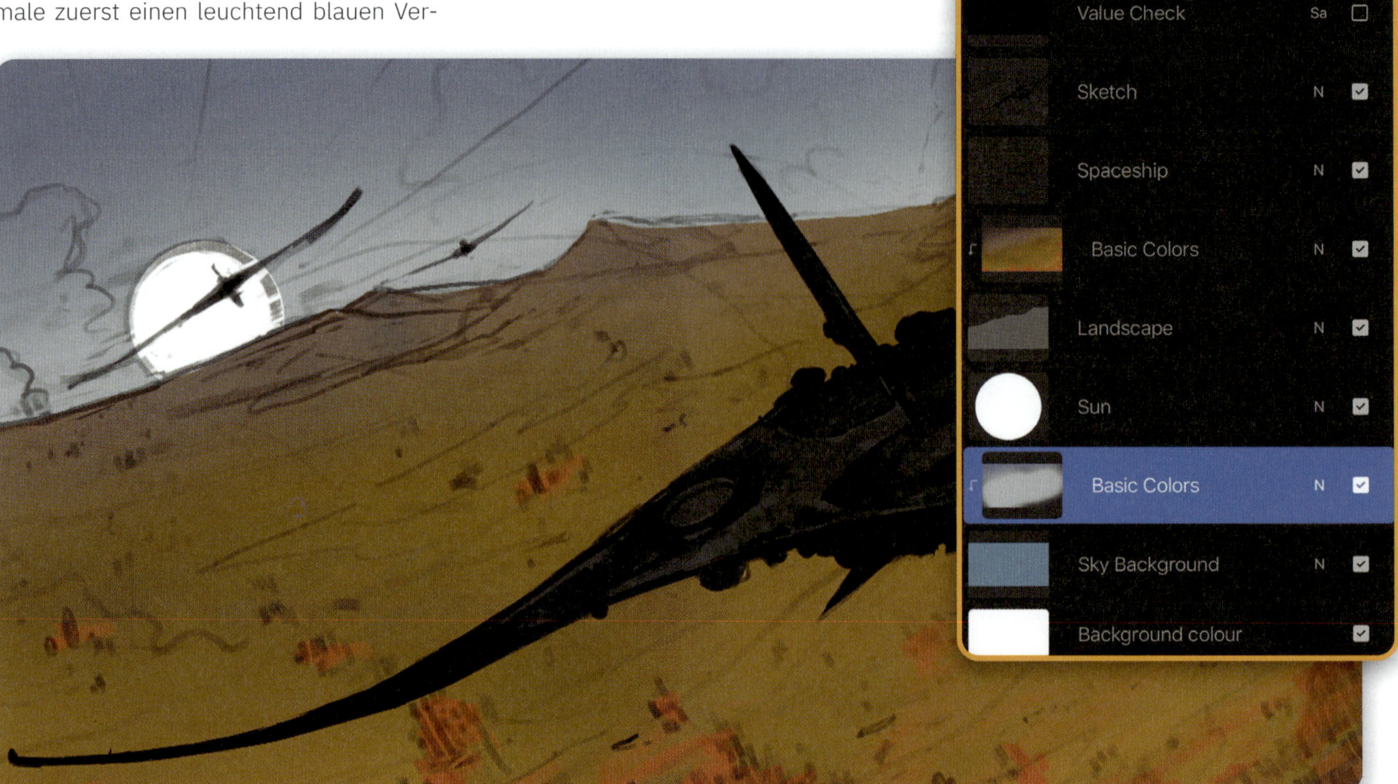

10

Sorge dafür, dass die Tonwerte stimmen. Dabei handelt es sich um die Helligkeitsinformationen der Pixel von Reinweiß über Grautöne bis zu Tiefschwarz. Wenn sich ein Element weiter entfernt im Hintergrund befindet, müssen die dunkelsten Teile dieses Elements heller sein als die entsprechenden dunklen Teile eines ähnlichen Objekts im Vordergrund. Elemente im Hintergrund sind heller als die im Vordergrund. Um dies regelmäßig zu überprüfen, legst du auf allem anderen eine neue Ebene an und füllst sie mit reinem Schwarz. Ändere den Überblendmodus von Normal auf **Farbe > Sättigung**. Das kleine N verwandelt sich in Sa. Wenn diese Ebene aktiv ist, kannst du sehen, wie deine Tonwerte aussehen. Du kannst diese Ebene während der Arbeit bei Bedarf ein- und ausblenden.

▼ Lege eine Ebene zum Überprüfen der Tonwerte an.

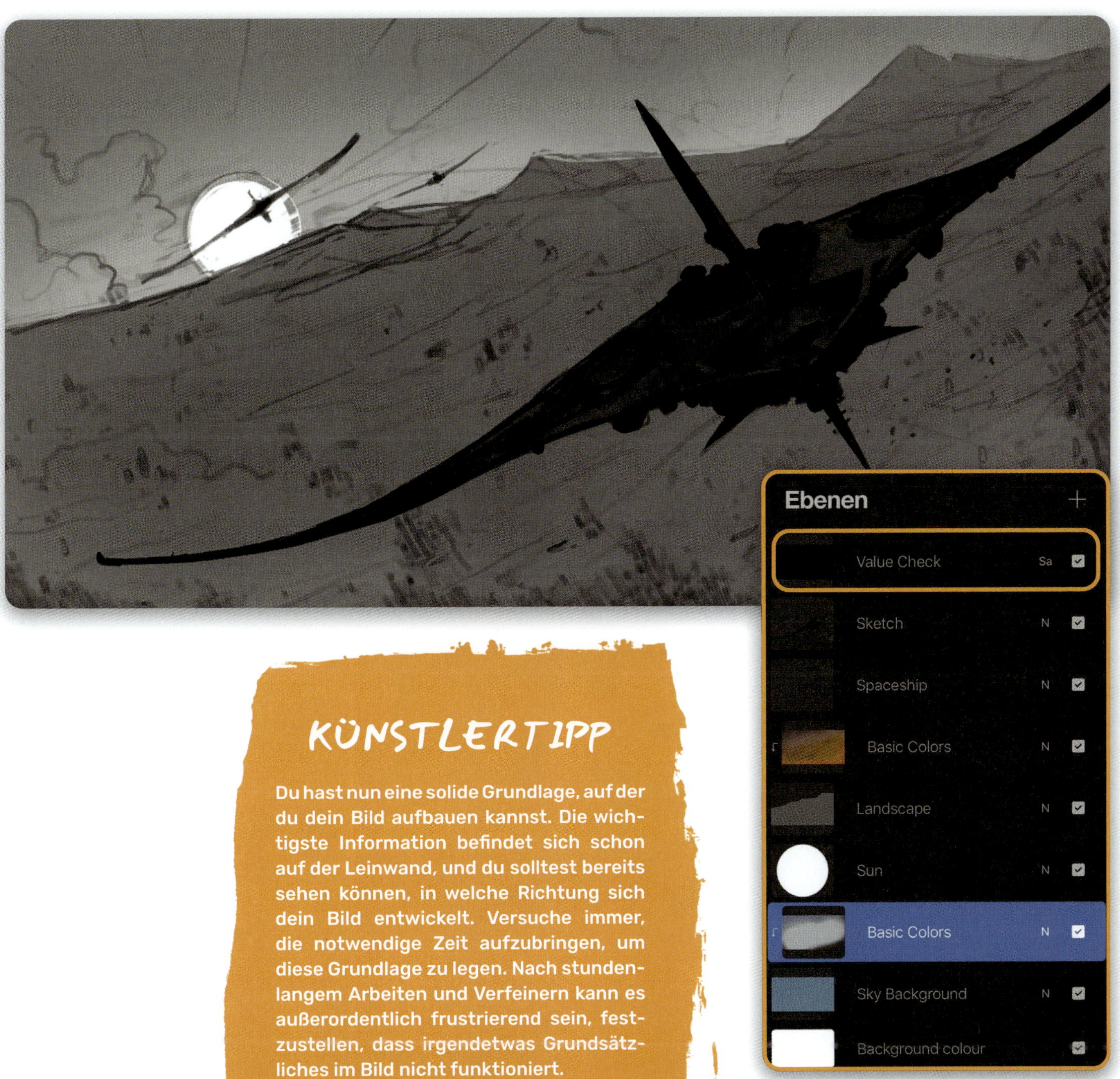

KÜNSTLERTIPP

Du hast nun eine solide Grundlage, auf der du dein Bild aufbauen kannst. Die wichtigste Information befindet sich schon auf der Leinwand, und du solltest bereits sehen können, in welche Richtung sich dein Bild entwickelt. Versuche immer, die notwendige Zeit aufzubringen, um diese Grundlage zu legen. Nach stundenlangem Arbeiten und Verfeinern kann es außerordentlich frustrierend sein, festzustellen, dass irgendetwas Grundsätzliches im Bild nicht funktioniert.

11

Verwende die Überblendmodi, um einen beeindruckenden Sonnenlicht-Effekt zu erstellen. Lege dazu eine neue Ebene an und male mit dem Rundpinsel ein verschwommenes orangefarbenes Dreieck um die Sonne. Die lange Seite des Dreiecks richtet sich dabei an der Horizontlinie aus. Setze den Überblendmodus auf Hartes Licht mit einer Deckkraft von 40 %. Erstelle nun eine neue Ebene. Male einen unscharfen orangefarbenen Kreis, der etwas größer ist als die Sonne, und setze den Überblendmodus auf Hinzufügen mit einer Deckkraft von 50 %. Lege noch einmal eine neue Ebene an. Male jetzt einen viel unschärferen Kreis, der außerdem etwas größer als die Sonne ist, verwende dieses Mal aber ein dunkleres Orange. Setze den Überblendmodus auf Hinzufügen mit einer Deckkraft von 50 %. Gruppiere die neuen Ebenen. Das erlaubt dir, den Effekt von Zeit zu Zeit ein- und auszublenden. Male bei ausgeblendetem Sonneneffekt weiter.

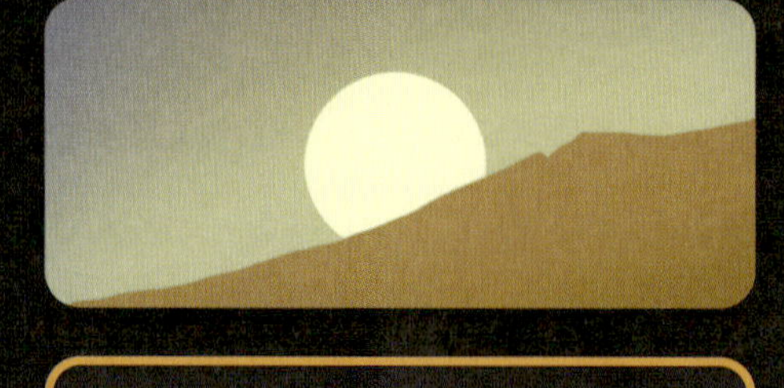

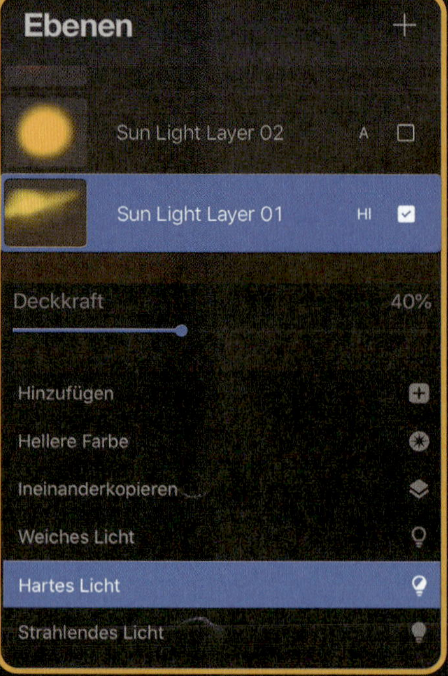

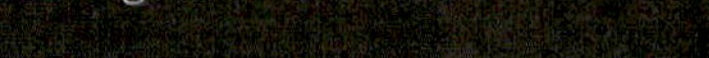

▲ Lege eine Sonnenlicht-Ebene an.

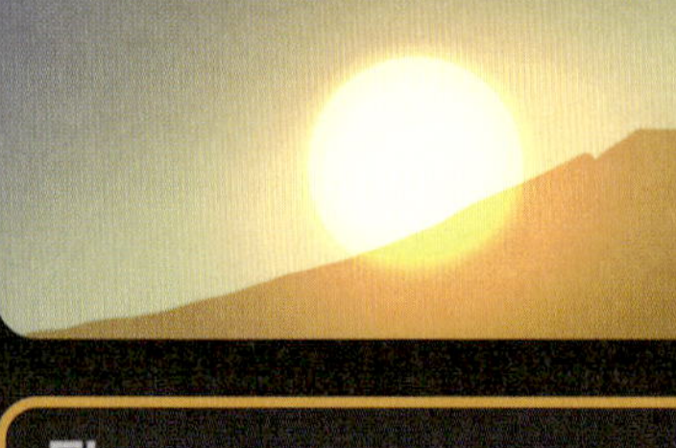

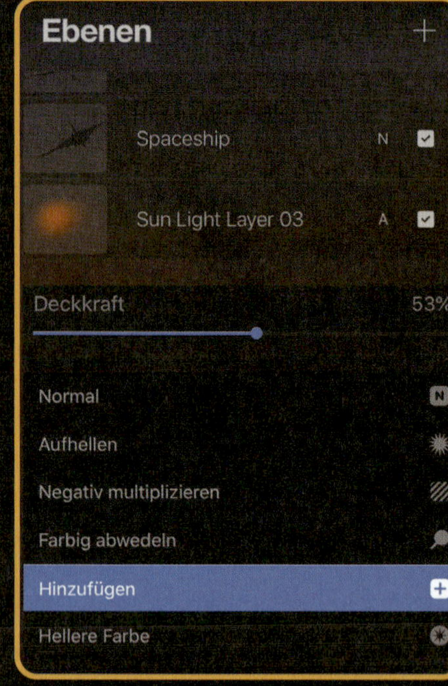

▲ Lege weitere Sonnenlicht-Ebenen an.

▼ Wähle alle Sonnenlicht-Ebenen aus, indem du sie nach rechts wischst.

Ebenen Löschen Gruppe
Value Check Sa
Sketch N
Spaceship N
Sun Light Layer 03 A
Sun Light Layer 02 A
Sun Light Layer 01 HI

▼ Gruppiere alle Sonnenlicht-Ebenen und benenne die Gruppe um.

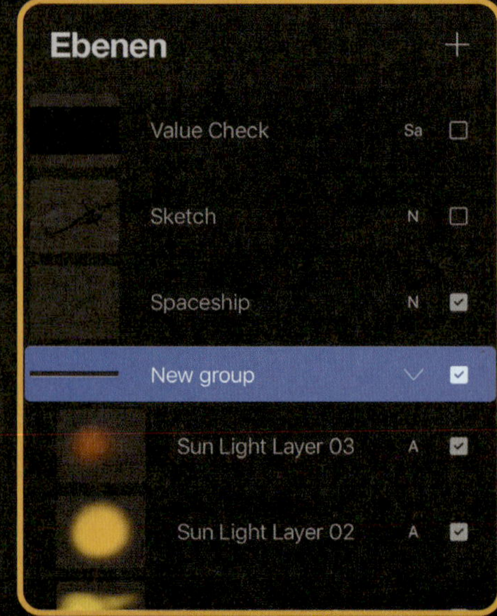

12

Im nächsten Schritt werden Wolken am Himmel hinzugefügt. Male mit dem Nassen Acrylpinsel dunkelblaue und orangefarbene Flecken auf die Hintergrundebene mit dem Himmel. Nimm anschließend das Verwischen-Werkzeug mit dem Ölgemälde-Pinsel und vermische die Farben in horizontalen Strichen. Male weitere Farben ein und verwische das Ganze, bis du mit dem Ergebnis zufrieden bist.

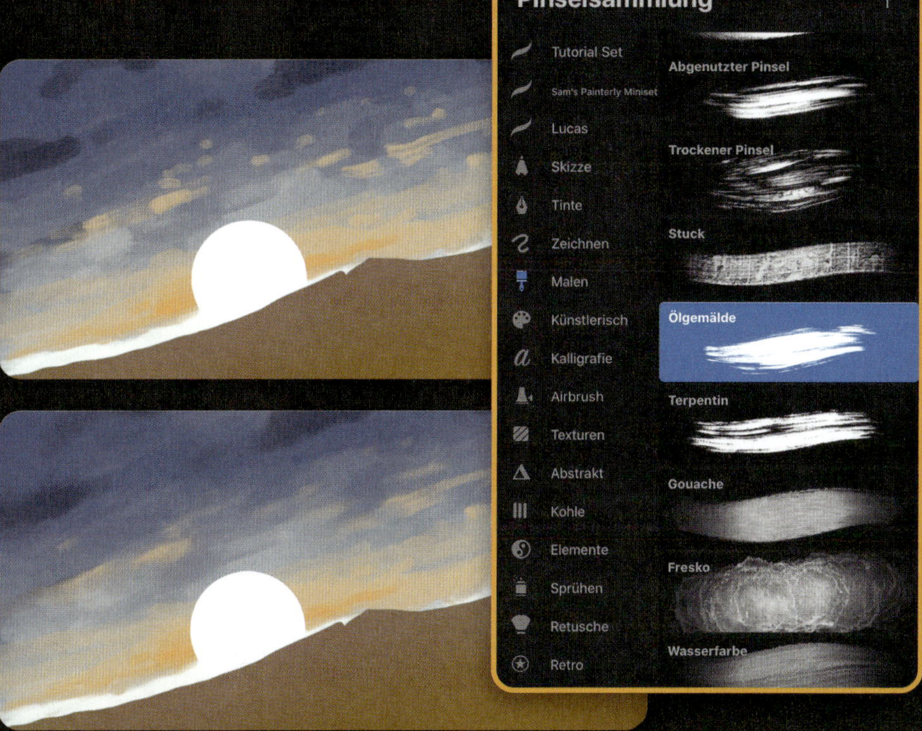

▶ Füge Farbflecken hinzu.

▶ Mische sie mit dem Vermischen-Werkzeug.

13

Füge nun auf der Landschaftsebene Details hinzu. Lege über der Ebene mit der Grundfarbe für die Landschaft eine neue Ebene als Clipping-Maske an. Füge mit dem Nassen Acrylpinsel leuchtende Gelb- und Brauntöne an den Seiten der Berge hinzu, die der Sonne zugewandt sind. Wähle dazu mit der Pipette eine Farbe aus und male einen Streifen in einer bestimmten Richtung. Nimm anschließend die Farbe direkt neben dem ersten Farbstreifen auf und male einen weiteren Streifen in einem etwas anderen Winkel und in entgegengesetzter Richtung über den ersten Streifen. Mit dieser Technik erzeugst du Pinselstriche in Dreiecksform, die deine Landschaft bilden und darüber hinaus den Eindruck erwecken, das Ganze sei mit einem wirklichen Pinsel gemalt worden.

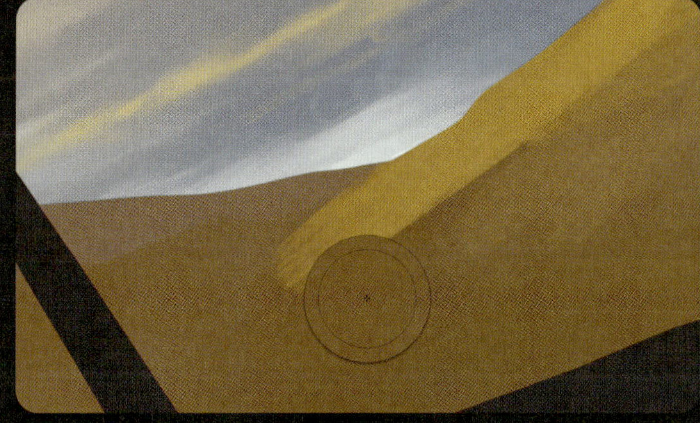

◀ Male einen Streifen und nimm dann eine benachbarte Farbe auf.

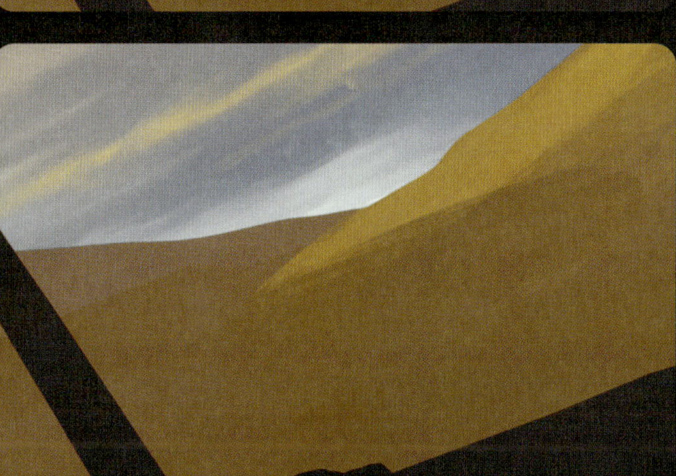

◀ Male einen zweiten Streifen, der leicht versetzt über dem ersten Streifen liegt.

14

Aktiviere den Ölgemälde-Pinsel und füge mit derselben Maltechnik weitere Details und Farben zu deiner Landschaft hinzu. Verwende dann den Terpentin-Pinsel und den Oriental-Pinsel, um kleine Bäume zu malen. Verkleinere die Bäume zum Horizont hin, um die Landschaft tiefer erscheinen zu lassen. Füge Blautöne in den Schattenbereichen hinzu, also unter den Bäumen und an den von der Sonne abgewandten Seiten der Berge.

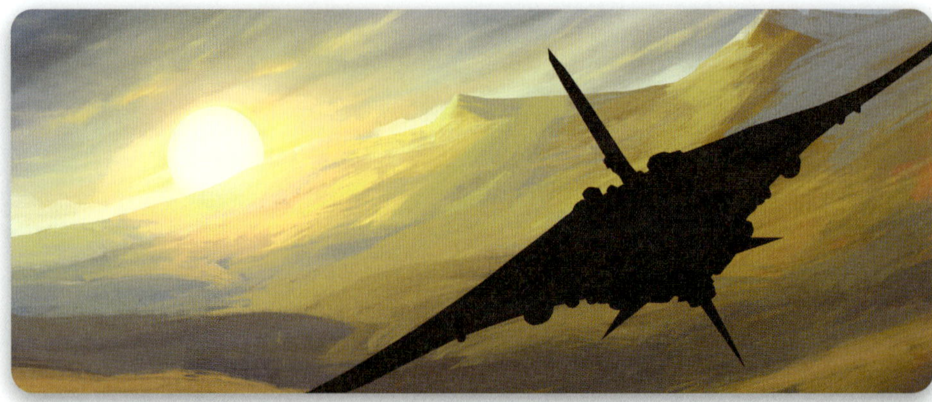

▲ Füge mit dem Ölgemälde-Pinsel Details in die Landschaft ein.

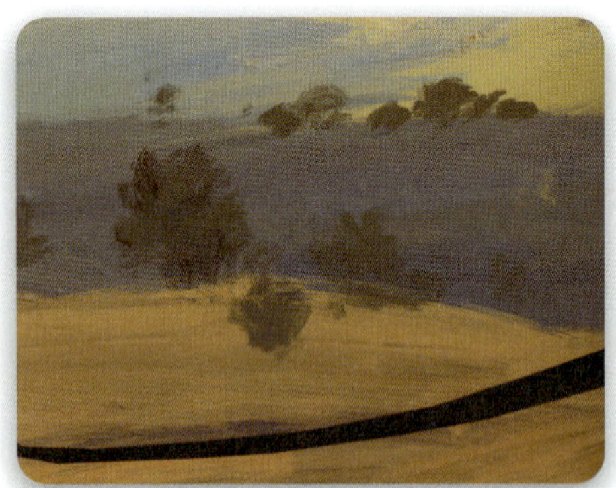

▲ Füge kleine Bäume hinzu.

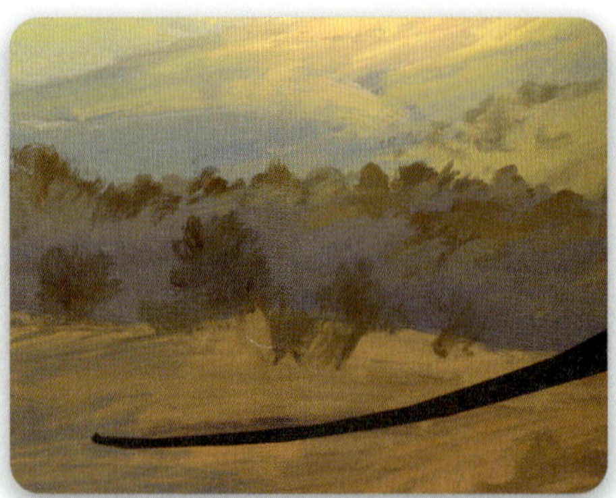

▲ Füge weitere Bäume hinzu.

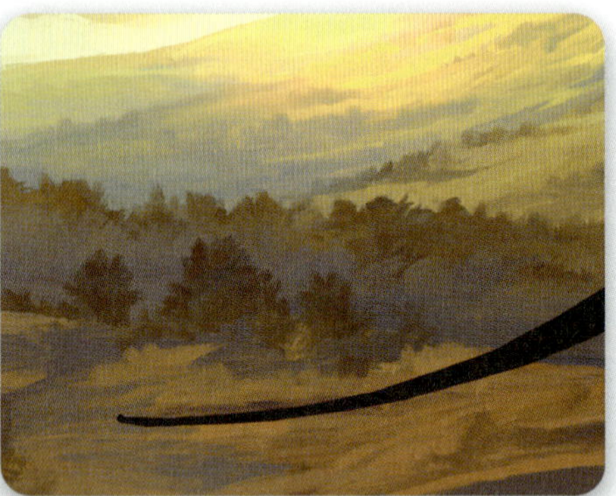

▲ Setze blaue Schatten unter die Bäume und an die sonnenabgewandten Seiten der Berge.

15

Erstelle nun einen Fluss. Zeichne mit dem Auswahl-Werkzeug eine Schlangenform an die Stelle, an der sich der Fluss entlangwinden soll. Schließe die Auswahl, indem du die Anfangs- und Endpunkte deines Auswahlpfads miteinander verbindest, und lege eine neue Ebene an. Nimm ein sehr helles Gelb und wähle Ebene füllen. Setze dann eine Alphasperre auf der Ebene. So malst du nur auf Pixeln, die auf der Ebene bereits vorhanden sind. Füge einige subtile weiße oder gelbe Verläufe auf dem Fluss hinzu.

◀ Erzeuge eine Auswahl für den Fluss.

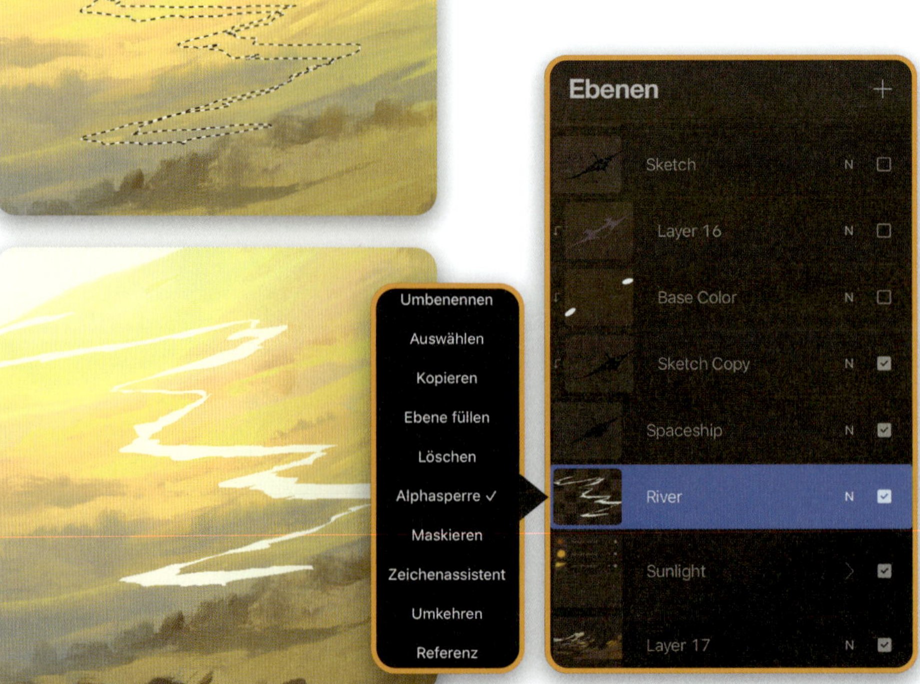

▶ Fülle die Flussauswahl.

16

Der Hintergrund ist nun fast fertig, und du kannst damit beginnen, das Raumschiff zu bauen. Setze die Skizzenebene als Clipping-Maske über die Raumschiff-Basisebene, die du am Anfang angelegt hast. Stelle eine Deckkraft von 20 % ein, damit du einige der Details erkennen kannst. Erzeuge eine neue Ebene und benutze QuickShape, um die beiden runden Turbinen hinzuzufügen. Zeichne dazu einen Kreis und halte den Stift auf dem Bildschirm fest (siehe Seite 36). Mit derselben Methode erzeugst du die obere Hülle des Raumschiffs. Setze auf der Hüllenebene eine Alphasperre und füge mit dem Rundpinsel einige erste Schattierungen hinzu. (Erlaube dem Sonnenlicht, hier einzuwirken.) Zeichne dann mit dem Nikko-Rull-Pinsel weitere Details ein.

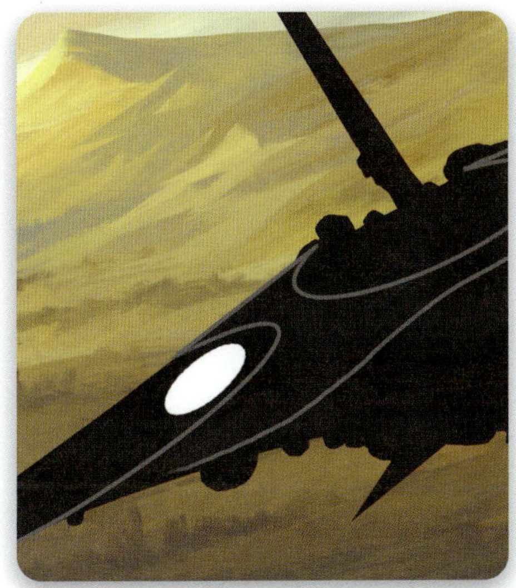

▲ Erzeuge mit QuickShape saubere Linien.

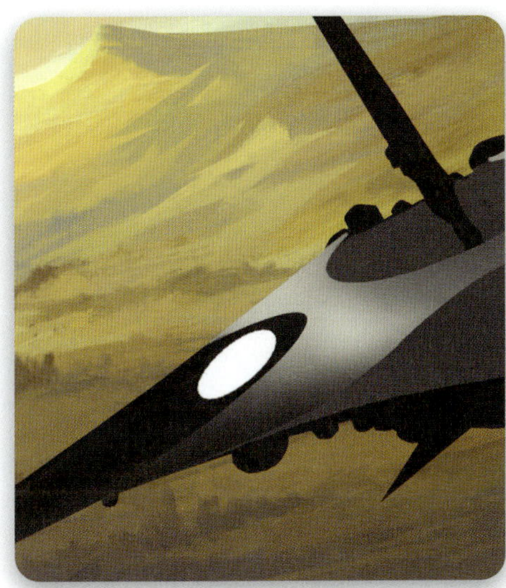

▲ Füge mit dem Rundpinsel erste Schattierungen hinzu.

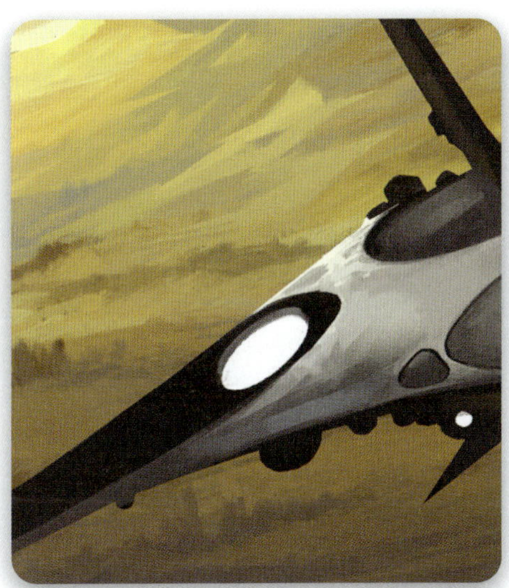

▲ Zeichne mit dem Nikko-Rull-Pinsel scharfe Details und Materialien ein.

17

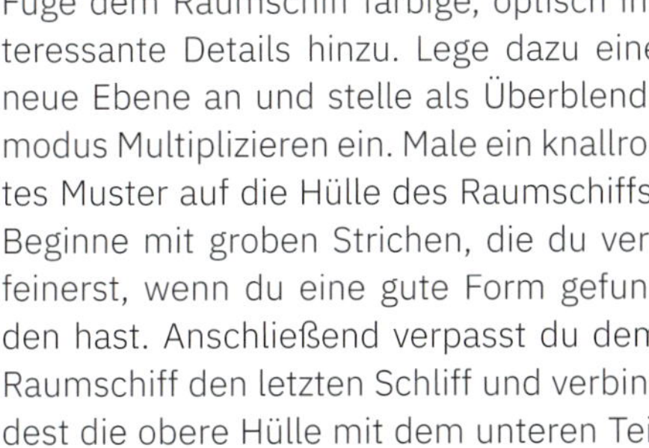

Füge dem Raumschiff farbige, optisch interessante Details hinzu. Lege dazu eine neue Ebene an und stelle als Überblendmodus Multiplizieren ein. Male ein knallrotes Muster auf die Hülle des Raumschiffs. Beginne mit groben Strichen, die du verfeinerst, wenn du eine gute Form gefunden hast. Anschließend verpasst du dem Raumschiff den letzten Schliff und verbindest die obere Hülle mit dem unteren Teil des Schiffs. Setze einen Streifen aus Licht an die Vorderkanten der Flügel.

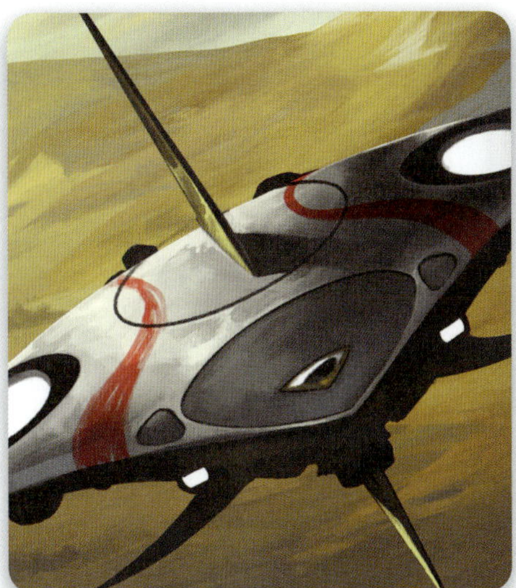

▲ Füge farbige, visuell interessante Details hinzu.

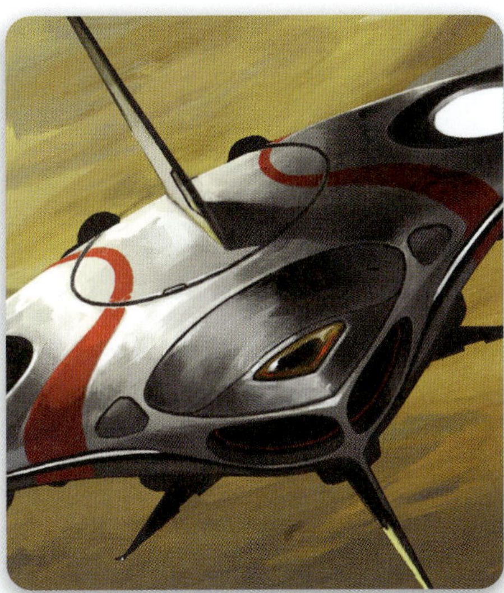

▲ Verziere das Raumschiff mit weiteren Elementen und verfeinere es dann.

18

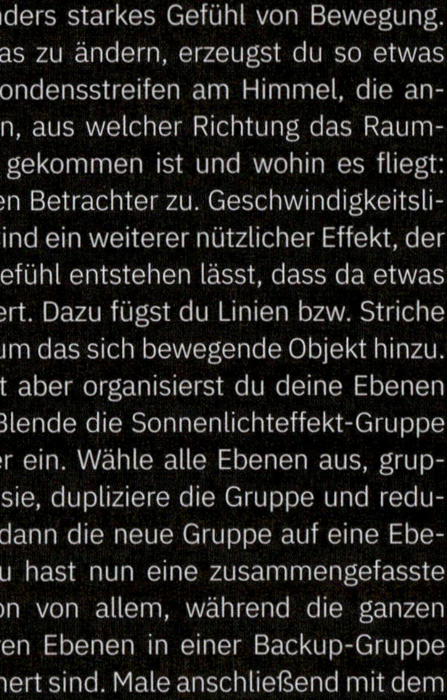

Im Moment vermittelt das Bild noch kein besonders starkes Gefühl von Bewegung. Um das zu ändern, erzeugst du so etwas wie Kondensstreifen am Himmel, die andeuten, aus welcher Richtung das Raumschiff gekommen ist und wohin es fliegt: auf den Betrachter zu. Geschwindigkeitslinien sind ein weiterer nützlicher Effekt, der das Gefühl entstehen lässt, dass da etwas passiert. Dazu fügst du Linien bzw. Striche rund um das sich bewegende Objekt hinzu. Zuerst aber organisierst du deine Ebenen neu. Blende die Sonnenlichteffekt-Gruppe wieder ein. Wähle alle Ebenen aus, gruppiere sie, dupliziere die Gruppe und reduziere dann die neue Gruppe auf eine Ebene. Du hast nun eine zusammengefasste Version von allem, während die ganzen anderen Ebenen in einer Backup-Gruppe gesichert sind. Male anschließend mit dem Verwischen-Werkzeug, bei dem der Ölmalerei-Pinsel eingestellt ist, vorsichtig die Geschwindigkeitslinien ein, die der Bewegung des Schiffs folgen. Mit dem weichen Pinsel setzt du noch einige zusätzliche Raumschiffe in den Hintergrund.

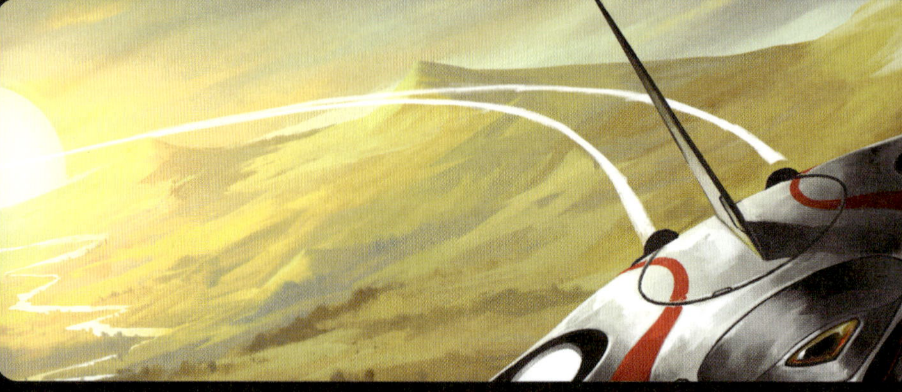

Platziere die Spur an den Himmel, um zu zeigen, woher das Schiff gekommen ist.

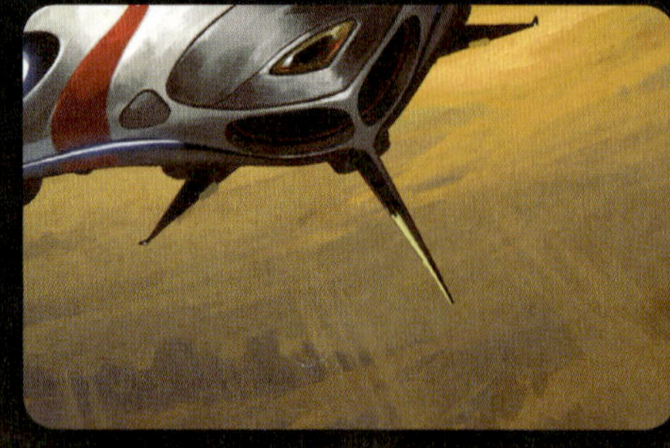

Füge Geschwindigkeitslinien hinzu.

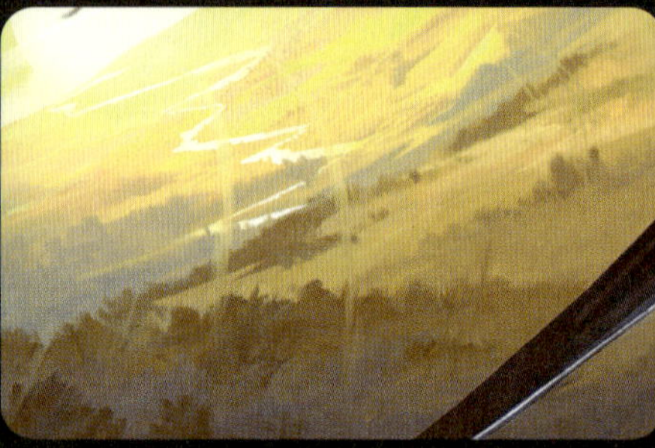

Füge weitere Geschwindigkeitslinien hinzu, indem du der Flugrichtung des Schiffs folgst

19

Nun wird es Zeit für einige Lichteffekte. Lege eine neue Ebene an und male mit dem Weichen Pinsel in Hellblau über die Teile des Raumschiffs, die leuchten sollen. In diesem Fall sind das die nachgeschleppte Spur hinter dem Raumschiff, die runden Turbinen und die dünnen Lichtstreifen an den Kanten der Flügel. Stelle als Überblendmodus Negativ multiplizieren ein, um ein auffälliges blaues Leuchten zu erzeugen.

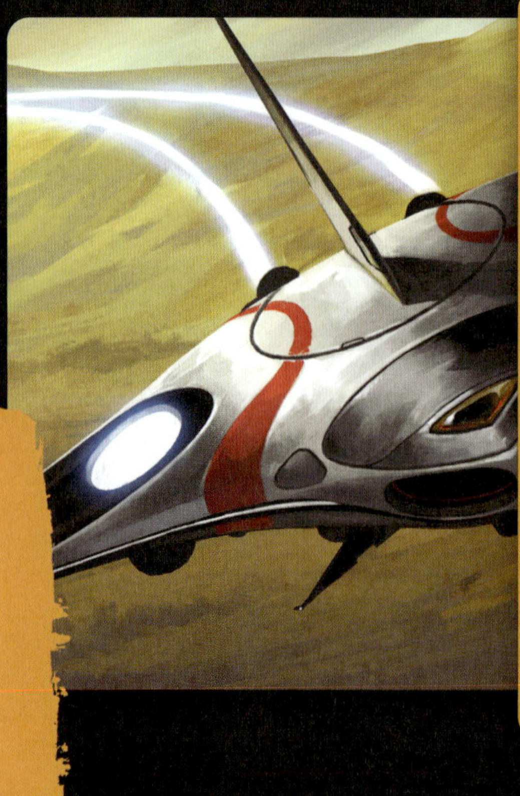

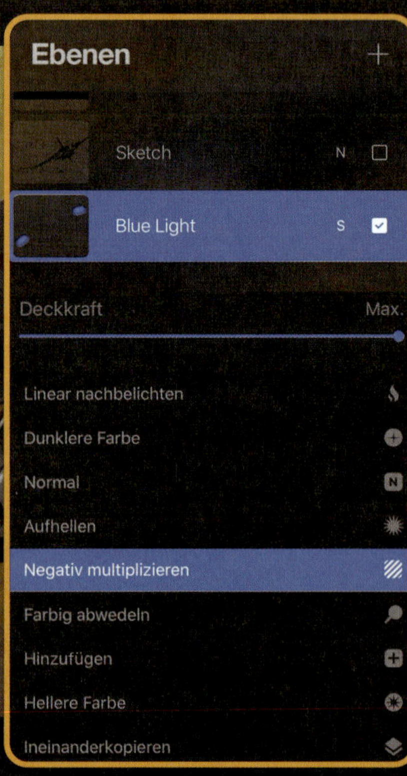

KÜNSTLERTIPP

Gib nicht auf, falls dir das Bild nicht gleich gefällt. Zeichnen und Malen sind Handwerkskünste, die eine Menge Übung erfordern. Sollte dein Bild nicht schon nach dem ersten Versuch ein geniales Meisterwerk sein, so ist das völlig normal. Habe Geduld und fange noch einmal an, und nach einer gewissen Zeit kannst du die Früchte deiner harten Arbeit ernten.

20

Verpasse dem ganzen Bild eine kleine Farbkorrektur. Um das komplette Bild zu beeinflussen, musst du alles auf eine Ebene legen. Wähle alle Ebenen und Ebenengruppen aus und fass sie zu einer neuen Gruppe zusammen. Dupliziere sie und wähle dann Reduzieren. Wähle anschließend **Anpassungen > Farbbalance** und stelle mit den Reglern einen leichten rötlich-violetten Farbton ein.

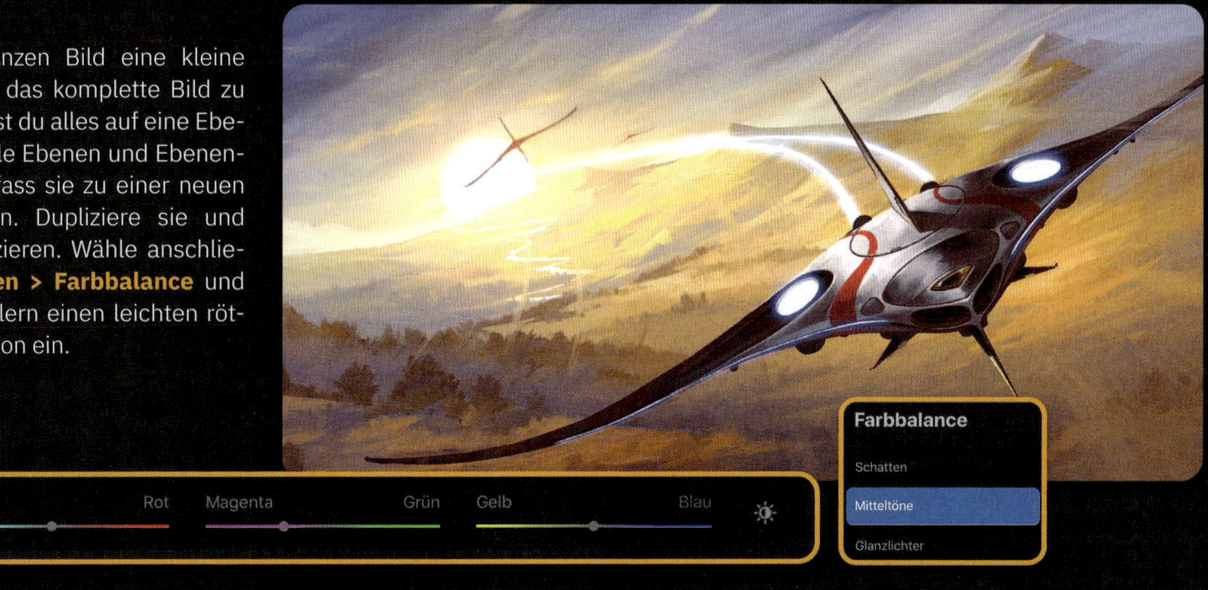

Verwende Farbbalance für eine Farbkorrektur.

21

Lege eine neue Ebene an und füge letzte Details hinzu, wie etwa die Rauchspuren, die von den Turbinen des Raumschiffs aufsteigen, sowie weitere Geschwindigkeitslinien. Wenn du mit dem Ergebnis zufrieden bist, wähle alle Ebenen aus, gruppiere sie, dupliziere die Gruppe und führe sie dann zu einer Ebene zusammen. Wende mit **Anpassungen > Scharfzeichnen** einen Scharfzeichnungseffekt mit einer Stärke von etwa 80 % auf die neu zusammengefasste Ebene an.

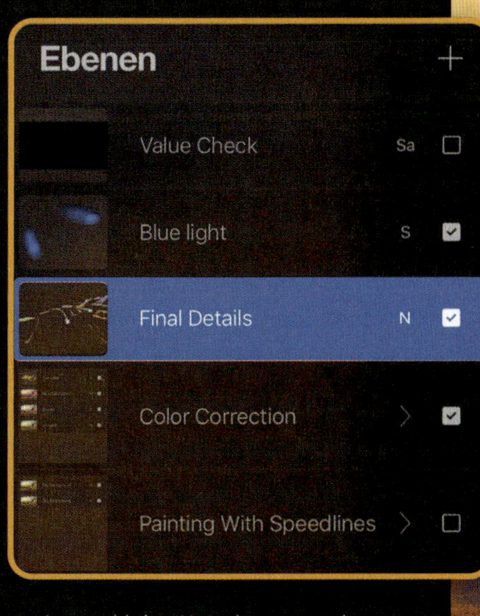

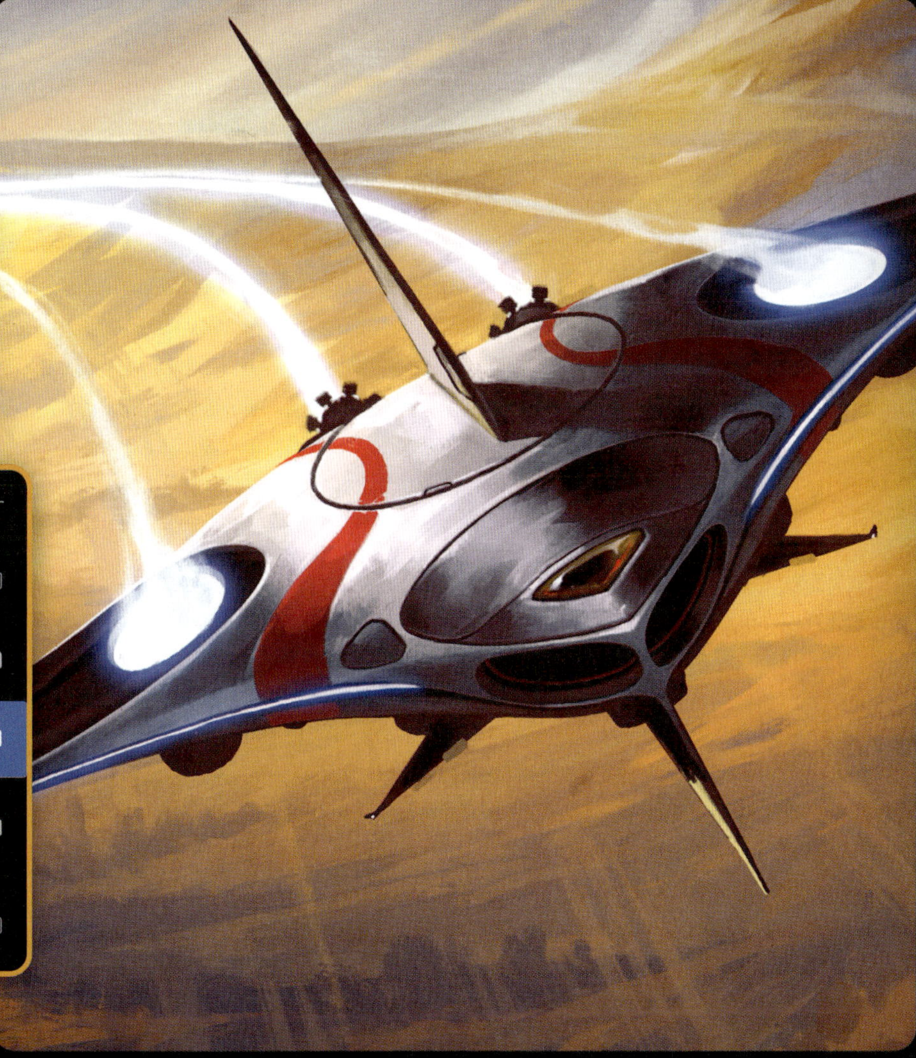

Letzte kleine Korrekturen und Ergänzungen an deinem Bild

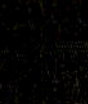

22

Wenn dein Bild nun fertig ist, kannst du es exportieren und mit der Welt teilen (siehe Seite 18).

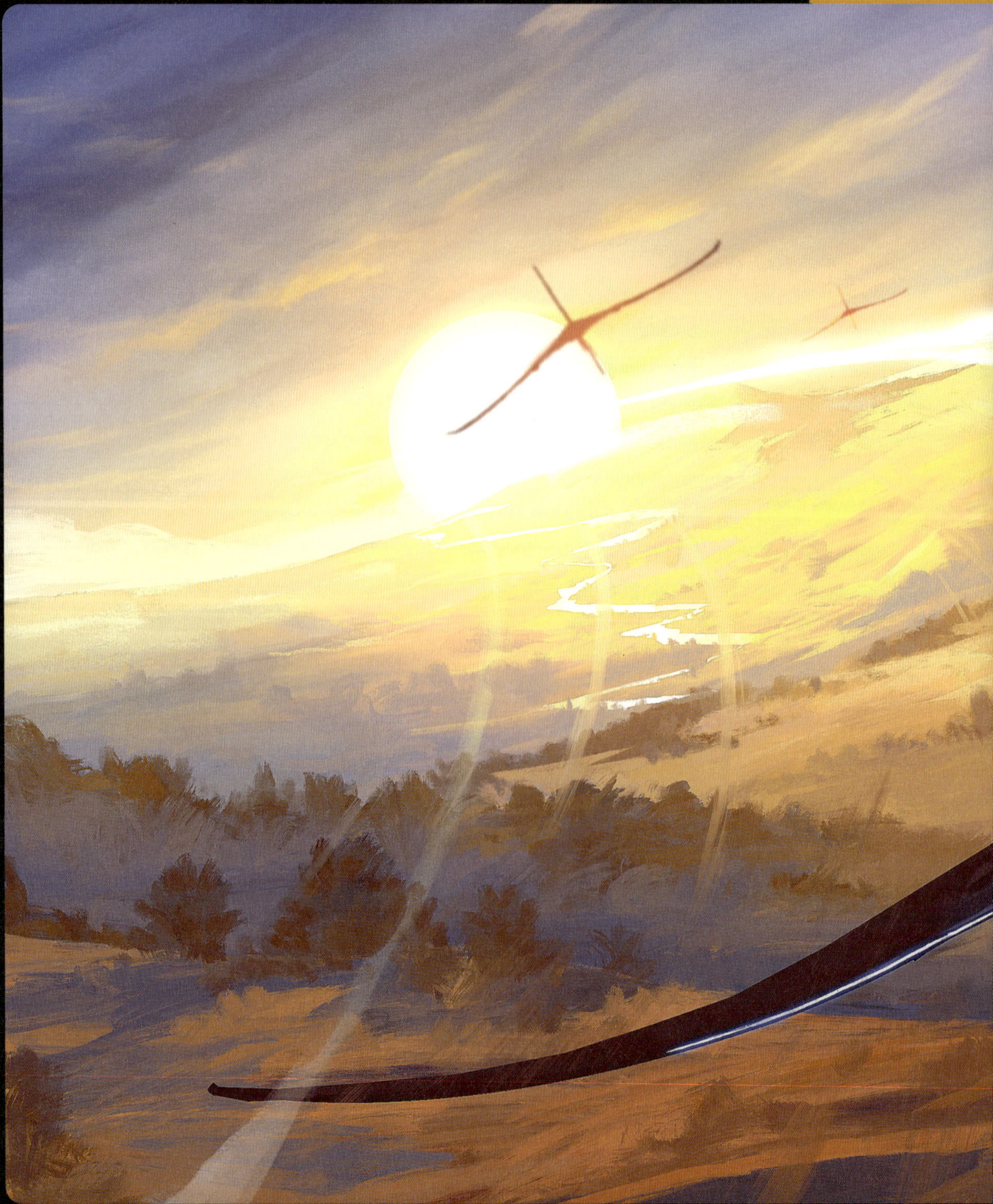

FERTIGES BILD

Dieses Tutorial liefert dir wertvolle Tipps – nicht nur für die Verwendung von Procreate, sondern auch für das Erstellen eines digitalen Bildes im Allgemeinen. Folge ruhig allen Schritten und verwende das Tutorial als Grundlage für deine künftigen Arbeiten, aber versteif dich nicht zu sehr auf die Regeln und Tipps. Experimentiere mit der Software und schau, wohin dich das bringt. Glückliche Zufälle sind ein großer Bestandteil des kreativen Prozesses, hab deshalb keine Angst, Risiken einzugehen, und freue dich auf das Expermentieren mit neuen Ideen. Versuche immer, das Storytelling voll auszureizen und die gesamte Dynamik deiner Bilder voranzutreiben.

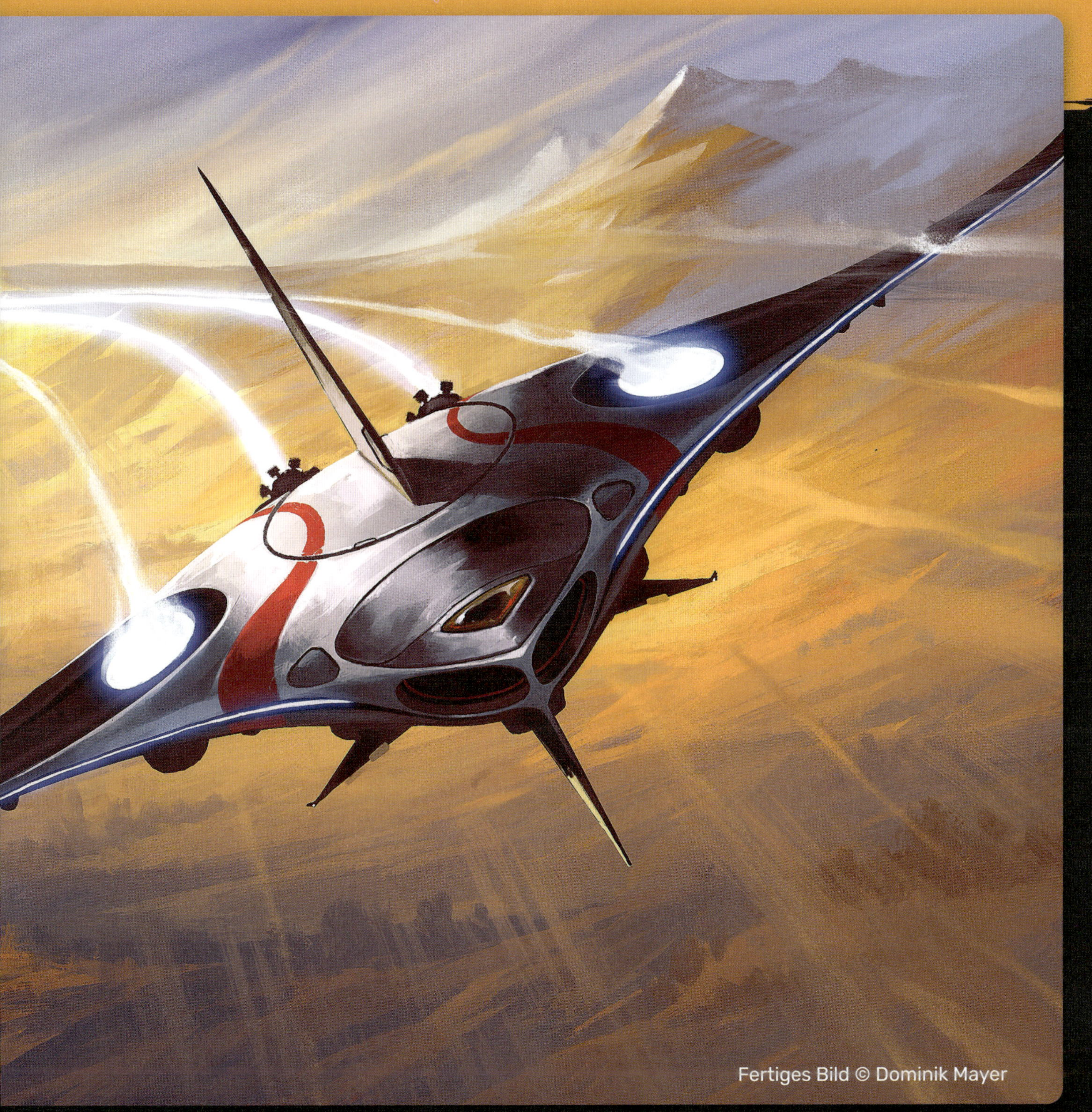

Fertiges Bild © Dominik Mayer

Unten: Ritter

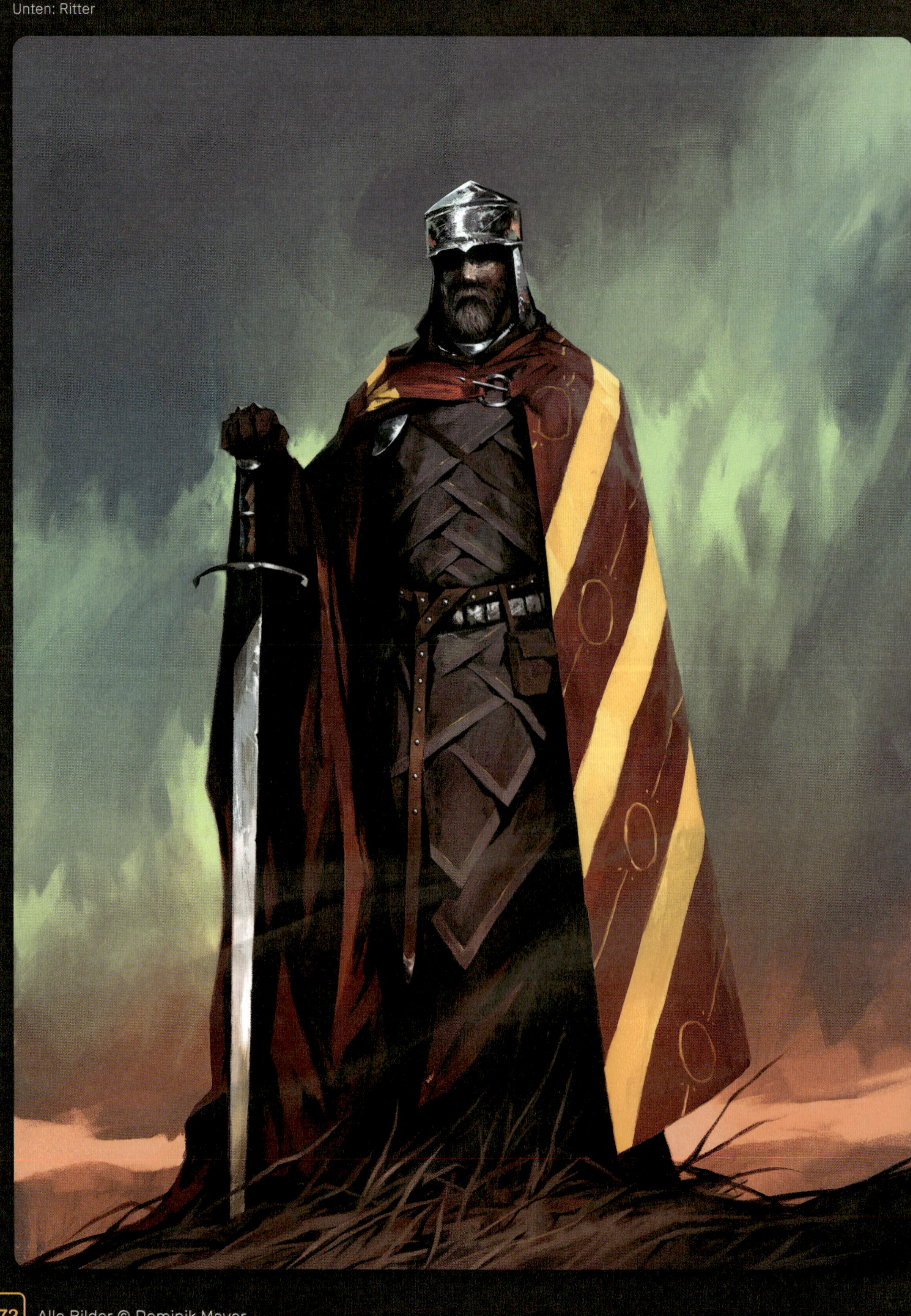

 Alle Bilder © Dominik Mayer

Unten: Geschwindigkeitsrekord zu Lande

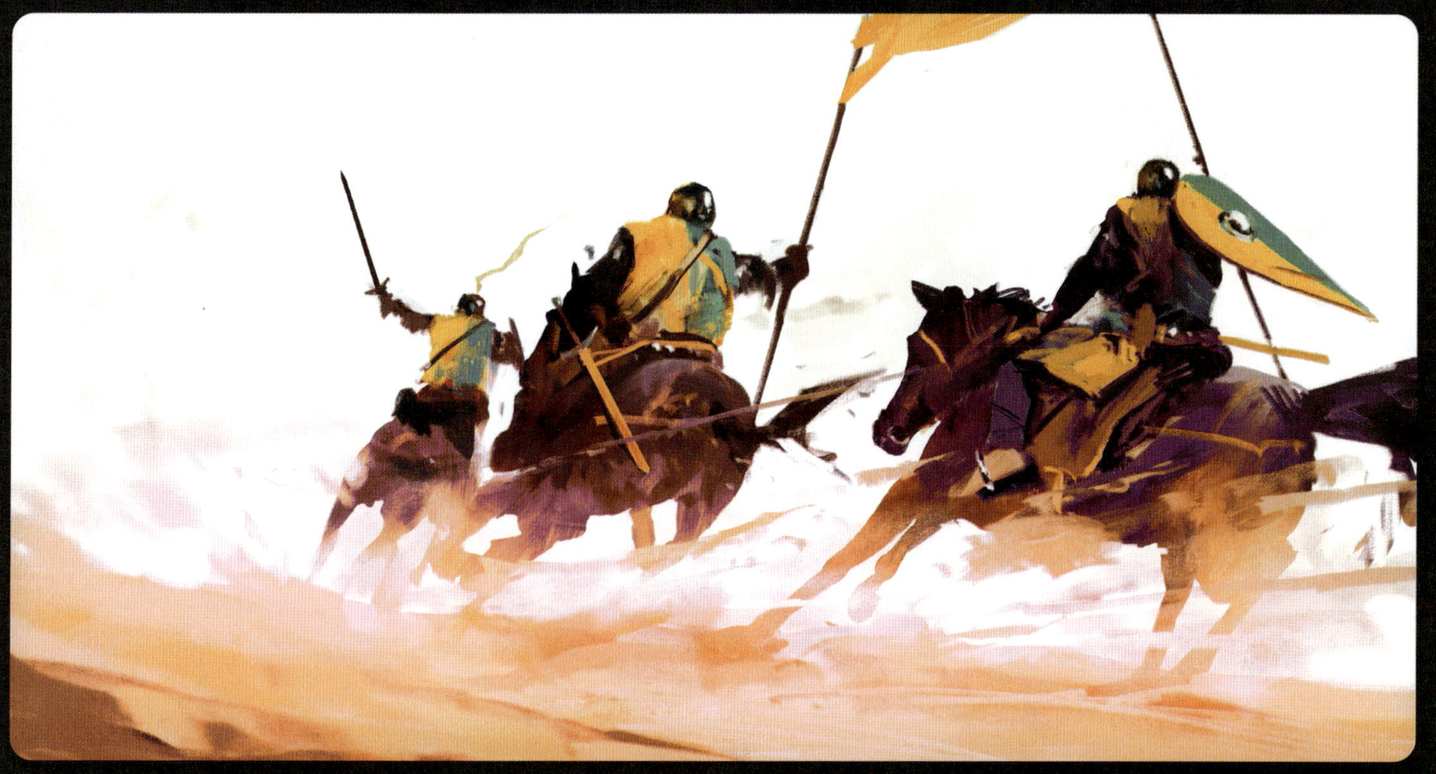

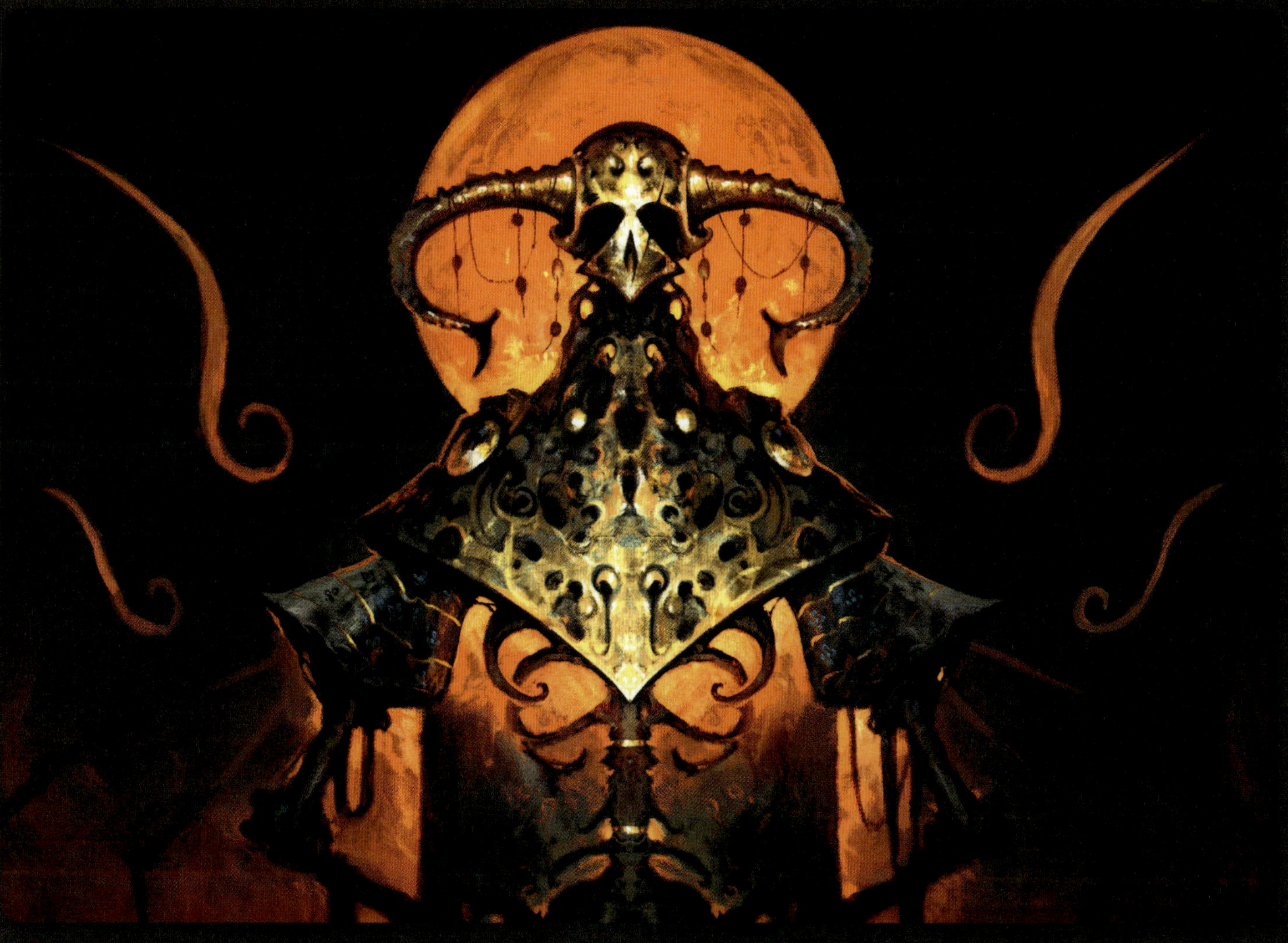

Oben: Orakel

IM FREIEN

Simone Grünewald

Das Zeichnen in Procreate auf dem iPad hat viele Vorteile. Der größte ist vermutlich, dass du praktisch überall digital malen kannst. Du nimmst das iPad mit und kannst schnelle Skizzen von allen Dingen machen, die deine Aufmerksamkeit erregen. Es ist viel leichter und schneller, das iPad einfach in die Tasche zu stecken, als einen Haufen Künstlermaterialien mitzuschleppen. Dennoch musst du dir vorab einige Dinge überlegen, etwa an welchem Ort du zeichnen möchtest, wenn du einen längeren Ausflug planst.

Dieses Tutorial zeigt dir, wie du vor Ort skizzierst und eine wunderbar ausgeleuchtete Freiluftszenerie einfängst, und das mit nur einem einzigen leicht modifizierten Procreate-Standardpinsel. Es behandelt, wie du den Pinsel vielseitig einsetzt, um das Licht der Szenerie festzuhalten. Dazu greifst du auch auf die verschiedenen Überblendmodi und Werkzeuge zurück, die das Malen in Procreate so sehr vereinfachen. Darüber hinaus zeigt dir das Tutorial bestimmte Techniken, mit denen du lebhaftere und lebendigere Farben erzeugen kannst, vor allem wenn du viel Grün malst.

SEITE 208

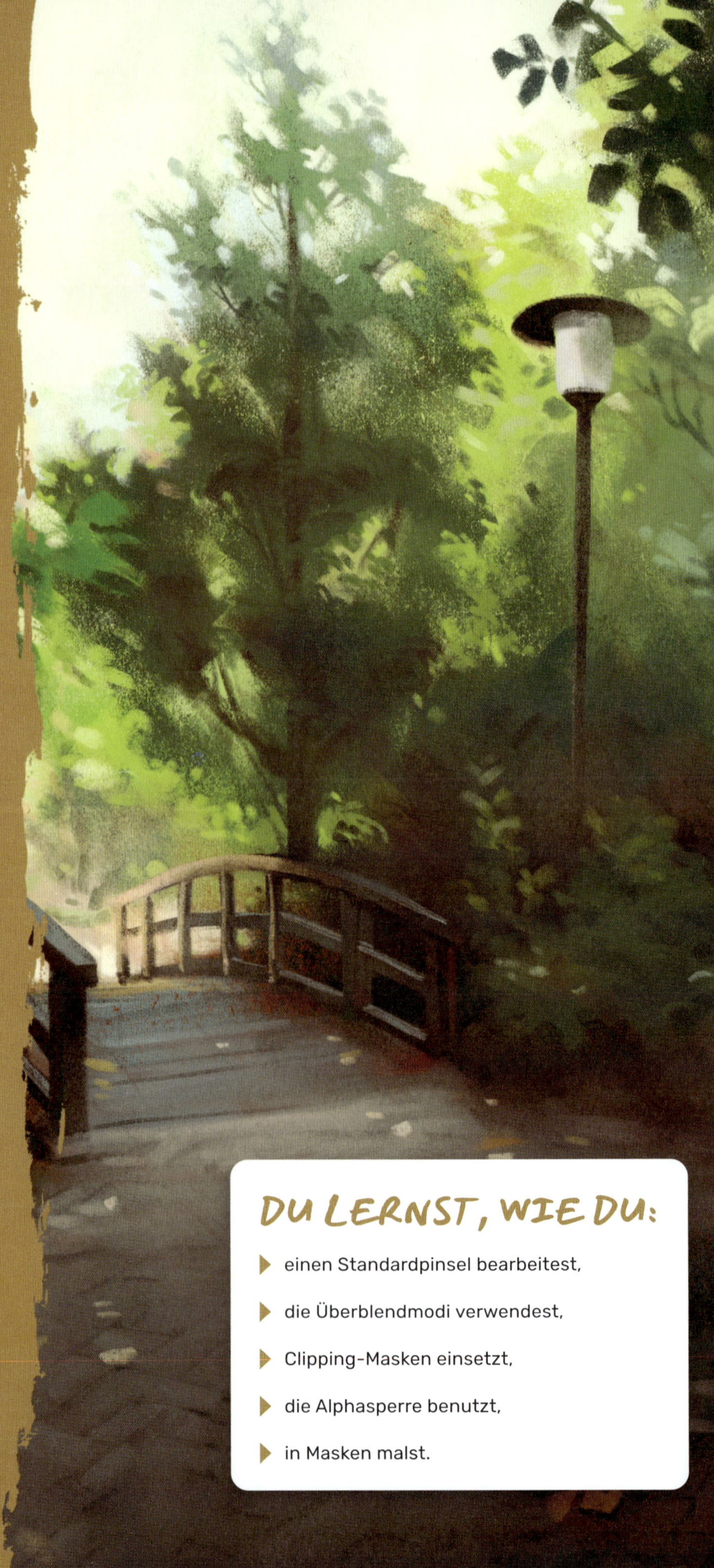

DU LERNST, WIE DU:

- einen Standardpinsel bearbeitest,
- die Überblendmodi verwendest,
- Clipping-Masken einsetzt,
- die Alphasperre benutzt,
- in Masken malst.

01

Wenn du in der Natur malst, ist es wichtig, sich passend anzuziehen, da du eine Weile beschäftigt sein kannst. Eine kleine Schaumstoffunterlage lässt sich leicht mitnehmen. Ein kleiner Klappstuhl ist vermutlich bequemer, aber das hängt auch von dem Blick ab, den du festhalten willst. Setze dich nicht mitten auf einen Weg und pass auf, dass die Sonne nicht direkt auf dein iPad scheint, während du arbeitest, da du dann möglicherweise nur schwer erkennen kannst, was du zeichnest.

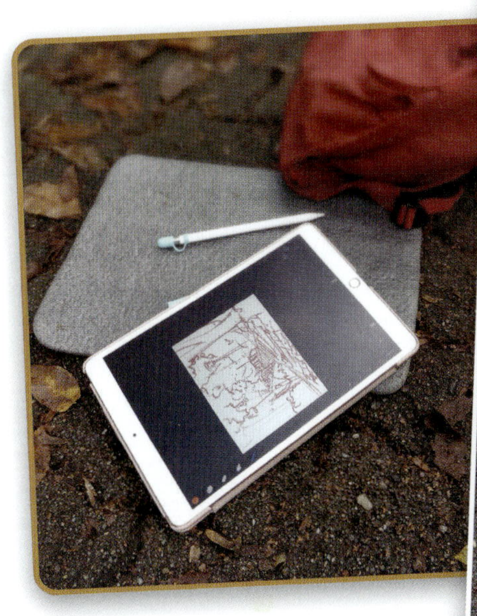

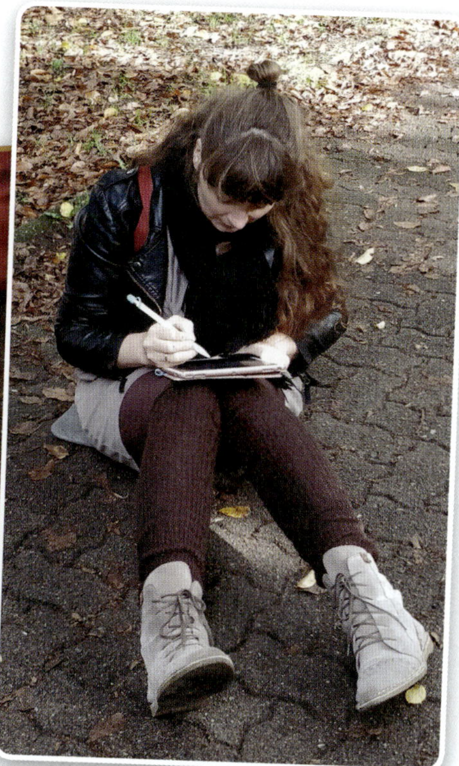

Eine kleine Matte ist ganz nützlich, wenn du draußen zeichnest.

02

Dieses Tutorial wurde mit einem modifizierten HB-Bleistift-Pinsel erstellt, den du in **Pinsel > Skizze** findest. Der HB Bleistift hat normalerweise nur ein sehr begrenztes Größenspektrum, doch wenn du ihn antippst, hast du die Möglichkeit, ihn zu bearbeiten und damit zu verändern. Wähle das Tab **Eigenschaften > Maximale Größe** und ändere die maximale Größe auf etwa 140 %. Wenn du deinen Original-HB-Bleistift weiterhin behalten willst, dann dupliziere ihn.

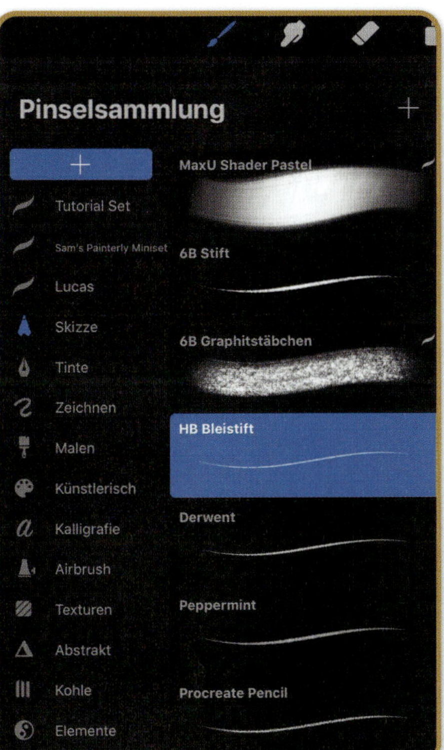

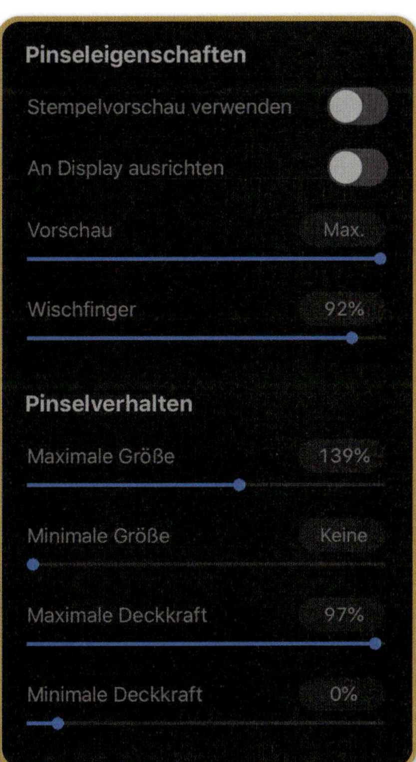

Modifiziere deinen HB Bleistift, um einen Allrounder mit einer großflächigen Textur zu erhalten.

03

Suche an deinem gewählten Ort nach einer Stelle mit einem guten Blick. Du findest eine schöne Szenerie, indem du mit den Händen eine Art Rahmen bildest und hindurchschaust. Wenn du deine Szenerie ausgemacht hast, zeichnest du als Erstes grobe Hilfslinien für die Perspektive und dann eine erste schnelle Skizze. In diesem Stadium kannst du in einer digitalen Zeichnung Elemente auf der Leinwand herumschieben, um die Komposition zu verbessern. Erzeuge mit **Auswahl > Freihand** eine Auswahl deiner Zeichnung und ziehe diese herum.

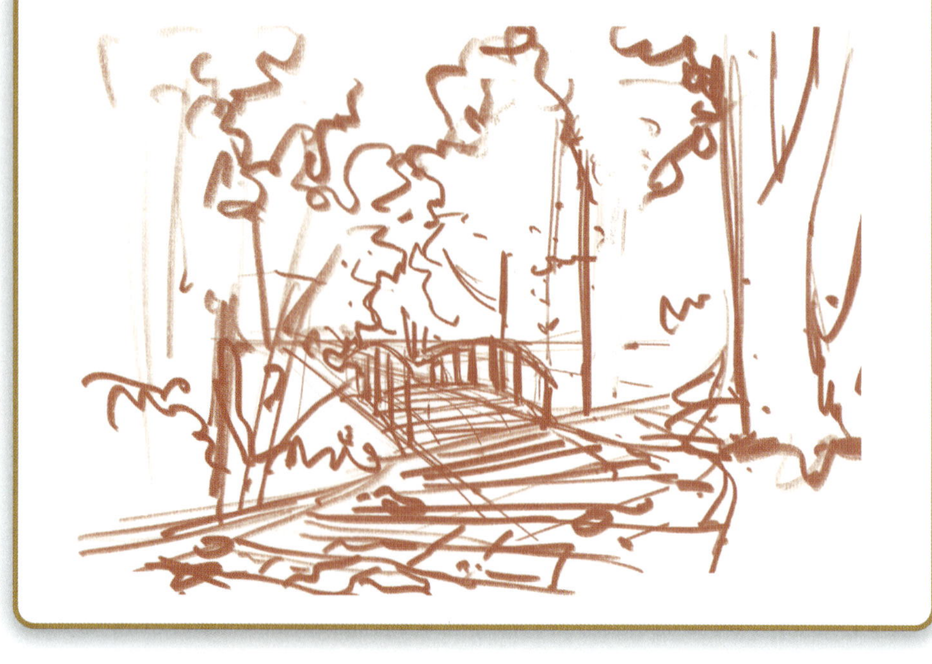

▶ Wähle deine Szenerie und lege eine grobe Skizze an.

04

Tippe auf Transformieren, um die Bearbeitung deiner Auswahl fertigzustellen. Anschließend tippst du sie an und ziehst sie an die gewünschte Position auf der Leinwand. Du kannst die Auswahl auch noch auf andere Weise bearbeiten, wie etwa spiegeln oder verzerren. Versuche, die Komposition bereits in diesem frühen Stadium richtig anzulegen. Schaffe Ausgewogenheit zwischen deinen Elementen und sorge dafür, dass die Abstände stimmen – sie sollten allerdings nicht zu regelmäßig sein. Das Bild sieht interessanter aus, wenn der Fokuspunkt ein bisschen außerhalb der Mitte liegt.

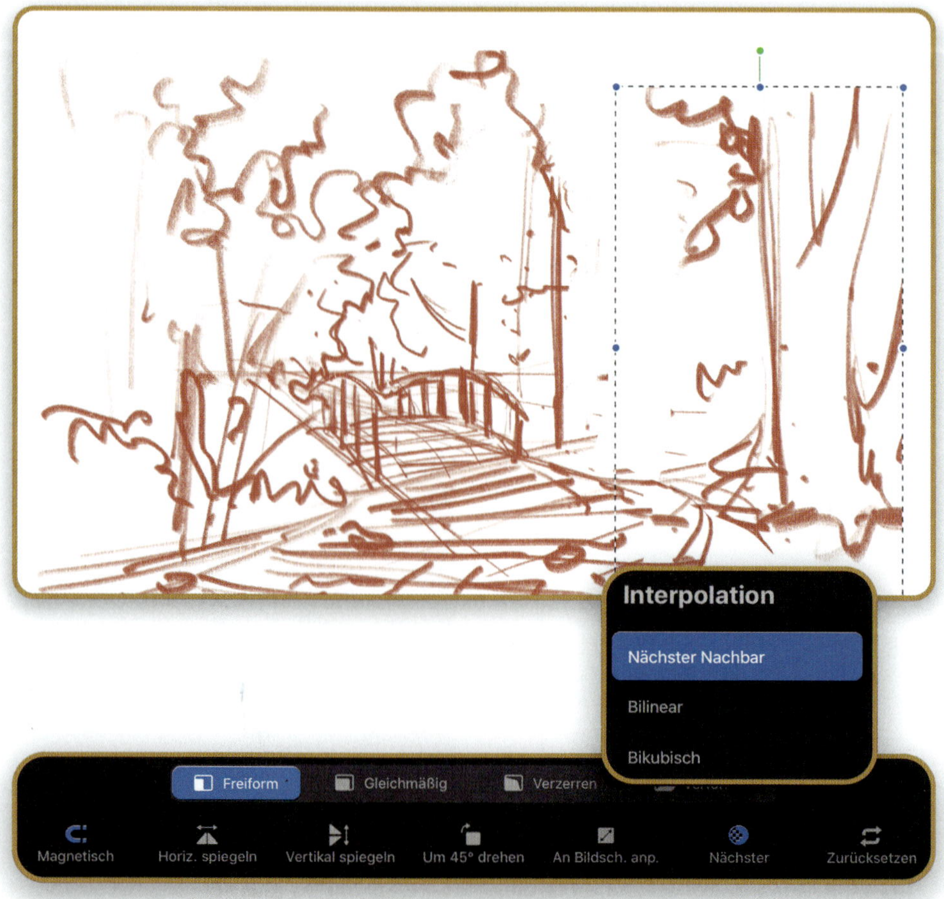

▶ Bearbeite die Komposition deiner Skizze.

05

Wenn du mit dem Bearbeiten deiner Rohzeichnung fertig bist, kannst du damit beginnen, sie zu verfeinern und Details hinzuzufügen. Lege außerdem die Licht- und Schattenbereiche fest. Es kann helfen, ein bisschen Räumlichkeit und perspektivische Linien einzuzeichnen, etwa auf dem Weg, der zu der Brücke führt. In diesem Stadium darf gern alles noch ein bisschen durcheinander sein, da du dieses Lineart später nicht benötigst. Behalte deine Komposition im Hinterkopf und arbeite diese Skizze zum Bild um.

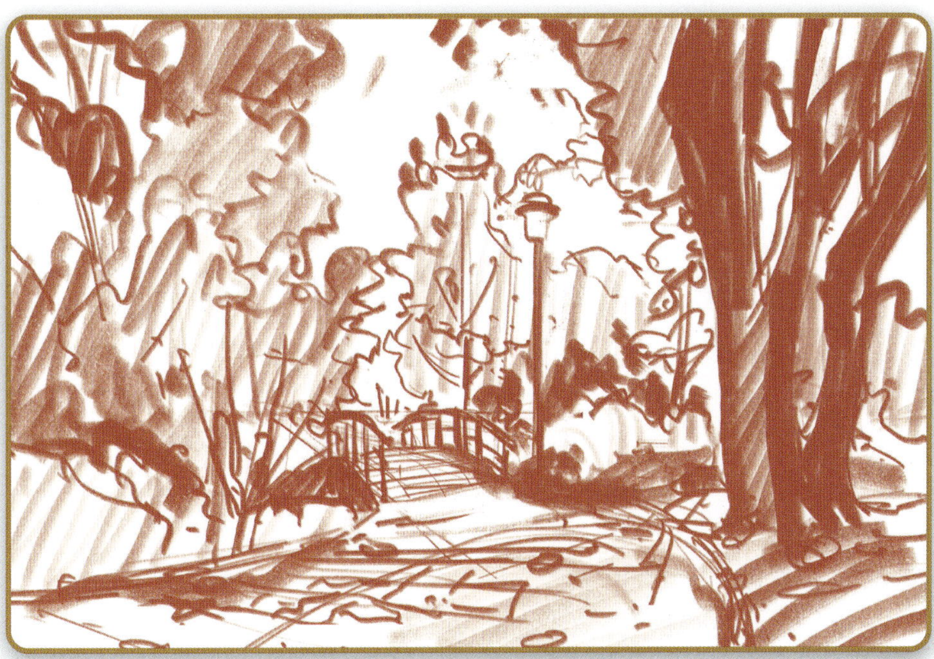

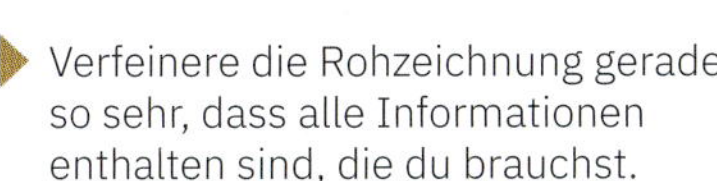

Verfeinere die Rohzeichnung gerade so sehr, dass alle Informationen enthalten sind, die du brauchst.

06

Wenn du in Procreate skizzierst, zeichnest du automatisch auf einer neuen Ebene oberhalb der Hintergrundebene. Für jede Ebene kann ein anderer Überblendmodus eingestellt werden. Der einfachste und grundlegendste Modus ist **Abdunkeln > Multiplizieren**. Alles, was auf dieser Ebene ist, wird multipliziert, also visuell mit der darunterliegenden Ebene gemischt. Stelle für die Skizzenebene Multiplizieren ein.

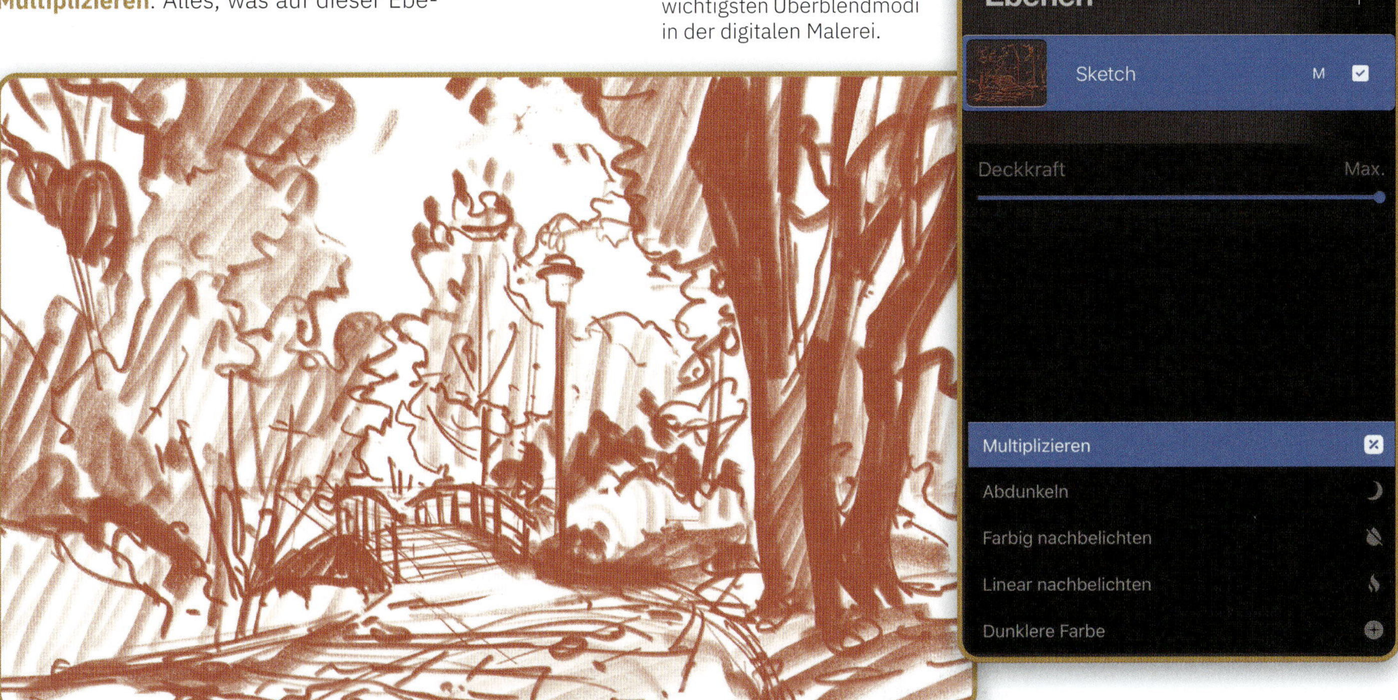

Multiplizieren ist einer der wichtigsten Überblendmodi in der digitalen Malerei.

07

Bevor du mit einer farbigen Skizze anfängst, solltest du möglicherweise die Farbe der Hintergrundebene ändern. Da Grün in dieser Naturszenerie dominieren wird, ist Rot eine gute Wahl für den Hintergrund – schließlich ist es die Komplementärfarbe zu Grün. Wenn du für die Hintergrundfarbe Rot einstellst, kann es hier und dort in deiner Zeichnung hervorlugen, wodurch das Bild wärmer wirkt und das Grün stärker strahlt. Um die Hintergrundebene zu ändern, tippst du auf die Ebene, damit sich der Farbwähler öffnet.

Eine neue Hintergrundfarbe kann den Farben, die du darüberlegst, mehr Leben verleihen.

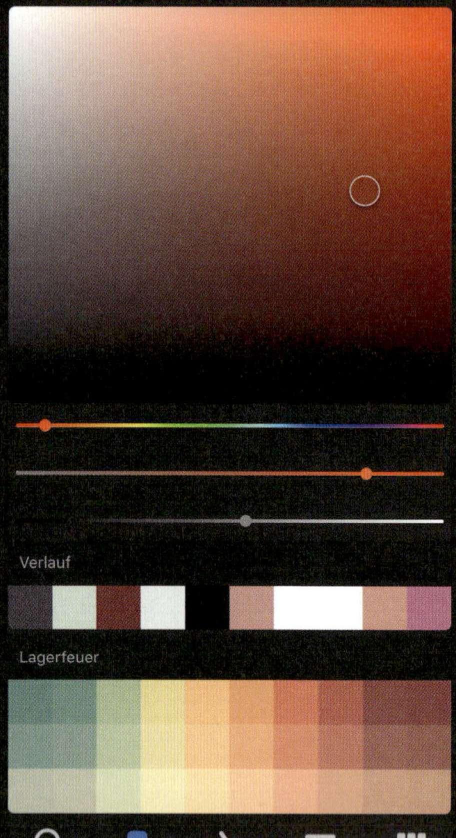

08

Lege deine Farbskizze auf einer Ebene unter der Rohzeichnung an. Die Farbskizze ist wichtig, weil du anhand derer das gesamte Farbschema entscheidest. Wenn du nämlich zuerst eine Farbskizze erstellst, ist es weniger wahrscheinlich, dass du nach der Hälfte des Malens feststellst, dass dir die gewählten Farben nicht gefallen. Erstelle ruhig mehrere Farbskizzen und experimentiere ein bisschen herum, bis die Farben für dich in Ordnung sind und du erkennen kannst, in welche Richtung sich das Bild in Bezug auf die Farben bewegt. Durch eine relativ große Pinselgröße vermeidest du es, übermäßig viele Details in die Skizze zu zeichnen.

Lege Farbskizzen an, um die richtigen Farben für dein Bild auszuwählen.

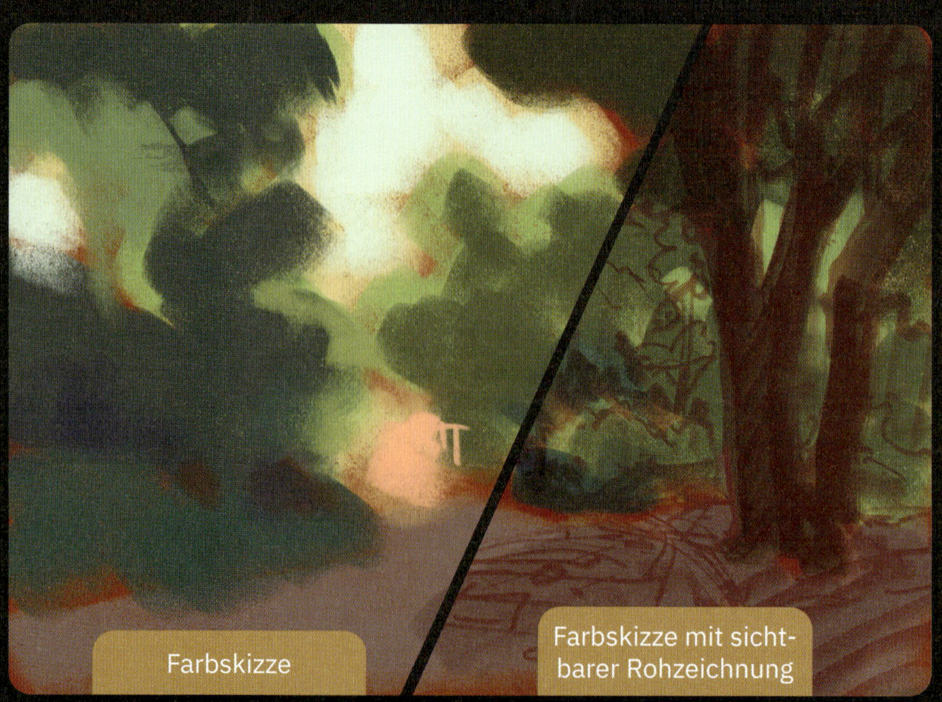

09

Erzeuge unter der Skizze eine neue Ebene, setze sie auf Normal und male die Farben im Hintergrund deiner Szenerie hinein. Wenn du hinten anfängst, kannst du sicher sein, dass die richtigen Farben durch die Ebenen hindurchscheinen, die du nach und nach darüberlegst. Da die Szenerie von hinten beleuchtet ist, das Licht also durch die Bäume scheint, enthält diese Ebene einige der hellsten und am meisten gesättigten Farben im Bild. Denke daran, die Skizzenebene ab und zu auszublenden, damit die Farben für sich allein wirken können.

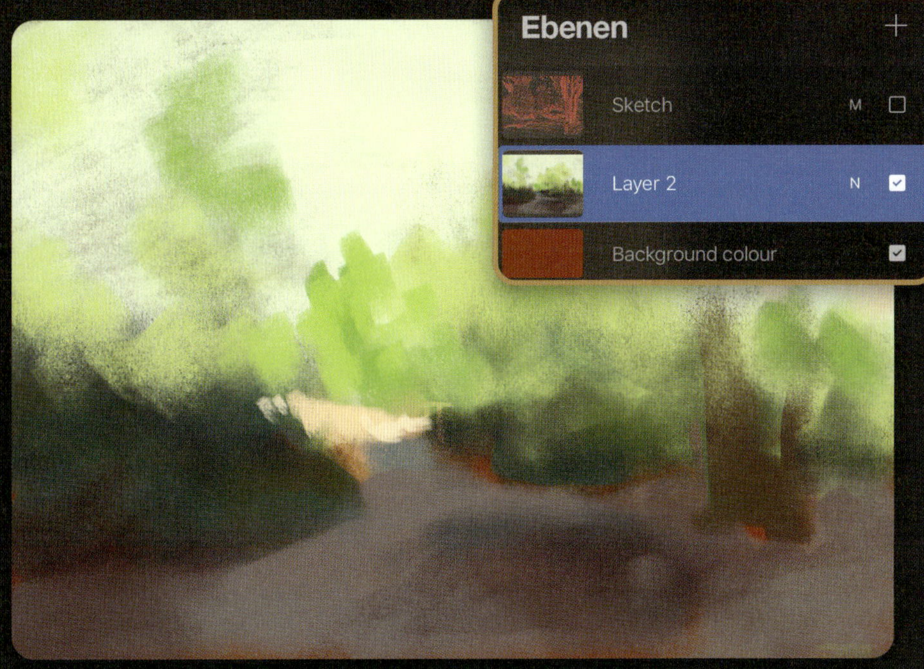

Male zuerst die Hintergrundfarben.

10

Nachdem du die Hintergrundfarben gemalt hast, fange auf neuen Ebenen mit den Bäumen an. Teile den großen Baum in zwei Ebenen auf – eine für die vorderen und eine für die hinteren Äste, die von den vorderen Ästen überdeckt werden. Die Bäume im Hintergrund können auf eine einzige Ebene gemalt werden, da sie einander nicht überschneiden. Wenn du Objekte auf eigene Ebenen packst, ist es einfacher, die Kanten zu kontrollieren und die Farbschattierungen zu setzen. Du kannst später Teile der Bäume entfernen, ohne andere Bereiche des Bildes zu beschädigen. Setze aber nicht jedes einzelne Objekt auf eine eigene Ebene, sondern nur diejenigen, die übereinanderliegen – sonst wird es zu verwirrend.

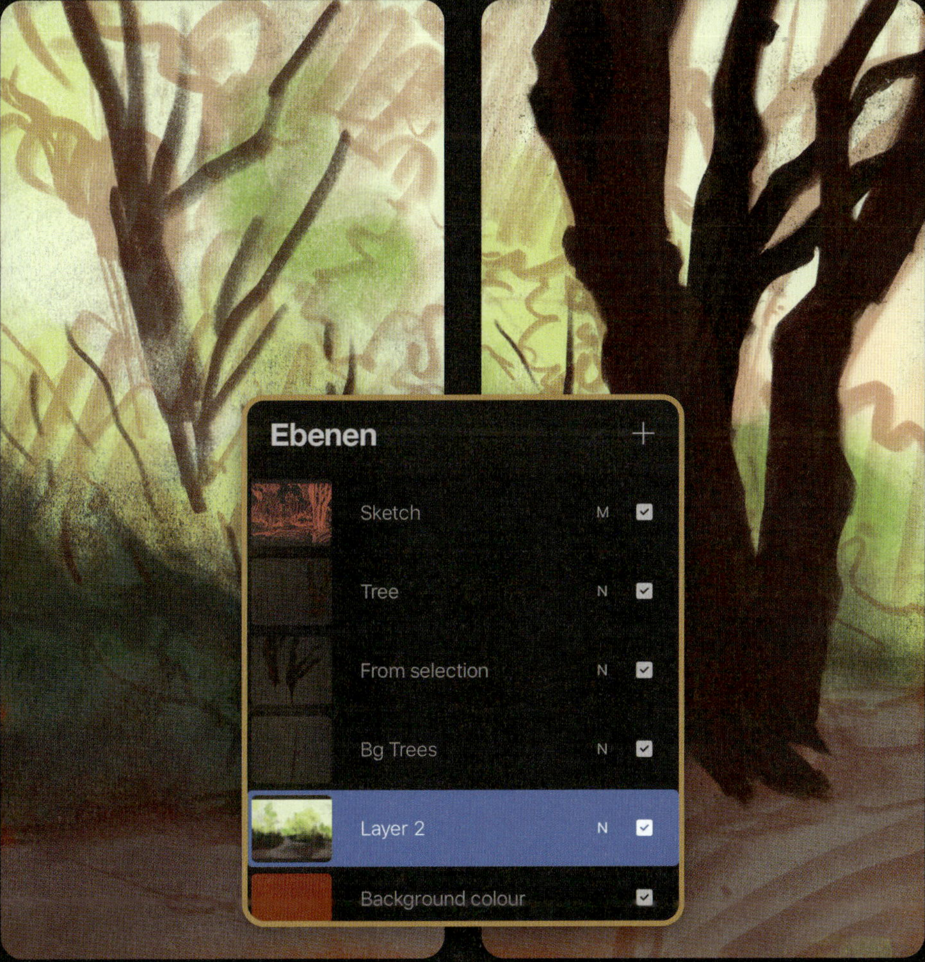

Lege einander überschneidende Elemente auf separaten Ebenen an, damit sie sich leicht bearbeiten lassen und scharfe Umrisse bekommen.

11

Zeichne nun das Laubwerk aus dem Hintergrund ein. Wenn du deinen Stift dabei neigst, werden die Striche breit und körnig. Probiere ruhig verschiedene Winkel aus. Der Strich des HB Bleistifts ist bei gerade gehaltenem Stift recht präzise, wird dann aber bei stärkerer Neigung zunehmend durchscheinend und körnig. Verwende zu Zwecken der Abwechslung unterschiedliche Grüntöne. Bäume weisen jeweils unterschiedliche Grünschattierungen auf und selbst innerhalb eines Baums gibt es oft Variationen. So reflektieren z. B. Blätter in einem bestimmten Winkel das Blaue des Himmels und sehen fast schon gelb und strahlend aus, wenn das Sonnenlicht durch sie hindurchscheint.

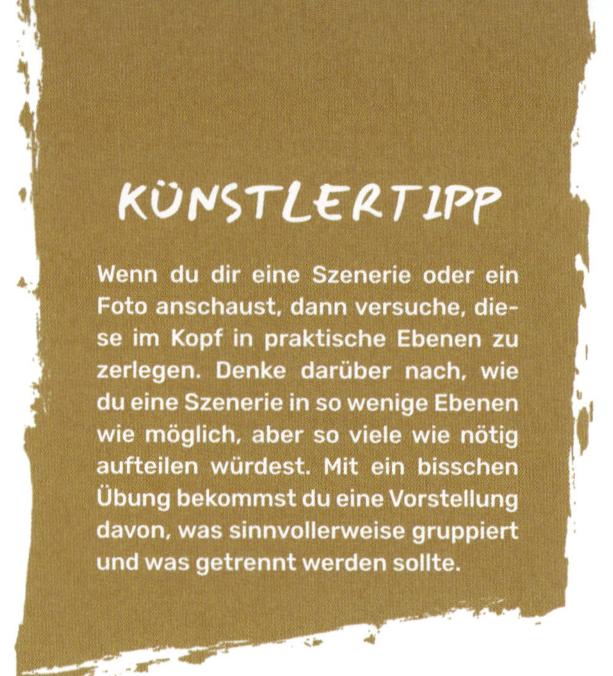

KÜNSTLERTIPP

Wenn du dir eine Szenerie oder ein Foto anschaust, dann versuche, diese im Kopf in praktische Ebenen zu zerlegen. Denke darüber nach, wie du eine Szenerie in so wenige Ebenen wie möglich, aber so viele wie nötig aufteilen würdest. Mit ein bisschen Übung bekommst du eine Vorstellung davon, was sinnvollerweise gruppiert und was getrennt werden sollte.

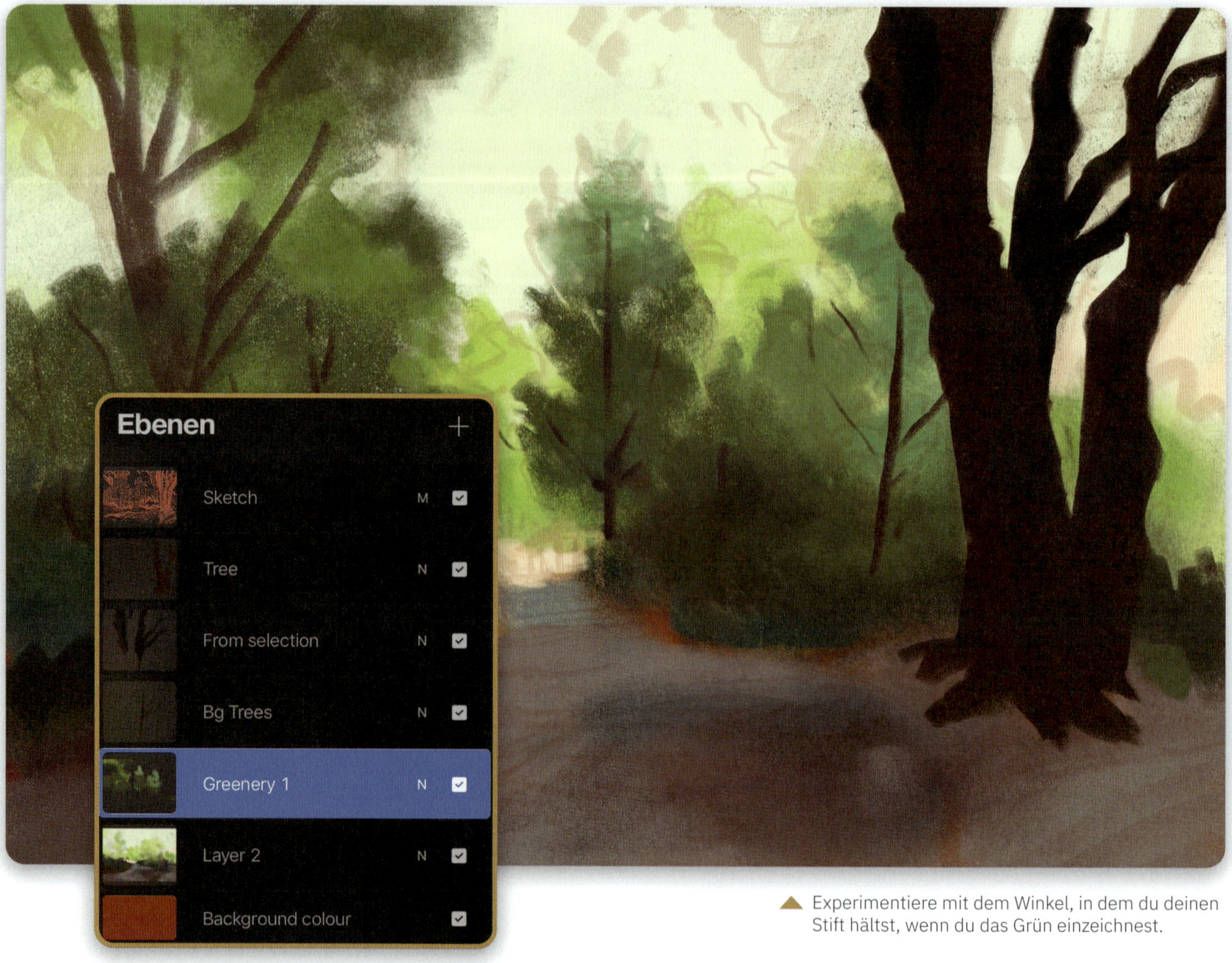

Ebenen

Sketch M

Tree N

From selection N

Bg Trees N

Greenery 1 N

Layer 2 N

Background colour

▲ Experimentiere mit dem Winkel, in dem du deinen Stift hältst, wenn du das Grün einzeichnest.

12

Um für die Blätter im Vordergrund eine gewisse Farbvielfalt zu erhalten und sie zu den Rändern hin aufzuhellen, solltest du sie auf eine eigene Ebene legen – vor allem auch, weil sie einander überschneiden. Du möchtest schließlich nicht die ganze Zeit aufpassen müssen, dass sich die Ränder des vordersten Baums mit dem ganzen anderen Grün vermischen. Am einfachsten geht das, wenn du auf der Ebene eine Alphasperre setzt.

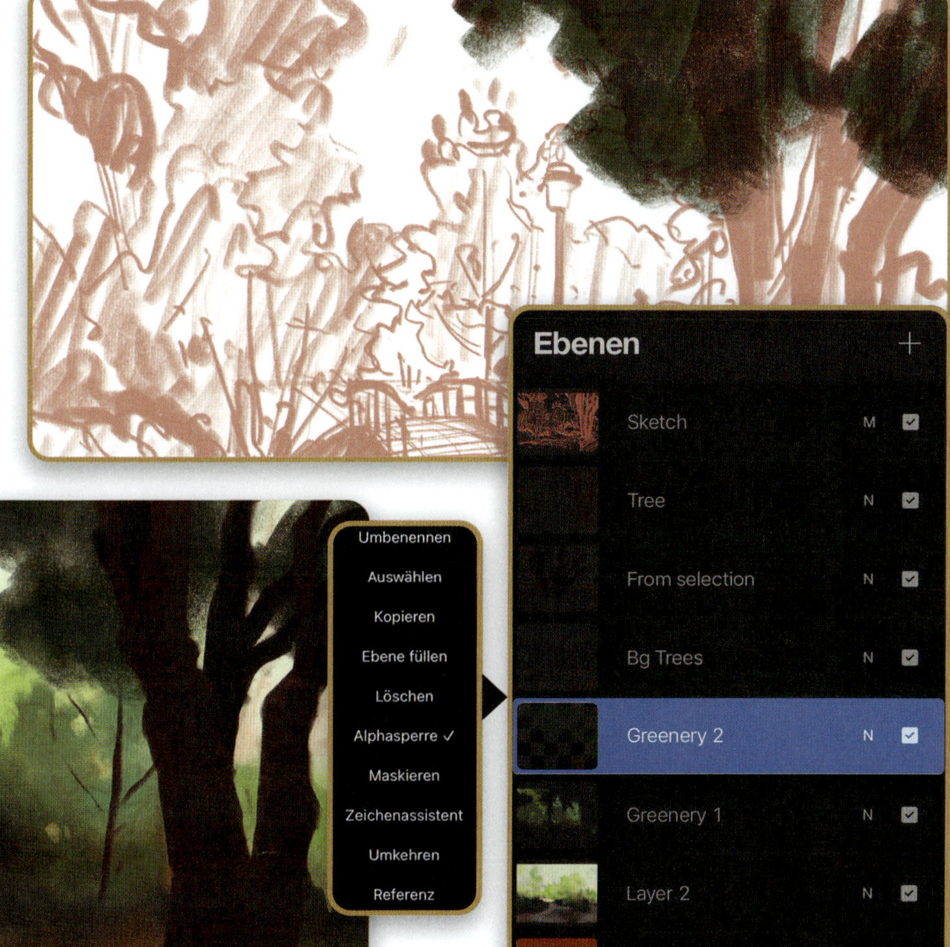

Eine Alphasperre ist die einfachste und sauberste Methode, um Farbvariationen zu malen.

13

Wenn du auf einer Ebene eine Alphasperre verwendest, werden die Pixel gesperrt, die bereits auf der Ebene vorhanden sind. Entsprechend kannst du auch nur auf solchen Pixeln malen. Alles andere bleibt transparent; selbst halb transparente Pixel behalten ihre Transparenz. Das ist ziemlich nützlich, wenn du eine Form mit großen Pinselstrichen ausmalen willst, um einen sanften Verlauf zu erhalten, aber keine Lust hast, die Form und die Ränder zu beschädigen, die du bereits gemalt hast.

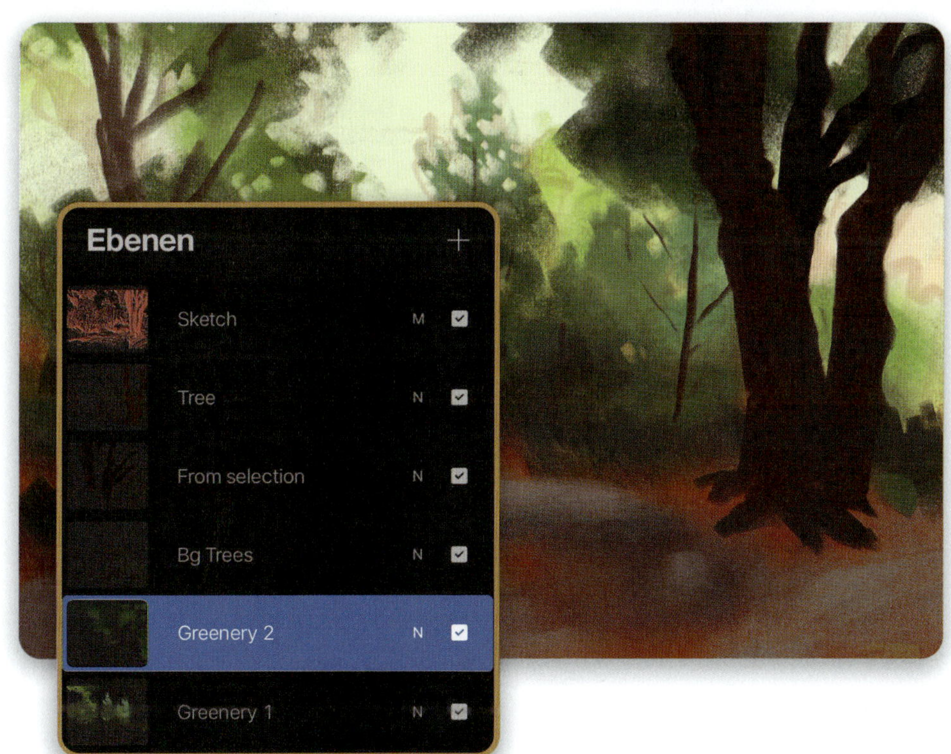

Mit einer Alphasperre kannst du gefahrlos Farbvariationen erzielen.

14

Sobald so gut wie alle Elemente vorhanden sind, kannst du sie ein bisschen verfeinern. Erzeuge zum Beispiel auf dem Laubwerk raffiniertere Formen und Ränder, indem du Teile der Ebenen ausradierst. Radiere Löcher in das Blattgrün, damit die Hintergrundfarbe hindurchscheinen kann. Das Grün wirkt auch gleich viel »blätterartiger«. Verwende für den Radierer denselben Pinsel mit einer Deckkraft von 100 %, damit du scharfe Ränder erhältst.

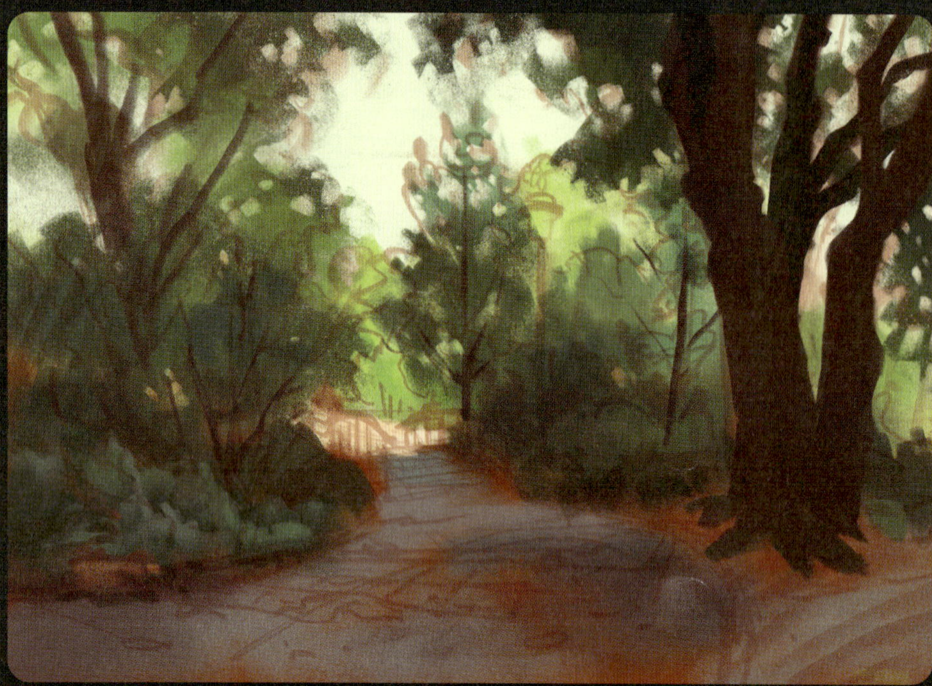

Deaktiviere die Alphasperre und verfeinere die Formen, indem du Teile der eingezeichneten Formen ausradierst.

15

Bis zu dieser Stufe war das Ganze ziemlich technisch, so als wärst du immer noch in der Einrichtungs- und Vorbereitungsphase. Diese Vorbereitung ist jedoch unerlässlich. Eine gute Basis ist entscheidend für ein gutes Bild. Wenn das alles erledigt ist, kann der Spaß beim Malen beginnen: das Verfeinern der Formen und das Hinzufügen von Details und zarten, realistischen Farben, die feine Nuancen aufweisen. Verringere die Deckkraft des Pinsels; dadurch hast du mehr Kontrolle und die Striche werden weniger harsch. Lege eine neue Ebene an und male vorsichtig über das Bild, halte dich aber vorwiegend an den Hintergrund.

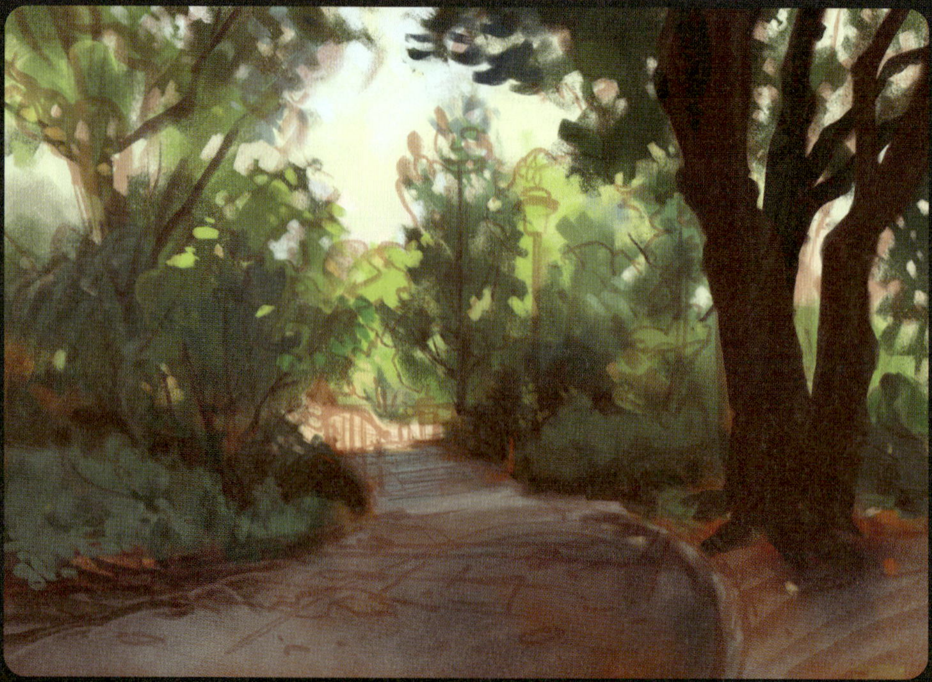

Verfeinere das Bild mit zarteren Pinselstrichen und einer verringerten Deckkraft.

16

Eines der wichtigsten Details fehlt noch: die Brücke, das zentrale Element des Bildes. Male die Brücke in ihrem dunkelsten Farbton auf eine neue Ebene. Setze die Deckkraft des Pinsels auf 100 % und achte auf scharfe Ränder sowie eine relativ saubere und solide Form. Die erste Skizze sollte noch auf Multiplizieren und eine niedrige Deckkraft gesetzt sein, um dir bei der Perspektive und der Positionierung der Brücke zu helfen.

▼ Füge die Brücke auf einer neuen Ebene hinzu und male sie als solide Form.

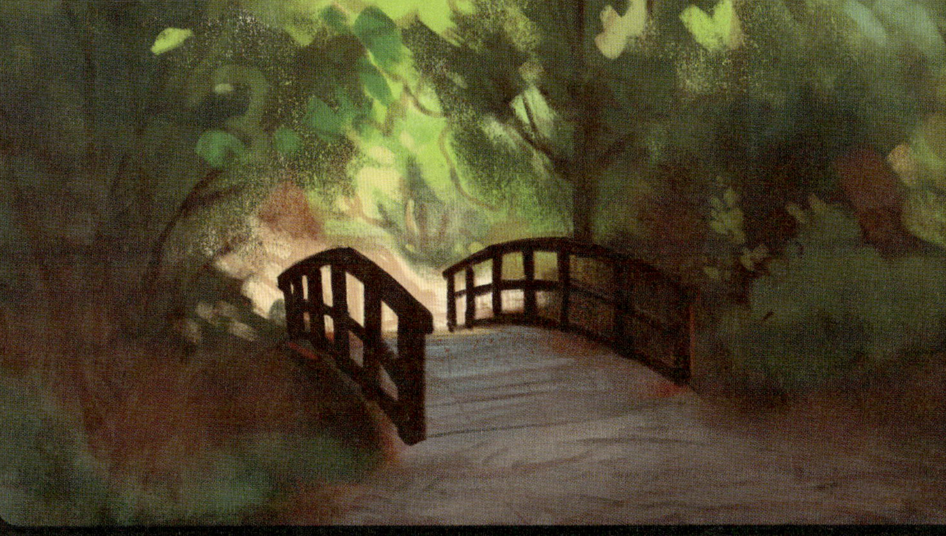

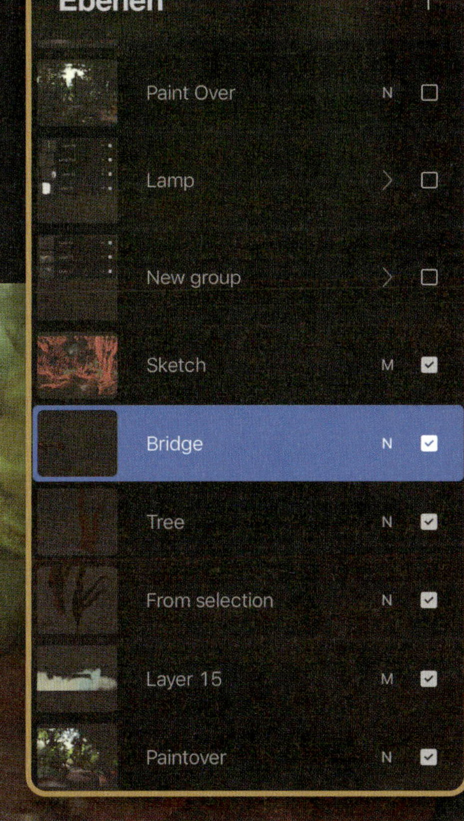

17

Ergänze für die Brückendetails einige zusätzliche Ebenen auf der Brücken-Ebene. Male mit einem großen, weichen Pinselstrich einen Verlauf auf eine Ebene und setze auf andere ein detaillierteres Licht. Richte diese Ebenen als Clipping-Masken ein. Dadurch werden die Pixel auf der unteren Ebene als Form verwendet, in deren Grenzen du malen darfst. Das funktioniert so ähnlich wie eine Ebene mit Alphasperre, allerdings kannst du hier mehr als eine verwenden und sie übereinanderstapeln. Außerdem ist es einfacher, die unterste Form zu bearbeiten, ohne das Bild darüber zu beschädigen.

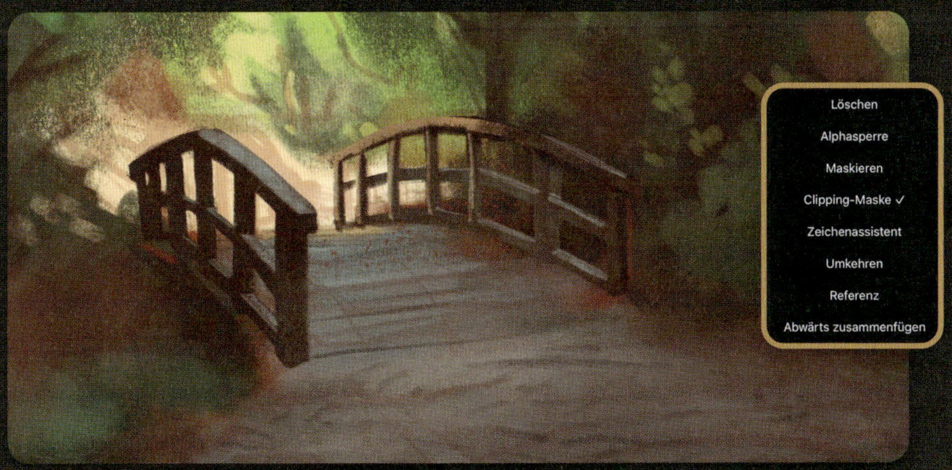

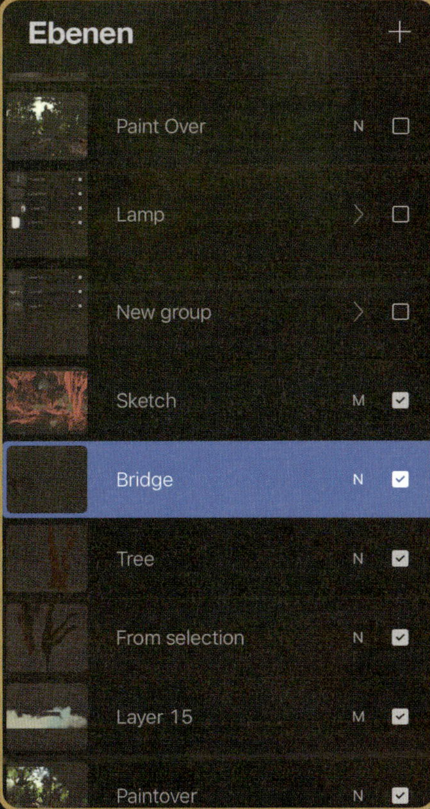

▲ Clipping-Masken verwenden die Form der darunterliegenden Ebene als Schablone, in der du malen darfst.

18

Inzwischen solltest du erkennen, wie sich das Bild entwickelt, auch wenn es weiterhin ein bisschen unscharf und flach wirkt. Außerdem fehlen noch einige Einzelheiten. Versuche, alle Teile des Bildes gleichermaßen zu malen und zu verfeinern. Wenn du deine Stelle verlassen musst, könntest du ein Foto der Szenerie machen, um die Details später hinzuzufügen – einer der Vorteile des Digitalzeitalters. Es ist immer am besten, vor Ort zu malen, da ein Foto die Stimmung nur selten vollständig einfängt. Doch wenn es notwendig ist, können die letzten Handgriffe zu Hause erledigt werden, da du die Atmosphäre bereits festgehalten hast.

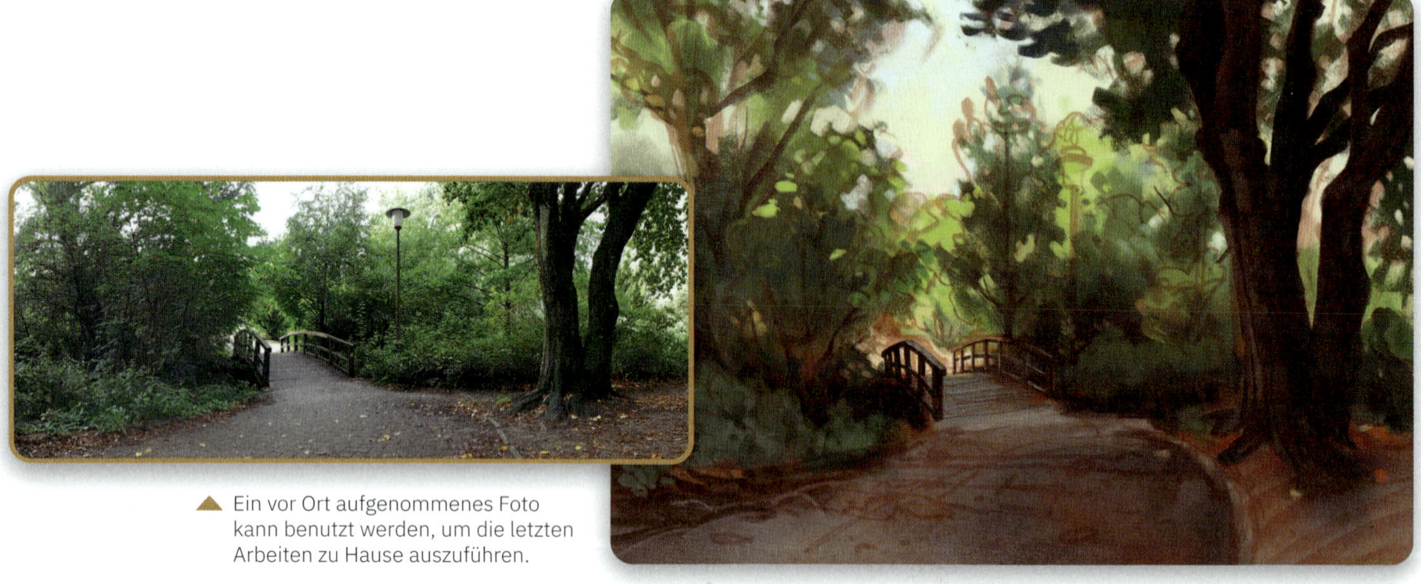

▲ Ein vor Ort aufgenommenes Foto kann benutzt werden, um die letzten Arbeiten zu Hause auszuführen.

19

Der Laternenpfahl ist eines der letzten Elemente, die noch hinzugefügt werden. Du kannst ihn so ähnlich erstellen wie die Brücke. Male die Lampe und den Pfahl auf unterschiedliche Ebenen, die du dann wiederum als Formen für die Clipping-Masken benutzt, auf denen das Kolorieren geschieht. Wenn du mit dem Laternenpfahl fertig bist, füge auf eigenen neuen Ebenen nach Belieben noch weitere Details hinzu.

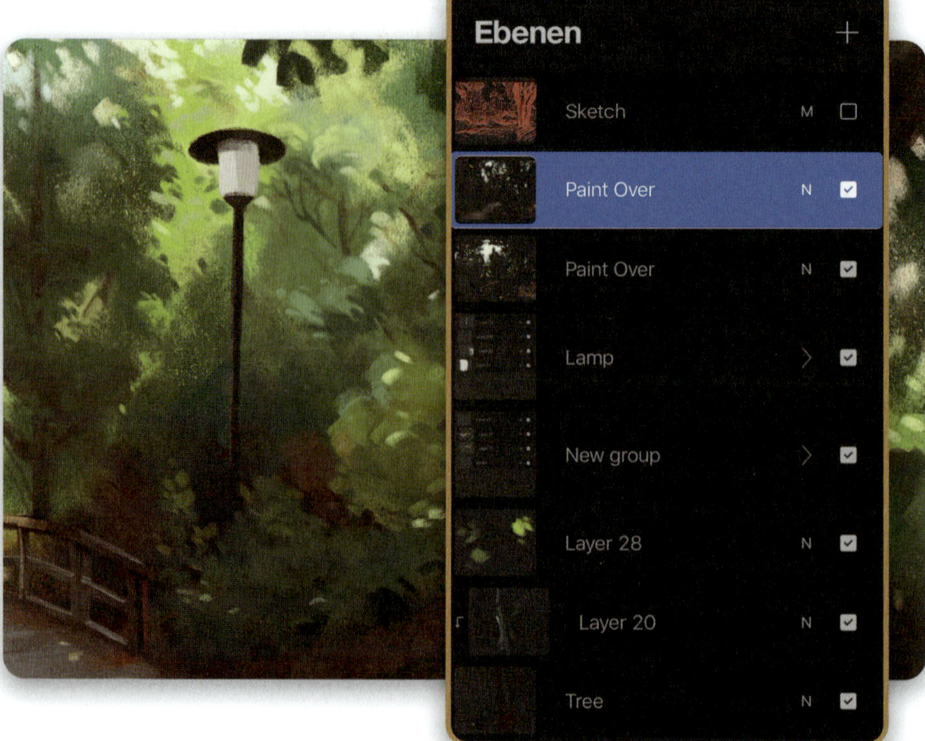

▶ Weitere Details kommen auf neue Ebenen, die über dem ganzen Rest liegen.

KÜNSTLERTIPP

Denke daran, von Zeit zu Zeit rauszuzoomen. Dadurch erhältst du eine Miniaturansicht, anhand deren du prüfen kannst, ob das Bild immer noch gut funktioniert und du weiterhin auf dem richtigen Weg bist. Zoome raus, indem du zwei Finger auf dem Bild zusammendrückst (»Pinch«).

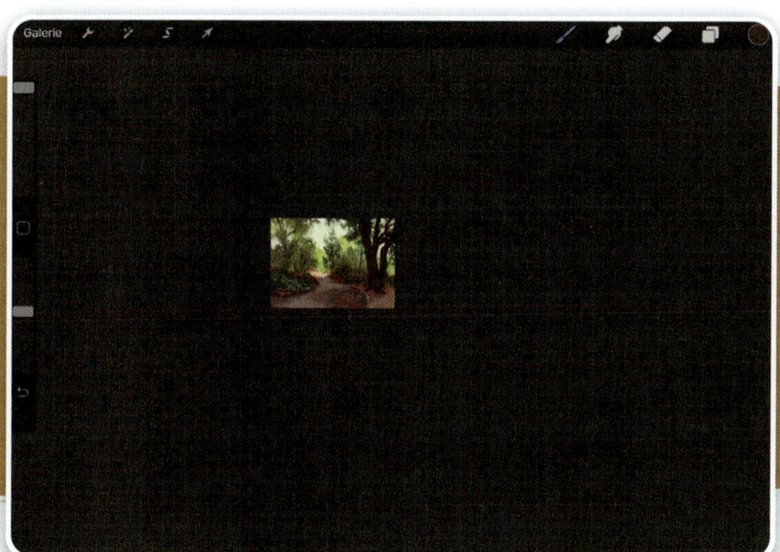

20

Bist du mit dem Malen fertig, mache eine Kopie des ganzen Bildes. Wische auf dem Bild mit drei Fingern nach unten und wähle Alle kopieren aus dem Menü. Wiederhole den Vorgang und wähle dann Einfügen. Das ist so, als würdest du ein Bild von allem machen, was du gemalt hast. Verschiebe diese reduzierte Malebene namens Inserted Image (»Eingefügtes Bild«) nach ganz oben.

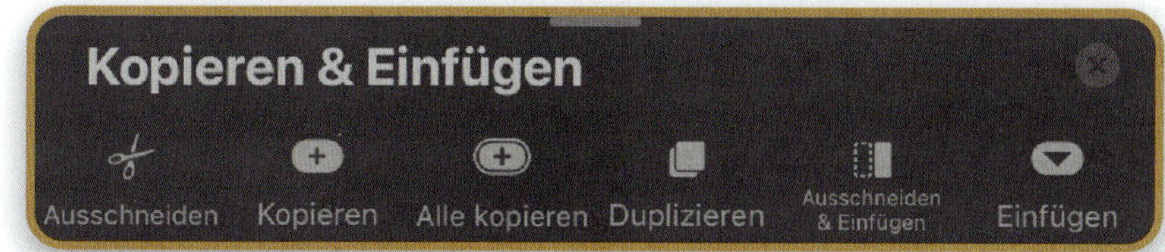

▲ Mache ein Bild von allem, was du gemalt hast.

21

Experimentiere mit den verschiedenen Überblendmodi, um unterschiedliche Effekte zu erzielen. Weiches Licht zum Beispiel sättigt das Bild und verstärkt den Kontrast, was der entscheidende Kniff sein kann. Wenn du eine Maske zu der Ebene hinzufügst, kannst du Teile dieses Effekts entfernen, ohne die eigentlichen Pixel auf der Ebene zu beschädigen. Male in der Ebenenmaske, die automatisch Graustufen verwendet. Mit Schwarz verbirgst du den Inhalt der Ebene, mit Weiß oder Grau blendest du ihn unterschiedlich stark wieder ein.

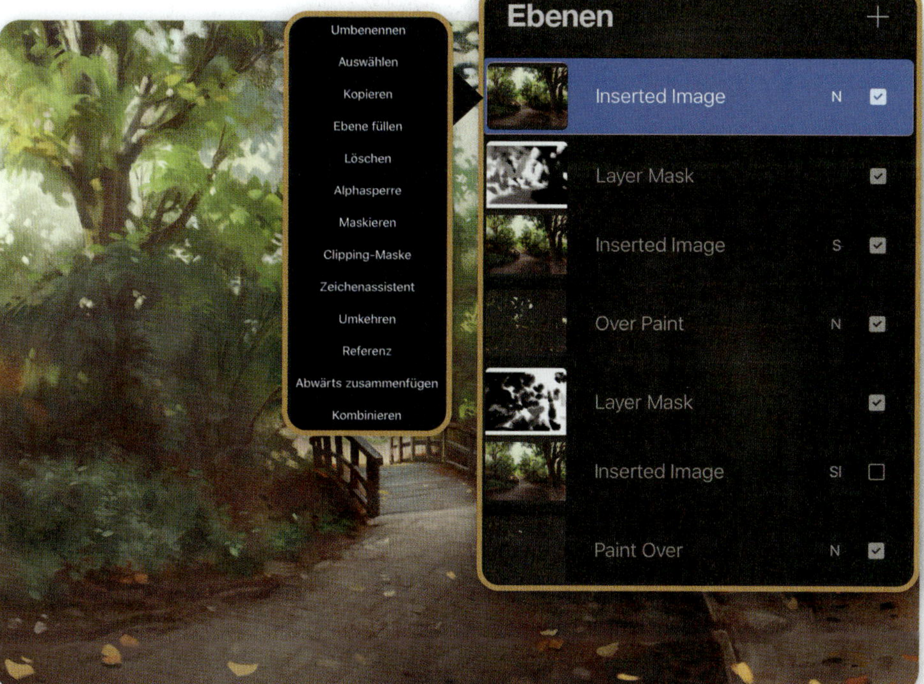

▶ Mithilfe von Masken kannst du selektiv Farben und Kontraste verändern.

22

Nachdem du mit unterschiedlichen Überblendmodi für mehr Tiefe und Farbe gesorgt hast, schau dir das Bild noch einmal kritisch an und lege auf einer neuen Ebene gegebenenfalls letzte Hand an. Wenn dich die Anzahl der Ebenen stört, kannst du sie jederzeit reduzieren – du musst dir nur sicher sein, dass du nichts mehr an ihnen ändern willst. Zu den Überblendmodi, die für dieses Bild verwendet wurden, gehören Multiplizieren, Weiches Licht und Negativ multiplizieren. Wenn du fertig bist, kannst du das Bild exportieren und teilen (siehe Seite 18).

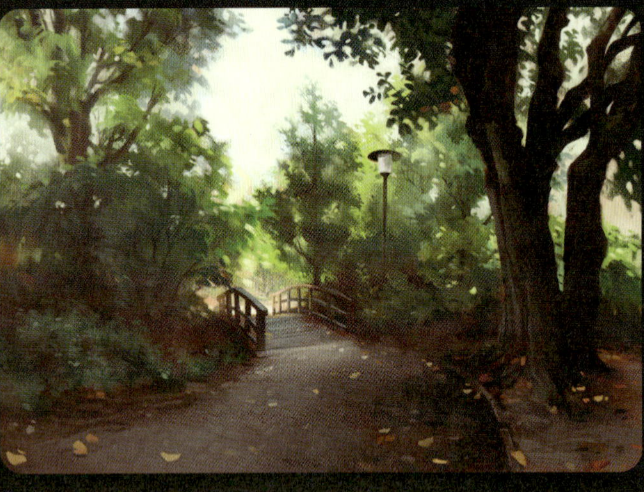

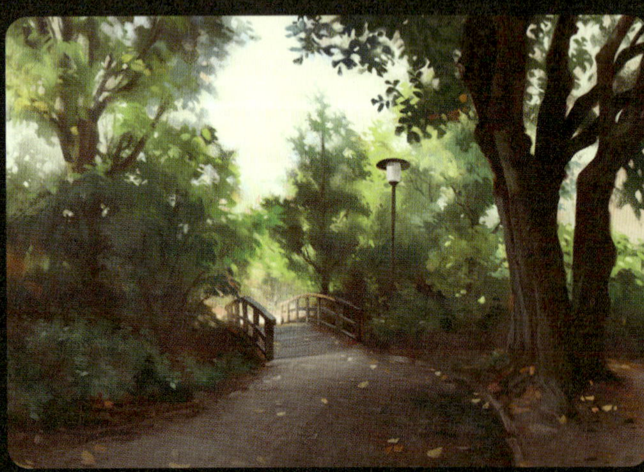

Lege eine Ebene für letzte Handgriffe an.

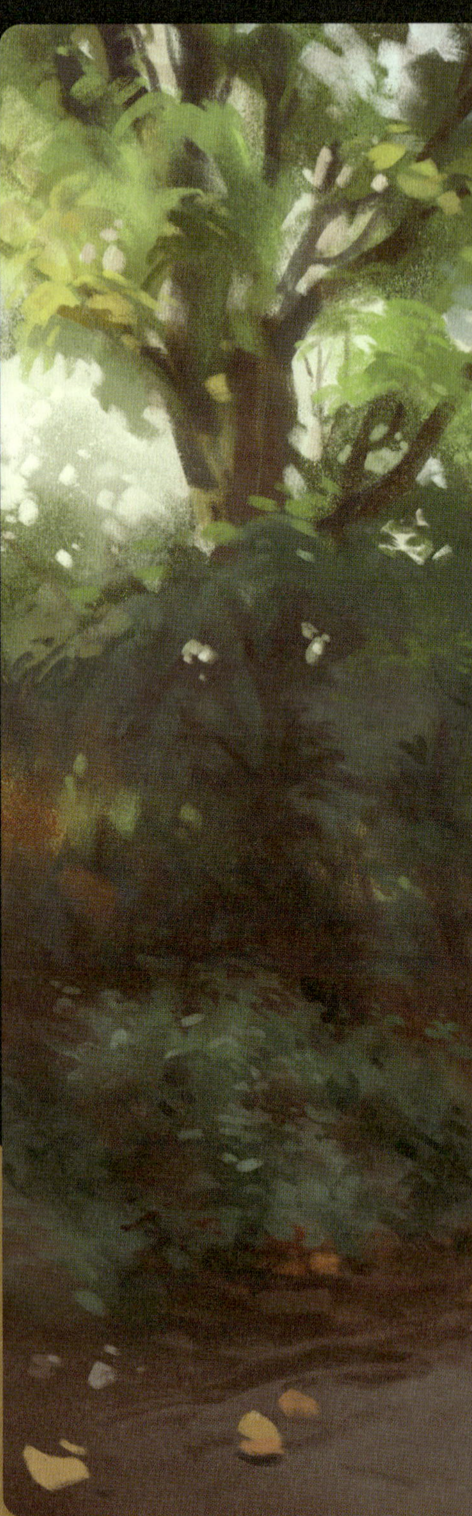

FERTIGES BILD

Dieses im Freien entstandene Bild sollte die friedvolle Atmosphäre einer grünen Landschaft einfangen. Es war wichtig, die weichen und harten Formen der Blätter auszubalancieren. Es wurde mit harten und weichen Kanten sowie mit Farbe und Licht experimentiert, um ein Gleichgewicht zu schaffen und Details anzudeuten. Wenn du nicht jedes Blatt malen kannst, musst du lernen zu stilisieren. Das wird mit ein wenig Übung einfacher, wenn du dich mit den Werkzeugen und Techniken in diesem Tutorial erst einmal vertraut gemacht hast.

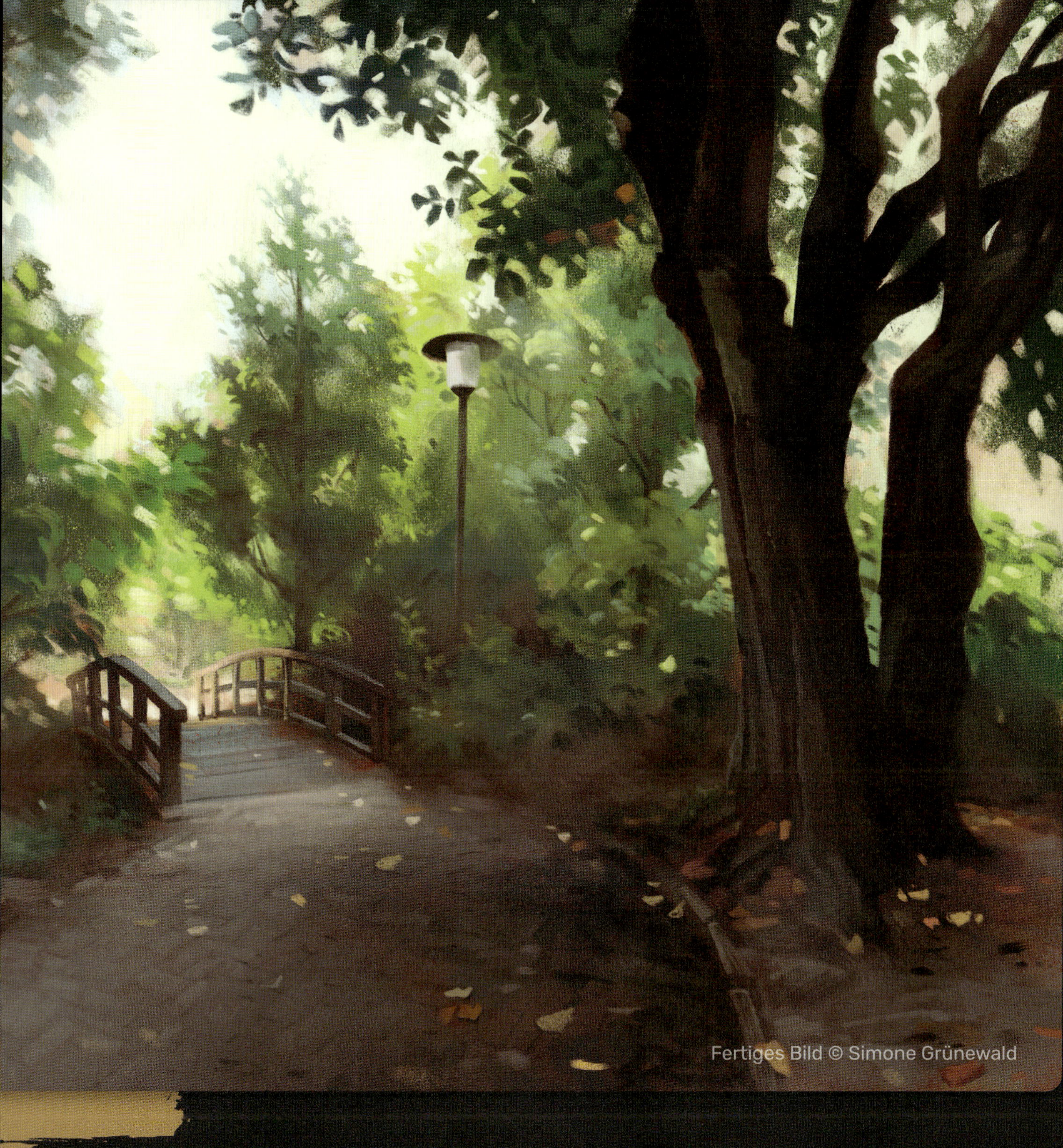
Fertiges Bild © Simone Grünewald

Unten: Jerianies Wald

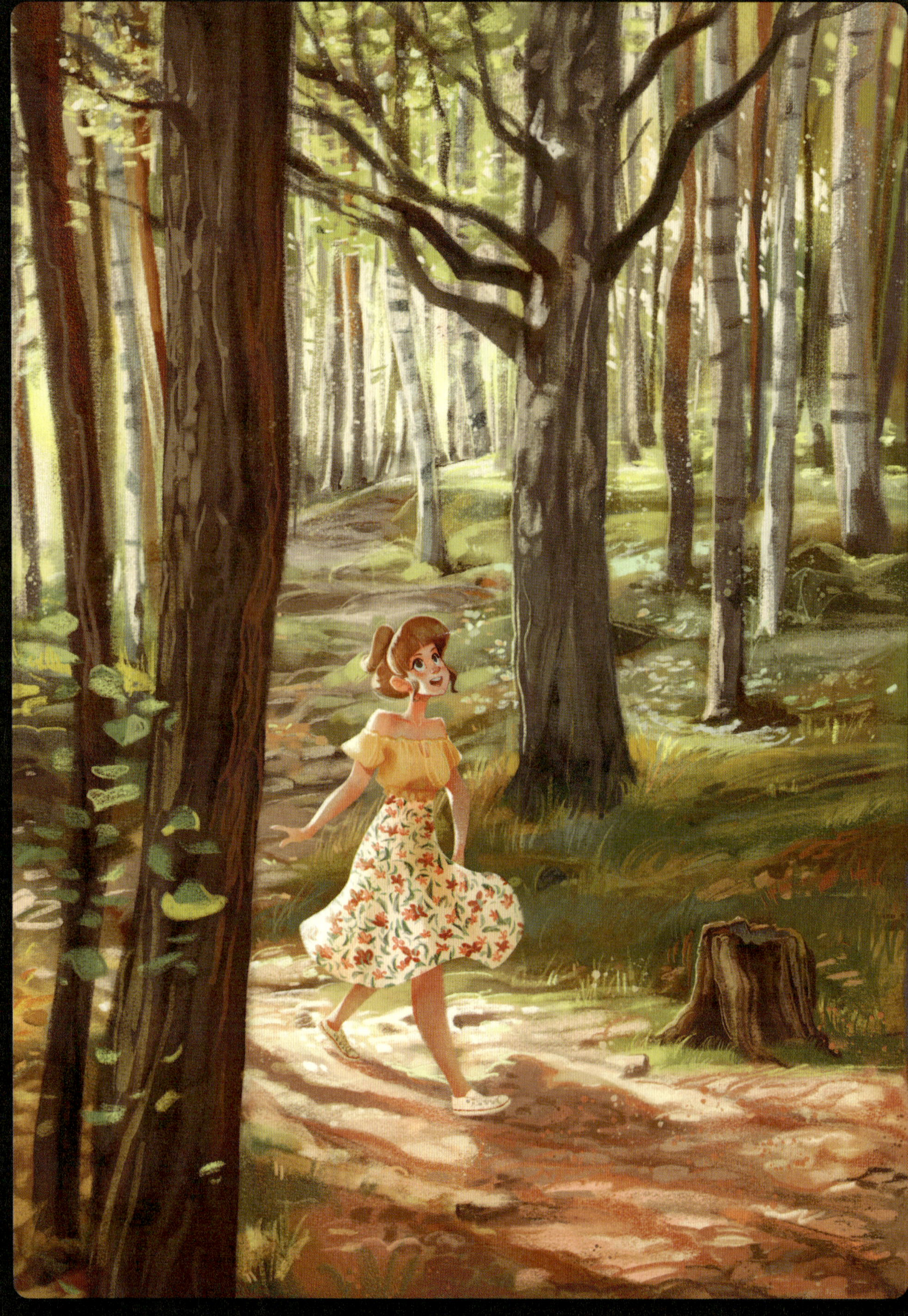

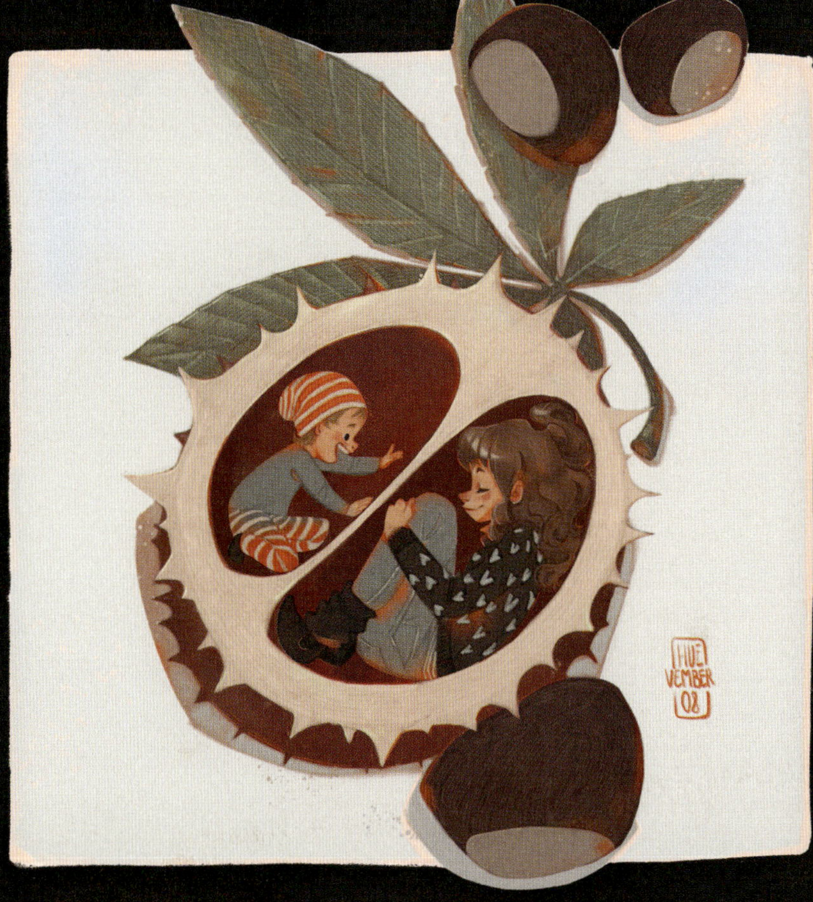

Oben: In einer Nussschale

Unten: Im Herbst gebadet

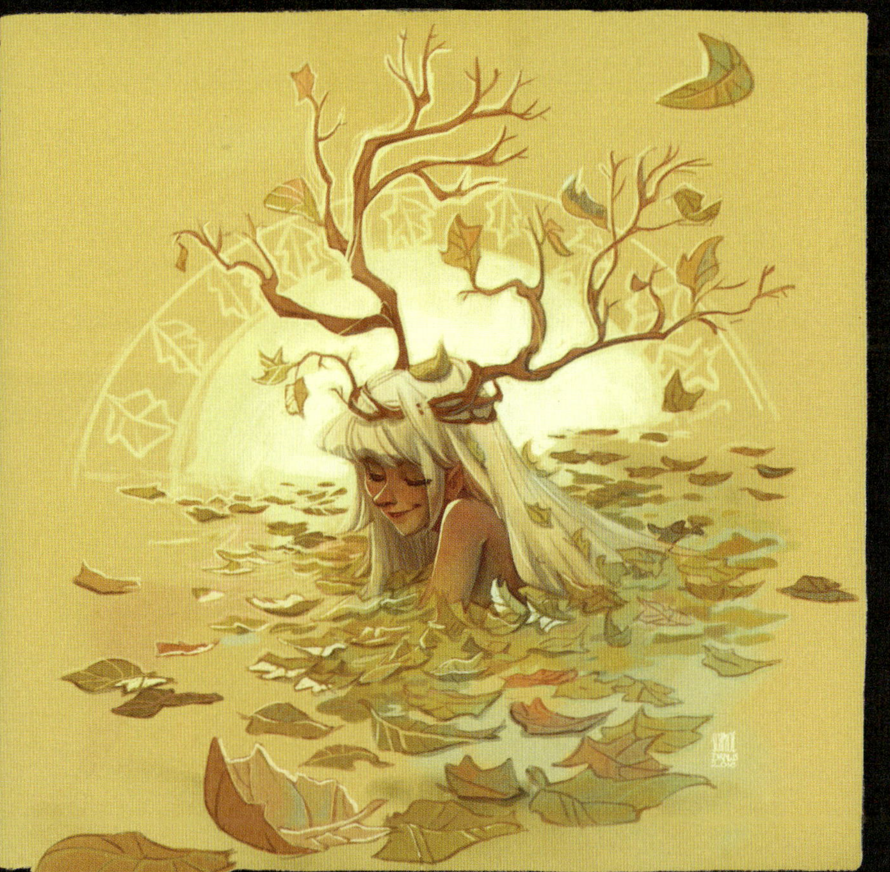

SCI-FI-WESEN

Sam Nassour

Spontanes Zeichnen mit Procreate kann sich genauso anfühlen, als würdest du auf einem traditionellen Skizzenblock malen, bringt aber die ganze Magie der digitalen Werkzeuge mit sich. Dieses Tutorial zeigt dir, wie du ein stilisiertes Bild erstellst, das zwei Science-Fiction-Wesen in einer abgefahrenen Raumfahrtszenerie zeigt.

Das Beispiel demonstriert von Anfang an, dass Procreate jede Stufe des Malprozesses vereinfacht, einschließlich der ersten Skizzen und des Linearts. Clipping-Masken erlauben dir, akkurat innerhalb der Umrisse der Wesen zu malen, während Überblendmodi die Effekte einer Lichtquelle hinzufügen und die Figur zum Leben erwecken. Während des Malens wirst du die verschiedenen Ebenen einzeln sehen und außerdem feststellen, wie sie wirken, wenn sie zusammengeführt werden.

Um den Hintergrund zu erstellen, führt das Tutorial dich Schritt für Schritt durch den Entstehungsprozess, und du erfährst, wie du eine Zweipunktperspektive erzeugst und die Zeichenhilfe verwendest, um deine Linien für eine realistische Wirkung an dem Gitter einrasten zu lassen. Im letzten Teil des Tutorials kümmern wir uns um Lichteffekte, Texturen und Tiefenschärfe, damit der Hintergrund auch tatsächlich gut zu den Sci-Fi-Wesen passt.

SEITE 208

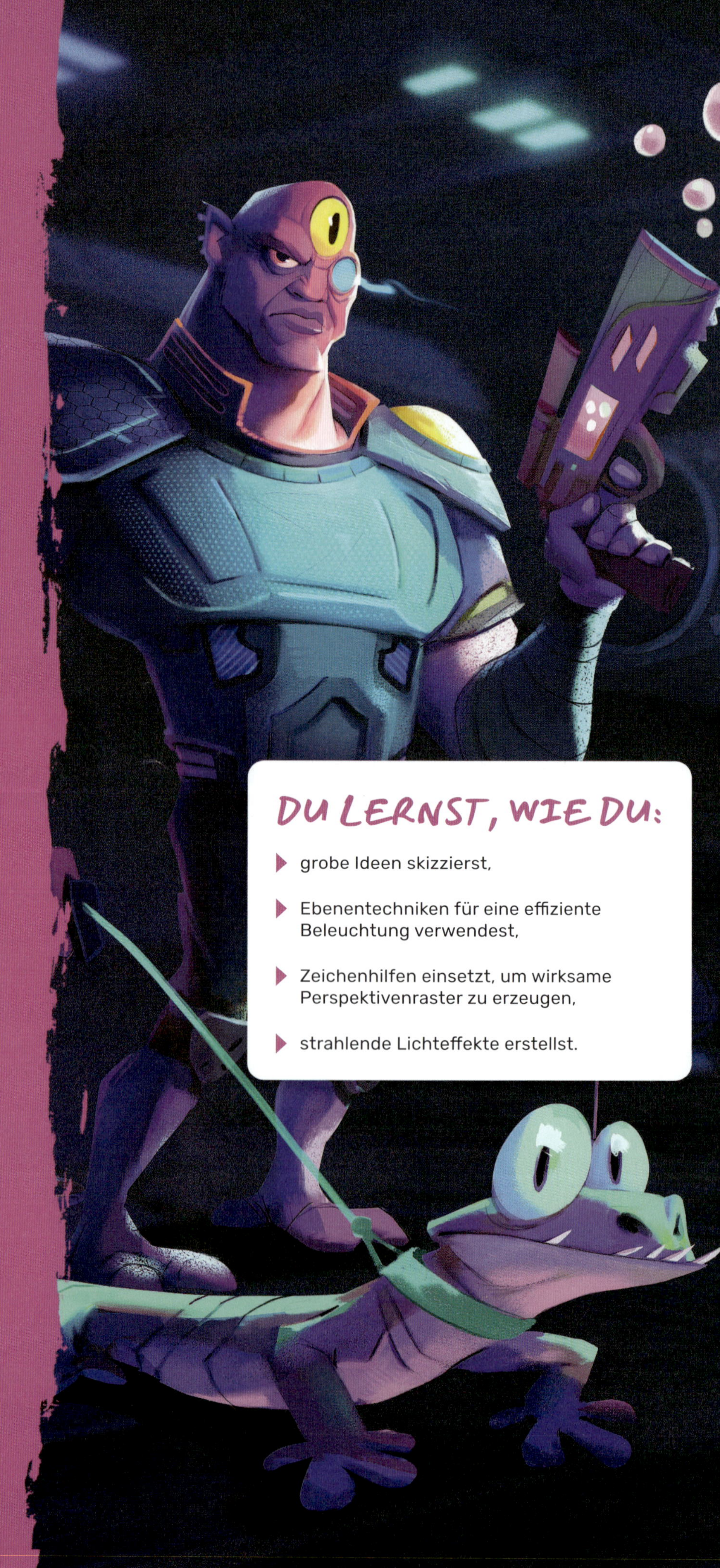

DU LERNST, WIE DU:

- grobe Ideen skizzierst,
- Ebenentechniken für eine effiziente Beleuchtung verwendest,
- Zeichenhilfen einsetzt, um wirksame Perspektivenraster zu erzeugen,
- strahlende Lichteffekte erstellst.

01

Lege eine neue Datei an und wähle die Größe A4 aus den Vorlagen. Nimm den **Skizze > HB Bleistift**-Pinsel und fange an, erste Skizzen einer Sci-Fi-Kreatur anzufertigen. Dieses Tutorial zeigt dir, wie du einen knallharten Außerirdischen mit einem albernen, echsenartigen Haustier erstellst. Solche gegensätzlichen Charaktere sind immer sehr spaßig. Erstelle auf der Standardebene wenigstens drei grobe Skizzen. In diesem Stadium ist es noch nicht nötig, zusätzliche Ebenen hinzuzufügen.

▼ Beginne deine Entwurfsphase mit wenigstens drei Thumbnail-Skizzen.

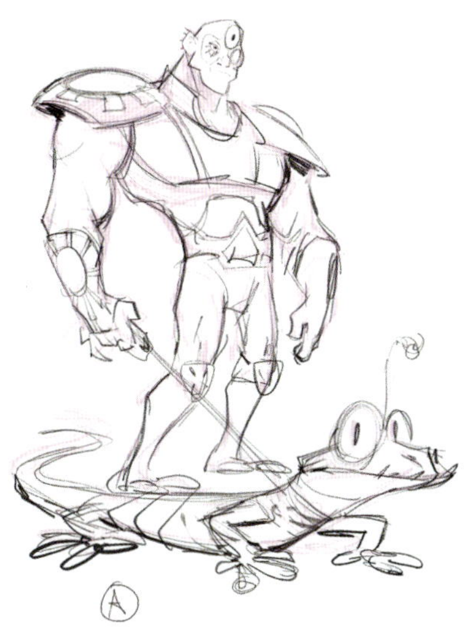

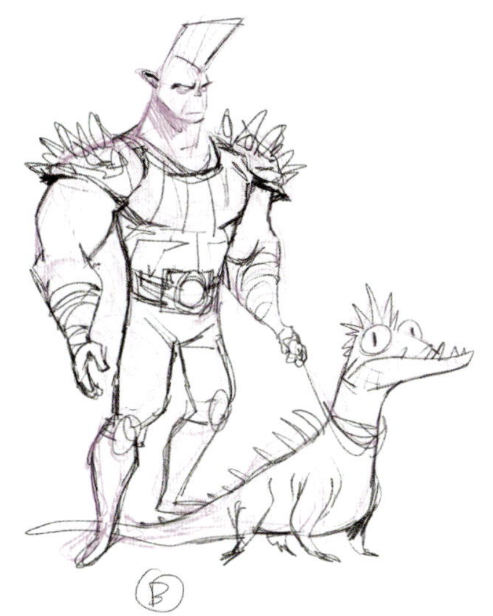

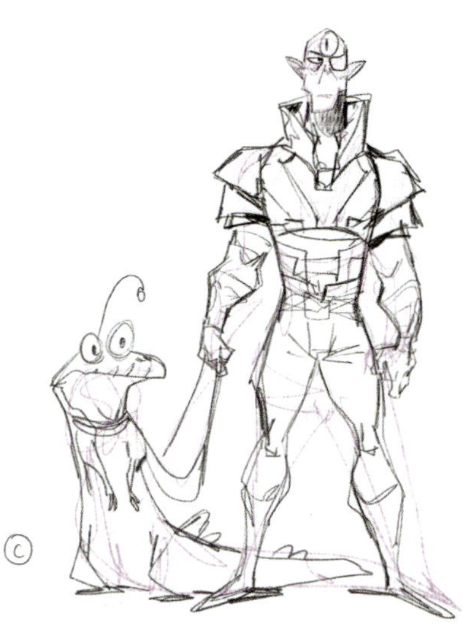

02

Entscheide dich für eine Skizze (hier haben wir Skizze A gewählt) und beginne, ein verfeinertes Lineart daraus zu erstellen. Ziehe mit **Auswahl > Freihand** eine Auswahllinie rund um die Skizze, rufe dann das Menü auf und wähle Ausschneiden & Einfügen. Dadurch wird deine bevorzugte Skizze auf eine neue eigene Ebene gelegt. Die Originalebene mit den anderen Rohzeichnungen kannst du ausblenden oder löschen. Aktiviere das Transformationswerkzeug und skaliere oder zentriere deine Skizze auf der Leinwand mit der Pinch-Geste, um das Beste aus der Auflösung der Datei herauszuholen. Stelle anschließend die Ebenendeckkraft auf etwa 50 %.

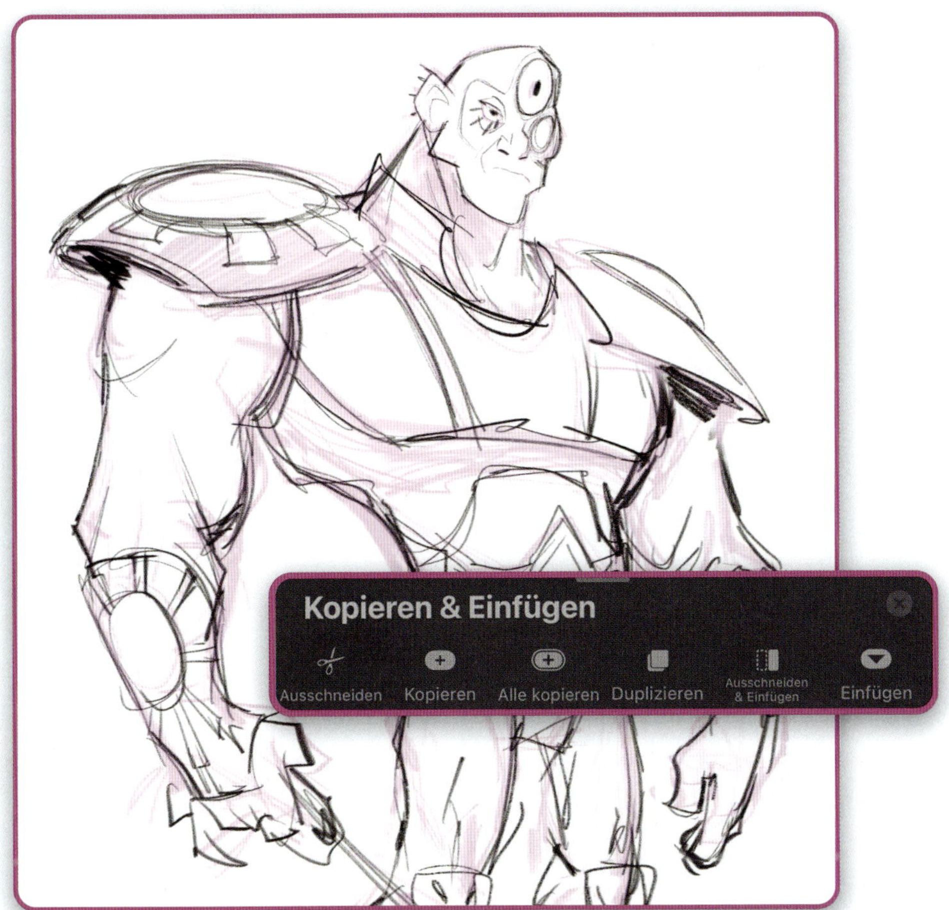

▶ Rufe das Kopieren-Einfügen-Menü auf, indem du mit drei Fingern nach unten wischst.

03

Lege auf der Ebene mit der Rohzeichnung eine neue Ebene an und nenne sie Lineart. Vergib immer Namen, die dir auch später noch etwas sagen – auf diese Weise kannst du vermeiden, versehentlich auf der falschen Ebene zu arbeiten. Zeichne die Wesen noch einmal sauber mit dem HB-Bleistift-Pinsel. Arbeite langsam und denke beim Zeichnen über jedes Designelement nach. Es ist gute Praxis, verschiedene gerade Linien, S-Kurven und Bogen zu benutzen. Strebe nach interessanten Proportionen und einer eindeutigen Silhouette. Scheue dich nicht, die ursprüngliche Skizze zu verändern. Hier wurde eine furchterregende Seifenblasenpistole hinzugefügt.

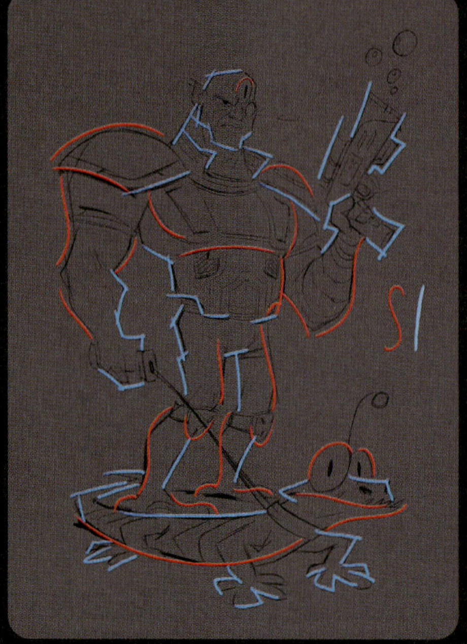

▲ Benutze sowohl gebogene als auch gerade Linien, um einen schönen dynamischen Rhythmus zu erzeugen.

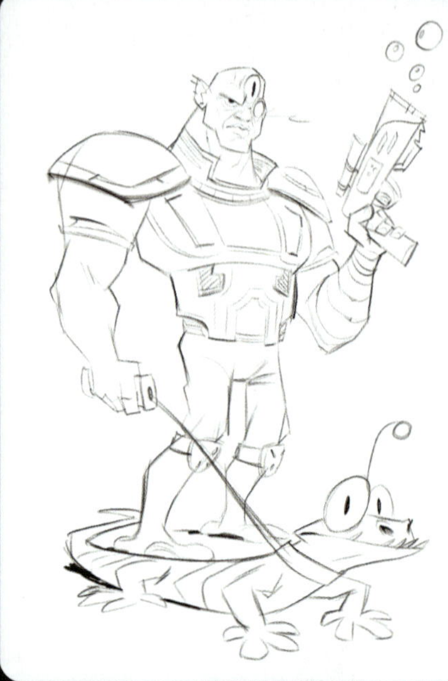

▲ Das verfeinerte Lineart muss nicht allzu ordentlich sein – Hauptsache, sie ist klar genug, damit du mit dem Malen beginnen kannst.

04

Wenn du mit dem sauberen Lineart fertig bist, erstelle eine farbige Basisebene, die dir beim späteren Arbeiten mit Licht hilft. Die Beleuchtung kann die Art und Weise unterstützen, wie deine Wesen aussehen, und eine bestimmte Stimmung in die Szene bringen. Was folgt, ist eine einfache und direkte Methode, mithilfe der Überblendmodi eine Beleuchtung zu erzeugen. Lege eine neue Ebene an, ziehe sie unter die Linienebene und nenne sie »Flats« oder »Flächen«. Definiere die Gesamtsilhouette mit dem Freihand-Auswahl-Werkzeug und fülle sie dann mit einer Farbe, indem du den Farbkreis aus der oberen rechten Ecke in den ausgewählten Bereich ziehst.

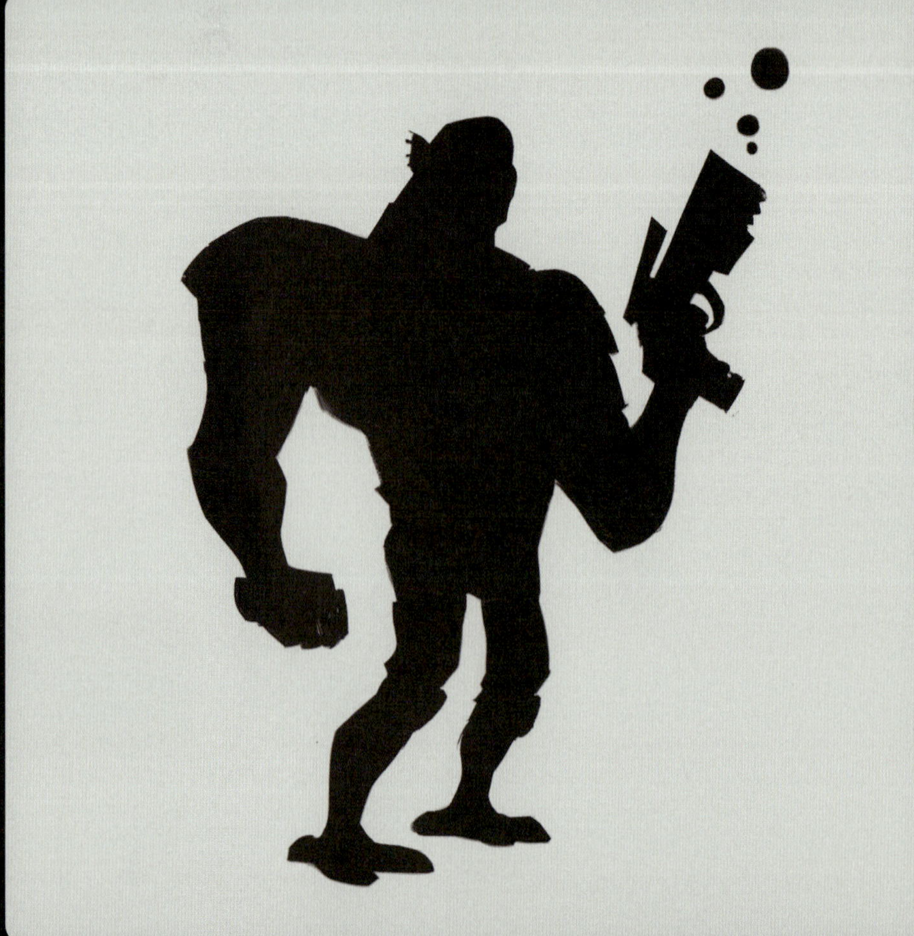

▶ Eine einfarbig gefüllte Ebene – diese wird für die Grundfarben (Lokalfarben) verwendet.

05

Verringere die Ebenendeckkraft der Lineart-Ebene und setze auf der Flats-Ebene eine Alphasperre. So kannst du nur auf den Pixeln malen, die sich bereits auf der Ebene befinden. Male nun mit einem soliden Rundpinsel wie etwa Hard Blob die Hauptfarben hinein. Versuche, große Bereiche mit einheitlichen Farben auszumalen.

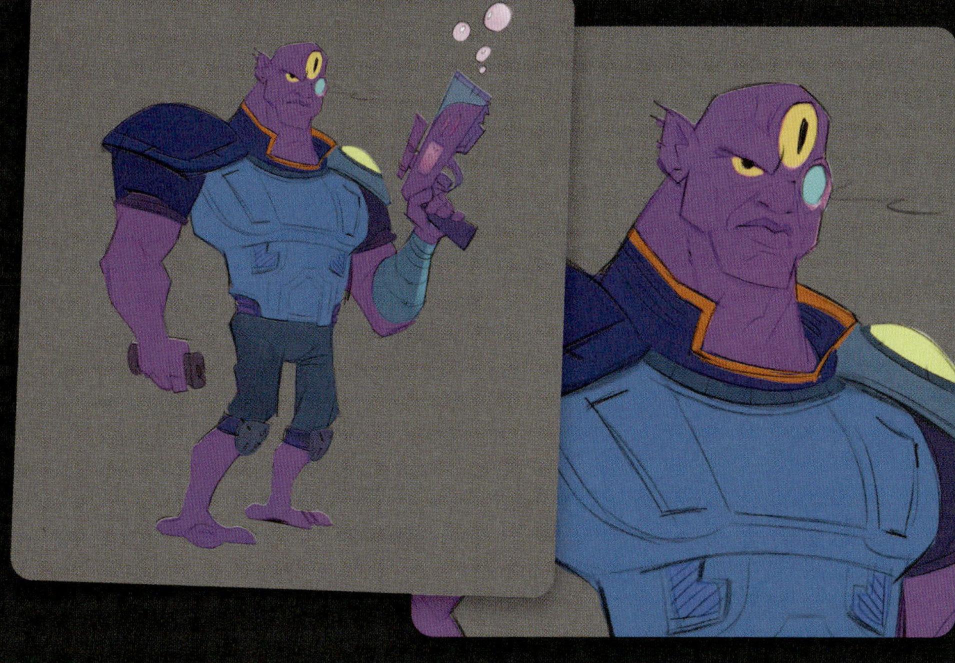

Das Lineart flächig ausgemalt

06

Nachdem du die Farben gemalt hast, legst du eine neue Ebene mit dem Namen Ambient Occlusion an. Aktiviere das Clipping-Masken-Werkzeug, sodass du beim Malen auf dieser neuen Ebene immer innerhalb der Grenzen der darunterliegenden Ebene bleibst. Ändere den Überblendmodus auf **Abdunkeln > Multiplizieren**. Der Multiplizieren-Modus eignet sich gut für das Hinzufügen von Schatten, da er die Farben auf der darunterliegenden Ebene abdunkelt.

Nimm dann den Practical-Strokes- oder den Simple-Gouache-Pinsel. Fülle die Ebene mit Weiß und male bei eingeblendeter Skizzenebene mit Schwarz und Grautönen vorsichtig die Form nach. Richte es so ein, dass ein schwaches, diffuses Licht von oben rechts auf die Figuren fällt. Bereiche, die das Licht nicht oder kaum erreichen kann, wie Ecken und tiefe Furchen, können fast schwarz werden. So erzielst du einen 3D-Eindruck. Schalte den Überblendmodus zwischen Normal und Multiplizieren hin und her, um das Ergebnis zu überprüfen. Weichere Übergänge kannst du mit **Airbrush > Weicher Pinsel** herstellen.

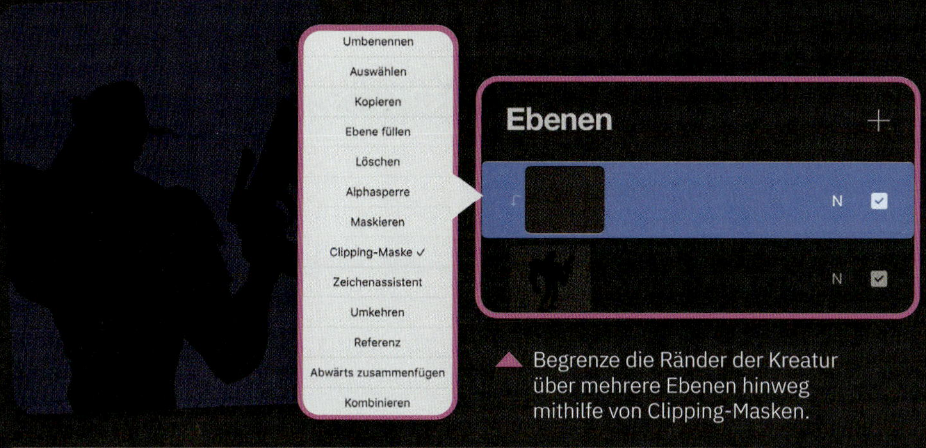

Begrenze die Ränder der Kreatur über mehrere Ebenen hinweg mithilfe von Clipping-Masken.

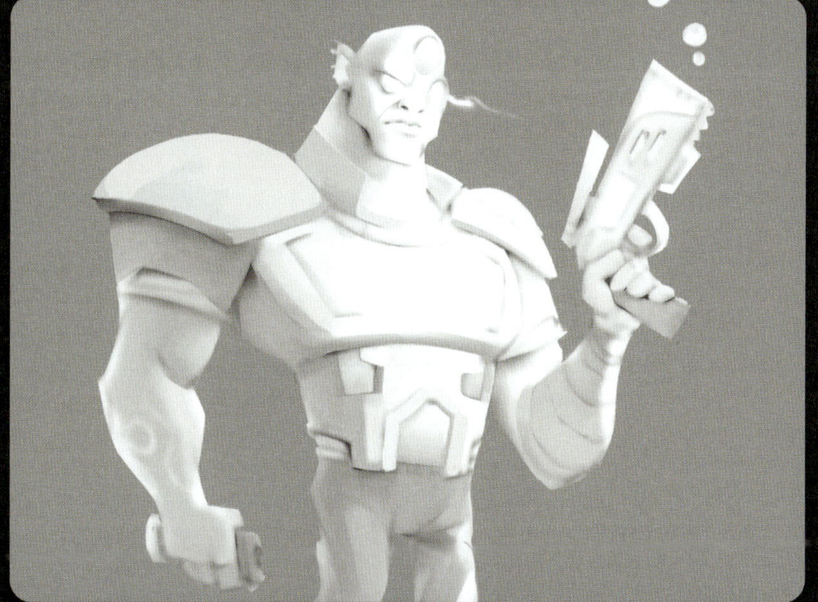

Die Ambient-Occlusion-Ebene bei ausgeblendeter Lineart-Ebene

07

Erzeuge über der Ambient-Occlusion-Ebene eine neue Ebene mit dem Namen Light Pass und setze den Überblendmodus auf Hinzufügen. Hier kommt die Lichtquelle von oben rechts. Male entsprechend mit Sam's Roller-Pinsel oder dem Practical-Strokes-Pinsel einfache Lichtformen ein. Pass auf, dass sie in diesem Stadium nicht zu weich aussehen.

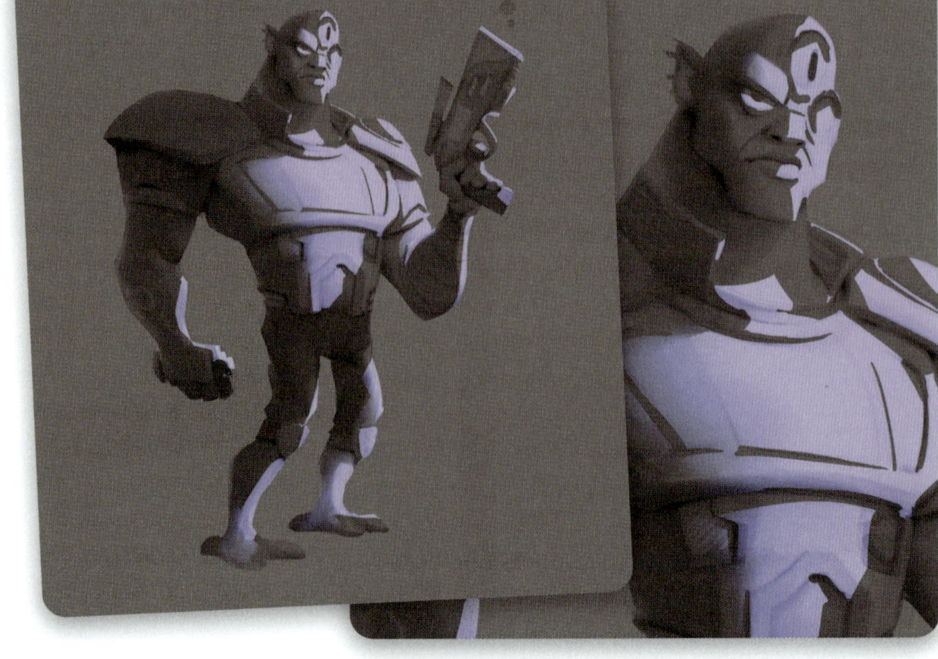

Die Light-Pass-Ebene, gemischt mit der Ambient-Occlusion-Ebene, bei deaktivierter Lineart-Ebene

08

Blende alle Ebenen ein, um festzustellen, wie sie zusammen aussehen. Ändere die Deckkraft der einzelnen Ebenen nach Belieben. Der Trick besteht darin, das Licht nicht zu übertreiben, da dies nur der erste Schritt ist.

So sehen die vier Grundebenen zusammen aus.

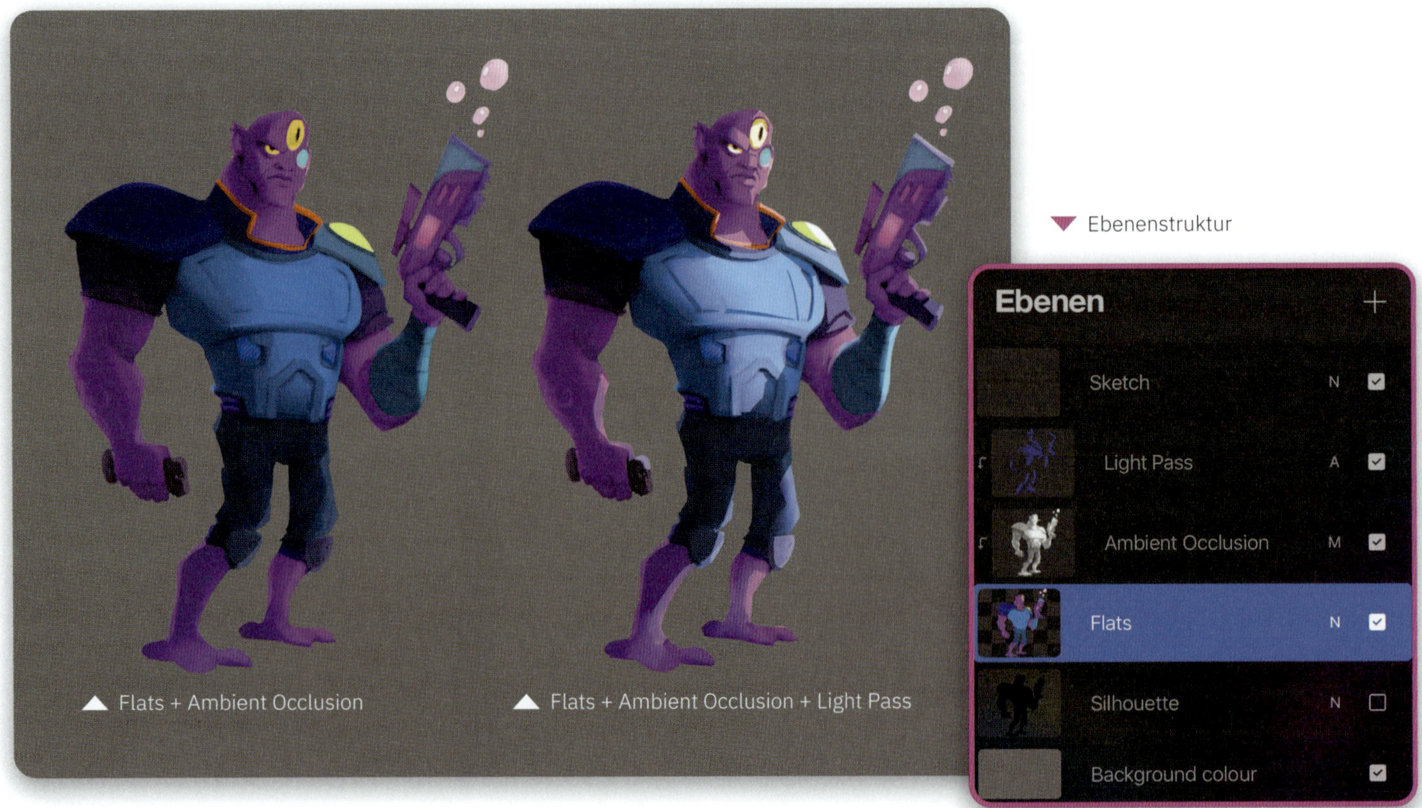

Flats + Ambient Occlusion

Flats + Ambient Occlusion + Light Pass

Ebenenstruktur

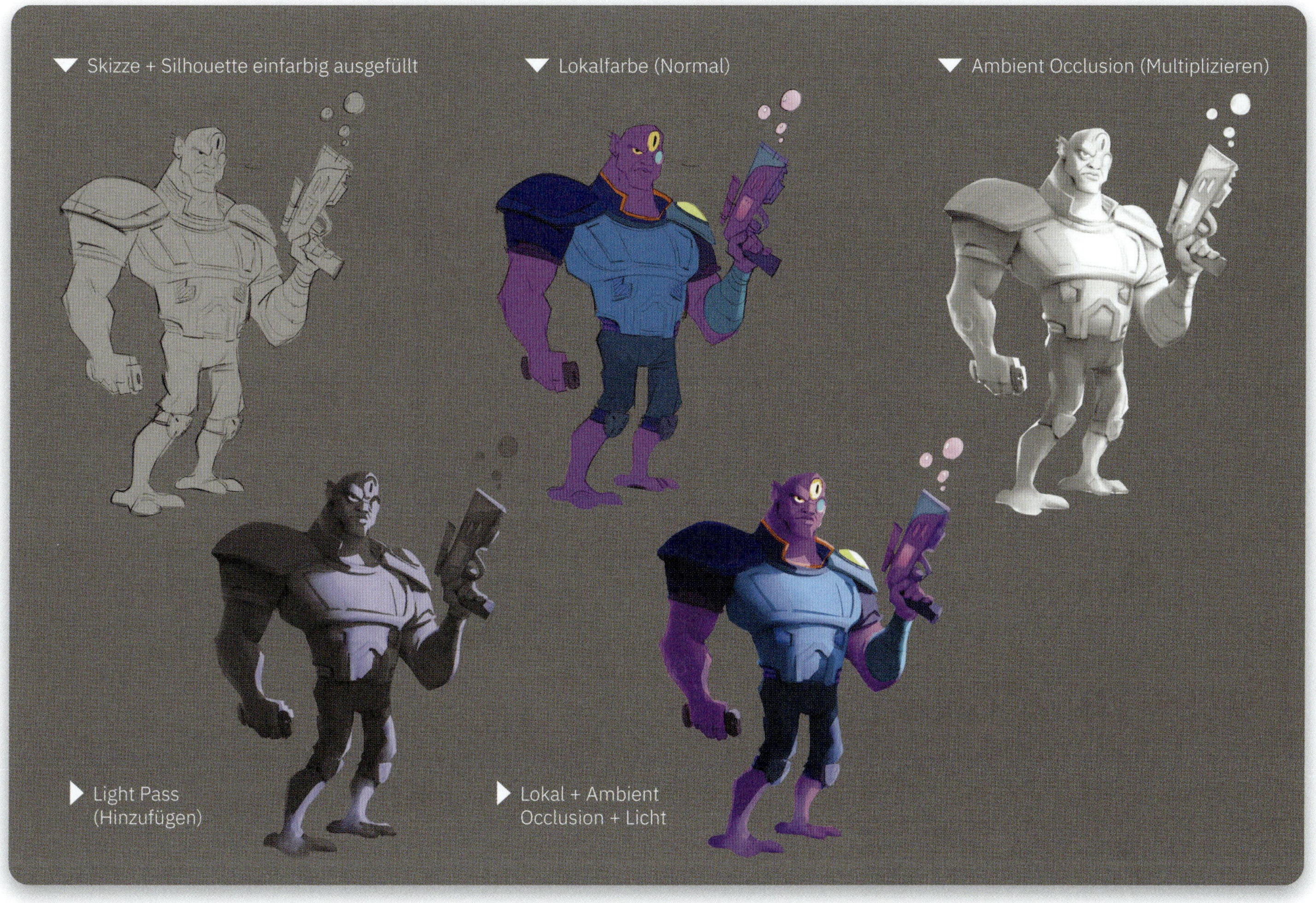

Skizze + Silhouette einfarbig ausgefüllt

Lokalfarbe (Normal)

Ambient Occlusion (Multiplizieren)

Light Pass (Hinzufügen)

Lokal + Ambient Occlusion + Licht

Ebenenaufteilung

09

Fass die einzelnen Ebenen jetzt mit der Pinch-Geste zu einer zusammen. Auf dieser arbeitest du nun weiter. So kannst du dich jetzt mit dem Malen befassen und musst dich nicht mehr um die Verwaltung der Ebenen kümmern. Sperr die Transparenz dieser Ebene und male dann Details und Lichteffekte hinein. Das meiste hier kannst du mit dem Flachpinsel erledigen. Für das Tier gehst du genauso vor, allerdings zeichnest und malst du es auf einer eigenen Ebene.

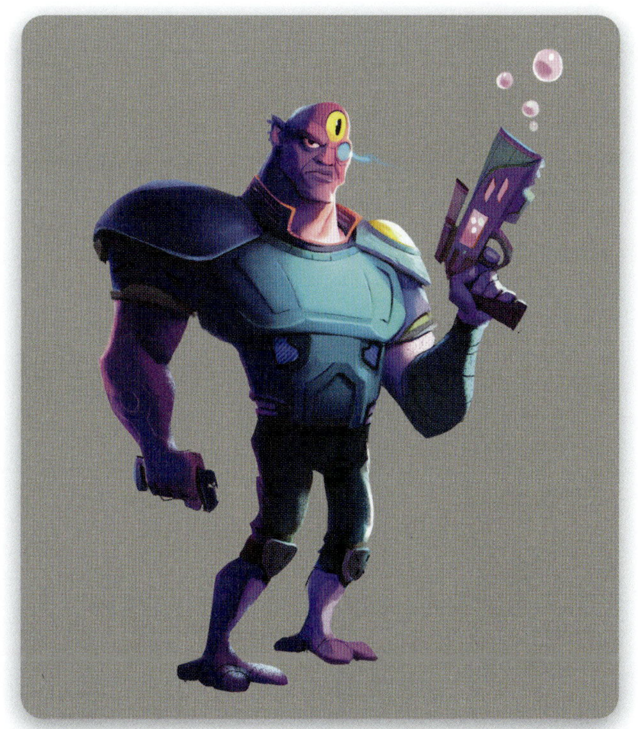

Fass alle Grundebenen der Hauptfigur zusammen und male Details und Licht hinzu.

10

Bearbeite den Farbkontrast mit **Anpassungen > Kurven**. Wähle Gamma und verstärke mit den Kurvenpunkten ein wenig den Kontrast und die Farben. Am besten bringst du die Kurve in eine leichte S-Form – dadurch werden die Schatten dunkler und die Lichter heller.

Verwende das Kurven-Werkzeug, um den Kontrast zu erhöhen.

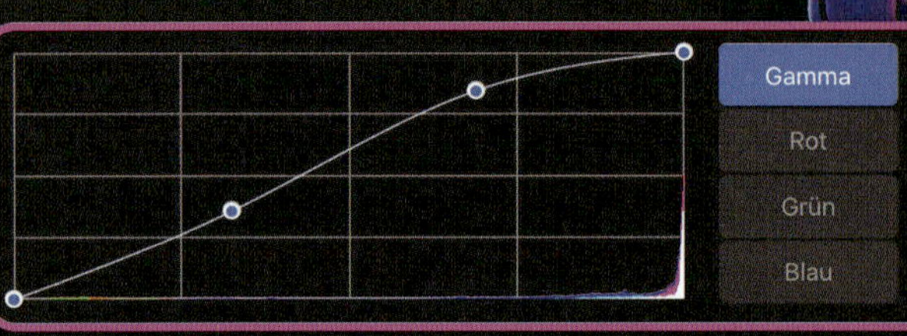

KÜNSTLERTIPP

Wenn du Procreate wirklich effektiv nutzen willst, musst du seine Gesten beherrschen. Je mehr du dich an die Gesten gewöhnst, desto schneller und flüssiger wirst du arbeiten. Eine nützliche Abkürzung bietet der Modifizieren-Button. Dieser ruft das QuickMenu auf, das sechs häufig benutzte Aktionen enthält, darunter das Anlegen neuer Ebenen, das Löschen, die Alphasperre und mehr. Du kannst anpassen, welche Aktionen in diesem Menü auftauchen, indem du einen der sechs Buttons gedrückt hältst und aus der Liste eine andere Möglichkeit wählst.

11

Verwende das Verflüssigen-Werkzeug, um die Proportionen weiter zu verändern und Korrekturen an der Gesamtform vorzunehmen. Verflüssigen ist ein sehr mächtiges Werkzeug, pass daher auf, dass du es nicht übertreibst und dein Bild zu sehr verzerrst – am Ende weichst du vielleicht zu sehr von deiner Originalzeichnung und dem, was sie so stark gemacht hat, ab. Experimentiere mit dem Schwung-Regler, wenn der Effekt dynamischer und flüssiger aussehen soll. Schwung eignet sich, um den Entwurf noch ein kleines bisschen weiterzutreiben, ohne irgendetwas neu zeichnen zu müssen. Aber auch hier solltest du es nicht übertreiben – finde das Gleichgewicht zwischen dem manuellen Anpassen des Bildes und der Arbeit des Werkzeugs.

Das Verflüssigen-Werkzeug eignet sich gut zum subtilen Ändern von Formen und Proportionen.

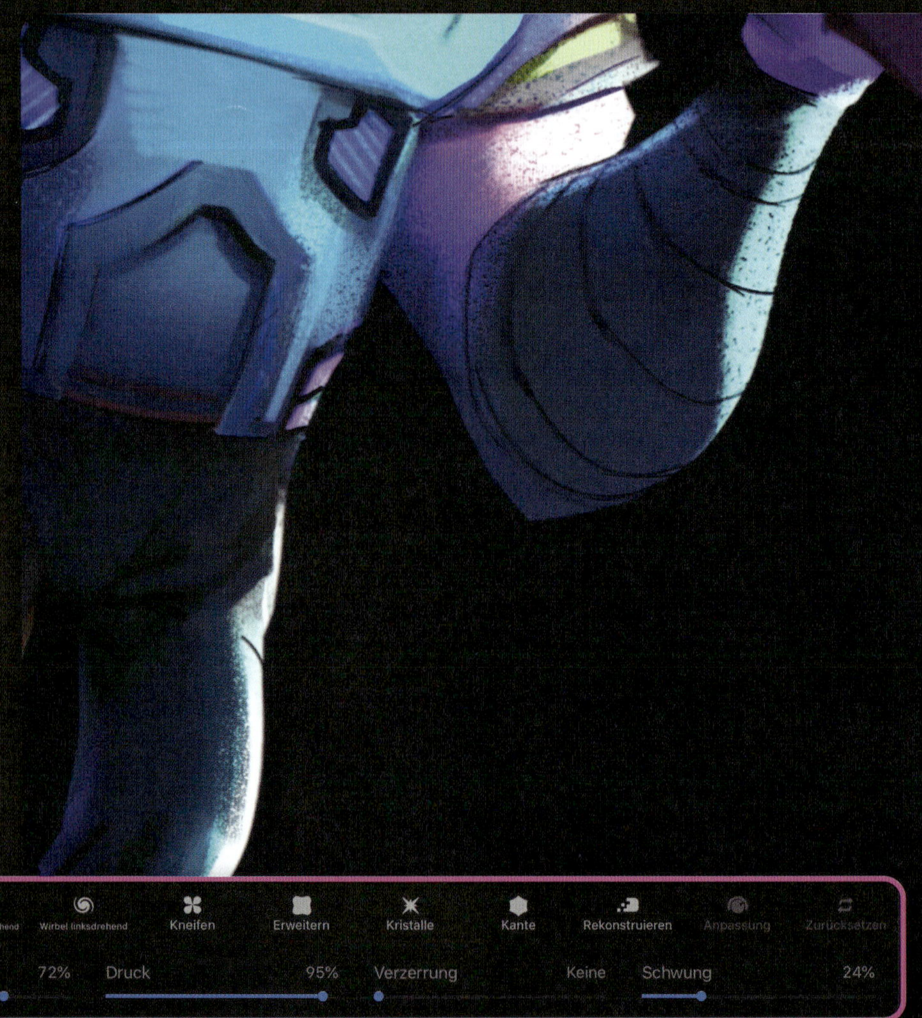

12

Füge weitere kleine Details hinzu, wie Kratzer und Texturen. Benutze dazu den Flat-Painterly-Pinsel mit einer Deckkraft von 75 %. Du kannst Texturen auch überlagern, indem du schwarz-weiße Bildtexturen importierst. Wähle **Aktionen > Hinzufügen > Foto einfügen**, navigiere dann zur Fotogalerie deines iPads (in der du die Schwarz-Weiß-Textur gespeichert hast) und bestätige den Import. Stelle den Überblendmodus des importierten Fotos auf Ineinanderkopieren. Das ist ein guter Modus zum Arbeiten mit Texturen.

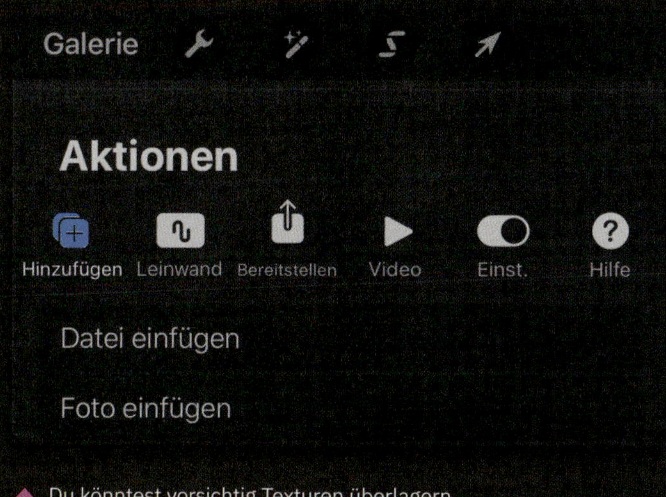

▲ Du könntest vorsichtig Texturen überlagern.

13

Verwende **TRANSFORMATION > VERFORMEN**, um die Textur zu manipulieren und auf eine runde Oberfläche aufzubringen, wie etwa das Schulterteil der Rüstung. Biege die Textur mithilfe der Griffpunkte an den Ecken in die passende Kurvenform. Wechsle zwischen Freiform und Verformen hin und her, um die Textur an der richtigen Stelle abzulegen. Für das Rumpfteil verwendest du den Pinsel **Texturen > Streuraster**. Dieser malt eine einfache, konsistente Textur.

▶ Benutze die Texturen-Pinsel für gemusterte Überlagerungen – hier wurde ein einfaches Hexagonmuster aufgebracht.

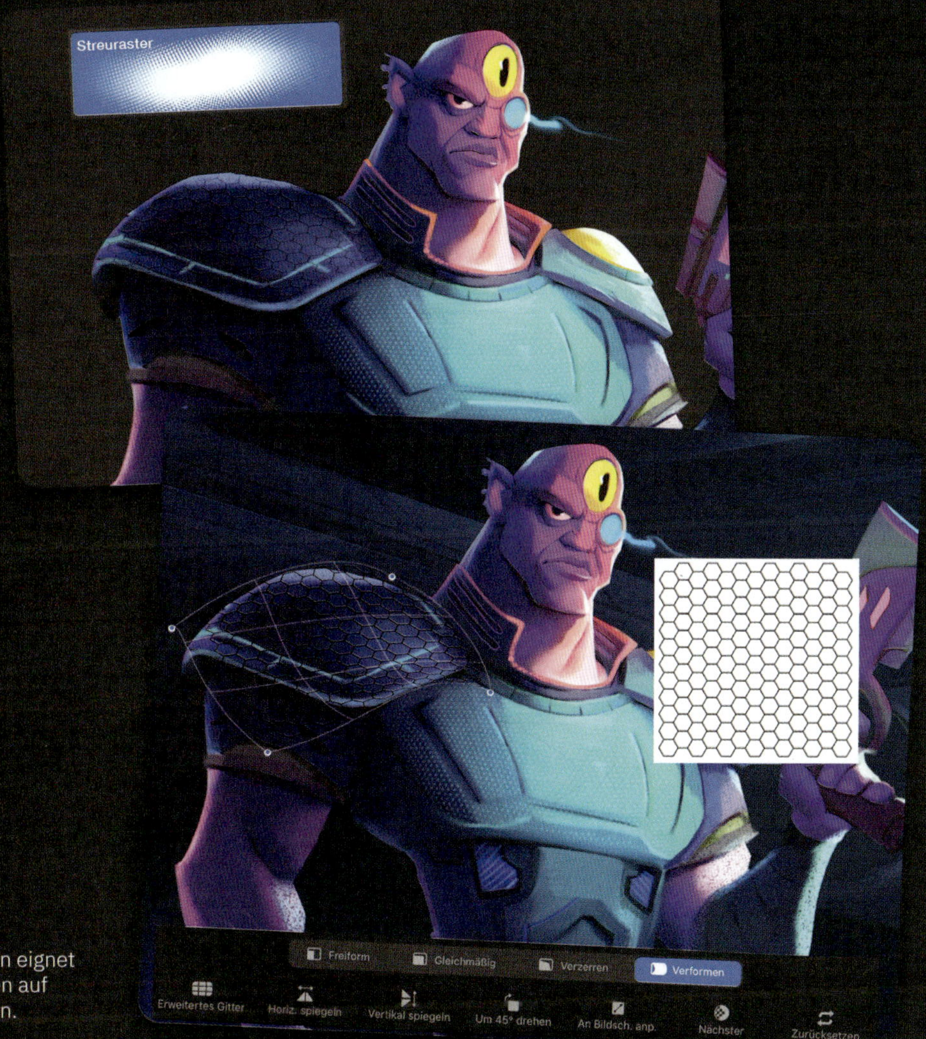

▶ Die Verformungstransformation eignet sich hervorragend, um Texturen auf gebogene Oberflächen zu legen.

14

Erstelle einen einfachen Hintergrund, der nicht zu sehr von den Wesen ablenkt. Nutze die Zeichenhilfe, um eine genaue Perspektive zu zeichnen. Wähle **Aktionen > Leinwand**, aktiviere die Zeichenhilfe und tippe auf Bearbeiten Zeichenhilfe. Nun kannst du Fluchtpunkte anlegen, indem du einfach irgendwo auf das Bild tippst.

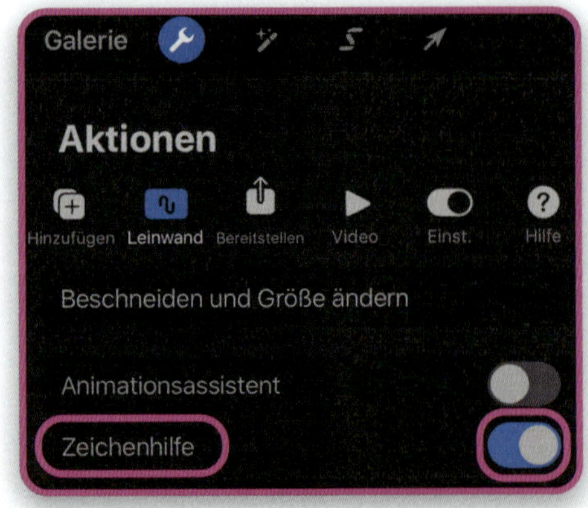

Aktiviere die Zeichenhilfe und wähle die Option Perspektive.

15

Wenn man eine Zweipunktperspektive erzeugt, ist es üblich, die Punkte weiter voneinander entfernt anzulegen und dafür zu sorgen, dass die Horizontlinie nicht geneigt ist. Du kannst mit dem Dicke-Regler die Dicke der Hilfslinien einstellen. Tippe auf Fertig, wenn du mit dem Gitter zufrieden bist. Du kannst es nun sehen, während du den Hintergrund skizzierst.

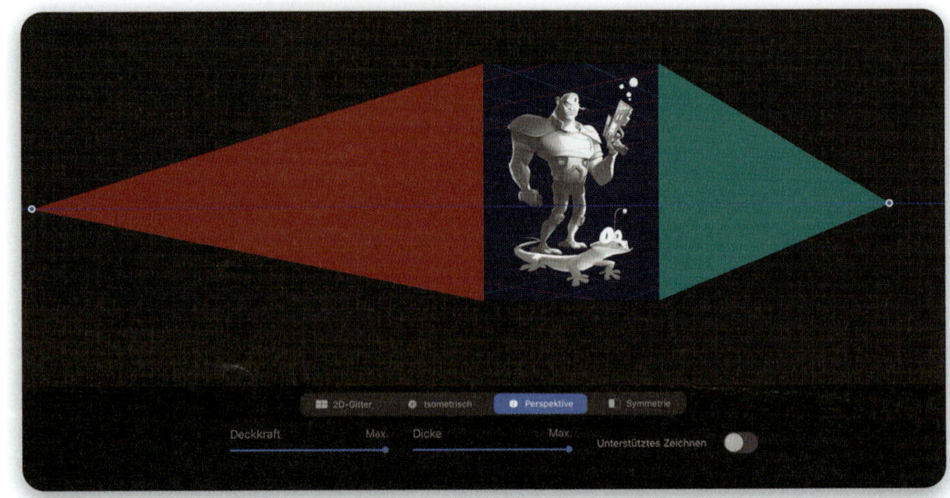

Achte darauf, dass die Wesen innerhalb des Perspektivegitters sitzen und dass die Horizontlinie gerade ist.

16

Damit deine Linien ganz natürlich an den Gitterlinien einrasten – so als würdest du ein Lineal verwenden –, aktiviere die Option Zeichenhilfe auf jeder Ebene, auf der du gerade Linien zeichnen willst. Dieses Werkzeug ist ebenenabhängig. Lege für die Hintergrundskizze eine neue Ebene an und aktiviere die Zeichenhilfe. Du kannst sie beim Skizzieren des Hintergrunds ein- und ausschalten. Dies ist ganz sinnvoll, wenn du gerade Linien zeichnen, aber dann auch wieder frei skizzieren willst.

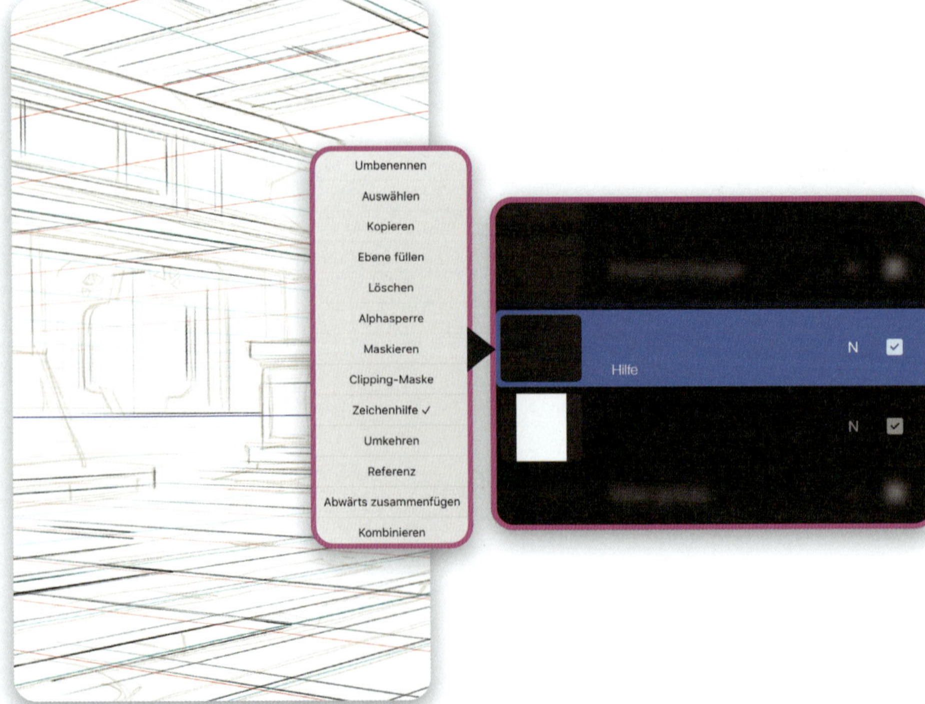

Aktiviere die Zeichenhilfe, damit die Linien automatisch am Gitter einrasten, das du eingerichtet hast.

17

Verfeinere die Hintergrundskizze weiter. Lege unter der Skizze eine Ebene an und fülle sie mit Grau. Lege mit dem Auswahl-Werkzeug fest, wo die Hauptelemente sind, und achte auf die harten Kanten. Setze den Überblendmodus der Ebene auf Multiplizieren.

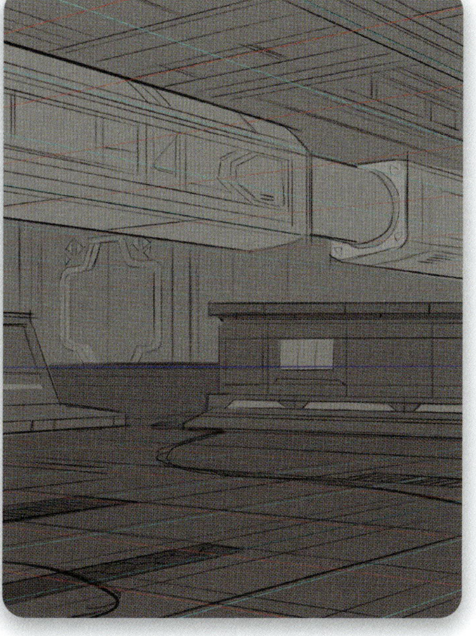

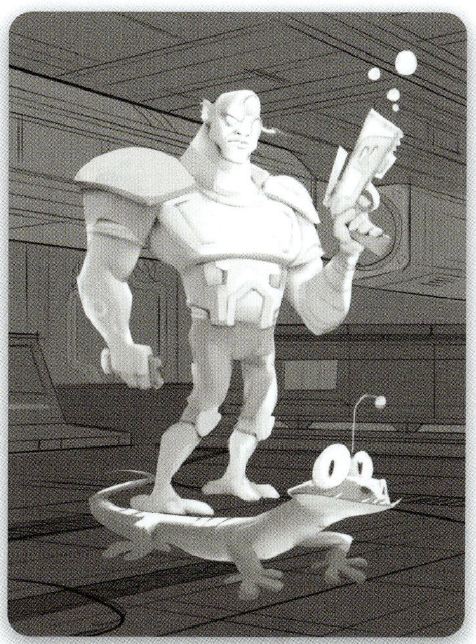

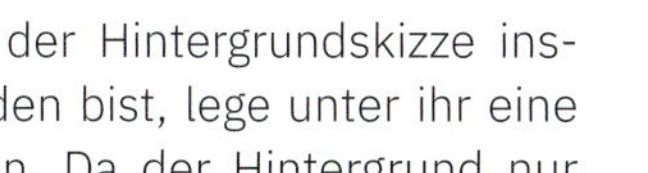

Richte die Hauptelemente des Hintergrunds mit dem Auswahl-Werkzeug ein.

18

Wenn du mit der Hintergrundskizze insgesamt zufrieden bist, lege unter ihr eine neue Ebene an. Da der Hintergrund nur wenige Details enthält, kannst du alles auf eine Ebene malen. Um das Ganze zu beschleunigen, füllst du die neue leere Ebene mit Dunkelblau.

19

Male mit dem Flat-Painterly-Pinsel einige Details hinein. Wähle dazu Farben, die ähnlich der Grundfarbe Dunkelblau sind. Erstelle mit dem Auswahl-Werkzeug Auswahlen mit geraden, sauberen Kanten und male in diesen. Schalte im Auswahl-Modus zwischen Freihand und Polygonal um, indem du die Auswahl antippst, statt sie zu ziehen, um die beiden Modi miteinander zu kombinieren. Wenn du in deinem Werk ganz saubere Kanten haben möchtest, ist es immer eine gute Idee, direkt innerhalb der Grenzen der Auswahl zu malen.

Die Hintergrundfarben sollten mehr oder weniger monochrom bleiben – hier Dunkelblau –, damit die Wesen sich gut und ohne Ablenkungen abheben.

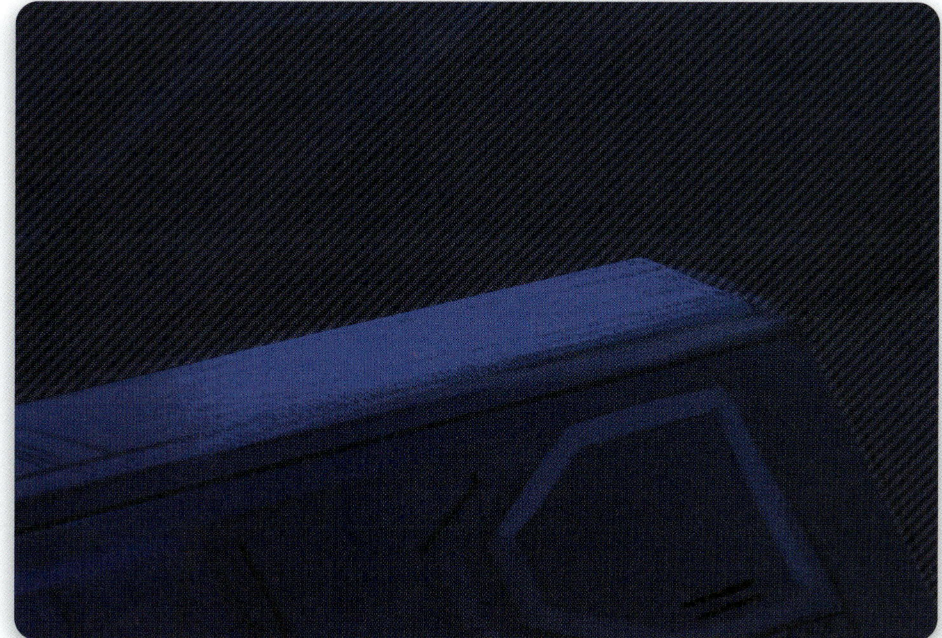

Das Malen innerhalb von Auswahlen ist eine gute Technik, wenn man harte Kanten braucht.

KÜNSTLERTIPP

Procreates intuitive Werkzeuge machen es dir leicht, sofort loszulegen und Bilder zu erschaffen. Du kannst schnell lernen – eigentlich ist nur ein bisschen Übung nötig. Denke daran, deine Ebenen so gut wie möglich zu organisieren.

20

In diesem Stadium ist es eine gute Idee, die Ebenen mit deinen Wesen wieder einzublenden. Dadurch verhinderst du, dass du unnötige Details an Stellen malst, die sowieso verdeckt werden.

▶ Arbeit am Hintergrund in vollem Gange

21

Um den Leuchteffekt für die Hintergrundlichter zu erzeugen, legst du zuerst eine neue Ebene an und malst einige solide Formen hinein. Mithilfe der Polygon-Auswahl erzeugst du Rechteckformen, die du farbig füllst. Dupliziere dann die Ebene und setze den Überblendmodus der duplizierten Ebene auf Hinzufügen.

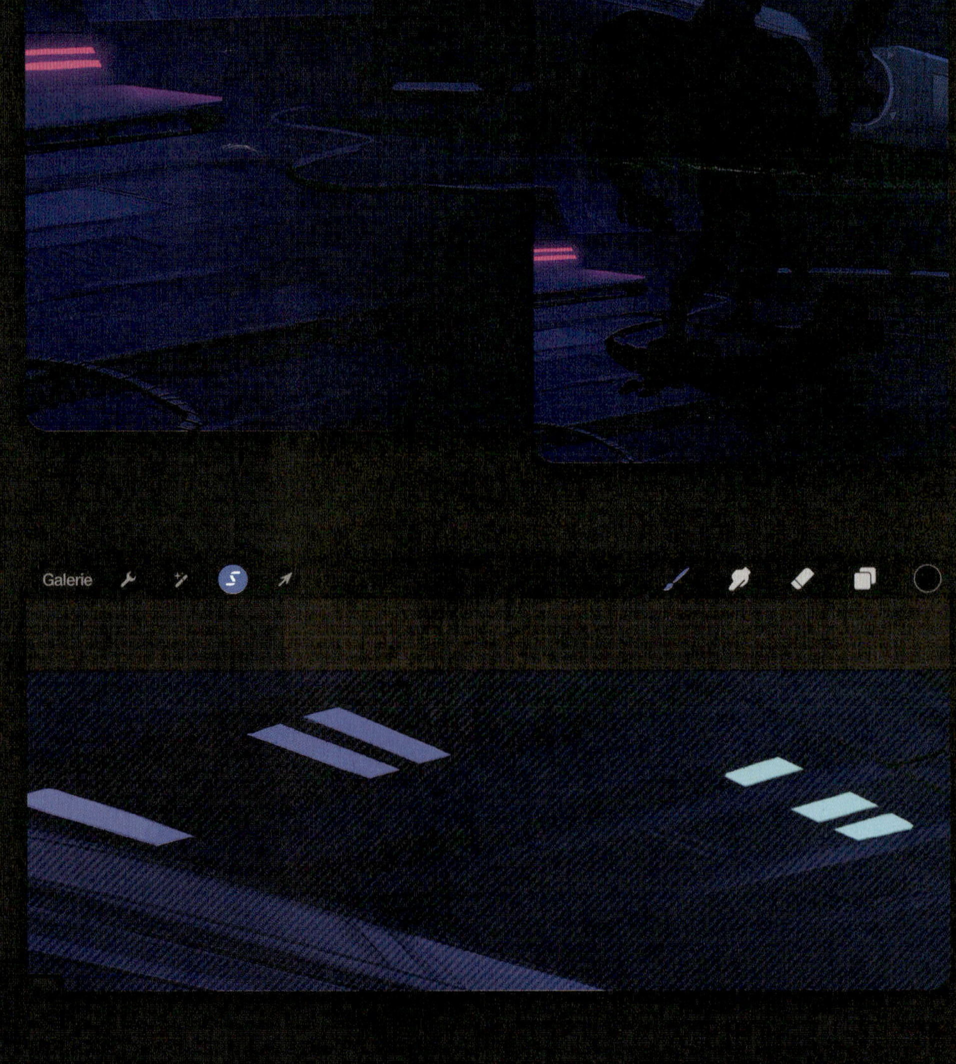

▶ Erstelle mit der Freihand-Auswahl polygonale Auswahlen, indem du die Eckpunkte antippst, anstatt das Werkzeug zu ziehen.

22

Wähle **Anpassungen > Gauß'sche Unschärfe** und wische mit dem Finger nach links und rechts, um die Stärke des Weichzeichnungseffekts einzustellen. Wenn du zufrieden bist, wähle **Anpassungen > Rauschen** und füge dem Leuchten noch ein bisschen Rauschen hinzu.

▼ Verwende den Überblendmodus Hinzufügen zusammen mit dem Gauß'sche-Unschärfe-Filter, um einen Leuchteffekt zu erzeugen.

Anpassungen

Farbton, Sättigung, Helligkeit
Farbbalance
Kurven
Verlaufsumsetzung
Gauß'sche Unschärfe
Bewegungsunschärfe
Perspektivische Unschärfe
Rauschen
Scharfzeichnen
Bloom
Störung
Streuraster
Chromatische Aberration
Verflüssigen
Klonen

23

Mit **Transformation > Verzerren** legst du eine Textur über den Boden. Dieser Modus eignet sich gut, wenn du flache Texturen in einer bestimmten Perspektive auf eine flache Oberfläche bringen willst. Es ist wichtig, nicht zu viele ablenkende Details hinzuzufügen, da das Hauptaugenmerk auf unseren außerirdischen Wesen liegt. Hier reichen daher einige Hinweise auf eine einheitliche Sci-Fi-Textur.

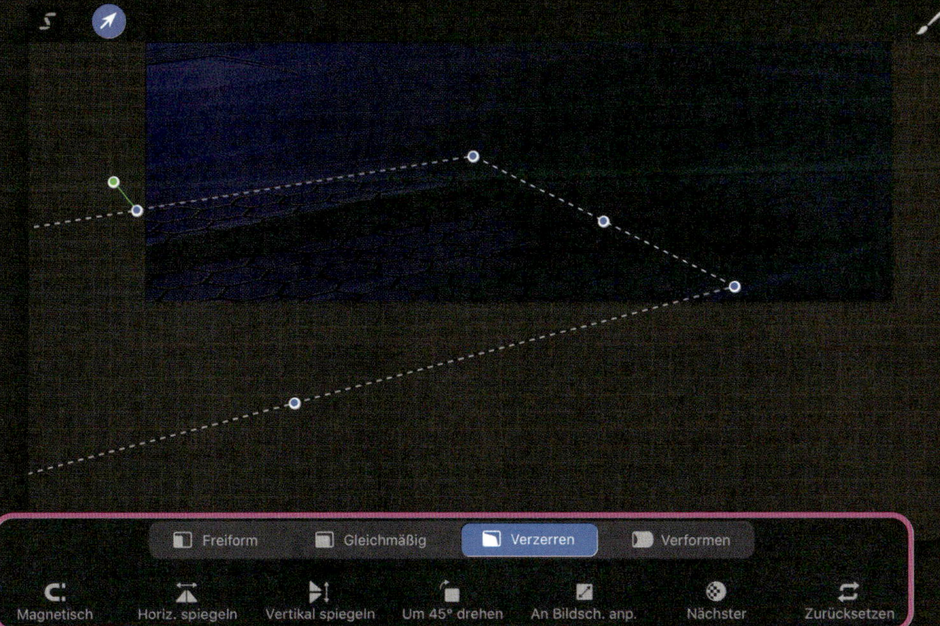

▶ **Transformation > Verzerren** eignet sich, um Texturen perspektivisch auf Oberflächen zu legen.

24

Um eine geringere Tiefenschärfe zu simulieren, duplizierst du die Hintergrundebene und erzeugst mit **Anpassungen > Gauß'sche Unschärfe** einen Weichzeichnungseffekt, der etwas Tiefe in die Szene bringt. Mit **Anpassungen > Rauschen** kannst du auch die Andeutung einer Filmkörnung erreichen. Radiere dann mit dem Weichen Airbrush den Fußbodenteil aus der unscharfen Ebene, da nur die Bereiche, die am weitesten im Hintergrund liegen, ein bisschen unscharf sein sollen, nicht jedoch der Vordergrund. Blende die Ebenen deiner Wesen wieder ein, damit sie in der Szene erscheinen. Das Bild ist fertig und du kannst es mit der Welt teilen (siehe Seite 18).

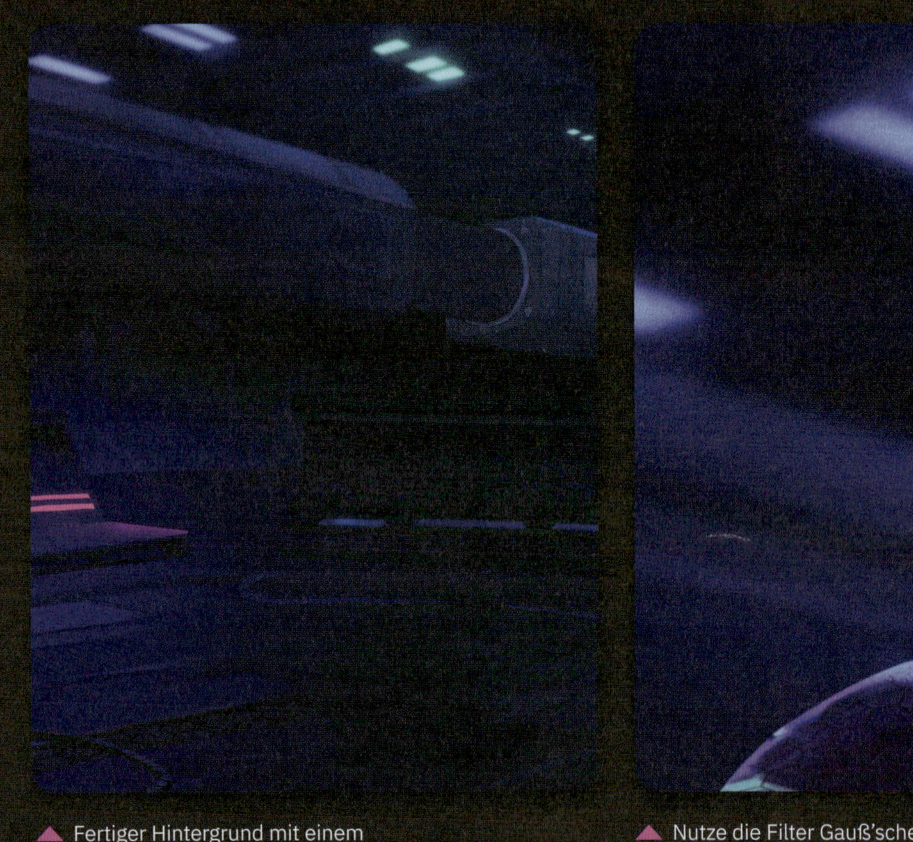

▲ Fertiger Hintergrund mit einem Kamera-Tiefenschärfe-Effekt

▲ Nutze die Filter Gauß'sche Unschärfe und Rauschen, um ein Gefühl von Tiefe zu vermitteln.

FERTIGES BILD

Wenn du das Tutorial abgeschlossen hast, dann hast du gelernt, wie du mit den grundlegendsten Werkzeugen und Techniken in Procreate deine eigenen Science-Fiction-Wesen in einer Szenerie erstellen kannst. Probiere dich weiter aus und wende diese Techniken auf andere Kunststile oder Genres an, die du gern erkunden möchtest. Genieße das Entdecken – es gibt immer neue Dinge zu lernen, die man in seine Arbeit integrieren kann. Kreatives Spielen und Experimentieren nützen deiner Kunst in jedem Fall. Hab also Spaß und genieße den Prozess.

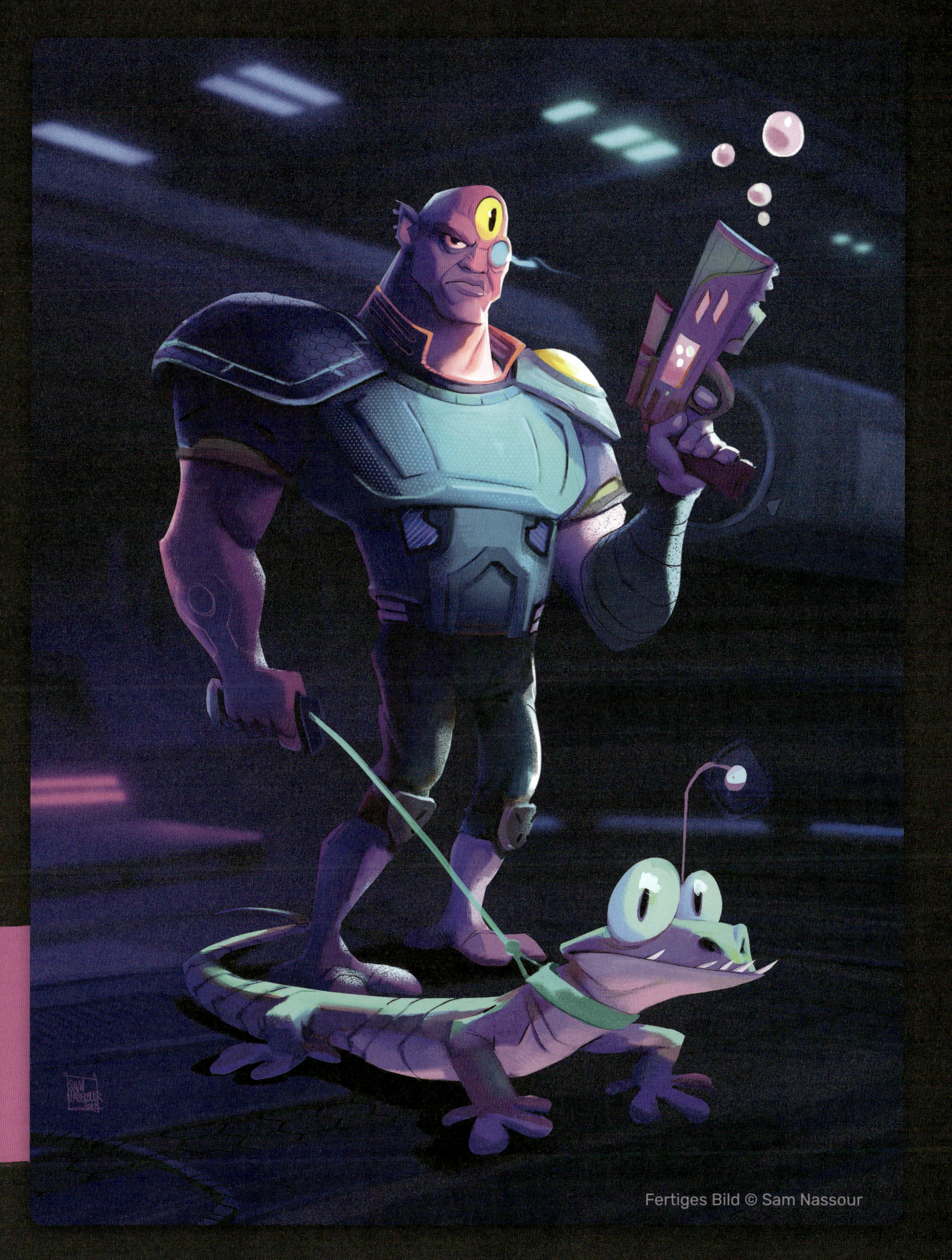

Fertiges Bild © Sam Nassour

Unten: Wikinger

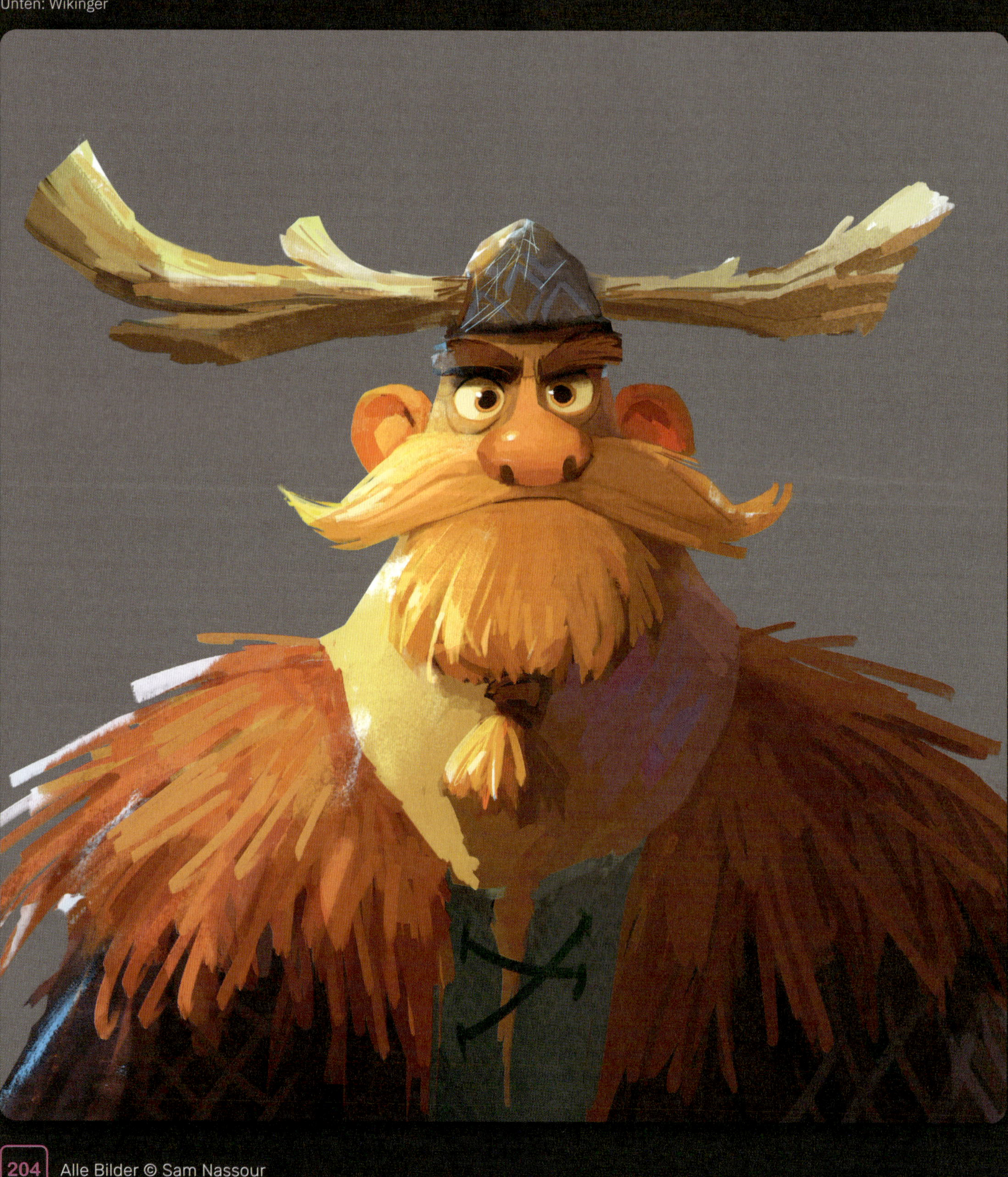

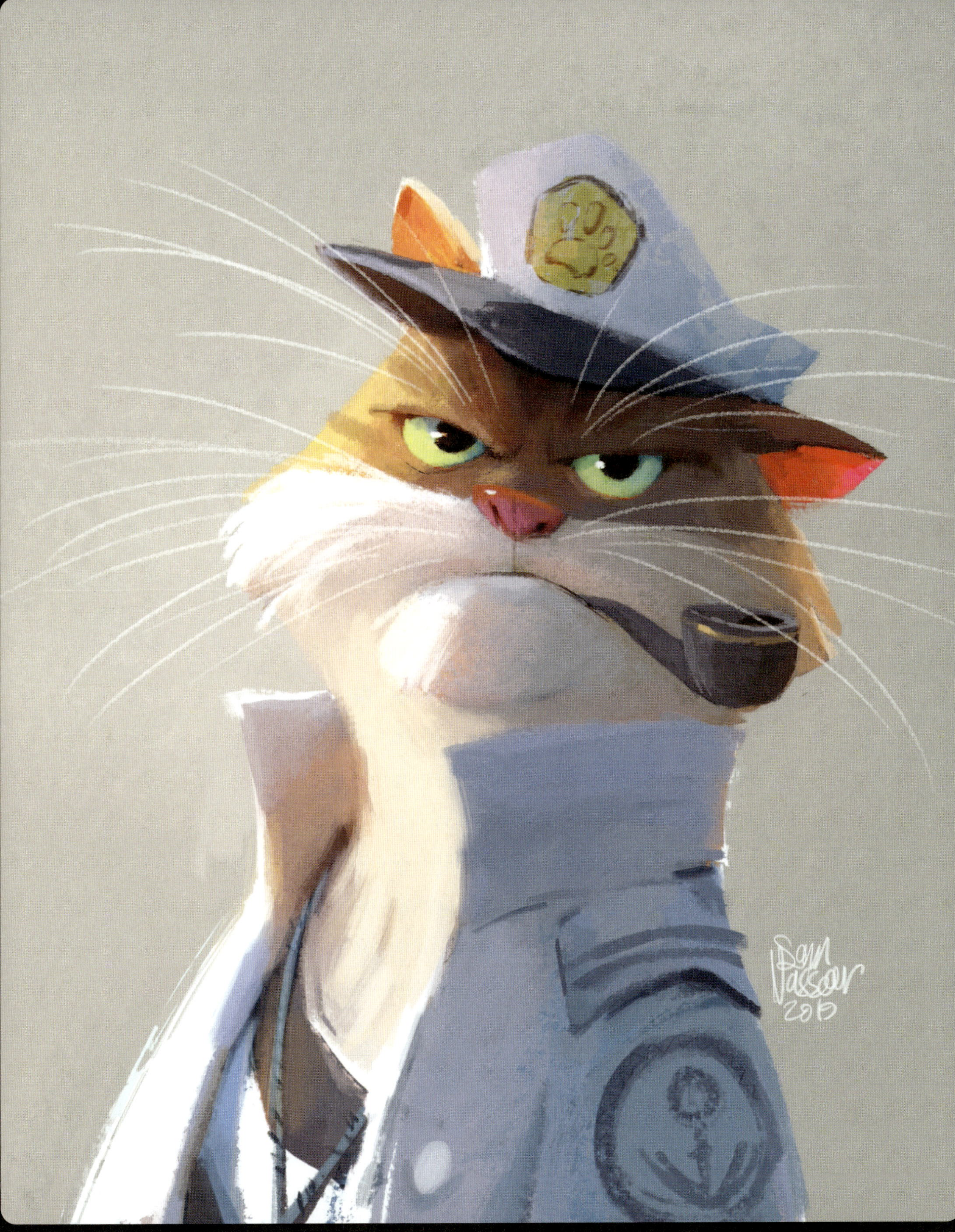

Oben: Captain Whiskers

GLOSSAR

Ambient Occlusion
Ambient Occlusion (Umgebungsverdeckung) bezieht sich auf Schatten, die aussehen, als seien sie von einem nicht gerichteten Umgebungslicht erzeugt worden, das etwa an einem bewölkten Tag beobachtet werden kann. Schatten finden sich in diesem Fall vor allem in Spalten, in die das Umgebungslicht nicht gelangen kann.

Apple Pencil
Ein hoch entwickelter Stift von Apple zum (ausschließlichen) Arbeiten mit dem iPad. Er stellt das empfohlene Werkzeug für Procreate-Anwender dar und bietet Eigenschaften wie Neigungserkennung und Druckempfindlichkeit.

Backup/Sicherungskopie
Das Herstellen einer Kopie deines digitalen Bildes, um dessen Verlust zu vermeiden.

Bildformat
Um die digitalen Daten deiner Bilder in ein tatsächliches Bild umzuwandeln, muss die Datei in einem bestimmten Format gespeichert werden, das dein Gerät interpretieren kann. Es gibt verschiedene wichtige Formate, aber am gebräuchlichsten sind JPEG für Bilder ohne Transparenz, PNG für Bilder mit Transparenz, GIF für animierte Bilder sowie PSD und PROCREATE für Dateien, die aus Ebenen bestehen.

Datei
Jedes Bild stellt eine Datei in deiner Galerie dar. Im Kontext von Procreate ist Datei also quasi ein Synonym für eine Leinwand oder ein Bild.

Deckkraft
Gibt an, wie deckend oder transparent etwas ist. Im Kontext der digitalen Malerei bezieht sich das auf die Transparenz deiner Pinselstriche oder Ebenen.

Dock
Ein Schnellzugriffsmenü, das die zuletzt benutzten Apps auf deinem iPad enthält und aufgerufen wird, indem du von der Unterseite deines iPad-Bildschirms nach oben wischst.

Druckempfindlichkeit
Die Fähigkeit der Software, den Druck zu interpretieren, den du auf deine Pinselstriche ausübst, und diesen digital wiederzugeben.

Ebenen
In digitalen Zeichenprogrammen simulieren Ebenen Stapel aus transparenten Folien. Du kannst sie erzeugen, neu anordnen und entfernen sowie auf ihnen malen oder sie separat manipulieren. Ebenen gehören zu den wichtigsten Werkzeugen in der digitalen Malerei.

Einst.
Einst., die Abkürzung für Einstellungen, ist ein Menü unter Aktionen, das die allgemeinen Einstellungen von Procreate enthält.

Export
Das Speichern deines Bildes außerhalb von Procreate. Du kannst Dateien auf dein eigenes Gerät oder in andere Apps exportieren.

Galerie
Der Startbildschirm in Procreate, auf dem du alle deine Dateien findest. Hier kannst du neue Leinwände erzeugen sowie vorhandene in einer Vorschau anschauen, löschen oder neu organisieren.

Gesten
Im Kontext von Procreate sind Gesten Befehle, die durch Bewegungen deiner Finger auf dem iPad-Bildschirm ausgelöst werden.

Hintergrundfarbe-Ebene
Diese Procreate-Spezialität ist eine Ebene, die automatisch mit jeder neuen Datei erzeugt wird und nicht gelöscht werden kann.

Import
Das Hinzufügen einer Datei in Procreate. Du kannst einfache Bilder, Pinsel oder sogar Dateien aus anderen Programmen (wie etwa das Photoshop-eigene PSD-Format) importieren.

Lineart
Eine Technik, bei der du ein Bild aus Linien erzeugst, statt es (flächig) zu malen. Dieses Bild mag selbst schon das Ziel sein, aber manche Künstler verwandeln eine Rohzeichnung bzw. eine grobe Skizze auch in ein sauberes Lineart, bevor sie sie als Grundlage für ihre Malerei nehmen.

Leinwand
Deine Maloberfläche, die sowohl beim analogen/traditionellen als auch beim digitalen Malen benutzt wird.

Neigungsempfindlichkeit
Die Fähigkeit eines Programms, die Neigung der Stiftspitze auf deinem Bildschirm zu interpretieren und digital wiederzugeben.

Perspektive
Im Kontext des Zeichnens und Malens ist die Perspektive die Darstellung der dreidimensionalen Tiefe des Raums auf einer flachen Oberfläche wie einem Bildschirm oder einer Seite.

Pinselsammlung
Die Sammlung der in Procreate enthaltenen Pinsel. Du kannst diese Sammlung erweitern, indem du eigene Pinsel erstellst oder Pinsel herunterlädst, die von anderen Künstlern geschaffen wurden.

Pinsel-Set
Eine Gruppe oder Kategorie von Pinseln, die zum Malen verwendet werden.

Pop-over
Ein Pop-over ist ein Drop-down-Menü oder eine Drop-down-Liste, in der zusätzlicher Inhalt, Einstellungen oder Optionen enthalten sind.

RGB
Dies ist ein Farbmodus, der es dir erlaubt, eine Farbe über die Menge an Rot, Grün und Blau zu kontrollieren.

Stapel
Diese Procreate-Spezialität bezeichnet eine Gruppe von Dateien in deiner Galerie.

Stylus
Ein stiftförmiges Instrument, mit dem du ein berührungsempfindliches Gerät wie das iPad bedienen kannst.

Tab
Auch Registerkarte genannt, ein Abschnitt eines Menüs. Ein Menü kann mehrere Tabs beinhalten, die jeweils eine andere Kategorie aus Optionen auflisten.

Thumbnails
Kleine Vorabversionen oder Skizzen deines Bildes oder Vorschauansichten eines Bildes in einem Programm.

Wert
In der Malerei bezieht sich der Wert oder Tonwert auf die Helligkeit oder Dunkelheit einer Farbe.

Workflow
Der Workflow, oder auch Arbeitsablauf, bezeichnet, wie du die Entwicklung eines Projekts von Anfang bis Ende angehst. Manche Künstler beginnen mit Rohzeichnungen und Farbrohfassungen und erstellen dann Reinzeichnungen mit den endgültigen Farben. Jeder erfahrene Künstler entwickelt im Laufe der Zeit seinen eigenen Workflow.

Zeitraffer-Video
Dies ist eine beschleunigte Wiedergabe der Herstellung deines Bildes. Bei dieser Procreate-Spezialität wird der gesamte Prozess Strich für Strich aufgezeichnet.

WERKZEUGVERZEICHNIS

Alphasperre **44**
Eine Einstellung, die es dir erlaubt, die transparenten Pixel auf einer Ebene zu sperren, sodass du nur auf den bereits sichtbaren Pixeln malen kannst.

Auswahl **50–53**
Ein in den meisten digitalen Zeichenprogrammen zu findendes Werkzeug, das es dir erlaubt, bestimmte Bereiche zu isolieren, um sie zu bearbeiten oder zu manipulieren. Ein Bereich, der so isoliert wurde, wird als aktive Auswahl bezeichnet.

Beschneiden **68**
Ein Werkzeug, mit dem du die Größe deiner Leinwand beschneiden und manipulieren kannst.

Clipping-Maske **49**
Eine Interaktion zwischen mehreren Ebenen, bei der eine Ebene als Elternebene agiert und die restlichen die Kindebenen bilden. Die Kinder können nicht außerhalb der Pixel der Elternebene malen.

ColorDrop **40**
Ein Procreate-spezifisches Werkzeug, mit dem sich eingeschlossene Bereiche mit Farbe füllen lassen, indem das Farbfeld auf die Leinwand gezogen und dort fallen gelassen wird.

Druckkurve **70**
Im Kontext von Procreate ist die Druckkurve eine Einstellung, mit der du bestimmen kannst, wie die Software die Stärke deiner Striche interpretiert.

Eigener Pinsel **33-35**
Ein Pinsel, den der Procreate-Benutzer von Grund auf neu oder aus einem vorhandenen Pinsel hergestellt hat.

Farbbalance **63**
Eine Einstellung, die die Farbe über die Menge an Rot, Grün und Blau im Bild kontrolliert.

Farbfeld **38, 41**
Der kleine Kreis in der oberen rechten Ecke der Bedienoberfläche, der dir verrät, welche Farbe gerade ausgewählt ist. Farbfelder sind auch die kleinen farbigen Quadrate, aus denen die Paletten in den verschiedenen Farbmodi bestehen.

Farb-Pop-over **38-41**
Das Menü, das sich öffnet, wenn man auf das Farbfeld in der oberen rechten Ecke der Bedienoberfläche tippt. Das Farb-Pop-over erlaubt dir, über verschiedene Modi die Farbe auszuwählen und zu manipulieren, darunter Ring, Klassisch, Wert und Paletten.

Farbton, Sättigung, Helligkeit (Hue, Saturation, Brightness – HSB) **63**
Dies ist ein Farbmodell, mit dem du die Farbe über ihre Farbton-, Sättigungs- und Helligkeitswerte steuerst. In Procreate und anderen digitalen Zeichenprogrammen bezeichnet es außerdem eine Anpassung für dein Bild.

Kurven **64**
Eine Einstellung, mit der du die Farben deines Bildes über ein Histogramm manipulieren kannst. Sie wird vor allem verwendet, um die Menge an Dunkelheit und Helligkeit in deinem Bild zu steuern.

Magnetisch **57**
Diese Procreate-spezifische Einstellung erlaubt dir, Objekte entlang horizontaler, vertikaler oder diagonaler Achsen in festgelegten Schritten zu bewegen.

Maske **48**
Ein nicht destruktives Werkzeug, das dir ermöglicht, den Inhalt einer Ebene zu verstecken, ohne ihn zu löschen.

Neu färben **65**
Eine Anpassung, mit der du Farbbereiche auswählen und auf eine vorausgewählte Farbe ändern kannst.

Pinsel **28-35**
Das wichtigste Werkzeug in der digitalen Malerei. Die Pinselsammlung von Procreate enthält eine große Vielfalt an unterschiedlichen Pinseln, mit denen du verschiedene Medien und Effekte nachahmen kannst.

QuickMenu **71**
Diese Procreate-Spezialität enthält sechs anpassbare Optionen, die du mithilfe eigener Gesten aufrufen kannst.

QuickShape **36-37**
Das Procreate-spezifische QuickShape ist eine Funktion, die es dir erleichtert, perfekte Linien und grundlegende geometrische Formen zu zeichnen, indem deine Freihandlinien automatisch geglättet werden.

Radierer **28, 30**
Ein Werkzeug, das dir erlaubt, Pixel von deiner Leinwand zu löschen.

Rauschen **61**
Eine Einstellung, die auf deiner Ebene ein Rauschen erzeugt, vergleichbar mit dem Aussehen eines Fotos oder einer Videoaufzeichnung. Das ist nützlich, wenn du eine bestimmte Struktur oder Textur erzeugen willst.

Sperre **44**
Wenn du eine Ebene sperrst, verhinderst du das Manipulieren oder Malen auf der Ebene.

Transformieren **54-57**
Ein Werkzeug in Procreate, das dir erlaubt, die Position, die Proportionen und den Maßstab der Elemente in deinem Bild zu modifizieren. Du kannst sie verschieben, verzerren oder verformen.

Überblendmodi **46-47**
Eine Einstellung, die die Interaktion zwischen zwei oder mehreren Ebenen bestimmt. Im Standardmodus Normal verhalten sich die Ebenen wie zwei übereinandergelegte Blätter Papier. Andere Modi simulieren verschiedene Aufhell-, Abdunklungs- und andere Interaktionen zwischen Farben.

Unterstütztes Zeichnen **69**
Dieses Werkzeug rastet deine Linien an die letzte verwendete Zeichenhilfe ein. Du kannst dies für deine Ebenen ein- und ausschalten.

Verflüssigen **62**
Ein Werkzeug, mit dem du die Pixel deiner Leinwand manipulieren, verzerren und umformen kannst.

Verwischen **28, 30**
Ein Werkzeug in Procreate, mit dem du Farbe bewegen oder verschmieren kannst, statt sie zu erzeugen oder zu entfernen.

Weichzeichnen **58-59**
Eine Anpassung, die es dir erlaubt, Pixel einer Ebene verschwimmen zu lassen. Das Gegenteil ist Scharfzeichnen.

Widerrufen/Wiederholen **25**
Widerrufen erlaubt dir, einen Schritt zurückzugehen, mit Wiederholen gehst du einen Schritt vorwärts.

Zeichenhilfe **69**
Im Kontext von Procreate ist dies ein Werkzeug, das Gitter auf deiner Leinwand erzeugt und bearbeitet, die man beim Zeichnen als Hilfslinien verwenden kann.

RESSOURCEN ZUM DOWNLOAD

Unter www.3dtotalpublishing.com/resources stehen die folgenden Ressourcen zum Download bereit, sodass du damit experimentieren kannst, während du den Einstieg durcharbeitest. Außerdem sollen sie dir dabei helfen, jedes Projekt zu vervollständigen. Wir empfehlen dir, die Ressourcen herunterzuladen, bevor du ein Projekt startest.

Der Einstieg

- Beispielbild mit Ebenen

Illustration – Izzy Burton

- Zeitraffer-Video
- Lineart

Charakterdesign – Aveline Stokart

- Zeitraffer-Video
- Entstehung der Figur im Zeitraffer-Video
- Lineart

Fantasy-Landschaft – Samuel Inkiläinen

- Zeitraffer-Video
- Samuel Inkiläinen Brush Set
    - Technical Pencil
    - Sketch
    - Opaque Oil
    - Oval Hard
    - Soft Airbrush
    - Gregory
    - Chalk
    - Bushes
    - Jellyfish Stamp
    - Speckle
    - Hard Smudge
    - Smudge

Fantasy-Wesen – Nicholas Kole

- Zeitraffer-Video
- Lineart
- MaxU Shader Pastel Brush (Max Shader Pastel © Max Ulichney. Dieser Pinsel ist aus dem Essential MaxPack. Du kannst Max' Pinsel unter MaxPacks.art erwerben.)
- Tara's Oval Sketch NK brush © Tara Jauregui wurde ebenfalls für dieses Tutorial verwendet. Du kannst Tara's Oval Sketch NK Brush auf gumroad.com/dizzytara erwerben.)

Traditionelle Medien – Max Ulichney

- **Zeitraffer-Video**
- **Lineart**
- **MaxPack Brush Set**
  - MaxU Gouache Bristle Gritty
  - MaxU Gouache Grain Cloud
  - MaxU Gouache Thick
  - MaxU Sketchy Sarmento

Weitere Pinsel von Max findest du unter MaxPacks.art.

Raumschiff – Dominik Mayer

- **Zeitraffer-Video**
- **Lineart**

Im Freien – Simone Grünewald

- **Zeitraffer-Video**

Sci-Fi-Wesen – Sam Nassour

- **Zeitraffer-Video**
- **Lineart**
- **Sam Nassour's Painterly Miniset Brush Set**
  - Sam's Practical Strokes brush
  - Sam's Roller brush
  - Sam's Flat Painterly brush
  - Sam's Simple Gouache brush
  - Sam's Hard Blob brush

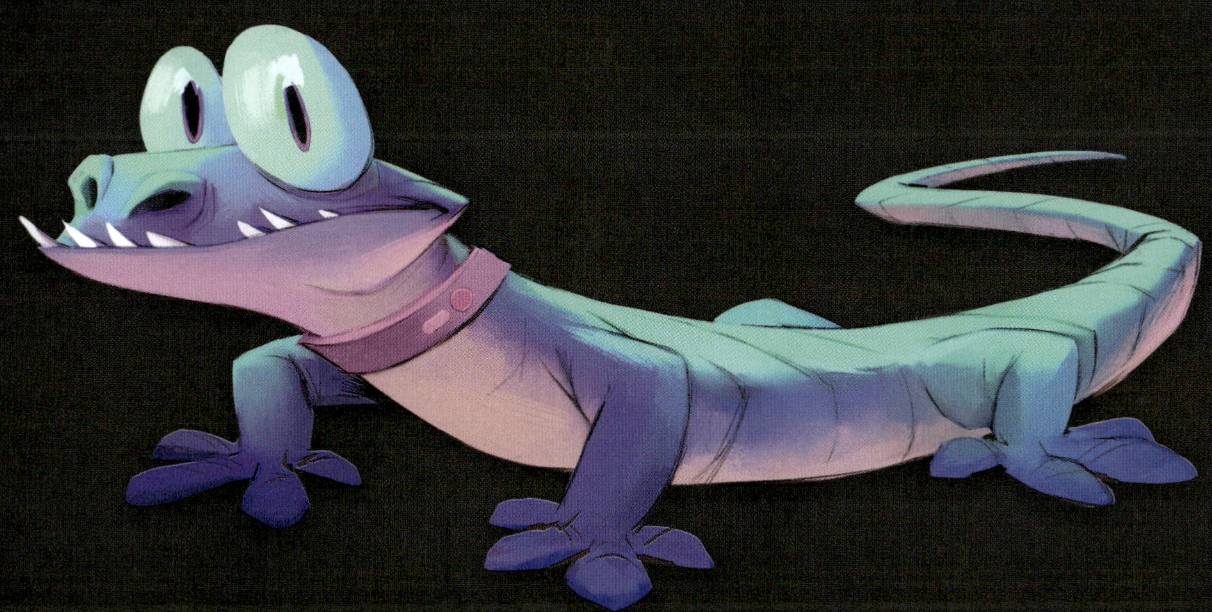

Bild © Sam Nassour

Izzy Burton

izzyburton.co.uk

Izzy Burton ist eine freiberufliche britische Regisseurin und Künstlerin auf dem Gebiet der Animation und Illustration. Sie ist die Regisseurin des preisgekrönten animierten Kurzfilms Via und wird durch Troublemakers.tv und The Greenhouse (der Talentabteilung von Passion Pictures) als Regisseurin und von The Bright Agency als Illustratorin vertreten.

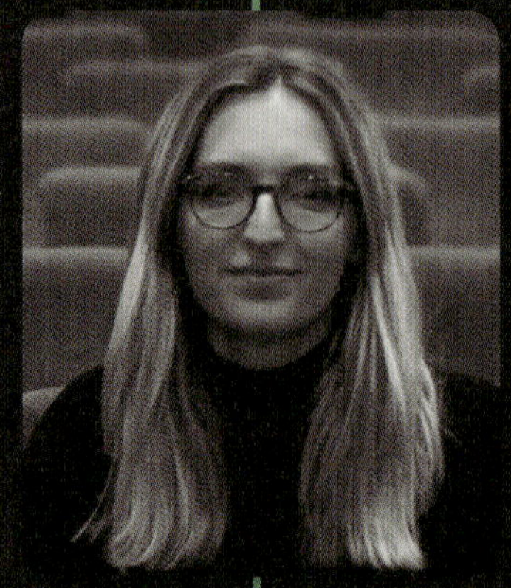

▲ Freiberufliche Regisseurin & Künstlerin

Samuel Inkiläinen

samuelinkilainen.com

Samuel Inkiläinen ist ein Digitalkünstler aus Tornio, einer Stadt im finnischen Lappland. Seine Leidenschaft ist die digitale Landschaftsmalerei, in die er immer einen Hauch von traditioneller Aquarellmalerei mischt.

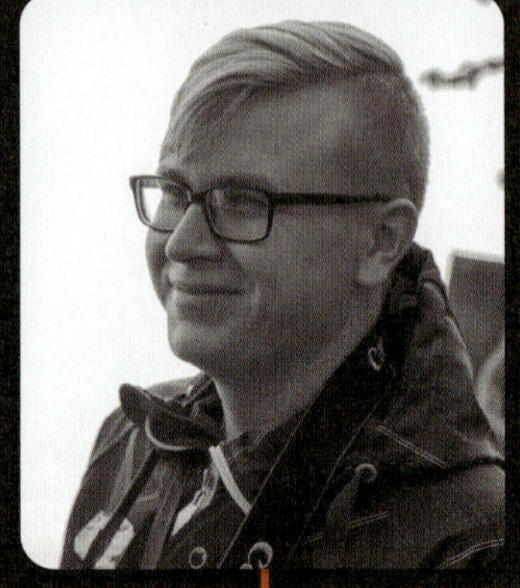

▲ Freiberuflicher 2D-Künstler

Simone Grünewald

instagram.com/schmoedraws

Simone Grünewald ist eine freiberufliche Illustratorin und Charakterdesignerin aus Deutschland. Du kennst sie vielleicht als Schmoedraws von Instagram, YouTube oder Patreon. Simone arbeitete mehr als zehn Jahre lang als Künstlerin und Art-Direktorin in der Spielebranche und prägte das Aussehen vieler Spiele.

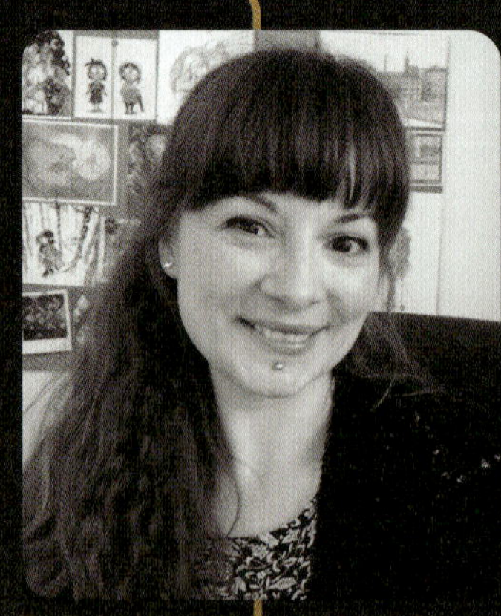

▲ Freiberufliche Illustratorin & Charakterdesignerin

Nicholas Kole

nicholaskole.art

Nicholas Kole, der mehr als zehn Jahre in der Unterhaltungsbranche tätig war, zeichnet nun hauptsächlich Drachen und Zauberer auf seinem iPad in Procreate. Du kennst seine neueste Figur vielleicht aus der *Spyro Reignited*-Trilogie. Zu seinen weiteren Kunden gehören unter anderem Disney, DreamWorks, Blizzard, Nintendo, Warner Brothers und Riot. Er lebt in Vancouver.

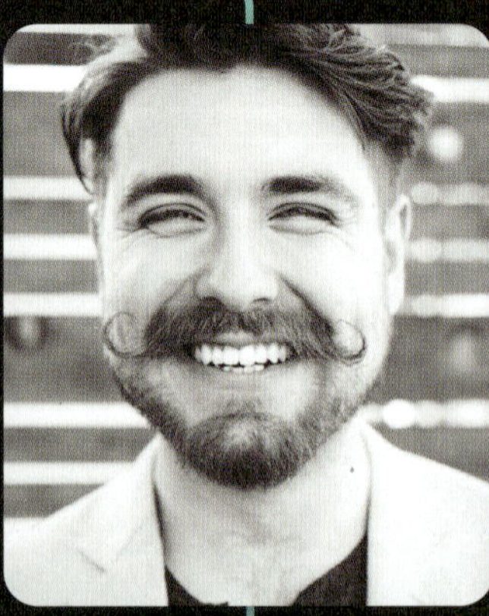

▲ Freiberuflicher Charakterdesigner & Illustrator

Dominik Mayer

artstation.com/dtmayer

Dominik Mayer lebt in Nürnberg und arbeitet als Konzeptkünstler und Illustrator für verschiedene Video-/Brett-/Kartenspiele und Filme. Seine Leidenschaft ist das Erkunden neuer Universen, einzigartiger Welten, faszinierender Geschichten und Designs und das Teilhaben an deren Entstehung.

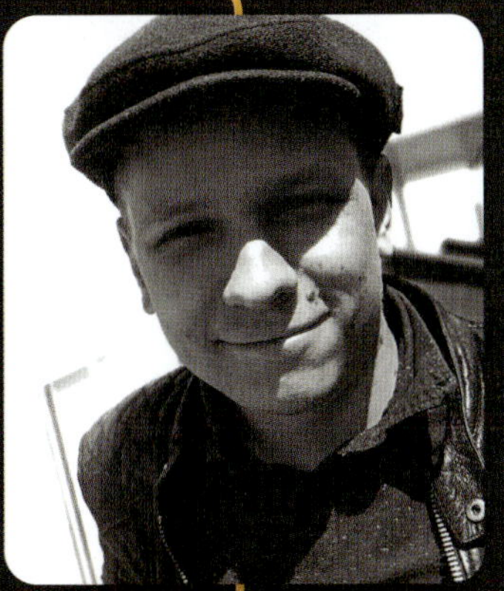

▲ Freiberuflicher Konzeptkünstler & Illustrator

Lucas Peinador

lucaspeinador.com

Lucas Peinador, der ursprünglich aus Costa Rica stammt, ist Illustrator und Konzeptkünstler in der Videospielbranche. Er erschafft leidenschaftlich gern neue Inhalte und gibt sein Wissen und Können gern an aufstrebende Künstler weiter. Außerdem ist er ein sehr guter Salsatänzer.

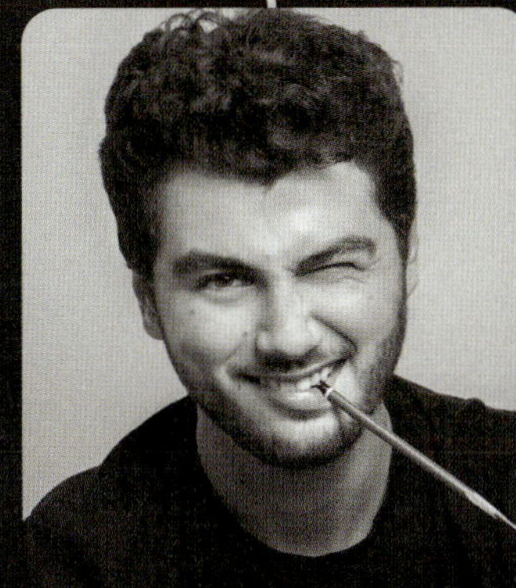

▲ Illustrator & Konzeptkünstler

Sam Nassour

samnassour.com

Sam Nassour ist Art-Direktor und Visual Development Artist in London und arbeitet in der Unterhaltungs- und Animationsbranche für Studios wie Cartoon Network, DreamWorks TV, Disney TV, Netflix und andere. Aktuell wirkte er bei Blue Zoo an der neuen Paddington-Fernsehserie mit und unterrichtet Charakterdesign an den Escape Studios.

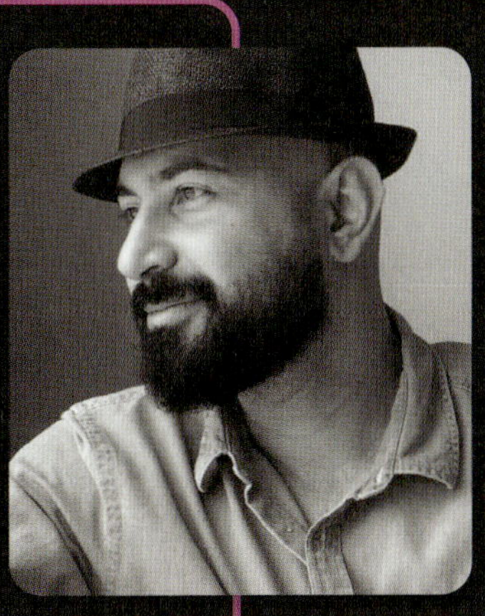

▲ Art-Direktor & Visual Development Artist

Aveline Stokart

avelinestokart.com

Aveline Stokart ist eine belgische Charakterdesignerin und Comicbuch-Künstlerin. Sie studierte 3D-Animation an der Haute Ecole Albert Jacquard, hat eine Leidenschaft für den Entwurf von Charakteren und die Erschaffung von Universen und ist immer bestrebt, Neues zu lernen. Momentan arbeitet Aveline als Freiberuflerin für verschiedene Kunden in der Verlags- und Animationsbranche.

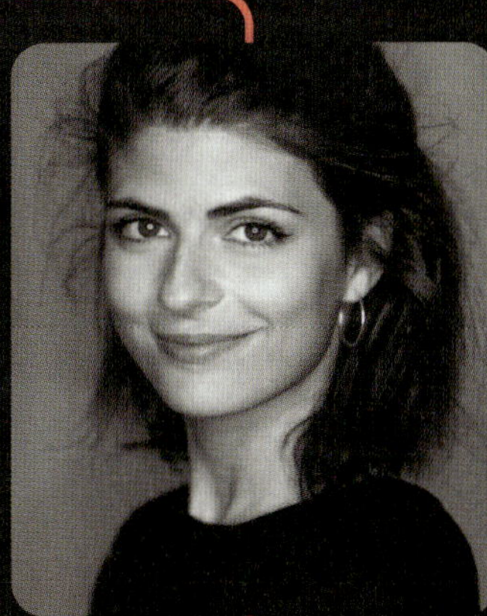

▲ Charakterdesignerin & Comiczeichnerin

Max Ulichney

maxulichney.com

Max Ulichney ist Illustrator und Animations-Art-Direktor in Los Angeles. Seine MaxPacks-Procreate-Pinsel werden weltweit von Profis und Anfängern gleichermaßen benutzt. Er freut sich auf die Entstehung seines ersten Kinderbuchs.

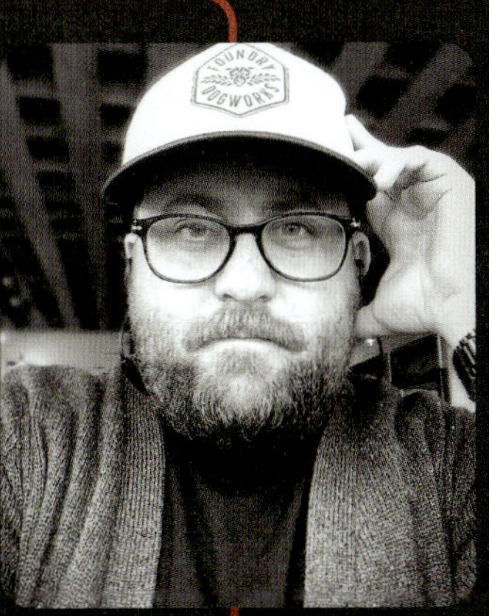

◀ Illustrator, Art-Direktor & MaxPacks Brushmancer

INDEX

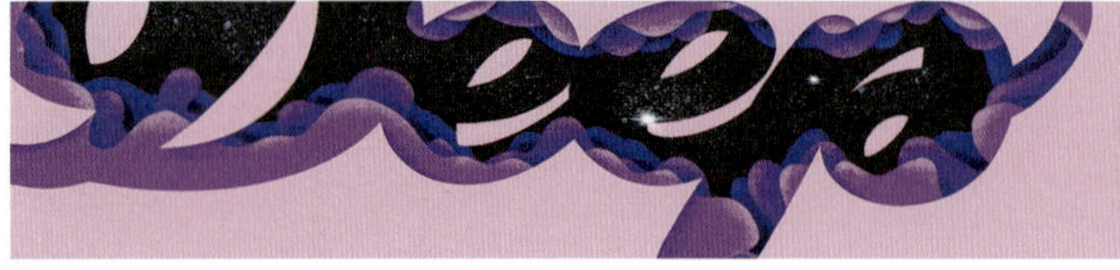

Pavo *djangonaut* Ivković

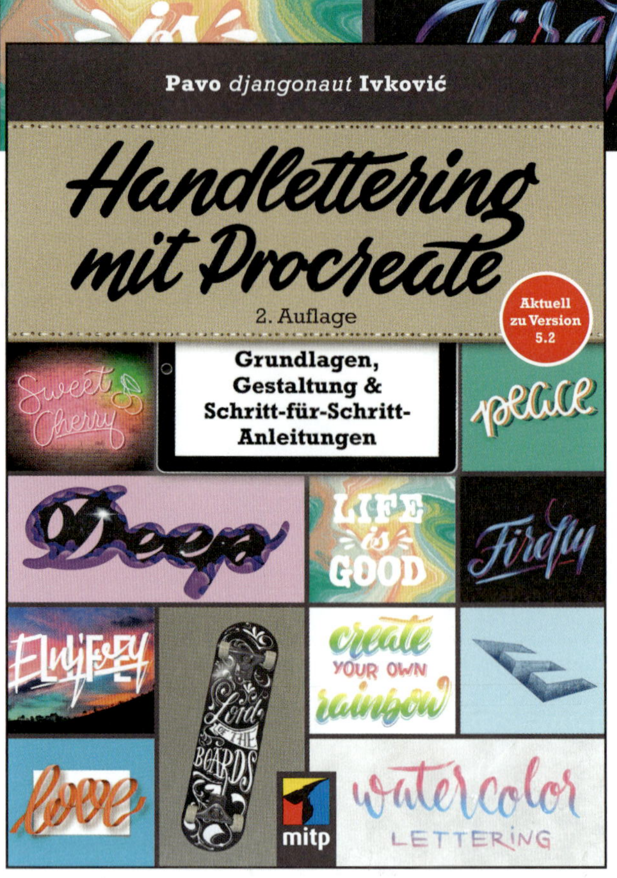

Handlettering mit Procreate

Grundlagen, Gestaltung & Schritt-für-Schritt-Anleitungen

2. Auflage

Alle Procreate-Funktionen speziell für das digitale Handlettering ausführlich erläutert sowie zahlreiche Tipps & Tricks

Atemberaubende Effekte mit Ebenen zaubern und eigene Pinsel erstellen

Zahlreiche Tutorials mit Schritt-für-Schritt-Anleitungen: Schatteneffekte, Buchstaben verzieren, Watercolor-Lettering, Handlettering mit Fotos kombinieren u.v.m.

Du liebst Buchstaben und Handlettering und möchtest sofort loslegen und tolle Werke kreieren? Dann ist dieses Buch für dich genau das richtige.

Im ersten Teil des Buches lernst du alle Procreate-Basics kennen, die du für das Handlettering brauchst: von einfachen Grundfunktionen und Gestensteuerung bis hin zu Ebenen-Funktionen und dem Pinselstudio inkl. dem Erstellen eigener Pinsel. Der Autor zeigt dir dafür viele Tipps & Tricks aus der Praxis. Außerdem erhältst du noch hilfreiche Informationen zu weiteren Grundlagen wie u.a. zu den Themen Farben und Layout.

Im zweiten Teil findest du zahlreiche Tutorials mit detaillierten Schritt-für-Schritt-Anleitungen. Hier zeigt dir der Autor die schönsten Effekte für deine eigenen Handletterings.

So lernst du mit diesem Buch alles, was du für deine eigenen Handletterings brauchst, und findest darüber hinaus zahlreiche Ideen, wie du dich selbst kreativ austoben kannst.

Probekapitel und Infos erhalten Sie unter:
www.mitp.de/0538

ISBN 978-3-7475-0538-0

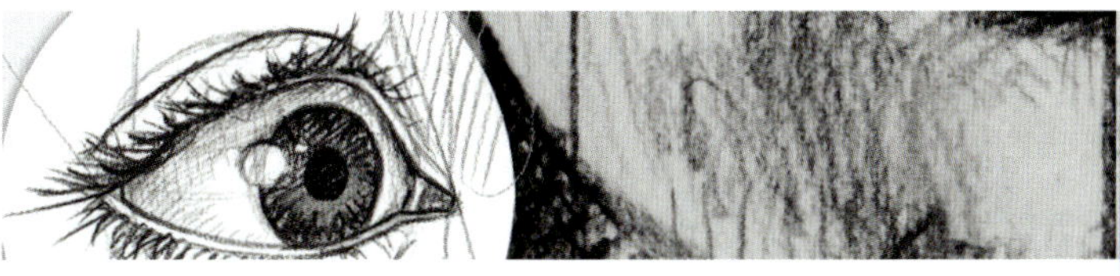

Desiree Delage

Gesichter zeichnen

Porträts und Stile methodisch und frei zeichnen lernen

Gesichter anatomisch und systematisch frei zeichnen lernen – ohne Vorkenntnisse

Detaillierte Schritt-für-Schritt-Anleitungen zu den einzelnen Gesichtselementen

Ausdrucksstarke Porträts zeichnen mit Graphit, Kohle und Rötel

Mit diesem Buch lernst du Schritt für Schritt das Zeichnen von Gesichtern und Porträts. Dafür brauchst du kein Talent und keine Vorkenntnisse, sondern nur Stift, Papier, ein bisschen Übung und dieses Buch.

Die Autorin erläutert anschaulich, wie der Kopf und das Gesicht anatomisch aufgebaut sind, um dich so systematisch mit den Proportionen vertraut zu machen, die du grundlegend beachten musst, um Gesichter frontal und im Profil realitätsgetreu zeichnen zu können. Hierbei lernst du, sowohl den klassischen als auch den modernen Gesichtsaufbau aus verschiedenen Perspektiven zu zeichnen.

Daraufhin zeigt dir die Autorin detailliert das Zeichnen einzelner Gesichtselemente wie Augen, Nase, Mund und Ohren.

Außerdem bekommst du noch eine Reihe von Hilfstechniken an die Hand, mit denen du deine Zeichenkünste weiterentwickeln und festigen kannst.

Abschließend lernst du, wie du dein Wissen über das Zeichnen von Gesichtern nutzen kannst, um charakteristische Porträts zu zeichnen. Dafür zeigt dir die Autorin die Stärken der Materialien Graphit, Kohle und Rötel und wie du diese nutzen kannst, um ausdrucksstarke Porträts zu zeichnen.

ISBN 978-3-7475-0556-4

Probekapitel und Infos erhalten Sie unter:
www.mitp.de/0556